Maurice Friedman

Begegnung auf dem schmalen Grat
Martin Buber – ein Leben

Maurice Friedman

Begegnung auf dem schmalen Grat

Martin Buber – ein Leben

agenda Verlag
Münster
1999

Für freundliche Unterstützung danken Herausgeber und Verlag

der Alfried Krupp von Bohlen und Halbach-Stiftung
dem Bundesministerium des Innern
dem International Council of Christians and Jews
dem Deutschen KoordinierungsRat e. V. der Gesellschaften für Christlich-Jüdische Zusammenarbeit
der Evangelischen Kirche in Hessen und Nassau
der Evangelischen Kirche im Rheinland
dem Adolf-Freudenberg-Fonds
der BASF Aktiengesellschaft
dem Westfälisch-Lippischen Sparkassen- und Giroverband
Lord Yehudi Menuhin †
Bürgermeister a. D. Hans Koschnick

Die Deutsche Bibliothek – CIP-Einheitsaufnahme

Friedman, Maurice S.:
Begegnung auf dem schmalen Grat : Martin Buber – ein Leben / Maurice Friedman. [Übers.: Rosemarie Graf-Taylor]. – Münster : Agenda-Verl., 1999
Einheitssacht.: Encounter on the narrow ridge <dt.>
ISBN 3-89688-059-4

Titel der amerikanischen Originalausgabe:
Encounter on the Narrow Ridge:
A Life of Martin Buber

First published by Paragon House, New York.

Hammer Str. 223, D-48153 Münster
Tel.: +49-(0)251-79 96 10, Fax: -79 95 19
E-mail: info@agenda.de
Internet: www.agenda.de

Übersetzung: Rosemarie Graf-Taylor, Heidelberg
EDV-Umbruch: Peter Kramer, Münster
Umschlagmotiv: Michael Ditteney, Münster
Umschlaggestaltung: Christian Huppert, Münster
Druck und Bindung: Koninklijke Wöhrmann B. V., Zutphen/NL

ISBN 3-89688-059-4

Für Eugenia

Inhalt

Johannes Rau

Geleitwort

Eine Anekdote über Martin Buber berichtet, daß ein nationalsozialistischer Zollbeamter 1938, vor Bubers Übersiedlung nach Jerusalem, das Verpacken der riesigen Bibliothek des Gelehrten zu beaufsichtigen hatte. Der gelangweilte Beamte bat Buber, eins seiner Werke lesen zu dürfen. Buber willigte ein und gab ihm die „Chassidischen Bücher". Der Beamte las das viele hundert Seiten starke Buch innerhalb weniger Tage und bat Buber am Ende, es behalten zu dürfen; er wolle auch eine persönliche Widmung. Buber willigte ein und signierte – um nicht schreiben zu müssen: „Meinem lieben Gestapomann".

Ich denke, daß diese Anekdote ohne Umweg in den Kern von Bubers Lehre vom Dialog führt, der nur zustande komme, wenn man das menschliche Gegenüber als Menschen annehme; andernfalls werde das Gegenüber zu einem Gegenstand, der lediglich das eigene Leben bequemer mache.

Man mag Bubers Vermächtnis für weltfremd halten und ihn selber für einen seltsamen Heiligen, und man hätte dafür grauenhaft zutreffende Argumente am Ende eines Jahrhunderts, das die nationalsozialistischen Vernichtungslager, Hiroshima und den Archipel Gulag hervorgebracht hat. Aber wir täten Buber unrecht und beraubten uns seiner lebenstiftenden Impulse, wenn wir ihn nur zum Kanon großer Klassiker und ihrer durchschlagenden Wirkungslosigkeit rechneten, wie Max Frisch das einmal gesagt hat. „Ich und Du" und die „Schriften über das dialogische Prinzip" gehören nicht in die Fußnoten abgeklärter Philosophiegeschichten oder auf die Podien von Sonntagsgesprächen. Der Denker, der Lehrer Buber gehört in unsere Köpfe und in unsere Herzen. Nicht zuletzt Christen sollten in seiner Lehre das Gebot wiedererkennen, den Feind zu lieben: nicht um sich selber zu demütigen oder um sich auszuliefern, sondern um eigene Absolutheitsansprüche zu unterlaufen und um zumindest das Gespräch fortzuführen. Wann immer Gegensätze zwischen Menschen zu Konflikten oder Konflikte zwischen Staaten zu Kriegen zu werden drohen, ist Martin Buber aktuell. Seine Mahnung bleibt, gerade am Ende des 20. Jahrhunderts.

Maurice Friedman, Buber-Schüler und -Weggefährte, hat mit diesem Buch eine sorgfältige Darstellung des Lebens und der geistigen Entwicklung Bubers vorgelegt, von der Nietzsche-Lektüre des früh gereiften Jugendlichen bis hin zur Arbeit des weltberühmten Gelehrten für das jüdisch-christliche Gespräch nach dem Abgrund des Holocausts. Die Biographie ist bei aller Sympathie für ihren Gegenstand keine Hagiographie, sie macht den Weisen menschlich. Das ist keine schlechte Voraussetzung dafür, seine Lehre erneut zu hören oder sich ihr zum ersten Mal zu nähern. Ich wünsche Maurice Friedmans Buch viele aufgeschlossene Leser.

Vorwort der Herausgeber

Kurz vor seiner Ermordung besuchte der damalige Generalsekretär der Vereinten Nationen, Dag Hammarskjöld, Martin Buber in Jerusalem. Er war von dessen Arbeiten so beeindruckt, daß er beschloß, „Ich und Du" ins Schwedische zu übersetzen. Auf einer Friedensmission im damaligen Kongo wurde sein Flugzeug abgeschossen. Damit fand die begonnene Übersetzung ein jähes Ende.

Dag Hammarskjöld hatte Martin Buber oft in seinen Reden zitiert. Die Anfangsjahre der Vereinten Nationen waren trotz zahlreicher Konflikte in allen Weltteilen von der Hoffnung begleitet, daß der Dialog und damit das Recht eines jeden Menschen und eines jeden Volkes die Umgangsformen der verschiedenen Kulturen und Religionen der Völker untereinander nachhaltig bestimmen würden, in der Hoffnung, die sprachlose Gewalt zumindest zeitweise zu unterbrechen. Die in der Praxis oftmals vielen Nationalismen und Ideologien nachgebende Charta der Vereinten Nationen hat dessenungeachtet im Sinne der hebräischen Bibel eine Seele, im Sinne der christlichen Bibel ein Herz, also ein Lebenszentrum. Wie sie ist diese Charta ebenso verletzlich, anspruchsvoll und unbequem.

Martin Bubers Auffassungen und Taten sind pädagogisch wie theologisch, politisch wie sozial von großer Tragweite. Sie sind jedoch weder ausreichend bekannt noch hinreichend ausgeschöpft. „Der Mensch wird am Du zum Ich." Das ist alles andere als ein gemütlicher, wohl aber ein nötiger und humaner Gedanke.

Schulreformen, Bildungsprogramme, Erwachsenenbildung sowie die riesige Aufgabe einer Neufassung der Beziehungen zwischen Christen und Juden erweisen die Fruchtbarkeit der von Martin Buber 1923 erstmals vorgelegten Gedanken. In der Welt der interreligiösen, interkulturellen und planetarischen Beziehungen beginnen sie gerade jetzt ihre Inspirationskraft zu zeigen.

Das Buch von Maurice Friedman, einer der letzten Schüler Bubers, der mit diesem viele Jahre hindurch noch persönlichen Kontakt pflegte, kommt zur rechten Zeit, um im deutschsprachigen Raum eine neue Beschäftigung mit dem vieldimensionalen Werk von Martin Buber anzustoßen und kritisch zu vertiefen.

Der Internationale Rat der Christen und Juden, die Dachorganisation aller nationalen Zusammenschlüsse auf allen Kontinenten, hat seit Jahren sein Zentrum in jenem Haus in Heppenheim, in dem die Familie Buber in den Jahren von 1916 bis zu ihrer Vertreibung 1938 lebte. Die Überwindung religiöser Antijudaismen und aller Formen von Rassismus und Fremdenhaß, die Begegnung vor allem mit Menschen aus den „abrahamitischen" Traditionen und die Verbesserung der Kenntnisse von Geschichte, Kultur und Religion des jüdischen Volkes stehen im Zentrum dieser Arbeit. Gleiches gilt von der Arbeit der 80 Gesellschaften für Christlich-Jüdische Zusammenarbeit, die sich in allen Großstädten und Regionen Deutschlands finden. Die ersten Gesellschaften begannen 1948/1949 mit dem Ziel der Mitgestaltung einer demokratischen politischen Kultur im vom Nationalsozialismus befreiten Deutschland ihre Arbeit.

Die Arbeit beider Netzwerke und anderer, gleichen Zielen verpflichteter Gesellschaften, darunter die Eugen Rosenstock-Huessy-Gesellschaft e. V., ist ohne den Gedankenreichtum Martin Bubers nicht möglich. Alle diese Organisationen haben sich zusammengetan, um dem gewichtigen Buch von Maurice Friedman und dem Werk von Martin Buber viele Interessenten zu gewinnen.

Michael Gormann-Thelen   Ansgar Koschel   Friedhelm Pieper

Vorwort zur deutschen Ausgabe

1958 veröffentlichte der große Historiker und Gelehrte Hans Kohn in einer bekannten deutschen Zeitschrift einen Aufsatz aus Anlaß von Martin Bubers 80. Geburtstag, in welchem er die großen Auditorien erwähnte, die seinen Vorträgen zuhörten, die meisten unter ihnen junge Leute. „Das nach-hitlerisch gewandelte Deutschland begrüßt in Buber mit Recht eine ehrwürdige Gestalt, die es an Großes in seiner eigenen Vergangenheit mahnt. Buber bedeutet für die Welt einen der wesentlichen Denker und Menschen dieser Zeit. Für Deutschland bedeutet er mehr." Als 1960 Buber einen Brief der Gesellschaft für christlich-jüdische Zusammenarbeit in Darmstadt erhielt, in welchem ihm mitgeteilt wurde, daß eine Erinnerungstafel an seinem Haus in Heppenheim angebracht werde, in dem er von 1916 bis 1938 gewohnt habe, entgegnete Buber: „Es hieße, meine ich, der Wahrheit nicht gerecht werden, wenn an dem von mir und den Meinen in den Jahren 1916–1938 bewohnten Haus in Heppenheim a. B. eine Tafel angebracht würde, die nur an die Tatsache dieses Wohnens erinnerte, aber unerwähnt ließe, daß es Plünderung und Enteignung gewesen sind, die diesem Wohnzusammenhang ein Ende setzten." Das englische Original meines Buches *Encounter on the Narrow Ridge: A Life of Martin Buber* wurde in einer Hardcover-Ausgabe in den USA 1991 veröffentlicht, sieben Jahre nach Publikation des letzten Bandes meiner Biographie *Martin Buber's Life and Work* in drei Bänden. Eine Paperback-Ausgabe von *Encounter* erschien 1993. Im selben Jahr erschien eine spanische Ausgabe in Buenos Aires. Vergangenes Jahr wurde diese Ausgabe in einer zweiten Auflage veröffentlicht. In diesem Jahr erscheinen nun zeitgleich die japanische und die deutsche Ausgabe dieses Buches. Selbstredend bin ich glücklich, daß *Begegnung auf dem schmalen Grat* Leserinnen und Leser in Japan und Lateinamerika findet. Die deutsche Ausgabe aber bedeutet mir mehr. Martin Buber lebte fast 40 Jahre in Deutschland. Er war ein großer deutscher Schriftsteller und eine Gestalt, die großen Einfluß auf und bedeutsame Zusammenarbeit mit deutschen Denkern und bedeutenden Persönlichkeiten seiner Zeit unterhielt. Obwohl er eine Anzahl wichtiger Bücher in Palästina und Israel auf Hebräisch schrieb, wurden seine wichtigsten Werke, darunter *Ich und Du*, auf Deutsch geschrieben. Selbst nach seinem „Aufstieg zum Land" 1938 schrieb Buber weiterhin seine philosophischen Werke bis zu seinem Tode auf Deutsch. Die letzte Arbeit vor seinem Tode galt der Revision der Buber-Rosenzweig-Übersetzung der hebräischen Bibel ins Deutsche.

Die deutsche Ausgabe ist auch deswegen für mich von Bedeutung, weil die Zeit der Nationalsozialisten so viel von dem Dialog der deutschen Juden im allgemeinen, von Buber im besonderen mit den nicht-jüdischen Deutschen und mit der deutschen Kultur und Überlieferung auf so viele Jahre zerstörte. Dieser Dialog wurde nach den Hitler-Jahren beschworen, wie mein Eröffnungszitat von Hans Kohn zeigt. Aber er war nicht mehr derselbe. Das Kapitel von *Begegnung auf dem schmalen Grat*, welches diese Geschichte erzählt, trägt als Titel „Dialog mit Christen in Westdeutschland", in meinem Buch *Martin Buber's Life and Work. The Later Years – 1945–1965* (1983) lautet die Kapitelüberschrift „German-Christian Pilgrimages of Guilt" (etwa: „Pilgerzüge der Schuld von Deutschen und Christen" – A. d. Ü.).

Im Januar 1939, nur einige Monate nach Bubers Weggang von Deutschland nach Palästina, schrieb Buber einen kurzen Aufsatz unter dem Titel „Das Ende der deutsch-jüdischen Symbiose":

> „Die Symbiose von deutschem und jüdischem Wesen, wie ich sie in den vier Jahrzehnten, die ich in Deutschland verbrachte, erlebt habe, war seit der spanischen Zeit die erste und einzige, die höchste Bestätigung empfangen hat, welche die Geschichte zu erteilen hat, die Bestätigung durch die Fruchtbarkeit ... Im Kern war der jüdische Anteil an deutscher Wirtschaft, Gesellschaft, Wissenschaft und Kunst ein bauender und bildender. Es gibt kein Gebiet deutscher Existenz, in dem in diesem Zeitalter nicht jüdische Menschen führend mitgewirkt hätten, wertend, ordnend, deutend, lehrend, gestaltend. Das war kein parasitäres Dasein; ganzes Menschentum wurde eingesetzt und trug seine Frucht. Aber tiefer noch als durch individuelle Leistung wird die Symbiose durch ein eigentümliches Zusammenwirken deutschen und jüdischen Geistes beglaubigt ... immer sehen wir nicht bloß Ergänzung, sondern wahre Befruchtung erscheinen. Ich selbst habe es im geistigen Umgang mit bedeutenden Deutschen immer wieder erlebt, wie unvermutet Gemeinsames aus der Tiefe aufbrach und zu Wort und Zeichen zwischen uns wurde ... Heute ist die Kontinuität des geistigen Werdens im Deutschtum abgeschnitten. Wenn sie einst wieder erneut wird, wird sie mit Notwendigkeit an jene Werte, die Symbiose trugen, und an jene Werke, die aus ihr hervorgingen, anknüpfen. Aber die Symbiose selbst ist zu Ende und kann nicht wiederkommen."

Obwohl Martin Buber ein Westjude war, war er seit den frühen Jahren des 20. Jahrhunderts offen für die Weisheit und die Kreativität der Ostjuden. Neben seiner Übersetzung der hebräischen Bibel ins Deutsche war eine der größten Lebensaufgaben Bubers das Wieder-in-Erinnerung-Rufen und das Wiedererzählen der Legenden, Geschichten und Lehren des Chassidismus, der volkstümlichen jüdischen Mystik der osteuropäischen Juden in seiner bedeutenden Zeitschrift *Der Jude*. Selbst der deutscheste der deutschen Juden sollte, trotz aller ästhetischen Bedenken, wissen und anerkennen, daß die Ostjuden „ein ungeheures Reservoir geistiger, sittlicher und sozialer Energie" darstellen. Der Osten ist das große Becken, aus dem heraus sich immer wieder die westlichen Juden erneuert haben, sagt Buber. Als Buber erfuhr, daß sein Freund, der jüdische Schriftsteller Jakob Wassermann, ein abfälliges Urteil über die Ostjuden geäußert hatte, zog ihn Buber auf dem nächsten Treffen zur Rechenschaft. Danach sprachen die beiden Männer niemals mehr miteinander.

Heute nun, nachdem mehr als 40 000 Juden aus der früheren Sowjetunion seit 1989 nach Deutschland immigrierten, stellt sich wieder das Problem des Verhältnisses der westlichen Juden zu den östlichen, so wie auch des Verhältnisses von Westdeutschland zu Ostdeutschland, wenn auch der Anzahl nach es nur noch wenige „westliche Juden" in Deutschland gibt.

Alle bewährte Lehre rührt her von und weist zurück auf das Leben konkreter Personen, die anderen den Weg gewiesen haben. Martin Buber war ein großer Philosoph, ein begnadeter Stilist, ein weltberühmter Gelehrter der Bibel, des Chassidismus und vieler anderer Bereiche und Fächer, ein Genius mit einer unerschöpflichen Kreativität. Vor allem aber war er in den Worten seines Freundes Hermann Hesse, der ihn für den Nobelpreis für Literatur vorschlug, „einer der wenigen Weisen, die in der Welt von heute leben". „Es ist nicht richtig, daß die Weisheit von alleine kommt", sagte Buber einmal. „Sie beginnt beim Lernen und erfüllt sich in wahrer Lehre." Der wahre Lehrer weist den Weg. Für Buber geschieht diese Weisung durch sein persönliches Antworten auf jede konkrete Situation, und seine Worte sind das Erzeugnis und der Ausdruck dieser Antwort. Die wahre Größe von Bubers Schriften und die Ernsthaftigkeit und die Verantwortlichkeit, mit der Buber jedes Wort äußerte, kann nur im Verhältnis zu Bubers Leben selbst erfaßt werden. In Bubers Begegnung mit Personen und Situationen seiner Zeit offenbart sich seine aktive Gegenwart, seine Gegenwärtigkeit und seine Geistesgegenwart. In ihrer menschlichen Bedeutsamkeit transzendiert Bubers Gegenwart seinen weltweiten Einfluß und illuminiert seine Schriften. Im tiefsten Sinne können alle Werke Bubers, sogar seine Übersetzungen, Interpretationen und Nacherzählungen, als an die Zeit gerichtete Worte verstanden werden.

Der erste Teil dieses Buches beschreibt Bubers Weg zu *Ich und Du*, weil *Ich und Du* das klassische Werk ist, in welchem Buber selbst den ersten reifen Ausdruck seines Denkens sah. Diese Beschreibung ist nicht bloß eine Frage der intellektuellen und philosophischen Entwicklung, sondern Bubers Antwort auf Ereignisse und Zusammenkünfte in vielen unterschiedlichen Lebenssphären – der Verlust seiner Mutter, als er Kind war, sein Zionismus, seine Begegnung mit der Mystik, der Einfluß des ersten Weltkrieges, der Mord an seinem Freund Gustav Landauer, seine Arbeit in der Nachkriegserziehung, in der Gemeinschaft, in der Politik und sein Reifen vom „leichten Wort" zum „schweren Wort". Im weiteren zeigt dieses Buch Bubers Anwendungen seiner Philosophie des Dialogs auf viele Sphären des Lebens und seine Fortsetzung der „Begegnung auf dem schmalen Grat" im Angesicht der grausamen Forderungen des Tages.

Obwohl Buber ein großer Friedensarbeiter war, wurde er sein ganzes Leben hindurch in Kontroversen verwickelt: sein Widerstand gegen Theodor Herzl im Namen eines demokratischen und kulturellen Zionismus, seine Ehe mit einer zum Judentum übergetretenen Nicht-Jüdin, sein Wirken für einen dezentralisierten und föderalen Sozialismus, sein mehr als vierzigjähriger Kampf für eine Verständigung von Juden und Arabern, seine Führerschaft im geistigen Widerstand gegen die Nationalsozialisten in Hitlers Deutschland, seine Annahme des Friedenspreises des Deutschen Buchhandels nach dem zweiten Weltkrieg, seine Weigerung, im Kalten Krieg Partei zu ergreifen, seine Befürwortung nuklearer Abrüstung, sein Angriff auf Heidegger, Jung und Sartre wegen ihrer Beiträge zur „Gottesfinsternis", seine zahlreichen Konflikte mit dem israelischen Premierminister David Ben Gurion wegen eines „Friedensbundes". Martin Bubers Bedeutung für uns liegt nicht darin, daß er ein Heiliger war oder ihm das Leben als Dialog leicht fiel, sondern daß er eine Person war, die die Widersprüchlichkeiten und Mehrdeutigkeiten der modernen Existenz verkörperte und zudem fähig war, wieder und wieder eine persönliche Integrität und Ganzheit in gläubiger Erwiderung auf Personen und Situation seiner Zeit zu gewinnen.

Der „schmale Grat" ist ein Ausdruck von Buber selbst – die zentrale Metapher seines Lebens. Mir sagte er einmal, er wäre glücklich, wenn dieser Ausdruck als Titel meines ersten Buches zu Buber (*Martin Buber. The Life of Dialogue*) erschiene. Ich verwendete dann diesen Ausdruck für das erste Kapitel dieses Buches: „Der schmale Grat":

„Ich habe gelegentlich meinen Standpunkt vor meinen Freunden beschrieben als ‚schmalen Grat'", schreibt Buber. „Damit wollte ich ausdrücken, daß ich mich nicht auf den weiten Höhen eines Systems, welches eine Abfolge gesicherter Aussagen über das Absolute beinhaltet, ausruhen möchte, sondern mich auf einem felsigen schmalen Grat zwischen den Abklüften bewege, wo es keine Sicherheit ausdrückbaren Wissens gibt, sondern nur die Gewißheit des Zusammenstoßes mit dem Ungesicherten." Vielleicht wie kein anderer Satz charakterisiert dieser die Qualität und die Bedeutung von Martin Bubers Leben und Denken als „schmalem Grat". Dieses Wort drückt nicht nur die „heilige Unsicherheit" seiner existentialistischen Philosophie aus, sondern auch das „Ich-Du" oder seine dialogische Philosophie, welche er als eine echte dritte Alternative zu den vielen Entweder-Oder unserer Zeit betrachtete. Bubers „schmaler Grat" ist keine „glückliche Mitte", welche die Wirklichkeit von Paradox und Widerspruch ignoriert, um dem Leiden, das sie erzeugen, zu entfliehen. Es ist vielmehr eine paradoxe Einheit dessen, was man sonst nur als Alternativen auffaßt: „Ich und Du, Liebe und Gerechtigkeit, Abhängigkeit und Freiheit, die Liebe Gottes und die Furcht vor Gott, Leidenschaft und Weisung, Gut und Böse, Einheit und Dualität."

Ich bin meiner Freundin Susan Charnow Richards dankbar für ihren Vorschlag einer einbändigen Kurzausgabe. Meinem Herausgeber, dem verstorbenen Bill Whitehead, danke ich dafür, daß er mich zu diesem Werk ermutigte, das er selbst veröffentlicht hätte, wenn er noch am Leben wäre. Mit der Entscheidung, mich in diesem Band auf Bubers Leben zu konzentrieren, ging einher, das Leben mehr als die Werke zu betonen. Zu diesem Zweck erforschte ich im akademischen Jahr 1987/88, als ich während einer einjährigen Beurlaubung von der San Diego State University als Senior Fulbright-Dozent an der Hebräischen Universität von Jerusalem tätig war, Bubers unveröffentlichte Briefe im Martin Buber-Archiv der jüdischen National- und Universitätsbibliothek an der Hebräischen Universität und habe die Ergebnisse dieser Untersuchungen dem gekürzten Text hinzugefügt. Ich bin der jüdischen National- und Universitätsbibliothek der Hebräischen Universität von Jerusalem und der San Diego State University dankbar, die diese Forschung ermöglichten. Mein Dank gilt ebenfalls Martin Bubers literarischem Nachlaßverwalter für die Erlaubnis, Zitate aus Bubers unveröffentlichten Briefen zu publizieren; Professor Haim Gordon von der Ben Gurion-Universität des Negev in Beer Sheva, Israel, für die Erlaubnis, Zitate aus seinem Buch *The Other Martin Buber* zu veröffentlichen; und der verstorbenen Miriam Beer-Hofmann Lens und der Houghton-Bibliothek der Harvard University für die Erlaubnis, im letzten Kapitel dieses Buches eine Auswahl aus den zwei Dokumenten zu veröffentlichen, die für die Beziehung zwischen Martin Buber und Naemah Beer-Hofmann wesentlich sind. Meine Anerkennung aussprechen möchte ich an dieser Stelle auch meinem Freund Dick Huett, dem freiberuflichen Lektor der drei Bände *Martin Bubers Leben und Werk*, Dr. Grete Schaeder, die mir unschätzbare Hilfe bei der Vorbereitung der drei Bände leistete, und meinem Literaturagenten Georges Borchardt, der in Verbindung mit dem sich zu drei Bänden entwickelnden Werk mein Agent wurde und dies seither ein Vierteljahrhundert ist. Anerkennen möchte ich auch die Rolle, die die Herausgeber von Paragon House, Don Fehr und Jo Glorie, bei der Erstellung des Buches gespielt haben, sowie Laura Greeney, die die endgültige Bearbeitung durchführte.

Für die Erlaubnis, die Fotografien, die in diesem Band erscheinen, zu benutzen, bin ich den Martin Buber-Archiven der jüdischen National- und Universitätsbibliothek an der Hebräischen Universität Jerusalem, Rafael Buber, Alfred Bernheim, Max Braun, Inez van't Hoff, dem Nationalen Fotopersbureau von Amsterdam, David Rubinger und Miriam Beer-Hofmann Lens zu Dank verpflichtet.

Hinsichtlich dieser deutschen Ausgabe möchte ich ausdrücklich dem jetzigen Bundespräsidenten der Bundesrepublik Deutschland Johannes Rau für sein Geleitwort danken, des weiteren für den Beitrag von Altbundespräsident Dr. Richard von Weizsäcker; mein besonderer Dank richtet sich an meine Übersetzerin Dr. Rosemarie Graf-Taylor, die im Vertrauen auf Verfasser und Buch diese Übersetzung, lange bevor sich ein Verlag fand, unternahm. Unerwähnt bleiben darf auch nicht der Anlaß, der später dann zu dieser deutschen Ausgabe führte, nämlich die Emeritierung Professor Harold Stahmers. Dank seiner und seiner Frau Paulas Gastfreundschaft begegnete ich Michael Gormann-Thelen, durch den das Buch seinen Weg zum agenda Verlag fand. Ich danke Michael Gormann-Thelen für seine ausgezeichnete Arbeit am Zustandekommen dieser deutschen Ausgabe in allen ihren Phasen, insbesondere für seine Tätigkeit als Lektor für dieses Buch, seine Reise in die USA, um mit mir von Angesicht zu Angesicht bezüglich aller Probleme und Fragen der Übersetzung von *Begegnung auf dem schmalen Grat* zusammenzuarbeiten. Außerdem stellte er den ersten Kontakt zum agenda Verlag her. Danken möchte ich dem Verleger und Publizisten Hans Steinacker und Professor Dr. Helmut Reiser von der Universität Hannover für ihre Ermutigung und ihre Hilfe, den richtigen Verlag für *Begegnung auf dem schmalen Grat* zu finden, sowie Professor Dr. Werner Licharz für seinen wissenschaftlichen Rat. Zu danken ist auch Dr. Ansgar Koschel vom Deutschen KoordinierungsRat der Christlich-Jüdischen Gesellschaften und Herrn Pfarrer Friedhelm Pieper vom International Council of Christians and Jews (ICCJ) und derzeitigen Leiter des Martin Buber-Hauses in Heppenheim, Professor Dr. Martin Stöhr für seine Nachbetrachtung zu dieser Ausgabe sowie, last but not least, meinem Verleger Dr. Bernhard Schneeberger und Michael Alfs, dem verantwortlichen Lektor des agenda Verlages. Vor allem jedoch möchte ich meine Dankbarkeit Eugenia Friedman bezeugen, die – wie die Leserinnen und Leser bemerken werden – an vielen meiner Zusammenkünfte mit Martin Buber teilnahm, als wir verheiratet waren, und die mir eine absolut unschätzbare Hilfe darin war, die verschiedenen Entwürfe des Manuskriptes zu einem Buch werden zu lassen, zu einer Zeit, als ich mir selbst davon noch keine rechte Vorstellung machen konnte. Ihr widme ich diese Ausgabe meines Buches.

Maurice Friedman Juli 1999
Solana Beach, California
USA

Teil I

DER WEG ZU *ICH UND DU*

(1878–1923)

1. Kapitel

Kindheit und Jugend

(1878–1900)

Abgesehen von sanften, aber durchdringenden Augen, war es Bubers Bart, der ihm, mehr als irgendein anderer Zug seiner körperlichen Erscheinung, das Aussehen des „Zaddik (eines chassidischen Rabbis) von Zehlendorf" gab. So wurde er selbst von seiner Familie scherzend genannt, die damals in jenem Vorort von Berlin wohnte. Später bewog dieser Bart viele, von Buber als einem biblischen Propheten zu sprechen. Buber war fotogen, und er wußte es. Er war nicht kamerascheu. Der Eindruck, den er während seiner Vorträge machte, hing mit seiner äußeren Erscheinung zusammen. Aber Buber trug seinen Bart nicht, weil er als ein *Zaddik* oder gar als ein Prophet erscheinen wollte. Er trug ihn auch nicht als Kennzeichen traditioneller jüdischer Formen. Der wirkliche Grund für den Bart, den Buber seit seiner Jugend trug, war, daß der Arzt Buber mit einer Geburtszange hatte zur Welt bringen müssen und Buber dabei eine Verletzung auf der rechten Seite seines Mundes davongetragen hatte, die den sonst außergewöhnlich gut aussehenden Jugendlichen entstellte. Diese Entstellung verdeckte er durch seinen Bart. Obwohl es kein Geheimnis war, wußten relativ wenige davon.

Mordechai Martin Buber wurde 1878 in Wien geboren. Er lebte mit seinen Eltern in einem Haus an der Donau, die er mit so intensiver Freude beobachtete, daß er selbst gegen Ende seines Lebens nur die Augen schließen brauchte und sie schon fließen sehen konnte. Mit dieser Erfahrung verband er eine Gewißheit, daß ihm nichts geschehen konnte. Aber diese Gewißheit zerschlug sich bald. Martin Bubers Mutter verschwand, buchstäblich ohne eine Spur zu hinterlassen, und das Heim seiner Kindheit verging. Dies hatte eine bedrückende Auswirkung auf die ganze Familie, besonders auf den jungen Martin, der seine ganze Jugendzeit hindurch, obwohl er nie davon sprach, Zeichen der Trauer und des schmerzlichen Verlustes trug. Das dreijährige Kind wurde daraufhin zu seinen Großeltern väterlicherseits geschickt, während der Vater sich später mit Erlaubnis des hohen Rabbinergerichts von Lwow (Lemberg) wieder verheiratete. Erst sehr viel später stellte sich heraus, daß Bubers Mutter nach Rußland gegangen war und dort wieder geheiratet hatte.

Martin Bubers Großvater Salomon Buber und seine Großmutter Adele lebten auf einem großen Gut in der Nähe von Lwow, damals die Hauptstadt des österreichischen Kronlandes Galizien. Buber beschreibt seine Großeltern als Leute von hohem Rang, „im wahrsten Sinne des Wortes adelige Menschen, und in eigentümlicher Weise einander angepaßt und einander ergänzend." Dieser Adel des Charakters prägte das Leben des Kindes auf unauslöschliche Weise, denn seine Großeltern wurden ihm Eltern ebenso wie Lehrer. In ihrer Wirkung jedoch verstärkten sie sein Gefühl von Abgeschiedenheit und Verlassenheit. Nicht einmal miteinander sprachen sie über ihre persönlichen Angelegenheiten, vor einem Kind schon gar nicht. In seiner Gegenwart sprachen sie nicht von Scheidung. Sie bereiteten ihn auch in keiner Weise auf das vor, was ihm die Zukunft bringen sollte. Da ihm niemand sagte, daß seine Mutter verschwunden war, nahm er an, sie bald wiederzusehen. Aber in der Atmosphäre des Hauses seiner Großeltern wagte er nicht einmal zu fragen, ob dies so wäre. Seine ungestellte Frage erfuhr dennoch aus völlig unerwarteter Quelle eine Antwort.

Das Haus, in dem Bubers Großeltern lebten, hatte einen großen quadratischen Innenhof, umgeben von einem bis ans Dach reichenden Holzbalkon, auf dem man in jedem Stockwerk das Gebäude umschreiten konnte. Auf diesem Balkon stand der Junge einmal, als er noch nicht vier Jahre alt war, mit einem mehrere Jahre älteren Mädchen, der Tochter eines Nachbarn, die die Großmutter gebeten hatte, auf ihn aufzupassen. Sie lehnten beide am Geländer, und hier fand der Dialog statt, der mit seinen Großeltern nicht stattgefunden hatte. „Ich kann mich nicht erinnern, daß ich zu meiner überlegenen Gefährtin von meiner Mutter gesprochen hatte", berichtete Buber. „Aber ich höre noch, wie das große Mädchen zu mir sagt: ‚Nein, sie kommt niemals zurück.'" Er sagte kein Wort, aber er hatte keinen Zweifel, daß sie die Wahrheit gesprochen hatte.

Dies war *die* einschneidende Erfahrung in Martin Bubers Leben, ohne die weder sein frühes Suchen nach Einheit noch seine spätere Ausrichtung auf Dialog und die Begegnung mit dem „ewigen Du" verstehbar ist. Daß er diese kleine Autorität annehmen konnte, ohne sie anzuzweifeln, ließ seine Frage nicht zur Ruhe kommen. Im Gegenteil, sie markiert ihren wirklichen Beginn. Realismus, keine Resignation brachte sie. Sie versetzte ihn in eine neue Lage, die zum Berührungspunkt und Prüfstein jeder anderen Situation, in die er eintrat, werden sollte. „Sie wird *nie* zurückkommen", diese Worte blieben in ihm haften und gruben sich im Laufe der Jahre unauslöschlich ein. Erst nach mehr als zehn Jahren begann er wahrzunehmen, daß das, was ihm als Kind passiert war – so ungewöhnlich es auch war – nicht nur ihn, sondern alle anging. Für diese Erfahrung prägte er später das Wort *Vergegnung*, um den Fehlschlag einer wirklichen Begegnung zwischen Personen zu bezeichnen. Diese Vergegnung war sogar gegenwärtig, als seine Mutter Elise Brock – es muß ungefähr 1911 gewesen sein – mit ihren zwei Töchtern aus St. Petersburg kam, um ihn zu besuchen:

> „Als ich nach weiteren zwanzig Jahren meine Mutter wiedersah, die aus der Ferne mich, meine Frau und meine Kinder besuchen gekommen war, konnte ich in ihre noch immer zum Erstaunen schönen Augen nicht blicken, ohne von irgendwoher das Wort ‚*Vergegnung*‘ als ein zu mir gesprochenes Wort zu vernehmen."

Wer ein Bild von Martin Bubers Mutter als junger Frau gesehen hat, wird seinen Hinweis auf ihre „erstaunlich schönen Augen" nicht als Sentimentalität oder Nostalgie abtun können. Es wäre mehr als verständlich gewesen, hätte er sich sein ganzes Leben hindurch an das Traumbild der Mutter, die er gekannt hatte, geklammert, so wie Marcel Proust an seine Mutter oder wie Franz Kafka an seinen Vater. Das Bemerkenswerte ist, daß er es trotz der Intensität seiner Sehnsucht nicht tat. „Ich vermute", so schloß Buber dieses autobiographische Fragment, „daß alles, was ich im Laufe meines Lebens von der echten Begegnung erfuhr, in jener Stunde auf dem Balkon seinen ersten Ursprung hat."

Eine Nebenwirkung von Martins „Vergegnung" mit seiner Mutter war seine Begegnung, im tiefsten Sinne des Wortes, mit seinen Großeltern, insbesondere mit seiner Großmutter Adele. Adele Buber war die Tochter des reichen Herrn Wizer, des Besitzers einer Papierfabrik in Sasow in der Nähe von Zlotchow. Unter den Juden in dieser kleinen galizischen Stadt, in der Bubers Großmutter aufwuchs, war das Lesen „fremder" Literatur untersagt. Die Erziehung von Mädchen war noch beschränkter. Für sie galt jegliche Literatur – mit der Ausnahme erbaulicher populärer Bücher – als unziemlich. Als sie fünfzehn Jahre alt war, richtete Adele Wizer sich im Lagerraum ein Versteck ein, in dem die deutschen Bücher standen, die sie heimlich und gründlich gelesen hatte. Als sie siebzehn Jahre alt war, brachte Adele diese Bücher und mit ihnen die Gepflogenheit konzentrierten Lesens in ihre Ehe ein. Sie war eine der jüdischen Ehefrauen dieser Periode, die für ihre Männer die Buchhaltung führten, um ihnen die Freiheit und Muße zum Torahstudium zu verschaffen. Jeden Tag trug sie Einnahmen und Ausgaben in große, gleich gebundene Schreibhefte ein. Aber jeden Tag verzeichnete sie zwischen diesen Eintragungen auch jene Passagen aus ihrer Lektüre, die ihr wichtig geworden waren, nachdem sie sie halblaut sich selbst vorgesprochen hatte. Sie schrieb auch ihre eigenen Kommentare als Teil ihres Dialogs mit diesen großen Geistern nieder. Bei ihr, sagt uns Buber, waren unmittelbare Erfahrung und Reflexion der Erfahrung nicht zwei Phasen, sondern zwei Aspekte desselben Prozesses. In ihrer Sprache, wie in ihren Schriften, erscheinen die Gedanken, die Adele mitteilt, immer wie etwas unmittelbar Wahrgenommenes.

> „Wenn sie auf die Straße sah, hatte sie zuweilen das Profil eines einer Frage nachsinnenden Menschen, und wenn ich sie ganz allein beim Nachsinnen betraf, erschien es mir zuweilen, als horchte sie. Dabei war es jedoch schon für den Blick des Knaben unverkennbar, daß sie, wen sie jeweils ansprach, wirklich ansprach."

Adele Buber schickte Martin bis zu dessen zehnten Lebensjahr nicht auf die Schule. Statt dessen ließ sie ihn von Privatlehrern unterrichten. Humanismus mit besonderer Betonung der Sprachen war für sie der Königsweg der Erziehung, und die Neigungen und Talente des Kindes lagen in dieser Richtung. Andererseits verwöhnte sie ihn so, daß er nie handwerkliche Geschicklichkeit erlangte.

Martin Buber begann erst als Dreijähriger zu sprechen. Als er mit vier Jahren zu den Eltern seines Vaters kam, um dort zu leben, gelangte er in eine Umgebung, in der sehr unterschiedliche Völker beieinander lebten und eine Vielzahl von Sprachen gesprochen wurde. Im Hause seines Großvaters und seines Vaters herrschte die deutsche Sprache vor, aber die Sprache der Straße und der Schule war Polnisch. „Nur das Judenviertel rauschte von derbem und zärtlichem Jiddisch, und in der Synagoge erklang, lebendig wie je, die große Stimme hebräischer Vorzeit."

Seine besondere Beziehung zur deutschen Sprache verdankt Buber seiner Großmutter Adele. Diese erzog ihre Söhne und dann auch Buber selbst dazu, das authentische Wort, das nicht paraphrasiert werden kann, die integrale Einheit von Wort und Gedanken, die dieses Zeitalter aus dem Auge verloren hatte, zu achten. Alles, was sie niederschrieb, bestand aus einem kraftvollen und sicheren Deutsch, auch ihre mündlichen Äußerungen. Bubers Großvater war ein wahrer Philologe, ein „das Wort Liebender", aber die Liebe seiner Großmutter zum echten Wort beeinflußte das Kind sogar noch stärker, denn diese Liebe war unmittelbar und voller Hingabe.

Buber sah die wundersame Vielfalt menschlicher Sprachen als das Prisma, in welchem das weiße Licht menschlicher Sprache sich zugleich brach und bewahrte. Aber schon im Knabenalter erkannte er, daß diese Vielfalt ihren Preis hatte. Wieder und wieder folgte er dem individuellen Wort oder dem Wortgefüge von einer Sprache in die andere und fand bei diesen Nachforschungen, daß etwas verlorengegangen war, was es offenbar nur in einer einzigen von all diesen Sprachen gab. Was verlorenging, waren nicht nur Bedeutungsabschattungen, sondern die Bedeutung selbst. Das frühreife *Wunderkind*, zweifelsohne ein sehr isolierter und einsamer kleiner Junge, ersann für sich selbst zweisprachige Unterhaltungen zwischen einem Deutschen und einem Franzosen, später zwischen einem Hebräer und einem Römer. Durch diese Gespräche spürte er, „halb spielerisch und doch zuweilen mit pochendem Herzen", die Spannung zwischen dem, was von der einen, in einer Sprache denkenden Person, und was von der anderen, in einer anderen Sprache denkenden Person gehört wurde. „Das hat tief in mich hinein gewirkt", bezeugte Buber, „und ist in einem langen Leben in immer deutlichere Einsicht übergegangen." In der Tat kann man hier die Essenz dialogischen Verständnisses finden; nicht als präzise Definition, technische Kommunikation oder subjektive Empathie, sondern als „Einschließung" – die Erfahrung der anderen Seite der Beziehung, ohne daß dabei das Bewußtsein der eigenen Seite und der polaren Spannung zwischen der eigenen und der anderen verlorenginge.

Warum beunruhigte diese für seine sich entwickelnde Philosophie des Dialogs so ureigene Einsicht? Die Antwort kennt jeder, der einmal versucht hat, etwas von einer Sprache in eine andere zu übersetzen: die Schwierigkeit, dem Original treu zu bleiben, während man im wahrsten Sinne des Wortes den Sinn in der zweiten Sprache wieder erschafft. Zum Beispiel ermöglichten Bubers Sprachkenntnisse ihm als etwa Vierzehnjährigem, bisweilen seinem Großvater Salomon Buber, den er täglich vom Haus seines Vaters aus besuchte, ein wenig bei dessen Arbeit an den Midraschim behilflich zu sein. Manchmal geschah es, daß Salomon Buber beim Lesen von „Rashi", dem großen Bibel- und Talmudexegeten des elften Jahrhunderts, einen Text durch Bezugnahme auf eine französische Sprachwendung erläutert fand und den jungen Martin fragte, wie sie zu verstehen sei. Manchmal mußte Martin von der hebräischen Transkription auf die alte französische Ausdrucksweise schließen und diese zuerst sich selbst und dann seinem Großvater verständlich machen. Später jedoch, wenn er allein in seinem Zimmer im Haus seines Vaters saß, bedrängte ihn die Frage: Was heißt das, und wie geht das zu, etwas, was in einer Sprache geschrieben worden ist, durch etwas, was man in einer anderen Sprache zu sagen pflegt, zu „erklären"? Die Welt des Logos und der Logoi – die Welt des Wortes und die Welt der Worte – öffneten sich ihm, verdunkelten und erhellten sich ihm, um sich ihm dann wiederum zu verdunkeln.

Bubers Lieblingssprache als Kind war Griechisch, und die Grundlagen seiner philosophischen Erziehung wurden insbesondere durch eine Lektüre Platos in Originalsprache gelegt. Als Buber sein Abitur machte, befragte ihn sein Lehrer über eine Rede im Chorus bei Sophokles. Buber rezitierte die Passage aus dem Gedächtnis und beendete damit die Prüfung.

Buber sprach Deutsch, Hebräisch, Jiddisch, Polnisch, Englisch, Französisch und Italienisch und las zusätzlich auch Spanisch, Latein, Griechisch, Niederländisch und einige andere Sprachen. Dieser mehrsprachige Hintergrund war nicht nur für Bubers Übersetzertätigkeit wichtig, sondern auch, wie Hans Fischer-Barnicol aufgezeigt hat, für Buber als vor allem deutschen Autor. Selbst im Gespräch konnte Buber Bedeutungsunterschiede einfach und überraschend ausdrücken, nicht weil er einzelne Worte in ungewöhnlichem Sinn gebrauchte oder neue Worte schuf, sondern weil er altbekannte Wortwendungen mit besonderer Aufmerksamkeit verwendete und einer gebräuchlichen grammatikalischen Funktion eine frische, tiefere Bedeutung verlieh. Diese gänzlich unbefangene Qualität aufmerksamen Zuhörens charakterisiert auch sein Schreiben.

Indem er die Art und Weise, wie etwas auf Deutsch ausgedrückt wird, mit analogen Verwendungen in anderen Sprachen verglich, wurden ihm die Ausdrucksmöglichkeiten im Deutschen besonders bewußt.

Französisch jedoch war eine Sprache, die Buber als Kind nur widerstrebend lernte, wie er bei Gelegenheit der Verleihung eines Ehrendoktortitels durch die Sorbonne in Paris erzählte. Bubers Großeltern hatten einen Franzosen auf ihr Gut in Galizien kommen lassen. Er hatte den jungen Martin nicht nur Grammatik zu lehren und ihn in die französischen Klassiker einzuführen, sondern sollte sich auch darum bemühen, seinen Schüler im Stil der für den Salon angemessenen französischen Konversation zu unterweisen. Dieses Geschwätz ärgerte Martin schließlich so sehr, daß er den Lehrer, als sich die Gelegenheit bot, am Rand eines Fischteichs einen kräftigen Stoß versetzte. Der arme Mann landete im Wasser und mußte schließlich, bis auf die Haut durchnäßt, herausgezogen werden.

Abraham Joshua Heschel hat zu bedenken gegeben, daß Bubers Stil ohne den großen Einfluß des Jiddischen nicht wirklich verstanden werden kann. Obwohl Buber lieber Deutsch als Jiddisch sprach und sein reines, klassisches Deutsch dialektfrei war, verließ ihn jedoch nie seine frühe Zuneigung zur Farbe und Wärme des Jiddischen, und dieses hat in der Tat seinen Stil und mit ihm die Art seines Denkens geprägt. 1904 übersetzte Buber David Pinskis *Eisik Scheftel*, „ein jüdisches Arbeiterdrama in drei Akten", vom Jiddischen ins Deutsche und publizierte es im Jüdischen Verlag, den er und sein Freund Berthold Feiwel gegründet hatten. Der Mann, der innerhalb der nächsten zwei Jahre zwei deutsche Bücher auf der höchsten Kulturstufe deutschen Stils schreiben sollte und Jahre lang daran arbeiten mußte, den übermäßig gekünstelten Stil seiner Jugend zu vereinfachen und ihm neuen Boden zu verschaffen, hatte große Freude an den volkstümlichen ethnischen Qualitäten des Jiddischen.

Das Jiddische hörte nie auf, für Buber von zentraler Bedeutung zu sein. Praktisch alle chassidischen Legenden und Erzählungen, die er ein Leben lang bearbeitete, und viele der chassidischen Lehren waren ursprünglich jiddisch. Fast sechzig Jahre später bestätigte Buber noch einmal seine Feststellung von 1904: „Jiddisch ist der gesprochene Dialekt der volkstümlichen Massen des osteuropäischen Judentums, das mich fortwährend als das Sprache gewordene Volkstümliche selbst entzückt hat." Der einzige Unterschied zwischen Bubers früher Übertragung der Legenden des Baalschem und der legendären Anekdoten, die er später als die beste Form, chassidische Geschichten vorzutragen, entwickelte, ist in der Tat der, daß die ersteren dazu neigen, exaltiert und romantisch zu sein, während die letzteren die rauhe, humorvolle und mit beiden Beinen auf dem Boden stehende Qualität des jiddischen Originals beibehalten. Aus dem gleichen Grund sind die ersteren, auch dann wenn sie die Form von langen Geschichten annehmen, gewöhnlich lyrisch oder episch, während die letzteren, unabhängig davon, wie kurz sie sind, ausnahmslos dramatische Form haben.

Bubers eigener Beschreibung zufolge war sein Großvater Salomon der letzte große Gelehrte der Haskalah, der jüdischen Aufklärung. Ungewöhnlich war er in seiner Verbindung von Geschäft und Gelehrsamkeit. Obwohl er ein Autodidakt war, lernte er Sprachen und ihre Beziehungen untereinander so gut, daß ihm die ersten, heute noch maßgeblichen kritischen Ausgaben der Midraschim – einer besonderen Klasse talmudischer Literatur, die aus Interpretationen der Bibel, weisen Sprüchen und reicher Saga besteht – zu verdanken sind. In seiner bürgerlichen Beschäftigung war Salomon Buber nicht nur Großgrundbesitzer, sondern auch Getreidehändler und Besitzer von Phosphorminen an der österreichisch-russischen Grenze. Als erfahrener Mann mit unabhängigem Urteilsvermögen gehörte er zu den Führern der jüdischen Gemeinde und zur Handelskammer der Stadt. Er vernachlässigte seine Ehrenämter nie, aber er überließ die Verwaltung seiner Geschäfte weitgehend seiner Frau Adele (sie führte diese sehr kompetent aus, obwohl sie keine Entscheidung traf, ohne ihren Gatten zu konsultieren).

Es wird berichtet, daß Bubers Vater Carl – seine eigene bescheidene Reputation mit dem Ruf von Bubers Großvater und der Berühmtheit, die Martin Buber sogar schon in seinen Zwanzigern kennzeichnete, vergleichend – sich gutmütig beklagte: „Ich bin nur der Sohn meines Vaters und der Vater meines Sohnes." Salomon Buber war einer der führenden Juden und Bürger von Lwow. Er wurde von seinen Mitmenschen geliebt, und er liebte sie. Juden von nah und fern, aus jedem Zweig des Judentums verehrten ihn, selbst die Zeloten unter den Misnagdim – den Opponenten des Chassidismus – und die Chassidim von Belz und Zans. Seine vielen Artikel, seine Bearbeitungen, Einführungen, Anmerkungen und Erläuterungen der Midraschim veranlaßten jüdische Schriftsteller und Rabbiner aus der ganzen Welt, mit ihm zu korrespondieren und ihm ihre eigenen Werke zuzusenden. Die besten jüdischen Gelehrten und Rabbiner seiner Zeit ehrten ihn und sprachen mit Hochachtung von ihm, obwohl er sich persönlich in erster Linie nicht als Jude ansah, sondern als „ein Pole mosaischen Glaubens".

Trotz seiner vielen Aktivitäten als Geschäftsmann und Gelehrter fand Salomon Buber Zeit, eine Art Kamerad für seinen begabten Enkel zu sein. Während seine Großmutter Adele ihn die wahre Liebe zum Lesen und zur Sprache lehrte, war es sein Großvater, der ihn, selbst als Martin bei seinem Vater lebte, in die Welt der Wissenschaft einführte und ihn, beinahe noch wichtiger, zu seiner lebenslangen Aufgabe, aus dem Hebräischen zu übersetzen, hinführte.

Während Buber seine Mutter nur noch einmal wiedersah, trat sein Vater ab seinem neunten Jahr wieder in sein Leben. Carl Buber hatte wieder geheiratet, und der Junge verbrachte jeden Sommer bei seinem Vater und seiner Stiefmutter auf dem Gut. Mit vierzehn Jahren zog er aus dem Haus seines Großvaters in das Stadthaus seines Vaters.

Obwohl Bubers Vater in seiner Jugend sehr an den Themen interessiert war, die Darwins *Entstehung der Arten* und Renans *Leben Jesu* bekannt gemacht hatten, war sein Einfluß auf seinen Sohn nicht bloß ein intellektueller. Beeindruckt wurde das Kind viel mehr durch die Hingabe, in der sein Vater Landwirtschaft betrieb. Dies machte ihn unter den ostgalizischen Landbesitzern zu einem Phänomen. Im Vergleich zu seiner Umgebung war er anderen in der Anwendung wissenschaftlicher Methoden auf die Landwirtschaft weit voraus. Sechsunddreißig Jahre hindurch arbeitete er daran, die Produktivität seiner Böden durch sorgsames Testen von neuen Technologien zu erhöhen. Einmal brachte er sogar von der internationalen Ausstellung in Paris eine große Anzahl Zuchteier eines Hühnertyps mit, der im Osten noch unbekannt war, wobei er sie während der ganzen langen Fahrt über auf den Knien hielt, um sie zu schützen.

Noch vorbildlicher machte ihn seine Verbindung von Technikbeherrschung und direkter Sorge für die Tiere und Pflanzen, mit denen er arbeitete. Wenn er mitten in seiner Herde wunderbarer Pferde stand, begrüßte er ein Pferd nach dem anderen nicht nur auf freundliche Art, sondern jedes persönlich. Wenn er durch die reifenden Felder fuhr, hielt er den Wagen an, stieg aus, beugte sich wieder und wieder über die Ähren und brach schließlich eine ab, um sorgfältig die Körner zu prüfen. Er war kein englischer Naturpoet, sondern ein praktischer Bauer: „Es ging diesem völlig unsentimentalen und ganz unromantischen Menschen um den echten menschlichen Kontakt mit der Natur, einen aktiven und verantwortlichen Kontakt." Indem er seinen Vater bisweilen bei seiner Arbeit auf dem Gut begleitete, lernte der Knabe Martin etwas, was er aus keinem Buch hätte lernen können. In seiner eigenen Person nahm Carl Buber einen der bedeutendsten Aspekte im späteren Denken seines Sohnes vorweg: Der Mensch, der sich in Unmittelbarkeit übt, tut dies in seiner Beziehung zur Natur ebenso wie in seiner Beziehung zu seinen Mitmenschen – die „Ich-Du"-Beziehung zur Natur ist eine Begleiterscheinung des „Zwischenmenschlichen".

Carl Buber, so berichtete sein Sohn später, nahm Anteil am Leben aller Leute, die auf die eine oder andere Art von ihm abhängig waren – am Leben der Hofknechte in ihren kleinen Häusern, die nach seinen Plänen gebaut waren und die Gutsgebäude umgaben, der Kleinbauern, die für ihn unter den besten Bedingungen ihre Dienste leisteten, und der Pächter. Er kümmerte sich um ihre Familienverhältnisse, die Erziehung und Schulung ihrer Kinder und um alle, die alt oder krank wurden. Diese Fürsorge entsprang nicht Prinzipien, so versicherte Buber, sondern unmittelbar seiner Persönlichkeit. Dieselbe Art der Beziehung zu Menschen übertrug er auf das Leben in der Stadt. Unpersönlicher Wohltätigkeit war er zutiefst abgeneigt. „Er verstand keine andere Hilfe als die von Person zu Person, und die übte er." Selbst in hohem Alter nahm er die Wahl in die „Brotkommission" der jüdischen Gemeinde von Lwow an und erfüllte seine Pflichten in direktem Kontakt mit den Hilfsbedürftigen. Er besuchte sie immer wieder, um den wirklichen Mangel und ihre Bedürfnisse zu ergründen.

Die letzte Bemerkung Bubers über seinen Vater wurde besonders bedeutsam für die weitere Entwicklung seines Sohnes. Carl Buber war „ein geborener Erzähler". Wenn er über die Leute sprach, die er gekannt hatte, berichtete er immer die schlichte Begebenheit ohne alles Beiwerk – „nichts weiter als das Dasein menschlicher Kreaturen und was sich zwischen ihnen begibt." Die bemerkenswerteste Leistung Martin Bubers war vielleicht die, daß er im Verlauf seines langen Lebens der „geborene Geschichtenerzähler" der Nacherzählungen chassidischer und anderer Legenden in genau diesem Sinn wurde.

Eine der frühesten Erinnerungen Martin Bubers, die ihn bis ins hohe Alter begleiteten, war die an den roten Reitanzug, den er als Kind trug. Aber seine Liebe zu Pferden beschränkte sich nicht aufs Reiten. Als er elf Jahre alt war und den Sommer auf dem Gut seines Großvaters verbrachte, pflegte er, sooft er das unbeobachtet tun konnte, sich in den Stall zu stehlen, um seinem Liebling, einem breiten Apfelschimmel, sanft den Hals zu kraulen. Dies war keine beiläufige Freude für ihn, sondern ein großes, tief bewegendes Ereignis. Als er viele Jahre später davon schrieb, war die Erinnerung an seine Hand, wie sie das Pferd streichelt, noch frisch und mit ihr das Gefühl freundlichen Kontaktes, der „ungeheure[n] Anderheit des Anderen". Diese Anderheit blieb ihm nicht fremd, etwa wie die Anderheit des Ochsen und des Widders, sondern gestattete ihm, sich ihnen zu nähern und sie zu berühren.

> „Wenn ich über die mächtige, zuweilen verwunderlich glattgekämmte, zu anderen Malen ebenso erstaunlich wilde Mähne strich und das Lebendige unter meiner Hand spürte, war es, als grenzte mir an die Haut das Element der Vitalität selber, etwas, das nicht ich, gar nicht ich war, gar nicht ich-vertraut, eben handgreiflich das Andere, nicht ein anderes bloß, wirklich das Andere selber, und mich doch heranließ, sich mir anvertraute, sich elementar mit mir auf Du und Du stellte. Der Schimmel hob, auch wenn ich nicht damit begonnen hatte, ihm Hafer in die Krippe zu schütten, sehr gelind den massigen Kopf, an dem sich die Ohren noch besonders regten, dann schnob er leise, wie ein Verschworener seinem Mitverschworenen ein nur diesem vernehmbar werden sollendes Signal gibt, und ich fühlte mich bestätigt."

Ob Bubers Unwilligkeit, sein Konzept eines „Ich-Du" aufzugeben, in Erfahrungen wie dieser begründet war oder ob sie in seiner unmittelbaren, offenen und persönlichen Beziehung zur Natur lag, diese spezielle Erfahrung jedenfalls wurde für ihn zu einem konkreten Beispiel der „Reflexion", der grundlegenden Bewegung des „Lebens im Monolog". So wie „Dialog" für Buber nicht bedeutete, daß zwei sprechen, so bedeutete Monolog nicht, daß nur einer spricht. Es bedeutete, sich auf sich selbst zu beziehen und von der Besonderheit der anderen Person sich abzuwenden. In der „Reflexion" darf der andere nur als „ein Teil" der eigenen Person existieren. Als einmal der junge Martin sein Pferd streichelte, merkte er plötzlich, welche Freude ihm das machte, und er wurde sich plötzlich seiner Hand bewußt. Das Spiel ging weiter wie zuvor, aber es war nicht mehr dasselbe. Am nächsten Tag, als er dem Pferd sein üppiges Futter gab und seine Mähne streichelte, hob sein Freund nicht den Kopf. Als er sich bewußt wurde, daß seine Beziehung zu ihm sich verändert hatte, fühlte er sich nun seinerseits von diesem beurteilt. Wenn er später an diesen Vorfall zurückdachte, bildete er sich nicht mehr ein, das Pferd habe seine Entgleisung in den Monolog bemerkt.

Wären Martin Bubers Eltern in Wien zusammengeblieben, wäre seine Erziehung zweifelsohne völlig anders verlaufen. Es ist unwahrscheinlich, daß man ihn mit Privatlehrern zu Hause behalten und ihn Sprachen hätte studieren lassen, bis er zehn Jahre alt war. Selbst als Martin zur Schule ging (auf das Kaiser-Franz-Josephs-Gymnasium), war es in vieler Hinsicht ein polnisches und nicht ein österreichisches Gymnasium. Da die Ruthenen ihre eigenen Schulen hatten, war die weitaus größte Anzahl der Schüler in Bubers Schulen polnisch. Jüdische Schüler bildeten eine kleine Minderheit. Unterricht und sozialer Umgang fanden auf Polnisch statt, aber es war natürlich keine staatliche polnische Schule. Einzeln kamen die Schüler gut miteinander aus, aber die beiden Gruppen als solche verband kaum etwas.

Im Laufe der Schulzeit erhielt Buber seine grundlegende Ausbildung in einer Vielzahl von Fächern. Die entsprechenden Zeugnisse befinden sich im Buber-Archiv der National- und Universitätsbibliothek Jerusalem. Während dieser Schulzeit erwarb er seine ausgezeichneten Polnischkenntnisse, die ihm auch erhalten blieben, als er keine Gelegenheit mehr hatte, diese Sprache zu gebrauchen. Abraham Joshua Heschel erzählte, Buber sei mehr als fünfzig Jahre später in der Lage gewesen, zu einer Gruppe von Polen in perfektem Polnisch zu sprechen. Selbst nachdem er an die Universität Wien gewechselt war, hielt Buber Kontakte mit der polnischen Studentenbewegung aufrecht, vermutlich vor allem mit den Sozialisten. Sein Onkel Rafael Buber war selbst ein prominenter polnischer Sozialist. Einige Monate vor Ausbruch des zweiten Weltkriegs ging Buber als Gesandter der Hebräischen Universität nach Lodz in Polen.

Die ersten Jahre seiner Universitätsstudien verbrachte Martin Buber in Wien, der Stadt, in der er geboren war und seine früheste Kindheit verbracht hatte.

> „Die losen, flächigen Erinnerungsbilder schienen aus dem großen körperhaften Zusammenhang wie Scheibchen einer magischen Laterne hervor, aber auch manche Gegend, die ich nicht gesehen haben konnte, sprach mich als ein Bekanntes an ... Etwas fundierte sich damals, was in späteren Jahren durch keine der zeitalterlichen Problematiken hat umgegossen werden können ... Die heimatliche Fremde lehrte einen täglich, wiewohl in noch undeutlicher Sprache, daß man die Welt anzunehmen und sich von ihr annehmen zu lassen habe, sie nämlich sei bereit."

Im reichen und aufregenden Wien der Jahrhundertwende fand Buber eine einmalige Kultur, in der süddeutsche, jüdische und slawische Einflüsse sich mischten.

Nirgendwo war man zu jener Zeit den kulturellen Berührungen des skandinavischen Nordens und der romanischen Literaturen so offen wie in Wien, aber hier schienen alle diese aus fester und härterer, wirklichkeitsnäherer Formgebung kommenden Einflüsse wie verwandelt durch eine wärmere, weibliche Natur.

Eigentlich waren die Juden in Wien auf eine Weise, wie es in früheren Zeiten der Adel gewesen war, die Mäzene und Repräsentanten der Kultur. Zu Beginn der vierziger Jahre vertrat Stefan Zweig die Ansicht, daß „das meiste, wenn nicht alles, was Europa und Amerika heute als Ausdruck einer neuen, verjüngten österreichischen Kultur in der Literatur, dem Theater, in Kunst und Handwerk bewundern, von den Wiener Juden geschaffen worden war."

Während seiner zwei Semester an der Universität Wien nahm Buber an Vorlesungen teil, die ihn wenig beeindruckten. Selbst die wichtigen wissenschaftlichen Vorlesungen übten nicht den gleichen Einfluß aus wie die Seminare, in die er sich vorzeitig hineingestürzt hatte. Es war auch nicht der Inhalt der Seminare, der ihn so stark beeinflußte, sondern die Form, das Seminar selbst: „Der geregelte und doch freie Umgang zwischen Lehrer und Schülern, das gemeinsame Interpretieren von Texten, an dem der Meister zuweilen mit einer seltsamen Demut teilnahm, als erführe auch er eben jetzt etwas, und der mitunter von aller schulmäßigen Geläufigkeit befreite Wechsel von Frage und Antwort" – im Gegensatz zum isolierten Lesen von Büchern – all dies erschloß für Buber die unmittelbare Realität des menschlichen Geistes: die Wirklichkeit *zwischen* Mensch und Mensch.

Während Buber an der Universität Wien studierte, machte er sich den wienerischen Sprech- und Schreibstil zu eigen, insbesonders jenen der Avantgarde der Wiener Kultur, die eine Sprache von großer Reichhaltigkeit und Schönheit entwickelte, die jedoch oft überkultiviert und etwas affektiert war. Seine Liebe zum Jiddischen und seine Kindheitserfahrungen mit dem Polnischen, Deutschen, Griechischen und Lateinischen wurden überlagert vom Einfluß seines totalen Eintauchens in die erregende, aber chaotische künstlerische und intellektuelle Atmosphäre Wiens zur Jahrhundertwende.

Hugo von Hofmannsthal war der Wiener Dichter, dessen Werk Martin in „das ursprüngliche Gold der Sprache" des Wiens seiner Zeit einführte und ihn im Grunde genommen verführte, sich seiner zu bedienen. „Den Erben laß verschwenden", so begann das „Lebenslied", das zauberhafte und verzaubernde Gedicht von Hofmannsthal, das zu Martins Sirenenruf wurde. Nachdem der junge Buber auf einer Wiener Straße die Ausgabe der *Wiener Rundschau* gekauft hatte, in der das Gedicht erschienen war, setzte er sich auf eine Bank in einem öffentlichen Park und las. „Ein Schauder (nichts Genußähnliches, wahrhaftig ein ‚heiliger Schauder') überkam mich: diese Verse da waren jetzt, vor kurzem geschrieben worden!" Es war Bubers erste durchdringende Erfahrung des zeitgenössischen Zeitgeistes, und dieses Gedicht blieb ihm so lebendig gegenwärtig, daß er ein halbes Jahrhundert später dieses Gedicht als eines von dreien zu einer Anthologie beliebter deutscher Gedichte beitrug.

Als der achtzehn Jahre alte Martin nach Wien kam, entdeckte er eine neue Welt lebendigen Theaters, während vorher ihm „Theater" lediglich in Büchern zu lesendes Drama bedeutete. Am stärksten wirkte das großartige Burgtheater auf ihn, welches in vieler Hinsicht auf eine Weise, wie in einer anderen Stadt kaum möglich, die zentrale kulturelle Institution des Wiens der Vorkriegszeit darstellte. Im Burgtheater eilte der junge Buber, manchmal einen Tag nach dem anderen, die drei Treppen hinauf, nachdem er mehrere Stunden in der Schlange gestanden hatte, um einen Platz in der obersten Galerie zu ergattern.

> „Wenn dann tief unten vor mir der Vorhang aufging und ich in die Ereignisse des dramatischen Agon als, wie spielhaft auch, dennoch jetzt und hier sich begebend blicken durfte, war es doch das Wort, das „richtig" gesprochene Menschenwort, was ich recht eigentlich in mich aufnahm. Die Sprache – hier erst, in dieser Welt der Fiktion aus Fiktion, gewann sie ihre Adäquatheit; gesteigert erschien sie wohl, aber zu sich selber."

Was Buber hier über das Leben, gesprochene Sprache, die Sprache, die im „Zwischen stattfindet", lernte, war nicht bloß und konnte nicht nur auf die künstlerisch losgelöste Sphäre des Theaters beschränkt sein. Lebendige Sprache erhellte ihm menschliche Existenz als solche und wurde für ihn einer der Wege, die zu *Ich und Du* führten. Diese Wirklichkeit von Sprache als Ereignis war für Buber besonders mit Wien verbunden. Nachdem er im Theater gelernt hatte, konnte er sie auch auf der Straße hören:

> „Seither ist es manchmal vorgekommen, mitten in der Beiläufigkeit des Alltagsgeschehen, daß ich, etwa in einem Wirtshausgarten der Vorlandschaft Wiens sitzend, in dem vom Nachbartisch zu mir dringenden Streitgespräch zweier ausruhender Marktweiber über die sinkenden Preise, die Gesprochenheit der Sprache, das Laut werdende Einander vernahm."

Als Student wurde Martin vollständig von seinen wohlhabenden Eltern und Großeltern unterhalten. In seinem ersten Jahr als Student an der Universität beschäftigte Buber sich mit Literatur, Kunstgeschichte und Philosophie. Im Wintersemester 1897/98 studierte Buber an der Universität Leipzig, im Sommer 1899 an der Universität Zürich. In Leipzig und Zürich wohnte er Vorlesungen in Philosophie, Kunstgeschichte, Literaturgeschichte, Psychiatrie, Germanistik, klassischer Philosophie und Nationalökonomie bei. Seine Philosophie orientierte sich zu jener Zeit vor allem an den Naturwissenschaften. Er hörte Vorlesungen von Ernst Mach, dem österreichischen Physiker und Philosophen, Wilhelm Wundt, einem deutschen Physiologen und Völkerpsychologen, und Carl Stumpf, ebenfalls ein deutscher Philosoph und Psychologe. Außerdem war er ein begeisterter Student an der Psychiatrischen Klinik.

Ein unvergleichliches Portrait Martin Bubers als Universitätsstudent wird uns von seinem Jugendfreund Ahron Eliasberg gegeben. Schon bevor Eliasberg Buber begegnete, war ihm dessen Name bekannt. Die Familien der beiden Jugendlichen waren verwandt. Bubers Vater und Stiefmutter kamen oft in Eliasbergs Heimatstadt Pinsk, wo sie von Martins außergewöhnlichen Begabungen sprachen. Als Folge davon war Eliasberg überglücklich, als er eines Tages während seines ersten Semesters an der Universität Leipzig hörte, daß Martin Buber zusammen mit ihm ins Haus von einigen Verwandten zum Essen eingeladen worden sei. Noch vor dem ersten Treffen hatte er Bubers Namen im Studentenregister gefunden, aber vergeblich versucht, dessen schon damals bemerkenswerte Unterschrift zu imitieren! Als der ungeduldig erwartete Tag schließlich kam, übertraf Buber alle seine Erwartungen. Martin erzählte von seinen zwei Semestern als Student an der Universität Wien, von seinen Begegnungen mit Schriftstellern und Gelehrten und von den Inhalten der Kurse, an denen er dort teilgenommen hatte. Er berichtete über sein sehr starkes Interesse an Wundts Völkerkunde, die er zum erstenmal gelesen hatte, und rezitierte strophenweise alte und allerneueste Dichter. „Ich sah gleich", berichtet Eliasberg, „daß hier nicht Sand in die Augen gestreut wurde, daß sein Wissen echt war, und ich taumelte von Bewunderung zu Bewunderung, von Begeisterung zu Begeisterung."

Von da an trafen sich die beiden Jugendlichen häufig und erlebten viel miteinander. Es ist schwierig in Worte zu fassen, sagt Eliasberg, wieviel Unterweisung, Anregung und sogar Erhebung er dem jungen Buber verdankte, der nur sechs Monate älter war als er und dessen vielseitige Persönlichkeit zu dieser Zeit schon im Wesentlichen sich ausgebildet hatte.

Zusammen lasen sie philosophische und poetische Werke, unter anderem die Schriften des großen Soziologen und Philosophen Georg Simmel, der später an der Universität Berlin Bubers Lehrer wurde. Der junge Buber gab Eliasberg flüchtige Einblicke in seine ausgedehnten Bekanntschaften mit großen literarischen Gestalten. Er war ein begeisterter Anhänger von Peter Altenberg, der zu jener Zeit in Deutschland fast unbekannt war, und Eliasberg war sehr beeindruckt, als in seiner Gegenwart das neuste Buch des Dichters mit einer Widmung und einem Begleitbrief an Buber eintraf. Der letztere hatte ein feines Ohr für die Stimmen der Zeit. Er war einer der ersten, der Walther Rathenau, der später ein großer deutsch-jüdischer Staatsmann und Schriftsteller der Weimarer Republik werden sollte, bemerkte und dessen Größe erkannte. Rathenaus Antithese des „Nicht-Wissens und doch Erschaffens" drückte Bubers eigenes Lebensgefühl aus. Als Buber gen Ende des Wintersemesters Leipzig verließ, sandte er Eliasberg Schopenhauers Werke und versah sie mit folgender Widmung: „Mit der gegebenen Welt begnüge Dich – lehren die Weisen. Aber ich rufe Dir kühn: Schaffe Dir selbst eine Welt!"

Bubers Unermüdbarkeit war erstaunlich, berichtet Eliasberg. Einmal fuhren sie nach Berlin – natürlich vierter Klasse –, um ein Zionistentreffen „zu retten", und kamen am gleichen Tag zurück. Der Zug verließ Berlin um ein Uhr morgens, und sie erreichten Leipzig bei Tagesanbruch. Wie immer in solchen Fällen ging Buber nicht zu Bett, sondern statt dessen zu einem Treffen, das an diesem Morgen abgehalten wurde. Dann kehrte er nach Hause zurück, wo er sich einen Gehrock anzog, um an einem Bankett, dem ein Ball folgte, teilzunehmen. Buber, zu dieser Zeit ein leidenschaftlicher Tänzer, tanzte die ganze Nacht hindurch und ging direkt vom Ballsaal weiter zu seinen Seminaren an der Universität.

Zusätzlich zu seinen regulären Kursen an der Universität arbeitete Buber in Wundts psychologischem Seminar und – als einziger Student, der nicht Medizin studierte – im physiologischen Institut. Er nahm auch am Seminar über Kunstgeschichte von August Schmarsow teil, der, der weiteren Öffentlichkeit kaum bekannt, sich mit einem esoterischen Kreis von Bewunderern umgab. Neben all diesen Aktivitäten fand Buber Zeit, an fast allem teilzunehmen, was Leipzig an sozialen und künstlerischen Gruppen bot. Es braucht nicht erst gesagt zu werden, daß er keine Premiere der von Hans von Weber gegründeten „Literarischen Gesellschaft", keinen der Autorenabende und vor allem keine Aufführung neuer Theaterstücke versäumte.

Buber wurde schnell in der jüdischen Gemeinschaft in Leipzig bekannt. Der Rabbiner Dr. Porges, in dessen Haus er häufig verkehrte, nannte ihn „einen genialen Burschen", während seine Frau, die um sich herum einen Kreis von „Schöngeistern" gebildet hatte, sich für Buber mit einer Energie einsetzte, die nur in einem „Salon" möglich war. Durch die Familie Porges trat Buber der dortigen Kulturgesellschaft bei, deren unauffälliger Existenz er mit zwei Vorträgen über Lassalle einen ungewohnten Glanz verlieh. Wahrscheinlich fühlte er sich zu einem Leben bestimmt, welches dem Lassalles ähnelte. Er bereitete sich gründlich auf seinen ersten Vortrag vor. Die Wirkung des noch nicht Zwanzigjährigen war enorm – dank der Fülle seiner Nachforschungen, der Unabhängigkeit seiner Urteile und der Kraft seines Vortrags. Das Publikum war schier überwältigt. „Nie wieder habe ich triumphierende Jugend so erlebt", bezeugt Eliasberg. Es ist bemerkenswert, daß gerade der Erfolg dieses Vortrags Buber so grundlegend erschütterte, daß er ihn zwang, die problematischen Aspekte Lassalles zu sehen, die er vorher lieber übersehen hatte.

Als Ahron Eliasberg und Martin Buber nach ihrem ersten Treffen zusammen nach Hause gingen, lenkte Buber ihre Aufmerksamkeit auf die andere Straßenseite. „Also jenseits von Gut und Böse", bemerkte Eliasberg. Buber fragte: „Hast du auch Nietzsche gelesen?" „Nein", antwortete Eliasberg schüchtern, „und du?“ „Oh, für zwei oder drei Jahre war ich ein leidenschaftlicher Nietzsche-Anhänger“, antwortete der Jugendliche, „aber jetzt sehe ich in ihm nur noch einen anderen Wegbereiter ...“ Der arme Eliasberg fühlte sich vernichtet.

Altklug und sogar affektiert wie diese Worte erscheinen müssen, streute Buber jedoch nicht nur Sand in Eliasbergs Augen. Obwohl er sicherlich nicht abgeneigt war, seinem jungen Freund Einblicke in sein Wissen tun zu lassen, um ihn zu beeindrucken, war sein Wissen über Nietzsche keineswegs oberflächlich. Schon vor seiner Nietzsche-Periode war Buber tief von Immanuel Kant, dem rationalistischen Philosophen der Aufklärung, beeinflußt worden, und dies im Alter von vierzehn Jahren! Auch war dieser Einfluß nicht nur intellektuell, sondern tief verwoben in die persönliche Existenz des Knaben. Was auch immer die Verbindung zwischen dem Verlust der Mutter für den Dreijährigen und dem Entsetzen des Vierzehnjährigen angesichts der Unendlichkeit des Universums gewesen sein mag, wir haben keinen Grund, weder die Authentizität der Krise, die der Knabe Buber mit vierzehn Jahren durchlebte, noch den Ernst seiner Beziehung zur Philosophie, die ihn daraus errettete, anzuzweifeln. Der innere Buber wußte nichts von dem leichten Erfolg und der Beherrschung, von der der bewundernde Eliasberg berichtete.

In seinen „Autobiographischen Fragmenten“ verbindet Buber diese Krise über die Unendlichkeit von Raum und Zeit, in der Kant ihm half, mit der Verlockung, die Nietzsche auf ihn ausübte, als er siebzehn Jahre alt war. In beiden Fällen griff die Philosophie in einer Weise, die nichts mit seiner philosophischen Erziehung zu tun hatte, direkt in seine Existenz ein. Diese philosophische Erziehung gründete sich vor allem auf eine sorgfältige Lektüre Platos und gestaltete sich als ein schrittweiser Prozeß. Im Gegensatz dazu waren Bubers Begegnungen mit Kant und Nietzsche „katastrophale Vorgänge, ... die die Kontinuität, die Voraussetzung aller echten Bildungsarbeit, durchbrachen.“

Als Buber das erste dieser zwei Ereignisse in „Was ist der Mensch?“ wiedergab, stellte er es in den Kontext von Pascals Erkenntnis der Unheimlichkeit menschlicher Existenz in den unendlichen Weiten unter den Sternen. Die Konfrontation mit der Unendlichkeit macht die menschliche Existenz selbst zu etwas Beiläufigem und Fragwürdigem, denn sie macht den Menschen zu einer im wesentlichen verwundbaren Kreatur, deren Wissen um ihr Ausgesetztsein ihn des Gefühls beraubt, in der Welt zu Hause zu sein. Infolgedessen wird dem Menschen jedes Konzept von Raum und Zeit, ein Endliches nicht weniger als ein Unendliches, erschreckend, denn beide machen dem Menschen bewußt, daß er sich nicht mit der Welt messen kann. Der vierzehn Jahre alte Buber – in dieser Hinsicht noch frühreifer als das junge mathematische Genie Pascal – erfuhr dies in einer Weise, die sein ganzes Leben tief beeinflussen sollte:

> „Es war damals eine mir unbegreifliche Nötigung über mich gekommen: ich mußte immer wieder versuchen, mir den Rand des Raums oder seine Randlosigkeit, eine Zeit mit Anfang und Ende, oder eine Zeit ohne Anfang und Ende vorzustellen, und beides war ebenso unmöglich, ebenso hoffnungslos – und doch schien nur die Wahl zwischen der einen oder der anderen Absurdität offen. Unter einem unwiderstehlichen Zwang taumelte ich von der einen zur anderen, zuweilen von der Gefahr des Wahnsinnigwerdens in solcher Nähe bedroht, daß ich mich ernstlich mit dem Gedanken trug, ihr durch einen rechtzeitigen Selbstmord zu entweichen."

In seinen „Autobiographischen Fragmenten", die zwanzig Jahre nach „Was ist der Mensch?" geschrieben wurden, sagt uns Buber, daß ihn die Frage über die Zeit weit mehr quäle als die über den Raum. Er wurde unwiderstehlich davon getrieben, den gesamten Weltprozeß als gegenwärtig zu begreifen, und das bedeutete, Zeit entweder als beginnend und endend oder als ohne Anfang und Ende zu verstehen, was sich beides als gleich absurd herausstellte:

> „Ich mußte ja, wenn ich Ernst machen wollte (und eben dies zu wollen war ich immer wieder genötigt), mich entweder an den Beginn der Zeit oder an den Schluß der Zeit versetzen, und da bekam ich unverzüglich das Vorher wie einen Stoß in den Nacken und das Nachher wie einen Schlag gegen die Stirn zu spüren – nein, das ist kein Anfang und kein Ende! – oder aber ich mußte mich in jene oder diese Bodenlosigkeit, ins ‚Unendliche' werfen lassen, und nun verwirbelte alles. So begab es sich Mal um Mal. Mathematische oder physikalische Formeln hätten mir nicht helfen können; es ging um die Wirklichkeit der Welt, in der man zu leben hatte, und die hatte das Angesicht des Absurden und Unheimlichen angenommen."

Die Rettung kam dem Vierzehnjährigen aus einer Quelle, die, wie angemessen sie auch immer in philosophischer Hinsicht sein mag, jeden, der mit dem Text vertraut ist, nur in Erstaunen versetzen kann. Obwohl der erste Satz von Kants *Prolegomena zu einer jeden künftigen Metaphysik* warnt, daß das Werk nicht für Schüler, sondern für zukünftige Lehrer gedacht sei, wagte der junge Buber, es zu lesen, und fand darin eine philosophische Freiheit, die eine tief beruhigende Wirkung auf ihn hatte. Durch diesen Text gelangte er zu der Ansicht, daß Raum und Zeit keine wirklichen Eigenschaften sind, die den Dingen selbst anhaften, sondern lediglich Formen unserer Sinneswahrnehmung, die formalen Voraussetzungen, durch die wir die Welt und ihre Phänomene erfassen. Der Text enthüllte ihm ferner, daß der Begriff der Unendlichkeit von Raum und Zeit genauso unmöglich ist wie ihrer Endlichkeit. Keines von beiden wohnt unserer Erfahrung inne. Sie repräsentieren vielmehr einen unlösbaren Widerspruch von Ideen, die nicht notwendigerweise einer Seinsrealität entsprechen. Eine Philosophie, die bei Bubers älteren Zeitgenossen philosophischen Skeptizismus, wie etwa Vaihingers Philosophie des „Als ob", hervorrief, schenkte dem Knaben philosophischen Frieden.

Dies hatte zur Folge, daß der Jugendliche, für den philosophische Fragen eine Angelegenheit auf Leben und Tod geworden waren, sich nicht länger damit zu quälen brauchte, nach einem Ende der Zeit zu fragen. Zeit war nicht länger ein ‚Urteil', welches über ihn verhängt war, denn es war seine, es war „unsere". Die Frage war ihrer Natur nach für unbeantwortbar erklärt worden, zur gleichen Zeit jedoch war Buber davon befreit worden, sie zu stellen. Dieser philosophische Friede nahm eine mystische Qualität an, die dem Rationalisten Kant sehr fremd war, sprach dieser doch vom Menschen als Bürger zweier Welten, der noumenalen und der phänomenalen, machte aber keinen direkten Kontakt mit oder Wissen über die erstere geltend. In diesem Moment erlangte Buber die Intuition von Ewigkeit, eine Intuition, die er selbst am Ende seines Lebens für die bemerkenswerteste intellektuelle Leistung des Menschen hielt. Buber versteht unter Ewigkeit nicht endlose Zeit, sondern vielmehr das Sein als solches, Sein gleichermaßen außerhalb der Reichweite der Endlichkeit und der Unendlichkeit von Raum und Zeit, da sie nur in Raum und Zeit erscheint, aber nicht in diese Erscheinung eintritt. Buber gewann nicht nur eine Ahnung von der Wirklichkeit der Ewigkeit als völlig verschieden vom Endlichen als auch vom Unendlichen, er ahnte sogar die Möglichkeit einer Beziehung zwischen sich selbst – einem Menschen – und dem Ewigen. So bekam Buber in seiner aus dem Rahmen fallenden Reaktion auf Kant nicht nur eine Ahnung von der „Ich-Es"- oder Subjekt-Objekt-Beziehung, sondern auch vom „Ich-Du".

Diese Einsicht war Buber auf Jahre durch das Erscheinen des Sterns Nietzsche am Horizont verdunkelt, insbesondere durch dessen leidenschaftlichstes und am wenigsten philosophisches Buch *Also sprach Zarathustra.* Dieses Werk, das Nietzsche selbst als das größte Geschenk, das der Menschheit je gemacht worden sei, bezeichnete, trat dem jungen Buber nicht ruhig gegenüber und machte ihn nicht, wie es Kants *Prolegomena* getan hatten, frei. Vielmehr stürmte seine erhaben gewollte und hervorragend ausgedrückte Philosophie über Buber hin, ergriff Besitz von ihm und beraubte ihn auf lange Zeit seiner Freiheit. Diese Invasion und Verführung kann nur dadurch erklärt werden, daß der flüchtige Blick auf die Ewigkeit, den Kant ihm ermöglicht hatte, nicht wirklich genug geworden war, in seiner turbulenten Seele das ihn peinigende Problem der Zeit zur Ruhe zu bringen. Fast siebzig Jahre später schrieb ein Klassenkamerad des polnischen Gymnasiums nach Lektüre seiner *Begegnungen* an Buber, daß er sich an seine große Begeisterung für Nietzsches *Zarathustra* erinnert habe, auch daran, daß Buber das Buch immer zur Schule mitgebracht hatte!

In äußerstem Gegensatz zum rationalistischen Kant bot Nietzsche eine Dynamik und einen schöpferischen Elan von Lebenskraft, die den jungen Buber die ganze Periode seiner frühesten Schriften hindurch gefangen hielten. Nietzsche selbst sah den Grundgedanken von *Also sprach Zarathustra* in seiner Deutung der *Zeit* und fügte der heraklitischen Betonung des Flusses der Zeit eine fast ebenso heraklitische Betonung der „ewigen Wiederkehr des Gleichen" hinzu. Zeit war für Nietzsche nicht eine endlose, sich ins Unendliche erstreckende Linie, so wie sie Buber gepeinigt hatte, als er zwei Jahre jünger gewesen war. Sie war eine unendliche und im wesentlichen kreisläufige Folge von endlichen Zeitabschnitten, die einander in allen Dingen gleichen, so daß die Endphase der Periode in ihren eigenen Beginn übergeht. Diese Vorstellung, von Nietzsche als die „abgründigste Lehre" charakterisiert, wurde vom reifen Buber überhaupt als keine Lehre, sondern als „der mit stets neuen Variationen durchgespielte Vortrag einer ekstatisch erlebten Denkmöglichkeit" abgelehnt. Ihr eigne ein unverwandeltes dionysisches Pathos, hervorgebracht von der Begeisterung des modernen Dionysikers über seine eigenen Höhen und Tiefen. Selbst der Siebzehnjährige konnte diese Vorstellung als solche nicht akzeptieren, aber sie erzeugte in seinem Geist „eine negative Verführung".

Das ursprüngliche Geheimnis der Zeit – das manifeste Geheimnis der Einzigartigkeit jeglichen Geschehens, insbesondere die Einmaligkeit eines Ereignisses und die Tatsache, daß es niemals wiederkehrt – wurde von Nietzsches Scheingeheimnis der „ewigen Wiederkehr des Gleichen" verdunkelt. Die Faszination durch *Zarathustra* verfinsterte die frühere Intuition des Jugendlichen von der echten Ewigkeit, die aus sich selbst die Zeit entsendet und uns in jene Beziehung zu ihr setzt, die wir Existenz nennen. „Wer dies erkennt", sollte der reife Buber sagen, „dem zeigt die Wirklichkeit kein Angesicht des Absurden und Unheimlichen mehr: weil Ewigkeit ist."

Wenn Kants Einfluß Bubers späteren Dialog mit dem „ewigen Du" vorausahnen läßt, so brachte ihn der Einfluß Nietzsches auf den langen Weg, der dorthin führte. Daß er in der Tat nicht über Nietzsche hinausgegangen war, wie es seine Aussage Eliasberg gegenüber nahelegt, wurde am besten im frühesten seiner deutschen Essays – zuvor hatte Buber mehrere Essays auf Polnisch geschrieben – mit dem Titel „Ein Wort über Nietzsche und die Lebenswerte" (1900) deutlich. Was er dort von Nietzsche sagte, ist dem, was er selbst wurde, so ähnlich, daß es an Hawthornes Geschichte „Das große steinerne Gesicht“ erinnert, in dem der Held allmählich das Bild desjenigen annimmt, den er jahrelang bewundert und zu dem er aufgesehen hatte.

Buber war damals so von *Also sprach Zarathustra* eingenommen, daß er sich entschloß, es ins Polnische zu übersetzen. Er hatte den ersten Teil beendet und gerade mit dem zweiten begonnen, als er einen Brief eines ihm bekannten polnischen Schriftstellers erhielt, der ebenfalls mehrere Teile des Buches übertragen hatte und vorschlug, die Arbeit zusammen zu unternehmen. Buber zog es vor, ihm die Aufgabe zu überlassen. Aber von der Faszination des Buches selbst konnte er sich nicht losmachen. Er mußte sich durch viele Stadien des Denkens hindurcharbeiten, bevor er bei seiner Kritik an Nietzsches „Willen zur Macht“ als einer „Krankheit“ und von seiner Lehre vom „Übermenschen“ und der Wertskala von stark und schwach als „überhaupt keiner Lehre“ anlangte.

Jahre hindurch war selbst in Bubers Essays über das Judentum, den Zionismus und die jüdische Renaissance ein deutlicher Anklang an Nietzsche vernehmbar. Die besondere Betonung des Aktiven und Produktiven gegenüber dem Statischen und Unproduktiven in seinen frühen Essays konfrontierte Buber mit dem gleichen Problem, mit dem auch Nietzsche rang, mit der Beziehung zwischen Dynamik und Form: zwischen einer dionysischen Energie, die sich als jegliche Form zerstörend herausstellen kann, und einer apollinischen Begrenzung, die alle Dynamik zerstören kann. Buber wandte sich gleichermaßen gegen das dionysische Prinzip, so es dämonisch wird und Form zerstört, wie gegen das apollinische Prinzip, so es sich verhärtet und von einer lebendigen Schöpfung in eine verwesende Form übergeht. Diese Form identifiziert der Buber dieser Periode mit der unfruchtbaren, lebensverneinenden Intellektualität des Ghettos und mit der Überbetonung der rigiden zeremoniellen Gesetze durch das offizielle rabbinische Judentum. Demgegenüber beschreibt Buber den Chassidismus als den wahren Träger jüdischer Bildsamkeit, der Leben und Geist vereine und Handlungen durch vorsätzliche Innerlichkeit, durch den Schöpfer einer Gemeinschaft der Liebe und Gerechtigkeit heilige.

In „Zwiefache Zukunft“ (1912) sprach Buber in Nietzsches Geist von der Abwechslung zwischen den Formen der Kultur und dem „fruchtbaren Chaos“ der Religion. Wenn eine Kultur auseinanderfällt und die Stärke ihres Zusammenhalts verliert, entsteht jenes „fruchtbare Chaos“, in welchem allein der Samen einer wachsenden Religiosität sich entwickeln kann. So identifizierte Buber Religiosität mit dem revolutionären Prinzip, das alte Formen zerstört und unterdrückte Macht freisetzt. Diese Beschäftigung mit der Zeit und der Dynamik findet sich auch in Bubers späteren Gedanken.

Für Nietzsche ermöglichte es der „Tod Gottes" dem Menschen, seine entfremdete Freiheit wiederzuerlangen, die ins „himmlische Nichts" projiziert war und es erlaubte, seinen Willen zur Macht in der Schöpfung, die hinauf zum „Übermenschen" führte, auszudrücken. Für den jungen Buber stellte sich Nietzsches Feiern der Kreativität ohne jene Wurzeln, die es ihm erlauben würden, sich als Teil einer größeren Gemeinschaft zu fühlen, bald als unzulänglich heraus. „Heute", schrieb Buber 1902, „lügt der Glaube das Leben an und tut seinen schwellenden Bedeutungen Gewalt an." Aber die „schwellenden Bedeutungen" sind in sich selbst nicht genug. Heute führt der Verführer den kreativen Menschen nicht auf einen hohen Berg, um ihm alle Königreiche und alle Pracht der Welt zu zeigen, wie Satan es mit Jesus tat. Statt dessen lockt er ihn durch Unendlichkeit – sich selbst im Unwesentlichen zu verlieren, in der großen Verwirrung umherzustreifen, in der alle menschliche Klarheit und Bestimmtheit aufgehört hat zu existieren. So nimmt die Drohung der Unendlichkeit, die Buber als Vierzehnjähriger erfuhr, eine neue Form an – die Form der Formlosigkeit, des Wirbels ungemeisterter Möglichkeiten, die jeder junge Mensch, der in die Welt hinausgeht, ahnt, die Buber jedoch in überwältigendem Maße erfuhr.

Solange Buber bei seinem Großvater lebte, waren seine Wurzeln fest, wiewohl viele Fragen und Zweifel ihn verwirrten. Bald nachdem er das Haus seines Großvaters verlassen hatte, bis in sein zwanzigstes Lebensjahr und sogar bis später hinaus, befand sich sein „Geist in stetiger und vielfältiger Bewegung, in einem von mannigfaltigen Einflüssen bestimmten, immer neue Gestalt annehmenden Wechsel von Spannungen und Lösungen, aber ohne Zentrum und ohne wachsende Substanz: es handelte sich wahrhaftig um den *olam ha tohu* – die ‚Welt des Wirrsals'." „Ich lebte", schrieb Buber 1918, „in beweglicher Fülle des Geistes, aber wie ohne Judentum, so auch ohne Menschlichkeit und ohne die Gegenwart des Göttlichen."

In einem Zeitalter, das immer noch „Kreativität" und „Selbstausdruck" als die höchsten aller geltenden Werte ansieht, mag es schwer zu verstehen sein, warum der junge Buber während dieser Periode, in der er seine vielfältigen Gaben zu entdecken und zu erfüllen begann, nicht hätte glücklich und erfüllt sein sollen. Aber „Kreativität" kann auch ein Ausdruck von Zersplitterung anstatt von Ganzheit der Person sein. Das Bedürfnis, jene neutrale, aber ungeleitete Leidenschaft, die der Talmud den „bösen Trieb" nennt, den Buber in seinen chassidischen Lehren betont; das Bedürfnis nach „Richtung", welches er in *Daniel* anspricht; und das Bedürfnis nach Entscheidung, welches er in den Mittelpunkt von *Ich und Du* stellt – all dies wurde ihm zum ersten Mal während dieser schmerzhaften Periode äußerer Zerstreuung und inneren Aufruhrs deutlich. Der unausgesprochene Vergleich der kreativen Person mit Jesus – der eigentliche und für Buber in dieser Periode der kreative Mensch seines Zeitalters – ist angebracht, denn auch Buber wurde versucht. Aber seine Versuchung war nicht die des Ja oder Nein, die Jesus entgegentrat. In der Sprache von *Ich und Du* war es „das kernlos Viele", das „in der schillernden Gleichheit seines Anspruchs spielt."

> „Die feurige Materie all meines Wollenkönnens unbändig wallend, all das mir Mögliche vorwelthaft kreisend, verschlungen und wie untrennbar, die lockenden Blicke der Potenzen aus allen Enden flackernd, das All als Versuchung ..."

2. Kapitel

Zionismus

(1898–1904)

„Für ihn, der seinen Gott verloren hat, können die Menschen die erste Station auf seinem neuen Weg sein", schrieb Buber im selben Aufsatz, in welchem er von der Versuchung des kreativen Menschen gesprochen hatte. Das genau war Bubers eigene Erfahrung. Der erste Anstoß zu seiner Befreiung aus „dem Wirbel seiner Zeit" kam von der jungen Bewegung des Zionismus, durch die er erneut in Gemeinschaft verwurzelt wurde.

> „Niemand braucht die rettende Verbindung mit einem Volk so sehr wie der Jugendliche, der vom geistigen Suchen erfaßt ist, vom Intellekt fortgetragen in die obere Atmosphäre; aber unter den Jugendlichen dieser Art und dieses Geschicks niemand so sehr wie der jüdische ... Der leuchtendste intellektuelle Reichtum, die am blühendsten erscheinende Produktivität (nur der, der gebunden ist, kann wirklich produktiv sein) kann den abgesonderten Menschen nicht für die heiligen Insignien der Menschheit entschädigen – Verwurzelung, Bindung, Ganzheit."

Die neue zionistische Bewegung Theodor Herzls befreite Buber von seinem jugendlichen Narzißmus. Als der junge Eliasberg die Bekanntschaft Bubers machte, war der letztere alles andere als ein Zionist. Neben dem positiven Einfluß seines Großvaters wuchs Buber, so Eliasberg, in der oberflächlichen Salonkultur der Bourgeoisie auf, die alles Jüdische vom Grunde ihres Herzens auf verachtete. Als Eliasberg Buber kennenlernte, hörte er oft von seinen Lippen den Ausdruck „wirklich jüdisch" als eine Form der Herabsetzung. Buber blieb auch den polnischen sozialistischen Kreisen nahe und hielt einen vielgepriesenen Vortrag bei einer geheimen Konferenz polnischer Studenten, an der Delegierte aus den drei Gebieten des Reiches teilnahmen. Buber war jedoch kein polnischer Assimilant. Er las Herzls Zeitschrift *Die Welt*, deren einziger Abonnent in ganz Leipzig Eliasberg war, und diskutierte oft zionistische Fragen. Er prägte sogar eine treffende persönliche Formel für seine Unsicherheit in jüdischen Angelegenheiten: „Ich will alle Pflichten des Zionismus auf mich nehmen, doch keines seiner Rechte genießen." Genauso wichtig wie der Zionismus waren für ihn zu jener Zeit jedoch die einfachen jüdischen Menschen, die er in chassidischen Synagogen entdeckte.

Buber verbrachte 1898 die Sommerferien auf dem Gut seines Vaters in Galizien. Von dort schrieb er Eliasberg, daß er ein Werk entdeckt habe, welches ihn endlich zum Nationalismus und Zionismus bekehrt habe. Es handelte sich um Mathias Achers (Nathan Birnbaums) *Modernes Judentum*. Wie Buber in *Israel und Palästina* (1945) bemerkte, schloß dieses Buch ab, was Moses Hess begonnen hatte: die Synthese der nationalen und sozialen Idee im Judentum. Buber wollte im Winter nach Leipzig zurückkehren und im Zionismus politisch aktiv werden. Eliasberg war überglücklich, daß sein Freund sich in dieser Sache ihm beigesellte. Buber führte seine Aktivitäten mit dem ganzen Eifer eines Neubekehrten aus. Obwohl sie in politischer Aktion völlig ungeschult waren, gelang es Buber und Eliasberg, dem Zionismus eine Basis in Leipzig zu verschaffen und schließlich eine Ortsgruppe und eine Union jüdischer Studenten zu gründen. Buber wurde natürlich zu ihrem ersten Präsidenten gewählt. Im Schmuck seiner Insignien, jedoch noch ohne Bart, „gibt Buber die Figur eines jungen Samson ab."

Im März sandte die Leipziger Ortsgruppe Buber als ihren Repräsentanten zum Zionistenkongreß nach Köln, damals Sitz der Organisation. Buber, den nun nach weiteren Studien verlangte, kehrte nicht zurück. Als Abschiedsgeschenk schickte Eliasberg ihm Jacob Burckhardts *Geschichte der griechischen Kultur*, das kurz vorher erschienen war. Von Köln schrieb Buber an Eliasberg: „Ich habe das Buch vor mir und frage mich, wann werden *wir* ein solches Werk haben, mit dem Titel *Jüdische Kulturgeschichte*." Erst nach vielen Jahren verstand Eliasberg die volle Bedeutung dieser Worte.

Wenn Bubers jüdische Erziehung wirklich so oberflächlich und seine Antipathie jüdischen Dingen gegenüber wirklich so grundsätzlich gewesen wäre, wie Eliasberg andeutete, hätte er niemals seinen Weg zum Zionismus finden können. Seine Universitätsjahre waren sicherlich eine Periode, in der er seine Verankerung im kompromißlosen Judentum, welches seinem Großvater, „ohne daß er sich deswegen Gedanken gemacht hätte", innewohnte, weitgehend verloren hatte. Aber keine „Salonkultur" konnte die nachhaltigen Wirkungen der Jahre zwischen vier und vierzehn aufwiegen, die er in seines Großvaters Haus verbrachte, umgeben von der Welt des Midrasch, in der sein Großvater „mit einer wunderbaren Konzentration der Seele, mit einer wunderbaren Intensität der Arbeit" lebte. Über seinen Großvater schrieb Buber:

„Ohne sich je die philologische Methode des Abendlandes angeeignet zu haben, bearbeitete er die Handschriften mit der Zuverlässigkeit des modernen Gelehrten und zugleich mit der Wissenspräsenz des talmudischen Meisters, der zu jedem Satz, jedem Wort alles irgend Bezügliche der gesamten Literatur unmittelbar bereit hat, nicht als Material des Gedächtnisses alleine, sondern als einen organischen Besitz der ganzen Person."

Das Ausmaß, in dem Salomon Buber inmitten des kulturellen Zionismus für Martin als Vorbild authentischer Menschlichkeit und authentischen Judentums weiterhin gegenwärtig war, wird aus einem Brief deutlich, den Martin seinen Großeltern im Januar 1900 aus Anlaß des Geburtstags seines Großvaters schrieb:

„Ich habe, seit ich von zu Hause fort bin, viele Geistesmenschen kennen gelernt: Künstler, Dichter und Männer der Wissenschaft. Aber niemals wieder habe ich die kindliche Wunderkraft des Geistes, die Macht eines starken und einfachen Strebens so rein und schön verkörpert gesehen wie bei Großpapa, niemals wieder ist mir ein Forscher und Gedankenarbeiter so liebenswürdig erschienen (ich meine: so wert der größten Liebe). Selten kann ich mich der Tränen erwehren – Tränen innigster Verehrung – wenn ich an sein liebes Gesicht denke ... Ich kann Dir meine Dankbarkeit und meine Liebe nicht besser bezeigen, als wenn ich – auf meinen Gebieten – Deiner Art nacheifere und mein Leben, wie Du, in den Dienst des jüdischen Volkes stelle."

Auf der anderen Seite bedeutete Bubers Bekehrung zum Zionismus nicht kritiklose Bejahung alles Jüdischen und eine völlige Umkehr seiner früheren kritischen Haltung. Im Gegenteil, sein Aufruf zu einer „jüdischen Renaissance" bedeutete eben die Läuterung und Entfernung der Elemente im *Galuth*-(Exil-)Judentum, die er als ungesunde Degenerationen ansah: seichte Anpassungen an die umgebende Kultur oder überholte Betonung von haarspalterischen Kommentaren und Regeln des rituellen Gesetzes. Auf bestimmte Weise stellt dieser Aufruf eine klare Feier des Vornehmen, Starken, Schöpferischen und Reinen in der Art Nietzsches dar. Aber in einer anderen Hinsicht ist er offensichtlich als weitergehende Identifizierung mit den Juden und dem Judentum zu begreifen, welche Buber daran hinderte, wie so viele andere Juden jener Zeit ein Assimilationist zu werden, selbst als er diesen am stärksten entfremdet war. Der Zionismus war die erste politische, weltliche Bewegung, in welcher die Juden „besserer Klasse" wagten, in politischer Gesellschaft das Wort „Jude" laut auszusprechen. Es ist undenkbar, daß diese Bewegung Buber angezogen hätte, wenn er wirklich ein „jüdischer Antisemit" gewesen wäre, wie Eliasberg glaubte, und noch viel weniger wahrscheinlich ist es, daß Buber den Zionismus von Anfang an als eine jüdische Renaissance-Bewegung und nicht als ein rein politisches Gegenmittel wider den Antisemitismus gesehen hätte.

Wohl war der Zionismus Theodor Herzls als direkte Reaktion auf den Antisemitismus, den der Dreyfus-Prozeß in Frankreich offengelegt hatte, entstanden. Die französische Armee, der Staat und die Kirche hatten sich verschworen, einen unschuldigen Mann – Alfred Dreyfus, Kapitän in der französischen Armee und Jude – für Jahre auf der Teufelsinsel gefangenzuhalten, bis der große französische Schriftsteller Emile Zola die Freiheit von Dreyfus in einer Frankreich in den Grundfesten erschütternden und polarisierenden Anklageschrift („J'accuse!") forderte. Chaim Weizmann kam ebenfalls zum Teil zum Zionismus durch den weitaus schrecklicheren Antisemitismus in Rußland, der in Pogromen gipfelte, die Tausende und Abertausende von Juden nach Westeuropa und Amerika fliehen ließen. Aber selbst dieser Zionismus ist keinesfalls einfach als negative oder defensive Bewegung zu charakterisieren. Er war in seinen frühen Jahren durch einen heroischen Geist gekennzeichnet, den Theodor Herzl, der die Nietzschesche Lebenskraft in jüdischer Form verkörperte, ihr verlieh. Diese Tatsache trug dazu bei, Bubers Empfindlichkeit gegenüber den negativen Wirkungen des Ghettojudentums wie auch der Aufklärung zu dämpfen.

Obwohl in Deutschland eine pseudowissenschaftliche Rassentheorie entstanden war, die darauf abzielte, Angriffe auf die Juden zu rechtfertigen, ignorierten oder verleugneten die meisten westlichen Juden ausdrücklich die Existenz eines „jüdischen Problems", wie Robert Weltsch aufgezeigt hat. Jemanden als Juden zu identifizieren wurde in jener Zeit für taktlos gehalten, und die meisten Juden wußten auch nicht mehr, was eine solche Identifizierung bedeutete. Das Wort „Jude" hatte jegliche positive Bedeutung verloren, sei es als Religion, sei es als Volk, und war zu einem bloßen Schmähwort geworden. Jüdische Bildung wurde zugunsten einer säkularisierten Kultur aufgegeben. Der Unterschied zwischen dem Bild, das die breitere Öffentlichkeit von den Juden und jenem, welches die neuen Klassen assimilierter Juden von sich selber hatte, wurde einfach übersehen.

Die zionistische Bewegung, die in ihrer westlichen politischen Form mit dem ersten Zionistenkongreß 1897 in Basel in der Schweiz entstanden war, repräsentierte zum ersten Mal eine jüdische Gruppe, die die Existenz eines „jüdischen Problems" nicht leugnete, sondern es vielmehr als ein grundlegendes Problem nicht nur für die Juden, sondern für die ganze europäische Welt erkannte. Für die westlichen Zionisten ersetzte nach und nach die Politik die Religion als Brennpunkt jüdischen Lebens. Herzls These, daß die Juden ein Volk mit nationalen Rechten wie jedes andere seien, platzte als beispiellose politische Forderung auf die europäische Bühne. Die Emanzipation, die durch die Aufklärung und Napoleon eingeleitet worden war, hatte zwar den einzelnen Juden, nicht aber das jüdische Volk befreit. Die assimilierten Juden befürchteten, daß der zionistische Anspruch zu einem Verlust dieser individuellen Rechte führen würde. (Die Nationalsozialisten schlugen später verheerendes politisches Kapital aus dem Zionismus mit genau diesem Ziel.) Im Gegensatz dazu glaubten die Zionisten, daß die assimilierten Juden die jüdische nationale Bewegung als moralische Wiedergutmachung für ihr durch den wachsenden Antisemitismus verwundetes Feingefühl und für die schrumpfenden Entwicklungsmöglichkeiten willkommen heißen würden.

War Antisemitismus eine direkte oder indirekte Ursache für Bubers Konversion zum Zionismus? Wir haben keinen anderen Beweis als seine deutliche Identifizierung mit dem Leiden seines Volkes und seine begeisterte Zugehörigkeit zur Sache. Drei Jahre vor den Pogromen von 1903 in Rußland schrieb Buber an seine Verlobte Paula Winkler mit lebhaftem Mitgefühl über seine Begegnung mit einer Gruppe führerloser und verlorener russischer Juden im Bahnhof von Berlin, die sich auf ihrem Weg nach Amerika befanden, von seinen Versuchen, ihnen behilflich zu sein, Essen und Unterkunft zu finden. Die dortigen Beamten behandelten diese Menschen „wie Tiere". Obwohl Buber der Bewegung 1898, ein Jahr nach dem ersten Kongreß, beitrat und seinen Führer als einen jüdischen Helden bewunderte, war seine Beziehung zur Bewegung doch von Anfang an eine sehr andere als die Herzls. Er gehörte zuerst einmal der Gruppe junger Leute an, die Herzl mit seinem Führungstalent für die Sache gewinnen konnte – junge Leute voller Enthusiasmus und Entdeckungsfreude. Mehr noch, Zionismus bedeutete für Buber eine Rückkehr zu den jüdischen Wurzeln, die Herzl nie hatte, und eine Flucht aus genau der Assimilation, die Herzl, abgesehen von seinen politischen Aktivitäten, bis ans Ende kennzeichnete. Ohne den Zionismus, sagt Hans Kohn, wäre Buber vielleicht einer der einsamen und tragischen Literaten geworden, die von allen Kulturen der Welt fasziniert sind, ohne in irgendeiner verwurzelt zu sein.

Indem er den Zionismus annahm, fand Buber zum ersten Mal eine Richtung, in die er ähnlich wie sein Großvater seine Energien konzentrieren und sich fruchtbarer und fortwährender Arbeit hingeben konnte. Die „jüdische Renaissance", die Buber in seinen Essays dieser Periode vorausgesehen hatte, fand zuerst in seiner eigenen Seele statt. Obwohl Buber im Alter nur vier der Gedichte aus dieser Zeit in sein Buch „Nachlese" aufnahm, geben uns seine anderen Gedichte, besonders die zionistischen, einen Einblick in seine innere Hingabe an die Bewegung, den uns selbst seine flammende, jugendliche Prosa nicht gewährt. Das erste dieser Gedichte, „Unseres Volkes Erwachen", wurde ohne Bubers Wissen von dem sehr viel älteren Pastor William H. Hechler veröffentlicht, den Buber im Herbst 1899 in einem Zugabteil getroffen hatte. Im Gespräch hatten die beiden entdeckt, daß sie, von völlig verschiedenen Grundlagen aus, ein gemeinsames Interesse am Zionismus teilten. Pastor Hechler besaß einen festen eschatologischen Glauben an den lebendigen Christus und sah die Rückkehr des jüdischen Volkes in sein Heimatland als den verheißenen Vorboten für das zweite Kommen Christi. Er reiste zu jener Zeit zum Großherzog von Baden, den er kurze Zeit vorher Herzl vorgestellt hatte. Als Buber Hechler seinen „Hymnus" zeigte, war letzterer derart begeistert – „völlig unbegründeterweise", kommentierte Buber ein halbes Jahrhundert später –, daß er erklärte, er müsse sie dem Großherzog vorlesen. Er tat nicht nur das, sondern er veröffentlichte kurz danach „das fragwürdige Opusculum" ohne Bubers Wissen, „nachdem er es mit einigen, wenn möglich noch pathetischeren Titeln für jede Stanze ausgestattet hatte."

Die Verbindung dieses zionistischen Enthusiasmus mit der Lebenskraft und Kreativität von Bubers Nietzscheperiode ist augenfällig, nur daß sie jetzt in eine Bewegung zusammenschossen. Buber ging so weit zu behaupten, daß alles Gute und Fruchtbare, das in den letzten zwei Jahrtausenden im Judentum geschehen war, in einem tieferen Sinn zionistisch war, da es zum Leben führte. In seinen Essays über die jüdische Renaissance, die in dieser Zeit geschrieben wurden, rief Buber zu einem Kampf auf: gegen die Feinde in den eigenen Reihen, die das jüdische Volk spalteten und schwächten, für die Freimachung latenter Kräfte und vor allem für die Wiederherstellung des geeinten, ungebrochenen Lebensgefühls der Juden, so daß es seinen natürlichen Ausdruck in Wirklichkeit und Kunst wiederfinden könne.

Renaissance bedeutet nicht Rückkehr, sondern Wiedergeburt: eine Erneuerung der ganzen Person. Für die Juden wird es wegen des inneren *Ghettos* und des *Golus* (Exil), die sie fesseln, schwieriger sein, in diese Renaissance einzutreten, als für jedes andere Volk: das *Ghetto* des unfreien Geistes und des Traditionszwangs, das vom Leben der Sinne getrennt ist; und *Golus* – die Sklaverei unkreativer Geldmacherei und die scheele Heimatlosigkeit, die jeglichen geeinten Willen zerstört. Erlösung aus diesen Fesseln kann nicht aus einem Parteiprogramm kommen, sondern nur aus dem ungeschriebenen Programm einer *Bewegung*. Zion muß in der Seele wiedergeboren werden, bevor es als greifbare Wirklichkeit geschaffen werden kann. Wenn ein solches Zion in den Seelen existiert, so wird das andere, das palästinensische Zion nicht lange auf sich warten lassen.

Die jüdische Renaissance ist das Ziel und die Bedeutung der jüdischen Bewegung; die zionistische Bewegung ist das Bewußtsein und der Wille, die zur Renaissance führen. Dieses Bewußtsein und dieser Wille sind um so notwendiger, als weder Chassidismus noch Haskalah – die zwei großen Bewegungen, die in der Mitte des achtzehnten Jahrhunderts entstanden und der jüdischen Renaissance den Weg bereiteten – in der Lage waren, aus sich selbst zu ihr zu führen. Chassidismus ersetzte den alten Zwang des Gesetzes durch die neue jüdische Mystik, die die Gefühle befreite, die Absichten läuterte und als Ziel das Gesetz setzte, daß der Mensch selbst Gesetz werden sollte: er sollte nunmehr in Freiheit verkörpern, was vorher äußerer Befehl gewesen war. Haskalah, die jüdische Aufklärung, die im Namen der europäischen Zivilisation hervortrat, befreite die Gedanken und führte den einzelnen Juden in die Unabhängigkeit. Aber keine der beiden Bewegungen allein vermochte die vollständige Befreiung und Organisation der neu erwachten Kräfte des Volkes zu leisten. Das Wunder ist, daß diese beiden Bewegungen das hervorbrachten, was sie hervorbrachten, nicht daß die eine degenerierte und die andere kein Vermächtnis unsterblicher Werke hinterließ. Die innere Befreiung im Chassidismus und in der Haskalah wurde nur von den Juden des Ostens, den Juden der Gemeinschaft, erfahren, wohingegen die Juden des Westens, die Juden der Zerstreuung, nur die äußere Befreiung, die Emanzipation, genossen. Dieser Essay läßt Bubers eigene große Leistung, nämlich die Verbindung und Integration von Chassidismus und Haskalah, vorausahnen.

Während des Sommersemesters 1899 in Zürich traf Buber in einem Germanistikseminar Paula Winkler, die er später heiratete. Zu jener Zeit war eine Frau, die an der Universität studierte, noch eine Ausnahme. Paula Winkler verband große intellektuelle Begabung mit einer Persönlichkeit, die von einem starken Freiheitsdrang gekennzeichnet war. Schon vor ihren Universitätsstudien hatte sie außerhalb ihres Elternhauses in einer Künstlerkolonie in Südtirol gelebt. Sie war eine der ersten Frauen, die die Alpen mit dem Fahrrad überquerte. Ihr Lehrer zu jener Zeit beschrieb sie als „ein wildes Alpenwesen ... zäh, genial, unbedenklich ... unheimlich gescheit und herrischen Willens." Die Verbindung realistischer Züge mit einem Hauch des Romantischen ließ voraussehen, wie ihr literarisches Werk genaue Portraits der Wirklichkeit mit Mythen und Geheimnissen verwob. Theodor Herzl nannte sie „ein großes Talent" und wollte Beiträge von ihr in der *Neuen Freien Presse* veröffentlichen, der Zeitschrift, von der alle jungen, unveröffentlichten Schriftsteller in Wien träumten, in ihr zu publizieren. Ihr erstes Buch mit Geschichten, *Die unechten Kinder Adams*, erschien 1912.

Paula war fast ein Jahr älter als der zwanzigjährige Martin, und von beiden besaß sie zweifelsohne die stärkere und reifere Persönlichkeit. „Es ist von nicht zu überschätzender Bedeutung", schreibt Grete Schaeder, „daß Buber in jungen Jahren einer Frau begegnete, die ihm an dichterischer Begabung und Ausdruckskraft ebenbürtig, ja überlegen war und seine Leistung bis ins letzte verstand und anspornte." Etwas von der Qualität dieser Beziehung teilt sich uns durch ihre Briefe vom August 1899 mit. „Süßer, Lieber, Du darfst nicht gleich so bange sein, wenn ein Brief dich nicht trifft", schrieb Paula an Martin. „Aber nicht wahr, Du wirst darin nicht übertreiben? Vor allem nie nachts arbeiten! Lieber, Du, das versprich mir! ... Deine große Arbeit habe ich lieb – die möchte ich Dir nie leid machen. Aber zwischen Dich und die kleinen Tagesmühsale möcht ich mich schieben, wie eine verhüllende Wolke." Buber antwortete, indem er ihr von seinen zionistischen Aktivitäten erzählte: „Ich arbeite meist im Stillen, knüpfe Beziehungen an, wecke schlummernde Gedanken, pflege und kräftige unausgereifte ... Für das, was ich zu sagen habe, ist die Zeit noch nicht da; ich weiß nicht, ob dieser Kongreß sie mir bringt. Aber was ich tue, ist fruchtbar. Vielleicht kommt auch noch der Blitz, der aus mir Eigenstes herauslockt ... Von den verschiedenen Ausschußwahlen, die mir angeboten wurden", teilte Buber Paula mit, „habe ich nur die in den Agitationsausschuß angenommen, weil ich das liebe: Bewegung mitteilen." Paula antwortete mit einem langen Brief, in dem sie einen Freund heftig tadelte, der die Kategorien Jude und Christ, Französisch und Deutsch, Mann und Frau zugunsten des „Kosmopolitischen" aufgeben wollte. Sie gab ihrem Spott gegenüber diesem Standpunkte nietzschehafte Töne: „Warum nicht den Mann im Manne, warum nicht das Weib im Weibe zur hohen Vollkommenheit, zum wundervollen Blühen steigern – damit sie Mensch zu Mensch dann stehen?"

Im Juli 1901 schrieb Martin an Paula, das ganze Pathos seiner Sehnsucht nach Kreativität ausdrückend:

> „Vor allem ist es mir in einer unwiderstehlichen Weise offenbar geworden, daß ich mich mit aller Kraft zusammennehmen und in den nächsten Monaten, oder vielmehr Wochen etwas leisten muß, sonst verliere ich noch den Rest meiner künstlerischen Initiative, und ohne die ist alles Können wie ein Vogel ohne Kraft zum Aufschwingen; was mag es dem nützen, daß er ‚fliegen kann'? Du weißt, daß ich kein extensives Talent habe, da muß die Hand straff sein ... Du mußt verstehen, Liebste, daß dies eine Sache auf Leben und Tod ist. Es handelt sich einfach um meine Kunst: wenn ich mich gehen lasse, verkomme ich – das steht fest; dann kann ich mich als Privatdozent und überhaupt als anständiger Mensch weiter entwickeln; mit dem Machen von lebendigen Dingen ist es zu Ende."

Zu genau derselben Zeit, zu der Buber völlig im Zionismus und der jüdischen Renaissance aufging, heiratete er eine Frau, die von der Erziehung her eine Münchner Katholikin war. Diese Handlung veranlaßte seinen alten Freund Chaim Bloch, alle Verbindung mit ihm bis nach dem Kriege abzubrechen, denn in den Kreisen, in denen Bloch sich bewegte, wurden Mischehen als eine Form von Abtrünnigkeit betrachtet. In Bubers Fall war Mischehe in keiner Weise gleichbedeutend mit Assimilation. Wenn überhaupt, war es seine Frau, die sich den Juden anpaßte. Um den Preis eines vollständigen und dauerhaften Bruchs mit ihrer Familie konvertierte Paula Buber vor ihrer Heirat formell zum Judentum; der Vorgang schloß die traditionelle Mikwa oder das rituelle Bad ein (da Österreich keine Zivilehe hat, lebten sie mehrere Jahre zusammen und bekamen damals ihre zwei Kinder, Rafael und Eva, bevor Paula konvertierte und sie formell heirateten). Für einige Zeit studierte Martin in Berlin, während Paula und die Kinder in Österreich blieben. Paula war, um ihren eigenen Ausdruck zu gebrauchen, eine begeisterte „Philozionistin". Bubers Zionismus machte einen tiefen Eindruck auf sie, und sie bot ihm dafür sowohl Verständnis als auch ihren eigenen schöpferischen Widerhall.

Im Oktober 1901 kündigte Paula Martin an, daß sie mit ihm zusammen für den Zionismus aktiv werden wollte: „Ich habe das Gefühl, ich kann, ich muß etwas tun dafür." Am nächsten Tag schrieb sie „Liebster Maugli", der Kosename aus Rudyard Kiplings *Dschungelbuch*, mit dem sie sich anredeten, daß von allen Plänen für ein vereinigtes jüdisches Kunstleben, der einer jüdischen Bühne, die er vorgeschlagen hatte, wahrscheinlich der schwierigste sei: „Sind denn Stücke da? Und wäre es denn nicht sehr gefährlich, die Stücke erst für die Bühne zu schreiben? Die Idee verlangt Zeit. Ihr sollt keine unreifen Früchte pflücken, Lieber." „Ich wachse an deiner Sache heran", fügte sie hinzu. „Sie wird die meine, und die der Kinder soll sie werden."

Martins Antwort an Paula bestätigt nachdrücklich die Verbindung zwischen Paulas größerer Reife und dem Bedürfnis nach einer Mutter, welches Bubers Leben gekennzeichnet hatte, seit seine Mutter ihn verlassen hatte:

> „Deine Briefe [sind] das Einzige, das mir Kraft gibt. Alles Andere ist zu sehr in Sorge und Unrast hineinverwoben ... Außer ihnen vielleicht noch der Gedanke, daß eine Mutter in Dir ist, der Glaube daran. Jetzt weiß ich es: Ich habe immer und immer meine Mutter gesucht."

Paula Winklers „Betrachtungen einer Philozionistin", veröffentlicht in *Die Welt* (dem offiziellen Organ der zionistischen Partei), sind ein wesentlicher Bestandteil des gleichen zionistischen Enthusiasmus, den Bubers frühe Poesie und Prosa befeuert. Sie liefern konkrete Details ihres eigenen Hintergrunds, die zu verstehen helfen, wie diese brillante und stolze junge Katholikin mit solch großzügiger Begeisterung auf die Bewegung eines Volkes, welches nicht ihr eigenes war, reagieren konnte, und die ihr Leben mit dem eines seiner Führer verbinden konnte. Ihre Einstellung Juden gegenüber war nicht die übliche, so behauptet sie, weil ihre Mutter als junges Mädchen in der Nachbarschaft einer kleinen jüdischen Siedlung gewohnt und von deren Leben starke und dauernde Eindrücke erhalten hatte. Ihre Mutter sprach oft und mit seltener Wärme von diesem kleinen Ort, und dieses Bild blieb dem Kind erhalten. Aber jenseits des ganzen Charmes der Andersartigkeit, seltsamer und wundervoller Wörter und Gebräuche lag der dunkle Hintergrund einer schmerzhaft bewegenden Vergangenheit, eine Geschichte von grausamem Argwohn und trostloser Flucht, eine Geschichte von Heroismus und endlosen Leiden.

Unter den Menschen, mit denen Paula aufwuchs, wurden Juden nicht ausgesondert, und sie wußte kaum, was ein Jude war. Aber mit dreiundzwanzig begegnete der Antisemitismus ihr mit erschreckender Deutlichkeit. Sie wurde Zeugin, wie eine Bande Kinder sich gegen einen braunäugigen kleinen Jungen wendete und ihn durch „Judenkind"-Schreie tyrannisierten, bis seine etwas ältere Schwester mit erhobenen Fäusten dazukam und ihn vor seinen Unterdrückern rettete. Zionismus selbst, schrieb sie, war ein Wort, das sie kaum gehört hatte und dessen Bedeutung sie nicht kannte, bis Bubers Rede auf dem dritten Zionistenkongreß in Basel in ihr eine lebenslange Antwort hervorrief.

> „Da geschah mir, daß ein Menschenmund mit wunderbarer Gewalt zu mir sprach. Es war zuweilen, wie wenn ein Kind schüchtern redete, stockend, zart, bange, ob es Widerhall fände. Und dann und wann überzog die scheue Röte einer unberührten Seele das Antlitz dieses Menschen. Es war so, daß mir das Herz stille stand, rührend und heilig. Und dann war es wieder, als spräche es mit ehernen Zungen, als brausten alle Glocken der Welt über mich hin. Es war kein einzelner Mensch mehr, urgewaltig zogen die ungeheure Sehnsucht, Wunsch und Wille eines ganzen Volkes wie mit Stromsgewalt daher ... Es kam mich wie alles Große im Leben und wie das Leben selbst – kam und nahm mich hin."

Es war, als sähe sie über jedem jüdischen Haupt eine Dornenkrone schweben, das gleiche Bild der Kreuzigung, das Buber selbst in seinen Gedichten jener Zeit verwendet. Das uralte Verlangen nach der alten Erde wird erfüllt, so prophezeite sie, und die urgründig tiefen Wunden dieses alten, kranken, vornehmen Volkes werden geheilt werden! „Wie ich dich liebe, Volk der Schmerzen! ... In deiner Andersartigkeit liegt all deine Schönheit, alles Glück und alle Freude der Erde. Dein Eigen bleibe!"

Im Oktober 1902 schrieb Martin aus Lwow, wohin er gefahren war, um seine Familie zu besuchen, an Paula: „Hier ist es recht kerkermäßig eng, da fühle ich dich mehr als je als meine Freiheit. Überhaupt muß man das ganze Welträtsel an Einen Menschen binden, sonst ist man übel dran." Im Gegensatz zur talmudischen Warnung macht Buber geltend, daß man alle Geheimnisse betrachten darf. „Betrachte alle Mysterien, aber in Einem Menschen, der Dein ist, und Du liegst am Herzen der Welt. Denn alles ist in jedem, und nur die Liebe kann es heben." Grete Schaeder zitiert „ein ungeheures Dokument" aus dem Jahr 1902, überschrieben „Für Dich": wenn es nicht die Aussage eines sehr jungen Menschen wäre, der zwischen Leben und Dichten nicht zu trennen vermag: „Ehe Du zu mir kamst, war ich dieses: Traum und Golem. Als ich Dich aber fand, da fand ich meine Seele. Du kamst und gabst mir meine Seele. Ist nicht meine Seele so: Dein Kind? Und so wirst Du es lieben müssen."

Durch Paula Winkler wurde Buber mutiger und selbstsicherer, stärker und gefestigter. Dies war die entscheidende Beziehung in seinem Leben.

Unter einigen älteren Freunden, vor allem Berthold Feiwel und E. M. Lilien, hatte Buber führenden Anteil an der Entfaltung der jüdischen Renaissance. Diese Gruppe bereicherte die Bewegung nicht nur mit Gedichten und Geschichten, sondern auch mit Übersetzungen aus dem Hebräischen und Jiddischen. Wie Hans Kohn aufzeigt, waren die Aktivitäten Bubers und seines Kreises nicht nur künstlerisch ausgerichtet. Sie verwandelten den Zionismus des Westens in einen breiteren und tieferen Strom und brachten ihn so der alten jüdischen Bewegung des Ostens näher.

> „Der Zionismus dieser Jungen gewann Leben, er wurde greifbare Wirklichkeit, Gegenwart, Fülle. Alle späteren kulturellen Bestrebungen des Zionismus fußen auf der Tätigkeit dieses Kreises von 1900 bis 1904, auf ihrer unermüdlichen Hingabe und ihrem jugendlichen Enthusiasmus."

Buber fungierte als Sprecher für das Agitationskomitee auf dem dritten Zionistenkongreß in Basel 1899. Seine Rede erwies sich als Losung einer neuen Kulturbewegung, im Gegensatz zu der engeren rein politischen Konzeption des Zionismus. Zionismus sei keine Parteiangelegenheit, sagte Buber, sondern eine *Weltanschauung*. „Wir müssen das ganze Volk für unsere Sache gewinnen", sagte er, und es gewinnen nicht einfach durch äußere Agitation, sondern durch innere Umwandlung. Es darf keine Zionisten geben, so wie jemand ein Konservativer oder ein Liberaler ist, sondern so wie jemand ein Mensch oder ein Künstler ist. Dies kann durch „innere Agitation, durch Pflege der jüdischen Kultur, d. h. durch Pflege der gemeinsamen nationalen Güter, des Volksgeistes, der nationalen Geschichten und der nationalen Literatur, durch die Volkserziehung bewirkt werden."

„Herzl hatte eine Miene, die vom Glanz des Messias erleuchtet war", erinnerte sich Buber in späteren Jahren. Buber sah in Herzl den charismatischen Führer, durch dessen bloße Gegenwart eine unentschlossene Gruppe in eine große Bewegung verwandelt wird. Deshalb war Buber hocherfreut, als er 1901 seinen Freund Berthold Feiwel als Schriftleiter von *Die Welt* ablöste. Herzl schrieb an Buber, daß Feiwel aus Gesundheitsgründen zurücktreten müsse, lud ihn ein, die Tätigkeit des Schriftleiters zu übernehmen, und bot ihm freie Hand für ein Drittel des Blattes an, welches er mit allem füllen konnte, eingeschlossen seinen eigenen Leitartikeln und sogar zwei Seiten Geschichten. Buber antwortete diesem Ruf mit der Herzlichkeit und Eindeutigkeit, die schon in diesem jungen Alter seinen Charakter auszeichneten. „Ihr Antrag hat mich als Vertrauensbeweis und als schöne Arbeitsmöglichkeit herzlich gefreut", schrieb er.

Die gewaltige Aktivität, die die Tätigkeit als Schriftleiter für *Die Welt* in Buber freisetzte, wird an seinen vielen Beiträgen aus dem Jahre 1901 für diese Wochenzeitschrift deutlich, auch an seinen anderen zionistischen Schriften aus diesem und den unmittelbar folgenden Jahren. Dies kam teilweise dadurch zustande, daß er erfolgreich darauf bestand, der Schriftleiter einer Zeitung müsse eine unabhängige Macht in der Bewegung darstellen und dürfe nicht dem Aktionskomitee untergeordnet sein.

1901, auf dem fünften Zionistenkongreß in Basel, spielte Martin Buber die Hauptrolle im erfolgreichen Kampf, den die „Demokratische Fraktion" um die offizielle Anerkennung der entscheidenden Bedeutung des kulturellen Zionismus gegen Herzl führte. Die einseitige Geistigkeit des Ghettos, die die Natur, den menschlichen Körper und die Kunst als schädlich betrachtete, war in jüngerer Zeit durch eine Wiedergeburt der Kreativität, der Aktivität des gesamten Organismus und der Erneuerung des Sehens ersetzt worden, stellte Buber in seiner Ansprache über jüdische Literatur fest.

Nachdem fast vierzig Delegierte sich ohne vorherige Absprache von ihren Sitzen erhoben, die Halle verließen und sich entschlossen, dagegen zu protestieren, daß Herzl seinen Einfluß gebrauchte, um die Ablehnung aller Vorschläge des Kulturkomitees zu sichern, unterstützte Herzl alle Resolutionen des Kulturkomitees und brachte sie zur Abstimmung. Nur eine wurde nicht angenommen: die Subvention von Bubers und Feiwels *Jüdischem Verlag*. Der Rest, einschließlich der ersten offiziellen Resolution für die Gründung dessen, was später die Hebräische Universität in Jerusalem werden sollte, wurde angenommen, und die vierzig siegreichen Delegierten kehrten auf ihre Plätze zurück. Max Nordau stellte später in einem Interview fest, daß der *Galuth*, das Exil, in der demokratischen Fraktion lag. Diese Sichtweise wies Buber energisch zurück und mit ihr das Konzept einer Einheit, die unterschiedliche Ansichten zugunsten der Parteidisziplin aufgeben sollte. Solch erzwungene Einheit war genau das, was den *Galuth* kennzeichnete, versicherte Buber, und dies sei so notwendig wegen der Feindschaft der äußeren Welt: „Aber nun, in dem Neuland der Geister, das wir uns geschaffen haben! Nun brauchen wir kein so teuer erkauftes Vollwerk mehr ... Ja, auch wir wollen eine Einigkeit. Nur eine Einigkeit, die sich als Harmonie aufbaut aus freien, vollen Stimmen." Die Frage, die Buber hier anschnitt, war sowohl für den Ursprung wie für die Fortsetzung des Zionismus und für die Zukunft des Staates Israel entscheidend.

Die demokratische Fraktion entstand nicht aus spontanem Protest auf dem fünften Kongreß. Im Gegenteil, sie trat als organisierte Gruppe auf einer Konferenz junger Zionisten in Erscheinung, die zur Vorbereitung des Kongresses abgehalten wurde. Dies gab Buber die Sicherheit, daß er für die jungen Zionisten sprach und, als ihre Ziele beiseite geschoben wurden, den spontanen und ungeplanten Streik so vieler möglich machte. Buber formulierte den Slogan für die demokratische Fraktion: „*Gegenwartsarbeit*" – Arbeit in der Gegenwart zum Aufbau der Landwirtschaft in Palästina und zur kulturellen und erzieherischen Vorbereitung im Exil, anstatt diese zurückzustellen bis zu der angeblich nahen Stunde, in der zionistische Diplomatie vom türkischen Sultan die Charta erhalten würde, die die offizielle Erlaubnis zur Besiedelung in Palästina erteilte.

Eine der wichtigsten praktischen Aktivitäten der demokratischen Fraktion war die Gründung des *Jüdischen Verlags* im Jahre 1902 unter der Schriftleiterschaft von Buber und Feiwel. Dieser Verlag brachte einen jüdischen Almanach, Bücher über jüdische Kunst und Sammlungen jüdischer Dichtung heraus, und Buber leistete sowohl zu allen diesen seine Beiträge als auch Hilfe beim Redigieren. „Oft schon hatte ich mir gesagt", schrieb Berthold Feiwel 1902 an Buber, „daß Du von unserem kleinen Kreis der einzige wirklich Schöpferische bist und daß Du Dich für das Subjektiv-Größte für unsere Bewegung aufsparen und vorbereiten mußt." Auch wenn dieses Werk von Buber als Beitrag zum kulturellen Zionismus betrachtet wurde, so sah er darin auch einen Angriff auf den rein politischen Zionismus.

Ein zweites wichtiges Resultat der demokratischen Fraktion war das Flugblatt zu einer jüdischen Universität, welches Buber, Feiwel und Weizmann 1903 herausbrachten. Die Buber-Weizmann-Feiwel-Flugschrift war der erste ernsthafte im Druck erschienene Vorschlag zu einer jüdischen Universität. Er fand freundliche und weitverbreitete Aufnahme unter Juden in vielen Ländern. Auf Hebräisch, Deutsch, Englisch, Russisch und Jiddisch veröffentlicht, repräsentierte er den zweiten entscheidenden Schritt – der erste war die Resolution, die auf dem fünften

Kongreß verabschiedet wurde – auf ein Ziel hin, das erst zwanzig Jahre später verwirklicht wurde.

Ein weiteres wichtiges Anliegen, für welches die demokratische Fraktion unter der Führung von Weizmann, Buber und Feiwel zusammenarbeitete, war die Opposition gegen Herzls Plan, ein jüdisches Heimatland anstatt in Palästina in Ostkenia (fälschlicherweise als Uganda bezeichnet), einem Gebiet des Britischen Empire, zu etablieren. Obwohl ein großer Teil der Unterstützung für Herzl vom *Hovevei Zion* kam, den östlichen Juden, die durch ihre wirkliche Liebe zu Zion zum Zionismus hingezogen wurden, war er selbst nicht dagegen, in einem anderen Land Zuflucht für die vor den russischen Pogromen fliehenden Juden zu finden. Herzl sah sich selbst als den Stifter „des jüdischen Staates", aber er war kein „Freund Zions" in einer tieferen Bedeutung des Wortes. Im Gegensatz dazu war für die jungen Zionisten Herzls Vorschlag für „Uganda" ein glatter Verrat an der Sache. Der Konflikt erreichte seinen Höhepunkt auf dem sechsten Kongreß, wo es Herzl gelang, die Unterstützung der Mehrheit des Kongresses für eine Erkundungsexpedition nach „Uganda" zu gewinnen. Aber fast die Hälfte der Delegierten, unter ihnen die Mitglieder der demokratischen Fraktion, verließen die Sitzung in einer Stimmung tiefer Melancholie, sie weinten und erklärten das Baseler Programm für verraten.

Obwohl die Einheit am Ende des fünften Kongresses wiederhergestellt werden konnte, bedeutete dieser Kongreß de facto die Trennung Bubers und seiner Freunde von Herzl. Herzl war nicht der Mann, der eine solche Herausforderung seiner Autorität tolerierte; auch bedeutete seine in letzter Minute gegebene Unterstützung kein wirkliches Verständnis des demokratisch-kulturellen Zionismus, für den Buber, Weizmann, Lilien, Feiwel, Trietsch und andere kämpften. Laut Hans Kohn war es nur dem Kreis um den *Jüdischen Verlag*, besonders Buber und Feiwel zu verdanken, daß der Zionismus im deutschsprachigen Europa sich nicht nur nicht nach dem Tod Herzls und der Enttäuschung über die Wirkungslosigkeit seiner diplomatischen Aktionen auflöste, sondern nach 1910 einen neuen Aufschwung erlebte, der ihn eine Zeitlang zum aktivsten und führendsten Teil der *Jüdischen Renaissance*-Bewegung machte.

1944 hielt Buber eine Erinnerung an Herzl von 1901 fest, die Licht auf die Unterschiede in der Vorgehensweise des Führers der Zionisten und seiner jungen Gefolgschaft wirft. „Wir verehrten ihn, liebten ihn", schrieb Buber, „aber ein großer Teil seines Wesens war unserer Seele fremd. Mit einem Wort, fremd war uns Herzl, der Liberale." Für Herzl war kulturelles Arbeiten reines Beiwerk, das der zionistischen Bewegung interessante, wenn auch leicht exotische Nuancen hinzufügte, nie aber eine große und entscheidende Wirklichkeit im Leben des Volkes werden konnte. Buber stand Herzl im Jahr 1901 am nächsten. Davor war er ihm nicht persönlich nahe gewesen, und danach führte ihn seine Opposition zu einer Entfremdung von Herzl, die dieser erst in den letzten Tagen seines Lebens überwand. Im Mai oder Juni 1901 trafen sich Buber und Herzl im Zentralbüro der Zionisten in Wien, um die Schriftleitung von *Die Welt* zu diskutieren. An einer Wand des Raumes, in dem sie sich trafen, hing die neue Reliefkarte von Palästina, die das Büro gerade bekommen hatte. Nach einer kurzen Begrüßung führte Herzl Buber sofort zur Karte und begann, ihm die ökonomische und technische Zukunft des Landes aufzuzeigen. Seine Finger glitten über eine leere Ebene, und da entstanden in mächtigen Reihen die Fabriken von Hunderten von Industrien; sie führten über die Bucht von Haifa, und durch die Kraft seiner Worte sah Buber den „Zukunftshafen Asiens". Schließlich kehrte Herzls Finger zum Jordan zurück, und er schilderte Buber den Plan, dort einen mächtigen Damm zu errichten, der mit seiner Energie das gesamte ökonomische Leben des Landes versorgen würde. Und jetzt tippte sein Finger auf einen Punkt auf der Karte, und er rief: „Wieviel Pferdekräfte hat der Niagara? Acht Millionen? Wir werden zehn Millionen haben!" Buber stand überwältigt vor diesem magischen Werk. Er schien zu spüren, wie die Jordan-Niagarafälle auf ihn rauschten, und zu gleicher Zeit mußte er lächeln – wie entfernt das war, wie unwirklich! Nein, es war nicht um dieser Dinge willen, daß wir dienen, dachte der junge Mann; wir schrieben nicht Zions Namen auf unser Banner, um an der Amerikanisierung Asiens teilzunehmen. Gott sei gedankt, daß dies nur ein Traum ist!

Erst viel später, viele Jahre nach Herzls Tod, wurde Buber klar, daß es zu jener Zeit Herzl und nicht er gewesen war, der das wirkliche Palästina gemeint hatte. Für Buber war Zion zu der Zeit „die Geliebte und Gelobte", die von neuem gewonnen werden mußte, das Land der Seele und der Botschaft, das Land, in dem das Wunder der Erlösung sich erfülle. Für Herzl dagegen war es ein völlig konkretes Land mit völlig bestimmten geographischen und geologischen Charakteristika und daher auch mit klar bestimmbaren technischen Möglichkeiten, die er nicht nur kannte, sondern auch vor seinem geistigen Auge hatte.

Die Spaltung zwischen Buber und Herzl, die mit dem dritten Kongreß 1901 begonnen hatte, wurde 1903 zu einem entscheidenden Bruch. Dieses Mal jedoch konzentrierte sich die Kontroverse auf Persönlichkeiten, und sie schien Buber eine Loyalitätswahl zwischen den beiden Männern abzuverlangen, die ihm in seinem Zionismus am wichtigsten gewesen waren: Theodor Herzl und Achad Haam. Im Jahr zuvor hatte Herzl den Roman *Altneuland* veröffentlicht, sein etwas utopisches Bild eines möglichen Lebens im neuen jüdischen Staat. Achad Haam unterzog das Buch einer durchdringenden Kritik von Herzls Zionismus, der für ihn nichts weniger war als eine neue und wirksamere Form der Assimilation, in der der Autor sich geradezu überschlug, um Nichtjuden das Verdienst für alles Originelle im neuen Staat zuzuschreiben, aber hebräischen Unterricht und hebräische Kultur weder in seinem Erziehungsentwurf noch in seiner Gelehrtenakademie erwähnte. Auf Herzls Verlangen führte sein Gefolgsmann Max Nordau einen scharfen und beleidigenden persönlichen Angriff gegen Achad Haam selbst, der dessen Person, seine geistige und kulturelle Führerschaft, seine wirkliche Hingabe für ein jüdisches Heimatland in Palästina und jenen kulturellen Zionismus verleumdete, für den er und seine Anhänger in der demokratischen Fraktion standen.

Herzl glaubte fälschlicherweise, daß Buber selbst einen Artikel, der auf Nordau antwortete, angeregt hatte, und seine Bitterkeit war daher besonders gegen Buber gerichtet. Herzl schrieb Buber einen Brief, der diesen und seine Freunde entschieden befremdete und jegliche wirkliche Aussöhnung unmöglich machte. Herzl klagte Buber in der Tat an, die Bewegung verlassen zu haben, und das konnte Buber nicht vergeben. „Ohne weiter in Einzelnes einzugehen", schrieb Herzl an Buber, „will ich Ihnen meine Ansicht nicht verschweigen, daß die sogenannte ‚Fraktion' aus mir nicht bekannten Gründen in die Irre gegangen ist. Mein Rat ist: trachten Sie, sich zur Bewegung zurückzufinden, die gewiß – wie alles Menschliche – ihre Fehler hat, aber, wie ich glaube, zum weitaus größten Teile aus gutwilligen und keineswegs bornierten Leuten besteht." Buber daran erinnernd, daß er ihn und Feiwel zu Schriftleitern des Parteiorgans *Die Welt* gemacht und wie wenige Beschränkungen er ihnen doch auferlegt hatte, schloß Herzl mit dem Wunsch, daß ihre Gedanken sich wieder klären möchten und sie die ernsten Fehler, die sie gegen Nordau begangen hätten, einsähen und aktiv bereuten. Buber entgegnete, daß er und seine Freunde nicht ihren Weg zurück zur Bewegung finden müßten, daß sie fest darin stünden, „und ich kann bei allem Respekt nicht zugeben, daß Sie darüber aburteilen."

Dieser entscheidende und tragische Zusammenstoß zweier Männer, „von denen jeder war, wie er war", war eine bemerkenswerte Vorankündigung des Konflikts zwischen dem Seher und seinem loyalen, aber unabhängigen Schüler Yehudi in Bubers chassidischem chronistischem Roman *Gog und Magog*. Auch hier sind nicht genügend Ressourcen in der Beziehung vorhanden, um zu verhindern, daß sich die Differenzen zu einer Feindseligkeit kristallisieren. Viele Jahre vergingen, bevor Buber den Zorn überwinden konnte, den dieser „Ratschlag" Herzls in ihm erregt hatte.

Buber fügte diesen Vorfall mitten in eine objektive Analyse mit dem Titel „Herzl und die Historie" ein, die 1904, im Jahr von Herzls Tod, geschrieben wurde. In dieser Analyse erkannte er Herzls Größe an, nicht aber dessen Judentum. Herzl gab dem Zionismus, der vor ihm eine ungestalte Masse gewesen war, Form. „Herzl legte seine Hand mit festem gestaltendem Druck darauf. Eine sichere, aber unachtsame Hand. Wie viele edle Möglichkeiten wurden getötet!" Herzl war der erste, der jüdische Politik im Exil betrieb, und das wird niemals vergessen werden. Im Namen des jüdischen Volkes verhandelte er mit den großen Mächten Europas. Obwohl an öffentlichen Angelegenheiten und politischen Konflikten beteiligt, war er, laut Buber, ein durch und durch unöffentlicher Mann, der in seiner Seele einen tiefen, unentrinnbaren inneren Konflikt beherbergte. Zugleich Träumer als auch Mann der Praxis, war er der Held einer Zeit des Übergangs, der Herr eines kranken Volkes. Seine größte Tat war, daß er seinem Volk ein Bild gab – nicht das Bild eines wirklichen Mannes, sondern ein Idealbild, einen ermutigenden, erhebenden Prototyp.

Aus all diesen Gründen, so betonte Buber, ist es grundsätzlich falsch, Herzl als *jüdische* Persönlichkeit zu feiern, so wie man Spinoza, Israel Baalschem (den Begründer des Chassidismus), Heinrich Heine oder Ferdinand Lassalle feiern könnte. Er war auch als Zionist, so wie Buber den Begriff verstand, unvollständig. Er erfaßte nie die Bewegung in ihrer Ganzheit. Er sah die zionistische Partei nie als das bewußte Glied eines größeren Organismus. Er war sich nie wirklich der jüdischen Renaissance bewußt. Jene Intellektuellen mit unabhängigen Gedanken, die die Partei verließen, waren in Herzls Augen Abtrünnige, und Achad Haam betrachtete er als einen obskuren, gehässigen Journalisten. An diesem Punkt erzählte Buber in logischem, wenn auch verstecktem Bund mit Achad Haam – dem Grund seines Bruchs mit Herzl – seine eigene Erfahrung in der dritten Person: „‚Trachten Sie, sich zur Bewegung zurückzufinden', schrieb er einmal an einen Vertreter des radikal-nationalen Parteiflügels. Zur Bewegung!"

Buber ärgerte hier besonders, daß Herzl die Bewegung mit sich selbst identifizierte. Dies war in der Tat in Bubers Augen Herzls größte Schwäche und seine größte Stärke. Im positiven Sinne gab dies ihm seinen aufrechten, unerschütterlichen Optimismus und seine unerschöpfliche Energie und machte ihn zum einflußreichsten Mann der Aktion der neuen jüdischen Ära: „Er glaubte an sich selbst nicht als an eine Person, sondern als an die Sache." Aber Bubers erhellendste Reminiszenz an Herzl und Herzls Einfluß auf seine eigene Entwicklung als Person und Denker ist der negativen Seite von Herzls Identifikation von Person und Sache gewidmet. Der Anlaß war der sechste Zionistenkongreß von 1903. Obwohl der Konflikt noch zwischen Herzl und der demokratischen Fraktion stattfand, war die besondere Form seiner „donnernden Rede gegen die Opposition" ein Angriff auf Bubers Freund

und Mitarbeiter David Trietsch, ohne daß ein direkter persönlicher Zusammenstoß zwischen Buber und Herzl erfolgte.

Herzl begegnete Trietschs Kritik seiner Politik mit einem persönlichen Angriff gegen dessen eigene Besiedlungsaktivitäten. Nach der Ansprache zog Herzl sich ins Präsidentenzimmer zurück, und bald danach folgten Buber und Feiwel, um ihm die Unhaltbarkeit seiner Beschuldigungen aufzuzeigen und eine Untersuchungskommission zu verlangen. Auf dem Weg zum Präsidentenzimmer war Buber sehr aufgewühlt. Er hatte seit dem vorangegangenen Kongreß wirklich in entschiedener Opposition zu Herzl gestanden, doch es hatte sich stets um Unterschiede in der Position gehandelt. Er hatte für keinen Moment aufgehört, an den Mann selbst zu glauben. Aber jetzt revoltierte seine Seele – zum ersten Mal – so mächtig, daß die Erinnerung daran noch nach einem Vierteljahrhundert, als er darüber schrieb, leibhaftig gegenwärtig war. Als er jedoch in den Raum trat, verwandelte der Anblick, der sich ihm bot, seine Aufregung schlagartig, und das Herz, das vor einem Moment noch so kräftig geschlagen hatte, stockte.

Im Zimmer befanden sich nur Herzl und dessen Mutter. Madame Jeannette saß unbeweglich, still, aber mit Augen, aus denen die lebendigste Sympathie strömte. Herzl ging mit großen Schritten durch den Raum; seine Weste war offen, sein Brustkorb hob und senkte sich. Dieser „eingesperrte Löwe", dessen Gesten immer so überlegt und meisterhaft gewesen waren, atmete jetzt wild. Herzls Blässe kam Buber erst später zu Bewußtsein, so brannte sein Blick.

Es war Buber plötzlich unmißverständlich klar geworden, daß es hier unmöglich war, innerlich der Vertreter *einer* Seite zu bleiben. Draußen war ein verletzter Mann, sein Freund und Mitkämpfer, dem öffentlich Unrecht geschehen war, und hier war der Mann, der das Unrecht getan hatte, der die Wunde geschlagen hatte. Jedoch ein Mann, der, obwohl irregeleitet, immer noch sein Führer war, vor Eifer krank, sich für seine Überzeugung selbst verzehrend. „Es gab große und furchtbare Momente", schrieb Martin an Paula. „Die Erschütterung, die ich erfuhr, ist vielleicht die größte meines Lebens." Dies war für den fünfundzwanzigjährigen Buber eines der ersten Male, daß sein Fuß den Boden der Tragik berührte, wo die Positionen des Im-Recht-Seins verschwanden.

Dies war das letzte Mal, daß Buber Herzl aus solcher Nähe sah. Später, nach Herzls Tod, fand sich Buber wieder und wieder genötigt, über die Beziehung zwischen „Sache" und „Person" nachzudenken. Er erkannte, daß die meisten Menschen der Aktion keinen Sinn darin sehen, Prinzipien und Methoden zu diskutieren, wenn letztlich der Mensch zählt, dem ihre Ausführung anvertraut ist. Solange ein Führer wie Herzl „Charisma" hat, ist derjenige, der es nicht hat, in keiner Position, ihn zu beurteilen. Nur ein Standpunkt, den Buber viele Jahre später erreichte, der eine wirklich dialogische Beziehung zwischen Führer und Geführten verlangt, konnte dieses Konzept in Frage stellen. Bubers spätere Sichtweise der Tragik – wo jeder ist, wie er ist und die Möglichkeiten zur Überbrückung des Abgrundes fehlen – ist hier mit noch größerer Kraft vorweggenommen als in seinem eigenen früheren Bruch mit Herzl. Vorweggenommen ist das fundamentale Prinzip dialogischen Lebens, das den Gegner selbst in seiner Opposition bestätigt, denn es sieht nicht zwei *Gesichtspunkte* als sich einander entgegenstehend, sondern zwei *Personen*. Es erkennt, daß weder Wahrheit noch Recht eine Sache des „Monologs" sind, die nur auf einer Seite unter Ausschluß der anderen liegen können.

Buber mußte sich in dieser Zeit über seine Beziehung zu den zwei Hauptbildern des Menschlichen, Herzl und Achad Haam, Klarheit verschaffen. Indem er dies tat, traf er eine für den Rest seines Lebens entscheidende Wahl: die zwischen dem Führer und dem wahren Lehrer. Achad Haam wagte zu tun, was Herzl in seiner Hingabe für die Abstraktionen politischer Bewegung nicht tat – Idee und Wirklichkeit in redliche Beziehung zueinander zu bringen. Trotz aller Unterschiede war er es, mit dem Buber zu jener Zeit sich verbündete. Achad Haams Zionismus war nicht „kleiner" als politischer Zionismus, sondern größer. Auch er strebte ein jüdisches Gemeinschaftsleben in Palästina an, sah eine große Massenansiedlung als die Voraussetzung für diese Gemeinschaft. Aber er sah diese Massenansiedlung als das organische Zentrum eines großen, lebendigen Weltjudentums, dessen Existenz von diesem organischen Zentrum abhing. Was Herzl und Achad Haam trennte, schrieb Buber, war „vielmehr der Unterschied zwischen einer Wandlung der Haltung und einer Wandlung des ganzen Menschen; ... zwischen einer Losung und einer Weisung; noch deutlicher: es ist der Unterschied zwischen einem Führer und einem Lehrer."

> „Führung ohne Lehre hat Erfolg: man erreicht etwas. Nur, daß dieses Etwas, das man so erreicht, etwas ganz anderes und zuweilen geradezu eine Karikatur dessen ist, was man eigentlich, im Grunde seiner Seele ... erreichen wollte ... Gewiß ist das Volk unglücklich, das keinen Führer hat, aber dreifach unglücklich ist das Volk, dessen Führer keinen Lehrer haben."

Wenn Buber auch am Ende nicht zugleich Führer und Lehrer werden konnte, so wurde er doch im tiefsten Sinne der wahre Lehrer für das jüdische Volk, für den modernen Zionismus und für die Welt.

3. Kapitel

Mystik: Die Entdeckung des Chassidismus

(1904–1914)

So wichtig auch Bubers Beitrag zum frühen Zionismus und der *Jüdischen Renaissance*-Bewegung war, in seinem eigenen Leben und Denken bedeutete er doch nur den ersten befreienden Schritt aus der Ziellosigkeit seiner Zeit. Später erkannte Buber, was seine frühen Schriften zur jüdischen Renaissance in keiner Weise andeuten, daß Teil der jüdischen Nation zu werden, nicht von selbst den jüdischen Menschen wandelt. Sicherlich, diese mag ihm eine gewisse Herkunft verleihen, aber in seiner Seele kann er mit ihr genauso arm sein wie ohne die Nation. Das bedeutet nicht, daß Buber später seinen eigenen frühen nationalistischen Eifer als völlig nichtig ansah. Im Gegenteil, er war ein wichtiges, unentbehrliches Stadium, der zu weiterer Wandlung führte. Aber dies geschah nur, weil seine früheren Einsichten „nicht ein Genügen, sondern ein Aufschwung, nicht eine Einfahrt in den Hafen, sondern die Ausfahrt aufs offene Meer" waren. Für all dies gibt es aber eine Erklärung. Wenn es auch ein Beginn und kein Ende war, so war es dennoch „zu einfach" und offenbarte mehr Enthusiasmus als Substanz: „Ich bekannte mich zum Judentum, ehe ich es recht eigentlich kannte." Erst nach blindem Umhertasten erreichte Buber seinen zweiten Schritt, das Judentum erkennen zu wollen, und mit „erkennen" meinte er nicht eine Ansammlung von Wissen, sondern das biblische „Erkennen" durch Teilnahme und gegenseitigen Kontakt: „das unmittelbare Erkennen, das Auge in Auge Erkennen des Volkstums in seinen schöpferischen Urkunden". Durch solches Erkennen gelangte Buber ins zweite wichtige Stadium, nämlich zur Entdeckung des Chassidismus.

Chassidismus ist die volkstümliche mystische Bewegung des osteuropäischen Judentums, die vom Baal-Schem Tow (Guter Meister des Namens Gottes) Israel Ben Elieser (1699–1760) hervorgerufen wurde. Die chassidische Bewegung entstand in Polen im achtzehnten Jahrhundert und verbreitete sich trotz harter Verfolgungen durch das traditionelle Rabbinat schnell unter den Juden Osteuropas, bis fast die Hälfte von ihnen dessen Ränge bekleidete. Der Chassidismus gründete wirkliche Gemeinschaften, jede mit ihrem eigenen *Rebbe*. Der *Rebbe*, der Führer der Gemeinschaft, wurde auch der rechtschaffene oder gerechtfertigte Mann genannt. Jeder einzelne dieser *Zaddikim* hatte seine eigene einmalige Lehre, die er der Gemeinde mitteilte und die half, die Menschen in unmittelbare Beziehung zu Gott zu bringen. Später entstanden erbliche Dynastien von Chassidim: Die *Rebbes* lebten in großen Palästen, umgeben von Scheu und Aberglauben, und der *Zaddik* wurde mehr zum Vermittler zwischen den Menschen und Gott.

Buber kam zum ersten Mal mit dem Chassidismus in Berührung, als sein Großvater ihn nach Sadagora, den Sitz einer *Dynastie* von *Zaddikim* mitnahm. Dort begegnete Buber der chassidischen Bewegung nicht in ihrer Blüte – diese war mit ihren Gründern vergangen –, aber immer noch als einer lebendigen, organischen Tradition. Der Nachfahre der großen Gründer konnte immer noch einen Schauer der tiefsten Ehrerbietung hervorrufen, wenn er in stillem Gebet dastand oder die Geheimnisse der Torah in zögernder Ansprache beim dritten Sabbatmahl interpretierte. Obwohl die späteren Chassidim zum größten Teil den *Rebbe* als magischen Vermittler aufsuchten, glühte doch in ihren Seelen noch der alte Spruch, daß die Welt um des vollendeten Menschen (des *Zaddik*) willen geschaffen worden war. „Hier war, erniedrigt, doch unversehrt, der lebendige Doppelkern des Menschentums: wahrhafte Gemeinde und wahrhafte Führerschaft." Buber schrieb:

> „Der Palast des Rebbe in seiner effektvollen Pracht stieß mich ab. Das Bethaus der Chassidim mit seinen verzückten Betern befremdete mich. Aber als ich den Rebbe durch die Reihen der Harrenden schreiten sah, empfand ich ‚Führer', und als ich die Chassidim mit der Torah tanzen sah, empfand ich ‚Gemeinde'."

Obwohl Salomon Buber ein *Maskil*, ein „aufgeklärter" Jude war, betete er gerne unter den Chassidim und benutzte ein Gebetbuch voller mystischer Anweisungen. Er nahm seinen Enkel Martin gern zum Beten mit in eine kleine chassidische *Klaus* oder Synagoge. Bubers Vater dagegen lockte ihn manchmal von seinem Großvater fort, um im Tempel von Lwow, einer liberalen Synagoge, Andacht zu halten. Dieser Kontakt mit „liberaler" Religion hatte so wenig Einfluß auf den jungen Buber, daß er einmal am Jom Kippur, dem Tag der Sühne, ein Ärgernis im Tempel von Lwow auslöste, als er der orthodoxen Tradition folgend die Knie beugte und sich auf dem Boden ausstreckte.

Als Vierzehnjähriger verbrachte Buber das ganze Jahr hindurch bei seinem Vater auf dem Gut in der Bukowina. Zu diesem Zeitpunkt hörte er auf, *Tefillin* (Gebetsriemen) anzulegen. Bis ins Alter war er ein sehr eifriger und die Regeln beachtender Jude, und der Höhepunkt seiner religiösen Erfahrung erfolgte erst kurze Zeit vor dem Abschluß seiner vollständigen Observanz. Zwischen seinem dreizehnten und vierzehnten Lebensjahr erlebte er Jom Kippur mit einer Macht, die seiner eigenen Darlegung zufolge mit keinem früheren Erlebnis vergleichbar war. Auch kann dieses Erlebnis nicht als nur das eines Kindes abgetan werden, denn erst kurze Zeit zuvor hätte Martin über den Gedanken der Unendlichkeit von Zeit und Raum beinahe Selbstmord verübt. Vielleicht war er, meinte Buber Franz Rosenzweig gegenüber, als er schon vierundvierzig Jahre alt war, mit dreizehn Jahren sogar weniger Kind als mit mehr als dreißig Jahren später, und das „in einem entscheidenden Sinn".

> „Damals habe ich mit Raum und Zeit ernst gemacht und nicht wie jetzt innegehalten. Und als dann die Nacht kam, schlaflos, sehr wirklich, war mir mein zu fasten beginnender Leib so wichtig wie ein Opfertier, gerade so. Das hat mich gemacht, die Nacht, und der Morgen darauf und der Tag mit allen seinen Stunden, kein Augenblick vorbeigelassen. Nein, nicht vom Eingang aus."

Bubers Begegnung mit dem Chassidismus kann nur als Durchbruch oder Bekehrung beschrieben werden, wenn man den letzteren Begriff im biblischen Sinne einer völligen Umkehr der Existenz und nicht als Glaubenswende gebraucht. Nachdem er durch den Zionismus zum Judentum zurückgefunden und dann erkannt hatte, daß er das Judentum nicht wirklich kannte, begann Buber um 1904 zum Hebräisch seiner Kindheit zurückzukehren. Obwohl er sich zuerst durch das „brüchige, unbeholfene, unförmige Material" abgestoßen fühlte, das jeder der westlichen Sprachen, die er liebte, so fremd ist, überwand er allmählich die Fremdheit und erfaßte mit wachsender Hingabe das ihm Wesentliche. An diesem Punkt fand er ein kleines Buch mit dem Titel *Das Testament von Rabbi Israel Baalschem,* eine Sammlung von Sprüchen, die Israel Ben Elieser zugeschrieben wurden. Die Verbindung von Feuer und Geist, auf die Buber später als Einzigartigkeit des „Besht" (wie er nach seinen Initialen genannt wurde) hingewiesen hat, muß sich der Seele des jungen Mannes, in dem Geist und Feuer, Intellekt und Leidenschaft, Sehnsucht und Wille auch so stark waren, mitgeteilt haben.

Es waren die Worte des Baalschem über die Inbrunst, die für immer die Seele des jungen Mannes gewannen: „Er ergreife die Eigenschaft des Eifers gar sehr. Er erhebe sich in seinem Eifer von seinem Schlaf, denn er ist geheiligt und ein anderer Mensch worden und ist würdig zu zeugen und ist worden nach der Eigenart des Heiligen, gesegnet sei Er, als er Welten erzeugte." Nicht daß Inbrunst Buber vorher in irgendeiner Weise gefehlt hätte. Aber dies war eine gerichtete Inbrunst, all die erschreckende Macht des „bösen Triebes" im Dienste Gottes, Böhmes „Dreiheit des Feuers", die sich spiralenförmig in die „Dreiheit des Lichts" erhebt, ohne hierdurch etwas von ihrer Macht einzubüßen. Eine Gotteserscheinung, ein Erscheinungsfest, eine Offenbarung, ein Durchbruch – nennen wir es, wie wir wollen – dies war einer der wahrhaft entscheidenden Augenblicke in Bubers Leben:

> „Da war es, daß ich, im Nu überwältigt, die chassidische Seele erfuhr. Urjüdisches ging mir auf, im Dunkel des Exils zu neubewußter Äußerung aufgeblüht: die Gottesebenbildlichkeit des Menschen als Tat, als Werden, als Aufgabe gefaßt. Und dieses Urjüdische war ein Urmenschliches, der Gehalt menschlichster Religiosität ... Das Bild aus meiner Kindheit, die Erinnerung an den Zaddik und die Erinnerung an seine Gemeinde stieg empor und leuchtete mir: ich erkannte die Idee des vollkommenen Menschen. Zugleich wurde ich des Berufs inne, sie der Welt zu verkünden."

Die Verbindung von Aufruf und Sendung, von Offenbarung und Mission, auf die Buber später in *Ich und Du* hinwies, traf in Buber in einem einzigen Moment zusammen.

Wäre es einfach Desillusionierung über den politischen Zionismus gewesen, die diese Begegnung hervorgebracht hätte, hätte man von dem schon vielfältig beschäftigten jungen Mann erwarten können, daß er sich in noch andere Aktivitäten stürzte, um für die, aus denen er sich zurückgezogen hatte, Ersatz zu schaffen. Statt dessen enthielt er sich im Alter von sechsundzwanzig Jahren auf fünf Jahre aller Aktionen in der zionistischen Partei *und* aller journalistischen Tätigkeit und Ansprachen. Um vorwärts zu gehen, mußte er sich zunächst in die Stille versammeln. „Ich sammelte, nicht ohne Mühe, das verstreute, zum Teil verschollene Schrifttum", schrieb er, „und ich versenkte mich darein, Geheimnisland um Geheimnisland entdeckend." Seine früher weitgestreuten Aktivitäten machten einem in die Tiefe gehenden Arbeiten Platz. Seine öffentliche Aktivität kam zu einem völligen Stillstand. Mit unaufhörlicher Energie erforschte er das neue Gebiet, machte es zu seinem eigenen und gab ihm neue Gestalt. Buber tauchte aus seiner Zurückgezogenheit in einer neuen Ganzheit auf, die seine Neigung zur Zerstreuung in Schach hielt. Sie gab ihm auch eine einzigartige persönliche Richtung, von der er, selbst in den schrecklichsten Krisen, niemals wieder abwich.

Buber schuf seine ersten zwei chassidischen Bücher in Florenz, wo er während der Jahre 1905 und 1906 die meiste Zeit über lebte. Es könnte scheinen, daß Florenz für den jungen Buber noch eine weitere Verlockung, sich aufzusplittern, darstellte, besonders da er es nicht nur erkundete und darüber berichtete, sondern auch am kulturellen Leben teilnahm und dort Essays über das Theater verfaßte. Die Tatsachen beweisen aber das Gegenteil. Weihnachten 1905 schrieb er in einem Brief aus Florenz:

„Nur Abscheidung von allem, was nur scheinbar unser war, nur scheinbar unserem eigenen Leben angehörte, was uns nicht nährte und nicht besonnte, nicht emporregte und nicht befriedete, was uns nicht durch die Welten trug und uns nicht stille machte, nur Abscheidung von alledem kann uns zu uns selbst bringen. Ich habe es erfahren ... Wie ich lebe? Wie im Anfange eines guten Weges, den man noch nicht ganz kennt, aber von dem man weiß, daß er der rechte ist ... Froh bin ich, daß ich von einer falschen Arbeitssphäre losgekommen bin; ich fühle, wie ich erst jetzt wieder seit Jahren ganz und frei arbeiten kann. Ich bin froher ... geworden ... Und auch mein Zusammenhang mit dem Judentum hat sich abseits vom Parteigetriebe vertieft; wenn ich wieder einmal darangehen werde, wieder etwas zu diesem Problem der Probleme zu sagen, wird es gewiß etwas Reineres und Größeres sein, als was ich einst von Schlagworten befangen gesagt habe ..."

Es ist bemerkenswert, wie viele Motive von Bubers späterer Philosophie in dieser Beschreibung seiner Erfahrung enthalten sind: der Gegensatz zwischen „Sein" und „Schein"; gut ist, was man mit seinem ganzen Wesen tut, böse ist, was man nur mit einem Teil seines Wesens tut; die „Gewissenserforschung", die einen auf den eigenen einzigartigen Weg bringt; und vor allem Arbeit, nicht als abgetrennter Teil der eigenen Existenz, sondern als *Richtung* in Antwort auf den Anspruch der Situation.

In Florenz legte Buber die Grundlagen für die beiden Bücher, die ihm die erste Zeit seiner Berühmtheit einbrachten – *Die Geschichten des Rabbi Nachman* und *Die Legende des Baalschem*. Hier ‚verliebte' er sich auch in das italienische Theater und die große italienische Schauspielerin Eleonora Duse. Und es war die Liebe zu Florenz und Italien, die das Lebensmuster der Familie Buber in den Jahren bestimmte, in denen Rafael, oder Raffi, geboren 1900, und Eva, geboren 1901, aufwuchsen. Jeden Sommer fuhr die Familie nach Italien. 1906 brachten sie aus Florenz Santina Santelli, eine italienische Magd, nach Deutschland mit, die zwanzig Jahre lang zusammen mit der Familie lebte. Ihr liebster Spruch: „Was kann man machen; so ist das Leben" wurde ein alltäglicher Ausdruck und Scherz in der Familie Buber. Wegen der Sommer in Italien und Evas Empfindlichkeit wurde die Tochter nicht auf die Schule geschickt, sondern von Privatlehrern zu Hause unterrichtet. Sie selbst bewertete dies später als Fehler.

Paula schrieb einige der Legenden des Baalschem, wovon einzig Martin Kenntnis hatte. Martin erhielt unschätzbare Hilfe beim Wiedererzählen der Legenden des Baalschem von seiner „Herzens-Maugli" Paula, mit der er die Aufgabe teilte, das unfertige Rohmaterial der Originale in künstlerisch bearbeitete Geschichten zu verwandeln. Diese Tatsache blieb über sechs Jahrzehnte, bis nach Bubers Tod, ein gut gehütetes Geheimnis, obwohl im nachhinein klar ist, daß Martin sich in dem Gedicht „Weißt du es noch?“ darauf bezog, mit dem er die Sammlung seiner reifen *Geschichten der Chassidim* widmete, die er 1949 Paula schenkte.

In Florenz befand sich Buber in „der ersten wirklichen Arbeitsperiode“ seines Lebens. Als er begann, die allegorischen und sogar märchenhaften Geschichten, in die Rabbi Nachman von Bratzlav, der Urenkel des Baalschem, seine Lehren kleidete, zu übersetzen, entdeckte er, daß die einfache Übersetzung sie noch belangloser und unreiner werden ließ als die Formentstellungen und Einschübe gewöhnlicher rationalistischer und utilitaristischer Motive durch Nachmans Jünger. Seine ersten Versuche tat Buber ab und schritt zur viel schwierigeren Aufgabe der künstlerischen Neugestaltung: „Ich müßte die Geschichten, die ich in mich aufgenommen hatte, aus mir heraus erzählen, wie ein rechter Maler die Linien des Modells in sich aufnimmt und aus dem formenden Gedächtnis das echte Bild zustande bringt.“ Auch in *Die Legende des Baalschem* gelangte er mit wachsender Unabhängigkeit zu seiner eigenen Erzählung, und je größer seine Unabhängigkeit wurde, desto tiefer erlebte er die Treue zum Original. 1907 gab Buber in der Einführung einen ehrlichen Bericht seines Erlebnisses der Legende: „Ich trage in mir das Blut und den Geist derer, die sie schufen, und aus Blut und Geist ist sie in mir neu geworden.“

Die chassidische Legende, die Buber sich zu erzählen bemühte, besitzt nicht die ernste Macht der Buddha-Legende oder die Intimität der Franziskaner. Sie wurde zögernd empfangen und weitergegeben. Da „erwuchs sie, in engen Gassen und dumpfen Kammern ging sie von ungelenkten Lippen zu bange lauschenden Ohren, ein Stammeln gebar sie und ein Stammeln trug sie weiter – von Geschlecht zu Geschlecht.“ Es war auch dieses Stammeln, welches Buber hörte und wiedergeben wollte:

> „Ich habe sie aus den Volksbüchern, aus Heften und Flugblättern empfangen, zuweilen auch aus lebendigem Munde, aus dem Mund von Leuten, die noch das Stammeln gehört hatten ... ich sage noch einmal die alte Geschichte, und wenn sie neu klingt, so schlief das Neue in ihr schon damals, als sie zum ersten Mal gesagt wurde.“

Genau dieses Stammeln fehlte jedoch Bubers Wiedererzählung. Was er vom *gesprochenen* Wort, von „ungelenken Lippen“ gestammelt erhielt, verwandelte er in künstlerische und weltläufige Literatur, nicht für „bange lauschende Ohren“ bestimmt, sondern für die kultivierte Beurteilung durch Leser, die im Einklang mit der höchsten deutschen Kultur jener Zeit standen. Buber gebrauchte den Chassidismus nie einfach um seiner persönlichen Arbeit willen oder als rein literarisches Projekt. Vielmehr sah er sich von Anfang an als ein Werkzeug – einen ehrlichen

Handwerker, der nach besten Kräften einen Auftrag ausführt. Darüber hinaus sah er seinen Auftrag begründet in etwas dem Chassidismus Verborgenem, was er in die Welt bringen konnte und sollte, sogar gegen die Wünsche des Chassidismus selbst: „der wollte ausschließlich in den Grenzen der jüdischen Überlieferung wirken." Fünfzig Jahre später erkannte er jedoch, daß er damals trotz allem ein unreifer Mann gewesen war, der Macht des *Zeitgeistes* ausgesetzt, der ihn dazu verführte, ein echtes Zeugnis für eine große Wirklichkeit des Glaubens mit dem unechten Wunsch zu vermischen, die Inhalte einer exotischen Religion Lesern vorzuführen, die hauptsächlich von Neugier und dem Bedürfnis, sich „Kultur" anzueignen, motiviert waren. Seine *Darstellung* der chassidischen Lehre war im wesentlichen sachgenau, seine *Wiedererzählung* der überlieferten Legenden hingegen war es nicht, denn die Erzählweise war die eines westlichen Juden.

> „Ich verstand dem inneren Zug zum Nachdichten des erzählerischen Materials noch nicht Einhalt zu tun; wohl trug ich keine unzugehörigen Motive hinein, doch horchte ich nicht aufmerksam genug auf den zwar rohen und ungelenken, aber volkstümlich lebendigen Ton, der aus diesem Material zu vernehmen war. Hier wirkte in mir immerhin auch eine natürliche Reaktion auf die Haltung der meisten jüdischen Historiker des 19. Jahrhunderts zum Chassidismus, in dem sie nichts anderes fanden als wüsten Aberglauben; das Bedürfnis, gegenüber dieser Verkennung die Reinheit und Höhe chassidischen Geistes aufzuzeigen, verführte mich dazu, das volkstümlich Vitale allzu wenig zu beachten."

Buber eröffnete *Die Geschichten des Rabbi Nachman* mit dem Aufsatz „Die jüdische Mystik", in dem er viele der Motive, die später sowohl für seine Interpretation des Chassidismus als auch für seine eigene Philosophie zentral werden sollten, zum Ausdruck brachte: die wesentliche Bedeutung von *Kawwana* – der Stärke der inneren Intention, die Möglichkeit, Gott in jedem Ding wahrzunehmen, wenn jede Handlung, unabhängig davon, wie niedrig sie auch sein mag, eine feierliche Handlung ist, und der Gedanke, daß Triebe, weit davon entfernt, böse zu sein, genau das sind, was Größe möglich macht.

In seinem Bild des Lebens von Rabbi Nachman sprach Buber von ihm – wie er im Jahr zuvor von Herzl gesprochen hatte – von „einem großen und tragischen Mann". Nachman zufolge sollte der *Zaddik*, der Führer der chassidischen Gemeinde, „die Seele seinen Volkes" sein. Nachman fand das Joch des Dienens nicht leicht, „denn er hatte ein fröhliches starkes Gemüt und einen frischen Sinn für die Schönheit der Welt". Schließlich jedoch gelang es ihm, seine Hingabe gerade auf dieser Disposition aufzubauen und Gott in Freude zu dienen. Er brach aus den Jahrhunderten der Ghettoexistenz zum direkten Kontakt mit der Macht der wachsenden Dinge vor und hörte die Stimme Gottes im Riedgras am Fluß, im Pferd, das ihn in den Wald trug, in den Bäumen und Pflanzen, den Berghängen und den versteckten Tälern. Vor allem stellte er für Buber eine neue und sinnvollere Art der Zuwendung zum jüdischen Volk dar, nämlich die, mit ihm zu leben und seinen Schmerz zu teilen und in ihm seine Weihe zu finden. Für Nachman, wie später für Buber selbst, bedeutete dieses Leben mit anderen ein Bestehen auf dem Geheimnis der Mitteilung und auf der Gegenseitigkeit des Dialogs. Das wahre Wort erweckt den Zuhörer so, daß er selbst ein Sprecher wird und das letzte Wort spricht. Das Wort ist nur zum Zweck der Wahl und für den Wählenden geschaffen worden, denn der Mensch ist der Meister der Wahl. Dem Aufstieg des Menschen sind keine Grenzen gesetzt, jedem steht das Höchste offen. „Hier waltet allein deine Wahl." Auf der anderen Seite gilt: „wenn ein Mensch sich selbst nicht richtet, richten ihn alle Dinge, und alle Dinge werden zu Boten Gottes." Die Intensität von Nachmans messianischer Sehnsucht korrespondiert Bubers eigener leidenschaftlicher Suche nach Erlösung. Man muß in die Einsamkeit gehen, sagt Nachman, damit man ruhig und gefaßt ist, wenn der Messias kommt. Vielleicht die bewegendste der sechs Geschichten des Rabbi Nachman, die Buber nacherzählte, heißt „Der Rabbi und sein Sohn", in der das Pathos gerade dieser messianischen Sehnsucht dargestellt wird. Eine noch dichtere Geschichte messianischer Sehnsucht war in der Originalausgabe von *Die Legende des Baalschem* enthalten. Diese wurde aber später von Buber mit der Begründung aufgegeben, daß sie nicht mit hinreichender Wirkung ausgeführt worden sei. Aus genau diesem Grund ist sie für das Verständnis des „unentwickelten" Buber bedeutsam. Mehr noch, in *dieser* Geschichte benutzt Buber zum ersten Mal in schriftlicher Form das Bild vom „schmalen Grat".

> „Sehet, ein Kreis ist unser Jahr. Wir gehen auf schmalem, rundem Grat zwischen zwei Abgründen und sehen die Abgründe nicht. Sind wir aber an das Ende des Grates gekommen, das sein Anfang ist, da fällt die Angst und das Zittern über uns wie der Sturm des Herrn, und der Blitz des Herrn fährt über die Abgründe hin, und wir sehen sie, und wir schwanken ... und der Weltenschofar erschallt und ... trägt auf seinen Flügeln die Seele, die aus unseren Seelen geboren wurde und die Seele des Messias ist. Und er schwingt sich auf zu dem Reiche des Geheimnisses, und er schlägt mit seinen Flügeln an die Pforte, und die Pforte tut sich weit auf, und siehe, da ist nicht Pforte noch Mauer, sondern die Stadt des Herrn liegt da, offen allerwärts."

Schon bei diesem frühen Gebrauch ist der „schmale Grat" eine Metapher für die menschliche Existenz selbst: eine Existenz, in der man mit unsicherem Schritt geht, stets in der Gefahr, in die Abgründe zur

Rechten oder zur Linken zu fallen. Hier können wir einen Blick auf Kierkegaards „Glaubensritter" erhaschen, der langsam in „Furcht und Zittern" in einer gewissen Spannung vorwärtskriecht, die nie aufgelöst werden kann. Jedoch kommt in „Die Predigt des neuen Jahres" das Bewußtsein des Abgrundes erst am Ende des Kreises, der sein Anfang ist, das heißt zum jüdischen Neujahr, der Fortsetzung der „Tage der Ehrfurcht". Als solches stellt es einen Einschnitt in der Zeit dar, die uns sonst in der Regelmäßigkeit der Jahreszeiten und der Jahreswenden geschmeidig weiterzutragen scheint. Wenn sich das Bewußtsein einstellt und der Fuß des Menschen stolpert, wird er von Armen aufrechtgehalten, die rechts und links aus dem Abgrund heraufkommen. Die Abgründe sind bedrohlich, aber sie sind nicht rein das Böse. Befreit wird der Mensch jedoch nur dann, wenn die Abgründe und der schmale Grat beide verschwinden und der Fülle der Sühne Platz machen, in der alles Irdische verklärt wird. Dieser erhebende Ton unterscheidet sich sehr von dem „Heiligen des Alltäglichen", dem „gehorsamen Zuhören", dem Antworten von Augenblick zu Augenblick auf die „gelebte Konkretheit", welche Bubers späteren Gebrauch des Worts vom „schmalen Grat" kennzeichnete. Buber definierte später sogar Chassidismus selbst als in einem *alltäglichen* Leben bestehen. Messianismus wurde für ihn statt einer apokalyptischen Sehnsucht nach sofortiger Erlösung später zu einem „Messianismus des Alltäglichen". Dies ist der Hauptkonflikt in seinem großen chassidischen Roman *Gog und Magog*.

In späteren Jahren nahmen die Abgründe auf beiden Seiten des schmalen Grats für Buber zunehmend symbolischen Charakter an: das Sich-der-konkreten-Situation-Entziehen durch die eine oder andere Art der Abstraktion – Psychologismen, Historizismen, Technizismen, Philosophieren, Magie, Gnosis oder die falschen Entweder-Oder von Individualismus versus Kollektivismus, Freiheit versus Disziplin, Handlung versus Gnade. In „Die Predigt des neuen Jahres" und vielen der anderen Geschichten in *Die Legende des Baalschem* erscheinen die Abgründe allzu wirklich. Wenn der alte Rabbi Elieser auf seinem Totenbett in „Der Werwolf" zu seinem Sohn Israel spricht, beschreibt er den „Widersacher" als „den Abgrund, den du überfliegen sollst". In „Die Offenbarung" tritt Rabbi Naftali der Abgrund immer an dem Tag entgegen, an dem er sich aufmacht, den Gastwirt in den Karpaten zu verlassen, der ihn eingeladen hat, den Sabbat über zu bleiben, und von dem noch niemand weiß, daß er der Baalschem ist.

> „Dann lag die Welt vor ihm wie ein Abgrund. Aus dem Abgrund stieg die Sonnenscheibe in stummer, langsamer Qual, und viele Bäume und Kräuter brachen aus ihm hervor in einem ewigen, schmerzvollen Gebären … Und jede Kreatur litt, daß sie tun muß-

> te, was sie tat ... Alle Dinge waren in dem Abgrund beschlossen, und doch war der ganze Abgrund zwischen jedem Ding und dem andern, und keines konnte zum anderen hinüber, ja, keines konnte das andere sehen, denn der Abgrund war zwischen ihnen."

Dies ist der stärkste Ausdruck, den Buber bis dahin dem Abgrund *zwischen* jedem einzelnen Ding und dem anderen gegeben hatte, dem Abgrund, der sich für ihn persönlich aufgetan haben muß, als seine Mutter ihn verlassen hatte, und den jede seiner verschiedenen Wege im Streben nach Einheit zu überbrücken suchte. Erlösung ist hier jedoch nicht als Einheit oder Freude vorgestellt, sondern als Kontakt, als Berührung, als Wiederherstellung des „Zwischenseins" durch die bloße Gegenwart des Baalschem.

> „Der Mann war hier und überall, und hatte Flügel und vielfältiges Sein und überspannende Gegenwart ... Sein Arm war um den Leib der Bäume geschlungen, und das Getier schmiegte sich an seine Knie und die Vögel an seine Schultern. Siehe, da war der Trost in die Welt gekommen. Denn durch den Helfer waren die Dinge verbunden, und sahen, und kannten, und faßten einander. Sie ... sahen einander durch sein Auge und berührten einander durch seine Hand. Und da die Dinge zueinander kamen, war kein Abgrund mehr, sondern ein lichter Raum des Schauens und Umfangens und eine tiefe Welle aus Sinn und Ziel."

Es ist kein Zufall, daß dieses zweite Bild der Erlösung keines der Herstellung von Einheit, sondern von Kontakt ist. Buber nannte diese Herstellung von Kontakt später den Bereich des „Zwischen". In der Einführung zur *Legende des Baalschem* spricht Buber zum ersten Mal in einem voll entwickelten Sinn von der gegenseitigen Beziehung des Ich und Du, die später das Zentrum seines Lebens und Denkens bilden sollte. Hier unterschied Buber zwischen „reinem Mythos", in dem es kein „Du" gegenüber einem „Ich" gibt, und „Legende", in der jemand „Rufer ein Gerufener", „Ich und Du" ist.

> „Die Legende ist der Mythos der Berufung. Das bedeutet: die ursprüngliche Personalität des Mythos ist in ihr gespalten. In dem reinen Mythos gibt es keine Verschiedenheit des Wesens. Er kennt die Vielheit, aber nicht die Zweiheit. Auch der Heros steht nur auf einer anderen Stufe als der Gott, nicht ihm gegenüber: sie sind nicht das Ich und das Du. Der Heros hat eine Sendung, nicht eine Berufung. Er steigt empor, aber er wandelt sich nicht. ... Der Gott des reinen Mythos beruft nicht, er zeugt; er sendet den Gezeugten, den Heros. Der Gott der Legende beruft den Menschensohn: den Propheten, den Heiligen ... Die Legende ist der Mythos des Ich und Du, des Berufenen und des Berufenden, des Endlichen, der ins Unendliche eingeht, und des Unendlichen, der des Endlichen bedarf."

Diese Passage enthält im Keim den Dialog zwischen dem „Ich“ und dem „ewigen Du“, den Buber später im dritten Teil von *Ich und Du* darlegt. Nicht Feuerbach oder Kierkegaard inspirierten diese Auffassung, sondern der Baalschem, der, wie Buber in seiner Beziehung zum Chassidismus, als der Mann des Rufes und der Berufung gesehen wird. „Die Legende des Baalschem ist nicht die Geschichte eines Mannes, sondern die Geschichte eines Rufes. Sie erzählt nicht von einem Schicksal, sondern von einer Berufung.“

In seinem Kommentar dieses Abschnitts in „Zur Geschichte des dialogischen Prinzips“ schrieb Buber:

> „Hier ist das dialogische Prinzip also in seiner höchsten Ausgipfelung exemplifiziert: weil auch auf dieser Höhe noch die wesenhafte Verschiedenheit zwischen den Partnern angeschwächt fortdauert, zugleich aber auch noch in solcher Nähe die Selbständigkeit des Menschen gewahrt bleibt.“

Aber er fuhr damit fort aufzuzeigen, wie weit diese Einsicht in die Legende von der vollen Wirklichkeit des dialogischen Lebens entfernt ist: „Von diesem Vorgang der Ausnahme, des Ausnehmens, führte das Denken mich nun aber immer ernstlicher auf das Gemeinsame, von allen Erfahrbare hin.“

Chassidismus war nicht die einzige Form des Mystik, die Buber in seinen frühen Jahren beschäftigte. Eine von Bubers frühesten Begegnungen mit der Mystik fand in einem explizit sozialen Kontext statt: in der *Neuen Gemeinschaft*, die von den Brüdern Heinrich und Julius Hart in oder bei Berlin gegründet worden war. Die *Neue Gemeinschaft* wurde von dem Sozialisten Gustav Landauer geführt und unterrichtet. Neben seiner Ehe war Bubers Freundschaft mit Landauer, der acht Jahre älter war, wahrscheinlich die entscheidende Beziehung in seinem Erwachsenenleben. Buber traf Landauer 1899, als dieser fast neunundzwanzig Jahre alt war. Zweifellos förderte Landauer den Wechsel von Bubers Universitätsstudien über Wissenschaft und Kunstgeschichte zur christlichen Mystik. 1906 veröffentlichte Landauer die erste moderne Ausgabe des großen deutschen Mystikers Meister Eckhart, eine Übersetzung, die viele Ähnlichkeiten mit den Grundprinzipien von Bubers ersten Übersetzungsversuchen chassidischer Schriften aufwies.

Während der Jahre 1899 und 1900 stand Buber der *Neuen Gemeinschaft* nahe und hielt dort Vorlesungen über den großen lutheranischen Mystiker Jakob Böhme und über „Alte und Neue Gemeinschaft“. Die Vorlesung über Böhme bildete zweifellos den Ausgang für den Artikel „Über Böhme“, den er 1901 veröffentlichte – die originellste und eindrucksvollste seiner frühesten Schriften. Was Buber zu Böhme sagte, traf sicherlich auch auf sein eigenes Erleben in dieser Periode zu: trotz der Wirkung, die sie in einem auslöst, bleibt die Welt doch ewig distanziert und fremd. „Das Individuum verzehrt sich selbst in dumpfer, hoffnungsloser Einsamkeit.“ Dennoch haben wir eine Beziehung zur Welt, die kein uns zwingendes vollständiges Ganzes ist, sondern ein kontinuierlicher Prozeß des Werdens. Wir sehen nicht die Dinge selbst, sondern unsere Sinneseindrücke – so weit schaute Buber auf Kant zurück. Aber wir treten in schöpferische und liebende Beziehung mit gerade diesen Sinneseindrücken, durch welche wir sie und sie uns beeinflussen.

In diesem Artikel zitierte Buber Ludwig Feuerbachs These: „der Mensch mit dem Menschen – die Einheit von Ich und Du – ist Gott“ – nur, um sie zurückzuweisen. „Wir stehen heute“, schrieb Buber, „der Lehre Böhmes näher als der von Feuerbach, näher dem Gefühl Franz von Assisis, der die Bäume, die Vögel und die Sterne seine Brüder nannte.“ Aber das erste Faktum seiner Erfahrung war die Trennung von „Ich“ und der „Welt“. Der Rest des Essays konzentriert sich auf Konflikt und Liebe als Brücken zwischen *getrennten* Individuen. Dinge existieren weder in rigider Trennung, noch verschmelzen sie ineinander, sondern sie bedingen sich gegenseitig. Es ist bedeutsam, daß Buber sich *nicht* der Mystik als Selbst- und Persönlichkeitsnegation zuwandte, wie es so viele moderne Denker nach ihm getan haben. Zur Mystik hingezogen fühlte sich Buber zuerst einmal durch sein Bewußtsein von der Drohung der Unendlichkeit und von dem Gefühl des Alleinseins angesichts äußerer Trennung und inneren Gegensatzes. Aber es war auch die Mechanisierung und Massenkultur, gegen die Kierkegaard, Nietzsche und Dostojewski im gerade vollendeten Jahrhundert sich aufgelehnt hatten.

Für den mittelalterlichen Mystiker war der Mensch nur der Träger einer Lebenserfahrung, die das Transzendente umfaßte. Individuation war nur gegeben, um ihrer zu entsagen und sie zu überwinden. Nikolaus von Cusa, der Mystiker des fünfzehnten Jahrhunderts, sagte Buber, nahm in moderner Form die Fortdauer und den absoluten Wert des Individuums in seiner Besonderheit wieder auf. Individualismus jedoch bedeutete für Buber zu diesem Zeitpunkt, wie für den Cusaner, nicht einfach Unterschied. Er bedeutete Einzigartigkeit, d. h. dasjenige, was einer Person oder einem Ding einen Wert in sich selbst gibt, etwas, was unwiederholbar ist und dem kein anderer Wert substituiert werden kann; dasjenige, was keine Angelegenheit von Nützlichkeit oder Funktion ist, sondern sich selbst, wie sehr es auch immer in Beziehung zu anderen stehen mag, ein absoluter Mittelpunkt ist. Das Konzept der Einmaligkeit – Einmaligkeit der Person, aber auch Einmaligkeit von allen Dingen – ist der erste notwendige Schritt auf Bubers Weg zur Philosophie des Dialogs, der „Ich-Du“-Beziehung. Es ist jedoch kein hinreichender Schritt und war jahrelang für Buber ein Hindernis auf dem Weg zum Dialog. Doch die wahre Bedeutung der einmaligen Beziehung der einmaligen Person zur einmaligen Wirklichkeit, der sie begegnet, kann man nur durch dieses Konzept verstehen bzw. sich ihm annähern. Dieses Konzept und die Idee der *coincidentia oppositorum*, des Zusammenfallens der Gegensätze, die sie vereint, ohne ihre Gegensätzlichkeit zu mindern, sind zwei der wesentlichen Bestandteile des „dialogischen Lebens", die Buber am Beginn seines Weges Nikolaus von Cusa und der Mystik der Renaissance entlieh. Das Universum ist in jedem Ding enthalten, aber in jedem in der Form dieses besonderen Dinges. Jede Kreatur hat ihre Verwirklichungslinie, doch Gott ist der Punkt, an dem alle Linien der Vollkommenheit zusammenlaufen. Gott will nicht die Unterschiede der Dinge abschaffen, in denen er sich enthüllt, vielmehr will er sich in ihnen vervollkommnen.

In Böhme fand Buber einen Denker, moderner als der Cusaner. Böhmes Einfluß auf ihn war gleichermaßen groß und langanhaltend. Böhme verband eine wirklich moderne Dynamik mit einer der Kabbala entlehnten Dialektik von Gut und Böse, einer Dialektik, der Buber später erneut in einem anderen Kind der Kabbala, dem Chassidismus, begegnete. „Jedes Ding sehnt sich nach dem anderen, denn es ist durch das andere bestimmt." Seine Kräfte werden durch seine Begegnung mit dem anderen aus ihm hervorgelockt und gegenwärtig. Dieser Prozeß führt wiederum nicht zur Überwindung, sondern zur Intensivierung und Ausbreitung der Individuation.

Nur durch die Schöpfung der Welt wird Gott zu Gott, so Bubers Interpretation von Böhme. Nur im Menschen kommt Gott zu jenem Selbstwissen, das das Bewußtsein vervollständigt, das heißt: in der Evolution der Schöpfung besteht die Evolution Gottes in der Welt. Rosenzweig kontrastiert diese Aussage ganz richtig mit Bubers späterer (1923) Verurteilung der „hoffnungslos verkehrten Vorstellung, Gott sei nicht, sondern werde – im Menschen oder in der Menschheit." Später erklärte Buber, daß diese Vorstellung für ihn im ersten Weltkrieg zerstört worden sei:

> „Ich hatte seit 1900 zuerst unter dem Einfluß der deutschen Mystik von Meister Eckhart bis Angelus Silesius gestanden, für die der Urgrund des Seins, die namenlose, personlose Gottheit, erst in der Menschenseele zur ‚Geburt' kommt, dann unter dem Einfluß der späteren Kabbala, nach deren Lehre der Mensch die Macht erlangen kann, den der Welt überlegenen Gott mit seiner der Welt einwohnenden Schechina zu vereinen. So entstand in mir der Gedanke einer Verwirklichung Gottes durch den Menschen; der Mensch erschien mir als das Wesen, durch dessen Dasein das in seiner Wahrheit ruhende Absolute den Charakter der Wirklichkeit gewinnen kann."

1907 hatte Buber seine Mystik seinem Chassidismus schon integriert. Der Einführungsteil von *Die Legende des Baalschem*, „Das Leben der Chassidim", ist in vier Teile gegliedert, von denen jeder sich mit einer zentralen chassidischen Einstellung befaßt – Inbrunst, Dienst, Intention, Demut. Jeder Teil ist durch Zitate der *Zaddikim* illustriert, erhält jedoch Reichtum und Fülle durch Bubers eigene Metaphorik. *Hithlahawuth* ist die Inbrunst der Ekstase, die an allen Orten und zu allen Zeiten auftreten kann. Nur der Augenblick lebt, und der Augenblick ist die Ewigkeit. Ekstase ist der Weg ohne Ende, die einfache Einheit und Grenzenlosigkeit, und der Mensch jenseits aller Gesetze, allen bösen Trieben enthoben. *Awoda* ist Dienst. Alles ist Gott, und alles dient Gott: Dies ist die ursprüngliche Dualität. Durch die Schöpfung ist Gott von seiner Schechina, seiner Herrlichkeit, getrennt, aber der Mensch kann, indem er alle Handlungen zu einer verbindet und das immerwährende Leben in jede Tat hineinträgt, Gott mit seiner im Exil existierenden Herrlichkeit vereinen. Um wahren Dienst üben zu können, muß der Mensch zu seiner inneren Zersplitterung sagen: „Genug!" und mit sich selbst eins werden. Diese Ganzheit wird nicht durch Gottes Gnade oder allein durch die Macht des Menschen erreicht, sondern durch die geheimnisvolle Begegnung zwischen ihnen.

Kawwana ist Intention, das Mysterium der auf ein Ziel gerichteten Seele. Es ist die Fähigkeit des Menschen, durch Aufrichtigkeit und Reinheit seines Willens die gefallenen Funken der Göttlichkeit, die um ihn herum in Menschen und Dingen eingeschlossen sind, zu befreien und an der Erlösung der Welt teilzunehmen. Sie ist jedoch wie das taoistische *wu-wei*, denn sie kennt kein besonderes Ziel oder konkretes Objekt, sondern hängt von der Stille des Geistes und der Ganzheit des Wesens ab.

> „Es bedarf keines Sprungs aus dem Gewohnten ins Wunder. ‚Mit jeder Handlung kann der Mensch an der Gestalt der Schechina arbeiten, daß sie aus dem Verborgenen trete.' Nicht die Materie der Handlung, nur ihre Wirkung entscheidet. Eben dies, was du im Gleichmaß der Wiederkehr oder in der Fügung der Ereignisse tust, eben diese aus Übung erworbene oder aus Eingebung gewonnene Antwort des Handelnden auf das vielfältige Begehren der Stunden wird in der Weihe vollzogen, zum Erlösen."

Schifluth ist Demut. Demut beginnt im Chassidismus nicht mit Selbstverleugnung, sondern mit der Bestätigung des wahren Selbst eines Menschen, seiner geschaffenen Einmaligkeit, die ihm zur Entfaltung und Vervollständigung gegeben ist. Wir haben diese Einmaligkeit schon in Bubers Darlegung des Nikolaus von Cusa gesehen, aber jetzt hat sie an Intensität und Tiefe gewonnen:

> „Einzig und einmalig ist das Seiende. Neu und ungewesen taucht es aus der Flut der Wiederkünfte auf, geschehen und unwiederholbar taucht es in sie zurück ... Die Einmaligkeit ist eine Ewigkeit des Einzelnen. Denn mit seiner Einzigkeit ist er unverlöschbar in das Herz der Allheit eingegraben und liegt im Schoß des Zeitlosen immerdar als der so und nicht anders Beschaffene."

Hierin liegt die Verbindung, die deutlich macht, warum das Verständnis der Einmaligkeit die notwendige Voraussetzung zum Verständnis des Dialogs ist, denn man kann nur dann wirklich offen und bereit sein, anderen zu begegnen, wenn man auf dem Boden der eigenen Einmaligkeit steht und diesen Boden durch jede neue Begegnung anreichert. Hierbei ist jedoch das Korollar des „Zwischen" gegenwärtig und explizit, was es früher nicht war. Demut ist die Liebe eines Wesens, das in einem Reich lebt, welches größer ist als das des Individuums und aus einem Wissen spricht, welches tiefer ist als das Wissen des Individuums. Dieses größere Reich und dieses größere Wissen sind das „des Zwischen", das Buber selbst zu diesem frühen Zeitpunkt mit Gott gleichsetzte: „Sie sind in Wahrheit *zwischen* den Kreaturen, das heißt, sie sind in Gott. Leben durch Leben gedeckt und gebürgt ... Wessen das eine ermangelt, des wird das andre ihm entgegenschwellen. Wenn eines zu wenig liebt, wird das andre mehr lieben."

In *Ekstatische Konfessionen* (1909) versammelte Buber zahlreiche persönliche Beschreibungen mystischer Ekstase aus vielen unterschiedlichen Religionen und Kulturen, die er über viele Jahre hindurch versammelt hatte. Im einführenden Aufsatz „Ekstase und Konfession" legt Buber dar, was er als die Essenz dieser Erlebnisse ansah. Buber behauptete, der Ekstatiker erreiche im Stadium der Ekstase wahre und vollkommene Einheit, in der die Welt und das „Ich" eins seien und alle Vielfalt verschwunden sei. Ekstatisches Erleben sei nur ein Pol der Bewegung des Weltgeistes von den Vielen zum Einen und vom Einen zu den Vielen: „Wir horchen in uns hinein und wissen nicht, welchen Meeres Rauschen wir hören."

In „Die Lehre des Tao", geschrieben 1910, machte Buber einen entscheidenden Schritt vorwärts bei der Integration seiner Begegnung mit der Mystik in seine persönliche Philosophie. Dieser Artikel konzentriert sich nicht auf mystische Erfahrung, sondern auf eine zentrale Lehre und eine zentrale Person. Die Lehre ist eine einfache Ganzheit, die das ganze Leben einer Person umfaßt. Echtes Leben ist vereinigtes Leben. Jedes Ding enthüllt das Tao durch die Art seiner Existenz, durch sein Leben. Aber die Einheit der Welt ist nur das Ergebnis und die Reflexion der Einheit des vervollständigten menschlichen Wesens. Die Lehre wird im echten Leben verwirklicht, schrieb Buber, es ist Leben des „zentralen Menschen". Der zentrale Mensch fügt der Lehre kein neues Element hinzu. Vielmehr erfüllt er sie durch authentisches, einiges Leben und erhebt dadurch das Bedingte ins Unbedingte.

Die Betonung der Verwirklichung der Lebenseinheit als wichtiger denn jedes philosophische Wissen oder jeder religiöse Glaube sowie die Lehre vom Handeln, welches aus dem vollen Sein ausgeführt wird, spielen von dieser Zeit an in zunehmendem Maße eine wesentliche Rolle in Bubers Philosophie und gehen in seine Deutung des Chassidismus und Judaismus ein. Die Lehre der Einheit von zentraler Person und Welt ist jedoch noch auf eine Art „mystisch", wie es Bubers reifes Denken dann nicht mehr ist.

In dieser Periode und unmittelbar danach arbeitete Buber an seinem ersten Versuch einer umfassenden und selbständigen Philosophie: *Daniel: Gespräche von der Verwirklichung* (1913). In *Daniel* trifft sich die Forderung des Mystikers nach einem im Sinne der höchsten Wirklichkeit gelebten Leben mit der existentialistischen Forderung nach Selbstverwirklichung und unverfälschter Existenz. Es stellt daher einen wichtigen Übergang von Bubers früher Mystik und seinem späteren Existentialismus des Dialogs dar. Es zeigt auch explizit, warum Buber durch die Phase der Mystik gehen mußte, um zu seiner eigenen selbständigen Beziehung zum Sein zu gelangen, und warum er nicht, wie viele der protestantischen Theologen, die die „Ich-Du"-Philosophie angenommen haben, die Mystik einfach zurückweisen konnte, nachdem er zum Dialog gelangt war. Der Grund, weshalb Buber sich von seiner früheren mystischen Philosophie abwendete und abwenden mußte, ist ein existentialistischer. Er erkannte, daß er durch diese Philosophie die Einheit auf Kosten seiner eigenen Lebenserfahrung, die er verleugnen mußte, zu erreichen versucht hatte. Die Mystik jedoch gab Buber einen flüchtigen Blick auf eine essentielle Wirklichkeit, die in der Zersplitterung der Existenz verwirklicht werden mußte. Wie Buber in „Der Altar" (1914) schrieb: „Wir vermögen nicht hinter der Vielheit die lebendige Einheit zu finden. Wir vermögen aus der Vielheit die lebendige Einheit zu tun." Das ist eindeutiger *Panentheismus*, in der die Existenz nur potentiell heilig ist und erst geheiligt werden muß, und nicht *Pantheismus*, in der die Welt schon als heilig angesehen wird. Dieser Panentheismus ist lebens- und weltbejahend, nicht lebensverneinend. Er ist bestimmter Nicht-Dualismus des Einen, welches Viele wird, und der Vielen, die zum Einen zurückkehren, jedenfalls keine einfache Proklamation der Identität von Selbst und Wesen als solchem.

Die Mystik gab Buber eine neue Form der Annäherung an die Wirklichkeit, durch die sein Herz von der Mechanisierung, Künstlichkeit und Vermitteltheit jener Zeit zur Unmittelbarkeit geistigen Lebens durchbrechen konnte. Aber sie diente auch dazu, Buber in eine Ekstase zu entrücken, in der er nicht mehr den Ruf der unmittelbaren Stunde hörte.

Problematisch war nicht das mystische Erleben selbst, sondern seine Interpretation und die Wirkung dieser Interpretation auf sein Leben.

> „Jetzt weiß ich aus meiner eigenen unvergeßlichen Erfahrung gut, daß es einen Zustand gibt, in dem die Bande der persönlichen Natur des Lebens von uns abgefallen sind und wir ungeteilte Einheit erfahren. Aber ich weiß nicht – was die Seele sich bereitwillig vorstellt und in der Tat gezwungen ist, sich vorzustellen (auch meine tat es einmal) –, daß ich darin zu einer Einheit mit dem höchsten Wesen oder der Gottheit gelangt wäre. Das ist eine Übertreibung, die dem verantwortlichen Verständnis nicht länger erlaubt ist."

Was dem verantwortlichen Verständnis gestattet ist, versichert Buber, ist die Anerkennung einer undifferenzierten vorpersönlichen Einheit, die sich hinter aller persönlichen Veränderung verbirgt, obwohl auch diese nicht *über* der kreatürlichen Situation, sondern *unter* ihr steht. Wenn man diese Einheit des eigenen grundlegenden Selbst erfährt, tendiert man natürlicherweise dazu, es als allgemeine Einheit aufzufassen, denn man ist sich nicht länger einer Wirklichkeit außer sich selbst bewußt. Die Konsequenz dieser verlockenden, aber „unverantwortlichen" Deutung ist eine Dualität, die das Leben auseinanderreißt in das alltägliche kreatürliche Leben einerseits, in die „vergöttlichten" erhabenen Stunden andererseits. Das Erlebnis der Ekstase führt den Mystiker dazu, das alltägliche Leben von nun an als Hindernis oder bestenfalls als Mittel zur Wiedererlangung des ekstatischen Augenblicks zu betrachten. Es ist genau diese „erhabene Form des Unwahrseins", wie Buber es später nannte, die Bubers eigene Ekstase und das dualistische Leben, das sie hervorbrachte, charakterisierte:

> „In meinen früheren Jahren war das Religiöse für mich die Ausnahme. Da gab es Stunden, die aus dem Lauf der Dinge herausgenommen waren. Von irgendwoher wurde die feste Kruste des Alltags durchstoßen. Dann zerbrach die verläßliche Beständigkeit der Erscheinungen; der Angriff, der stattfand, zerbarst ihre Gesetze. ‚Religiöse Erfahrung' war die Erfahrung einer Andersartigkeit, die nicht in den Kontext des Lebens paßte. Es konnte mit etwas Gewohntem beginnen, mit der Erwägung irgendeines bekannten Objektes, das dann aber unerwartet geheimnisvoll und unheimlich wurde, schließlich einen Weg in die blitzdurchzuckte Dunkelheit des Geheimnisses selbst erleuchtend. Aber auch ohne ein Zwischenstadium konnte die Zeit auseinandergerissen werden – zuerst flog die feste Struktur der Welt, dann die noch festere Selbstsicherheit auseinander, und du warst der Vollständigkeit übergeben. Das ‚Religiöse' hob dich heraus. Dort drüben lag nun die gewohnte Existenz mit ihren Angelegenheiten, aber hier hielten Erleuchtung, Ekstase und Entzücken ohne Zeit oder Abfolge an. Auf diese Weise umfaßte dein eigenes Wesen ein Leben hier

> und ein Leben jenseits, und es gab keine Verbindung als den tatsächlichen Augenblick des Übergangs."

Buber erreichte seine Ekstasen nicht durch regelmäßige Praxis von „Meditation" – stillem Sitzen und Konzentration von Verstand und Geist auf ein Wort oder Bild. „Ich hatte nie etwas mit gewollten, vorsätzlichen Meditationen" zu tun, schrieb Buber mir. „Was spontane Meditationen angeht, so kannte ich sie in früheren Tagen, aber nie seit meine Gedanken ihre Reife erreicht hatten." Buber erlangte sein ausgereiftes Verständnis, nachdem er nicht nur die Stunden mystischer Abgehobenheit, sondern auch den Glauben, der sie begleitete, aufgegeben hatte. Dieser Glaube hatte die Möglichkeit „an eine ‚mystische' Vereinigung des Selbst, die die Tiefe des individuellen Selbst mit dem Selbst an sich identifiziert", beinhaltet. „Vielleicht war der Hauptpunkt meiner persönlichen Entwicklung auch die Zurückweisung dieser Mystik."

Wie entschlossen Buber sich von einer solch illegitimen Teilung des Lebens abwandte, können wir nur aus dem Kontext seiner Begegnung mit dem ersten Weltkrieg verstehen. Bubers „Wandlung" jedoch bedeutete nicht, wie einige gedacht haben, eine Zurückweisung der Mystik *in toto.* Im Gegenteil, viel von seiner Mystik blieb in ihm und inspirierte seine lebenslange Arbeit am Chassidismus und seine eigene Philosophie. Gegenwart, Gegenwärtigkeit, Unmittelbarkeit, Unaussprechlichkeit, ein Sinn, der gelebt und bekräftigt, aber nicht definiert werden kann, die Handlung, die wie Nichthandeln erscheint, weil sie vollständig ist und nicht im Widerstreit steht – dies alles begleitete Buber weiterhin auf dem langen Weg, der vor ihm lag.

Zu dieser Zeit waren Mystik und Mythos für Buber verknüpft. In einer Ansprache über „Mythos und Judentum" aus dem Jahr 1913 bestimmte Buber „Mythos" als Erzählung eines physisch wirklichen Ereignisses, das als göttliches und unbedingtes Ereignis aufgefaßt und dargestellt wird. Der frühzeitliche Mensch besaß ein höheres Bewußtsein von der Einmaligkeit jedes Ereignisses, und selbst der moderne Mensch fühlt zu Zeiten großer Spannung und intensiven Erlebens die Fesseln kausalen Bewußtseins von sich abfallen und findet in sich seine Fähigkeit, Mythen zu schaffen, durch die die Vorgänge der Welt jenseits von Kausalität als sinnvoll wahrgenommen werden, nämlich als die Offenbarung eines zentralen Entschlusses, der nur durch die glühende Kraft des ganzen Wesens erfaßt werden kann. Im *Zaddik* wird der mythische Heros für Buber zum modernen Bild des Menschen. „Er ist ... der Mensch, in dem transzendentale Verantwortlichkeit von einem Bewußtseinsereignis zur organischen Existenz wird. Er ist der zu seiner Wahrheit vollendete Mensch, das rechtmäßige Subjekt des Akts, in dem Gott erkannt, geliebt, gewollt werden will." Grundlegend für dieses mythische und moderne Bild des Menschen ist die persönliche Ganzheit, die zu spontaner Antwort an Stelle von bewußter Imitation führt. Es ist vor allem die Spontaneität der Existenz des *Zaddik*, die den reinigenden und erneuernden Einfluß ausübt, dessen bewußter Ausdruck in Worten nur die Begleitung ist. Die Geschichten der vielen *Zaddikim*, die Buber erzählte, waren Versuche, den mythischen Heros in der damaligen Gegenwart lebendig zu machen, dem modernen Menschen ein Bild wahrer menschlicher Existenz vorzulegen. Auf ungezählte Leser übten Bubers Legenden und Geschichten der Chassidim genau diese Wirkung aus.

Bubers Verständnis vom *Zaddik* als dem *wahren Helfer* wurde durch ein Erlebnis vertieft, welches er vier oder fünf Jahre nach *Die Legende des Baalschem* erlebte. Er war zu dieser Zeit aus seiner selbstauferlegten Zurückgezogenheit zurückgekehrt, um vor dem Prager *Verein jüdischer Hochschüler Bar Kochba* seine berühmten „Reden über das Judentum" zu halten. Am Ende des dritten Vortrags ging er mit einigen Mitgliedern des Bar Kochba-Vereins in ein Kaffeehaus, „um, wie es mir lieb ist, der Rede vor vielen, deren Form keine Gegenrede gestattet, ein Gespräch mit wenigen folgen zu lassen, wo die Anschauung sich im Eingehen auf Einwand und Frage unmittelbarer darlegt und Persönliches auf Persönliches wirkt." Sie diskutierten gerade über ein moralphilosophisches Thema, als ein gut gebauter Jude in mittleren Jahren und einfacher Erscheinung an ihren Tisch trat und Buber begrüßte. Als Buber ihn nicht erkannte, stellte er sich selbst als M., der Bruder des früheren Wirtschafters seines Vaters vor. Buber lud ihn ein, sich zu ihnen zu setzen, erkundigte sich nach seinem Leben und wandte sich wieder dem Gespräch mit den jungen Leuten zu. Von Zeit zu Zeit wandte sich Buber an ihn und drängte ihn zu sagen, ob er einen besonderen Wunsch hätte.

Immer wieder stockend, sagte M., er habe eine Tochter, auch habe er einen jungen Mann für seine Tochter, und daß der Mann ein Jurastudent sei, der die Prüfungen mit Auszeichnung bestanden habe. Während der nun folgenden langen Pause schaute Buber ihn aufmunternd an, in der Annahme, er würde ihn bitten, seinen Einfluß in irgendeiner Weise für den zukünftigen Schwiegersohn geltend zu machen. Statt dessen fragte er zu Bubers Überraschung: „Herr Doktor, ist er ein ordentlicher Mensch?" und dann weiter: „Herr Doktor, ist er aber auch ein guter Kopf?" Im Gefühl, eine Antwort nicht verweigern zu können, sagte Buber, der junge Mann sei sicher arbeitsam und fähig und müsse auch etwas in seinem Kopf haben, denn mit Arbeit allein hätte er nicht erfolgreich sein können. Aber auf M.s letzte Frage: „Herr Doktor, soll er nun zum Gericht oder zu einem Advokaten gehen?" konnte Buber gar keinen Rat geben. Nun schaute M. ihn mit einem fast schwermütig verzehrenden Blick an und sprach in einem Ton, gemischt aus Kummer und Demut: „Doktor, Sie *wollen* es nicht sagen – nun, ich danke Ihnen dafür, was Sie mir gesagt haben."

Dieser humorvolle Vorfall vermittelte Buber eine neue und wichtige Einsicht in die Rolle des *Zaddik*, die über seine eigene Lehre vom vollständigen Menschen, der Gott in der Welt verwirklicht, hinausging. Jetzt gewann er ein tieferes Verständnis des Bildes, das er in seiner Kindheit geschaut hatte: die Funktion des *Zaddiks* als Führer. Jeder Mensch hat eine unbegrenzte Sphäre von Verantwortlichkeit, aber es gibt Menschen, die stündlich in besonderer Weise von unbegrenzter Verantwortlichkeit angesprochen werden. Dies sind die Führer – nicht die Herrscher und Politiker, die sich von den individuellen, problematischen, persönlichen Leben abwenden, um sich mit dem äußeren Schicksal großer Gemeinschaften zu befassen, sondern die wahren *Zaddikim*, die dem tausendfachen fragenden Blick individueller Leben standhalten und dem zitternden Mund der bedürftigen Kreatur Antwort geben, die Mal um Mal von ihnen Entscheidung verlangt. Der wahre *Zaddik* ist der Mensch, der beständig die Tiefen der Verantwortung mit dem Echolot seiner Worte auslotet: „Er ist der Helfer im Geist, der Lehrer der Bedeutung, den die Welt immer erwartet."

Durch das Erzählen dieser Geschichte wollte Buber in keiner Weise zu verstehen geben, daß er sich in der Rolle des *Zaddik* sah. Im Gegenteil, in dem Moment, da er einen Einblick in seine Rolle erlangt hatte, setzte er sich explizit vom *Zaddik* ab:

> „Ich, wahrlich kein Zaddik, kein in Gott gesicherter, sondern vor Gott gefährdeter, ein immer neu um Gottes Licht ringender und immer neu an Gottes Abgründen vergehender Mensch, erfuhr, nach Trivialem befragt und Triviales entgegnend, dennoch den wahren Zaddik, den nach Offenbarendem Befragten und Offenbarendes Entgegnenden, von innen – damals zum ersten Mal. Ich erfuhr ihn in dem Grundverhalten seiner Seele zur Welt: in seiner Verantwortung."

„Vor Gott gefährdet … immer neu um Gottes Licht ringend, immer neu an Gottes Abgründen vergehend" – dieses Bild, das Buber von sich selbst gab, als er fast vierzig Jahre alt war, blieb wahrscheinlich weiterhin richtig für das fast halbe Jahrhundert, das er noch zu leben hatte. Es ist in der Tat genau das Herzstück des „schmalen Grats", den er wandelte. Obwohl sein Freund Franz Rosenzweig ihn scherzend als Rabbi Martin von Heppenheim (sein langjähriges Zuhause in Deutschland) ansprechen konnte, war Buber niemals ein *Zaddik*. Der *Zaddik* war jedoch ohne Frage für ihn ein Bild des Menschen, und in den Jahren, die er nach diesem Aufsatz lebte, nahm er mehr und mehr die Züge des „wahren Zaddik" an, den er selbst beschrieben hatte. Er wurde nicht der Führer einer echten Gemeinde, aber er hielt dem tausendfachen fragenden Blick unzähliger schmerzhaft bekümmerter Personen stand und maß beständig die Tiefe seiner Verantwortung mit dem „Echolot" seiner Gegenwart und seiner Worte.

4. Kapitel

Vorkriegslehren der „Verwirklichung“

(1909–1913)

Den ersten Schritt zu verantwortungsbewußtem Umgang mit anderen tat Buber zur Zeit seiner Begegnung mit M. 1909 – oder kurz danach – und tauchte aus seiner fünfjährigen, dem Chassidismus gewidmeten Zurückgezogenheit auf, um ein anerkannter Führer der jungen jüdischen Intellektuellen und besonders der jungen Zionisten Mitteleuropas zu werden. Den Anlaß bildete eine an Buber ergangene Einladung, vor der zionistischen Studentenvereinigung in Prag zu sprechen, die sich nach dem berühmten Heeresführer des jüdischen Aufstandes gegen die Römer Bar Kochba-Verein nannte. Dieser Name entstammte der von Herzl eingeläuteten heroischen Ära des Zionismus. Die Annäherung an Buber signalisierte jedoch schon die Unzulänglichkeit eines nur rein äußerlichen Zionismus und kündigte den Beginn einer neuen Periode an. In Prag fand eine wahrhaft folgenreiche Begegnung zwischen Martin Buber und dieser bemerkenswerten Gruppe junger Zionisten statt, von denen viele später einflußreiche Persönlichkeiten zionistischer, jüdischer, intellektueller oder literarischer Kreise werden sollten. Diese Gruppe sah zu dem etwa zehn Jahre älteren Martin Buber, der aus seiner selbstgewählten Zurückgezogenheit in neuer Gestalt und Würde auftauchte, als einem Führer und Weisen auf. Diese Rückkehr zur Aktivität bedeutete von Bubers Seite aus keinesfalls eine Abkehr vom Chassidismus. Im Gegenteil, gerade durch sein tiefes Eintauchen in den Chassidismus konnte Buber die Worte, die er 1905 in einem Brief geschrieben hatte, wahr machen: *sollte* er zur Aktivität in der zionistischen Bewegung zurückkehren, würde er Bedeutsameres und Grundlegenderes zu sagen haben als die Schlagworte, die er in seinen frühen Jahren in der Bewegung geäußert hatte. Die Prager Bar Kochba-Hochschüler ihrerseits luden Buber nicht nur als den Mann ein, der fünf Jahre zuvor in der Bewegung aktiv gewesen war, sondern als den bekannten Autor der *Geschichten des Rabbi Nachman* und *Die Legende des Baalschem* –, als den Mann, der versicherte, daß keine Renaissance des Judentums stattfinden könne, die nicht einige chassidische Elemente in sich trage.

Die heroische Epoche der Prager Bar Kochba-Hochschüler war durch einen Willen, das Unmögliche möglich zu machen, gekennzeichnet; geprägt auch durch einen neuen Geist, der alle Schwierigkeiten verachtete und von Anfang an gewillt war, jüdisches Wesen zur Verwirklichung, und das heißt, das eigene persönliche und politische Leben zur Einheit zu bringen. Buber und Berthold Feiwel hatten schon 1903 vor den Prager Bar Kochba-Hochschülern zum Thema „Jüdische Renaissance" gesprochen, und damals war Buber zum ersten Mal mit Hugo Bergmann, der später einer der hervorragendsten Philosophen und moralischen Führer Israels wurde, in Kontakt gekommen, aus dem sich eine lebenslange Freundschaft ergab. Die Bestrebungen für einen kulturellen Zionismus, die Buber bevorzugt hatte, charakterisierten auch die Position der Bar Kochba-Hochschüler innerhalb der gesamten zionistischen Organisation und führten zu erbitterten Kämpfen mit den bürgerlichen Zionisten und den Liberalen, die der Assimilation näher standen. Der Bar Kochba-Verein repräsentierte die demokratische und progressive Richtung, und es war kein Zufall, daß Martin Buber, einer der Führer der demokratischen Fraktion, ihr Delegierter auf dem Kongreß von 1903 war.

Nach Herzls Tod 1904 nahm die heroische zionistische Aktivität ab, nun gab es ebenso wenige „praktische" wie auch „politische" Zionisten. Die Bar Kochba-Hochschüler litten unter der Stagnation, die einem Zionismus ohne Inhalt folgte. Diese Situation hatte zur Einladung Bubers geführt. Bubers Denken und Persönlichkeit leiteten eine neue Ära für die Prager Bar Kochba-Hochschüler und von dort ausstrahlend für die gesamte zionistische Jugend Mitteleuropas ein. Die Prager Bar Kochba-Hochschüler wurden Bubers Gemeinde, und aus ihr gingen einige von Bubers einflußreichsten Anhängern und langjährigen Freunden hervor, Männer wie Hugo Bergmann, Max Brod, Robert und Felix Weltsch und Hans Kohn. Das Ergebnis war, daß der Bar Kochba-Verein dieser Ära sich als tieferes und revolutionäreres Element im Zionismus herausstellte, als er es in seiner heroischen Epoche gewesen war.

In einem Brief vom 14. November 1908 schrieb Leo Hermann an Buber von der Isolation zwischen Deutschen und Tschechen, zwischen Juden und Deutschen und fragte ihn, wie der westliche Jude sich jenen Teil des jüdischen Wesens, den er nicht besaß, zu eigen machen sollte. Buber hatte freundlich geantwortet, und aus dem Briefwechsel entwickelte sich sowohl der Titel wie der Inhalt seiner Rede. Buber traf unerwartet früh in der Nacht vor dem festlichen Abend ein. Daher erfolgte seine erste Begegnung mit den jungen Zionisten auf Spaziergängen inner- und außerhalb der Stadt, während informeller Gespräche. Oft zeigten sie hervorragenden Besuchern die Straßen des historischen Prag, erklärte Robert Weltsch mehr als ein halbes Jahrhundert später, der Rundgang mit Martin und Paula Buber jedoch sei derjenige gewesen, der am stärksten im Gedächtnis haften geblieben war. Keine anderen Besucher hatten soviel echtes Verständnis und kundiges Wissen über die architektonischen und künstlerischen Herrlichkeiten der Stadt gezeigt oder ihre Magie und ihr Geheimnis so tief empfunden. Buber entdeckte Ähnlichkeiten zwischen Florenz und Prag und blieb von dieser Zeit an Prag eng verbunden, bis das alte jüdische Prag verschwand.

Die Mitglieder des Bar Kochba-Vereins saßen mit Buber im kleinen Kreis beisammen, und zum ersten Mal sprach er zu ihnen über seine Einstellung zum jüdischen Wesen und Zionismus. „Dann wußten wir“, sagte Leo Hermann, „daß er uns auf unserem Weg weiterhelfen würde.“ Seit dieser Zeit erkannten sie in Buber einen Mann unbestreitbarer Autorität. Auch für Buber war dieses Treffen von größter Wichtigkeit; er erkannte, daß es hier junge Leute gab, die noch einmal einen neuen Anfang finden und neue Hoffnung geben könnten.

Ende März 1910 war Buber in Wien und kehrte dann mit Paula nach Prag zurück. Wieder spazierten die Bar Kochba-Hochschüler mit ihnen durch die alte Stadt Prag, am alten Stadtkreis, über die Brücke zum berühmten Prager Schloß, dem Hradschin, entlang. Nachdem sie oben angelangt waren, gingen die Lichter in der dunklen Stadt und entlang der Moldau an. Als sie zurückkehrten, warteten die anderen schon in einer örtlichen Vereinsgliederung des Bar Kochba-Vereins. Buber eröffnete die Diskussion mit einer Fortsetzung des Gesprächs, das sie auf dem Hradschin begonnen hatten. Er sprach über die Bedeutung des Konzepts „Blut“, über die besonderen jüdischen Charakteristika, die Auflösung der eigenen persönlichen „jüdischen Frage“, der Beziehung der westlichen Juden zu Palästina, und der Hoffnung auf eine große religiöse Umwälzung, die allein den westlichen Juden Erneuerung bringen könnte. Auf die Frage einer Frau, ob er sie in einer Methode der Selbstbefreiung unterrichten könne, weigerte er sich zu antworten, aber auf die Frage, ob man in der letzten Analyse wirklich Palästina als den einzigen Weg akzeptieren müsse, antwortete er mit einem klaren „Ja“.

Am nächsten Tag hielt Buber im jüdischen Rathaus eine öffentliche Vorlesung zum Thema „Das Judentum und die Menschheit“. Er formulierte klar und deutlich die Antwort auf die Frage, um die die Diskussion des Vorabends gekreist war: die Forderung nach einer aus der eigenen inneren Geteiltheit geborenen Einheit und die Erlösung von der Zerspaltenheit.

Bubers bemerkenswertes Gesicht über dem Lesepult, mit seiner eindrucksvollen Gelassenheit; seine braunen Augen, die oft prophetisch aufblitzten; und die klaren Worte, die er aus einem reichen Schatz von

Bildern hervorzog, als gebrauche er sie zum ersten Mal – all dies machte seinen Vortrag zu einer Ansprache, der zugehört und geantwortet werden mußte, nicht nur auf der intellektuellen Ebene, sondern mit der ganzen Person. Es gab Applaus, der anhielt, bis die letzten Gäste den Saal verlassen hatten. Nachdem die Bubers fort waren, verbrachten die Bar Kochba-Hochschüler den ganzen Nachmittag mit der Diskussion über Buber und seine Ansprache. „Es war merkwürdig", sagt Hermann, „daß fast jedem von uns große Teile fast wörtlich im Gedächtnis geblieben waren und daß es uns war, als ob sie in unser Blut eingedrungen wären."

Das revolutionäre Element in Bubers „Drei Reden" (1909–1911, die erste von Bubers drei *Reden über das Judentum,* ursprünglich vor den Prager Bar Kochba-Hochschülern gehalten) ist eines, das wir heute „existentialistisch" nennen könnten, denn es verwandelte die „jüdische Frage" von einer abstrakten Frage darüber, ob Juden als Mitglieder einer Rasse, Nation oder einer Religionsgemeinschaft anzusehen seien, in eine nach der tiefen persönlichen Bedeutung des Judentums für den Juden selbst. Der westliche Jude ist eine gespaltene Person, denn seine Landes-, Sprach- und Brauchtumsgemeinschaft unterscheidet sich von seiner Blutsgemeinschaft. Wir sind, sagte Buber, in einem viel bedeutsameren Sinn als andere zivilisierte Völker eine Mischung. Aber wir wollen nicht die Sklaven, sondern die Meister dieser Mischung sein. Die Wahl bedeutet eine Entscheidung darüber, welches das herrschende Element in uns sein soll und welches das beherrschte. Wenn wir aus tiefer Selbsterkenntnis heraus unsere ganze jüdische Existenz bejaht haben werden, dann werden wir uns nicht länger als Individuen, sondern als Volk fühlen, denn jeder wird das Volk in sich selbst fühlen. Nicht meine Seele ist mit meinem Volk, vielmehr: mein Volk *ist* meine Seele.

„Als ich ein Kind war", schloß Buber, „las ich eine alte jüdische Sage, die ich nicht verstehen konnte … ‚Vor den Toren Roms sitzt ein aussätziger Bettler und wartet. Es ist der Messias.' Damals kam ich zu einem alten Manne und fragte ihn: ‚Worauf wartet er?' Und der alte Mann antwortete mir etwas, was ich … erst viel später verstehen gelernt habe; er sagte: ‚Auf Dich'."

Von allen Grundsätzen, die Buber je formulierte, ist der vom „Blut" wahrscheinlich der problematischste und der am schwersten zu verstehende. Trotz seiner klaren Aussage, daß das jüdische Volk, mehr als jedes andere, eine Mischung sei, ist Bubers Konzept der „Blutsgemeinschaft" später oft identifiziert worden mit der Art rassischem Mystizismus, der zu der Zeit in Deutschland vorherrschte und später in plumper Form in die Mythen des Nationalsozialismus einging. Für einige mag dieses Urteil dadurch bestätigt werden, daß Alfred Rosenberg und sein Anwalt vor dem Nürnberger Gerichtshof Buber als Beweis dafür zitierten, daß die Philosophie der Nationalsozialisten Teil des *Zeitgeistes* war, der nicht notwendigerweise mit Antisemitismus verbunden war. Es gibt in der Tat ein Element von biologischem Vitalismus und Irrationalismus in der Auffassung von „Blut“, das jene, die die Zeit des Nationalsozialismus durchlebt haben, beunruhigen muß. Aber die Unterschiede sind trotzdem wichtiger als die Ähnlichkeiten. Buber unterstrich nicht die *Überlegenheit* eines Volkes über ein anderes, sondern die kostbare Einmaligkeit eines jeden. Buber wollte die einzigartigen Möglichkeiten und Aufgaben des jüdischen Volkes von innen heraus erkennen. Die Nationalsozialisten und die Rassentheoretiker, die ihnen vorausgingen, verglichen und kontrastierten von außen. „Unkenntnis und Entstellung ... sind ja die Grundpfeiler der modernen rassenpsychologischen Behandlung des Judentums“, schrieb Buber 1916.

Was Buber wirklich mit „Blut“ meinte, wurde durch einen Kommentar, den er um 1909 seinem früheren Lehrer, dem deutsch-jüdischen Philosophen Georg Simmel, gegenüber machte, illustriert. Simmel bestätigte, daß die Beharrlichkeit des jüdischen *Geistes* etwas sehr Erstrebenswertes sei. Worauf Buber bemerkte: „Wie können Sie sich den Fortbestand eines bestimmten Geistes ohne eine biologische Grundlage denken?“ Simmel dachte wie ein Luftmensch, ganz der intellektuelle Jude der Diaspora, der vielleicht eine bestimmte geistige Qualität meint, aber nicht eine gesamte Existenz. Buber dagegen dachte an eine vollständige jüdische Existenz, die von Juden zusammen in einer organischen Gemeinschaft gelebt wird. Buber fügte diesem Gespräch hinzu: „Wenn diese biologische Grundlage gegeben ist und der Geist nun einmal einer ist, der in der Fülle des öffentlichen Lebens verwirklicht werden will, dann muß man ihm ... doch wieder die Möglichkeit dieser Verwirklichung, d. h. die Möglichkeit der Bestimmung der eigenen gesellschaftlichen und politischen Lebensformen geben.“ So gab es, wie selbst Alfred Rosenberg, wenn auch in völlig grotesker und verzerrter Form, erkannte, eine integrale Verbindung zwischen Bubers Konzept von „Blut“ und seinem Zionismus. Mit „Blut“ meinte er nicht mehr und nicht weniger als die Kette der Generationen, und mit Zionismus meinte er nicht eine politische Aktion oder diplomatische Verhandlungen, sondern die Aufgabe, eine organische Gemeinschaft auf dem Land aufzubauen.

Der Konzentrationsprozeß, den Buber in seiner Zurückgezogenheit durchlief, hatte auch die Auseinandersetzung mit seiner eigenen inneren Gespaltenheit in einer Weise zur Folge, die bislang nicht stattgefunden hatte. Sein Aufruf an seine jüdischen Mitmenschen war ein Aufruf, dem er selbst geantwortet hatte. „Es geziemt uns nicht“, schrieb er, „der tiefen Wirklichkeit unseres Daseins auszuweichen, und es wird uns kein Heil werden, ehe wir ihr gegenübergetreten sind und ihr standgehalten haben.“ In Frage stehe hier, so Buber, im Grunde keine ethnische, sondern eine menschliche Frage. Der Jude erlebt vielleicht aufgrund der Disparität zwischen der Gemeinschaft der Generationen und der Gemeinschaft seiner unmittelbaren Umgebung eine besonders verstärkte innere Gespaltenheit, aber alle Menschen kennen diese innere Gespaltenheit, die Buber kannte und zu überwinden strebte.

Während Buber 1903 die Evolution als *die* moderne Idee proklamierte, so attackierte er sie am Ende von 1910, in der dritten seiner drei *Reden über das Judentum*, rücksichtslos. Das Konzept der Evolution, das den typischen Menschen dieser Zeit dominierte, sagte er, sei das Konzept der graduellen Veränderung durch das Zusammenwirken vieler kleiner Ursachen.

> „Ich bin mir ... bewußt, daß ich, wenn ich von Erneuerung spreche, den Boden dieser Zeit verlasse und den einer neuen, kommenden Zeit betrete. Denn ich meine mit Erneuerung durchaus nicht Allmähliches ... sondern etwas Plötzliches und Ungeheures, durchaus nicht Fortsetzung und Verbesserung, sondern Umkehr und Umwandlung. Ja, gerade so wie ich für das Leben des einzelnen Menschen daran glaube, daß es darin einen Moment elementaren Umschwungs geben kann, eine Krise und Erschütterung und ein Neuwerden von der Wurzel bis in alle Verzweigungen des Daseins, gerade so glaube ich für das Leben des Judentums daran.“

So wandte Buber jetzt die Lehre von der Erneuerung, die er in seinem eigenen Leben verwirklichte, als er sich vom aktiven Zionismus ab- und der Wiedererschaffung des Chassidismus zuwandte, auf das jüdische Volk als Ganzes an.

Buber stand nun den Unzulänglichkeiten Nietzsches, Achad Haams und seinen eigenen frühen Lehren kritisch gegenüber; dem Anspruch des liberalen und Reformjudentums, die Erneuerer des Judentums zu sein, war er noch kritischer gesonnen. Rationalisierung des Glaubens, Vereinfachung des Dogmas, Lockerung des Rituals – all dies ist Negation, nichts als Negation! Es ist keine Erneuerung des Judentums, sondern seine Fortsetzung in einfacherer, eleganterer, mehr europäischer, salonartiger Form. Sicherlich sprachen die Propheten von der Bedeutungslosigkeit der Zeremonien, aber nicht, um das religiöse Leben leichter zu machen. Sie waren im Gegenteil bestrebt, es schwerer zu machen, es echt und ganz zu machen, die Heiligkeit der *Tat* zu proklamieren. Prophetisches Judentum verlangte, daß der Mensch unbedingt lebte, daß er zu jeder Stunde und in allen Dingen ganz sei und seine Gefühle von Gott zu allen Zeiten *verwirkliche*. Das bedeutete die Verwirklichung von drei aufeinander bezogenen Tendenzen – dem Streben nach Einheit, der Tat und der Zukunft. Diese Tendenzen finden ihren stärksten Ausdruck im Messianismus – der tiefsten und ursprünglichsten Idee des Judentums. Im Messianismus ist die Relativität einer weit entfernten Zeit in das Absolute der Fülle der Zeit umgewandelt. Hier war zum ersten Mal das Absolute als das Ziel proklamiert – das Ziel der Menschheit, das durch sie verwirklicht werden soll. Diese unbedingte Forderung versuchte Buber in seiner Zeit für jeden Juden, der willig war, zuzuhören und als Jude zu antworten, zu erneuern. „Wir stehen in einem Augenblick der höchsten Spannung und der endgültigen Entscheidung“, verkündete Buber, „in einem Augenblick mit doppeltem Antlitz, das eine nach dem Tode, das andere nach dem Leben blickend.“ Die Erneuerung des Judentums bedeutet, die Dualität zwischen unserem absoluten und unserem relativen Leben beiseite zu lassen, damit „der Kampf um die Erfüllung das ganze Volk erfasse, daß die Ideen die Wirklichkeit der Tage durchdringen, *daß der Geist ins Leben komme!* Dann erst, wenn das Judentum sich wieder ausstreckt wie eine Hand und jeden Juden bei dem Haare seines Hauptes faßt und ihn im Sturme zwischen Himmel und Erde gen Jerusalem trägt ... Dann erst wird das jüdische Volk reif sein, sich ein neues Schicksal zu erbauen.“ Hierbei geht es also nicht, versicherte Buber, um das Schicksal des jüdischen Volkes, sondern um ein neues Weltgefühl, das der Menschheit vermittelt werden muß. Die Bildung dieses neuen Weltgefühls und die Erneuerung des Judentums sind zwei Seiten *eines* Ereignisses. Die Grundtendenzen des Judentums – das Streben nach Einheit, Tat und Zukunft – sind die Elemente, aus denen eine neue Welt gebaut werden wird. „Und so bedeuten die tiefste Humanität unserer Seele und unserer Seele tiefstes Judentum ein und dasselbe.“

Oskar Epstein erklärte in seinem Halbjahresbericht von 1910 über die Aktivitäten der Prager Bar Kochba-Hochschüler, daß Bubers dritte Ansprache „Judentum und Menschentum“ von „überragender Bedeutung für die geistige Entwicklung der Union“ gewesen sei.

> „Buber beleuchtete den Kern der Frage wie ein Blitzstrahl. Er sagte einfach das zu uns, was wir wollten und aus der Tiefe unserer Herzen ersehnten ... Nicht nur neues, wertvolles Wissen, sondern der heilige Ernst und das tiefe Verlangen nach Wahrheit in Bubers Worten hat den Geist der Union auf mächtige Weise beeinflußt und zu seiner Formung beigetragen. Wir können auch mit Recht sagen, daß die Tatsache, daß die Union einem Mann wie Buber wert geworden ist, uns mit Befriedigung und rechtmäßigem Stolz erfüllen kann.“

Einer der Wege, auf denen Buber selbst versuchte, in der Wüste der Diaspora „die Straße für den Herrn vorzubereiten“, war der Versuch, in Deutschland ein Lehrhaus des Judentums zu etablieren. Allein schon der Austausch über dieses Thema zwischen Buber und seinem Freund, dem Wiener Dichter und Dramatiker Richard Beer-Hofmann, war ein bedeutsames Ereignis. Anfang April 1913 schrieb Beer-Hofmann einen Brief an Buber, in dem er in aller Offenheit seine Befürchtung ausdrückte, daß das vorgeschlagene Lehrhaus die Juden noch grausamer dem Antisemitismus der Zeit aussetzen würde, als sie es ohnehin schon wären. Bubers Antwort an Beer-Hofmann gibt uns einen selten tiefen Einblick sowohl in den Philosophen und jüdischen Denker als auch den Mann. Sie läßt den Buber erahnen, der zwanzig Jahre später als Führer im geistigen Kampf der deutschen Juden gegen den Nationalsozialismus auftreten sollte.

> „Sie haben weiter recht: alles was wir Juden tun, vollzieht sich auf einer Bühne. Aber das von Grund aus Verkehrte daran ist nicht die Tatsache, sondern daß wir so lange die Tatsache für unser Tun und Nichttun bestimmend sein ließen. Auch dem großen Menschen schaut die Welt zu; wenn er darauf achtet, ist er im Herzen seiner Größe bedroht. Es ist nicht möglich, zugleich aus seiner Gewalt und aus seinem Bild zu leben – gleichviel ob es das Bild in den Augen der Freunde oder der Feinde ist. Wenn Gott mir zusieht, kann ich mich seines Blickes nicht würdiger erweisen, als wenn ich mich darum nicht bekümmre; und wenn Satan mir zusieht, kann ich seinen Blick nicht vollkommener zuschanden machen, als wenn ich mich nicht darum bekümmre."

In seiner zweiten Folge von *Reden über das Judentum,* die er auf Einladung der Prager Bar Kochba-Hochschüler zwischen 1913 und 1915 hielt, sprach Buber von den drei Stadien der Verwirklichung Gottes, die in der jüdischen Religiosität unterschieden werden können. Im ersten, im biblischen Stadium, werde die Verwirklichung Gottes als *imitatio Dei* gedacht. Im zweiten, dem talmudischen Stadium, stelle man sich die Verwirklichung Gottes als Steigerung seiner Wirklichkeit vor. Im dritten, dem kabbalistischen Stadium, werde die Verwirklichung Gottes zur Arbeit des menschlichen Tuns am Schicksal Gottes erhoben. Alle drei Stadien, versicherte Buber, sind in der Vorstellung vom absoluten Wert menschlichen Tuns vereint. Die Schaffung einer menschlichen Gemeinschaft ist eine wichtige Aufgabe, der wir uns stellen müssen; ein Chaos, das wir ordnen müssen; eine Diaspora, die wir sammeln müssen; ein Konflikt, den wir lösen müssen. Aber wir können dieses nur erreichen, wenn jeder einzelne von uns an seinem Platz, im natürlichen Bereich seines Zusammenlebens mit Menschen das Richtige, das Vereinende, das Formende tut, denn Gott will vom Menschen nicht geglaubt, diskutiert oder verteidigt werden – er will *verwirklicht* werden. Von diesem Punkt an gebraucht Buber den Begriff *Teschuwa* – sich Gott in seiner gesamten Existenz zuwenden –, um die erneuernde Wende im Lauf der Existenz zu benennen.

Ein bewegendes Zeugnis des Einflusses von Bubers *Reden über das Judentum* auf diese Generation von Juden lieferte dreißig Jahre später Gershom Scholem, der anerkannte Begründer der Wissenschaft der jüdischen Mystik und am Ende von Bubers Leben der schärfste Kritiker von dessen Interpretation des Chassidismus. Um 1913 hatte Buber großen Einfluß in den Jugendkreisen in Deutschland und Österreich, wie Scholem in einer zu Bubers fünfundsiebzigstem Geburtstag geschriebenen Laudatio bezeugte.

> „Wir Studenten suchten nach einem Weg ... Wir hatten wenige Quellen: wir kannten kein Hebräisch: die Originalquellen waren uns also verschlossen, und der Weg zu ihnen erschien sehr lang. Wir suchten nach einem Interpreten der Phänomene des Judentums und seines Erbes ... Die Stimme, die aus seinen Büchern sprach, war vielversprechend, fordernd, faszinierend, enthüllte verborgenes Leben unter den erstarrten offiziellen Formen, enthüllte verborgene Schätze, wenn wir nur wüßten, wie hingelangen ... Er verlangte Anbindung an und Identifikation mit dem Kern des Volkes, so wie er ihn verstand, verlangte von der Jugend, ein weiteres Glied in der Kette verborgenen Lebens zu werden, auf daß sie die Erben einer verborgenen Tradition von Revolte und Aufstand werden.“

Was auf die jungen Juden dieser Zeit besonders anziehend wirkte, sagte Scholem, war die starke individualistische, persönliche und sogar anarchistische Note, die die „Drei Reden“ charakterisierte. Mehr als jeder andere Sprecher des Zionismus sprach Buber das zentrale Thema der Probleme des Juden als Individuum an. Die Grundüberzeugung von Bubers Zionismus bestand darin, daß vor allen politischen und sozialen Fakten und Slogans die in der Tiefe seines Herzens getroffene Entscheidung eines jeden einzelnen, individuellen Juden über das Schicksal der jüdischen Nation entscheiden würde. Zu einem Zeitpunkt, als das Schicksal der zionistischen Bewegung von ihrer *moralischen* Haltung abhing, übten Bubers Worte einen großen Einfluß aus. Schon 1913 hatte Gustav Landauer Buber „den Gesandten des Judentums an die Nationen“ genannt.

„Ich wüßte aus jenen Jahren kein Buch über das Judentum zu nennen, das auch nur annähernd solche Wirkung gehabt hat“ wie Bubers *Reden über das Judentum*, schrieb Scholem nach Bubers Tod in einem umfassenden Artikel über Bubers Auffassung des Judentums. Niemand leistete einen größeren Dienst als Buber, indem er genau jene Züge im Judentum, die am meisten fehlten, ja von den Juden des neunzehnten Jahrhunderts aktiv zurückgewiesen worden waren, sichtbar machte – Mystik und Mythos. Bubers Arbeit an der chassidischen Tradition bewegte sich zwischen diesen Polen von Mystik und Mythos. „Buber war ein großer Lauscher. Viele Stimmen drangen zu ihm, und darunter leise, den Generationen vor ihm ganz undeutlich und unverständlich gewordene, deren Anruf ihn tief bewegte." „Buber war der erste jüdische Denker", schrieb Scholem, „der in der Mystik einen Grundzug und eine kontinuierlich wirkende Tendenz des Judentums sah."

Die ungeheure Anziehungskraft der *Reden über das Judentum* war nicht so sehr eine mystische als eine existentielle – der persönliche Appell der Reden an den individuellen Juden, sich für eine Verbindung mit seinem Volk zu entscheiden; genau dieser existentielle Appell breitete sich von Böhmen nach Galizien bis nach Ungarn aus. „Bubers wirklicher Einfluß begann mit den *Reden*", schreibt Ernst Simon. Buber war ein Mittelsmann, der ähnlich Gesonnene ansprach, die auch zwischen östlichem und westlichem Judentum standen, zwischen den Massen traditioneller Juden und zerfallendem Judentum, zwischen einem kontinuierlichen Erbe und dem Verlust aller traditionellen Werte. Mitglieder des Bar Kochba-Vereins in Prag und der Jugendbewegung der Haschomer Hazaïr in Galizien wurden Bubers eifrige Gefolgsleute, weil Buber ihnen zu einem Zeitpunkt eine Zielrichtung anbot, als sie sich inmitten dreier Krisen befanden: der europäischen Krise des nahenden Weltkrieges, der Krise der jüdischen Nation angesichts der Pogrome in Osteuropa und der Mischehe und Assimilation des Westens sowie schließlich der Krise der modernen Persönlichkeit, der dessenungeachtet gerade Führung und eine bestimmende Lebensart fehlte. Durch den Krieg hingegen, nicht durch die „Drei Reden", die sich an sie richteten, wurde diese Generation mit der Wirklichkeit konfrontiert.

Wie um den Buber der *Reden über das Judentum* zu verabschieden, schrieb Buber 1925 dem zionistischen Aktivisten Siegmund Kaznelson:

> „Sind Sie dem Buber der ‚Drei Reden' treuer als ich – mir ist es eben nicht erlaubt, ‚mir' treu zu sein, und nur das eine weiß ich, daß ich zeitlebens auch nicht Gefahr laufe, untreu zu werden, das heißt von den ‚einsamen Bettlern' zu den Gesicherten."

Im Verlauf seiner Bewertung von Bubers Einfluß auf die jungen Männer jener Zeit weist Gershom Scholem darauf hin, daß Bubers Buch *Daniel* (1913) den philosophischen Hintergrund für die Betonung der „Verwirklichung" in den *Reden über das Judentum* liefert. *Daniel* ist in keiner Weise ein jüdisches Werk, noch viel weniger ein zionistisches. Dennoch ist die Verbindung zwischen diesem ersten allgemeinphilosophischen Werk Bubers und seiner Philosophie des Judentums unübersehbar. 1911 las Buber den Studenten des Bar Kochba-Vereins in Prag Teile des unveröffentlichten Manuskripts vor. Der Kontrast zwischen „Orientierung" und „Verwirklichung", der im Mittelpunkt von *Daniel* steht, hatte beinahe einen nachhaltigeren Effekt auf die Weltanschauung der Bar Kochba-Hochschüler jener Zeit als Bubers jüdische Schriften. In *Daniel* weist wenig darauf hin, daß der Autor ein Jude ist. Dennoch beeinflußten Bubers hingabevolles Studium des Chassidismus und seine Schriften über das Judentum *Daniel*, genauso wie *Daniel* die späteren *Reden über das Judentum* beeinflußte. Sowohl die *Reden über das Judentum* als auch *Daniel* befassen sich mit den Problemen von Entscheidung und Einheit, die die Aufgabe des Menschen ist, ebenso mit der Idee der Tat und der Zukunft.

Ernst Simon weist darauf hin, daß *Daniel* in Bubers zweiter Phase seiner Berühmtheit geschrieben worden ist, die erste war die Periode von *Die Geschichten des Rabbi Nachman* und *Die Legende des Baalschem*. Von diesem Zeitpunkt an entwickelte sich Bubers Einfluß in zwei getrennten Strömungen, die eine gemeinsame Quelle hatten, die sich aber in ihrem gesamten Verlauf größtenteils unterschieden: seine jüdischen Schriften und seine allgemeine Philosophie. *Daniel* ist der eigentliche Ursprung der zweiten Strömung. Er läßt nicht nur die spätere Entwicklung von Bubers Philosophie des Dialogs erahnen, sondern auch viele Entwicklungen des Existentialismus im allgemeinen. *Daniel* war der schwer erkämpfte und entscheidende Schritt in Richtung auf eine Philosophie des Dialogs mit vielen Verzweigungen, durch die Buber seinen stärksten, am weitesten verbreiteten und nachhaltigsten Einfluß ausüben sollte.

Die Bedeutung von *Daniel* kann am besten durch den Begriff von der „heiligen Unsicherheit“, den Buber selbst so oft in seinem Buch gebraucht, verstanden werden. Zusammen mit dem „schmalen Grat“ blieb die „heilige Unsicherheit“ über mehr als sechzig Jahre hindurch das wichtigste Einzelmotiv in Bubers Schriften. Wie bei Kierkegaards *Angst* ist das Bedeutsame an Bubers „heiliger Unsicherheit“ nicht die Unsicherheit selbst, sondern die Antwort auf sie: die Bereitschaft, ihr mit Offenheit und Vertrauen zu begegnen und mit dem eigenen Leben zu antworten, im Gegensatz zu allen Versuchen, sich vor ihr zu schützen und sie auf handhabbare Maße zu reduzieren.

Ein Ereignis, das Bubers Interesse an der Unsicherheit erhellt, war seine Erfahrung mit zwei Mitschülern auf dem polnischen Gymnasium. Als Buber zwölf Jahre alt war, wurde den Schülern ein Herbst durch unaufhörlichen Regen verdorben. Anstatt während der Pause nach draußen zu laufen, um zu spielen, mußten sie auf ihren Bänken sitzen bleiben. Zu dieser Zeit unterhielten zwei der Jungen die anderen als Pantomimen mit einer geradezu clownhaften Gewandtheit. Sie unternahmen alles, um ernste Miene zu bewahren, damit ihr Lehrer nur ja nicht sie bemerke. Nach einer Weile jedoch nahm das Spiel unmißverständlich sexuellen Charakter an, und jetzt erschienen Martin die beiden Jungen wie Gesichter der verdammten, in der Hölle gequälten Seelen, die seine katholischen Schulkameraden ihm beschrieben hatten, als wären sie Experten auf diesem Gebiet. Die anderen Jungen schauten zu, aber sprachen untereinander nicht über diese Vorfälle. Etwa zwei Wochen nachdem das Spiel diesen Charakter angenommen hatte, rief der Lehrer den jungen Buber in sein Büro.

„Sag mir, was du von dem, was die beiden Jungen getan haben, wußtest", sagte er mit der sachten Freundlichkeit, die die Jungen als wesentlichen Teil seiner Natur kannten.

„Ich weiß nichts!" schrie Martin auf.

Der Lehrer sprach wieder ebenso sacht wie vorher. „Wir kennen dich ja", sagte er. „Du bist ein gutes Kind, du wirst uns helfen."

„Helfen? Wem helfen?" wollte der junge Buber antworten. Aber statt dessen starrte er den Direktor nur schweigend an. Schließlich wurde er von einer großen Traurigkeit überfallen, wie er sie nie zuvor erfahren hatte, und wurde fast bewußtlos hinausgeführt. Als er sich jedoch einige Stunden später zu Hause den letzten Blick des Direktors ins Gedächtnis zurückrief, war es kein sachter, sondern ein erschreckter Blick.

Er wurde für einige Tage zu Hause behalten und kehrte dann in die Schule zurück. Als er ins Klassenzimmer zurückkam, war die Bank, in der die beiden Jungen gesessen hatten, leer. Sie blieb leer bis ans Ende des Schuljahres.

Es vergingen viele Jahre, bevor Buber das gesamte Ausmaß der ethischen Implikationen dieses Ereignisses verstand und die Lektion, die es ihn lehrte, formulieren konnte: Die wahre Norm fordert nicht unseren Gehorsam, sondern uns selbst. Jedoch begann er zu dieser Zeit „die problematische Beziehung zwischen Grundsatz und Situation" zu erkennen, die Erschütterung der Sicherheit, die die einfachen Kindheitsnormen des Gehorsams und der Autorität ihm bis dahin gegeben hatten. Als er ausrufen wollte: „Helfen? Wem helfen?", war er sich in einer Weise, die es dem Lehrer nicht war, des Leidens der zwei Jungen bewußt und der Unmöglichkeit, die Bestechung, „ein gutes Kind", das „uns helfen wird", im Austausch für den Verrat an ihnen hinzunehmen. Er muß sich auch der Verwirrung und des Schmerzes bewußt gewesen sein, die er und die anderen Jungen erlebten, als sie, ohne zu sprechen, zuschauten und an etwas teilnahmen, was sie selbst nie zu tun gewagt hätten. Wesentlich ist, daß Buber in diesem Augenblick zu erkennen begann, welche Wahlmöglichkeit er hatte: Sicherheit zu finden in einem „ein für allemal" allgemeiner, moralischer Normen, also ein gutes gehorchendes Kind zu sein, oder in der Unsicherheit der Offenheit zu leben und auf die einzigartige, nicht reduzierbare Situation zu reagieren, der generelle Kategorien niemals gerecht werden können. Mit dieser Verunsicherung in seiner Kindheit begann Buber die lange Reihe der Lektionen, die ihn zum Verständnis dessen führten, was es bedeutet, sich der Situation gegenüber in Offenheit und Stärke zu behaupten und auf sie mit Vertrauen zu antworten. Ein wichtiger Meilenstein auf diesem Weg war *Daniel.*

Jedes von *Daniel*s fünf „Gesprächen über Verwirklichung“ hat seinen Ausgangspunkt in einem besonderen Rahmen, in dem Daniel und einer seiner Freunde (in jedem Gespräch ein anderer) zufällig beisammen sind. In jedem Fall entwickelt sich aus dieser Unterhaltung eine Diskussion, die sich um ein bestimmtes existentielles Problem dreht. So handelt das Gespräch in den Bergen von persönlicher Orientierung, das Gespräch über die Stadt von Wirklichkeit, das Gespräch im Garten vom Sinn, das Gespräch nach dem Theater von Polarität und das Gespräch an der See von Einheit. Richten wir unsere Aufmerksamkeit jedoch auf die Ereignisse und Begegnungen, die die Matrix von Bubers Denken damals bildeten, müssen wir uns *Daniel* mit einem ganz anderen Ordnungsschema nähern: dem des Fortschreitens von Ekstase und isoliertem „Ich“ durch die Erfahrung des Abgrunds hindurch zur heiligen Unsicherheit und „Umfassung“. Dies sind die Überschriften, unter denen wir die persönlichen Erlebnisse, die Buber in *Daniel* aufgenommen hat, gruppieren können.

Die See, die Nacht und der Abgrund sind unterschiedliche Symbole der Bedrohung durch die Unendlichkeit, die für Bubers Erfahrung und Denken so grundlegend war. Am häufigsten stößt man auf die See, die als Symbol einer unverständlichen Grenzenlosigkeit, die die menschliche Existenz bedroht, oder als mütterliche Unendlichkeit, mit der der Mensch eins werden will, in diese Gespräche eintritt. Von Tag zu Tag stellt sich Daniel die Frage: Auf welcher Art See reisen wir, welche Art See hat uns geboren, was ist die heilige See, die Leben und Tod in ihren Händen trägt.

Reinholds Erlebnis des Abgrunds im dritten Gespräch ist ganz klar eine Fortsetzung vieler Motive aus Bubers früheren Schriften, die hoffnungslose Einsamkeit des Individuums und die ewige Distanz von der Welt, die Spaltung zwischen Denken und Tun, Leben und Geist, die Abgründe des Seins, mit denen der kreative Mensch sich auseinandersetzen muß, und die innere Dualität des Menschen. Der Zusammenbruch der sicheren, harmonischen Welt der Kindheit kommt früher oder später auf jeden Menschen zu, und der Abgrund unter seinen Füßen wird plötzlich sichtbar. „Alle religiöse Wirklichkeit“, sollte Buber viele Jahre später feststellen, „beginnt mit ... dem Unbegreiflich- und Unheimlichwerden des Daseins, zwischen Geburt und Tod, mit der Erschütterung aller Sicherheiten durch das Geheimnis.“

Im fünften Gespräch von Daniel führt der Tod des Elias Lukas zu der Erkenntnis, daß Leben und Tod sich nicht miteinander abwechseln, sondern in einer endlosen Umarmung liegen. Lukas erkennt, daß es töricht ist, den Tod auf bestimmte Augenblicke der Umwandlung oder

Augenblicke, in denen man aufhört zu sein, zu begrenzen. Er ist eine allgegenwärtige Macht und die Mutter des Seins. Aus dieser Erkenntnis wird für ihn die heilige Unsicherheit geboren: „Diese Gewißheit war nicht unheilig; sie war ja kein Sichsicherfühlen in irgendeiner Bestimmtheit, sondern das ungerüstete Vertrauen zum Unendlichen." Jetzt, da er das Leben nicht länger als etwas sieht, das ihn dem Tod übergibt wie eine Fackel, die die Hand nur berührt, um sie weiterzugeben, drängt es ihn, hinter Leben und Tod in die Unendlichkeit, die beide in sich tragen, vorzudringen.

Daniel wiederum erzählt Lukas von einem Ereignis aus seiner eigenen Jugend. Er beschreibt die Empfindung, die Buber selbst mit siebzehn Jahren hatte, als sein Onkel durch einen Sturz vom Pferd getötet wurde, während der entsetzte Junge zusehen mußte. „Der Tod legte sich mir um den Hals wie ein Lasso", schrieb Buber/*Daniel.* Er empfand die Gegenwart des Todes in der Welt als seine eigene Sünde, für die er Buße tun mußte. Sein überwältigendes Gefühl der Isolation hinderte ihn am Schlafen, und seine Abscheu vor dem Leben hinderte ihn am Essen. Seine Familie verstand ihn nicht und tat, bestärkt von Freunden und Ärzten, das, was er durchmachte, als ein Adoleszenzproblem ab. Nur sein Vater begegnete ihm mit einem ruhigen, gesammelten Blick, der so stark war, daß er sein Herz erreichte, welches gegen alle anderen Wahrnehmungen versiegelt war. Der Vater nahm dann die Sache in seine eigene Hand und schickte den Jungen alleine in einen abgelegenen Bergort. Diese Tat rettete den jungen Buber und hatte ein so tiefgründiges Erlebnis zur Folge, daß er glaubte, wie Buber mit vierunddreißig Jahren schrieb, daß Bilder der Zeit, die er damals durchlebte, in seiner Sterbestunde zu ihm zurückkehren würden. Von seiner Torheit befreit, verlor er sich nicht länger in Buße, sondern gewann sich selbst aus der Verzweiflung. „Die Verzweiflung ... ist der höchste der Sendlinge Gottes; sie bereitet uns zu Geistern, die schaffen und entscheiden können." Hier war es im Gegensatz zu der „Offenbarung" die geteilte Person selbst, die den Abgrund zwischen sich und der Welt überwand, indem sie den Abgrund in sich überwand. Als Bubers Körper als Einheit erlebt wurde, wurde die Welt für ihn eine Einheit. Die tiefe Einheit jedoch, die er jetzt zwischen Leben und Tod, zwischen den Lebenden und den Toten erlebte, war das Produkt seiner inneren Einheit und nicht einer Begegnung mit der Welt.

In diesem Augenblick, behauptete Buber, kam die Lehre, das Eine, was not tut, zu ihm und blieb ihm, so daß er dessen Gegenwart auf allen seinen Wegen spürte. Doch war er sich dieser Lehre nicht wirklich bewußt, sondern erst zu einem späteren Zeitpunkt als Ergebnis von sich zusammenfügenden Augenblicken, die deren letzte Stufe bildeten. Als er an einem trüben Morgen eine Landstraße entlangging, sah er ein

Stück Glimmerschiefer auf dem Boden liegen, hob es auf und schaute es lange an, bis das Licht, das im Stein gefangen war, die Trübheit des Tages vertrieben hatte. Als er seine Augen vom Glimmerschiefer hob, erkannte er, daß er, während er den Stein anschaute, er und sein „Ich", jenseits von allem „Subjekt"- und „Objekt"-Bewußtsein, eins gewesen waren. Die Augen schließend, sammelte er seine Kraft, verband sich mit dem Objekt und hob den Glimmerschiefer ins Reich des Existierenden empor. „Da fühlte ich erst: Ich, da erst war Ich", schrieb Buber. Er betrachtete seine frühere Einheit, wie ein Marmorbild den Block, aus dem er gemeißelt worden war, betrachten mag; es war das Undifferenzierte, Amorphe gewesen, aber sein „Ich" war jetzt Vereinigung. Diese Einheit kann man nicht finden, sie kann nur geschaffen werden – von dem, der die Einheit der Welt in der Einheit seiner Seele verwirklicht.

„Heilige Unsicherheit" war für Buber der entscheidende Übergang von seinen früheren Reaktionen auf die Bedrohung der Unendlichkeit – seinen Versuchen, Einheit entweder getrennt von der Welt oder mit der Welt zu finden – zum existentiellen Vorstoß seiner Philosophie des Dialogs, die weder Kontinuität noch Einheit verlangt, sondern die „Gnade" des Kommens unserer Begegnung mit dem Du (denn sie kann nicht erzwungen werden) und die „feierliche Trauer" ihres Gehens (denn man kann sie nicht festhalten) akzeptiert. Buber begann, wie wir gesehen haben, mit einem Wirbel von Möglichkeiten, die ihn zu überwältigen drohten. Er unterlag nicht der Verlockung, seine Energien zu zerstreuen, indem er sie alle verwirklichte, aber er wies sie auch nicht einfach zurück, denn „in der Welt der Menschen gibt es keinen anderen Anfang als die Wirklichkeit." Bubers Größe lag im Beharren darauf, mit dem Chaos, das die Wirklichkeit ihm gab, zu beginnen *und* dieses Chaos durch die Entdeckung von Richtung zu wandeln. „Es gibt Menschen", sagt Daniel im vierten Gespräch, „in denen das unausgewirkte Dasein so stark nach Vollendung verlangt, daß keine Täuschung vorreicht; sie zerbrechen an ihrem Widerspruch, oder das Simulacrum wird in ihnen schöpferisch."

Obwohl das „Zwischen" in *Daniel* als Ganzem nicht erreicht ist, genauso wenig wie in der bestimmten Erfahrung mit dem Stück Glimmerschiefer, so ist es doch soweit angedeutet, daß Buber im vierten Gespräch, „Über Polarität", den Begriff „Umfassung" zum ersten Mal in dem Sinne, in dem er später für seine Philosophie zentral wurde, gebraucht. Auch ist „Umfassung" nicht nur als Idee gegenwärtig, sondern vielmehr als eine Serie von Ereignissen und Begegnungen – Bubers Beziehung zur Natur, zu Menschen, zum Drama und zur Liebe.

Bubers Erlebnis der Umfassung in Beziehung zur Natur ist vielleicht der beständigste Faden, der sich durch seine gesamte Philosophie zieht. Die vollständige Verflechtung von sinnlicher und geistiger Spontaneität aus der ungeteilten Tiefe der Seele war für Bubers Persönlichkeit charakteristisch. Schon wenn er als Kind sich selbst überlassen war, ergänzte und stritt sich seine intensive Lebenserfahrung mit einer elementaren Offenheit der Welt gegenüber. Im ersten Gespräch läßt Buber Daniel zwischen dem Versuch, eine Steinkiefer durch Vergleich und Gegenüberstellung, Kategorien und Klassifikationen zu erkennen, und der Wahrheit ihres Wesens unterscheiden, „mit all deiner gerichteten Kraft empfange den Baum, ergib dich ihm",

> „bis du seine Rinde wie deine Haut fühlst und das Abspringen eines Zweiges vom Stamm wie das Streben in deinen Muskeln; bis deine Füße wie Wurzeln haften und tasten und dein Scheitel sich wölbt wie eine lichtschwere Krone; bis du in den weichen blauen Zapfen deine Kinder erkennst ..."

Daniel jedoch bleibt vom *Inneren* verzaubert und erreicht nicht wirklich das Zwischen: der Baum „ist aus der Erde des Raumes in die Erde der Seele gepflanzt." Nur Baum unter Bäumen zu sein, war er für ihn zum „Baum des Lebens" geworden.

Ein vollständigeres Verständnis von Umfassung findet sich im Originalvorwort zu *Daniel*, welches Buber aus späteren Ausgaben wegließ, aber in seine „Autobiographischen Fragmente" aufnahm. In diesem Vorwort gebraucht Buber zuerst das Wort „Dialog" nicht im literarischen und dramatischen Sinn von *Daniel*, in welchem eigentlich die meisten der „Dialoge" Monologe sind, sondern in seinem späteren Sinn einer Begegnung mit dem anderen, in der man seine Einmaligkeit beibehält, jedoch die Beziehung von der Seite des anderen wie auch von der eigenen erfährt.

Er schreibt dort von einem Abstieg, währenddessen er, ohne rasten zu können, das Spätlicht des vergehenden Tages nutzen mußte. Er stand am Rand einer Wiese, nun des sicheren Weges gewiß, und ließ die Dämmerung auf sich niederkommen. Wiewohl er einer Stütze nicht bedurfte, wünschte er jedoch einen Fixpunkt für sein Verweilen zu finden und drückte seinen Stab gegen den Stamm einer Eiche. Dann fühlte er den Kontakt mit dem Baum, sowohl von seiner eigenen Seite, von wo aus er den Stock hielt, als auch von der anderen Seite her, von der der Stock die Rinde berührte. „Damals erschien mir das Gespräch. Denn wie jener Stab ist die Rede des Menschen", schloß Buber sein Originalvorwort zu *Daniel*.

Daniel bildet eine klare Fortsetzung von Bubers früherer Interpretation des Chassidismus, mit seiner Betonung der Immanenz Gottes nicht als einer vollendeten Tatsache, sondern als Aufgabe. Die Gegenwart Gottes muß durch jede unserer Handlungen aktualisiert werden. Das Bild des verwirklichenden Menschen in *Daniel*, der „nur dies hier ... so vollständig leben will, daß es für ihn Wirklichkeit und Botschaft wird“, kann mit Bubers Bild des Chassiden von 1908 identifiziert werden, für den der Charakter einer Handlung durch ihre Hingabe bestimmt ist, der Mensch, der ohne besonderen Schutz in der Welt zu Hause ist und Gottes Boten als vertraute Freunde grüßt. Der verwirklichende Mensch versteht auch „Berufung und Sendung“. Er empfängt, was auch immer ihm zustößt, als Botschaft und tut, was nötig ist, als Auftrag und Kundgebung. Aber er kann auch mit dem vollkommenen Menschen aus „Die Lehre des Tao“ identifiziert werden, der die Welt läutert, indem er sich selbst läutert, der für andere hilfreich ist, indem er sich selbst zur Einheit bringt, und der die Schöpfung durch wahres Tun oder „Nicht-Tun“, das Wirken des ganzen Wesens, erneuert. „Die Lehre des Tao“ wie die Lehre in *Daniel* bedeutet Verwirklichung von Einheit in einem echten, erfüllten Leben. Es bedeutet, das Bedingte ins Unbedingte zu heben, indem allem, was verstreut, flüchtig und bruchstückhaft ist, erlaubt wird, zu einer Einheit zusammenzuwachsen. *Daniel* ist der Versuch, von der Einheit der Ekstase über der Welt wegzukommen, hin zur Einheit der Existenz, die durch den Einschluß des alltäglichen Lebens erreicht wird. Doch weit davon entfernt, Mystik völlig zurückzuweisen, verschmolz Buber sie ausdrücklich mit seinem Existentialismus. Das Motto, welches Buber der ersten Ausgabe des *Daniel* voranstellte und welches er später wegließ, war ein Satz des mittelalterlichen Theologen Scotus Eriugena: „Deus in creature mirabili et ineffabili modu creatur.“ In wunderbarer und unaussprechbarer Weise wird Gott in seinen Schöpfungen geschaffen.

Das vierte Gespräch von *Daniel*, „Über Polarität. Gespräch nach dem Theater“, weist auf die Frage hin, wie das Wort Sprache und Sprache Ereignis wird und in welcher Beziehung Drama zum Theater steht. Buber erreichte erst nach dem Durchbruch zu seiner Philosophie des „Ich-Du“ völlige Klarheit über dieses Thema. Aber ein wichtiges Element in Bubers sich entwickelndem Verständnis der Beziehung zwischen Drama und Theater entstand aus seiner Arbeit der Beratung und Regieassistenz experimenteller Theaterproduktionen, erst in Hellerau, später dann in Düsseldorf. Diese Arbeit erstreckte sich von etwa 1912 bis 1920.

1913 gründeten Emil Strauß und Martin Buber von der „Donnerstags-Gesellschaft“, Jakob Hegner (später bekannt als der Verleger des Jakob Hegner Verlags) und der französische Dramatiker Paul Claudel die Hellerauer Dramatische Union für die Produktion epischer dramatischer Werke. Buber nahm aktiven Anteil an der Vorbereitung der Festspiele, deren Anlaß die Eröffnung des Hellerauer Theaters war. Das Festival begann 1913 mit der Produktion von Claudels Mysterienspiel *Verkündigung*, aus dem Original *L'Annonce faite à Marie* von Jakob

Hegner übersetzt. „Das Raumproblem auf der Bühne", der Artikel, den Buber 1913 für das „Claudel-Programmbuch" schrieb, ist selbst heute noch ein radikaler Ansatz zum Theater und einer, der Bubers Philosophie des Dialogs und mehr noch seine spätere philosophische Anthropologie mit ihrer Betonung der beiden Grundbewegungen der „Urdistanzierung" und des „In-Beziehung-Tretens" ahnen läßt.

Unter der Regie von Louise Dumont arbeitete das Düsseldorfer Theater in den beiden ersten Jahrzehnten dieses Jahrhunderts darauf hin, ein deutsches „Theater der Kultur" zu werden. Es gab das Magazin *Masken* heraus und arbeitete eng mit Gustav Landauer und anderen kreativen Persönlichkeiten in Deutschland zusammen. Buber nahm an der Entwicklung des Düsseldorfer Theaters ebenso teil wie am Hellerauer, arbeitete am experimentellen Theater in Düsseldorf mit und veröffentlichte 1925 seine ausgereiften Überlegungen zu „Drama und Theater" in *Masken*. Der Weg zu *Ich und Du* geht zum Teil mit Bubers sich vertiefendem Verständnis der Beziehung zwischen Drama und Theater einher.

Bubers Beschäftigung mit Drama, „Umfassung", Urdistanz und Beziehung in dieser Periode war nur einer der Faktoren, die zur *Philosophie des Dialogs* führten. Seine Beschäftigung mit dem Thema der Richtung im ersten Gespräch von *Daniel* war zugleich Fortsetzung und Voraussage seiner lebenslangen Betonung der Verbindung von Leidenschaft und Richtung, der Hinwendung zu Gott mit der ganzen Stärke des „bösen" Triebs. Es prophezeite auch Bubers wichtigen späteren Grundsatz der persönlichen Richtung als des eigenen einmaligen Weges zu Gott, durch den man die Aufgabe, zu der man in der eigenen Schöpfung berufen wurde, erfüllt. Richtung ist weder Schicksal noch Vorbestimmung. Sie wird durch Offenheit der scheinbar zufälligen, immer neuen gegenwärtigen Situation gegenüber entdeckt. Hierin liegt ihre Beziehung zur heiligen Unsicherheit und zur Umfassung. Denn Richtung ist nicht irgendein festes Ziel, das ein anderes ausschließt, sondern ein Hinweisen. „Sie [die Seele] weiß nicht, wo Norden ist, sondern da ist ihr Norden, wohin sie weist."

Nur die Verbindung von Richtung mit Polarität führte Buber zu Daniels ganzer Lehre der verwirklichten Einheit. Dies ist nicht die Polarität von Gut und Böse oder sonst einer äußeren Bewertung, sondern von Wesen und Gegenwesen – „die freie Polarität des menschlichen Geistes". Im menschlichen Leben wie im Drama hat alle große Erregung ihren Ursprung in einer Polarität, die gelebt, die verwirklicht werden muß. Polarität als Aufgabe und Verwirklichung ist der positive Inhalt der heiligen Unsicherheit, zu der man nach Erreichung des Abgrunds gelangt. Deshalb muß man die Gefahr lieben, sonst hat man keine Sicherheit in der Welt, aber man hat Richtung und Sinn und mit ihnen Gott, den wagenden Gott, der zu allen Zeiten nahe ist.

Der Satz am Ende des dritten Gesprächs – „du ewig neu niedersteigen mußt in den wandlungsmächtigen Abgrund, ewig neu die Seele wagen, ewig neu angelobt der heiligen Unsicherheit“ – könnte für Bubers gesamtes Denken seit dieser Zeit gelten. Aber die frühere Aussage im gleichen Gespräch, daß „Gott dem Menschen sich nicht anders verwirklichen kann denn als die innerste Gegenwärtigkeit eines Erlebnisses, und ihm also ... ewig der Neueste, der Äußerste, der Gott dieses Erlebnisses ist“, ist für Buber bald nicht mehr gültig. „Dies ist das Reich Gottes“, sagt Daniel zu Reinhold, „das Reich der Gefahr und des Wagnisses, des ewigen Beginnens und des ewigen Werdens, des aufgetanen Geistes und der tiefen Verwirklichung, das Reich der heiligen Unsicherheit.“ Buber wies später diese Lehre als noch zum „leichten Wort“ gehörend zurück. Jedoch lieferte vieles in *Daniel* den Keim für Bubers späteres Denken.

Der Aufsatz, der mehr als jeder andere die Übergangsstufe von *Daniel* zu *Ich und Du* darstellt, ist „Mit einem Monisten“ aus dem Jahre 1914. In „Mit einem Monisten“ finden wir wieder die Verwirklichung aus *Daniel,* die Person, die die Wirklichkeit nicht als einen festen Zustand sieht, sondern als eine Größe, die verbessert werden kann, die Person, die die Welt der Sinne nicht entfernen, sondern intensivieren will, die Person, die Einheit in der Welt erfahrener Einheit herstellt, denn: „Nicht eine Eigenschaft der Welt ist die Einheit, sondern ihre Aufgabe.“ Jetzt jedoch beziehen sich die orientierenden und verwirklichenden Aspekte des Lebens nicht mehr nur auf die Person selbst, sondern auf die Beziehung der Person zu dem, was ihr begegnet. Das „Ich“, welches durch das „uferlose Werden der Tat“ existiert, ist kein isoliertes Selbst. Im Gegenteil, es ist das Selbst, das durch den gegenseitigen Kontakt mit der einmaligen Realität entsteht, der es begegnet. Die Welt ist nicht länger in die Seele verlagert, so wie es Daniel mit der Steinkiefer und dem Stück Glimmerschiefer tat. Man *begegnet* ihr in ihrem unerfaßbaren und dennoch begegnungsfähigen Anderssein. Ich gebe der Welt Wirklichkeit, „indem ich mich über das erlebte Ding neige mit Inbrunst und Gewalt und die Schale der Passivität mit meinem Feuer schmelze, bis mir das Gegenübertretende, das Gestalthafte, das Schenkende des Dinges entgegenspringt und mich umfängt.“

Wenn Daniels Aufgabe, Einheit aus Dualität zu schaffen, für Buber ein Sprungbrett zum dialogischen Leben war, so war die Unmittelbarkeit zwischen Mensch und Mensch ein weiteres. Nur beide zusammen konnten die volle Bedeutung der Einsicht, die Buber am Ende von „Daniel“ erlangt hatte, enthüllen: „Das Menschenleben kann der Bedingtheit nicht entraten. Aber das Unbedingte steht unauslöschbar im Herzen der Welt geschrieben.“ Liebe war ebensosehr wie Drama die Quelle von Bubers Verständnis von „Umfassung“:

> „Die Liebe, in der ein wahrhaft gegenwärtiger Mensch die Wesen umfaßt, also daß er in vollkommener Kraft bei sich selbst verharrend, den Pfiff des Landstreichers aus dessen Lippen und den Blick des Narren aus dessen Augen lebt und, ehe er den Gifttrank nimmt, wie Sokrates das schöne Haar beklagt, das der junge Phaidon der Trauer um ihn opfern wird."

An die Liebe zwischen einem Mann und einer Frau dachte Buber, als er seinen Gebrauch des Wortes „Umfassung" rechtfertigte: „der Liebende ist mir gegenwärtig, der nicht seine ringende Lust allein, der auch der Geliebten blühende erlebt und das ihm Gegensätzlichste als das Ureigenste umfaßt." In einem Brief an Landauer schrieb Buber:

> „Die Zweiheit des Männlichen und des Weiblichen gehört für mein Gefühl zu den Spannungen, von denen im letzten Daniel-Dialog die Rede ist. Im Geist bildet sich diese Spannung zusammen. Der wahrhaft denkende Mann muß das frauenhafte, die wahrhaft denkende Frau das mannhafte Denken mit durchleben, jedes muß darin den Gegenpol zu seinem eigenen finden, um aus beiden die Einheit des geistigen Lebens werden zu lassen. Daß ich damit keinerlei Gegensatzverwischung und keinerlei Neutralisierung meine, wissen Sie. Aber beide Erscheinungsformen des Geschlechtsdenkens sind nur Vorstufen und Voraussetzungen des Geistes."

Als Buber 1905 begann, seine Monographienreihe *Die Gesellschaft* herauszugeben, plante er, selbst einen Band über das Geschlecht zu schreiben. In einem Brief an Hugo von Hofmannsthal beschrieb er sein Vorhaben als „eine Deduktion des Zwischenmenschlichen", in dessen Zentrum das sexuelle Problem stehen werde. Die Ankündigung dieses geplanten Bandes erscheint in den früheren Bänden der Zeitschrift und wird dann zugunsten von Lou Andreas-Salomés *Das Erotische* fallengelassen, deren enge Freundschaft mit Nietzsche, Rilke, Freud und vielen anderen Menschen viel besser für diese Aufgabe qualifizierte. Buber hatte Lou Andreas-Salomé durch ihren Aufsatz „Der Mensch als Weib" kennengelernt.

1910 richtete Lou Andreas-Salomé eine Reise nach Berlin so ein, daß sie Buber traf, mit dem sie sich aufgrund gegenseitiger Wertschätzung anfreundete. „Wie ähnlich wir über ‚Erfahrung', über Idealisierung als Verwirklichung, über Polarität als den Ausgangspunkt der Erfahrung von Einheit denken!" rief sie einmal aus, offenbar in Reaktion auf Buber, als dieser seine Gedanken oder seine unveröffentlichten Kapitel aus *Daniel* ihr mitteilte. Als Buber vorschlug, ein kritisches Buch über Freud zu schreiben, brachte Lou ihn klugerweise mit der Begründung davon ab, daß die junge psychoanalytische Bewegung sich gerade erst etabliere. Fast vierzig Jahre später sollte Buber ein solches Werk

(Moses) schreiben, aber es sollte dann auch auf Bubers und nicht auf Freuds Überzeugung basieren.

Buber und Lou Andreas-Salomé lernten einander gut kennen. Zwischen 1906 und 1925 tauschten sie an die fünfzig Postkarten und Briefe aus. Lou Andreas-Salomé besuchte Paula und ihn in Berlin und Heppenheim, er besuchte sie in Göttingen. Buber schien für Lou die höchste Elite dessen, was Judentum werden konnte, zu verkörpern. In Buber fand sie das Weibliche und Männliche vereint.

Obwohl *Daniel* immer noch echten Wert hat, sowohl als Literatur wie auch als Philosophie, ist doch einiges definitiv veraltet – im Gedanken, im Geist und im Stil. Vieles in *Daniel* wird von einer ästhetischen Sprache und einer sehr besonderen und subjektiven mystischen Gefühlsqualität verschleiert. Wir können dies besonders deutlich sehen, wenn wir *Daniel* mit *Ich und Du* vergleichen, in dem viele ähnliche Konzepte in viel klarerer Form ausgedrückt und in Begriffen allgemeinerer Erfahrung veranschaulicht werden und die Sprache an Schönheit und Kraft gewonnen hat. Viele Jahre lang weigerte Buber sich, die Veröffentlichung einer englischen Übersetzung von *Daniel* zu gestatten mit der Begründung, daß es nicht seine reifen Gedanken repräsentiere und daher den Leser irreführen könnte. Schließlich stimmte er unter der ausdrücklichen Bedingung zu, daß ich

> „eine Einführung schreiben [sollte] die, sogar ausführlich, erklärt, daß dies ein frühes Buch ist, in dem bereits die große Dualität des menschlichen Lebens ausgedrückt ist, aber nur in seinem kognitiven und noch nicht in seinem kommunikativen und existentiellen Charakter. Daniel ist offensichtlich ein Buch des Übergangs zu einer neuen Art des Denkens und muß als solches charakterisiert werden.“

5. Kapitel

Der erste Weltkrieg und der Durchbruch zum Dialog

(1914–1918)

Der erste Weltkrieg riß Menschen auf der ganzen Welt den Abgrund auf, den Buber in *Daniel* schon heraufbeschworen hatte. Dieser Krieg zerstörte alle Aussichten auf ein angenehmes Leben von Individuen oder der Gesellschaft, jedes Vertrauen in Fortschritt und Aufklärung, jeden überlieferten Standard und jede Weltanschauung. Dies galt besonders für empfindsame und weitsichtige Menschen jener Zeit, von denen viele, wie Buber selbst, die Krise schon erwartet hatten, bevor sie eintrat. Aber diese abstrakte Erwartung bedeutete nicht, daß sie darauf vorbereitet waren, dem Ansturm des Chaos widerstehen zu können, oder zu glauben, daß sie aus der maßlosen Zerstörung unverändert hervorgehen könnten.

Obwohl der erste Weltkrieg keineswegs die fürchterlichste Krise war, der Buber sich ausgesetzt sah (die Massenvernichtung durch die Nationalsozialisten lag noch in der Zukunft), bildete der erste Weltkrieg den Wendepunkt in Bubers Leben. Was in jenen Jahren in der intellektuellen Entwicklung Bubers geschah, kann nur – wie Hans Kohn es ausdrückte – als ein Durchbruch beschrieben werden, ein Durchbruch zum Dialog. Dieser Durchbruch war so entscheidend, daß Buber in seinem Testament seinen literarischen Nachlaßverwalter anwies, die Publikation von vor 1916 geschriebenen Texten nicht zu gestatten, es sei denn, sie seien bereits vor seinem Tod veröffentlicht worden.

Diesen Durchbruch bewirkte ein kurz vor dem ersten Weltkrieg beginnender Prozeß, durch den Buber entscheidend reifte. Dieser Prozeß erstreckte sich über acht Jahre und vollendete sich erst nach dem Krieg. Alle wesentlichen Erlebnisse, die Buber während der Jahre 1912–1919 durchlebte, wurden ihm in steigendem Maße als eine einzige große Glaubenserfahrung gegenwärtig. Als „Glaubenserfahrung" bezeichnete Buber nicht etwa eine Bekehrung im gewöhnlichen Sinne oder ein bestimmtes religiöses Erlebnis oder eine religiöse Ekstase. Im Gegenteil, er meinte etwas alle Erfahrung Transzendierendes und ihn im Ganzen Ergreifendes, etwas, das ihn in seinem *ganzen* Wesen, einschließlich seines Denkvermögens und der Vernunft, bewegte. Die Gültigkeit dieser religiösen Totalität wird durch die Tatsache bestätigt, daß Buber nichts Abgetrenntes erkannte, daß er keine Botschaft erhielt, die er weitergeben könnte: „Wie man mit dem bloßen Du auf den Lippen in die Begegnung gelangt, so wird man mit ihm auf den Lippen aus ihr zur Welt entlassen." In *Ich und Du* sagte er später, was er erhalten habe, sei nicht ein spezifischer „Inhalt" gewesen, sondern Gegenwart, eine Gegenwart als Macht. Von dieser Gegenwart konnte er nur sagen, daß sie die ganze Fülle wirklichen gegenseitigen Tuns einschloß, die unausdrückbare Bejahung des Sinns, und zwar Sinn nicht in irgendeiner Welt „dort drüben", sondern im Hier und Jetzt, welches Bejahung in diesem Leben und in Beziehung zu dieser Welt verlangte. Buber konnte diese Seinserfahrungen, die zu einer einzigen großen Glaubenserfahrung zusammenliefen, nur als einen Hinweis auf diese unaussprechliche Ganzheit beschreiben, die ihn in solcher Weise bewegte, daß sie, alle Türen öffnend, wie ein Sturm durch alle Räume seines Seins wehte.

Wie in *Daniel* war dies deutlich mit der heiligen Unsicherheit verbunden, der vertrauensvollen Antwort auf die Konfrontation mit dem Abgrund. Das Kommen des ersten Stadiums der Katastrophe wurde Buber im Jahr vor dem ersten Weltkrieg deutlich, obwohl erst nach Ende des Krieges die allmählich wachsende Erkenntnis in ihm plötzlich zur Gewißheit wurde. Diese Gewißheit war keine philosophische Überzeugung oder existentialistische These. Es handelte sich vielmehr um eine Frage nach dem Anspruch der Existenz selbst, ein Anspruch, der unwiderstehlich geworden war. Die Philosophie des Dialogs, die sich zu dieser Zeit entwickelte, bildete nur den intellektuellen Ausdruck dieses Anspruchs. Buber erkannte natürlich, daß die Krise des abendländischen Menschen nicht mit dem ersten Weltkrieg begonnen hatte. Sie war schon über ein Jahrhundert zuvor von Kierkegaard als eine beispiellose Erschütterung der Grundfesten des Menschen erkannt worden: „Aber erst in unserem Geschlecht hat man angefangen, sich ernstlich damit zu befassen, daß in dieser Krisis sich etwas zu entscheiden anschickt, das aufs engste mit einer Entscheidung unser selbst zusammenhängt." Teilerklärungen, wie Marxens Konzept von der radikalen Entfremdung des Menschen durch ökonomische und technische Revolutionen und Freuds Konzept individueller Neurosen, erzielten genauso wenig ein adäquates Verständnis wie die existentialistischen Analysen. „Wir müssen die versehrte Ganzheit des Menschen als Lebenslast auf uns nehmen, um über alle bloße Symptomatik hinaus den eigentlichen Schaden zu erfassen." Den eigentlichen Schaden beschrieb Buber als „massive Entscheidungslosigkeit", Dualismus, die radikale Trennung von Ideen, Idealen, Werten und persönlicher Existenz, an die der Geist keinen verbindlichen Anspruch mehr stellt.

Die spezifische Form, in der sich die nahende Katastrophe ankündigte, war natürlich die Drohung eines Krieges. Bubers Aussage, die er zur Zeit der Publikation von „Mit einem Monisten" im Jahre 1914 Arnold Zweig gegenüber äußerte, läßt darauf schließen, daß Buber eine Vorahnung der Krise hatte: „Ich habe jetzt ein starkes Bedürfnis, mich mit Dingen der Zeit auseinanderzusetzen." Zu jener Zeit kam auf Initiative des Niederländers Frederik van Eeden eine bemerkenswerte Gruppe zustande, die als ihr Ziel ansah, eine gemeinsame Front über die Nationen hinweg zu bilden, was dazu dienen sollte, die Katastrophe abzuwenden. Obwohl das Hauptziel dieser von einer undefinierbaren Vorahnung einer Katastrophe geleiteten Gruppe war, Vorbereitungen für die Schaffung einer übernationalen Autorität zu treffen, bestand sie ursprünglich nur aus acht Mitgliedern: fünf Deutschen, zwei Niederländern und einem Schweden. Der französische Schriftsteller und Friedensmahner Romain Rolland hatte ursprünglich vorgehabt, sich an ihr zu beteiligen, war aber dann verhindert. Dennoch stand er in enger Verbindung mit der Zielsetzung der Gruppe und besonders mit van Eeden. Dieser, ein Arzt, dessen Schriften respektiert und von Freud zitiert wurden, rebellierte gegen das städtische Leben, baute sich ein Häuschen auf dem Land und nannte es nach Thoreau „Walden". Van Eeden war ein Sozialreformer und Utopist, der einen lebhaften Briefwechsel mit Upton Sinclair, Gandhi und Rabindranath Tagore unterhielt. Er war ein Mensch von solch großer persönlicher Wärme und Verständnis, daß er in der Lage war, acht bemerkenswerte Personen, jede für sich ein prominenter Intellektueller und Autor, in einem Geist zu verbinden. Buber hatte schon um 1910 Kontakt mit van Eeden aufgenommen, als er mit ihm über einen Beitrag für *Die Gesellschaft* korrespondierte, und es gab, wie van Eeden feststellte, nachdem er eine Kopie des *Daniel* erhalten hatte, eine bemerkenswerte Konvergenz ihrer Ideen. Richtung, heilige Unsicherheit und Polarität antizipierte van Eeden in seinen eigenen Gedichten und Gedanken.

Folgende Männer trafen sich in Potsdam: van Eeden, Buber, Gustav Landauer, Erich Gutkind, der deutsch-jüdische Religions- und Wissenschaftsphilosoph; der deutsche protestantische Pastor und Rechtsanwalt Florens Christian Rang; der schwedische Psychoanalytiker und Autor Poul Bjerre; der niederländische Autor Henri Borel und der schwedische Autor Theodor Gustav Norlind. Obwohl *Ich und Du* auf den ersten Blick eine Beziehung von nur zwei Personen nahelegt, war es diese achtköpfige Gruppe, die Buber zu seinem reifen Verständnis dialogischen Lebens brachte. Buber bezeugte, daß die Gespräche dieser Gruppe von einer Rückhaltlosigkeit gekennzeichnet waren, deren

Substanz und Fruchtbarkeit er kaum je so stark wiedererlebt hatte. Die Wirklichkeit der Gruppe und ihre Gegenwärtigkeit übten eine derartige Wirkung auf alle Teilnehmer aus, daß das Unwirkliche wegfiel und jedes Wort gegenwärtig und wahrheitsgetreu war.

Nicht an gleiche Gesinnung, sondern an gegenseitige Gegenwärtigkeit erinnerte sich Buber, als er sechzehn Jahre später auf diese Tage zurückblickte. Der Kreis erreichte sein Ziel nicht, die Einheit der Menschheit in jener entscheidenden Stunde maßgeblich zum Ausdruck zu bringen. Dies jedoch konnte die Erinnerung an diese drei Tage anstrengenden und intensiven Miteinanderseins ohne Vorbehalt von so verschiedenen Menschen nicht verdunkeln. Je geteilter ihre Meinungen waren, um so wirklich näher kamen sie sich! Vierzig Jahre später bezog sich Buber in seinem wichtigen anthropologischen Aufsatz „Elemente des Zwischenmenschlichen" wieder auf dieses Treffen als ein Beispiel für das Erlebnis des Zwischenmenschlichen in einem Dialog, an dem mehrere teilgenommen haben:

> „Ohne daß man etwelche Modalitäten der Aussprache vorweg vereinbart hätte, waren alle Voraussetzungen des echten Gesprächs erfüllt. Von der ersten Stunde an herrschte Unmittelbarkeit zwischen allen, von denen manche einander eben erst kennengelernt hatten, jeder sprach mit einer unerhörten Rückhaltlosigkeit, und offenbar war nicht ein einziger unter den Teilnehmern dem Scheine hörig. Ihrer Absicht nach muß man diese Zusammenkunft als eine gescheiterte bezeichnen (wiewohl es meinem Herzen auch jetzt noch nicht feststeht, daß sie scheitern mußte) ... Dennoch hat in aller Folge keiner der damals Versammelten bezweifelt, daß er an einem Triumph des Zwischenmenschlichen teilgenommen hatte."

In dieser zwischenmenschlichen Wirklichkeit spielte van Eeden eine besondere Rolle. „Sie, van Eeden, haben an keinem der Streitfälle tätig teilgenommen", schrieb ihm Buber,

> „und doch waren Sie in jedem dabei – kraft der zuverlässigen Güte des Blicks, mit dem Sie jeden betrachteten. Sie sahen zu, mit der vollständigen Seele ... Sie sahen liebevoll klar das Zueinander im Gegeneinander, sahen das heimliche Wachstum der Verbundenheit, sahen die neue Gestalt der Wahrheit aus der Glut sich nackt und herrlich erheben ... und wenn wir im Handgemenge und in der wechselseitigen Erlösung einander begegneten, begegneten wir zugleich dem Leben Ihres Blicks. Und das half uns."

Nach dem Potsdamer Treffen notierte van Eeden seinen Eindruck von Buber in seinem Tagebuch und gibt uns damit einen unschätzbaren Blick auf Buber als Enddreißiger: „Der schlanke, empfindsame, feine, aber starke Buber mit seinem geraden Blick und sanften Augen, schwach und samten, jedoch tief und scharf. Der Rabbi, jedoch ohne Engstirnigkeit, der Philosoph, aber ohne die Trockenheit, der Gelehrte, aber ohne Selbstgefälligkeit." Es ist bedeutsam, dieses Porträt aus Weichheit und Stärke mit Landauers Aufsatz zu vergleichen, der etwas über ein Jahr früher auf einen entschlossenen und kompromißlosen Willen hinwies, der seinen Weg durch die Schichten von poetischem Reichtum und subjektivem Gefühl findet, bis er sich in der Person und ihren Schriften manifestierte. Noch bedeutsamer ist der Vergleich dieses Eindrucks von Offenheit und Stärke mit dem Bild, das Landauers und Bubers gemeinsame Freundin Margarete Susman uns von ihrem ersten Treffen mit Buber zehn Jahre vor der Potsdamer Zusammenkunft hinterlassen hat: „In einem Privatseminar (Georg) Simmels hatte ich ... Martin Buber kennengelernt ... ich habe ihn ... zu einer Zeit gekannt, als er noch nicht berühmt, sondern ein äußerst empfindlicher junger Mensch war", erzählte sie. „Mein erster Eindruck beim Anblick dieses zarten schmächtigen Menschen war: das ist kein Mensch, das ist reiner Geist".

Buber war in den Dialogen in Potsdam sicherlich nicht „reiner Geist". Er war sehr als Person mit Leib und Seele präsent, und er behauptete sich im Meinungsaustausch mit genauso viel Kraft wie jeder der anderen Disputanten. Aber hier, mehr als in irgendeinem der in *Daniel* aufgezeichneten Dialoge, sogar mehr als im Dialog mit dem Monisten, entdeckte Buber den Geist, der im „Zwischen" ist, im strengen Einander-Gegenüber von zwei oder mehr wahrhaft unterschiedlichen Personen, die sich wirklich begegnen, ohne die Distanz zu vermindern, mit der sie begonnen haben. An diesen Tagen wurde Buber nicht durch die Harmonie von Platos Akkord, sondern durch Heraklits Bogen beeinflußt und mit ihm durch die Möglichkeit der Bejahung des anderen, selbst wenn man sich diesem entgegenstellt.

In Potsdam traf Buber zum ersten Mal den Rechtsanwalt und früheren Pastor Florens Christian Rang, einen Mann, dessen Einfluß auf Buber vielleicht nur dem Paulas, Gustav Landauers und Franz Rosenzweigs gleichkommt. Doch diese Freundschaft begann in reinster Opposition. Die Mitglieder des Kreises kamen zusammen, als sie sich wie geplant im August wiedertrafen, um die Zusammensetzung der größeren Gruppe, von der die öffentliche Initiative ausgehen sollte, zu diskutieren. Dazu meinte Florens Christian Rang, „ein Mann von leidenschaftlicher Konzentration und richterlicher Liebeskraft", daß zu viele Juden nominiert worden seien, so daß einige Länder in unausgewogener Weise durch ihre Juden repräsentiert würden. Bubers Position war natürlich die eines Zionisten. Er wollte, daß sich die Juden in einer eigenen Gemeinschaft sammelten, und er sah dies als die effektivste Weise an, in der sich sein Volk am Aufbau eines stabilen Weltfriedens beteiligen konnte. Darin war er eigentlich mit Rang nicht uneins. Er empfand jedoch die Art, in der Rang seinen Widerspruch ausgedrückt hatte, als ungerechtfertigt. „Hartnäckiger Jude, der ich bin", schrieb Buber später, „protestierte ich gegen den Protest." Von diesem Punkt an wurde die politische Diskussion zu einem jüdisch-christlichen Dialog – sicherlich einer der bemerkenswertesten, der je stattgefunden hat. Buber kam auf Jesus zu sprechen und sagte, daß die Juden ihn von innen heraus, in den Impulsen und Bewegungen seines jüdischen Wesens, in einer Art kennten, die denen, die ihn verehren, verschlossen bleibe: „Auf eine Weise, die Ihnen unzugänglich bleibt" – so sprach er den früheren Geistlichen direkt an. Rang stand auf, Buber stand auf, und jeder schaute dem anderen ins Herz seiner Augen. „Es ist versunken", sagte Rang, und vor allen anderen gaben sich Buber und Rang den Bruderkuß. „Die Erörterung der Lage zwischen Juden und Christen hatte sich in einen Bund zwischen dem Christen und dem Juden verwandelt", kommentierte Buber später. Dieser Bund sollte bis zu Rangs Tod im Jahre 1926 andauern und sich in diesem Zeitraum weiter vertiefen.

Innerhalb eines Monats nach dem Potsdamer Treffen nahm Buber an einem anderen Dialog mit einem Christen teil. In diesem Fall aber war der Dialog ebenso sehr Vergegnung wie Begegnung. Dieser Dialog war für Bubers Hinführung zum dialogischen Leben ebenso entscheidend wie der mit Rang. Der Inhalt des Austausches war die Beziehung zwischen Mensch und Gott, der Kontext aber die unmittelbar drohende Katastrophe – der Zusammenbruch der Beziehung zwischen Mensch und Mensch.

Im Mai 1914 besuchte Pastor William H. Hechler, Herzls Freund und Anhänger, Buber in dessen Wohnort Zehlendorf, einem Vorort von Berlin. Er hatte Buber offenbar seit der gemeinsamen Zugfahrt 1898 nicht mehr persönlich gesehen, denn er brachte das Manuskript und die Korrekturabzüge von Bubers jugendlichem zionistischen Gedicht mit. Dieses Gedicht hatte er zum Großherzog von Baden mitgenommen und dann, ohne Bubers Wissen, in *Die Welt* veröffentlicht. Als Buber Hechler die Tür öffnete, fiel ihm auf, wie sehr Hechler gealtert war, aber auch, wie aufrecht er stand. Nach der herzlichen gegenseitigen Begrüßung zog Hechler aus einer der Riesentaschen seines Havelocks ein in blauweißes Tuch gehülltes Bündel Papier hervor. Daraus nahm er zuerst Bubers jugendliches Gedicht, aber dann ein großes Blatt, das er langsam auffaltete – eine graphische Darstellung der Prophezeiung Daniels, auf der er Buber, gleichsam wie auf einer geschichtlichen Landkarte, genau den Punkt bezeichnete, an dem sie sich jetzt befanden. Darauf sagte er zu Buber: „Lieber Freund! Ich komme von Athen. Ich habe an der Stelle gestanden, wo Paulus zu den Athenern vom unbekannten Gott sprach.

Und jetzt komme ich zu Ihnen, um Ihnen zu sagen, daß in diesem Jahr der Weltkrieg ausbrechen wird."

Was Buber am stärksten an Hechlers Äußerung traf, war nicht so sehr die Voraussage selbst als das Wort „Weltkrieg", welches er nie zuvor gehört hatte. Was für ein Krieg war das, so fragte er sich selbst, der die ganze Welt umgriff? Er stellte es sich als etwas Schreckliches vor, völlig verschieden von den voraufgegangenen Kriegen, die die Menschheit gekannt hatte. Von dieser Stunde an wuchs in Buber die Vorahnung, daß etwas immer Monströseres sich bereit machte, die Geschichte und mit ihr die Menschheit zu verschlingen, eine Vorahnung, die sich für die nachfolgenden Generationen so sehr bewahrheitete wie Hechlers Voraussage der unmittelbaren Zukunft.

Hechler blieb einige Stunden bei Martin und Paula Buber. Anschließend begleitete Buber ihn zur Bahnstation. Um dorthin zu gelangen, mußten sie erst ans Ende einer kleinen Straße der „Kolonie", in der Buber wohnte, gehen und dann weiter auf einem schmalen, mit Kohlenstaub bedeckten Pfad, dem sogenannten „schwarzen Weg" am Bahndamm entlang. Als sie die Ecke, an der die Koloniestraße mit diesem Pfad zusammentrifft, erreicht hatten, blieb Hechler stehen, legte Buber seine Hand auf die Schulter und sagte: „Lieber Freund! Wir leben in einer großen Zeit. Sagen Sie mir: Glauben Sie an Gott?" Es dauerte eine Weile, ehe Buber antwortete. Dann versicherte er dem alten Mann, so gut er konnte, was dies anginge, gebe es keinen Grund, sich Sorgen um ihn zu machen. Sie gingen weiter zur Bahnstation.

Als Buber auf dem Heimweg wieder an die Ecke kam, wo der schwarze Weg in die Straße einmündete, blieb er still stehen, wie unter einem Zwang, sich tief auf das Ereignis zu besinnen, welches dort gerade stattgefunden hatte. Er fragte sich jetzt, ob er die Wahrheit gesagt hatte, ob er wirklich an den Gott, den Hechler meinte, „glaubte". Er stand lange Zeit an der Ecke, entschlossen, nicht weiterzugehen, bis er die rechte Antwort gefunden hatte.

Plötzlich erhob sich in seinem Geist, da, wo Sprache sich wieder und wieder formt, Wort für Wort, deutlich, ohne von ihm formuliert worden zu sein, die Antwort: „Wenn an Gott glauben bedeutet, *von* ihm in der dritten Person reden zu können, glaube ich *nicht* an Gott. Wenn aber an ihn glauben bedeutet, *mit* ihm reden zu können, dann glaube ich an Gott." Nach einer Weile kamen neue Worte:

> „Der Gott, der diese Stunde der Menschengeschichte, diese Stunde da vor dem ‚Weltkrieg', Daniel so vorzuwissen gibt, daß der ihren festen Platz im Zug der Zeiten bestimmen kann, ist nicht mein Gott und nicht Gott. Der Gott zu dem Daniel in seinem Leid betet, ist mein und aller Gott."

Buber blieb lange Zeit an der Ecke des schwarzen Weges stehen und überließ sich der Klärung, die jetzt jenseits von Worten begonnen hatte.

Hechler behielt natürlich recht, früher wahrscheinlich und sicherlich schrecklicher, als er selbst es sich hätte vorstellen können. Aber Bubers Zurückweisung von Hechlers Gott hatte gar nichts damit zu tun, ob seine Voraussage richtig oder falsch war, und hätte es auch dann nicht gehabt, wenn Buber später nicht darüber klargeworden wäre, daß Hechlers Gewißheit aus einer eigentümlichen Verschmelzung des Buches Daniel mit den Anzeichen der unmittelbar bevorstehenden Krise stammte, die er unbewußt an den Höfen Europas, wo er der Erzieher für viele königliche Familien tätig war, aufgenommen hatte. Was Buber zurückwies, war genau die Form des Apokalyptischen selber, welche die „heilige Unsicherheit" von Bubers *Daniel* durch die Sicherheit des biblischen Buches gleichen Namens – der Offenbarung nämlich – verwirkte. Hier sehen wir in einem einzigen Ereignis einen der wichtigsten Ursprünge von drei von Bubers zentralen und miteinander verbundenen Gegensätzen, nämlich dem Gegensatz zwischen prophetischer Offenheit und Wahl sowie apokalyptischer Verschlossenheit und Gewißheit. Hinzu kommt der Gegensatz zwischen unbedingtem Vertrauen in Beziehung (*Emuna*) und Glauben, der mit einem Beweggrund, an den man glaubt, beginnt (*Pistis*). Und schließlich findet Buber den Gegensatz zwischen dem Versuch, das Ganze der Wirklichkeit zu verstehen und das Geheimnis zu schematisieren (*Gnosis*) und der Bereitschaft, dem, was kommt, zu begegnen und aus dieser Begegnung als ein Berufener und Gesandter fortzugehen (*Devotio*).

Wir können hier auch, wie in Bubers Kindheitserfahrung mit den zwei Knaben in seiner Gymnasiumzeit, das erste Aufdämmern einer Erkenntnis sehen, die erst später bewußt und artikuliert werden konnte. Denn genauso wie Buber mit zwölf Jahren „das problematische Verhältnis zwischen Grundsatz und Situation" nicht artikulieren konnte, sondern erst in einer überwältigend ausweglosen Situation, so war er auch hier in der Tat unfähig, eine wirklich sinnvolle Antwort zu finden, die ihn zufriedenstellen konnte. Wie Rivka Horwitz gezeigt hat, gelangte er erst durch ein Ereignis, das sich sechs Monate vor seinen Lehrhaus-Vorträgen 1922 abspielte und das er in diesen Vorträgen wiedergab, zu der radikalen Feststellung des „ewigen Du", des Gottes, dem man immer als Du begegnet und der nicht als Objekt erkannt werden kann, des Gottes, *mit* dem wir sprechen, aber *über* den wir nicht sprechen können. Die obige Geschichte ist so wiedergegeben, wie Buber selbst sie mir erzählte, denn sein Gedächtnis besaß die Zuverlässigkeit der chassidischen „legendären Anekdote": Sie zieht zusammen, was in zwei sieben Jahre auseinanderliegenden Ereignissen stattfand. Seltsamerweise hing beides mit einem Zug zusammen (denn er fand die „Antwort" 1921 während einer Zugfahrt). Obwohl er noch nicht die Sprache hatte, zu beschreiben, wonach er tastete, *begann* seine Entdeckung dennoch mit dem *Ereignis* von 1914.

Genauso entscheidend wie der Inhalt dieser Offenbarung war der Kontext. Das Empfinden einer unmittelbar bevorstehenden Katastrophe gab Hechlers Frage neue Bedeutungstiefe: Im Angesicht des Abgrunds kann man nur das sagen, was man wirklich weiß, nur jene Wahrheit, mit der man bereit ist, in den Abgrund selbst hinabzusteigen. Buber verstand die Forderung, die diese Frage an ihn stellte, noch nicht, als er sie das erste Mal beantwortete. Erst später, nachdem Hechler fort war, erkannte er sie als eine Frage, die an sein Leben selbst gestellt war, eine Frage, die nur durch sein Leben beantwortet werden konnte. Diese mit ganzem Herzen vollzogene Wendung und Entscheidung ereignete sich zwei Monate später, im Juli 1914, in einem Ereignis, das Buber eine „Bekehrung" nannte.

In dieser Zeit neigte Buber, wie wir gesehen haben, zu Stunden mystischer Ekstase. Die Unrechtmäßigkeit dieser Aufteilung seines Lebens ins Alltägliche und ein „Jenseits", wo Erleuchtung und Verzückung ohne Zeit und Abfolge herrschten, wurde Buber durch ein „richtendes Ereignis" klargemacht, welches durch geschlossene Lippen und einen unbewegten Blick das Urteil sprachen. Eines Vormittags, nach einem Morgen mystischer Begeisterung, wurde Buber von einem unbekannten jungen Mann namens Mehé aufgesucht. Buber begegnete dem jungen Mann freundlich, war aber innerlich von dem mystischen Erlebnis, aus dem er gerade hervorgegangen war, absorbiert, geistesabwesend. Nicht daß Buber gleichgültig oder – im gewöhnlichen Sinn – unaufmerksam gewesen wäre. Worin bestand also Bubers Nachlässigkeit? Er unterhielt sich aufmerksam und offen mit Mehé und beantwortete die Fragen, die dieser ihm stellte. Aber er unterließ es, die Fragen zu erraten, die der junge Mann nicht stellte. Zwei Monate später besuchte einer von Mehés Freunden Buber und erzählte ihm von Mehés Tod *und* davon, was sein Gespräch mit Buber ihm bedeutet hatte. Er war nicht beiläufig zu Buber gekommen, sondern wie vom Schicksal getragen, nicht um einer Plauderei, sondern um einer Entscheidung willen.

Die Entscheidung betraf Leben und Tod, aber nicht in dem Sinne, in dem viele annahmen. Mehé hat nicht Selbstmord begangen, wie manche Kommentatoren versicherten. Er starb vielmehr an der Front im ersten Weltkrieg, wie Buber mir selbst schrieb, „aus der Art von Verzweiflung heraus, die man zum Teil als ‚dem eigenen Tod nicht länger entgegenstehen' definieren könnte." Selbst in einem psychologisierenden Zeitalter wie dem unsrigen sollte der Unterschied zwischen tatsächlichem Selbstmord und solcher Verzweiflung evident sein. Das monströse Etwas, das sich bereit machte, die Geschichte und die Menschheit zu verschlingen, ist die qualitativ andere Ära, die mit dem ersten Weltkrieg begann, sich im zweiten fortsetzte und jegliche Vorstellungskraft dann in den Vernichtungslagern der Nationalsozialisten, in Hiroshima und Nagasaki und dem „Archipel Gulag" weit übertraf. In solchen Situationen werden diejenigen, die nicht mit ganzem Herzen gegen ihren Tod kämpfen, mit Sicherheit getötet, während die, die es tun, *vielleicht* am Leben bleiben. Die Verzweiflung, die verhindert, daß man mit ganzem Herzen kämpft, kann in der Tat zum eigenen Tod beitragen, aber das mit Selbstmord gleichzusetzen bedeutet, den Dialog zwischen Mensch und Situation in unserer Zeit auf einen intrapsychischen Monolog zu reduzieren und dabei die erschreckende Wirklichkeit zu verdunkeln.

Buber erlebte dieses Ereignis als Urteil und antwortete ihm mit einer „Bekehrung", die sein ganzes Leben änderte. Bubers Gefühl der Schuld basierte nicht auf einer Allmachtsphantasie, etwa daß er hätte in der Lage sein sollen, Mehés Verzweiflung ohne Kenntnis der Umstände aufzulösen. Buber erzählte mir, Franz Kafka habe ihn 1910 und 1911 einige Male in Berlin besucht. „Er war ein wirklich unglücklicher Mensch", fügte Buber hinzu, aber ohne im geringsten durch Blick oder Tonfall nahezulegen, daß er sich deshalb schuldig fühlte, Kafkas Last der Verzweiflung nicht erleichtern zu können. In Mehés Fall war Buber in genau dem Sinne persönlich schuldig, in dem er selbst später existentielle Schuld definierte, denn er enthielt sich selbst vor. Er antwortete nicht als ganze Person auf die Forderung der Situation, und durch dieses Sich-Vorenthalten verletzte er die gemeinsame Ordnung der Existenz, die er als die Grundlage seiner eigenen und aller Existenz erkannte. Dieses Sich-Vorenthalten entstand nicht durch bewußte Entscheidung oder willentliche Ablösung, sondern durch eine gewohnheitsmäßige Lebensweise, die ihn aus dem Alltäglichen in eine „spirituelle" Sphäre versetzte, die keine Verbindung mit dem Alltäglichen hatte. Mit der besten Absicht der Welt und mit allen Ressourcen, die er aufbringen konnte, war Buber doch für Mehé, der in dieser Stunde zu ihm gekommen war, nicht „da". Nicht daß er nicht das Richtige sagte, doch er hatte es versäumt, die Möglichkeit echten Dialogs, die die Stunde gebot, so weit es in seiner Macht stand, Wirklichkeit werden zu lassen. Die Frage, die Mehé nicht stellte, war keine philosophische oder theologische Frage, sondern eine viel grundsätzlichere: die Frage des Vertrauens in die Existenz. Und Buber hörte und beantwortete diese Frage nicht – in der einzigen Art, in der sie beantwortet werden kann – durch volle Gegenwärtigkeit. „Was erwarten wir, wenn wir verzweifeln und doch noch zu einem Menschen gehen", fragte Buber sich später, als die Lippen des Fragenden für immer verschlossen waren. Buber gab sich selbst die Antwort: „Wohl eine Gegenwärtigkeit, durch die uns gesagt wird, daß es ihn dennoch gibt, den Sinn." Über vierzig Jahre später konnte Buber von sich selbst als von jemandem sprechen, der mit problematischen Menschen umging, die den Boden unter ihren Füßen verloren hatten, die ihr Vertrauen, nicht in die eine oder andere Person, sondern in die Existenz selbst verloren hatten. Wenn dies der Fall ist, dann nur deshalb, weil Mehés Tod Buber an diesem entscheidenden Punkt als Anspruch entgegentrat, sein Leben zu ändern, jene Askese zu praktizieren, die verlangt, daß er nicht die Dinge dieser Welt, sondern die mystische Verzückung aufgebe. Er beantwortete diese Forderung mit der Wendung seiner ganzen Existenz hin zur Begegnung mit der Realität *in* der Welt und nicht von ihr entfernt: „Seither habe ich jenes ‚Religiöse', das nichts als Ausnahme ist, Herausnahme, Heraustritt, Ekstasis, aufgegeben, oder es hat mich aufgegeben. Ich besitze nichts mehr als den Alltag, aus dem ich nie genommen werde ... Ich kenne keine Fülle mehr als die jeder sterblichen Stunde an Anspruch und Verantwortung."

So gab Buber die viel vollkommenere und befriedigendere Fülle mystischer Verzückung auf, in der das Selbst keine innere Teilung oder äußere Begrenzung erfährt, zugunsten einer immer unvollkommenen Fülle der gemeinsamen Welt der Sprache mit dem Sinn, die sich durch die stets fordernde, stets schmerzhafte Begegnung mit anderen aufbaut. Von dieser Zeit an ist Bubers Weg nicht Bewußtseinserweiterung hin zum Allumfassenden, sondern Bewußtheit von Anderheit, nicht Universalität, sondern Einzigartigkeit, nicht Perfektion, sondern unverminderte Unmittelbarkeit der „gelebten Konkretheit".

„Laßt uns an den Menschen glauben!" Diese Worte, mit denen Buber gerade einige Monate zuvor „Mit einem Monisten" beendet hatte, waren dazu bestimmt, in den kommenden Monaten und Jahren einer Feuerprobe unterzogen zu werden. Im Gegensatz zu den Jahren vor 1914 waren Krieg und Krise die „normale" Situation für den Rest von Bubers langem Leben. Die Herausforderung der Krise war, mehr als jede andere zuvor, ob in ihr Worte beglaubigt und bejaht werden könnten. Wenn die fruchtlosen Versuche, angesichts der Krise eine Begegnung der Geister zu finden, Bubers Vertrauen in die Menschen nicht zerschlugen, so ernüchterten sie es zumindest erheblich. Auf der anderen Seite ließ ihn die ungeheuerliche Unmenschlichkeit des Krieges selbst sich mehr und mehr direkten Begegnungen mit Menschen zuwenden und schloß seinen mit der „Bekehrung" begonnenen Durchbruch von innerer Verwirklichung zur Begegnung mit dem Anderssein ab. Was diese Ausweitung der „Umfassung" für Buber während der Kriegsjahre bedeutete, wird in dem Hymnus „An das Gleichzeitige", den er ans Ende seines Buches *Ereignisse und Begegnungen* stellte, am deutlichsten. „An das Gleichzeitige" ist der einzige Aufsatz des Buches, der nach Beginn des Krieges – 1915 – geschrieben worden war, und stellt, wie Bubers „Bekehrung", sowohl eine *Abwendung* vom spirituellen Leben, das ihn vorher absorbiert hatte, als auch eine *Hinwendung* zur unreduzierbaren und sehr viel weniger annehmlichen konkreten Wirklichkeit der Gegenwart dar. Geschrieben im Herbst 1914, braucht der „Hymnus" auch heute noch keine Fußnote, um die „einbrechende Gewalt des Gleichzeitigen", auf die Buber sich bezieht, zu identifizieren. So schön, wie die Sprache auch bleibt, ist an diesem Hymnus doch etwas, das aus jeglichem „wundervollem Weltgefühl" ausbricht und eine neue Nüchternheit und Konkretheit beginnen läßt, die Buber schließlich dahin führte, zu erkennen, daß seine frühen Begegnungen mit der Natur *in* ihm stattfanden und nicht *zwischen* ihm und dem Baum oder dem Stück Glimmerschiefer.

Das „Ereignis" hinter diesem Aufsatz ist Bubers Beschreibung zufolge erhaben einfach. Er saß einmal in der stahlblauen Einsamkeit des Abends, öffnete sein Fenster und fühlte plötzlich die ganze Wirklichkeit des *Augenblicks*, als wäre sie ein mondfarbener Vogel, der, beladen mit dem Furchterregenden und Süßen, in sein Fenster hineingeflogen käme. Seine Metaphern mischend, beschrieb Buber, wie der Vogel ihm „den Erdraum dieses Augenblicks" wie „einen Feuerbrand" auf die Brust legte. Mit diesem Augenblick kam der Zustrom von Anderheit – er atmete die Träume weit entfernter Wesen, Impulse unbekannter Kreaturen sammelten sich in seiner Kehle, und die Elemente der vielen Seelen mischten sich in seinem Blut. Die Gegenwart zog in ihn ein wie eine Musik, komponiert aus Spannung, Impuls und Verzückung des Lebendigen. Er widerstand der Unendlichkeit des Augenblicks, aber er wußte nicht, ob er sie beherrschte oder ob sie ihn beherrschte; er wußte nur, daß es in körperliche Musik eingebunden war. Er wußte noch nicht, daß der Ruf des Zeitgeistes den Verzicht auf ein von der Philosophie und der Weisheit der Generationen absorbiertes Leben bedeutete. Es war ihm immer noch möglich, sein Fenster zu schließen und sich mit aller Zeit eins zu fühlen. Jetzt waren sie wieder bei ihm, Lao Dse und der goldene Plato und mit ihnen, ihnen verwandt, die ganze Gegenwart. Hier findet sich noch die allfarbige Mystik von „Der Altar", in dem sich die Zeitalter vereinen und die Zeitlosigkeit nahe ist.

Aber jetzt brach die einstürmende Macht der modernen Zeit mit einer Kraft, die nicht zu verleugnen war, über Buber herein. Die fürchterlichen und unmenschlichen Geschehnisse eines Krieges, wie ihn die Menschheit zuvor nicht gekannt hatte – Schrapnellwunden und Wundstarrkrampf, Schreie und Todesröcheln, das Lächeln im Gesicht, der zermalmte Körper. Jetzt konnte Buber diese Gegenwart nicht mehr als eingebunden in Musik erleben oder sich das Erbe der Äonen vorstellen, in dem sie ihr Lied finden könnte. Jetzt akzeptierte er ein für allemal, zusammen mit dem Anspruch jener Stunde, den er in seiner „Bekehrung" angenommen hatte, die schreckliche, absurde Konkretheit der historischen Stunde, in der er lebte. Er entsagte für immer dem Refugium, das der Umgang mit den großen Geistern der Zeiten ihm geboten hatte. Wie Böhmes Dreiheit des Feuers in eine Dreiheit des Lichts umgewandelt wird, wie der Rabbi in „Die Offenbarung" sieht, wie das Feuer über dem Körper des betenden Baalschem aufsteigt und in Licht verwandelt wird, so sieht Buber sich hier selbst als die Opfergabe, in der Feuer in Licht verwandelt wird:

> „Aber nie wieder, o Augenblick, eindringende Gewalt des Gleichzeitigen, nie werde ich dich gehen heißen ... sondern deines Feuers Beute und Fraß will ich sein alle Stunden meines Lebens. Aus deinem Feuer gebiert sich das Licht, und nirgendwo gebiert sich das Licht denn aus deinem Feuer. Ich verbrenne an dir, aber ich verbrenne zu Licht."

Weit davon entfernt, Feuer und Licht in das Verhältnis eines unversöhnlichen Dualismus zu setzen, gelangte Buber zu der Erkenntnis, daß das „verborgene Licht" des Sinns, der Sinnhaftigkeit der „lebendigen Konkretheit", die sich nicht durch den Ausschluß von Anderheit herleitet, sondern von der Begegnung mit ihr, nur aus Feuer, dem Feuer von Schrecken und Verzweiflung, von Absurdität und Tod, kommen konnte. Wie Grete Schaeder richtig beobachtete, fügte der Krieg der inneren, gewählten Spannung die wirkliche Weltspannung hinzu. Sie lehrte Buber die Schwäche der Kreatur und die Furcht vor Gottes Urteil. Sie vertiefte die „kosmische Vereinigung" zum Mitleiden an den Mitmenschen, die Schaffenskraft zur Widerstandskraft. Aus all diesem heraus verwandelte sie die „Verwirklichung" des *Daniel* in die „Gegenüberheitlichkeit" von *Ich und Du.*

Dieser Prozeß erstreckte sich jedoch nicht nur über kurze Zeit, sondern, wie Buber selbst andeutete, über einen Zeitraum von etwa zwölf Jahren. Buber war nie ein besonders patriotischer Deutscher gewesen wie etwa Hermann Cohen, der neukantianische Philosoph und Führer des deutschen liberalen Judentums. Es gibt auch keine Hinweise darauf, daß Buber je ein Dokument zur Unterstützung des Kaisers unterzeichnet hätte, wie viele deutsche Intellektuelle dieser Zeit es getan hatten. Auf der anderen Seite war er weder Pazifist noch Anarchist wie Gustav Landauer, und während des ersten Kriegsjahres konnte er Landauers fast fanatische Klarheit der Opposition nicht teilen. Statt dessen unterlag er zeitweilig der Anschauung, den Krieg, trotz oder gerade wegen seiner Schrecknisse, als ein Chaos zu sehen, aus dem ein neuer Kosmos erwachsen sollte. Im ersten Fall sah er dies als eine „Bewegung", die Deutschland und Europa zu einer wirklichen Gemeinschaft umformen würde, im zweiten, wie wir sehen werden, sah er eine Umwälzung, die die Situation der deutschen, vor allem der östlichen Juden entscheidend verbessern würde.

„Ich bin von dem, was geschieht, wie kaum zuvor im Leben erschüttert", sagte Buber im August 1914 zu Rappeport. Im September schrieb er ihm: „Die Zeit ist freilich wunderschön mit der Gewalt ihrer Wirklichkeit und mit dieser ihrer Forderung an jeden von uns." Ludwig Strauß gegenüber erklärte er im selben Monat: „Zum ersten Mal sind die Völker ganz real in mein Leben getreten." Bubers Freundin Margarete Susman war weitaus realistischer. Obwohl sie zugestand, daß ein wenig Erleuchtung aus dem dunkelsten und schwersten Schicksal kommen könnte, war doch alles, was sie erleben konnte, wie sie an Buber schrieb: „der ungeheure Zwang objektiver Gewalten über das Menschliche, die selbst auch nur menschliche sind." Die Briefe, die Buber von seinen Freunden vom Bar Kochba-Verein, die nun an verschiedenen Kriegsfronten verstreut waren, erhielt, klangen noch weniger enthusiastisch, und Buber war von ihrer Stimmung enttäuscht. „Hier ist es ganz anders", informierte er Hans Kohn. „Nie ist mir der Begriff ‚Volk' so zur Realität geworden wie in diesen Wochen." Die Juden teilten im allgemeinen dieses Gefühl, das viele, auch die dem Stefan George-Kreis angehörenden deutsch-jüdischen Dichter Karl Wolfskehl und Friedrich Gundolf, veranlaßte, sich freiwillig zu melden, behauptete Buber. Buber drückte seine eigene Enttäuschung darüber aus, nicht tauglich befunden worden zu sein, nicht in die Armee eintreten zu dürfen. Er erzählte Kohn auch von seinem Beitritt zu den jüdischen Sozialisten Deutschlands, um ein Komitee für die östlichen Juden in Polen und Rußland zu organisieren, die sie zu „befreien" hofften. (Im Oktober 1914 war Buber Mitunterzeichner eines dreiseitigen Briefes, der das Los der osteuropäischen Juden beschrieb – ein Akt, der halb auf echter Anteilnahme mit diesen Flüchtlingen gegründet schien und halb auf einer unbewußten Ausdehnung deutscher Propaganda gegen die Russen.) Die letzten Sätze von Bubers Brief an Kohn entfalteten in voller Anschaulichkeit, was Landauer später den „*Kriegsbuber*" genannt hatte:

> „Für jeden, der in dieser Zeit sich aufsparen will, gilt das Wort des Evangelium Johannis: ‚Wer sein Leben liebet, wird es verlieren.' … Wenn wir Juden doch fühlten, ganz durchfühlten, was dies uns bedeutet: daß wir unseren alten Schild *Nicht mit Gewalt, sondern mit Geist* nicht mehr brauchen, da Kraft und Geist nun eins werden sollen. Incipit vita nova!"

Fünfunddreißig Jahre später erklärte Buber, daß jene Juden, die mit Gewalt Einfluß nehmen wollten, Hitler nachäfften! Aber weniger als zwei Jahre später kehrte Buber zu dem „alten Motto": *Nicht mit Gewalt, sondern mit Geist!* zurück.

„Heute nacht weckten mich Kanonenschüsse vom Meer her", schrieb Buber in einer Sammlung von Kriegstagebüchern von Künstlern.

> „Ich stand am Fenster über dem urweltlich stillen Strand und hörte das Rollen aus der ungewissen Ferne herüber, ich wußte nicht, ‚was' es war, ein Gefecht zwischen deutschen und englischen Schiffen? – nur, daß es Vernichtung war, weithin nach allen Seiten Vernichtung und – Reinigung des Geistes. Es riß mich aus meinen Grenzen, trug mich mitten in den Kampf, ich lebte einen Augenblick zerschmettert und *befreit*. Und gefühle ich immerzu das eine, daß der Geist all dies nicht über sich ergehen läßt: daß er all dies als seinen Weg zu sich meint und will."

„Wenn ich durch die Straßen [von Berlin] gehe", schrieb Buber in einem zweiten Kriegstagebuch,

> „erkenne ich, stärker wohl, als ich es auf dem Schlachtfeld selber vermöchte, die dreifache gegenwärtige Wirklichkeit: die Pflugschar, das aufgewühlte Erdreich und den kommenden Samen. Ich sehe, tief unter allen Absichten und Aktionen und unendlich wirklicher als die, die Bereitung. Kinesis, Bewegung: so nannten Griechen den Übergang von der ruhenden zur wirkenden Kraft, von Seinkönnen zum Sein. Das Zeitalter der Kinesis, in das wir getreten sind, hat nicht mit diesem Krieg begonnen; es wird in ihm nur manifest. Dies ist das Zeitalter, in dem die Seele des Menschen nicht mehr stockt und starrt, sondern sich ins Äußerste der Tat aufschwingt: indem die Tat des Menschen nicht mehr von einem Getriebe vieler kleiner Zwecke eingepreßt ist, sondern ihre Freiheit und ihre Vollendung gewinnt im Opfer. Nicht wie der Wert benannt wird, dem das Opfer sich weiht, ist die innere Wahrheit des Ereignisses, sondern daß die Menschen für ihn sterben wollen. Nicht in ihrem Bekenntnis: in ihrer Hingabe gibt sich das Göttliche kund."

In diesen Worten finden wir ein Echo von Bubers Formulierung von *Kawwana* in *Die Legende des Baalschem:* „Nicht die Materie der Handlung, nur ihre Weihung entscheidet." Aber jetzt ist ein neuer Dualismus aufgetreten, in dem die Handlung selbst fast gleichgültig, die innere Einstellung dagegen alles wird. Und in diesem Kontext hat ein solcher Dualismus finstere Implikationen, deren Buber sich selbst erst später bewußt wurde. Dies gilt auch für die unmittelbar folgenden Sätze:

> „Sie werfen das Vertraute, das Sichere, das Bedingte hin, um sich in den Abgrund des Unbedingten zu stürzen. Und eben dies, daß sie es tun, ist die Offenbarung des Unbedingten in einer Zeit, die von ihm verlassen schien. Dessen haben wir uns in den Schrecken und bitteren Schmerzen dieses Tages zu freuen. Es ist eine furchtbare Gnade; es ist die Gnade der neuen Geburt. Auch wer den Krieg verdammt, darf sein Ohr dem Brausen der Kinesis nicht schließen. Unsere Sache ist, daß es über ihn hinaus anschwelle und die Gewalt des neuen Aeons werde – Verwirklichung."

Hier wird die Sprache von *Daniel* und der „Reden über das Judentum" benutzt, um Bewegung und Veränderung fast als einen Wert an sich zu feiern, etwas, das unweigerlich das Werk des Geistes tun muß!

Dies war die Feuerprobe von Bubers früher Philosophie, und in dieser Probe wurde sie für mangelhaft befunden. Die Betonung der Verwirklichung und der Vorbehaltlosigkeit ohne die sie begrenzende, vertrauensvolle Begegnung mit dem wesenhaft Anderen kann geradewegs in die Hölle des schrecklichsten Dämonenglaubens führen – und diesen feiern, als wäre er ein Weg zum Göttlichen. „Morgen", fügte Buber hinzu, „morgen haben wir die Richtung zu weisen. Richtung ohne Kinesis war lahm, aber Kinesis ohne Richtung ist blind. An uns wird es sein, sie sehend zu machen. Nach diesem Krieg beginnt die große Aufgabe, beginnt die hohe Zeit des Geistes." Bubers Akzeptanz des Leitsatzes ‚Bewegung jetzt und Richtung später' machte es unmöglich, daß die *Kinesis,* die er feierte, jemals die Bedeutung und die Entschiedenheit annehmen konnte, die er ersehnte. Buber war weder Chauvinist noch militanter deutscher Nationalist; seine eigene Philosophie half, ihn zu einem Enthusiasmus zu verführen, in dem selbst seine Treue zu dieser Philosophie fragwürdig wurde. Die bitteren Enttäuschungen, die folgten, trugen zu Bubers Durchbruch zur Philosophie des Dialogs bei.

Zwanzig Jahre später verknüpfte ein anderer deutscher existentialistischer Philosoph – Martin Heidegger – seine Philosophie in bemerkenswert ähnlicher Weise mit einer deutschen nationalistischen Bewegung. Aber in deutlichem Gegensatz zu Heidegger lernte Buber eine der tiefgreifendsten Lektionen seines Lebens aus dieser Gedankenehe mit dem Dämonischen – eine Lektion, die eine entscheidende Veränderung in Bubers Philosophie zur Folge hatte, wohingegen eine solche bei Heidegger nirgendwo evident wurde.

Während dieser Zeit blieb Buber sowohl in engem, persönlichen Kontakt mit Landauer, der seinen Enthusiasmus nicht teilte, wie auch mit Mitgliedern des Forte-Kreises, jenes Kreises, der sich in Potsdam getroffen und vor Ausbruch des Krieges geplant hatte, sich in Forte in Italien wieder zu treffen. Nicht nur der Krieg verhinderte ein neues Treffen, sondern auch die Wirkung des Krieges auf die Mitglieder der Gruppe. Die nationalen Gefühle, die geweckt wurden, waren stärker, als daß sie das Fortbestehen selbst einer so tiefen Einheit wie der, die sie in Potsdam erfahren hatten, ermöglichen konnten. Einige Mitglieder der Gruppe wie Landauer, Frederik van Eeden, Poul Bjerre und Romain Rolland (dem es unmöglich gewesen war, zum ersten Treffen zu kommen, der aber geplant hatte, den weiteren Treffen beizuwohnen) verharrten klar in ihrer Opposition zum Krieg. Andere wie Erich Gutkind und Florens Christian Rang wurden starke deutsche Nationalisten, eine Position, die Rang nach dem Krieg aus ganzem Herzen ablehnte. Buber stand zwischen den Pazifisten und den Militaristen, jedoch mit genug Glauben an den Krieg als „Bewegung", um die Charakterisierung der Bewegung als „Massensuggestion" nicht nur durch die Pazifisten, sondern auch die Neutralen, wie es zu der Zeit zum Beispiel die Holländer noch waren, diesen bitter zu verübeln. Buber war besonders über einen „Offenen Brief an unsere deutschen Freunde" verstimmt, den van Eeden im September 1914 veröffentlicht hatte, in dem er die deutschen Intellektuellen heftig für ihre Bejubelung der gegenwärtigen Kriegspsychose tadelte, sowie über zwei Rundbriefe an die Mitglieder des Forte-Kreises.

Bubers Durchbruch zum Dialog in diesen Jahren bedeutete auch einen Durchbruch zu einer neuen Beziehung zu Zionismus, Judentum und jüdischer Erziehung. Keins dieser Interessen war neu für ihn, sie mußten jedoch alle durch das läuternde Feuer gehen, dem sie verwandelt und gereinigt entstiegen. Die endgültigen Ergebnisse dieses Läuterungsprozesses sind bis zu Bubers Vorwort zur Sammelausgabe seiner *Reden über das Judentum* (1923) nicht deutlich. Aber in Bubers Leben und Denken während dieser Zeit gibt es viele Zeichen, daß seine Gedankenwelt wieder und wieder ins Feuer stürzte und geläutert aus ihm hervorging.

Was Buber sich vom Krieg erhofft hatte, wurde durch eine Notiz vom 14. September 1914, die er später zitierte, eindeutig klar: „Das Schreckliche, was geschehen ist, enthält für mich ein dreifaches Versprechen: die Befreiung des zentraleuropäischen Menschen für ein öffentliches Leben, das Erwachen des russischen Menschen zu konstruktivem Leben und die Rettung des Nahen Ostens für eine semitische Regeneration." Erst später gelangte er zu der schmerzlichen Erkenntnis, die er zu dieser Zeit nicht vermutete: daß im Einvernehmen mit der Natur unserer Zeit und der Situation, in der sie stattfanden, jedes dieser Ereignisse notwendigerweise neue, schwierige Probleme mit sich bringen mußte. In der Tat war der *problematische* Aspekt des Krieges während der ersten Monate des Konflikts, als die Bewegung und der Aufstieg der Nation deutlicher waren als der Abgrund, in den sie marschierte, aus Bubers Blickfeld verschwunden, obwohl er ein tiefes Interesse an der Verhinderung dieses Krieges gehabt hatte.

In dieser Hinsicht unterschied Buber sich von Landauer, dessen pazifistisch-anarchistische Opposition dem Krieg gegenüber während der ganzen Zeit unverändert blieb. Die Freundschaft zwischen Landauer und Buber bestand jedoch in dieser Periode mit unverminderter Intensität fort, und dies bedeutete, daß Bubers Enthusiasmus notwendigerweise die ihm entgegengesetzte Spannung, die von Landauers Ablehnung des Krieges ausging, und die Perspektive, die sie erlaubte, akzeptieren mußte. Zwei Tage nach seinem langen Brief an van Eeden schrieb

Buber an Landauer, daß er glaube, ihre Beziehung sei so tief verankert, daß sie nicht erschüttert werden könne, und daß er hoffe, Landauer empfinde ebenso. Er wollte Landauer nicht über ihre Differenzen schreiben, wie er es gegenüber van Eeden getan hatte. Statt dessen zog er es vor, sich mit ihm entweder in seinem oder Bubers Haus zu treffen. So „kann ich ihm mancherlei nicht schreiben, was ich Ihnen sagen kann ... Gutkind berichtet, Sie würfen mir – wie ihm – Aestheticismus vor; sollten Sie mich wirklich so mißverstehen und verwechseln? ich kann es nicht glauben."

Später – im selben Jahr – besuchte Landauer Buber, um mit ihm sowohl über seinen Briefwechsel mit Bjerre als auch über seinen Plan für kommunale erzieherische Aktivitäten zu diskutieren. Landauers Bericht von diesem Gespräch an seine zweite Frau, die Dichterin Hedwig Lachmann, gibt ein aufschlußreiches Bild von Bubers Beziehung zum Krieg in dieser Zeit und von Landauers Beziehung zu Buber. „Meine Antwort an Bjerre kann ihm (Buber) natürlich nicht ganz zusagen", schrieb Landauer,

> „weil er von manchen Stellen sich mitgetroffen fühlt. Das darf und soll er; trotzdem bin ich gegen keinen so schonend und vertrauensvoll abwartend wie gegen ihn. Bei ihm ist es mir eigentlich rührend, wie ich früher ihm entgegen das Deutschtum vertreten mußte, das er als etwas im Juden gar nicht Wesentliches betrachtete, und wie jetzt das Deutschtum sich gegen seinen Willen so empfindlich in ihm regt, daß er jede Unterscheidung zwischen den Taten und Sünden der einzelnen Regierungen verpönen möchte. Er liebt alles und erkennt es an, was, wie er es nennt, im Unbedingten wurzelt; er erkennt ganz und gar meine völlige Haltung gegen den Krieg an; aber er findet auch in der Einmütigkeit des deutschen Volkes, in der Todbereitschaft der jungen Generation ein solches Unbedingtes und verträgt da keinerlei Analyse und ist besonders verbittert, wenn einer von Massensuggestion spricht."

Zwei Tage später schrieb Landauer seiner Frau, daß der Fall bei Buber völlig anders lag, während Kurt Hiller, mit dem er für einige Zeit politische Gespräche geführt hatte, aber in wesentlichen Dingen eine ihm entgegengesetzte Position hatte. „Seine sehnsüchtige Liebe zum Heroischen verstehe und liebe ich, und was uns aus Beurteilungen über Dinge und Menschen noch trennt (es ist nicht mehr viel), ist ganz unwesentlich." Die Tiefe des Verständnisses und der Sympathie wuchs während der Kriegsjahre. Buber folgte Landauer im Rückzug aus dem Forte-Kreis und drückte seinen Verzicht „in einer Weise, die mir sehr lieb ist" aus, schrieb Landauer an Walther Rathenau. Landauer schloß sich Buber an bei dem Versuch, einen unabhängigen Kreis in Deutschland und Österreich zu bilden.

Während Bubers allgemeine Erwartungen an die vom Krieg ausgelöste „Bewegung“ bald enttäuscht wurden, wurden seine besonderen Erwartungen bezüglich der Auswirkung auf die Situation der jüdischen Menschen noch sehr viel bitterer enttäuscht. Es war jedoch genau diese Situation, die Buber zu neuen jüdischen Aktivitäten veranlaßten, die dazu bestimmt waren, eine dauerhafte Wirkung auf die deutschen Juden und die zionistische Bewegung auszuüben. Als der Krieg ausbrach, schrieb Hermann, fühlte Buber wie sie alle, daß das Schicksal des jüdischen Volkes ganz bestimmt durch ihn in „Bewegung“ gesetzt werden würde. „Man muß etwas tun – das hörte ich in dieser Zeit oft von ihm“, schrieb Hermann, „fast jeden Tag“. Auf der einen Seite bewegte ihn das Schicksal und die Gefahr für jeden einzelnen, der im Feld war. Auf der anderen Seite war er offen für jede Initiative, die der Sorge um die Zukunft des jüdischen Volkes entsprang, vor allem für den Teil, der jüdische Art lebendig erhielt. Buber gehörte zu den Gründern des Jüdischen Nationalen Komitees, das schon im Oktober 1914 geschaffen worden war. „Das Jüdische Nationale Komitee will dazu beitragen, eine nationale Freiheitsbewegung vorzubereiten“, so endete der Entwurf für ein kurzes Programm, das Buber selbst schrieb.

Das Jüdische Nationale Komitee interessierte wichtige Kräfte in der Sozialdemokratischen Partei Deutschlands für die jüdische nationale Angelegenheit, sicherte wichtige Unterstützung im Kampf gegen die Verfolgung der Juden im Osten durch die Besatzungsmächte und schuf eine Stimmung, aus der noch während des Krieges ein Pro-Palästina-Komitee erwuchs. Aus den Überlegungen dieses Jüdischen Nationalen Komitees heraus wurde auch die Entscheidung geboren, eine Monatsschrift zu gründen. Buber wurde erst dann ihr Herausgeber, als er überzeugt war, daß eine starke Gruppe führender Intellektueller sich tatsächlich beteiligen würde. Bei der Namensgebung ging Buber bewußt auf eine frühere Zeitschrift zurück, die Weizmann, Feiwel und er 1903 ohne Erfolg zu gründen versucht hatten – *Der Jude.* Der neue Versuch war über alle Erwartung hin erfolgreich und blieb bis 1924, zumeist unter Bubers direkter persönlicher Leitung, das führende Organ der deutschsprachigen Judenheit.

Im Mai 1916 kam Landauer für einige Tage zu Besuch. „Ich war nicht bei dem ‚Kriegsbuber‘ und hatte ihn beinahe vergessen“, schrieb Landauer später. In Bubers Eröffnungsleitartikel „Die Losung“ und „Der Geist des Judentums“, in der zweiten der drei *Reden über das Judentum,* fand Landauer Passagen, die ihm so sehr mißfielen, daß er Buber das Recht absprach, öffentlich über die Kriegsereignisse zu sprechen.

> „Trotz all Ihrem Einspruch nenne ich diese Art Ästhetizismus und Formalismus, und ich sage, daß Sie – sich selbst gegenüber – kein Recht haben, über die politischen Ereignisse der Gegenwart,

> die man den Weltkrieg nennt, öffentlich mitzureden und diese Wirrnisse in Ihre schönen und weisen Allgemeinheiten einzuordnen ... Ich gestehe, mir kocht das Blut, wenn ich lese, wie Sie ... Deutschland als einzig berufene Erlösernation hin[...]stellen, ohne Einschränkung, ohne Hinweis darauf, wie Deutschland in den letzten Jahrzehnten mit Eroberungskolonisation nachzuholen bemüht war ... Das ist Kriegspolitik!"

So rief Landauer aus. „Virilität, Mannhaftigkeit, Opfermut, Hingabe" sind weder formal noch inhaltlich in dieser Grausamkeit zu finden.

> „Die Gemeinschaft, die wir brauchen, entzieht sich von vornherein all dem, was heute Krieg heißt ... Lieber Buber, irgendwie hätte zum mindesten anerkannt werden müssen, daß unter den Hunderttausenden von Juden sagen wir 23 bis 37 wären, die nicht aus Gefühl der übermäßigen Pflicht, nicht in leidenschaftlichem Verlangen in diesen Krieg gezogen wurden. Und wenn Sie das aus äußeren Gründen nicht konnten, dann hätten Sie, meine ich, nicht reden dürfen."

Landauer erklärte, er sei nicht bereit, Beiträge zu Bubers neuem Magazin *Der Jude* zu leisten. „Ein Blatt, das veröffentlichen darf, was die Habsburger, Hohenzollern und die mit ihnen verbundenen Interessengruppen gerne hören, das Entgegengesetzte aber nicht, kann nicht mein Blatt sein." Von einem jüdischen Interesse am deutschen Sieg zu sprechen bedeute, alles jüdische Blut, das durch die Ermordung von Deutschen, Slawen, Rumänen, Italienern, Österreichern und Russen vergossen wurde, zu vergessen. „Schade um das jüdische Blut, jawohl; schade um jeden Tropfen Blut, der in diesem Krieg vergossen wird; schade um die Menschen; schade auch, daß Sie sich in diesen Krieg hineinverirrt haben."

Auf diese bitteren Vorhaltungen erhielt er keine Antwort. Vielleicht ist Buber mit dem Zug nach Berlin gefahren und hat Landauer persönlich geantwortet. Auf jeden Fall sandte Landauer Buber, nachdem sie sich im Juli 1916 einige Tage in Berlin getroffen hatten, einen Brief, der seine Zufriedenheit mit *Der Jude* und seine Bereitschaft, Beiträge beizusteuern, ausdrückt: „Das Niveau Ihrer Zeitschrift ist so hoch, und die Gesamthaltung der bisherigen Hefte gefällt mir so gut, und vor allem: mein Wunsch, den Vortrag über Judentum und Sozialismus auszuarbeiten, ist so groß, daß ich es für das Beste halte, mich durch eine formelle Zusage zu zwingen, ihn zu schreiben." Es ist undenkbar, daß Landauer seine Meinung so sehr geändert haben konnte, es sei denn, Buber hatte ihn nicht nur durch eine Erklärung, sondern durch eine Einstellungsänderung zufriedengestellt.

Die besten jüdischen Schriftsteller und Denker und eine Reihe von Nichtjuden sahen es als große Ehre an, zu Bubers Monatsschrift beizutragen, bezeugt Simon. Dies traf sowohl für Zionisten wie Nichtzionisten zu, Schriftsteller der deutschen, jiddischen und hebräischen Sprache. Das Journal verband eine weite geistige Spannbreite mit hoher Qualität, und es überwand die künstlichen Grenzen, die zu jener Zeit die jüdische Welt in zwei Teile teilten. In seinen Übersetzungen, Notizen und Zusammenfassungen zur Politik, Ökonomie und Literatur erinnerte *Der Jude* die jüdische Welt an die Einheit, die sie einmal besessen hatte, und bereitete sie auf das vor, was sie vielleicht einmal wieder besitzen würde. Laut Simon erfüllte er so auf der höchsten Ebene eine viele Länder umfassende nationale jüdische Aufgabe. Seine Spannbreite war weit, doch auf ein klares, besonderes Prinzip zentriert: Zionismus gemäß der nationalen Auffassung seines Herausgebers.

Der Jude besaß fast vom ersten Augenblick an sehr großen Einfluß, berichtet Simon. Selbst ein Antizionist wie Franz Rosenzweig schrieb seinen Eltern, daß es zum einzigen ernstzunehmenden Organ des deutschen Judentums geworden sei und es Unterstützung verdiene. Sieben Jahre lang versuchte Buber, die zionistische Bewegung durch *Der Jude* zu beeinflussen, indem er für ihre Verbindung mit der überall in der Diaspora lebenden und schaffenden jüdischen Nation, für ihren progressiven, sozialen und politischen Charakter kämpfte. Trotz der Redefreiheit und Diskussion, die den vielen und verschiedenartigen Teilnehmern gewährt wurde, war dies die gleichbleibende Tendenz des Redaktionsausschusses.

Als erfolgreicher Herausgeber praktizierte Buber das, was das Hauptanliegen seiner philosophischen Anthropologie werden sollte: Umfassung. Franz Kafka schrieb an seine Verlobte Felice, daß Buber sein Prosastück „Ein Traum“ aus seinem Werk *Der Prozeß* mit einem Brief zurückgewiesen hatte, der achtungsvoller war, als eine gewöhnliche Annahme gewesen wäre. (Später wurde sie in *Das jüdische Prag*, einer Sammlung, die Buber mitherausgab, gedruckt.) Ernst Simon berichtet von seinem ersten Treffen mit Buber, zu dem Buber ihn in sein Haus einlud, um ihm höchstpersönlich zu sagen, daß ein Artikel, den er vorgelegt hatte, sehr gut sei und er glücklich wäre, ihn in *Der Jude* zu publizieren, aber auch, daß er bei der Parallele, die Simon zwischen dem biblischen Balaam und dem jüdischen Historiker Simon Dubnow zog, Unbehagen verspürte. Buber wies darauf hin, daß Dubnow ein wichtiger jüdischer Gelehrter sei, während Balaam ein mesopotamischer Prophet war, der Israels Feinden diente. Simon willigte ein, den Text zu ändern; was ihn aber beeindruckte, war, daß Buber sich entschieden hatte, die Änderung in einem Treffen von Angesicht zu Angesicht zu diskutieren.

Auf Bubers wachsende Entfremdung vom Krieg wird in einer seiner bewegendsten Äußerungen dieser Periode, in einem Brief, den er den Prager Freunden, seinen Anhängern unter den Bar Kochba-Hochschülern, im September 1916 schrieb, eindeutig hingewiesen. Im Rückblick sah Buber die charismatische Figur, die er für sie zu der Zeit gewesen war, mit anderen Augen: „Ich redete, und ihr hörtet zu voller Stolz; ihr redetet, und ich hörte zu voller Demut." Buber erzählte eine Legende aus der Überlieferung mit dem Golem, dem Frankenstein-Monster, das der große Rabbi Löw von Prag angeblich geschaffen haben soll, um die Juden des 17. Jahrhunderts in Prag vor ihren Verfolgern zu schützen. Jeden Freitagabend, bevor der Sabbat begann, zog Rabbi Löw den Namen Gottes unter der Zunge des Golem hervor, und er wurde wieder ein Klumpen Ton. Einmal aber vergaß Rabbi Löw, dies zu tun, und ging in die alte-neue Synagoge, um mit der Gemeinde zu beten. Sie hatten schon mit der Rezitation des Sabbatliedes begonnen, als Rabbi Löw sich erinnerte, daß er den Golem leben lassen müsse. Sofort rief er aus: „Freunde: Es ist noch nicht Sabbat! Es ist noch nicht Sabbat! Es ist noch nicht Sabbat!" Und weil – so geht die Legende – die alte-neue Synagoge aus den Steinen des ursprünglichen Tempels in Palästina gebaut war, wurde sein Wunsch gewährt, und es war noch nicht Sabbat, nicht im Himmel und nicht auf der Erde. „Freunde", fuhr Buber fort, „es ist noch nicht Sabbat! Erst müssen wir dem Golem den Namen unter der Zunge hervorziehen." Die Erlösung des jüdischen Volkes und der Menschheit, auf die Buber und die Bar Kochba-Hochschüler zur Zeit der *Reden über das Judentum* geschaut hatten, wurde vom Golem, vom Frankenstein-Monster des Krieges, den die Nationen geschaffen hatten und nicht kontrollieren konnten, verstellt. Den Namen Gottes unter der Zunge dieses Golem hervorzuziehen bedeutete, ihm ein Ende zu bereiten, indem man der Vorspiegelung göttlicher Billigung und göttlicher Sinngebung, mit der er ausgestattet worden war, ein Ende bereitete.

Im Dezember 1916 schrieb Buber „Ein Heldenbuch", in dem er jene feierte, die die falschen Werte Europas und Amerikas abgelehnt hatten zugunsten des Aufbaus von Werten, die durch Erfolg oder Macht nicht garantiert wurden. Die wahren Helden sind jene, die fielen, als sie freiwillig die kollektiven Siedlungen in Palästina schützten, nicht die Soldaten im Krieg in Europa, die nicht aus eigener freier Wahl kämpften oder fielen. So hatte Buber genau den Standpunkt erreicht, von dem aus Landauer ihn einst kritisiert hatte. Der gleiche Gegensatz zwischen den deutschen und den jüdischen Helden ist in einer Rede über jüdische Erziehung, die er auf der zionistischen Konferenz im Januar 1916 hielt, enthalten.

Buber teilte mit den anderen deutschen Juden die Erwartung, daß der vom Kaiser proklamierte Stillstand des Parteienstreits den Juden zum ersten Mal volle Protektion und wirklich gleiche Rechte geben würde. Aber dies stellte sich als völlig irrig heraus. Die Antisemiten beklagten sich bald, daß, wenn überhaupt, nur wenige Juden an der vordersten Front zu finden wären, und die deutsche Armee führte selbst einen Zensus durch, um diese Behauptung zu „beweisen". Diese Erfahrungen innerhalb Deutschlands, zusammen mit der Desillusionierung über den Krieg selbst, führten zu einer allmählichen Veränderung der Betonung, die, ohne seine tiefen Bindungen zur deutschen Sprache und dem deutschen Volksgeist zu schwächen, Buber dahin führten, immer unzweideutiger darauf zu bestehen, daß die primäre Identifikation der deutschen Juden mit dem jüdischen Volk, in dem ihre Wurzeln sind, sein müsse und nicht mit dem deutschen, obwohl ihre Sprache und Kultur durch das letztere geformt worden waren. Die steigende Welle von deutschem Antisemitismus machte *Der Jude*, gerade durch seinen Charakter als unabhängiges kulturelles Organ von großer Bandbreite und hoher Qualität, zu einer erstklassigen, großen politischen Kraft.

Der häufige Schriftverkehr zwischen Buber, Hermann, Viktor Jacobson, Julius Berger und anderen prominenten Zionisten über die Inhalte der Artikel für *Der Jude* läßt vermuten, daß *Der Jude* inoffiziell als Sprachrohr des Zionismus betrachtet wurde, auch wenn er von jeder politischen Partei unabhängig war. Ohne Zensur durch irgendeine Organisation gab es ein bemerkenswertes Maß übereinstimmender Zusammenarbeit und Kontrolle bei der Herstellung von *Der Jude*. Jacobson hatte gegen ein zentrales Thema in einem von Bubers eigenen Essays Einwände; es handelt sich um einen Aufsatz, der die erste Antwort an Hermann Cohen in der Debatte über Zionismus zwischen ihnen enthält. Hermann Cohen war ein neukantianischer Philosoph aus Marburg und der anerkannte geistige Führer des deutschen Judentums. Cohen identifizierte sich mit den liberalen Juden und den Antizionisten, obwohl er, anders als viele von ihnen, lebhafte Sympathie und Verständnis für die polnischen Juden hegte und zu diesem Thema einen Beitrag zu *Der Jude* schrieb. Wie Ernst Simon in einer geschichtlichen Neubewertung ihrer Debatte aufzeigte, war Buber ein atypischer Zionist und Cohen ein atypischer Antizionist. Gegenüber standen sich ein Mann, der, bei allem Universalismus, dem deutschen Staat den Vorrang gab, und ein Mann, der, bei aller Treue zur Gesellschaft, in der er lebte, darauf hinwies, daß das jüdische Volk für den deutschen Juden eine grundlegendere Wirklichkeit darstellte als der deutsche Staat. Buber schaute zu dem älteren Mann als großem Denker und selbst als großem Juden auf, aber er fühlte sich genötigt, auf Cohens feurige und ungerechtfertigte Attacken gegen den Zionismus als Ganzes zu antworten. In der Tat gab es, wie Ernst Simon gesagt hat, niemand außer Buber, der Cohen für die Zionisten antworten konnte, denn nur Buber hatte in der deutsch-jüdischen Gesellschaft die intellektuelle und geistige Größe, die ihn zu einem würdigen Gegner Cohens machte. Außerdem war Buber zu der Zeit der repräsentativste Sprecher, wenn auch nicht der eigentliche politische Führer der deutschen Zionisten.

Der Anlaß und das implizite Hauptthema des Meinungsaustauschs zwischen Cohen und Buber war der Krieg selbst. Buber wies zu Beginn seines offenen Briefes an Cohen darauf hin, daß Cohen seine Position mit seiner Furcht begründete, die Gefahr, die er im Zionismus sah, würde durch die erhöhte internationale Spannung noch größer und wirklicher werden. Die Stoßrichtung von Bubers weiterer Antwort bestand in der Unterscheidung zwischen Volk und Staat, die Cohen nicht bereit oder nicht fähig zu treffen war, eine Unterscheidung, durch die Buber absicherte, daß weder der deutsche noch der jüdische Nationalismus zu Zielen um ihrer selbst willen wurden. Diese Position enthält im Keim Bubers viel spätere Unterscheidung zwischen „dem sozialen Prinzip" und „dem politischen Prinzip". Aber seine erste Anwendung und sein erster Anlaß hier waren eine radikale und permanente Änderung in seiner Einstellung zum ersten Weltkrieg und zur zionistischen Bewegung.

Buber wies Cohens Definition von Nationalität als rein natürlichem Faktum zurück zugunsten eines Verständnisses von Nationalität als einer Wirklichkeit des Geistes und des Ethos, die nach Verwirklichung in unserem eigenen Leben verlangten. Aber zu gleicher Zeit und aus demselben Grund attackierte Buber Cohens Definition von „Nation" als identisch mit der vom Staat eingerichteten und gegründeten Gesellschaft. Buber gestand, es gebe Ebenen im deutschen Judentum, die er nicht als eine Nationalität betrachten könnte: „Aber ich brauche nur einen Vers von Bialik oder einen Brief aus Erez Israel zu lesen, und ich fühle: hier ist Nation, nein, hier ist mehr als Nation – hier ist ein Volk." „Nation" konnte nach dem Muster des modernen Nationalismus verstanden werden; „Volk" stellte die Verbindung her, nicht nur mit der Geschichte des jüdischen Volkes in der Diaspora, sondern mit genau dem Bund, der sie zuerst zu einem Volk gemacht und sie durch Jahrtausende hindurch als Volk erhalten hatte. Diese einfache Unterscheidung repräsentiert den entscheidenden Übergang von Bubers Zionismus der jüdischen Renaissance, mit ihrem Feiern der Dynamik und der Kreativität des erwachenden Volkes, zum späteren biblischen Zionismus und dessen Verständnis der untrennbaren Verbindung von Land, Volk und der Aufgabe, das Königreich Gottes Wirklichkeit werden zu lassen.

Der Krieg war für Buber ganz eindeutig keine Bewegung der deutschen Gemeinschaft mehr, sondern eine Aktivität des deutschen Staates. Seine bedingungslose Ablehnung von Cohens Religion, die durch eine Ethik kontrolliert wurde, die ihrerseits wiederum vom Staat kontrolliert und vollendet wurde, war ebenfalls ein Ausdruck seiner wachsenden Entfremdung vom Krieg, mit dem er sich vorher, zumindest in seiner Erscheinung als neues Erwachen, hatte identifizieren können. Die gleiche Erfahrung schützte Buber auch vor jeglichem engen jüdischen Nationalismus, in dem der „jüdische Staat“ zu einem Ziel in sich selbst werden sollte.

1918 sagte Landauers Freund, der anerkannte Sprachphilosoph Fritz Mauthner, aufgrund seiner Überzeugung, daß die deutschen Juden der deutschen Bevölkerung assimiliert werden sollten, gleichzeitig sollte den Juden aus Osteuropa die deutsche Grenze verschlossen bleiben. Buber war von dieser Aussage schmerzlich berührt und fühlte, gerade weil er seine eigene Beziehung zu Mauthner schätzte, daß er deshalb dazu nicht schweigen durfte, da „meiner Erfahrung nach die Atmosphäre zwischen wirklichen Menschen nur dahin trübt, wenn es unausgesprochen bleibt.“ Dem fügte er hinzu, daß selbst der deutscheste aller Juden – trotz aller ästhetischen Erwägungen – wissen und erkennen sollte, daß die *Ostjuden* „ein ungeheures Reservoir geistiger, sittlicher und sozialer Energie“ darstellen. In einem Artikel vom Oktober 1917 wählte er jene deutschen Juden für einen besonderen Angriff aus, die die Juden des Ostens ablehnten. Der Osten ist das große Becken, aus dem die westlichen Juden, diese angeblichen deutschen Patrioten eingeschlossen, sich immer erneuert haben, erklärte Buber.

Als Buber erfuhr, daß sein Freund, der jüdische Romanschriftsteller Jakob Wassermann, eine verunglimpfende Bemerkung über die östlichen Juden gemacht hatte, zog Buber ihn bei ihrem nächsten Treffen zur Rechenschaft. Danach sprachen die zwei Männer nie mehr miteinander.

Im Oktober 1917 hatte Bubers kritische Einstellung dem kriegführenden Deutschland gegenüber, der Antithese von allem, wofür er stand, eine derartige Schärfe erreicht, daß er einen bitteren Angriff gegen den wachsenden deutschen Antisemitismus und den deutschen Nationalismus, der ihn hervorgebracht hatte, veröffentlichte. Gleiche Rechte können nicht von der Zugehörigkeit zu der vom Staat dominierenden Nation abhängig gemacht werden, erklärte Buber. Wie Landauer stand auch Buber jetzt in eindeutiger Opposition zum Krieg, aber seine Basis war nicht nur Humanität, sondern auch Judentum. In offener Opposition zu seinem Freund Walther Rathenau und allen anderen Apologeten, die versuchten, das Judentum respektabel zu machen, indem sie es als eine Kleinstreligion darstellten, erklärte Buber, daß das Judentum auf die Erinnerung an ein großes und bedeutungsvolles Schicksal und die Hoffnung auf die Erfüllung seiner Bedeutung in einer messianischen Zukunft gegründet war. Man kann diese Verbindung der Generationen genauso wenig aus dem Judentum herausreißen, ohne seine Struktur zu zerstören, wie die Person Christi aus dem Christentum: „Er, der sich nicht erinnert, daß Gott ihn aus Ägypten führte, er, der den Messias nicht erwartet, ist nicht länger ein wahrer Jude." Nicht „Blut", sondern Geschichte gab Buber jetzt den festen Boden, von dem aus er eine klare und beispiellose Anprangerung der pervertierten Einstellung, die im Kriegsdeutschland gängig geworden war, publizieren konnte. Ein Land, das nur Mißtrauen nährt, würde den Boden für neues Mißtrauen bereiten, schrieb er. Ein Land, das sich weigert, Bürgerrechte und Freiheit zu teilen, bis sie nicht mehr vorenthalten werden können, lebt in Furcht vor ihren Konsequenzen.

Der erste Weltkrieg bedeutete Bubers Durchbruch zum Dialog, und dieser ist nicht als einzelnes Ereignis, „Bekehrung" oder Glaubenserfahrung zu begreifen. Der Durchbruch bestand vielmehr in einem immer wiederholten Wechsel von Dunkelheit und Erleuchtung, einem Den-Weg-nach-vorne-Finden und Mit-dem-Kopf-gegen-eine-Wand-Stoßen, wiederholter Anstrengung, die offene Unmittelbarkeit des Potsdamer Treffens wieder einzufangen, und wiederholter Erkenntnis der Begrenztheit tatsächlicher Gemeinschaft. „Während des ersten Weltkrieges", erklärte Buber 1952,

> „ist mir offenbar geworden, daß sich ein Prozeß vollzieht, den ich bis dahin nur geahnt hatte: die zunehmende Erschwerung des echten Gesprächs zwischen Menschen verschiedener Art und Gesinnung … Dies, so ging mir damals vor 35 Jahren auf, ist die eigentliche Schicksalsfrage der Menschheit."

Es ist kein Zufall, daß Buber aus dieser Erfahrung der wachsenden Schwierigkeit wirklichen Dialogs zur ersten Formulierung seiner klassischen Feststellung der Philosophie des Dialogs kam. 1916 – auf dem Höhepunkt des Krieges – schrieb Buber den ersten Entwurf zu *Ich und Du*. Was er über diesen Entwurf im Nachwort von 1957 sagt, legt keinen katastrophenartigen Durchbruch nahe, der sein ganzes vorheriges Denken und seine vorherige Erfahrung zurückweist. Dennoch ermöglichte Buber erst die Begegnung mit der furchtbaren Wirklichkeit des Krieges, eine klarere Vision zu erlangen:

> „Als ich (vor mehr als 40 Jahren) die erste Skizze dieses Buches entwarf, trieb mich eine innere Notwendigkeit an. Eine Sicht, die mich seit meiner Jugend immer wieder heimgesucht hatte und immer wieder getrübt worden war, hatte nun eine beständige Klarheit erlangt, und diese war so offenbar von überpersönlicher Art, daß ich alsbald wußte, für sie Zeugnis ablegen zu sollen."

Erst 1919, nach dem Krieg, konnte Buber einen neuen Entwurf von *Ich und Du* schreiben, und erst in den Jahren zwischen 1919 und 1923 war es ihm möglich, auch die richtigen Worte zu finden und das Buch zu seiner endgültigen Fassung umzuschreiben. Bevor dies geschehen sollte, mußte Buber einige der aktivsten und schrecklichsten Jahre seines

Lebens durchleben – die Jahre seiner Berufung zum religiösen Sozialismus und wirklicher Gemeinschaft, die Jahre des Nachkriegszerfalls und der Morde an seinen Freunden Landauer und Walther Rathenau. Aber seine „Bekehrung“ war unwiderruflich. Der erste Weltkrieg war der wirkliche Wendepunkt in Bubers Leben, einer der zu immer größerer Nüchternheit und Klarheit beim Weg auf dem „schmalen Grat“ führte.

Ein äußerlich sichtbares Symbol dieser Veränderung, die der erste Weltkrieg in Buber bewirkte, war die innere Notwendigkeit, vom Berliner Vorort Zehlendorf, wo er seit seiner Rückkehr aus Florenz gelebt hatte, wegzuziehen, und zwar ins hessische Heppenheim an der Bergstraße. Bevor wir diese Geschichte erzählen, wird es hilfreich sein, einige Einzelheiten, die Bubers Familienleben in Zehlendorf betreffen und in den früheren Kapiteln noch nicht berührt worden sind, nachzutragen.

Paula und Martin Buber waren sechzig Jahre lang unzertrennlich und lebten in starker gegenseitiger Abhängigkeit. Martin kam aus einer wohlhabenden Familie, die das Ehepaar Buber finanziell unabhängig machte, während Paula Buber vom Zeitpunkt ihrer Heirat an keine Verbindung mehr mit ihrer Familie hatte. Paula Buber dominierte im Haushalt und bestimmte den Ton in der Familie. Wie Martin Bubers Großmutter Adele Buber schützte sie Martin vor den Störungen der kleinen Dinge, die im Haushalt auftraten, hielt alltägliche Ereignisse von ihm fern und stellte sicher, daß die Kinder ihn nicht störten oder zuviel Lärm machten, während er arbeitete. Die Familie nahm unter Martin Bubers Vorsitz zusammen die Mahlzeiten ein. Raffi ging zuerst auch nicht auf die Schule, erst später auf das Gymnasium, seine Schwester Eva jedoch nicht. Als österreichische Bürger, die in Deutschland lebten, mußten die Bubers – im Gegensatz zu deutschen Staatsangehörigen – ihre Kinder nicht in die Schule schicken. Eva ging mit sechs oder sieben für eine kurze Zeit auf die Schule, aber ihre Eltern nahmen sie herunter. Ihre Mutter lehrte sie Lesen und Schreiben, und am Anfang unterrichtete sie sie auch in Mathematik.

Als Eva älter wurde, studierte sie bei ihrem Vater Geschichte und hatte auch einen Privatlehrer, der ihr Französisch beibrachte. Einmal in der Woche ging sie zur fortschrittlichen Odenwaldschule bei Heppenheim, um bei einem Französischlehrer, den sie sehr mochte, Unterricht zu nehmen. Als sie fünfzehn Jahre alt war, kam einer der Onkel ihrer Eltern, ein Professor für Mathematik, von Zeit zu Zeit nach Heppenheim, um sie in Mathematik zu unterrichten.

Raffi war stärker als Eva, aber sie spielten zusammen und schliefen als Kinder im gleichen Zimmer. Sie teilten eine ganze Welt der Imagination, über die sie niemand anderem erzählten. So wurde die Grundlage für gute und nahe Beziehungen geschaffen, die ihr ganzes Leben hindurch bestehen blieben. Ihre Art, sich an das Leben mit zwei so starken und begabten Eltern anzupassen, war jedoch nahezu entgegengesetzt. Raffi zeigte sich immer und immer wieder als der Rebell, der sich von der Familie löste, während Eva das gehorsame Kind war, welches, auch nachdem sie einen älteren Dichter, einen Freund ihres Vaters, geheiratet hatte, ihrer Familie nahe blieb. Eva blieb Martin nahe; Raffi distanzierte sich von ihm, aber nicht wirklich von Paula Buber, zu der er, als er älter wurde, eine auffallende Ähnlichkeit entwickelte.

Eva ermöglichte einen Blick in das Familienleben der Bubers zu jener Zeit. Wie sie sich viele Jahre später erinnerte, lag, als Raffi und sie kleine Kinder waren, der größte Teil der Erziehung in Paula Bubers Händen, während zu Martin Buber wenig Beziehung bestand. Paula Buber versorgte sie, wusch sie, kämmte ihre Haare und unterrichtete sie sogar. Die Familienatmosphäre war patriarchalisch. Die Bediensteten wurden als Teil der Familie behandelt, und manchmal spielten die Kinder mit ihnen. Eva erzählte eine ergreifende Geschichte aus jener Zeit (1911), in der sie ihrer Mutter ein persönliches Geheimnis mitteilte, das die Mutter zu ihrem Entsetzen anderen weitererzählte.

> „Ich wurde so wütend, daß ich sie packte und begann sie anzuschreien. Dann kam Vater aus seinem Studierzimmer und schlug mich sehr hart. Starke Schläge. Ich war damals etwa zehn Jahre alt. Nachdem ich mich beruhigt hatte, dachte ich darüber nach und betrat sein Arbeitszimmer und sagte ihm, daß er einen Fehler gemacht hatte, als er mich schlug, ohne meine Seite zu hören. Er sagte mir, daß es ihm leid täte und daß ich die Schläge gut hätte und er mich das nächste Mal, wo ich im Unrecht war, nicht schlagen würde. Aber ich war ein gutes Mädchen und hatte nie die Gelegenheit, meinen Kredit zu benutzen. Doch es freute mich, ihn sagen zu hören, daß es ihm leid tat."

Im September 1915 teilte Buber Landauer mit, daß er und Paula beschlossen hatten, ein Haus in Heppenheim zu kaufen, in das sie im April einziehen würden. Der erste Enthusiasmus des Krieges, der Buber Berlin, selbst in seiner Häßlichkeit, hatte feiern lassen, wich nun einer wunden Empfindsamkeit, die dieses Zentrum geschäftiger Kriegsaktivität für ihn unerträglich machte. Der stärkste Grund für Bubers Ortswechsel war jedoch „das Bedürfnis nach einem Leben mit der Natur in einer unserem Gefühl adäquaten Landschaft." Fast ein halbes Jahrhundert später, als ihm die Ehrendoktorwürde der Universität Heidelberg zuteil wurde, bezeugte Buber, daß ihm „bald nach dem Beginn des ersten Weltkrieges – den ich schon damals als den Beginn der Menschheitskrise empfand – der Aufenthalt in Berlin allzu beschwerlich wurde." Das Einkommen aus seines Vaters Gut ermöglichte es Buber, unabhängig zu leben, und erst nach weiteren acht Jahren trat er als Lehrer für jüdische Religion und Ethik an der Universität Frankfurt ins akademische Leben ein. Doch selbst jetzt muß das akademische Leben Buber angezogen haben, denn als er sich nach einem ruhigeren Platz umsah, fiel seine Wahl auf die Umgebung Heidelbergs. Buber hatte nicht in Heidelberg studiert und bis 1964, als er den Ehrendoktortitel empfing, keine offizielle Verbindung zu dieser Universität. In der Vorstellungswelt der jungen Leute jener Zeit jedoch war Heidelberg „die exemplarische Stätte großen Lehrens".

Als Martin Buber achtunddreißig und Paula Buber neununddreißig Jahre alt waren, zogen sie also von Berlin nach Heppenheim, einem bezaubernden, blumengeschmückten Dorf an der Bergstraße, einer Weingegend südlich von Darmstadt. Dort lebte Familie Buber zwanzig Jahre in einem dreistöckigen grauen Haus in der Werlestraße 2, an der ruhigen Ecke einer Wohngegend. Während dieser Jahre erschien Buber seinen Nachbarn als ungewöhnlich scheuer Mann, der selten sprach, als jemand, dem selbst die Kinder aus dem Weg gingen, als ob sie sich vor ihm fürchteten. Er trug immer einen langen schwarzen Bart und einen schwarzen Hut, der „wie ein Ententeich" auf seinem Kopf saß. Man konnte Buber Nacht für Nacht durch ein großes Fenster seines Hauses sehen, wie er noch spät auf war, den Kopf von beiden Händen eingerahmt, tief in seine Bücher versunken. Paula Buber beschrieb ihn in dieser Zeit als jemanden, der so von seiner Arbeit eingenommen war, daß Leute fälschlicherweise annahmen, er bemerke nicht, was um ihn herum vor sich gehe. Diejenigen aber, die ihn so gut kannten wie Paula, wußten, daß er sich den Ereignissen des Hauses, der Stadt, des Landes und der Welt immer bewußt und mit ihnen beschäftigt war. Was Fremden als Geistesabwesenheit erschien, war in Wirklichkeit eine außerordentliche Fähigkeit zu intensivster Konzentration.

Im August 1917 schrieb Buber an Ludwig Strauß, dankte ihm für den Zyklus von Gedichten: „Besuch in H. [= Heppenheim]", einer wunderbaren dichterischen Beschwörung des Gartens hinter Bubers neuem Haus in Heppenheim und des Flusses, der an ihn grenzte, den Strauß geschickt und ihm und Paula gewidmet hatte. „Es war und ist uns beiden ein große Freude. Es ist zugleich herzbewegend und herzberuhigend, unsere gemeinsamen Augenblicke so mit der zeitlosen Erinnerung des Gedichts verbunden zu sehen. Und als wir, nachdem wir es gelesen hatten, durch den Garten gingen, schien auch er seine dankbare Zustimmung zu äußern." Im Dezember 1917 zeigte Strauß, obwohl er der jüngere Mann war, seine persönliche und literarische Unabhängigkeit von Buber, indem er einen kritischen Brief an Buber schrieb über die Weise, wie dieser die verschiedenartigen und aus verschiedenen Zeiten stammenden Elemente in seinem Buch *Ereignisse und Begegnungen* zusammengefügt hatte. Buber, in keiner Weise verstimmt, dankte ihm, obwohl er zum größten Teil nicht mit ihm übereinstimmen konnte.

Seit ihrem fünfzehnten Lebensjahr, 1916, führte Eva mit ihrem Vater Gespräche über geistige Themen. Martin klärte und definierte Konzepte auf eine Art, die für sie eine regelmäßige Übung in Philosophie war. Als sie sechzehn war, las Martin ihr den ersten Entwurf von *Ich und Du* vor, ein Ereignis, welches, wie sie sechzig Jahre später sagte, ihr ganzes Leben, ihre Beziehung zur Religion eingeschlossen, beeinflußt hat: „Ich habe immer versucht, im Licht der Botschaft des Buches zu leben." Sie hatte Privatlehrer für Englisch und Französisch, las Shakespeare auf Englisch, verstand Italienisch und lernte Geographie, Physik und Chemie von ihren Eltern. Unter ihren Freunden in Berlin war auch Gustav Landauers Tochter Lotte, mit der sie besonders eng befreundet war. Als die Familie von Berlin nach Heppenheim zog, trat sie der jüdischen Jugendbewegung *Blau-Weiß* bei, die in der Nähe von Heppenheim einen Versammlungsort hatte. Sie diskutierten Themen, die vom Berater aufgebracht wurden, gingen wandern und besuchten Orte wie Mannheim. Manchmal besuchten alle Mitglieder ihrer *Blau-Weiß*-Gruppe sie und übernachteten in ihrem Haus. Die Mitglieder der Bewegung hatten gute Beziehungen zu ihrem Vater und ihrer Mutter. Martin war in der Tat einer der anerkannten geistigen Führer der Bewegung. Als Rafael und Eva einmal zu einer Unterstützungsfeier für den Krieg gingen, sagten Martin und Paula Buber ihnen, daß sie über ihr Zusammensein mit diesen deutschen Chauvinisten nicht glücklich seien. Dies war natürlich zu der Zeit, nachdem Martin sich von einem Patrioten zu einem Kritiker des Krieges gewandelt hatte.

Raffi litt darunter, Sohn eines Vaters zu sein, der schon mit dreißig Jahren ein berühmter jüdischer Führer und bekannter Philosoph war. Als Raffi Teenager war, umgab den Namen Martin Buber Ruhm. Diese Tatsache machte das Leben für Raffi sehr schwer. In einem Sommerlager fragten ihn einmal so viele Leute, ob er Martin Bubers Sohn sei, daß er das Wort „Ja" auf ein großes Schild schrieb und damit herummarschierte! Wie Eva litt auch er darunter, daß seine Eltern ihn nicht zur Schule schickten, sondern privat unterrichten ließen, für Martin und Paula eine Annehmlichkeit, aber für ihre Kinder ein Verlust.

Anders als Eva wurde Raffi im Alter von zwölf Jahren auf das Gymnasium geschickt. Martin verlangte, daß er gute Noten nach Hause bringe, aber die Privatlehrer hatten ihn nicht angemessen auf die Schule vorbereitet. Raffi war ein abenteuerlustiger Junge, der manchmal plötzlich von zu Hause verschwand. Einmal lief er von zu Hause weg und schloß sich einem Zirkus an. Paula schrieb sogar eine Geschichte über einen Jungen namens Raffi, der alle möglichen Dinge tat, die freundlich gemeint waren, aber seinen Eltern Sorgen machten. Mit vierzehn

Jahren hatte er eine ständige Freundin, womit seine Eltern nicht glücklich gewesen sein können. Während des Krieges stürzte in der Nähe von Heppenheim ein Flugzeug ab. Raffi ging hin, um es zu bewachen, und bekam eine Lungenentzündung.

Raffi war klug und vielversprechend, aber im späteren Leben war Paula von seiner Entwicklung enttäuscht. Kurz gesagt, beide Eltern stellten sowohl durch ihren eigenen Erfolg als auch durch das, was sie sagten, Ansprüche, die zu erfüllen er unmöglich fand. Später wurde Raffi zum Antiintellektuellen und wollte zeigen, wie gut er mit weltlichen Angelegenheiten umgehen konnte. Martin und Paula Buber wollten nicht, daß er ins Geschäftsleben ginge, und schickten ihn auf eine technische Schule in Wien, um Maschinenbau, besonders für landwirtschaftliche Maschinen, zu studieren. Als Raffi siebzehn Jahre alt war, verließ er die Schule und trat in die österreichische Armee ein. Alle jungen Lehrer seiner Hochschule waren zur Armee gegangen, so daß nur die Alten und Kranken blieben. Wie Haim Gordon in seinen Interviews über die Familie berichtet, verfluchte ein alter Lehrer die Studenten ständig, indem er erklärte: „Unsere Jungen sind an der Front, und ihr sitzt hier und verbringt eure Zeit mit dummen Unternehmungen. Geht und tretet in die Armee ein.“ Der Predigten überdrüssig, tat Raffi genau das. Zuerst waren Martin und Paula fassungslos, aber sie bestellten ihm eine Uniform und waren am Ende stolz auf ihn. Wenn Paula jedoch ärgerlich wurde, sprach sie von der Spannung zwischen Raffi und ihr.

Beide Eltern waren ihren Kindern gegenüber sehr dominant, aber viele Jahre später sagte Paula zu ihren Enkelinnen: „Jetzt verstehe ich viele Dinge, die ich nicht verstand, als euer Vater jung war – zum Beispiel, daß es für einen Jungen natürlich ist, draufgängerisch zu sein.“ Martin stellte Forderungen an Raffi, schob ihn ab, wenn er sich nicht fügte, schlug ihn manchmal auch ins Gesicht.

Als Buber an Rappeport im Januar 1918 von der Musterung seines siebzehnjährigen Sohnes schrieb, bemerkte er, daß sie sich für einige Jahre nicht im Zeitalter des Krieges, sondern in einer anderen, namenlosen Zeit befunden hatten. Er bat Rappeport, ein Auge auf Raffi zu haben, und deutete an, daß er einen wichtigen Einfluß auf sein Leben ausüben könnte, den Buber als sein Vater nicht ausüben konnte. „Ich habe eine tiefe Sorge um den noch ganz unfertigen, noch ganz unkristallisierten Jungen, den ich in die Welt des Wirrsals ziehen lassen muß.“ Im März 1918 schrieb Buber an Ludwig Strauß, daß er sich ihm nahe genug fühle, um ihm anzuvertrauen, er und Paula hätten sich Raffis Einzug viel mehr zu Herzen genommen, als er vorausgesehen hatte. Buber bat Strauß zu schreiben und seinen Besuch zu verschieben, ohne zu erwähnen, daß Buber ihm geschrieben hatte.

Einige lange Briefe, die Martin und Paula Buber im April 1918 an ihren jungen Freund Rappeport schrieben, enthüllten ihre große Sorge um Raffi und seine Situation, die ihnen unsicher erschien. Sie warben um seine Hilfe. Paula schrieb Rappeport auch über ihren Garten einschließlich des Gemüses, das Martin bestellte. In einem langen, liebevollen, leidenschaftlichen Brief, den Martin Buber im Oktober 1918 an Paula Buber schrieb, sagte er ihr unter anderem, sie solle sich um Raffi oder ihr Haus oder darüber, was die Leute sagten, keine Sorgen machen: „Deine Wahrheit wird siegreich sein." Der Brief ist ein machtvolles Zeugnis der einmaligen und dauerhaften Qualität der Liebe zwischen Martin und Paula Buber.

6. Kapitel

Gemeinschaftssozialismus und Revolution: Der Mord an Landauer

(1906–1919)

Fraglos den wichtigsten individuellen Einfluß auf Bubers Lehre von der Gemeinschaft übte der Sozialismus seines Freundes Gustav Landauer aus. Das in *Pfade in Utopia* (1949) Landauer gewidmete Kapitel stimmt deutlich mit Bubers eigenen Ansichten überein und ist in der Tat ein Denkmal für seinen Freund, dessen Schreiben und Leben auf tragische Weise ein abruptes Ende gesetzt wurde. Landauers offenes Auftreten gegen den Krieg war nicht nur in einem Pazifismus begründet, sondern entstammt auch einem inneren Gegensatz zum Staat, der ihn gleichermaßen zum Anarchisten wie zum Sozialisten machte: zu einem Sozialisten der Gemeinschaft oder der Gemeinschaft von Gemeinschaften, im Gegensatz zu einem Staatssozialisten. „In unseren Seelen nehmen wir keinen Anteil an der Zwangseinheit des Staates“, verkündete Landauer, „da wir ein echtes menschliches Band zu schaffen wünschen, eine Gesellschaft, die vom Geist ausgeht und deshalb von der Freiheit.“

In seiner Grabrede auf Landauers Tochter Charlotte faßte Buber 1927 Landauers Sozialismus in einem Satz zusammen:

> „Gustav Landauer hatte erkannt, daß die neue Menschheitsgemeinschaft, auf die wir hoffen, nicht aus Individuen erwachsen kann, daß sie nicht aus dem Chaos, in dem wir leben, aus dieser Atomisierung der Einzelnen, nicht so entstehen kann, daß die Einzelnen zu Einzelnen kommen und sich mit ihnen zusammenschließen, sondern daß Zellen da sein müssen, kleine Gemeinschaftszellen, aus denen sich die große menschliche Gemeinschaft allein aufbauen kann.“

An anderer Stelle charakterisierte Buber den Aufbau des Sozialismus, wie Landauer ihn in seinen reiferen Jahren verstanden hatte, nicht als politische Aktion, sondern als unmittelbares Beginnen, als eine elementare Verpflichtung auf Leben und Verwirklichung. „Keiner hat in dieser Epoche so glühend und machtvoll den Sozialismus gepredigt, und keiner hat so große Waffen gegen die fast allgemein mit dem Sozialismus identifizierte Parteiprogrammatik und Parteitaktik geführt."

Eugene Lunn zufolge war „Landauer ein sanfter, gedankenvoller, humaner Mann, der weder zu gewalttätigem Verhalten noch zu doktrinärem Fanatismus neigte, ein Mann mit einer Stimme, die so friedlich und sanft war, daß sie sofort Vertrauen und Zuneigung gewann, und mit Worten, von denen jedes einzelne aus der Seele sprach und den Stempel absoluter Integrität trug." Der intensive sittliche heilige Eifer, den Landauer während des ersten Weltkrieges und der Revolution von 1918/19 erlebte, brachte ihn dazu, sich selbst und anderen höchste Ansprüche aufzuerlegen und gleichzeitig Ungeduld, Rastlosigkeit und Irritierbarkeit zu zeigen.

Diese Leidenschaftlichkeit ließ viele ihn auch mit den Propheten der hebräischen Bibel oder mit Jesus vergleichen, Eindrücke, die durch seine äußere Erscheinung verstärkt wurden.

> „Er war dünn, schmalbrüstig und über einen Meter achtzig groß; sein tiefschwarzes Haar hing ihm bis auf die Schultern, während sein voller dunkler Bart sein langes, blasses, sogar hageres Gesicht einrahmte. Er ging mit riesigen Schritten die Straße entlang und trug oft einen langen Umhang und einen altmodischen Hut."

Durch die Intensität und Nähe ihrer Freundschaft beeinflußte Landauer Buber nicht nur in seinen Ideen und Lehren, der Einfluß erstreckte sich auch auf seine Persönlichkeit. Beides konnte nicht voneinander getrennt werden. Der Einblick, den wir in diese Persönlichkeit in ihrem Verhältnis zu Buber gewinnen konnten, wird durch die Aussage Julian Babs, eines anderen engen Freundes von Landauer, ergänzt:

> „Inmitten dieses rastlosen Wechsels zum einen Ziel, inmitten dieses immer neuen Heranziehens von Werken, Menschen und Lebenskreisen, war Landauer doch einsam, hatte sehr wenige Freunde im vollkommenen Sinne dieses schweren Wortes und auch nicht viele ausdauernde Gefährten ... Der Dämon in Landauer, der alle Kraft seines Innern dem einen leidenschaftlichen Ziel opferte, opferte auch Freundschaften, Kameradschaften in großer Zahl auf. Bei der tiefen Rastlosigkeit seines Strebens konnte er keine Geduld mit Menschen haben; er war nicht geduldig, er war nicht duldsam – als ganz unvermeidliche Kehrseite seines wahrhaft hohen Mutes mußte zuweilen ein abschreckend starrer Hochmut sichtbar werden ... Landauer hat selbst bekannt, ein ‚Menschenfresser', ein rastloser Verbraucher von Menschen zu sein ... So war dieser Prophet der innigen Gemeinde im persönlichen Leben fast ein einsamer Mensch und er war, blieb und mußte bleiben ein *armer* Mensch."

Seit den frühesten Anfängen der anarchistischen Bewegung wurde Landauer von der preußischen Staatsmacht beschattet. Jahrelang folgten ihm ständig Polizeispitzel. Er war einer der meistüberwachten Menschen in Deutschland. Wegen seiner offenen Forderung nach Freiheit verbrachte er elf Monate seiner Jugend im Gefängnis; später noch einmal sechs Monate, weil er einen unschuldigen Mann, der als Mörder in Haft gehalten wurde, auf die Weise retten wollte, daß er schwerwiegende, auch gut begründete, aber nicht vollständig beweisbare Beschuldigungen gegen die Staatsanwaltschaft vorbrachte.

Selbst im Umkreis der anarchistischen und revolutionären Bewegungen blieben Landauers außerordentlich kreative Schriften fast unbemerkt. Sein ganzes Leben hindurch blieb er ohne finanzielle Mittel, ohne Absicherungen und ohne regelmäßige Arbeit, nicht nur hinsichtlich seiner praktischen Bedürfnisse, sondern vor allem auch in bezug auf die Möglichkeiten, seine Anliegen im ganzen Ausmaß, in dem er sie gern ausgeführt hätte, zum Ausdruck zu bringen und voranzutreiben. Seinem Freund, dem bekannten Sprachgelehrten Fritz Mauthner zufolge, kam es zu einem ‚Fall Gustav Landauer' dadurch, daß er eigentlich kein Politiker war und dennoch von starker Sympathie zum Volk dazu getrieben wurde, sich politisch zu äußern. Zu stolz, sich einer Partei anzuschließen, nicht engstirnig genug, um eine eigene Partei zu gründen, war er auf sich selbst zurückgeworfen, ein Führer ohne Armee. Bei einem internationalen Parteitreffen in der Schweiz vor der Jahrhundertwende wurde Landauer von August Bebel, dem Führer der deutschen Sozialdemokraten, öffentlich als ein *agent provocateur* der deutschen Regierung beschimpft und in Folge von einigen Genossen geschlagen. Statt ärgerlich zu werden, sagte er zu Mauthner: „Und dieser Bebel ist einer der Besten, ein vorbildlicher Mensch: so dumm nur, weil er ein Politiker ist."

Nach Ansicht Mauthners besaß Landauer „eine außerordentliche Seelenmacht über die Leute, zu denen er sprach, er hätte ein Demagoge ersten Ranges werden können wie Ferdinand Lassalle." Vielleicht blieb für Buber Landauers Bild, anders als das des Helden seiner frühen Jugend, Lassalle, deshalb intakt, weil Landauer der Verlockung zum Demagogentum nicht erlag.

1906 verfaßte Buber einen langen Brief an Landauer, in dem er ihn drängte, für die vierzig sozialpsychologischen Monographien, die Buber von 1905 bis 1919 unter dem Titel *Die Gesellschaft* herausgeben sollte, über „Revolution" zu schreiben. Buber dachte ganz richtig, daß Landauer wie kein anderer zu formulieren befähigt sei, was Revolution als psychologischer und geistiger Prozeß bedeutet. Landauer schrieb diese Monographie, eine bedeutungsvolle, jedoch, wie sich herausstellte, düstere Vorahnung der Revolution, in der er sein eigenes Leben verlor.

Buber war der Meinung, daß Landauers eigene Monatsschrift *Der Sozialist* die beste Zeitschrift ihrer Art in Deutschland war. Andere, so stellte Eugene Lunn fest, hielten sie für die beste anarchistische Zeitung der Welt jener Zeit:

> „Die Zeitung war ein ideales Medium für Landauers vielfältige Interessen an Weltliteratur, Philosophie und gegenwärtigen gesellschaftlichen und politischen Problemen. Ihre große Spannbreite und ihr theoretischer Schwerpunkt stellten jedoch ein Handikap für die Entwicklung der Bewegung, deren Organ sie war, dar. Der Sozialistische Bund zog weitgehend eher Mittelklasseintellektuelle als Personen aus allen Gesellschaftsbereichen an, wie Landauer eigentlich gehofft hatte."

Landauer nahm auch die Frauenbewegung ein halbes Jahrhundert vorweg. Zusammen mit Buber weigerte er sich, an der Gründung einer Fachschule sich zu beteiligen, wenn nicht Frauen Aufnahme fänden. Buber widersetzte sich dieser radikalen Haltung nicht. Ironischerweise kollidierten Landauers Gedanken zur Frauenbewegung jedoch mit Bubers Beziehung hierzu. Landauer hatte Buber gedrängt, Paula zu eigenem Schreiben zu ermutigen. Kurz nach dieser letzten Unterhaltung publizierte Paula tatsächlich ihr erstes Buch mit Erzählungen, *Die unechten Kinder Adams,* unter dem männlichen Pseudonym Georg Munk. Buber vertraute Landauer an, wer wirklich die Autorin dieser Geschichten war, aber Landauer beging den Fehler, dies während einer Einladung bei den Bubers zu erwähnen – eine Indiskretion, die Paula Buber Landauer nie vergab. Seine Freude an Paulas Kreativität und sein Wunsch, sie auszudrücken, stimmten zweifellos mit seinen Ansichten über weibliches Denken überein, nicht jedoch mit denen Paulas selbst. Buber schrieb ihm, daß „meine Frau den ungewöhnlichen, intensiven und stetigen Wunsch hat, ihre Beziehungen zu Menschen und zur menschlichen Gesellschaft überhaupt nicht durch literarische Bezüge beeinflußt zu sehen."

Landauer versuchte diesen Bruch durch einen Brief an Buber zu heilen. „Ich glaube die Diskretion im Blut zu haben", schrieb Landauer, „habe aber noch etwas anderes im Blut: nennen wir es Herzlichkeit, Ringen nach der Ganzheit in der Freundschaft." Er wies darauf hin, daß Buber ihm Georg Munks Identität freiwillig, ja mit dem Einverständnis seiner Frau enthüllt habe. „Die Frage ist", fuhr er fort, indem er Bubers eigenes Konzept der Umfassung gebrauchte, „ob ich auch Ihrer Frau gegenüber diskret zu sein habe, oder ob sie mir die Erlaubnis gibt, diesen Teil ihres Wesens zu umfassen, wenn ich mit ihr spreche." Landauer wollte mit Paula Buber nicht eigens über ihre Autorschaft sprechen, er wollte nur mit ihr das Gefühl haben, im Gespräch von einer vollständigen Person zu einer anderen vollständigen Person sprechen zu können. „Liebe, verehrte Frau Buber“, schloß Landauer in einer ergreifenden Bitte, „nehmen Sie diese Worte, die sich geradezu und erneut um Ihre Freundschaft bewerben, freundlich auf. Die Welt ist sehr einsam und die Rinden zu sprengen ein Beruf, der mir nun einmal gegeben ist und dem ich nicht untreu werden will.“ Buber antwortete, daß Landauer im Umgang mit Paula Buber natürlich nicht ‚diskret‘ zu sein brauche. Er legte ihm hingegen nahe, daß er sich irre, wenn er sich vorstellte, daß Wesensechtheit bei Frauen sehr viel grundlegender als bei Männern in ihrer Lebensführung begründet sei, nicht aber in dem, *was* sie täten. Bubers Meinung nach traf diese Feststellung auf Männer wie auf Frauen gleichermaßen zu.

Im handschriftlichen Entwurf eines Briefes an Landauer, der sich in seinen Notizbüchern zu *Daniel* findet, schrieb Buber: „Sie sind der einzige unter meinen Freunden, für den *Daniel* von Anfang an da war. So ist es mehr als der Ausdruck eines Gefühls, wenn ich diese erste Urkunde seines Lebens Ihnen zueigne.“ Im Juli 1912 sandte Buber den ersten Dialog des *Daniel*, „Von der Richtung“, an Landauer. Landauer antwortete begeistert und war höchsten Lobes voll.

Landauers Reaktion auf den zweiten Dialog, „Von der Wirklichkeit“, fiel kritischer aus. „Sie müßten also noch für einige Konkretheit, Anschaulichkeit, Lebendigkeit sorgen.“ Landauers Lektüre des vierten Dialogs, „Von der Polarität“, rief eine noch bezeichnendere Kritik hervor:

> „Hier nun, in diesem Gespräch, ist das Eigentümliche, daß Daniel gar nichts anderes tut, als den Weg zu erzählen, den er gegangen ist (in einem wunderschönen, sich steigernden Aufbau tut er das), aber doch ist in der Schilderung des Wegs, für mein Verstehen, zu wenig Chaos, zu wenig Leidenschaftlichkeit des Ringens, des Fragens, des Gestaltens, zu viel Terminologie, Fertigkeit und Abgeschlossenheit ... Sie sollten sich nicht begnügen, kunstvoll, aber gelassen die Resultate in ihrem Inneren zu beschauen und aus Ihrer Seele abzuschreiben, Sie müßten uns stärker, lebendiger zwingen.“

Zweifelsohne muß die Kritik dieses älteren Mannes, zu dem Buber aufsah und der seine Meinungen in Offenheit und Liebe äußerte, einen großen, heilsamen Einfluß auf Buber gehabt und ihn bewogen haben, von der Abstraktion, von vagen Gefühlen und dem „leichten Wort“ abzugehen zugunsten immer größerer Anschaulichkeit und Genauigkeit. Wie sehr Buber *Daniel* auch als „endgültige Lehre“ ansah, Landauer folgte ihm darin nicht. „Wenn im letzten und bedeutsamsten Dialog in *Daniel* über Verzweiflung gesprochen wird, sehnen wir uns nach mehr Beunruhigung, mehr vulkanischem und selbst gewöhnlichem Ausdruck. Martin Buber ist ein kompromißloser und nicht leicht befriedigter Mann“, schloß Landauer. „Wir sollten ihm keinen Beifall spenden, über den er beschämt sein würde.“

„Es hat in Deutschland zur Zeit seiner größten Gottferne", schrieb Buber nach Landauers Tod, „einen Mann gegeben, der wie kein anderer Mensch dieses Landes und dieser Stunde zur Umkehr aufrief. Um einer kommenden Menschheit willen, die seine Seele schaute und begehrte, stritt er gegen die Unmenschlichkeit, in der er leben mußte." Landauer wies den zentralistischen und mechanistischen Pseudosozialismus zurück, denn er glaubte an einen föderalen, organischen Gemeinschaftssozialismus. Daher mußte er in einer Gesellschaft, in der alles öffentliche Leben zur Politik verengt und die Kreativität zur Parteilichkeit gefroren war, ohne Verbündete bleiben und konnte seine Wahrheit nur mit großen Schwierigkeiten verbreiten. So machtvoll und leidenschaftlich seine Ansprachen auch waren, sie bewegten doch immer nur einzelne: eben die wenigen, die innerlich offen und bereitwillig waren. Denn Landauer verlangte etwas Unerhörtes: Man dürfe sich nicht damit zufriedengeben, eine Idee anzuerkennen und für sie einzutreten, sondern man müsse sie ernst nehmen und ihr entsprechend handeln. Sozialismus sei keine Angelegenheit des Dann und Wann, sondern des Hier und Jetzt. Proletariat und Intellektuelle waren einer solchen Forderung gegenüber gleichermaßen unzugänglich: das Proletariat, weil es mit der Doktrin aufgewachsen war, der Sozialismus sei das unweigerliche Endprodukt einer unveränderbaren, wissenschaftlich nachweisbaren Entwicklung, diese Lehre hatte jedoch in ihm den Wagemut erstickt, der doch gerade die Quelle allen wirklichen Beginnens sei; die Intellektuellen, weil sie entweder sozialen Ereignissen völlig entfremdet waren oder glaubten, diese mit politischen Schlagworten meistern zu können.

Das Motiv der Gemeinschaft hielt seit der Zeit des ersten Weltkriegs in Bubers Zionismus dauerhaften Einzug. In ihrem Namen schob er sogar die kulturelle Arbeit beiseite, die doch bislang den zentralen Ort seiner Lehre von der jüdischen Renaissance und seiner neuerlichen zionistischen Aktivitäten eingenommen hatte. Nicht „Kultur" wollen wir, sondern Leben, erklärte Buber den Delegierten auf einem Treffen deutscher und holländischer Zionisten im Februar 1917. Ein *jüdisches* Leben kann nur Leben einer *Gemeinschaft* sein. Jene, die versuchen, in Palästina ein Heimatland zu sichern, werden es nicht gewinnen, wenn sie nicht in allen ihren Handlungen der Verantwortlichkeit Rechnung tragen, ein reines und gerechtes menschliches Leben in Gemeinschaft zu *stiften*. Soziale Erziehung ohne nationale Erziehung würde bedeuten, in einem Traum befangen zu sein. Nationale Erziehung ohne soziale Erziehung aber würde bedeuten, im Wahnsinn zu erwachen.

Im Februar 1918 erklärte Buber als Antwort auf einen langen antizionistischen Brief von Stefan Zweig, daß er nicht von einem „jüdischen Staat mit Kanonen, Flaggen und Orden" wissen wolle, nicht einmal im Traum denke er daran. Er wollte eine Gemeinschaft aufbauen. Ein jüdisches Palästina betrachtete er nur als den Anfang einer Bewegung, in der der Geist verwirklicht würde. Trotzki, zu jener Zeit einer der Führer der russischen Revolution, wurde Verwirklichung abgesprochen, denn das Ideal lebe nur in der Doktrin, nicht in der Methode. Buber lud eine Reihe von Personen zu einer Essaysammlung ein, Beiträge gegen das Eindringen von Imperialismus und Merkantilismus in Palästina zu verfassen. Sie sollten ihrem Charakter nach nicht polemisch sein, aber auf die drohende Gefahr hinweisen und ein Bild von Gemeinschaft entwerfen. Gustav Landauers sofortige Absage beweist nicht nur seinen Nicht-Zionismus, sondern zeigt auch seine Reaktion auf die Ereignisse der Zeit, einschließlich der russischen Revolution. „Das wirkliche Ereignis, das für uns Juden bedeutsam und vielleicht entscheidend ist, ist nur die Befreiung Rußlands." Landauers Antwort läßt seine tragische eigene Beteiligung an der Münchner Räterepublik vorausahnen.

Eine der wirksamsten Arten, in der in diesen Jahren Buber selbst jüdische Politik betrieb, lag in seinem Verhältnis zur jüdischen Jugend, besonders zur jüdischen Jugendbewegung. Während des Krieges und während der zwanziger Jahre hatte Buber erheblichen Einfluß auf die deutsche Jugendbewegung im allgemeinen, anfänglich durch seine Sammlung von Parabeln des Chuang Dse und der Lehre des Tao, später durch seine Betonung von Gemeinschaft. Er besaß aber auch einen besonderen und sehr tief reichenden Einfluß auf die jüdischen Jugendbewegungen in Deutschland und Österreich, etwa auf die bekannte *Blau-Weiß*-Gruppe, die sich gegründet hatte, als während und nach dem ersten Weltkrieg Arierparagraphen Juden vom „Wandervogel" und anderen deutschen Jugendgruppen ausschlossen.

Im März 1917 schrieb Buber an Franz Werfel, daß seiner Ansicht nach die Jugend tatsächlich der wirkliche Träger *jeder* großen Bewegung sei, nicht aber das *Objekt* einer wirklichen Bewegung sein könne; denn die Jugend sei die unsterbliche Bildnerin eines Programms von Menschlichkeit, dürfe jedoch nicht selbst dieses Programm werden. Diese Kritik an der Jugendbewegung bedeutete von Bubers Seite in keiner Weise, daß er sich von ihr zurückziehen wollte. Siegfried Bernfeld, ein Psychoanalytiker aus Freuds zweitem Kreis, Führer der jüdischen Jugendbewegung in Österreich und später Bubers Sekretär, schrieb Buber im September 1917 und teilte ihm mit, für wie bedeutsam er seine Beteiligung an einem Tag der Jugend der jüdischen Jugendgruppen von Wien halte: „Für unser Gefühl ist die Tagung sinnlos, wenn nicht gerade Sie ihr Zentrum bilden."

Im Mai 1918 veröffentlichte Buber die klassische Ansprache „Zion und die Jugend" in *Der Jude.* Sie sollte in den folgenden Jahren eine weitreichende Wirkung auf die Entwicklung der jüdischen Jugendbewegung haben. „Die Jugend", sagte Buber, „ist die ewige Glückschance der Menschheit, die ihr stets von neuem dargebotene und von ihr stets von neuem vertane Glückschance." Jetzt bemerkte Buber zum ersten Mal, daß der Ruf an die Jugend aus drei untrennbaren Elementen besteht: dem nationalen, dem sozialen und dem religiösen. Diese habe eine ganz bestimmte Aufgabe im Kampf für Freiheit, Revolution und Nachfolge.

Eine wahre jüdische Gemeinschaft muß so sein, daß in ihr die mosaischen Gesetze des Besitzausgleichs und der Ruf der Propheten nach sozialer Gerechtigkeit auf eine Weise Wirklichkeit werden, die die wirtschaftlichen Verhältnisse unserer Zeit einschließt und zugleich meistert. Zion aufzubauen bedeutet, eine lebendige Unmittelbarkeit unter den Menschen zu stiften. Bubers Hoffnung ruhte nun auf den neuen Landleuten in Israel, den Pionieren (*Chaluzim*).

Die Unterscheidung, die Buber zwischen dem oberflächlichen Erfolg Herzls und dem „dunklen Charisma" im Untergrund traf, das seinen unterlegenen Gegnern innerhalb des Zionismus eignete, wandte er jetzt an auf den Kontrast zwischen „dieser Welt des Erfolgswahns, die sich heute anmaßt, die wirkliche Menschenwelt zu sein und doch nur ein machtgeschwollener Popanz ist" und der gänzlich anderen Weltgeschichte von Amos, Jeremias, Jesus und Spinoza, also jenen Weltbewegern, die ohne „Erfolg" starben. Er rief die jüdische Jugend auf, die ersteren zugunsten der letzteren zurückzuweisen und damit die Welt der Lügen und des gottverlassenen Dualismus zurückzuweisen, in welchen die Menschen an die Stelle persönlicher Verpflichtung die Rhetorik von Idealen setzen.

Als er Bubers Buch *Der heilige Weg* (1917) erhielt, schrieb ihm Landauer, daß dieser Fortschritt vom Bericht zum Bekenntnis, zur Lehre, seinem Herzen sehr wohl getan habe. Verblüffenderweise wies Buber genau in *Der heilige Weg*, welches er bei seiner Veröffentlichung 1919 dem Andenken Landauer widmete, besonders auf den Chassidismus hin: Er sei „als der verwegene Weg entstanden, mitten in ihrem Wirrsal, unter das Joch der Fremde gebeugt und vom Anhauch der Entartungen verseht, die wahre Gemeinschaft zu errichten ... eine brüderliche Einung ... zu schaffen."

Der religiöse Sozialismus, den Buber 1918 und 1919 entwickelte, war ein sozialer und dezentraler Sozialismus, der den größtmöglichen Kontrast zum politischen und hochzentralisierten Sozialismus bildete, wie er sich in Rußland nach der Machtübernahme der Bolschewisten entwickelte. Schon 1919 sah Buber die wahre Natur des sozialistischen Machtstaates, der – im Namen erzwungener Gerechtigkeit und Gleichheit – spontane Gemeinschaft und echte Beziehungen von Mensch zu Mensch unmöglich macht. Getreu dem „schmalen Grat" lehnte er den Ruf der modernen Welt nach Entweder-Oder ab, die Forderung, daß man entweder einen zentralisierten sozialistischen Staat aufgrund der Fehler des Kapitalismus oder eine kapitalistische Gesellschaft aufgrund der Fehler des Sozialismus zu akzeptieren habe. Wenn Buber auch den ökonomischen Determinismus von Marx und den zentralistischen sowjetischen Staat ablehnte, so erkannte er dennoch die Rolle, die das im Herzen des Kapitalismus verankerte Profitstreben bei der Verursachung und Ausdehnung des Krieges spielte.

In einer Reihe unter dem Titel „Worte an die Zeit", die 1919 für den Dreiländerverlag in München, Wien und Zürich geplant war, veröffentlichte Buber zwei Flugschriften: „Grundsätze" und „Gemeinschaft". In „Gemeinschaft", dem zweiten Wort Bubers an die Zeit, drückte er seine Kritik am Marxismus als der Vollendung genau des vom Kapitalismus begonnenen Entwicklungsprozesses von der Gemeinschaft zum Gesellschaftsverband am deutlichsten aus. Das allgemeine Paradox, in dem wir bisher gelebt haben, gleicht dem eines vom Fieber geschüttelten Tyrannen, dessen Zuckungen das Leid und den Ruin von Millionen bedeuten, in dessen Reich jedoch das heilige Kind der Gemeinschaft verborgen in den Wappen der Vereinigungen und Genossenschaften liege. Der Staat sozialistischer Ordnung, sollte er je unbestrittene Souveränität erreichen, wird ein stumpf blickender gleichgültiger Herrscher sein, der alle Ausbeutung des Menschen durch den Menschen verhindert, in dessen Reich jedoch für Gemeinschaft kein Platz sein wird. Von allen früheren Werken Bubers deutet „Gemeinschaft" am klarsten auf *Ich und Du* voraus, sowohl in der Sprache als auch im Gedankengang. In der Tat beendete Buber während des Jahres 1919 seinen ersten Entwurf von *Ich und Du*. Wir können jedoch den Weg zu *Ich und Du* ohne den Mord an Gustav Landauer nicht angemessen verstehen.

Landauers zweite Frau war die bekannte deutsche Dichterin Hedwig Lachmann, die das Libretto für die Richard Strauss-Oper *Salomé* schrieb. Als sie im Februar 1918 im Alter von fünfunddreißig Jahren einer unheilbaren Krankheit erlag, war das für Landauer ein furchtbarer Schlag. „Man konnte seitdem etwas Unstetes in ihm bemerken", bezeugte ein Freund,

> „eine Unruhe, die ihn forttrieb, sein Leben zu verschwenden. Ich glaube, daß seitdem eine Ungeduld über ihn kam nach einem letzten Sicheinsetzen und Handeln, von dem ihn früher noch ein Rest von Beschaulichkeit zurückgehalten hatte. Das ruhige, wärmende Licht seines Wesens war zur selbstvernichtenden Flamme emporgeschlagen. So fand ihn die Revolution, die ihn forderte, die ihn brauchte."

Die sogenannte deutsche Revolution war in Wirklichkeit eine Abfolge von Revolten in mehreren deutschen Großstädten, die eher von der Niederlage im Krieg denn durch das Beispiel der russischen Revolution, die selbst ein Produkt des Krieges und des faktischen Zusammenbruchs der russischen Armee war, ausgelöst wurden. Am 11. November 1918 unterzeichneten die Alliierten mit Deutschland und dem Österreichisch-Ungarischen Reich einen Waffenstillstand, und in demselben Monat begann die „Revolution“ in München, Berlin und anderen Teilen Deutschlands, die zum Teil bis zum folgenden Mai dauerte. Fritz Mauthner berichtete, daß Landauer im Herbst 1918 in fieberhafter Erwartung der „Weltrevolution“ zu ihm kam, bei deren Vorbereitung er mitgetan und für die er dreißig Jahre Entbehrung gelitten hatte. Als die Revolution kurz danach ausbrach, war Landauer bereit zum Tod.

Die deutsche Revolution bedeutete für Landauer keine Verringerung der Isolation, in der er immer gelebt hatte, und keine wirkliche Illusion darüber, daß diese Revolution sich von denen, über die er geschrieben hatte, unterscheiden würde. Im April 1918 schrieb er: „Oh, wie werde ich gebraucht! Und wie sehr habe ich kein Verlangen mehr, Rat zu geben, der nicht angenommen wird, und zu kritisieren, was nicht getan wurde.“ In der Tat wurde sein Rat nicht befolgt, und die großen Hoffnungen, die er so viele Jahre gehegt hatte, verflüchtigten sich.

Als die Novemberrevolution ausbrach, war Landauer sich der tragischen Fehlschläge aller vorangegangenen Revolutionen und der Tatsache, daß Sozialismus nie als Realität bestanden hatte, völlig bewußt. Das Gefühl, mit dem er in die Revolution eintrat, war nicht Hoffnung, sondern der grimmige Entschluß, in dieser Krise zu tun, was er zu tun verpflichtet war, nicht als geistiger Führer und Wegbereiter, sondern als einer der kleinen Gruppe konstruktiver deutscher Revolutionäre: Er wollte, soweit er vermochte, die Segnungen der Revolution bewirken und – soviel er konnte – von ihrem Fluch abwenden.

Am 15. November 1918 kündigte Landauer Buber an, daß er dem kommenden Aufruf zu einer sogenannten Nationalversammlung erbitterten Widerstand entgegensetze: „Dahinter versteckt sich nur das vermoderte Parteiwesen, das mit größter Schamlosigkeit schon wieder so tut, als habe es eine Existenzberechtigung.“ Dennoch wollte er sich an der Vorbereitung der neuen Demokratie beteiligen. „Ich hätte den Wunsch, daß ich als Vertreter Bayerns nach Berlin gehe“, schrieb er Buber, „und möchte, daß Sie in gleicher Eigenschaft in Wien wirken.“ Dieser Traum sollte sich nicht erfüllen. Statt dessen kam es zur Revolution in München. Am 22. November, genau eine Woche nach seinem vorherigen Brief, sagte Landauer zu Buber, daß er nach München zurückkehren wolle, wo er sich in engster Übereinstimmung mit Kurt Eisner, dem deutschen Journalisten und Führer der Sozialisten, sehe. „Die Situation ist sehr ernst: wenn die Revolution tatsächlich aus *dieser* Abrechnung *dieses* Krieges entsteht, wird es fast ein Wunder sein … Trotz allem, das kann ich dir versprechen, Bayern wird seine Autonomie nicht aufgeben." Landauer bat Buber dann, seine Gedanken zur Erziehung der Menschen, der Art der Veröffentlichung und weitere Details zu skizzieren oder – besser noch –, bald nach München zu kommen. Dort würde Buber Landauer in hervorragender Zusammenarbeit mit Kurt Eisner vorfinden, dessen Demokratie genauso anarchistisch wie Landauers eigene war. Am 13. Dezember schrieb Landauer an Buber und bat ihn dringend um Nachrichten über den Kampf der Bolschewisten gegen die linken Sozialrevolutionäre. Buber nahm jedoch an der Vorbereitung der Münchner Räterepublik, in der Landauer kurze Zeit Macht innehatte, nicht teil.

Buber konnte sich mit Landauers revolutionären Aktivitäten nicht einverstanden erklären und seinen eigenen Einsichten gleichzeitig treu bleiben. Landauer unterstützte die Revolution, er war bereit, nicht nur sich selbst, sondern auch seine Sache zu opfern; so schrieb Buber nach seinem Tod. Während er der Presse ihre Verleumdungen bitter verübelte, gestand er in seiner Gedenkrede, daß Landauer seiner Meinung nach die falsche Wahl getroffen hatte.

> „Meiner Einsicht nach gab es am 7. November [1918] für Gustav Landauer eine höhere Pflicht und eine größere Verantwortung: eben die seiner Sache und damit der Sache der wahren Umgestaltung gegenüber ... er beschloß nicht am 7. November, sich abzusondern und auf sein Werk zu sammeln, oder auch, wenn er es sogleich vermochte, sein Wort zu sprechen und den neuen vervielfachten Widerhall zu erwarten, oder auch die wahren Sozialisten zu vereinigen und aus ihnen nunmehr wahrhaft den Kern der neuen Gemeinschaft aufzubauen; sondern er beschloß, sich in die Bresche zu werfen, die eines Menschenleibes zur Ausfüllung bedurfte. Stärker als die Verantwortung vor der Zukunft bedrängte ihn die stärkere Problematik des Augenblicks: er erlag ihr. Ich glaube, daß er gefehlt hat; aber ich glaube auch, daß kein Mensch je aus reinerem Grunde gefehlt hat."

Diese Tage des Nachkriegschaos und der Revolution bereiteten den Weg für das Heraufkommen der schwärzesten Reaktion in Deutschland. Die Meilensteine auf diesem Weg waren eine Serie schicksalhafter und gedungener Morde an Revolutionären und später sogar an liberalen Staatsmännern, die trotz aller Differenzen untereinander ihre Hingabe an die Aufgabe, eine neue soziale Ordnung in Deutschland zu bauen, *und* die Tatsache, daß sie Juden waren, gemeinsam hatten, eine Tatsache, die wahrscheinlich bei den Ermordungen und sicherlich bei den Rechtfertigungen danach keine unbedeutende Rolle gespielt hat. Als erste wurden die berühmten Sozialistenführer Rosa Luxemburg und Karl Liebknecht in Berlin nach offener Geiselnahme brutal ermordet. Diese Morde, an die sich Sozialisten und Kommunisten überall noch erinnern, beunruhigten die Liberalen in zunehmendem Ausmaß, bezeugte Margarete Susman, „und gaben uns eine Vorahnung der schrecklichen deutschen Zukunft, die so nahe war." Im Juni 1919 sagte Arnold Zweig zu Buber, daß er in Tübingen „eine unvorstellbare Gegenrevolutionsstimmung, die mit Antisemitismus identisch ist", angetroffen habe. Im August fragte die Schauspielerin Louise Dumont Buber, ob er von der antisemitischen Agitation in den deutschen Ländern wüßte. „Sie nimmt Formen an, die auf einen Endkampf zu deuten scheinen – entscheidet sich dieser im Sinne dessen, was sich Germanentum nennt, dann kann man doch nicht im Lande bleiben, dann sind die Würfel endgültig gegen Deutschland gefallen." Buber, mit weniger Voraussicht als Louise Dumont versehen, antwortete, die Verfolgung von Juden beunruhigte ihn, wie alle die besorgniserregenden Wellen des Augenblicks, nicht sehr: „Auf Exzesse bin ich gefaßt, sie gehören sozusagen mit hinein; aber nach einem Endkampf sieht es mir nicht aus – der Name dieses Moments ist hin und her."

Obwohl Landauer einen ganz anderen Sozialismus als Liebknecht und Luxemburg vertrat, hielt er am 6. Februar 1919 eine Gedenkrede auf beide in München.

Etwa zwei Wochen nach Landauers Gedenkansprache auf Karl Liebknecht und Rosa Luxemburg befand sich Buber mit Landauer und einigen anderen revolutionären Führern in einem Saal des Landtagsgebäudes in München. Landauer hatte als Thema der Diskussion den Terror vorgeschlagen. Doch er selbst beteiligte sich kaum an ihr. Buber kam er niedergedrückt, ja erschöpft vor. Seine Frau war im Jahr zuvor einer Krankheit erlegen, und nun durchlebte er deutlich ihren Tod ein weiteres Mal. Die Diskussion wurde in der Hauptsache von Buber und einem Führer des Spartakusbundes geführt (Liebknechts und Luxemburgs subversiver Organisation, die illegale Propaganda gegen den Krieg verbreitete), der später in der zweiten (kommunistischen) revolutionären Regierung in München, die die erste (sozialistische) Regierung von Landauer und seinen Genossen ablöste, sehr bekannt wurde. Der Spartakusführer, der während des Krieges deutscher Offizier gewesen war, ging mit klirrenden Sporen durch den Raum. Buber entsprach den Erwartungen vieler nicht, denn er sprach nicht über moralische Probleme. Hingegen machte er deutlich, was er über die Beziehung zwischen Zielen und Mitteln dachte. Er belegte seine Ansichten aus historischen und gegenwärtigen Erfahrungen. Auch der Spartakusführer suchte seine Entschuldigung für den Terror durch Beispiele zu dokumentieren. „Dserschinski", sagte er, „der Vorsitzende der Tscheka, konnte hundert Todesurteile an einem Tag unterzeichnen, aber mit ganz reiner Seele."

„Das ist ja das Allerschlimmste", antwortete Buber, „diese ‚reine Seele', auf die man keinen Blutspritzer fallen läßt! Es kommt nicht auf

‚Seele' an, sondern auf Verantwortung." Bubers Gegner betrachtete ihn mit unerschütterlicher Überlegenheit. Landauer, der neben Buber saß, legte seine Hand auf Bubers Hand. Sein ganzer Arm zitterte. „Ich werde diese Nacht nie vergessen", schrieb Buber. Nachdem er von München nach Heppenheim zurückgekehrt war, berichtete Buber Ludwig Strauß, daß er eine tief bewegende Woche in ständigem Umgang mit den revolutionären Führern verbracht hatte.

> „Die innersten menschlichen Probleme der Revolution waren rückhaltlos erörtert worden, ich hatte in das Geschehen hinein gefragt und geantwortet, und es ereigneten sich Nachtstunden von einer apokalyptischen Schwere, darin mitten in einer Diskussion das Schweigen beredt und die Zukunft deutlicher wurde als die Gegenwart ... es war mir vor ihnen zuweilen wie der Kassandra zumute. Eisner hatte ich in die Dämonie seiner zwiegespaltenen Judenseele hineingesehen ... Landauer wahrte sich mit äußerster Anstrengung der Seele den Glauben an ihn und deckte ihn, ein Schildträger von erschütternder Selbstverleugnung. Das Ganze eine namenlose jüdische Tragödie."

Schrecklicher und schicksalhafter als die Morde an Luxemburg und Liebknecht war für Landauer der Mord an seinem engen Freund und Mitarbeiter Kurt Eisner, der am 21. Februar 1919, genau auf den Tag ein Jahr nach dem Tode von Hedwig Lachmann, verübt wurde. Wie es der Zufall wollte, waren weder Landauer noch Buber an diesem Tag in München. Landauer war an jenem Tag aufs Land außerhalb von München gerufen worden, wo seine Kinder (Lotte und ihre zwei jüngeren Schwestern) lebten. Als er am Mittag des Jahrestages des Todes seiner Frau, den Kopf voller Gedanken an dieses Ereignis, aus dem Zug stieg, erhielt er die Nachricht vom Mord an Eisner. „In den Wochen, die folgten", schrieb Landauer an Buber, der ihm tröstende Worte gesandt hatte, „war ich so angespannt, daß ich nun weiß, wie Leid zur Kraft werden kann. Als die heroische Periode zu Ende war und die schimpfliche Episode der Parteiintrige sich an den Tisch ihrer kläglichen Herrschaft setzte, fuhr ich zur Erholung hierher [nach Krumbach in Schwaben]. Meine Erholung aber besteht, wie ich es hätte erwarten sollen, in einer außerordentlichen Abspannung."

Anstatt sich aus weiteren Aktivitäten zurückzuziehen, wie es nach diesem Trauma vielleicht zu erwarten gewesen wäre, kehrte Landauer nach München zurück und versuchte, allein zu bewerkstelligen, was er und Eisner zusammen nicht hatten erreichen können. Er wollte Eisners Aufgabe mit unzureichenden Mitteln fortsetzen und das siedende Münchner Proletariat zu der sozialistischen Gemeinschaft schmieden, von der er immer geträumt hatte. Anfang April 1919 stürzten die Unabhängigen Sozialdemokraten (USPD) die sozialdemokratische Mehrheitsregierung, und die Räterepublik wurde ausgerufen. Landauer saß im zentralen Regierungsrat. „Landauer ist jetzt der wichtigste Mann in München", schrieb der deutsche Schriftsteller Stefan Grossmann an die Romanschriftstellerin Auguste Hauschner am 13. April 1919, „denn er ist der einzige mit einem Gefühl von Verantwortung und auch Einsicht im Kabinett." Bubers Urteil war nicht so zuversichtlich. „Der Eintritt Landauers in die Revolution war mir als eine Verfehlung gegen seine Aufgabe erschienen", schrieb Buber später.

> „Sein Eintritt in diese Regierung war gewiß eine Verfehlung gegen die Vernunft. Er verbündete sich mit Menschen, von denen er in früheren Tagen, in der Zeit der unberührbaren Überlegenheit seines Geistes, auf den ersten Blick erkannt hätte, daß in einem Zusammenarbeiten mit ihnen kein Werk, und gar dieses allerschwerste, schier aussichtslose, geraten konnte. Aber die Qual über den Zerfall der Revolution hatte offenbar Landauers Überlegenheit versehrt."

Landauer war tatsächlich nur ein paar Tage an der Macht. Die Kommunisten kamen sehr bald ans Ruder, und die spartakistische zweite Räterepublik folgte der ersten. Von da an hatte Landauer keinen aktiven Anteil mehr an dem, was in München geschah. Er blieb der Regierung nur in einer zurückhaltenden, beratenden Eigenschaft nahe. In ständigem Konflikt mit den Spartakisten versuchte Landauer, Blutvergießen zu verhindern.

Die Tage, die nun folgten, waren allen Berichten zufolge die schwersten in Landauers extremem Leben. Überall um ihn herum herrschten Zerstörung, Auflösung, Widerspruch und Absurdität: bei den Massen, unter den Führern, in seiner engsten Umgebung. Er trug bei alledem seinen Kopf hoch und tat, was ihm zu tun oblag. Dieses war vor allem, während er an der Regierung teilnahm, bis zum Ende der Kampf gegen die Gewalt. Ein junger Student, der all die wilden Unruhen in jenen Wochen in München erlebt hatte, erklärte, daß ihn nichts so sehr bewegt habe wie die Güte und Menschlichkeit, mit der Landauer auf allen Plätzen, Straßenecken und Sälen gesprochen hatte, nicht nur zu großen Massen, sondern auch zu kleinen Gruppen und Individuen. Er war immer bereit zu helfen, zu ermutigen, wiederzubeleben, anzuleiten oder zu trösten. Sogenannte Reporter brachten in bezug auf diese Aktivitäten Landauers eine derartige Lügenflut in Umlauf, daß Buber und seine Freunde voller Entsetzen waren.

Trotz seiner Kritik an Landauers Eintritt in die erste Räterepublik bestand Buber darauf, daß Landauer der Sache der Gewaltlosigkeit von der Zeit, da er sie zum ersten Mal vertreten hatte, bis zu seinem Tod treu geblieben war. 1901 hatte Landauer geschrieben: „Ein Ziel läßt sich nur erreichen, wenn das Mittel schon in der Farbe dieses Ziels gefärbt ist. Nie kommt man durch Gewalt zur Gewaltlosigkeit." 1914 sagte er: „Jetzt kann es vielen klar werden, daß Freiheit und Frieden den Völkern nur kommen, wenn sie, wie Jesus und seine Nachfolger, in unserer Zeit vor allem Tolstoi, es raten, völlige Enthaltsamkeit von jeglicher Gewalt erwählen. Gewalt führt nur immer zu Gewalt." „Dieser Wahrheit dient er bis auf den Tod", versicherte Buber. „Wenn ich an jene leidenschaftlichen Blicke und Worte meines toten Freundes denke, weiß ich, mit welcher Seelengewalt er, als es galt, die Revolution vor sich selbst zu schützen, gegen die Gewalt gestritten hat."

Die Unsicherheit von Landauers politischer Position, selbst seiner persönlichen Sicherheit, nahm Buber gerade während der Tage, an denen Landauer an der Macht war, ganz offenkundig wahr. Zwei Tage nachdem Grossmann Auguste Hauschner von Landauers Schlüsselposition im Ministerium geschrieben hatte, schrieb Buber ihr aus Heppenheim zu dem, was Buber und Landauers andere Freunde um seinetwillen unternehmen wollten. „Eine Aktion ist ... zu diesem Zeitpunkt nicht möglich", sagte Buber, „weil die Situation noch nicht geklärt ist und wir daher nicht eindeutig genug formulieren könnten, was wir fordern." Mehr noch, solange die Kämpfe auf irgendeine Weise andauerten, müßten sie vollkommen untätig bleiben, erklärte Buber.

> „Dagegen müssen wir für den Augenblick, wo ein öffentlicher Appell etwa notwendig sein wird, ihn schon jetzt vorbereiten. Zu diesem Zweck soll sich sogleich aus dem Freundeskreis ein Ausschuß bilden, der sich an die in Betracht kommenden Persönlichkeiten Deutschlands und Deutsch-Österreichs mit dem Ersuchen wendet, ihre Namen unter einen etwa notwendigen Appell setzen zu dürfen. Diesem Ausschuß sollten etwa angehören: Sie, ich, Dehmel, Einstein, Dumont, Mauthner, Mombert, Susman. – Wer noch? Von diesen bin ich nun bei Professor Einstein nicht sicher, ob er Gustav nahe genug steht; wollen Sie mit ihm sprechen?"

Am 15. April schrieb Buber an Fritz Mauthner über die Bildung eines Komitees, das sich öffentlich für Landauer verwenden solle. Mauthner antwortete, sie müßten in der Tat versuchen, Landauer zu retten, ohne dabei seiner Politik zuzustimmen. Er stellte Buber seinen Namen zur Verfügung, überließ ihm aber die Führerschaft des Vorhabens. „Vor sich selber können wir ihn nicht schützen", fügte er hinzu, „das würde er ablehnen." „Sehr traurig", so schloß er, „daß just der Idealismus seines Kreises ... eine neue Welle des Antisemitismus über Deutschland stürmen lassen wird." Am 19. April berichtete Mauthner Auguste Hauschner, er habe gehört, daß Gustav offenbar überhaupt nicht in seinen Bewegungen gehindert werde, sondern unbelästigt in München lebe.

In der Tat war gerade ein Aufruf erschienen, in dem sich Landauer mit der radikalen Bewegung in Übereinstimmung erklärte. Am

25. April schrieb er wieder, daß Gustav Landauers Kinder (mit den Kindern von Kurt Eisner) in Meersburg bei Landauers Cousine lebten und Landauer ganz bestimmt nicht verhaftet, sondern noch immer in München war. Landauers Freundin Louise Dumont schrieb am 30. April an Auguste Hauschner aus Düsseldorf und gab den neuesten Bericht über ihn von einem ihrer Neffen, der in München studierte, weiter. Obwohl er über Landauers Gesundheitszustand wenig Gutes sagen konnte, sprach er von „seiner erstaunlichen Arbeitsaktivität, die ihn Tag und Nacht beschäftigte", und von seiner bemerkenswerten, unerschöpflichen Geduld. Am 28. April informierte Buber Siegmund Kaznelson, daß Landauer nur einige Tage in der ersten revolutionären Regierung gewesen war und in der gegenwärtigen überhaupt nicht. „Daß er ersterer beitrat, war ein schwerer Irrtum, aber nicht die Verschuldung, die Sie meinen; er hat an dem Blutvergießen keine Mitschuld." Buber wies auch darauf hin, daß Landauer fest an seiner Seite gestanden hatte, als er den Münchner Führern gegenüber die Unzulässigkeit aller Formen von Terror und den ruinösen Einfluß von Gewaltanwendung zum Ausdruck gebracht hatte.

Während diese Gerüchte und Beunruhigungen unter Landauers Freunden in Umlauf waren, hielt sich Landauer tatsächlich außerhalb von München im Haus der Witwe von Kurt Eisner, seines ermordeten Freundes, auf, nicht geheim, sondern in Kenntnis der Polizei. Er kam einige Male nach München zu Besprechungen mit denen, die seinen Ansichten nahe standen, und plante einen Exodus der Frauen und Kinder, um ein mögliches Blutbad zu verhindern. Inzwischen stellte die Münchner Räteversammlung einen Mißtrauensantrag gegen das kommunistische Regime der Spartakisten. Am 30. April wurde die Räterepublik in München proklamiert. Am Morgen des 1. Mai marschierten die Truppen des Deutschen Reiches in die Stadt ein. Am 1. und 2. Mai tobte eine schreckliche Schlacht in den Straßen und forderte Hunderte von Leben. In ihrem Verlauf unterlag die Rote Armee der Übermacht der Reichswehrtruppen. Während dieser ganzen Zeit, besonders als die Situation aufgrund des Aufmarschs der Regierungstruppen kritisch wurde und Drohungen und Warnungen laut wurden, boten Landauers Freunde ihm Hilfe zum Entkommen an und drangen in ihn, sich in Sicherheit zu bringen. Zuerst lehnte er ab, dann jedoch ließ er sich überreden, und Vorbereitungen wurden getroffen, ihn über den Bodensee in die Schweiz zu bringen. Am nächsten Tag jedoch erklärte er sich unwillens zu gehen, und danach konnte kein Argument mehr seine Meinung ändern.

Am Nachmittag des 1. Mai wurde Landauer im Haus von Frau Eisner aufgrund einer Denunziation verhaftet und zuerst in einem Lastwagen auf den eine Viertelstunde entfernten Friedhof gefahren, um dort erschossen zu werden. Ein Mitglied der Kompanie intervenierte, indem er darauf hinwies, daß Landauer der kommunistischen Räterepublik nicht angehört habe. Er überredete den Leutnant, Landauer nicht einfach wegen einer Denunziation zu erschießen, sondern zuerst zu einem Verhör zu bringen. So wurde Landauer nach Starnberg ins dortige Bezirksgefängnis gebracht, wo er einem Verhör unterzogen wurde. Dort, so der Bericht eines Augenzeugen, der Landauer, eskortiert von den weißen Garden, auf dem Weg ins Gefängnis fotografiert hatte, verteidigte Landauer sich hervorragend.

Am Morgen des 2. Mai wurde Landauer mit drei weiteren Gefangenen nach Stadelheim transportiert. Vom Augenblick seiner Ablieferung dort wurde Landauer wehrlos den Soldaten überlassen, die, weit davon entfernt, von ihren Offizieren von ihrer blutigen Tat abgehalten zu werden, dazu geradezu angestiftet wurden. Ein Offizier rief der Gruppe von Soldaten, in deren Mitte Landauer ging, zu: „Halt! Landauer ist sofort zu erschießen!“ Ein anderer Offizier, Freiherr von Gagern, schlug ihn mit dem Griff seiner Pferdepeitsche über den Kopf. Dies war das Signal für die Soldaten, jetzt wie eine Meute von Bluthunden über ihn herzufallen. Landauer wurde zu Tode geschossen, geschlagen und getreten. Einem Bericht zufolge waren Landauers letzte Worte: „Jetzt kommt der Tod, jetzt muß man seinen Kopf hochhalten.“ Nach dem Bericht eines anderen Zeugen schrie Landauer den Soldaten zu: „Tötet mich dann! Daß ihr Menschen seid!“

Inzwischen konnte keiner von Landauers Freunden herausfinden, was genau geschehen war. Lotte hatte Buber telegrafiert, daß ihr Vater nicht in Gefahr sei, andere antworteten nicht auf Bubers Telegramme, und von Auguste Hauschner erhielt Buber am 5. Mai ein Telegramm mit den Worten: „Nun die schreckliche Gewißheit.“ „Ich habe keine Hoffnung mehr“, schrieb Buber am 7. Mai an Mauthner, aber er konnte die Möglichkeit, daß Lottes Nachricht etwas bedeutete, nicht von der Hand weisen. „Ich bin in diesen Tagen und Nächten selber durch Scheol gewandert“, schloß Buber. Erst später wurden seine schlimmsten Befürchtungen bestätigt.

„Gustav Landauer ist seinen eigenen Tod gestorben“, schrieb seine Freundin Margarete Susman, „nicht einen passiven Tod, sondern den aktiven, bitteren, häßlichen Tod des Revolutionärs, der zugleich der lichtumstrahlte Opfertod ist.“ „Totgeschlagen wahrscheinlich wie ein Hund“, rief Fritz Mauthner aus, „wie ein Hund, in einem Massengrab, von deutschnationalen und von katholischen Zeitungen behandelt wie ein Hund!“ Die scheußlichsten Verleumdungen wurden in der Tat nach Landauers Tod weiterverbreitet: Landauer habe Männer angestiftet, sich an der Ehre von Frauen zu vergehen: Landauer habe Horden angewiesen, in umzäunte Höfe einzubrechen, um Wohnungen und Häuser zu plündern; Landauer habe Gewalt und Mord angezettelt.

Im April 1922 benachrichtigte Buber Mauthner, daß Lotte ihm gesagt habe, die Asche ihres Vaters werde in einem Keller bewahrt; er betrachtete dies als unwürdig. „Die Überführung an eine würdigere Stätte wäre meinem Gefühl nach Sache derer, in denen sein Andenken lebendig ist." Buber sah in einem Aufruf an seine nächsten Freunde den besten Weg, die Umbettung der Asche zu erreichen. So lud er Mauthner ein, Louise Dumont, Margarete Susman und ihm selbst sich anzuschließen und einen Brief, der einen derartigen Vorschlag „ohne jede Einmischung von Parteiangelegenheiten" macht, mit zu unterzeichnen. 1923, im Jahr von Hitlers erfolglosem Hofbräuhaus-Putsch und dem Jahr, in dem Buber *Ich und Du* veröffentlichte, wurde ein einfacher, aber beeindruckender Obelisk in einem Wald bei München errichtet, der die Inschrift trug: „Gustav Landauer 1870–1919" und darüber die Worte aus seinem „Aufruf zum Sozialismus": „Was jetzt nötig ist, ist ein Opfer anderer Art, nicht ein heroisches, sondern ein stilles, bescheidenes Opfer, um ein Beispiel wahren Lebens zu geben." Zehn Jahre später, als Hitler an die Macht gekommen war, wurde der Obelisk entfernt.

Buber schloß seinen eigenen Artikel „Landauer und die Revolution" mit einem Vergleich von Landauer mit Jesus:

> „In einer Kirche in Brescia sah ich ein Wandbild, dessen ganze Fläche von Gekreuzigten bedeckt war. Das Feld der Kreuze dehnte sich bis an den Horizont, und an allen hingen Männer mannigfachen Wuchses und Angesichts. Das erschien mir, sei die wahre Gestalt Jesu Christi. An einem der Kreuze sehe ich Gustav Landauer hängen."

Buber beschrieb die persönliche Verantwortlichkeit des Revolutionärs, die er trotz allem in Landauer verkörpert sah, als den zentralen Punkt seiner eigenen sich entwickelnden sozialen Gedanken: die Lehre von der „Demarkationslinie", die zu allen Zeiten und in jeder Situation neu gezogen wird. Die Parole des revolutionären Geistes ist „Bis hierher!", und für dieses „Bis hierher!", für das Ziehen dieser Linie gibt es keine feste Regel. Der Revolutionär lebt auf des Messers Schneide, nicht der, seine „Seele dem Teufel zu verkaufen", um der Revolution zum Sieg zu verhelfen, sondern der der praktischen Spannung zwischen Zielen und Mitteln. „Ich kann mir nichts Reales darunter vorstellen, daß der Zweck das Mittel ‚heilige'", schrieb Buber. „Aber ich meine etwas äußerst Reales, wenn ich sage, daß das Mittel den Zweck – nämlich dessen Realisierung! – entheiligt: nein, entwest!" Je weiter die Mittel vom Ziel entfernt sind, desto weiter ist auch das, was erreicht wird, davon entfernt. In diesem Zusammenhang entwickelte Buber seine über alles wichtige Lehre von der „Querfront", der wahren Front, die durch jede Partei oder

Gruppe läuft und durch jeden, der einer Partei oder Gruppe anhängt. An dieser wahren Front kämpft jeder um der echten Verwirklichung der Sache willen gegen seine Genossen und sich selbst. Die „demokratischen Zentralisten" sagen von diesen Menschen, daß sie den Kampf geschwächt hätten, aber in Wirklichkeit sind sie es, die die Wahrheit des Kampfes am Leben erhalten. Ein solcher Mann war Gustav Landauer.

1927, auf dem Begräbnis von Charlotte Landauer, sprach Buber vom Leben dieser treuen Tochter im Kontext der unheimlichen, „für uns kaum faßbaren Bedeutung von Gustav Landauers Tod ... Ein Tod, in dem sich das ungeheure, schier apokalyptische Grauen, die Grausamkeit unserer Zeit abgezeichnet und abgebildet hat, ein vertretender, ein darstellender Tod."

Landauer wurde für Buber zum Bild der authentischen sozialen und politischen Persönlichkeit, zum Bild eines Menschen, der in „gelebter Konkretheit" der Situation, in der er sich selbst findet, stehen und widerstehen muß, „ob auf dem Arbeitsfeld oder Schlachtfeld". Buber hatte Landauer im Sinn, als er in einer öffentlichen Diskussion 1929 von der religiösen Tragödie der Revolution sprach –, daß nämlich ihre Mittel den Zielen untreu werden. Dieser wirklichen Untreue des Revolutionärs kann vielleicht auch der religiöse Mensch nicht entkommen. Aber wenn der letztere in die Revolution eintritt, dann hat er die besondere Verantwortung, Schritt für Schritt für die Reinheit des Bildes zu kämpfen. Seine Funktion in der Revolution sei es, in exemplarischer Weise *besiegt* zu werden als einer, der die organische Substanz *durch* den Abgrund in die neue Welt trägt. So verschmolz für Buber in bemerkenswerter Weise der religiöse Revolutionär mit dem Menschen des „dunklen Charisma", der keinen historischen Erfolg kennt, dem „leidenden Knecht", der in den Tiefen der Geschichte arbeitet. Wie der leidende Knecht ein Pfeil ist, der im Köcher verborgen bleibt, so ist der wahre religiöse Revolutionär ein Mensch, dessen Erfolg bei der Arbeit letztlich im Geheimnis verborgen bleibt.

Bubers Antwort auf die Nachricht von Landauers Tod war wahrscheinlich neben seiner „Bekehrung" und der frühen Trennung von der Mutter das wichtigste Einzelereignis seines Lebens. Doch ist dies ein „autobiographisches Fragment", das Buber nicht schreiben konnte. Als ich ihn 1960 in Jerusalem dazu drängte, gestand er, daß er es versucht hätte, aber gefunden habe, daß er diesem Ereignis immer noch zu nahe war, als daß er mehr darüber hätte schreiben können als den Hinweis auf den „Tod eines Freundes" im Dialog mit dem amerikanischen Psychologen Carl Rogers 1957.

In seinem Dialog mit Rogers sprach Buber von „einer gewissen Inklination, Menschen zu treffen", etwas im *anderen* zu verändern, aber auch *sich selbst* durch *ihn* verändern zu lassen. Diese Inklination wurde durch den ersten Weltkrieg enorm verstärkt, an dessen Ende er zum ersten Mal erkannte, wie „schrecklich beeinflußt" er von der Notwendigkeit war, „Umfassung" auf „die Vorstellung des Wirklichen" sehr konkret auf das, was in der Welt genau in diesem Augenblick geschieht, auszuweiten. Der Höhepunkt und das wichtigste Ereignis der *Vorstellung des Wirklichen* wurde erreicht, als er die Nachricht vom barbarischen Mord an Landauer erhielt: „Jetzt noch einmal – zum letzten Mal – war ich gezwungen, mir diesen Mord vorzustellen, nicht nur visuell, sondern mit meinem Körper." Damit meinte Buber, daß er in seinem eigenen Körper jeden Schlag, den Landauer in jenem Gefängnishof, in dem er zu Tode geprügelt wurde, erlitt, fühlen mußte. Nicht wie in dem Beispiel, das Buber in „Erziehung" (1926) gibt, wo man plötzlich von der anderen Seite die Schläge, die man selbst gibt, spürt, sondern wo er aus der Entfernung die Schläge, die Andere, Fremde seinem Freund zugefügt hatten, fühlt. „Dies", sagte Buber, „war der entscheidende Augenblick, nach dem ich nach einigen Tagen und Nächten in diesem Zustand fühlte: ‚Oh, etwas ist mir getan worden.'" Von da an nahmen seine Begegnungen mit Leuten, vor allem jungen Menschen, eine andere Form an. Jetzt hatte er ihnen mehr zu geben als nur seine Inklination, Gedanken und Gefühle auszutauschen. Er konnte ihnen die Frucht einer tiefgründigen Erfahrung anbieten, die Erfahrung der vier Kriegsjahre und – vor allem – die des Traumas von Landauers Ermordung.

7. Kapitel

Nachkriegszionismus, Erziehung und Politik

(1918–1922)

Ein ungewöhnliches Bild aus Bubers Familienleben von 1921 erhalten wir durch einen Brief von Paula Buber an E. E. Rappeport. Ihre Tochter Eva war den Winter über zu Hause und erhielt Unterricht in Hebräisch und Englisch. Raffi ging in Berlin auf die Landwirtschaftsschule. Er war noch ein „ungebackenes Stück Brot“, schrieb Paula, und sie bedauerte, Rappeport nicht in der Nähe zu haben, um Raffis Eltern zu helfen, sich auf seine verschiedenen Wandlungen vorzubereiten. Im Herbst hatte Paula den Garten fast ganz neu gepflanzt, „auch mit schönen und seltenen Büschen, die ich noch nie habe blühen sehen und mit ganzer Gartenfreude erwarte.“ Paula versäumte nicht, Rappeport von den Katzen zu erzählen:

> „Erinnern Sie sich noch an den kleinen Kater, dem Sie die Zotteln aus dem Fell schnitten – er ist immer noch bei uns, ich hoffe ihn noch lange zu haben – er ist mein Liebling geworden. Bei jeder Mahlzeit sitzt er auf meinen Knien und legt die Vorderpfötchen auf den Tisch. Wie ein Kobold haust er bei uns. Martin liebt er am respektvollsten, mich am zärtlichsten, Eva vertraut er grenzenlos, und vor Raffi hat er mit Grund etwas Angst.“

Inmitten von alledem war Paula mit Schreiben beschäftigt und veröffentlichte 1921 ihr zweites Buch mit Erzählungen: *Sankt Gertrauden Minne.*

Einen anderen Einblick in Bubers Familienleben gibt uns Eva. Buber zwang Eva Bildung nicht auf wie ein Propagandist, aber er half ihr auch nicht, sich zu entfalten, wie man es von seiner Philosophie der Erziehung hätte erwarten können. Dafür war sicherlich Paula Buber, durch ihre dominante Position in der Familie, Martin eingeschlossen, in gleichem Maße verantwortlich. Eva ging schließlich mit achtzehn Jahren auf die Schule – eine Gartenbauschule, die sie als mögliche Vorbereitung auf einen Beruf anzog. Später wollte sie ihre Studien auf diesem Feld in Stuttgart fortsetzen, aber ihre Eltern waren dagegen. Wie gewöhnlich gab sie, im Gegensatz zu ihrem rebellischen Bruder, nach. Ihr Vater beeinflußte sie dann, diese Idee ganz aufzugeben.

> „Er sagte, daß ein Mensch an einem bestimmten Platz sein muß und Einfluß an diesem Platz ausüben muß. Er fügte hinzu, daß Mutter mich damals brauchte und daß das der Ort war, wo ich danach streben sollte, Einfluß zu nehmen. Ich glaube, daß Vater recht hatte, als er sagte, daß jede Person versuchen muß, am rechten Ort zu sein und ihren Stempel zu hinterlassen, und diese Aussage hat mich mein ganzes Leben lang begleitet. Ich fühlte, daß ich oft dieser Aussage gemäß lebte. Aber in diesem besonderen Fall hatte mein Vater unrecht. Eine junge Frau sollte ihr Heim verlassen und außerhalb lernen. Es war Vaters Fehler; Mutter beeinflußte Vater, und es war sein Fehler. Eine junge Person sollte lernen, außerhalb des Elternhauses zu leben und dann tun, was Vater sagte."

Eva setzte ihre Studien als Gasthörerin fort und reiste zu Vorlesungen, vor allem über Literatur, nach Heidelberg. Später wollte sie lernen, mit verwahrlosten Kindern in einer Anstalt in Freiburg zu arbeiten, aber wieder waren ihre Eltern aus dem gleichen Grund dagegen: Sie wollten, daß Eva zu Hause blieb. Sie gehorchte und beschäftigte sich mit der Gartenarbeit in ihrem großen Garten in Heppenheim, in dem, wie wir gesehen haben, selbst ihr Vater bisweilen arbeitete. Viele Jahre später, nachdem Eva geheiratet hatte und in Israel lebte, verwirklichte sie ihre wahre Berufung. Sie nahm als Gasthörerin an einigen Psychologiekursen an der Hebräischen Universität Jerusalem teil und begann unter der Anleitung ihres Psychologieprofessors mit gestörten Kindern zu arbeiten.

Auf ihr Leben zurückblickend, erkannte Eva, daß sie einen Minderwertigkeitskomplex hatte, wenn sie sich mit ihrer Mutter oder ihrem Vater verglich. Ihre Eltern waren große Persönlichkeiten, aber sie hatte nicht das Gefühl, eine zu sein. Einmal sagte ihr Vater zu ihr, daß jede Person mit dem zufrieden sein sollte, was sie erhalten habe, und danach fühlte Eva sich besser. Als Eva jung war, erhielt sie Wärme und mütterliche Liebe von Paula. Aber der Haupteinfluß auf ihr Leben kam von Martin. Sie überwand das Gefühl der Minderwertigkeit jedoch nicht, bis sie einen Mann heiratete, der ihre Identität als Person bestätigte und ihr ein Gefühl von Sicherheit gab. Der Mann, den sie 1925, drei Jahre nachdem seine erste Frau ihn verlassen hatte, heiratete, hieß Ludwig Strauß, ein hervorragender Dichter, der einige Jahre älter als sie und ein Freund ihres Vaters war. Wir können daraus schließen, daß Eva selbst in ihrer Ehe der Dominanz ihres Vaters und ihrer Mutter nicht ganz entkam. Die Tatsachen stützen diese Vermutung, wie wir später sehen werden.

Den politischen Realismus, mit dem Buber die russische und deutsche Revolution betrachtete, brachte er auch der britischen Balfour-Deklaration von 1917 entgegen, mit der Großbritannien sich offiziell verpflichtete, die Schaffung eines jüdischen Heimatlandes in Palästina zu unterstützen. Buber betrachtete keines solcher rein politischen Dokumente, die an die wechselnden politischen Interessen des Britischen Empire gebunden waren, als sichere Hoffnung für eine jüdische Besiedlung Palästinas. Im Januar 1918, nachdem die Briten unter Lord Allenby Palästina von der Türkei erobert hatten, schrieb Buber einen Artikel, in dem er darauf bestand, daß Palästina nur von dem Volk erobert werden könne, das es sein eigen machen könne. England, mit all seinen Freiheiten und all seiner Macht, konnte Palästina genauso wenig entwickeln wie die Türken. Man kann diese Erde wahrhaft nicht anders als durch lebenslange Arbeit und unter Anteilnahme der ganzen Person aufwiegen. England wird in Palästina die Taktiken anwenden, die so viele Jahre in Indien erfolgreich waren: teile und herrsche – schrieb Buber 1922 an Leo Hermann. Was not tue, sagte Buber zu Moritz Spitzer im Jahre 1919, sei die Gründung von Gruppen und Vereinigungen von Gruppen, die der Schaffung einer wirklichen Gemeinschaft in Palästina sich widmeten und die Bereitschaft aufbrächten, dort selbst an dieser Aufgabe zu arbeiten.

Mitte März 1919 sah Buber die zionistische Bewegung auf Grund der Pariser Vertragsverhandlungen, bei der die Repräsentanten der Großmächte die neue Ordnung europäischer und nahöstlicher Territorialbeziehungen berieten, vor einer kritischen Entscheidung. Getreu der Lehre der Gewaltlosigkeit und echter sozialer Förderung, die Landauer vertreten hatte, wies Buber die Meinung zurück, daß das jüdische Volk durch Aktionen befreit werden könnte, die der dem Judentum immanenten Forderung nach *Gerechtigkeit und Wahrheit zwischen den Völkern* Gewalt antäten. Was in Paris vorbereitet werde, versicherte Buber prophetisch, war eine Liga von Staatsstrukturen, nicht von Völkern, auch wenn die Völker durch jede nur mögliche Art der Propaganda dazu gebracht wurden, sich mit den Staaten zu identifizieren. Wenn wir zulassen, daß Palästina in die herrschende Politik, Ökonomie und Kultur eingeschlossen wird, erklärte Buber, wird es nie wirklich unser werden. An Stelle der Assimilation des Individuums werden wir einfach die Assimilation des Volkes bewerkstelligt haben. Ein wirklich jüdisches Palästina kann eine Vermittlerfunktion zwischen Ost und West haben. Aber wenn ein Agent eines ökonomischen und politischen Imperialismus – des „englisch-amerikanischen Kapitalismus, der – machtüberheblich – doch bald zusammenfallen wird“ – in Zion aufgebaut wird, dann werden all unsere Anstrengungen vergeblich sein. Die Brücke, die der unheilige Geist von Versailles niemals zustande bringen wird, kann das jüdische Volk bauen – aufgrund seiner eigenen sozialistischen Wahrheit.

Ernst Simon zieht eine Parallele zwischen Bubers Leben in der Dekade von 1919 bis 1930 und den Tagen seiner Jugend zwischen 1898 und 1904. Beides waren Perioden, in denen Buber einen hingebungsvollen und verzweifelten Versuch unternahm, zionistische Politik sowohl direkt durch seine Institutionen und zentralen Personen zu beeinflussen als auch indirekt durch Artikel, Reden, periodische Aktivitäten in kleinen sektiererischen Kreisen, die absichtlich von der Via Regia der Bewegung abwichen. Die Vorbereitung für diese Dekade von Aktivitäten bestand in Bubers unermüdlicher Arbeit als Herausgeber von *Der Jude*, der Lehre vom zionistischen Gemeinschaftssozialismus in *Der heilige Weg* und seiner unnachgiebigen Feindschaft allen Formen von engem, selbstherrlichem Nationalismus gegenüber. Die Lektion des ersten Weltkriegs war an Buber nicht verlorengegangen, und einmal gelernt, wurde sie nie mehr vergessen. Auch gab es von dieser Zeit an niemals ein Nachlassen in seinen Warnungen, den *Jischuw* (die jüdische Besiedlung Palästinas) zu „einer Nation wie alle Nationen" werden zu lassen. Moderner Nationalismus bedeutete für Buber Götzendienst und war es auch dann, wenn das Götzenbild einen jüdischen Namen trug. Das „herrschende Dogma des Jahrhunderts" ist „das heillose Dogma der Souveränität der Nationen", das jede Nation zu ihrem eigenen Herrn und Richter macht, „sich allein verpflichtet, sich allein verantwortlich". Eine wirkliche Renaissance ist nie aus nur nationalen Tendenzen entstanden, sondern immer nur durch das leidenschaftliche Streben nach neuerlichem menschlichen Inhalt. „Nicht der Hebräismus, sondern der hebräische Humanismus ... muß der Kern einer jüdischen Regenerationsbewegung sein." Um diese Befreiung und Erlösung ins Werk zu setzen, sind ein eigenes Land und wahre Gemeinschaft notwendig. „Die wahre Gemeinschaft ist der Sinai der Zukunft."

An diesem Punkt stimmte Bubers Lehre mit der neuen Form kollektiver Siedlung, die bereits in Palästina aufgebaut wurde, dem Kibbuz, überein. Buber rief nach einer „revolutionären Kolonisation", die schon bestehende Strukturen zurückweist, zugunsten einer Umwandlung und Neuformung in und durch die jüdische Besiedelung, die ihr Wachsen in eine wirkliche Gemeinschaftsstruktur überleiten sollte. Viele der Juden, die zu dieser Zeit nach Palästina gingen, waren motiviert von dem Wunsch, eine neue Gemeinschaft aufzubauen, eine große Anzahl von ihnen, unter ihnen auch Bubers Freund Hugo Bergmann, aufgrund von Bubers Einfluß. 1922 informierte Buber Ernst Elijahu Rappeport, der die *Alijah* (= „hinauf zum Land gehen") unter Bubers Einfluß vollzogen hatte, daß er Stunden in hebräischer Konversation nehme.

Bubers Gedanke der Verwirklichung der Gemeinschaft trug zum Aufstieg der *Chaluz* oder Pionierbewegung während und nach dem ersten Weltkrieg und zu den Anfängen des sogenannten Arbeiterzionismus bei. In seiner Auffassung von zionistischem Sozialismus und „revolutionärer Kolonisation" stimmte Bubers Gedankengut an vielen Stellen mit der Gemeinschaft der Arbeiter des Landes überein, die in Palästina entstanden und als ‚Junge Arbeiter' oder Hapoel Hazaïr bekannt war. Bis 1920 war Hapoel Hazaïr keine Partei, sondern eine Lebensgemeinschaft eng verbundener Menschen. Wie bei Buber und Landauer lag ihre Betonung nicht auf Politik oder dem Staat, sondern auf persönlicher Verwirklichung, auf der Beteiligung des ganzen eigenen Menschentums an der Trägerschaft der jüdischen Wiedergeburt. Im Zentrum von Hapoel Hazaïr stand der Arbeitsphilosoph und Pionier A. D. Gordon, der im Alter von fünfzig Jahren aus Rußland nach Palästina gekommen war und bis zu seinem Tod sechzehn Jahre später in einem Kibbuz lebte. A. D. Gordon war die letzte Figur, die Buber in seinem Buch *Israel und Palästina: Die Geschichte einer Idee* behandelte, der Mann, der für Buber mehr Bedeutung annahm als alle anderen modernen Vertreter Zions – von Moses Hess, Pinsker und Herzl bis zu Achad Haam und Rav Kook. Buber hatte den Lehrer Achad Haam gegenüber Herzl, dem Führer, vorgezogen, aber er fand in A. D. Gordon noch mehr als in Achad Haam „den wahren Lehrer, dessen Lehre die des Menschenbildes war, die Lehre von Gordons eigenem Leben, evident, ungeplant, der Schweigen wichtiger war als Worte". Buber sah in Gordon den Mann, der den Ziongedanken tatsächlich verwirklicht hatte, den Gedanken von der *Verwirklichung*, den Buber selbst zwar *lehrte,* aber nicht fähig war zu verkörpern. In *Israel und Palästina* schrieb Buber: „Er hat wie kein anderer in der modernen jüdischen Volksbewegung die Einsicht in den einzigartigen Zusammenhang zwischen Volk und Land Israel zu erneuern vermocht."

„Die ‚Hauptsache'", sagt Gordon, „für uns selbst ist, eine neue Beziehung ‚zum Geheimnis von Existenz und Leben' zu finden." Gordon wurde für Buber zum Bild des wahren Pioniers, der seine Genossen im Kibbuz aufrief, sich nicht im Augenblick zu verlieren, und seine jüdischen Genossen in der Diaspora, sich nicht in der Geschichte zu verlieren, sondern die gegenwärtige Arbeit mit der ewigen zu verbinden, die jahrtausendealte Wahrheit mit der Echtheit im Alltäglichen in Einklang zu bringen.

Aus den Ähnlichkeiten in ihren Überlegungen zu „revolutionärer Kolonisation" bezogen Buber und seine Anhänger und Gordons Hapoel Hazaïr während der Jahre 1919 bis 1921 ihre Kräfte und bewirkten einen neuen Aufschwung in der Chaluzim-Bewegung. Dies waren nach Hans Kohn die Jahre, in denen die Besten der jüdischen Jugend sich auf vielfältige Weise vorbereiteten, Europa zu verlassen und nach Palästina zu gehen, um dort ein Leben der Arbeit und Gemeinschaft für den Aufbau einer neuen jüdischen und humanen Gesellschaft zu beginnen. Wie Kohn erklärt:

> „Söhne und Töchter von Bürgern, zu bürgerlichen und zu akademischen Berufen erzogen, verließen die Bürgerlichkeit: nicht wie im Kriege auf kurze Zeit, um zu ihr und zu ihrem gesicherten Besitz zurückzukehren, sondern im Ernste und für immer, weil sie empfanden, daß diese Bürgerlichkeit nicht das Kleid ihrer Seele sein könne ... Sie wollten die Entwicklung des bürgerlichen Zeitalters umkehren ...: von der Großstadt zurück zum Land, von der Industrie zum Ackerbau, von abstrakter Gelehrsamkeit zur konkreten erdnahen Lebensgestaltung im Rhythmus der Natur."

Ende März 1920 fand in Prag eine Konferenz statt, bei der die Vertreter von Hapoel Hazaïr aus Palästina unter der Führung von A. D. Gordon und die Vertreter der zionistischen Jugend aus Zentral- und Osteuropa unter der Führung von Buber zusammenkamen, um einen Weltbund sozialistischer, aber nicht marxistischer Arbeiterzionisten zu gründen, deren oberstes Prinzip lautete, daß die nationalen und sozialen Probleme des jüdischen Volkes eine untrennbare Einheit darstellten. „Nicht die Macht, die Machthysterie ist böse", stellte Buber fest, und das Hauptmerkmal dieser Hysterie sei, die Verantwortlichkeit der „Demarkationslinie" abzugeben, die Aufgabe, die eigenen Rechte als Individuum und als Nation von den Rechten anderer beständig neu abzugrenzen. Die Werte einer wahren Nation sind *einmalig*; sie brauchen mit Werten der anderen nicht verglichen zu werden. Der Nationalist jedoch verkündet, daß seine Nation *die beste* sei, während er zu gleicher Zeit seine Nation als nur sich selbst verantwortlich betrachtet. Solch eine Nation wird „ein Moloch, der die Besten der Jugend des Volkes verschlingt."

Diese Unterscheidung zwischen legitimem und willkürlichem Nationalismus ist für Israel, mehr denn als für jedes andere Volk, die Unterscheidung zwischen Leben und Tod, versicherte Buber 1921 auf dem zwölften Zionistenkongreß in Karlsbad. „Nicht ein endgültiges Auseinandertreten von Volkstum und Glaubensordnung, sondern nur eine neue, organisch erneuerte Ordnung beider kann Israels Heilung und Heil sein", aber beide als organische Teile einer neuen Ordnung einzuschließen heißt, übernationale Verantwortlichkeit und Verpflichtung zu Israels einmaliger geschichtlicher Grundlage und Situation anzuerkennen.

Das bemerkenswerteste Ergebnis der Prager Konferenz auf dem Karlsbader Zionistenkongreß war nicht der zionistische Sozialismus, den Buber vertreten hatte, sondern dessen praktische Folgen, die nur er und wenige seiner Freunde zu der Zeit sahen – namentlich die Notwendigkeit, daß eine Kooperation mit dem arabischen Volk, das in und um Palästina herum lebt, Hand in Hand gehen müsse mit der Aufgabe, gemeinschaftliche Siedlungen aufzubauen und Palästina zu einem Zentrum und Beispiel sozialer Regeneration im Mittleren Osten zu machen.

Ernst Simon, der am politischen Komitee des zwölften Zionistenkongresses teilnahm, bezeugt die vielen Aussagen, die Buber dort zum arabischen Problem machte. Inbesondere formulierte Buber ein universales geschichtliches Gesetz: Verbesserung und Fortschritt eines Volkes führe zu Verbesserung und Fortschritt bei den benachbarten Völkern; die zionistische Bewegung werde die Bewegung zur Einheit der arabischen Nationen beschleunigen. Die Juden in Palästina müßten darum ihren arabischen Nachbarn helfen, sich zu entwickeln, anstatt sie in geschworene Feinde zu verwandeln, mit denen eine Versöhnung sehr schwierig werden würde. Dieses Argument, das sich als prophetisch herausstellte, fand keine Zuhörer, sagt Simon, und anstatt Bubers Einfluß zu stärken, schwächte es ihn.

Simon erzählt von einer Ausnahme, von jemandem nämlich, der Bubers Voraussage Beachtung schenkte, nämlich „ein junger Türhüter, der aus seinem freiwilligen Dienst entfernt wurde, weil er seine Übereinstimmung mit dieser Einstellung bekundete, welche er angesichts seines Postens mit völliger Gleichgültigkeit behandelt haben sollte." Seine „unpassende" Demonstration rief Applaus hervor. Dieser zweiundzwanzigjährige Türhüter war – Simon selbst! Der Eindruck, den Bubers zwei große Reden auf Simon machten, blieb auf Jahrzehnte erhalten, wie er 1966 bezeugte. Im politischen Komitee konnte er Buber als den weitsichtigen Realpolitiker erkennen und beobachten, der er war, selbst wenn er kein besonders kluger Taktiker war. „Seit jener Zeit haben Bubers Worte mein Herz nicht verlassen und waren einer der Faktoren, die meinen Weg des Zionismus an Bubers Seite für die ganzen vierzig Jahre bestimmt haben", fügte Simon hinzu. Jeder, der die Rolle kennt, die Simon in der Politik Israels spielte, vor allem in den Versuchen von Brit Schalom und Ihud, eine Wiederannäherung mit den Arabern zu erreichen, wird dies nicht für einen folgenlosen Effekt von Bubers Worten halten.

Am 2. September 1921, drei Tage bevor er seine Ansprache unter dem Titel „Nationalismus" hielt, richtete Buber eine andere Rede an den zwölften Zionistenkongreß, die sich besonders mit dem arabischen Problem beschäftigte. Er erkannte die enormen Schwierigkeiten, eine Beziehung zu einem Volk herzustellen, das sich noch nicht konstituiert hatte und ohne legitime Repräsentanten war. Buber bestand dennoch darauf, daß solche Beziehungen hergestellt werden müßten – und nicht nur mit ein oder zwei arabischen Persönlichkeiten. Der Boden für einen solchen Schritt würde der geplante Anfang eines großen, wirklichen Versuchs der Kolonisation und ein konkretes politisches und ökonomisches Programm sein, das bislang fehlte.

„In einem gerechten Bund mit dem arabischen Volke wollen wir die gemeinsame Wohnstätte zu einem wirtschaftlich und kulturell blühenden Gemeinwesen machen, dessen Ausbau jedem seiner nationalen Glieder eine ungestörte autonome Entwicklung sichert ... In diesem sozialen Charakter unseres nationalen Ideals liegt die mächtige Bürgschaft für unsere Zuversicht, daß zwischen uns und dem arbeitenden arabischen Volke eine tiefe und dauernde Solidarität der wirklichen Interessen sich offenbaren wird, die alle von den Verwirrungen des Augenblicks erzeugten Gegensätze überwinden muß."

Diese Resolution verdeutlicht, warum der zionistische Sozialismus, den Buber für Hapoel Hazaïr vertrat, untrennbar mit der Sorge um die arabischen Arbeiter und die arabischen Völker verbunden ist sowie mit der Weigerung, europäische Methoden und imperialistische Kolonisation auf Palästina zu übertragen. In dieser Resolution lag der große Fortschritt der zweiten Alijah gegenüber der *Bilui,* die Araber einstellte, um ihre Arbeit für sie verrichten zu lassen. Aber die zionistische Bewegung als Ganzes hatte noch nicht den Anschluß an die gemeinschaftlichen sozialistischen Realitäten, die in Palästina aufgebaut wurden, gefunden, *auch nicht* an die höchste Priorität der Arbeit in Richtung auf eine Kooperation mit den arabischen Einwohnern des Landes. Hier und da sprach zu dieser Zeit eine mutige Stimme wie die Achad Haams klar und wahr, aber ansonsten wurde das Problem weitgehend ignoriert. Zu der Zeit jedoch gab es noch die Möglichkeit, von der Buber sprach, denn die Situation hatte sich noch nicht in politische Schlagworte oder tragische Wirklichkeit polarisiert; in Zionismus versus Antizionismus, in Juden, die Palästina auf Kosten der Araber bewohnen, oder Araber, die die Juden ins Meer treiben wollen. 1921 und in den folgenden Jahren seines Lebens wies Buber mit allem ihm zur Verfügung stehenden Ernst, Eifer und Verantwortlichkeit auf den „schmalen Grat" zwischen den katastrophalen Extremen hin. Hier ging es nicht nur um ein „arabisches Problem", so wichtig das auch war, sondern um die ganze Frage des jüdischen Nationalismus. Buber und seine Freunde erkannten die zentrale Bedeutung der arabischen Frage für den jüdischen Nationalismus gerade deshalb, weil sie erkannten, daß die Einmaligkeit des jüdischen Volkes nicht erhalten werden könne, wenn es eine „moderne" Nation werden würde, die ihre eigenen Interessen über die aller anderen stellte.

Oberflächlich gesehen, war Buber erfolgreich, denn es gelang ihm, eine in diesem Sinne verfaßte Resolution im Kongreß durchzusetzen. Mit Ausnahme des Kongresses von 1901 erreichte Buber hier tatsächlich seinen einzigen Erfolg im Rahmen praktischer zionistischer Parteipolitik. Aber es war nur scheinbar ein Erfolg. Als Buber die Resolution schließlich durch das Redaktionskomitee gebracht hatte, hatte sie das meiste ihrer Wirksamkeit verloren. Auch wurde nie ein ernsthafter Versuch gemacht, sie in die Praxis umzusetzen. Robert Weltsch weist darauf hin, daß der Kongreß es nie gewagt hätte, solch einen Vorschlag abzulehnen, denn das hätte der arabischen und englischen antizionistischen Behauptung, daß die Zionisten die Araber unterdrücken wollten, Nahrung gegeben. Aber das Redaktionskomitee versuchte Bubers Originaltext so weit wie möglich zu verwässern, wie Buber selbst sechsundzwanzig Jahre später aus Anlaß von Judah Magnes' siebzigstem Geburtstag enthüllte. Buber erlebte die Handlung des Komitees als tiefen persönlichen Schock, der ihn dahin führte, sich wieder einmal von aktiver zionistischer Politik zurückzuziehen:

> „Vor vielen Jahren, als ich auf dem Zionistenkongreß für einen jüdisch-arabischen Bund kämpfte, hatte ich ein Erlebnis, das mich erschreckte und mein späteres Leben bestimmen sollte. Ich hatte einen Resolutionsantrag entworfen, der die Gemeinsamkeit der Interessen der beiden Völker betonte und den Weg für eine Zusammenarbeit zwischen ihnen aufwies, der einzige Weg, der zum Heil des Landes und seiner beiden Völker führen kann ... Da geschah etwas, was für einen Berufspolitiker etwas durchaus Gewohntes und Selbstverständliches ist, mich jedoch so erschreckte, daß ich mich bis heute nicht völlig von jenem Tag erholen konnte. In dem Redaktionskomitee, das zum großen Teil aus alten Freunden von mir bestand, schlug man eine kleine Änderung und noch eine kleine Änderung und dann noch eine Änderung vor ... Ich rang jeweils um meinen Textvorschlag, aber ich gab auch immer wieder nach und verzichtete, wenn die Sache davon abhing. Als das Redaktionskomitee seine Arbeit beendet hatte und mir der vereinbarte Textvorschlag in Reinschrift ins Hotel gebracht wurde, sah ich zwar eine Reihe von schönen und überzeugenden Sätzen, aber das Mark und Blut meiner ursprünglichen Forderung waren nicht mehr darin."

Wenn wir die Resolution, die verabschiedet wurde, mit dem von Buber vorgeschlagenen Originalentwurf vergleichen, so zeigt sich, daß genau das ausgelassen wurde, was Buber und der zionistischen Jugend, für die er sprach, die Versicherung gab, daß es sich nicht nur um leere Phrasen handelte: die Notwendigkeit eines gemeinschaftlichen, sozialistischen Aufbaus des Landes, der *nicht* alle Übel der Ausbeutung und Unterdrückung, die jede kapitalistische Expansion Europas immer mit sich gebracht hatte, nach sich ziehen würde. „Sie hat ... die Anmeldung unseres Anspruchs so gründlich mit der Werbung für Englands Mandat verquickt, daß wir in Europa und Asien als ‚Handlanger des britischen Imperialismus' gelten – ein falsches, aber schwer zu berichtigendes Schlagwort."

Buber beschuldigte die Mehrheit der Zionisten, zu vergessen, daß Israels Souveränität auch die Souveränität seiner Rivalen und seiner Feinde ist, daß der Herr, der die Kinder Israels aus dem Lande Ägypten geführt hat, auch die Philister aus Caphtor und die Syrer aus Kir (Amos 9, 7) führte. Im Geist dieses Internationalismus unternahmen Buber und einige Freunde den Versuch, aus Anlaß des Kongresses eine „Jüdische Gesellschaft für internationale Verständigung“ zu gründen, eine Vereinigung echter menschlicher Gemeinschaften, die die gegenwärtige, übermächtige Methode der Politik – als der offene oder geheime Versuch einer *Ausbeutung* der menschlichen Seele – durch die Methode der *Erziehung* – als der große Versuch einer Entfaltung der menschlichen Seele – ersetzen sollte. Dieser Vorschlag enthielt den Kern eines von Bubers wichtigsten späteren Beiträgen zur Philosophie der Erziehung: die Unterscheidung zwischen dem Propagandisten, der seine „Wahrheit“ denen, die er manipuliert, auferlegt, und dem wahren Erzieher, dem es um die Entfaltung des anderen geht und der darauf vertraut, daß jeder seine eigene einzigartige Beziehung zur Wahrheit, für die der Erzieher Zeugnis ablegt, finden wird: „Alle wirkliche Erziehung ist Hilfe zur Selbstentdeckung und Selbstentfaltung.“

Das Urübel des modernen Menschen, so schrieb Buber in „Die Aufgabe“ (1922), ist die „Politisierung“ des ganzen Lebens, „die sich schon anschickt, ihn und seine Welt zu vernichten.“ Die erzieherische Haltung, die dieser Herrschaft des Politischen entgegensteht, ist die *Antwort* „in dieser Stunde der Pein, der Frage, der Auflehnung“. Woraufhin wir erziehen, hängt von unserem Wollen ohne Willkür, ohne Eigenmächtigkeit ab, anderen gegenüberzutreten und zu antworten, anstatt sie zu erleben und zu benutzen, ihnen wahrhaft gegenwärtig zu sein, „Du zu ihnen sagen, das Du in ihnen erweckend.“

8. Kapitel

Aufstieg zu *Ich und Du*

(1916–1923)

Als Buber das Manuskript meines Buches *Martin Buber. The Life of Dialogue* (1955) las, kam ihm ein Zitat aus seinem Buch *Daniel* in den Sinn, das das Königreich Gottes beschreibt als „das Reich Gottes", als „das Reich der Gefahr und des Wagnisses, des ewigen Beginnens und des ewigen Werdens, des aufgetanen Geistes und der tiefen Verwirklichung, das Reich der heiligen Unsicherheit". „Heute", erklärte Buber, „würde ich das Königreich nicht mehr so extravagant beschreiben! (*Daniel* ist noch zu sehr ein Buch des ‚leichten Wortes')." Die Folge des Durchbruchs zum Dialog, zu dem Buber durch den Krieg und den Mord an Landauer gelangte, war sein schmerzhaftes Fortschreiten vom „leichten Wort" zum schweren: als er sich „im Sturm des Weltkrieges, der die innerste Bedrohung des Menschen offenbar machte, zum strengen Dienst am Wort durchgerungen hatte und das Erbe so hart erwarb, wie wenn ich es nie zu besitzen gemeint hätte."

In *Ich und Du* war die poetische Schönheit von *Daniel* jetzt durch einen alles umfassenden Zweck gemeistert; poetische und Begriffssprache sind vollkommen zu einer einzigen Ausdrucksform verschmolzen. Ein gelegentlicher Ausruf in Form einer rein lyrischen Zeile erscheint nicht als Verzierung, sondern als Höhepunkt, wie in Bubers Beschreibung der Menschen, die sich selbst in die Welt des Es einschließen und sich vor der Offenheit des Du schützen: „O, einsames Angesicht sternhaft im Dunkel, o lebendiger Finger auf einer unempfindlichen Stirn, o verhallender Schritt."

Wie der *Zaddik*, der ausruft: „Ehe daß ich schön rede, möge ich stumm werden!" Bubers Weg vom „leichten Wort" zum schweren war ein Weg vom „schön sprechen" zur Zurückweisung jeglichen Ausdrucks, der nicht völlig von der Intention und Hingabe an das Wort gemeistert war. Auf diesem Weg vom „leichten Wort" zum schweren entwickelte Buber seine Philosophie des „Wortes", des Wortes, das gesprochen wird, der Sprache als Ereignis und des Ereignisses als Sprache, von der Welt als Wort und von menschlicher Existenz als Angesprochensein und als Antwort. Das gesprochene Wort im Gegensatz zum geschriebenen ist die große Entdeckung, die große Wiederentdeckung des dialogischen Lebens. Das wirkliche gesprochene Wort wird im Kontext der Beziehung gesprochen, der Gegenseitigkeit und erhält seine Bedeutung gerade daraus, daß es von einer Person gesprochen und von einer anderen gehört wird, die sich, auf völlig anderem Boden stehend, darauf bezieht. Sprache ist der hohe Weg, auf dem das Du seine volle Wirklichkeit im Erkennen und Erkanntsein, Lieben und Geliebtwerden erreicht, und als solches ist sie das wirkliche Gleichnis der Beziehung zu Gott, „darin wahrhafter Ansprache wahrhafte Antwort zuteil wird. Nur daß in Gottes Antwort sich alles, sich das All als Sprache offenbart." Wirkliches Sprechen findet aus der Spannung statt, sagte Buber 1923. Sprache ist nicht Gemeinschaft, sondern Vielfalt. Sie wird aus einer lebenden Dynamik geboren. Diese fruchtbare essentielle Spannung, die durch Sprache ausgedrückt wird, wird für uns zum Anreiz, aufeinander zuzugehen: „Die Schechina ist zwischen den Wesen."

In seinem Nachwort „Die Geschichte des dialogischen Prinzips" erzählt Buber, daß er in der Lage war, die endgültige Fassung von *Ich und Du* zu schreiben, „nachdem ich den Gedankengang im Januar und Februar 1922 in einem Kolleg über ‚Religion als Gegenwart' des von Rosenzweig gegründeten und geleiteten Freien Jüdischen Lehrhauses in Frankfurt/Main vorgetragen hatte." Rivka Horwitz hat diese Vorlesungen unter dem Titel „Religion als Gegenwart" in den Mittelpunkt ihres Buches *Martin Buber's Way to I and Thou* (1978) gestellt, denn die vierte, fünfte, sechste und achte Vorlesung stellen eine frühe Version von Teilen des ersten und dritten Teils von *Ich und Du* dar. Dies ist das bemerkenswerte Beispiel eines mündlichen und dialogischen Ursprungs eines klassischen Stücks Literatur. Wenn die poetische Qualität und das gemeisterte Ganze auch erst später erreicht wurden, sind dennoch viele Passagen fast Wort für Wort übernommen worden.

Als *Ich und Du* 1958 für seine zweite amerikanische Ausgabe vorbereitet wurde, sagte Buber mir, daß er den Originaltext nicht mehr ändern werde, da das Ganze in einer Art kreativer Ekstase geschrieben worden sei, an der auch der Autor selbst rückwirkend nichts ändern dürfe. „Damals habe ich, was ich schrieb, in einer unwiderstehlichen Begeisterung geschrieben", sagte Buber andernorts. „Und was solche Begeisterung einem eingab, darf man nicht mehr ändern, auch nicht um der Exaktheit willen. Denn man kann nur ermessen, was man gewänne, nicht aber, was verlorenginge."

„Nun, ich brauche ja glücklicherweise meine Sprache nicht zu wählen", sagte Buber von *Ich und Du*; „das, was zu sagen war, hat sie gemacht, wie der Baum seine Rinde macht." Es gibt poetische Reste des

Stils früherer Werke in *Ich und Du*: „Solange der Himmel des Du über mir ausgespannt ist, kauern die Winde der Ursächlichkeit an meinen Fersen, und der Wirbel des Verhängnisses gerinnt." Poetische Motive erscheinen wieder. Das Feiern der Gefahr in *Daniel* als die „heilige Unsicherheit" des verwirklichenden Menschen taucht jetzt wieder auf im spiralförmigen Abstieg von Kulturen durch die geistige Unterwelt, der auch ein Aufstieg zur Wende, dem Durchbruch, zur „Probe der letzten Finsternis" ist. Diese Passage endet mit einem nicht gekennzeichneten Hölderlin-Zitat, dessen Geist auch Daniel unterwies: „Wo aber Gefahr ist, wächst das Rettende auch."

Weil das Absolute vom Menschen als das Du erfahren wird, versicherte Buber 1919 – im Gegensatz zu seiner früheren Lehre –, daß nicht Gott sich ändert, sondern nur die Gotteserscheinung, die Manifestation des Göttlichen im symbolschaffenden Geist des Menschen, bis kein Symbol mehr angemessen ist und das Leben zwischen Mensch und Mensch selbst ein Symbol wird, „bis Gott leibhaft gegenwärtig wird, wenn ein Mensch einem Menschen die Hände reicht." Der Mensch, der sein ganzes Sein durch den Kontakt mit dem Unbedingten beeinflussen läßt, muß sich davor hüten, es zu einem „Erlebnis" zu psychologisieren, fügte Buber hinzu, indem er sich von einem seiner eigenen Schlüsselbegriffe abwandte, den er jetzt mit Stimmung und oberflächlicher Emotionalität anstatt mit wirklicher Antwort assoziierte. „Ich bin einigermaßen an die Hölle gewöhnt, die der Mißbrauch dieses Wortes bedeutet", sagte Buber in seinen Vorlesungen „Religion als Gegenwart". Fritz Kaufmann korrigierend, der versicherte, daß sein Begriff der *Begegnung* seinen Ursprung in *Erlebnis* habe, bezeugte Buber später:

> „In Wahrheit ist er auf dem Wege meines Denkens, aus der Kritik des Erlebnisbegriffs, dem ich in meiner Jugend anhing, aus einer radikalen Selbstberichtigung entstanden. ‚Erlebnis' gehört der exklusiv individuierten psychischen Sphäre an; ‚Begegnung' oder … ‚Beziehung' transzendiert diese Sphäre von den Ursprüngen an. Die psychologische Reduktion des Seins, seine Psychologisierung hat auf mich in jungen Jahren destruktiv gewirkt, weil sie mir die Grundlage der menschlichen Wirklichkeit, das Auf-einander-zu, entzog. Erst viel später, in der Umkehr meines Denkens, die mich kämpfen lehrte, habe ich die Wirklichkeit unverlierbar gewonnen."

Was heute *Erlebnis* genannt wird, verändert das Leben zu einem Nießbrauch von Dingen für den Gebrauch unserer Subjektivität, so daß nichts bleibt als unstete Augenblicke, Erlebnisse, kostbare Augenblicke der Seele. All diesen Versuchen ist gemeinsam, daß sie das religiöse Geschehen *in* der Person sehen, in jener eingeschlossenen Sphäre, die die Psychologie ‚Seele' nennt. Unter dem „Religiösen" wird heute zumeist

Inwendigkeit, religiöses „Gefühl“ verstanden. Wirklich von Bedeutung ist jedoch nicht das Erlebnis des Lebens, sondern das Leben selbst, nicht das „religiöse Erleben“, sondern das religiöse Leben. Im religiösen Leben taucht nicht Gott auf, sondern der Mensch, der ausgeht, um Gott zu begegnen, und was in diesem Leben verwirklicht wird, ist nicht Gott, sondern vielmehr die Vorbereitung der Welt für Gott als einen Platz für seine Wirklichkeit – der Prozeß, Gott und seine Welt eins zu machen.

Seinen Angriff auf *das Erlebnis* verband Buber also mit einem Angriff auf „die große Narrheit unserer Zeit“, die eines werdenden Gottes, der verwirklicht werden muß und durch den menschlichen Geist hervorgebracht wird. Gegen die „hoffnungslos verkehrte Auffassung, Gott sei nicht, sondern werde“, setzt Buber jetzt die Urgewißheit des göttlichen *Seins*, das uns in den Stand setzt, die ungeheure Bedeutung des göttlichen Werdens zu spüren, in der Gott sich selbst seiner Schöpfung mitteilt und am Schicksal ihrer Freiheit teilnimmt. Hier war nicht die Zurückweisung des „Werdens“ zugunsten des „Seins“ wesentlich, sondern die Zurückweisung der Höherentwicklung von Subjektivität zugunsten der aus ganzem Herzen erwachsenen Begegnung mit *Anderheit*.

Als Buber die letzte Version von *Ich und Du* schrieb, war er vollständig in jüdische Erziehung und jüdische geistige Angelegenheiten versunken. Trotz alledem und obwohl *Ich und Du* ohne die Weisheit des Chassidismus und der hebräischen Bibel undenkbar wäre, ist es seiner Form und seiner Absicht nach ein universelles Buch, das nicht nur den jüdischen Menschen angeht, sondern auch den modernen westlichen Menschen. Dieser Durchbruch zur klassisch-universellen Aussage war notwendig, bevor Buber zu dem besonderen Werk zum Chassidismus und zur Übersetzung und Deutung der hebräischen Bibel (was ihn bis zum Lebensende sehr beschäftigte) voran- und nicht zurückgehen konnte.

> „Wenn ich selbst etwas als den ‚zentralen Teil meines Lebenswerkes‘ bestimmen sollte, dann könnte es nichts Einzelnes sein, sondern nur die eine grundlegende Einsicht, die mich nicht nur zum Bibelstudium wie auch zum Studium des Chassidismus führte, sondern auch zu einer unabhängigen philosophischen Darlegung: daß die Ich-Du-Beziehung zu Gott und die Ich-Du-Beziehung zu den Menschen im Grunde miteinander verwandt sind.“

Als Buber begann, seine Philosophie des Dialogs zu begreifen und schriftlich auszudrücken, war er mit keiner damit verwandten Lehre seiner Zeit vertraut. Innerhalb weniger Jahre danach begegnete er dann aber Ferdinand Ebner, Franz Rosenzweig und anderen und erkannte, daß in der Stille eine kleine Gruppe entstanden war, die aus der Fülle des Leidens durch die große Verirrung eine neue Grundlage menschlicher

Lebensmöglichkeiten gefunden hatte und so ein neues, sinnvolles und bewahrendes Weltbild enthüllte. Nach dem ersten, noch schwerfälligen Entwurf von *Ich und Du* im Herbst 1919 durchlief Buber zwei Jahre „einer geistigen *Askese*", in der er fast keine Arbeit außer an chassidischem Material tun konnte und keine *Philosophica,* ausgenommen Descartes' *Discours de la Methode,* lesen konnte. Er las Ebners *Das Wort und die geistigen Realitäten* (1921), Hermann Cohens *Religion der Vernunft aus den Quellen des Judentums* (1919) und Rosenzweigs *Stern der Erlösung* (1921) „erst spät, verspätet", so daß sie sein eigenes Denken nicht beeinflußten. Ebners Buch zeigte Buber „wie kein anderes seitdem, stellenweise in einer fast unheimlichen Nähe, daß in dieser unserer Zeit Menschen verschiedenster Art und Tradition sich auf die Suche nach dem verschütteten Gut begeben haben." Die gedankliche Nähe, die Buber erlebte, lag in Ebners Beharren darauf, daß Gott ein Du ist, das nicht zum Es werden kann. Es bestand allerdings auch eine Ferne, nicht nur zu Ebners Christologie, sondern auch zu dessen Abwendung von der Ich-Du-Beziehung zwischen Mensch und Mensch. In diesen beiden Interpretationen war Ebner ein getreuer Schüler Kierkegaards, Buber statt dessen ein rebellischer. Ebner

> „bekennt sich, in direkterer Weise als Kierkegaard, als einer, der das Du im Menschen nicht zu finden vermochte … Zwar postuliert er auch, wie Kierkegaard: ‚Der Mensch soll nicht nur Gott, sondern auch den Menschen lieben, aber wo es um die Eigentlichkeit des Daseins geht, entschwindet auch ihm alles andere Du vor dem Gottes.'"

Die stete Klarheit der Vision und die innere Notwendigkeit, *Ich und Du* zu schreiben, erreichten Buber einige Jahre, bevor auch er die richtigen Worte fand und das Buch in seiner endgültigen Form vollenden konnte. Von 1916 bis 1919 stellte Buber sich *Ich und Du* als den ersten Band eines fünfbändigen, systematischen und umfassenden Werkes vor. Der sehr systematische Charakter des Projekts entfremdete Buber zunehmend von sich selber, und er fand das richtige Wort erst, als er das, was er zu sagen hatte, zu einem kleinen unsystematischen Band verdichtete.

Um seine Erfahrungen in das menschliche Gedankengut einfügen zu können, mußte Buber das Einmalige und Besondere auf das Allgemeine beziehen, das, was seiner Natur nach unfaßbar ist, in Konzepten, die benutzt und mitgeteilt werden konnten, ausdrücken, ein Es aus dem machen, was Buber als und durch Ich-Du erfahren hatte. Er mußte die Dualität der Grundworte, die „der Grundverhalt im Leben jedes Menschen mit allem Seienden ist", dem jedoch bis dahin kaum Beachtung geschenkt worden war, manifest machen: „Eine vernachlässigte, verdunkelte Wirklichkeit war sichtbar zu machen." Aber das berechtigte ihn nicht, das Sein als solches zu behandeln, sondern nur die menschliche zwiefältige Beziehung zu ihm. Daher mußte sein Philosophieren im wesentlichen ein anthropologisches sein, welches die Frage, wie der Mensch möglich ist, zum zentralen Thema hatte. Seine Aufgabe war nicht, eine Lehre ausführlich darzulegen, sondern auf eine Wirklichkeit hinzuweisen – seinen Partner bei der Hand zu nehmen, ihn ans Fenster zu führen und auf das zu zeigen, was draußen ist. „Ich habe keine Lehre, aber ich führe ein Gespräch", bezeugte Buber. Solch ein Gespräch kann niemals ein System sein, denn ein System ist immer monologisch.

> „Dem, was ich zu sagen hatte, geziemte keine Systematik. Zusammenhang geziemte ihm, geschlossener Zusammenhang, aber kein zusammenschließender. Ich durfte nicht über meine Erfahrung hinauslangen und wünschte mir nie, es zu dürfen. Ich zeuge für Erfahrung und appelliere an Erfahrung. Die Erfahrung, für die ich zeuge, ist naturgemäß eine begrenzte. Aber sie ist nicht als eine ‚subjektive' zu verstehen. Ich habe sie durch meinen Appell erprobt und erprobe sie immer neu. Ich sage zu dem, der mich hört: ‚Es ist deine Erfahrung. Besinne dich auf sie, und worauf du dich nicht besinnen kannst, wage, es als Erfahrung zu erlangen.'"

In „Ekstatische Konfessionen" (1909) sprach Buber von der Gnade der Einheit, die durch das Anschauen eines Steinhaufens entzündet werden kann. Man ist nicht länger gewahr, daß man einen Stein anschaut, schrieb er; man erlebt nur Einheit, die Welt: sich selbst. Alle Kräfte sind vereint und werden als Einheit gefühlt, und in ihrer Mitte lebt und leuchtet der Stein, der betrachtet wird. Die Seele erlebt die Einheit des „Ich" und in ihr die Einheit von „Ich" und der Welt; es ist nicht länger ein Inhalt, sondern das, was unendlich mehr als aller Inhalt ist. Dies ist die Einheit, die getrennt von der Welt verwirklicht wird, die Einheit des nicht-dualistischen Mystikers, den *Daniel* später als einen der falschen Wege, von dem der gläubige Mensch sich abwandte, beschreiben sollte. Ein ähnliches Ereignis beim Anschauen eines Stücks Glimmerschiefer kommentierend, sagte Buber drei Jahre später, das einzig wirkliche „Ich" sei das „Ich", das durch die Erweckung von Spannung erzeugt werde: „nur Polarität, nur Strom, nur Verbindung kann ‚Ich' werden." Dementsprechend wies Buber in der Einführung zu *Die Rede, die Lehre und das Lied* (1917) ausdrücklich seine Behandlung der Einheit in „Ekstatische Konfessionen" zugunsten der des fünften Dialogs in *Daniel* zurück.

Bubers Neuinterpretation seiner früheren mystischen Erfahrung im Licht späterer Erfahrung und späteren Denkens zeigt die Grenzen jeder Einzelerfahrung, selbst einer mystischen, für das Erbringen dauerhaften gültigen Wissens auf. Aber sie zeigt auch, wie alle vorangegangenen Erfahrungen einfließen und Material für ein Wachsen der Weisheit, die kein früheres Stadium zurückweist, aber auch nicht einer bestimmten

Formulierung verhaftet bleibt, werden kann. Es stimme nicht, wie Buber in diesem Dialog ausdrückt, daß ein Erlebnis sich einfach ans andere reiht und dadurch die Wahrheit des ersten enthüllt. Im Gegenteil, unsere Interpretation jedes der aufeinander folgenden Erlebnisse ist selbst ein Dialog mit dem Erlebnis. Die Wahrheit, die wir erhalten, ist das Ergebnis dieses aktiven Dialogs, nicht der passive Abdruck des Erlebnisses selbst. So nahm Buber in *Ich und Du* (1923) das Erlebnis des Anschauens des Stücks Glimmerschiefer wieder auf, nur um festzustellen, daß das aus der Erfahrung gewonnene Wissen begrenzt ist:

> „O Glimmerstück, welches anschauend ich einst zuerst verstand, daß Ich nicht etwas ‚in mir' ist – mit dir war ich dennoch nur in mir verbunden; nur in mir, nicht zwischen dir und mir hat es sich damals begeben."

So blieb das Ereignis selbst Buber gegenwärtig als verborgener Vorrat potentiellen Wissens, nicht bloß neu gedeutet, sondern im Licht neuer Ereignisse immer tiefer verstanden.

1958 sagte Buber mir gegenüber, daß er, wenn er *Ich und Du* noch einmal schreiben sollte, die Ich-Du-Beziehung mit der Natur nicht leugnen würde, allerdings würde er auch nicht dieselbe Terminologie für die Beziehung zwischen Mensch und Mensch und die zwischen Mensch und Natur gebrauchen. In *Ich und Du* ist das Gefühl der Beziehung zur Natur – zu Bäumen und Tieren und Sternen, die Bubers Schriften von seinen frühen Essays über Böhme an charakterisierten, voll gegenwärtig, aber nun nicht auf eine Weise, die Empathie oder Identifikation impliziert oder die Andersartigkeit und Distanz dieser nichtmenschlichen Wirklichkeit, auf die man antwortet, minimiert. Der Baum transzendiert jedes Spiel der Vorstellung oder der Stimmung. „Er leibt mir gegenüber und hat mit mir zu schaffen, wie ich mit ihm – nur anders." Jetzt ist nicht nur das Pferd auf des Vaters Hof unheimlich, sondern die Katze im Haushalt (Martin und Paula Buber waren große Katzenliebhaber und hatten immer Katzen im Hause).

Was Bubers Kindheitserlebnis der „Vergegnung" ihn lehrte, etwas – wie er zehn Jahre später erkannte – was jeden anging –, das begriff er jetzt als grundlegend für die Personwerdung jedes Kindes. Jetzt wird Bachofens „Große Mutter" zur kosmischen Verbindung, die das Kind verliert – nicht im Austausch für den Schrecken der Unendlichkeit, sondern für das Immer-neue-sich-Distanzieren und Sich-Beziehen des Ich-Du.

> „Aber jene Ablösung geschieht nicht wie die von der leiblichen Mutter, plötzlich und katastrophal; es ist dem Menschenkind Frist gewährt, für die verlorengehende naturhafte Verbundenheit mit der Welt geisthafte, das ist Beziehung, einzutauschen. Es ist aus der

> glühenden Finsternis des Chaos in die kühle, lichte Schöpfung getreten."

Die „kühle, lichte Schöpfung" ist nicht etwas, das dem Kind zum Besitz gegeben wird. Vielmehr muß es sie hervorziehen und selbst zu einer Wirklichkeit machen. Es gibt in der Tat für das Kind keine „Dinge", bis dieses Tasten und Ausgreifen als „die Auseinandersetzung mit einem ... lebendig wirkenden Gegenüber" stattgefunden hat. Dies enthält eine Wissenstheorie, der aber wiederum eine Anthropologie zugrunde liegt, ein Verständnis von dem, was der Mensch *als Mensch* ist – und eine Ontologie, ein Urteil darüber, was „wirklich wirklich" ist. Auf dem tiefsten Grund aber ist das existentielle Vertrauen zu finden, das schon implizit war in der Verbindung von Bubers Annahme der Trennung von seiner Mutter und seiner Bereitschaft, wieder hinauszugehen und dem zu begegnen, was ihm entgegenkam, um ihm zu begegnen. Nur durch die Ich-Du-Beziehung, durch das Hinaustreten, um dem anderen zu begegnen, *und* dadurch, daß der andere ihm begegnet, wird das Kind, das Individuum überhaupt, zur Person: „Unerforschlich einbegriffen leben wir in der strömenden All-Gegenseitigkeit."

Die Begegnung mit dem Du ist wie Daniels „Reich der heiligen Unsicherheit": „wunderliche, lyrisch-dramatische Episoden, von einem verführenden Zauber wohl, aber gefährlich ins Äußerste reißend, den erprobten Zusammenhang lockernd, mehr Frage als Zufriedenheit hinterlassend, die Sicherheit erschütternd". Doch es ist nicht nur die Unsicherheit der Gefahr und Offenheit, sondern auch die des persönlichen Engagements und gegenseitigen Gebens, des Vertrauens, das „die erhabene Schwermut unseres Loses akzeptiert, daß jedes *Du* in unserer Welt zum *Es* werden muß", egal wie ausschließlich gegenwärtig das Du in der direkten Beziehung war. Über sie kann man sich mit anderen nicht verständigen.

> „Aber sie lehrt dich anderen begegnen und ihrer Begegnung standhalten; und sie führt dich durch die Huld ihrer Ankünfte und durch die Wehmut ihrer Abschiede zu dem Du hin, in dem die Linien der Beziehungen, die parallelen, sich schneiden. Sie hilft dir nicht, dich im Leben zu erhalten, hilft dir nur, die Ewigkeit zu ahnen."

Die Ankünfte des Du sind nicht deshalb huldvoll, weil wir völlig von der Gnade abhängen, sondern weil wir nicht beide Seiten des Dialogs willentlich herbeiführen können. Seine Abschiede sind wehmütig, weil wir zur Es-Welt zurückkehren müssen: „Ohne Es kann der Mensch nicht leben." Der Mensch jedoch, der mit Es allein lebt, hat authentische menschliche Existenz so vollständig verfehlt, daß er nicht menschlich ist. Das Individuum findet die Bedeutung seiner Existenz im „Zwischen", in der Wirklichkeit des Geistes, die in seiner menschlichen Manifestation eine Antwort des Menschen an sein Du ist. „Alles wirkliche Leben ist Begegnung."

Wieder und wieder kann „das Gegenständliche zu Gegenwart entbrennen, einkehren zum Element, daraus es kam, von Menschen gegenwärtig geschaut und gelebt werden." Bevor wir begreifen, was uns als Objekt gegenübersteht, bevor wir es mit anderen Objekten vergleichen, es klassifizieren und analysieren und es in der Struktur unseres Wissens registrieren, sehen wir es mit der Kraft der Gegenwart und begreifen es dadurch in seiner unvergleichlichen Einzigartigkeit. Wir kennen diese Einzigartigkeit, während wir ihr begegnen und während sie, in gewissem Sinne, kommt, um uns zu begegnen. Zusammen mit all den Sinneswahrnehmungen und den Geisteskategorien spüren wir den Einschlag wirklicher Anderheit. Buber berichtet, daß er mehrere Male in seiner Jugend ein Objekt fixieren wollte, es sozusagen zwingen wollte, um durch dies Tun herauszufinden, daß es „nur" seine Vorstellung war. Jedesmal, wenn er dies versuchte, widerlegte das Objekt ihn durch die stumme Kraft seines Seins! Der Mensch, der das Ereignis aus dem *Es* feststehender Vorstellungen befreit „und wieder gegenwärtig schaut, erfüllt den Sinn jenes Erkenntnisaktes als eines zwischen den Menschen wirklichen und wirkenden."

Bubers Beziehung zu seiner Frau Paula war wahrscheinlich für die Entwicklung seiner Ich-Du-Philosophie als Ganzes entscheidender als jedes der Ereignisse und Begegnungen, mit denen wir uns beschäftigt haben. Bubers dialogisches Denken konnte nur aus der Ehe mit dieser starken und wirklich „anderen" Frau, dieser modernen Ruth, die ihre Familie, ihre Heimat und ihre Religion und schließlich ihr Land und ihr Volk für ihn verlassen hatte, erwachsen. Die fundamentale Wirklichkeit dialogischen Lebens – die Bestätigung und Umfassung der Anderheit – wurde in der Liebe und der Ehe, der Spannung und der Kameradschaft seiner Beziehung zu Paula verstanden und verbürgt.

War das Ausbleiben der Rückkehr von Bubers Mutter, als er vier Jahre alt war, die entscheidende „Vergegnung" seines Lebens, so war Martin Bubers Ehe mit Paula Buber die entscheidende *Begegnung* – eine, die nur auf Grund der bemerkenswerten persönlichen Stärke, die jeder von ihnen besaß, ihrer sehr wirklichen Anderheit und der Größe ihrer Liebe so sein konnte. Wenn diese Begegnung die innere Spaltung, die das Verschwinden seiner Mutter hervorgebracht hatte, nicht gänzlich entfernte, machte sie dennoch ein vertrauensvolles Leben möglich, in dem Buber die Stärke wiederfand, hinauszugehen und dem einzigartigen und unvorhersehbaren Menschen oder der Situation als seinem Du zu begegnen. Die drohende Unsicherheit in Bubers Wesen, kommentierte Grete Schaeder scharfsichtig, verringerte sich, als er Paula Winkler traf und heiratete. Man kann weitergehen und sagen, daß das existentielle Vertrauen, das *Ich und Du* und allen reifen Werken von Buber zugrunde liegt, ohne seine Beziehung zu seiner Frau undenkbar gewesen wäre. Dies ist vielleicht der einmalige Fall eines Philosophen, dessen Denken nicht seinem individuellen Wesen, sondern dem „Zwischen", das er zuerst und vor allem in seiner Ehe erfuhr, entsprang.

Die genaue Wirkung von Paulas Stärke – ihre Integrität, ihre Ehrlichkeit und ihre Verantwortlichkeit – wird dargestellt in einem Gedicht, das Buber für sie an seinem fünfzigsten Geburtstag 1928 schrieb:

Am Tag der Rückschau
Der Schweifende sprach zu mir: Ich bin der Geist.
Die Schillernde sprach zu mir: Ich bin die Welt.
Er hatte mich mit Flügeln überkreist.
Sie hatte mich mit Flammenspiel umstellt.
Schon wollt ich ihnen fronen,
Schon war mein Herz genarrt,
Da trat vor die Dämonen
Eine Gegenwart.
Dem Schweifenden sagte sie: Du bist der Wahn.
Der Schillernden sagte sie: Du bist der Trug.
Da ward so Geist wie Welt mir aufgetan,
Die Lüge barst, und was war, war genug.
Du wirktest, daß ich schaue, –
Wirktest? Du lebtest nur,
Du Element und Fraue,
Seele und Natur!

„Am Tag der Rückschau" beschreibt, wie Paula Buber ihrem Gatten half, der Gefahr der Vielfalt seiner Gaben zu entkommen und eine ernsthafte und verantwortungsvolle Richtung inmitten seines Talentreichtums zu finden.

Eine ähnliche Anerkennung Paulas durch Martin erfolgte ein Jahr später in dem Widmungsgedicht zu seinem Buch *Zwiesprache*:

An P.
Der Abgrund und das Weltenlicht,
Zeitnot und Ewigkeitsbegier,
Vision, Ereignis und Gedicht:
Zwiesprache wars und ists mit dir.

Selbst Goethes Epigraph, mit dem Buber *Ich und Du* (nur in der Ausgabe von 1936) eröffnet, wird von Grete Schaeder als versteckte Widmung an Paula verstanden:

So hab ich endlich von dir erharrt:
In allen Elementen Gottes Gegenwart.

In *Ich und Du* spricht Martin Buber Paula Bubers Leitwort nach: „Verantwortung ist die Nabelschnur der Schöpfung."

> „Liebe ist Verantwortung eines Ich für ein Du: hierin besteht, die in keinerlei Gefühl bestehen kann, die Gleichheit aller Liebenden, vom kleinsten bis zum größten, und von dem seelisch Geborgenen, dem sein Leben in dem eines Geliebten Menschen beschlossen ist, zu dem lebelang ans Kreuz der Welt Geschlagenen, der das Ungeheure vermag und wagt: *die Menschen* zu lieben."

Gefühle sind im Menschen, aber der Mensch steht innerhalb der Liebe; denn Liebe waltet zwischen Ich und Du.

In *Ich und Du* ist Bubers Einstellung gegenüber den Beziehungen zwischen Politik, Ökonomie und dem Staat auf der einen, echter Gemeinschaft auf der anderen Seite mit seiner Einstellung zur Liebe und, unausgesprochen, zur Beziehung zwischen Geschlecht und Liebe identisch. Politik, Ökonomie und der Staat sind nicht an sich böse, wie sie es für Gustav Landauer waren, sondern nur, wenn sie vom Ziel des Aufbaus einer echten Gemeinschaft, für den sie legitime Mittel sind, sich verselbständigen. Ökonomie (der Ort des Gewinnstrebens) und der Staat (der Ort des Machtwillens) haben nur so lange am Leben teil, als sie am Geist teilhaben – so lange wie die Strukturen des menschlichen Gemeinschaftslebens ihre lebendige Qualität aus der Macht, in Beziehung zu treten, beziehen. Der Dualismus, der „Geist" in einem Teil, Ökonomie und den Staat in einem anderen Teil behalten will, würde bedeuten, die Bereiche, die von der Es-Welt durchtränkt sind, ein für allemal der Tyrannei zu überlassen *und* somit dem Geist jegliche Wirklichkeit zu rauben. „Denn selbständig ins Leben wirkend ist der Geist niemals an sich, sondern an der Welt: mit seiner die Eswelt durchdringenden und verwandelnden Gewalt."

Ich und Du ist keine Lehre des Kompromisses, sondern des geistigen Realismus. Die Frage ist nicht, was man im allgemeinen tun sollte, sondern was für uns in diesem Augenblick, in dieser Situation möglich und wünschenswert ist. Jene, die statt dessen das Ideal totaler Liebe und Machtverzicht vertreten, berauben die Macht ihrer Richtung, die Liebe ihrer Kraft und das Leben seiner Wirklichkeit. Dies drückte Buber in seinem Gedicht „Gewalt und Liebe" (1926) klar aus:

> – 1 –
> Unsere Hoffnung ist zu neu und zu alt –
> Ich weiß nicht, was uns verbliebe,
> Wäre nicht Liebe verklärte Gewalt
> Und Gewalt nicht irrende Liebe.
> – 2 –
> Verschwör nicht: „Liebe herrsche allein!"
> Magst du's bewähren?

Aber schwöre: An jedem Morgen
Will ich neu um die Grenze sorgen
Zwischen Liebestat – Ja und Gewalttat – Nein
Und vordringend die Wirklichkeit ehren.
– 3 –
Wir können nicht umhin,
Gewalt zu üben,
Dem Zwange nicht entfliehn,
Welt zu betrüben,
So laßt uns, Spruchs bedächtig
Und Widerspruches mächtig
Gewaltig lieben.

Die taoistische Lehre des nichteingreifenden Tuns des ganzen Wesens blieb in Bubers reifem Denken zentral, während andere Aspekte seiner Mystik wegfielen und in seinen Kontrast zwischen „Person" und „Individuum", zwischen dem „freien Menschen" und dem „willkürlichen Menschen" einflossen. „Der freie Mensch ... greift ... nicht mehr ein, und er läßt doch auch nicht bloß geschehen. Er lauscht dem aus sich Werdenden, dem Weg des Wesens in der Welt ... um es selber so zu verwirklichen, wie es von ihm, dessen es bedarf, verwirklicht werden will." Der willkürliche Mensch kennt im Gegensatz dazu weder Begegnung noch Gegenwärtigkeit, sondern nur eine fiebrige, wirre Welt der Zwecke und ein fieberhaftes Verlangen, sie zu gebrauchen.

Der Wunsch des modernen Menschen, Alles oder Nichts zu sein, ist aus der Furcht vor dem unendlichen Universum, mit dem er konfrontiert ist, geboren, und mehr noch aus seinem Mißtrauen gegen die Möglichkeit eines Lebens von Angesicht zu Angesicht mit der Natur oder seinen Mitmenschen. Menschen versuchen, dem unpersönlichen Golem der Institutionen in die „persönliche" Welt der Gefühle zu entkommen, aber Gefühle per se sind nicht persönlicher als Institutionen. Sie sind nur dann persönlich, wenn sie als Nebenprodukt und Begleitung in die Antwort der ganzen Person auf das, was ihr begegnet, eingebracht werden, nicht wenn sie selbst für den Prüfstein der Wirklichkeit gehalten werden. Institutionen gleichen „Anderheit" ohne Engagement, Gefühle gleichen „Engagement" ohne Anderheit.

„Wer wahrhaft zur Welt ausgeht, geht zu Gott aus." Die Welt zu lieben bedeutet, bereit zu sein, der wirklichen Welt mit all ihrer Unheimlichkeit, ihrem Schrecken und ihrem Bösen zu begegnen. Diejenigen, die sich davor fürchten, entfliehen der Begegnung, indem sie die Welt *psychologisieren*, sie in die eigene Gefühls- und Gedankensphäre oder in die eigenen Analysen entrücken. Bubers Opposition gegen das Psychologisieren war in keiner Weise eine Herabsetzung der Psychologie oder Psychotherapie per se, sondern nur Widerstand gegen den Versuch, alle Wirklichkeit unter psychologische oder psychoanalytische Kategorien zu subsumieren. Unter Psychologisieren verstand Buber einen Einschluß der Welt in die Seele, der so weit geht, daß die wesentliche Grundbeziehung, aus der unser Leben seine Bedeutung bezieht, verletzt wird: dem Ich und der Welt, in der die Wirklichkeit geschieht, ins Auge zu sehen. Insoweit die Seele ausschließlich als Ich verstanden wird, wird sie als Verkürzung, als Abstraktion verstanden, nicht in ihrer *ganzen* Existenz. „Die Welt psychologisieren" bedeutet daher den Versuch der Seele, sich völlig von ihrem beziehungsgemäßen Grundcharakter abzulösen. Wie wichtig Buber dieser Fall des Menschen ins Psychologisieren und die Rückwendung des Geistes auf sich selbst war, wird aus der Tatsache ersichtlich, daß die Hauptkategorien von „Zwiesprache", Bubers erster großer Anwendung der Ich-Du-Beziehung auf das Zwischenmenschliche als solches, in diesen Begriffen definiert werden.

Buber übte zu dieser Zeit einen der führenden Einflüsse auf die deutsche Jugendbewegung aus, jene mächtige Strömung politischer, philosophischer, sozialer und religiöser Ideale, die dem Wandervogel folgte. Aber er sah deutlich, wie die Beziehung zwischen sich selbst und einem anderen von jedem Mitglied auf seine eigene Person zurückgeführt wurde: „*Meine* Art ... *Mein* Blut ... *Mein* Schicksal." Diese klare Einsicht übertrug sich auch auf das Erotische. Das Erotische ist fast ausschließlich differenzierter Selbstgenuß, erklärte Buber, aber was im wesentlichen wahrgenommen wird, findet in der eigenen Seele statt. Selbst die Versuche zu spirituellem und religiösem Leben sind mit dem gleichen Gift durchtränkt – dem Gift des menschlichen Geistes, der auf sich selbst zurückgezogen ist und sich vormacht, daß der Geist im Menschen vorkommt.

Wenn man über legitime Selbsterfahrung, das natürliche Wachstum des Bewußtseins hinausgeht, verfällt man laut Buber in *Selbstbeobachtung*; eine Interferenz, die das Wachstum des Selbst willkürlich zu fördern sucht und es gerade dadurch vereitelt. Die tiefere Selbsterfahrung, die man sucht und scheinbar findet, ist in Wirklichkeit eine Entstellung und eine Verblendung, die die Desintegration des Selbst hervorbringt. Legitime Erfahrung ist nur ohne Willkür möglich.

Der Therapeut geht mit dem Patienten als Individuum um, die Krankheit aber ist eine Krankheit des „Zwischen". „Die Krankheiten der Seele sind Krankheiten der Beziehung. Sie könnten vollständig nur behandelt werden, indem ich den Bereich des Patienten transzendiere und die Welt dazunehme. Wenn der Arzt übermenschliche Macht hätte, müßte er die Beziehung selber zu heilen versuchen, im Dazwischen heilen." Buber war sich für die Psychologie selbst der Notwendigkeit bewußt, die Bande des Psychologismus, der alle Ereignisse und Bedeutungen zurück in die Psyche verweist, zu sprengen und den Urgrund der „Heilung aus der Begegnung“, einer Heilung in dem und durch das „Zwischen“ zu erreichen.

Die Psychopathologie hat auf Buber seit seiner Studentenzeit eine aktive Faszination ausgeübt, als er Psychiatrie studierte, Praktika bei Flechsig, Mendel und Bleuler belegte und zu entdecken versuchte, ob eine Begegnung, die Herstellung einer wirklichen Beziehung zwischen einer „geistig gesunden“ und einer „kranken“ Person möglich ist. 1921 schrieb Buber, daß „das Verhältnis einer Seele zu ihrem organischen Leben von dem Grad ihrer Ganzheit und Einheit abhängt. Je abgespaltener von Ganzheit und Einheit, desto preisgegebener ihren Krankheiten und Angriffen von außen; je versammelter und runder, desto besser vermag sie sie zu meistern.“ Die Seele rettet und schützt die Einheit des Körpers. Wenn eine ganze geeinte Seele (wie die des Zaddik) die fahrige Seele ergreift, sie auf allen Seiten bewegt und das Ereignis der Kristallisation verlangt, „da geschieht plötzlich und allsichtbar, was sonst nur im vegetativen Dunkel wächst, die ‚Heilung‘.“ „... sie schafft in der Mitseele, von der sie gerufen wird, Halt und Mitte und um so wahrhafter und vollkommener, je mehr sie dafür Sorge trägt, daß die anrufende Seele nicht von ihr abhängig bleibe.“ Außerdem fällt sie desto weniger ins Psychologisieren zurück.

Psychologisieren entwickelt sich zum Selbstwiderspruch, wenn es so intensiv wird, daß man sein eingeborenes Du nicht länger in die Begegnung mit anderen und der Welt einbringen kann. Hier, am entferntesten Punkt der Leere, ist also der Wendepunkt, eine Wende, die nicht vom Individuum allein bewältigt werden kann, sondern nur durch Gemeinschaft. Aber Gemeinschaft selbst kann in einer Zeit wie der unseren nur aus dem Durchbruch, aus der Umkehr heraus entstehen, wenn das notwendige Bedürfnis durch die äußerste Entzweiung von Selbst und Welt das Motiv und damit die Kraft hierfür liefert. Wirkliche Gemeinschaft beginnt mit der Entdeckung, daß die Wirklichkeit mehr als nur psychologisch ist.

> „Wenn man das weiß, weiß man auch, daß die Gemeinschaft in unserer Zeit immer wieder scheitern muß, daß Versuche dazu immer wieder mißglücken. Das Ungeheure, Furchtbare des Psychologismus waltet so, daß man nicht einfach leicht mit einem Schlag die Heilung, Rettung herbeiführen kann. Aber die Enttäuschungen gehören zum Weg. Es geht kein anderer Weg, als der durch dieses Mißglücken. Das ist der Weg des getreuen Glaubens.“

Wie Verzweiflung in *Daniel* das Tor zur Wirklichkeit ist, so ist Verzweiflung in *Ich und Du* der Boden, aus dem die Umkehr erwächst. Die von Willkür beherrschte Person, die völlig und unlösbar in der Unwirklichkeit verfangen ist, richtet den besten Teil ihrer Geistigkeit darauf, ihre Gedanken über ihr wirkliches Selbst abzuwenden oder zu verschleiern. Aber nur diese Gedanken über das von Wirklichkeit entleerte Ich und über das wirkliche Ich ermöglichen es einem, herabzusinken und im Boden der Verzweiflung Wurzeln zu schlagen, so daß aus Selbstvernichtung und Wiedergeburt der Anfang der Umkehr entstehen kann. Allein durch diese Umkehr kann man dem „ewigen Du" begegnen.

Jede wirkliche Beziehung zu einem Wesen oder einer Wesenheit in der Welt ist in dem Sinne ausschließlich, daß während ihrer Dauer das Du losläßt und einzig hervortritt und jemandem gegenübersteht und alles andere in *seinem* Licht lebt. Nur die Beziehung zum ewigen Du ist sowohl Ausschließlichkeit wie Einschließlichkeit. Dem ewigen Du begegnet man in jedem einzelnen Du, es kann jedoch in keinem von ihnen festgemacht werden. Das ewige Du wird kein „Es", wenn die anderen „Es" werden, nicht weil es eine universelle Essenz des Du ist, sondern weil die gegenwärtige Wirklichkeit, die immer erneute Gegenwart der Begegnung – *ewig* Du ist. Es ist das Band zwischen dem Absoluten und dem Konkreten, Einzelnen, nicht dem Universellen. „Wenn du das Leben der Dinge und der Bedingtheit ergründest, kommst du an das Unauflösbare, wenn du das Leben der Dinge und der Bedingtheit bestreitest, gerätst du vor das Nichts; wenn du das Leben heiligst, begegnest du dem lebendigen Gott." Gott ist der „gänzlich Andere" Karl Barths, aber er ist auch der gänzlich Gleiche, der gänzlich Gegenwärtige. Er ist Rudolf Ottos *Mysterium tremendum*, das erscheint und umstürzt, aber er ist auch das Geheimnis des Selbstverständlichen, mir näher als mein Ich. Dies ist die einzige alles umfassende Beziehung, in der Möglichkeit noch aktuelles Sein ist, das einzige Du, das durch seine Natur niemals aufhört, für uns ein Du zu sein.

Der Mensch, der dem ewigen Du begegnet, ist der freie Mensch des dialogischen Willens. Bereit, „nicht suchend geht er seines Wegs; daher hat er die Gelassenheit zu allen Dingen und die Berührung, die ihnen hilft. Aber wenn er gefunden hat, ist sein Herz ihnen nicht abgewandt, ob ihm nun auch alles in einem begegnet." Alle Offenbarung ist Berufung und Sendung. „Die Gottesbegegnung widerfährt dem Menschen nicht, auf daß er sich mit Gott befasse, sondern auf daß er den Sinn an der Welt bewähre." Daher gibt es für Buber im Gegensatz zu Kierkegaard keine Ich-Du-Beziehung zu Gott, die aus der Abwendung von den Mitmenschen und der Welt entsteht:

> „Wir können Gott nicht einfach unsere Personen widmen, sondern auch unsere Beziehungen miteinander. Gott nimmt – so dürfen wir nun sagen – seine Absolutheit in die Beziehung mit auf, in die er zum Menschen tritt. Der Mensch, der sich ihm zuwendet, braucht sich darüber von keiner anderen Ich-Du-Beziehung

> abzuwenden: rechtmäßig bringt er sie alle ihm zu und läßt sie sich ‚in Gottes Angesicht' verklären."

Durch den Vorrang reiner Beziehung, in der die ungebrochene Welt des *Du* existiert, werden die getrennten Beziehungsaugenblicke in ein Leben der Weltgemeinschaft eingebunden. Infolgedessen kann Geist die Es-Welt durchdringen und umwandeln. Durch die Umkehr – die Anerkennung des Zentrums und das Sich-ihm-wieder-Zuwenden – erhebt sich die verschüttete Kraft der Beziehung des Menschen. „Der Mensch, der Du sagt, meint letztlich sein ewiges Du." Im ewigen Du – nicht als etwas vom Zwischenmenschlichen, Gemeinschaftlichen und Sozialen Losgelöstes, sondern als das fundamentale Zentrum – fand Buber schließlich die Heimat, in der der moderne Mensch trotz der Drohung der Unendlichkeit, die ihn von Kindheit an gequält hatte, leben konnte, „eine heimische, haushafte Welt, eine Weltbehausung des Menschen".

1920 oder 1921 sprach Buber an drei aufeinanderfolgenden Abenden an der Volkshochschule einer deutschen Industriestadt zum Thema „Religion als Wirklichkeit". Damit meinte er, wie auch in seinem Angriff auf den Psychologismus, daß „Glaube" nicht ein Gefühl in der Seele ist, sondern Eingang in die *ganze* Wirklichkeit. Besorgt, weil sich keiner der Arbeiter im Publikum zu Wort meldete, stimmte Buber gern zu, am nächsten Tag mit ihnen allein sich zu treffen, um so lieber, da wirkliches Zuhören, so glaubte er, am häufigsten unter Arbeitern zu finden ist, die nicht mit der Reputation des Sprechers befaßt sind, sondern mit dem, was er zu sagen hat. Als ein älterer Arbeiter, dessen gespannte Aufmerksamkeit Buber besonders aufgefallen war, sagte: „Ich brauche die Hypothese ‚Gott' nicht, um mich in der Welt recht zu Hause zu fühlen", entschied Buber, daß er die Sicherheit der Weltanschauung des Mannes erschüttern müßte. Sich auf sein Wissen über die Physik des zwanzigsten Jahrhunderts stützend, zu dem der Mann keinen Zugang hatte, fragte Buber: Gibt es eine größere Realität, die sowohl das Ich und die Welt und die Begegnung zwischen ihnen umfaßt, in der jedes vom anderen umfaßt wird, ohne daß jedes seine eigene Unabhängigkeit und Anderheit verliert?

> „Die unbekannten ‚Objekte' dort, die scheinbar so bekannten und doch unfaßlichen ‚Subjekte' hier und beider so wirkliche und doch so hinschwingende Begegnung, die ‚Erscheinungen' – waren das nicht schon drei Welten, die gar nicht mehr von einer einzigen zu umgreifen waren? Was war der ‚Ort', in dem wir uns diese voneinander abgehobenen Welten miteinander zu denken vermochten, was war das Sein, das dieser so fragwürdig gewordenen ‚Welt' ihren Halt gab?"

Als Buber geendet hatte, hob der Arbeiter, dessen Augen die ganze Zeit gesenkt gewesen waren, seinen Kopf und sagte langsam und eindrucksvoll: „Sie haben recht." Buber erkannte mit Schrecken, daß er den Mann an die Schwelle geführt hatte, hinter der das majestätische Bild, das Pascal den Gott der Philosophen genannt hatte, inthronisiert war und nicht der, den Pascal den Gott Abrahams, Isaaks und Jakobs genannt hatte, der lebendige Gott, zu dem man Du sagen kann. Er konnte diesen Mann nicht in die Fabrik, in der er arbeitete, begleiten, sein Genosse werden, mit ihm leben und sein Vertrauen durch eine wirkliche lebendige Beziehung gewinnen.

Buber hatte versucht, auf die Wirklichkeit des dialogischen Lebens hinzuweisen, indem er philosophische Dialektik anwandte. Aber der Arbeiter hörte nur die Dialektik und nicht die dialogische Stimme, die durch sie sprach. Als Folge davon war seine Akzeptanz von Bubers Aussage als „richtig" nicht mehr als der Ersatz einer neuen Weltanschauung für die alte, eine neue Sicherheit des Es, die das Ausgehen, um das Du zu treffen, unnötig machte. Aber Buber selbst hatte auf „das Wesen, das dieser ‚Welt', die so fragwürdig war, ihre Grundlage gab", hingewiesen und damit auf ein Es, nicht auf ein Du gezeigt. Er hatte nicht auf das dialogische Leben selbst gedeutet, sondern auf ein objektives Konzept in der dritten Person, das angeblich dafür stand. Deswegen beschreibt Buber dieses Gespräch als eines, das scheinbar zu einem Abschluß kam, wie es ein Gespräch nur manchmal kommen kann, und doch in Wirklichkeit unvollendet blieb.

Es gab jedoch eine Fortsetzung, bei der Buber gerade das Gegenteil sagte: Obwohl das Gespräch offenbar abgebrochen wurde, fand es eine Vollendung, die den wenigsten Diskussionen zuteil wird. Einige Zeit später, 1922, war Buber Gast des deutschen Philosophen und Erziehers Paul Natorp, dessen Bekanntschaft Buber ursprünglich auf einer Konferenz gemacht hatte, auf der Natorp eine Vorlesung über Grundschulen und Buber eine über Schulen für Erwachsene gab. Natorp bat Buber, die Fahnenabzüge des Vorworts zu den gesammelten *Reden über das Judentum* laut zu lesen. Natorp hörte höflich, aber mit wachsendem Erstaunen zu, das in einem intensiv leidenschaftlichen Protest endete: „Wie bringen Sie das fertig, so Mal um Mal ‚Gott' zu sagen? ... Was Sie meinen, ist doch über alles menschliche Greifen und Begreifen erhoben, eben dieses Erhobensein meinen Sie ... Welches Wort der Menschensprache ist so mißbraucht, so befleckt, so geschändet worden wie dieses! All das schuldlose Blut, das um es vergossen wurde, hat ihm seinen Glanz geraubt. All die Ungerechtigkeit, die zu decken es herhalten mußte, hat ihm sein Gepräge verwischt." „Ja, es ist das beladenste aller Menschenworte", antwortete Buber. „Keines ist so besudelt, so zerfetzt worden. Gerade deshalb darf ich darauf nicht verzichten."

> „Die Geschlechter der Menschen haben die Last ihres geängstigten Lebens auf dieses Wort gewälzt und es zu Boden gedrückt ... Gewiß, sie zeichnen Fratzen und schreiben ‚Gott' darunter; sie morden einander und sagen ‚in Gottes Namen'. Aber wenn aller Wahn und Trug zerfällt, wenn sie ihm gegenüberstehen im einsamsten Dunkel und nicht mehr ‚Er, er' sagen, sondern ‚Du, Du' seufzen, ‚Du' schreien, sie alle das Eine, und wenn sie dann hinzufügen ‚Gott', ist es nicht der wirkliche Gott, den sie alle anrufen, der eine Lebendige, der Gott der Menschenkinder?! ... Und ist nicht eben dadurch das Wort ‚Gott', das Wort des Anrufs, das zum *Namen* gewordene Wort, in allen Menschensprachen geweiht für alle Zeiten?"

Natorp kam zu Buber herüber, legte seine Hand auf dessen Schulter und sagte: „Lassen Sie uns Du zueinander sagen."

Jesus sagte: „Wenn zwei oder drei in meinem Namen versammelt sind, werde ich unter ihnen sein." Buber drehte am Ende seines Berichts diesen Ausspruch um. Anstatt den Namen zuerst und dann die Gegenwart zu setzen, kam zuerst die Gegenwart Gottes und dann der Name: „Denn wo zwei wahrhaft beisammen sind, sind sie es im Namen Gottes." Das Wort ‚Gott' ist unverzichtbar, nicht weil der Name selbst heilig ist, sondern weil es in jeder Sprache das erste aller Worte der Anrufung ist und erst später ein Name. „Alle Gottesnamen bleiben geheiligt", sagt Buber in *Ich und Du*, „weil in ihnen nicht bloß *von* Gott, sondern auch *zu* ihm geredet worden ist."

Auch der Name Christi war für Buber *als Wort der Ansprache* geheiligt, aber nicht als theologischer Lehrsatz, der besagt, daß man Gott nur in dieser Form begegnen kann. Für Buber war Jesus der Mensch, Jesus der Jude, der in einzigartiger und unmittelbarer Beziehung zu Gott stand, nicht identisch mit dem Christus des christlichen Glaubens, den die Menschen als Retter anbeteten. Wenn Buber im zweiten Teil von *Ich und Du* Goethe als Beispiel für den Menschen nahm, der das legitime Ich des reinen Umgangs mit der Natur sprach, und Sokrates identifizierte als denjenigen, der das Ich des immerwährenden Dialogs sprach, so ist es Jesus, den er als Illustration der Beziehung des Menschen zum ewigen Du wählte:

> „Wie gewaltig bis zur Überwältigung ist das Ichsagen Jesu, und wie rechtmäßig bis zur Selbstverständlichkeit! Denn es ist das Ich der unbedingten Beziehung, darin der Mensch sein Du so Vater nennt, daß er selbst nur noch Sohn und nichts anderes mehr als Sohn ist."

Buber sah Jesus als Menschen, nicht als Gott, der im Dialog auf der Seite des Menschen steht. Die Einzigartigkeit Jesu liegt nicht in seiner Untrennbarkeit von Gott, sondern in der Unmittelbarkeit, die selbst Abgelöstheit zu größerer Solidarität der Verbundenheit benutzt. In Bubers Sicht bestand die Einzigartigkeit Jesu nicht in etwas, das *in* ihm bestand, einer Macht an sich, denn dies würde bedeuten, die wirkliche, die gegenwärtige Beziehung ihrer Wirklichkeit zu entleeren. Vielmehr lag die Einzigartigkeit Jesu in der Stärke, der Unmittelbarkeit, der Unbedingtheit des „Zwischen".

Aber selbst hier stellte Buber keinen qualitativen Unterschied her. Er behauptete nicht, wie Karl Barth dies später tun sollte, daß Jesus als der „eine sündenlose Mensch" der einzige sei, der wirklich zu Gott Du sagen konnte. „Jeder kann Du sprechen und ist dann Ich", schrieb Buber am Ende seiner Passage über Jesus, „jeder kann Vater sprechen und ist dann Sohn." Jesus ist nicht die Ausnahme, sondern das Beispiel, nicht das Bild Gottes, sondern das Menschenbild. Bubers Vertrauen in sein Verständnis der Ich-Du-Beziehung Jesu mit dem Vater war so groß, daß er im dritten Teil von *Ich und Du* wagte, das Johannesevangelium, das allgemein als das geheimnisvollste der vier Evangelien gilt – „Ich und der Vater sind eins" –, als „das Evangelium der reinen Beziehung" zu interpretieren. Mehr noch, die Beziehung bestand für Buber nicht nur zwischen Vater und Sohn, im christlichen Sinne Jesus allein, sondern zwischen Gott und Mensch:

> „Der Vater und der Sohn, die Wesengleichen – wir dürfen sagen: Gott und der Mensch, die Wesengleichen, sind die unaufhebbar wirklichen Zwei, die zwei Träger der Urbeziehung, die von Gott zum Menschen Sendung und Befehl, vom Menschen zu Gott Schauen und Vernehmen, zwischen beiden Erkenntnis und Liebe heißt."

Für Buber war und blieb Jesus ein Jude. Organisiertes Christentum erschien Buber als Verzerrung der im wesentlichen jüdischen Lehren Jesu und der Gemeinschaft stiftenden Unmittelbarkeit der frühen Christen.

> „Was an den Anfängen des Christentums ... schöpferisch war, das war ganz und gar nicht anders als Judentum ... was aber am Christentum nicht Judentum ist, das ist unschöpferisch, aus tausend Riten und Dogmen gemischt, und damit – das sagen wir als Juden und als Menschen – *wollen* wir nicht Fühlung nehmen."

Obwohl Bubers Position der Einstellung des Paulus, die den Glauben der Tat vorzog, entgegenstand, kam sie doch den synoptischen Evangelien in ihrer Einstellung zur Strenge des Gesetzes und seiner Entfremdung vom Leben nahe. Das Ziel der frühen Christen und der Chassiden, behauptete Buber, war nicht, das Gesetz abzuschaffen, sondern es zu erfüllen: „es zugleich aus dem Bedingten ins Unbedingte heben und aus der Starrheit der Formel ins flutend Unmittelbare wandeln." Aber dem frühen Christentum ging das Judentum als Quelle der Erneuerung verloren, als es sich selbst untreu wurde und den Gedanken der „Umkehr" zu einer Kommunion durch Gnade mit Christus verengte. Obwohl das Christentum zur Herrschaft über die Nationen heranwuchs und das Judentum in Starre, Demütigung und Erniedrigung versank, bewahrte der Kern des Judentums „unerschütterlich den Anspruch, die wahre Ekklesia, die treugebliebene Gemeinde der göttlichen Unmittelbarkeit zu sein".

> „Es hängt von uns ab, ob wir das wahre Leben leben wollen, um unsere Einzigartigkeit zu vervollkommnen. Nach der christlichen Lehre jedoch, die die Bedeutung und den Urgrund Jesu pervertiert hat, hängt es nicht von uns ab, sondern davon, ob wir auserwählt sind ... Insoweit sie sich auf Gnade bezieht, hindert die Lehre, die sich christlich nennt, den Menschen an der Entscheidung, der *Metatonia*, von der Jesus sprach ... Aus diesem Grunde werde ich für Jesus und gegen das Christentum kämpfen."

In Bubers Einstellung zum Christentum in jener Zeit floß auch die kriegsgeborene Betonung der Unerlöstheit der Welt ein, die im jüdischen Verständnis des Messianismus zentral ist und die Buber in seiner Übersetzung und Deutung der hebräischen Bibel in den nächsten vierzig Jahren seines Lebens entfalten sollte:

> „Erlösung – das ist eine Umwandlung des Lebens in seiner Gesamtheit, von Grund auf, des Lebens aller Individuen und aller Gemeinschaften. Die Welt ist unerlöst – Fühlst Du das nicht wie ich in jedem Blutstropfen? Fühlst Du nicht wie ich, daß das Messianische nur geschieht ... als das, an dessen Verwirklichung wir zu jeder Stunde arbeiten können? Ich glaube an die Erfüllung am Ende der Tage, die durch nichts Vergangenes vorausgesehen werden kann, auf die jedoch alles Vergangene vorbereiten kann und soll ... Allein daraus folgt, daß Erfüllung nicht etwas sein kann, das geschehen ist, das in der bewußten Ausdehnung der historischen Vergangenheit lokalisiert werden kann."

So kämpfte Buber *für* Jesus und gegen das Christentum, *für* die Entscheidung und Umkehr, zu der Jesus aufgerufen hatte, und *gegen* den Glauben an Christus als die Voraussetzung für die Begegnung und Antwort des Menschen an Gott. Der ursprüngliche jüdische Geist wahrer Gemeinschaft war in Jesus verdichtet, versicherte Buber:

> „Was er das Reich Gottes nennt, das ist – mag es noch so sehr vom Gefühl des Weltendes und der wunderbaren Verwandlung bestimmt sein – doch keine jenseitige Tröstung, keine vage, himmlische Seligkeit; es ist auch keine geistliche oder kultische Vereinigung, keine Kirche; es ist das vollkommene Zusammenleben der Menschen, es ist die wahre Gemeinschaft, die eben dadurch die unmittelbare Herrschaft Gottes, seine Basleia, sein irdisches Königtum ist."

Jesus wollte den Tempel wahrer Gemeinschaft aus dem Judentum heraus bauen. Aber zwei Jahrtausende westlicher Geschichte sind mit so massiven Fehlinterpretationen seiner Lehre angefüllt, daß das jüdische Bewußtsein von einer Welt, die dem Menschen helfen kann, sich mit Gott wiederzuvereinen, durch einen unüberbrückbaren Dualismus zwischen menschlichem Willen und göttlicher Gnade ersetzt worden ist. Wahre Gemeinschaft soll nicht länger in der Gesamtheit menschlichen Zusammenlebens – im Heiligen des Alltäglichen – verwirklicht werden, sondern in der Kirche, einer von der Gemeinschaft der Welt abgelösten Gemeinschaft des Geistes. In dieser Atmosphäre, so sagt Buber, gab das Christentum Cäsar so viel, daß nichts mehr übrig war, das es Gott hätte geben können. Paulus bildete die Lehren Jesu zum Dualismus von Glaube und Werk, Geist und Handlung um. So gab er den Völkern „das süße Gift des Glaubens, der die Werke verschmähen, den Gläubigen der Verwirklichung entheben und die Zweiheit in der Welt stabilisieren soll. Es ist das paulinische Zeitalter, dessen Todeszucken wir heute Lebenden mit starren Augen betrachten."

Die letzten Worte Jesu enthalten Opfer, aber sie enthalten auch die Menschlichkeit, sich nicht zu opfern, sagte Buber 1923. In der dogmatischen Auslegung des Todes Christi liegt eine Verengung. Dieser Tod ist nur im Zusammenhang mit den letzten Worten zu verstehen („Vater, wenn es Dein Wille ist, laß diesen Kelch an mir vorübergehen"), darin ist das Opfer, aber auch das, was über das Opfer hinausströmt. Es liegt auch die Menschlichkeit des Sich-*nicht*-Opferns darin. Das Bestehen auf dem biblischen „Gegenübersein" von Gott und Mensch im Zwiegespräch, durch das Buber den jüdischen Jesus wiedergewann, wird in *Ich und Du* wiederholt. „Gott braucht dich – zu eben dem, was der Sinn deines Lebens ist", sagt Buber in Teil drei. Im gleichen Teil fügte Buber hinzu, indem er einen Satz aus dem „Vater Unser" als Sprungbrett nahm, daß „wer seinen kleinen Willen Gott darbringt und ihm im großen begegnet", nur sagt: „Dein Wille geschehe." „Aber die Wahrheit spricht weiter für ihn: ‚durch mich, den du brauchst'."

„Das unausweichliche Tor", das zur Bibel als Wirklichkeit führt, schrieb Buber 1930, ist die getreue Unterscheidung zwischen Schöpfung, Offenbarung und Erlösung, nicht als „Hypostasen oder Erscheinungsformen Gottes, aber als Stadien, Handlungen und Ereignisse in seinem Verkehr mit der Welt." Diese „Stadien, Handlungen und Ereignisse" waren schon in *Ich und Du* vollkommen vorhanden und eindeutig. Das zentrale Element in *Ich und Du* war genau Bubers Verständnis der Schöpfung. Schöpfung im biblischen Sinn liegt Bubers Versicherung zugrunde, daß dem Menschen ein Boden gegeben ist, auf dem er stehen und von dem er ausgehen und Gott, dem Menschen und der Welt begegnen kann. Schöpfung beeinflußt Bubers Glauben an die Spontaneität und Freiheit des Menschen, die durch keine Ursünde verändert werden kann, und an die Verantwortlichkeit des Menschen, die durch kein Schicksal beschränkt werden kann. Diese Herangehensweise an die Schöpfung wohnt auch Bubers Gottesverständnis als „absolute[r] Person" inne, die nicht Person *ist,* sondern eine wird, sozusagen um zu lieben und geliebt zu werden, zu erkennen und von uns erkannt zu werden. „Daß es die Welt, daß es den Menschen, daß es die menschliche Person, dich und mich gibt, hat göttlichen Sinn ... Schöpfung – wir nehmen an ihr teil, wir begegnen dem Schaffenden, reichen uns ihm hin, Helfer und Gefährten." Mit diesen Worten reichte Buber entschieden und für immer über den Gott, der im Menschen verwirklicht ist, hinaus zu dem Gott, dem man im gegenwärtigen Sein begegnet. Buber erreichte dies, ohne Prozeß und Werden gegen das absolute unbewegbare Wesen der Metaphysiker auszutauschen. Das Paradox vom „Werden des seienden Gottes" stellte Buber der traditionellen Metaphysik entgegen, die eine Wahl zwischen einem Absoluten verlangt, das nicht in Beziehung zur Welt steht, und einem Gott, der in Beziehung steht und deshalb weniger als absolut ist.

In *Ich und Du* kritisierte Buber Kierkegaard unmißverständlich, wenn auch nicht namentlich, wegen seiner Abwertung der Beziehung des Menschen zur Schöpfung. Von der Versicherung sprechend, daß der „religiöse" Mensch als einzelner, als abgelöstes Wesen vor Gott steht und deshalb über die Verantwortlichkeit und die Pflicht des „sittlichen Menschen" hinausgegangen ist, protestierte Buber leidenschaftlich:

> „Aber das heißt wähnen, Gott habe seine Welt zum Schein und seinen Menschen zum Taumel geschaffen ... Wer vor das Angesicht tritt, in der Fülle der Gegenwart wird ihm erst, von der Ewigkeit erleuchtet, die Welt ganz gegenwärtig, und er kann in einem Spruch zur Wesenheit aller Wesen Du sagen ... aber das Sichentscheiden wird er in den Tiefen der Spontaneität üben müssen bis an den Tod, das gelassene Sich-immer-wieder-Entscheiden zum rechten Tun. Da ist das Tun nicht nichtig; es ist gemeint, es ist aufgetragen, es wird gebraucht, es gehört zur Schöpfung."

Das Paradox der Schöpfung ist, daß Gott die Welt und den Menschen auf Distanz setzt und doch mit ihnen in Beziehung bleibt, daß er Menschen den Boden gibt, auf dem sie stehen können, und doch der Bedeutungskern vom freien Stand des Menschen auf diesem Boden darin liegt, daß er ausschreiten und dem Schöpfer, der ihn in jedem Aspekt seiner Schöpfung anspricht, begegnen kann. Dieses Paradox übertrug sich für Buber auf das der Offenbarung, denn Offenbarung war für Buber weder objektive Wahrheit noch freie, subjektive Inspiration, sondern bedeutete, auf die Stimme, die aus Schöpfung und Geschichte zum Menschen spricht, zu hören und ihr zu antworten. „Alle Offenbarung ist [daher] Berufung und Sendung." Von dieser Perspektive aus betrachtet, bedeutet Wissen gegenseitigen Kontakt und Kommunikation, nicht abgelöste Beobachtung eines Objekts. Daher unterscheiden sich das Erkennen in der gewöhnlichen Ich-Du-Beziehung und das Erkennen auf Grund von Offenbarung nicht in ihrer Natur, wie sehr sie sich auch in der Intensität und im geschichtlichen Einfluß unterscheiden mögen. „Die gewaltigen Offenbarungen, auf die sich die Religionen berufen, sind den Stillen wesensgleich, die sich allerorten und alle Zeit begeben." Die einzig echte Versicherung der Kontinuität besteht darin, daß der Mensch Gott erneut gemäß seiner Stärke und dem Maß jeden Tages in der Welt verwirklicht. „Sie kann in Glauben und Kult zum Gegenstand erstarren; aber aus der Essenz der Beziehung, die in ihr fortlebt, wird sie immer wieder zur Gegenwart", solange die Macht, in Beziehung zu treten, nicht so unter wachsender Verdinglichung begraben ist, daß die Bewegung der Umkehr unterdrückt wird.

Auch Erlösung ist ein Ereignis des „Zwischen" und kann nicht einfach auf die Seite Gottes oder des Menschen, göttlicher Gnade oder menschlichen Willens, der Apokalypse oder des geschichtlichen Prozesses, verwiesen werden.

> „Dem logischen Wahrheitsbegriff nach kann nur eins von beiden wahr sein, aber in der Wirklichkeit des gelebten Lebens sind sie voneinander unablösbar. Der Mensch, der sich entscheidet, weiß, daß das keine Selbsttäuschung ist; der Mensch, der gehandelt hat, weiß, daß er in der Hand Gottes stand und steht. Die Einheit beider ist das Geheimnis im Herzen des Zwiegesprächs."

Die Vollendung der Schöpfung und die Antwort auf die Offenbarung sind der Anfang der Erlösung. Erlösung bedeutet, immer neue Schichten des Es in die Unmittelbarkeit des Du zu bringen. Die Partnerschaft zwischen Mensch und Gott in der Schöpfung, der Aufstieg eines menschlichen Kosmos aus echter Gemeinschaft und ein erlösendes Leben der Beziehung, die leuchtende strömende Beständigkeit, die das Du im Es gewinnen kann, sind alles Hinweise auf die Erlösung. Der wahre Anfang, wenn nicht gar die Vollendung der Erlösung, kehrt von der Seite des Menschen wieder und wieder als das Ereignis der Umkehr zu Gott – in Freude, in Danksagung, in Wunder, aber auch in Verzweiflung, in Krise, in Unsicherheit. Der Zusammenbruch des geistig verstandenen Kosmos und die Zerstörung der *Form* geistigen Lebens können dennoch der Durchbruch zu einer Erneuerung echter Beziehung sein. Am Ende von *Ich und Du* bejahte Buber ein existentielles Vertrauen in Geschichte, in der genau die Abwendung von der Wirklichkeit den Boden für eine vollständigere und tiefere Erlösung bereitet. In dieser Erlösung werden das Fremde, das Ausgestoßene, das Problematische, das „Böse" unvermindert und unverleugnet, jedoch verwandelt in die erneuerte Wirklichkeit der Beziehung eingebracht. Hier zeigen sich Schöpfung, Offenbarung und Erlösung als drei Aspekte eines einzigen Ereignisses.

Teil II

DIE WEIMARER REPUBLIK UND DAS NATIONALSOZIALISTISCHE DEUTSCHLAND

(1923–1938)

9. Kapitel

Franz Rosenzweig und die Buber-Rosenzweig-Bibel

(1921–1929)

Bubers Interesse an allgemeiner Volkserziehung stand im Laufe der Jahre in fruchtbarer Wechselbeziehung mit seinem Bemühen um jüdische Erwachsenenbildung. Den Anstoß für seine Beteiligung an letzterer während der Jahre nach dem ersten Weltkrieg gab das von Franz Rosenzweig gegründete „Freie Jüdische Lehrhaus“. Neben Paula Buber und Gustav Landauer war Martin Bubers bedeutsamste persönliche Begegnung seine Freundschaft mit diesem tiefgründigen existentialistischen Philosophen und Deuter des Judentums. Im Juli 1913, ein Jahr vor Rosenzweigs erstem Besuch bei Buber, beabsichtigte Rosenzweig, zum Christentum überzutreten, aber er wollte als Jude, nicht als Heide konvertieren. Aus diesem Grund wartete er bis Jom Kippur, dem jüdischen Tag der Sühne. Er ging völlig selbstvergessen zum Gottesdienst und ging gläubig daraus hervor, jedoch nicht als Christ, sondern als Jude! Von nun an war sein Weg und der Weg, den er anderen zeigte, der des Baal Teschuwa, des „Meisters der Bekehrung“, der sich vom Judentum abgewendet hatte, aber sich ihm jetzt wieder zuwendet. So wie er sich in einem für Buber undenkbaren Ausmaß vom Judentum entfernt hatte, so ging auch seine Rückkehr sowohl in der Einhaltung der Riten als auch im Glauben weit über Bubers hinaus. Die Verwandtschaft zwischen den beiden führenden jüdischen Religionsphilosophen und Existentialisten wurde von beiden Männern in einem fruchtbaren persönlichen und intellektuellen Austausch erkannt, der ihre Freundschaft zu einer der bemerkenswertesten Episoden der jüngeren jüdischen Geschichte macht.

Martin Buber war in Deutschland schon als Zionist, als Neuschöpfer der *Chassidischen Legenden* und als Autor der in weiten Kreisen einflußreichen *Reden über das Judentum* bekannt, bevor der acht Jahre jüngere Rosenzweig ihm begegnete. Rosenzweig selber stand in der Überlieferung des späten deutschen Idealismus, was für Buber nicht gilt. Er schuf ein zweibändiges Werk, *Hegel und der Staat*, bevor er sich in seinem *Stern der Erlösung* von Hegel abwandte. Das Mißtrauen, das dieser rationalistische, nicht-zionistische junge Philosoph Bubers mystischem Gedankengut und seinen poetischen Schriften entgegenbrachte, wurde durch Bubers berühmte Kontroverse mit Rosenzweigs Lehrer und Freund Hermann Cohen verstärkt.

Obwohl Buber und Rosenzweig sich einmal 1914 begegnet waren, lernten sie sich erst bei ihrem zweiten Treffen 1921 wirklich kennen. Die Kriegsjahre, die einen entscheidenden Einfluß auf die Gedanken beider Männer ausübten, brachten sie einander näher, ohne daß sie sich dessen bewußt waren. 1919 schrieb Rosenzweig an Buber und bat ihn, das Manuskript von *Stern der Erlösung* zu lesen und beim *Jüdischen Verlag* oder beim *Löwit Verlag* ein gutes Wort einzulegen. Rosenzweig rechtfertigte sein kühnes Verlangen damit, daß das Buch mit der Zeit seinen Kreis von Lesern finden werde, unter ihnen auch Buber (eine wahre Prophezeiung!). „Ich habe das unabweisliche Gefühl, daß ich hier die Summe meines geistigen Daseins gezogen habe und daß alles Spätere nur noch Zusätze sein werden." Zur gleichen Zeit schrieb Rosenzweig, er sei sich ganz und gar nicht sicher, von Buber ein günstiges Urteil zu erhalten: „Denn soviel ich sehe, liegt die ganze Art und Richtung meiner Arbeit der Ihren ziemlich fern. Vielleicht nicht ganz so fern als dem Schulbetrieb der ‚idealistischen' Philosophie aller Richtungen. Aber immerhin doch fern." Rosenzweig zählte dennoch auf die Breite und Offenheit, die Buber wieder und wieder als Herausgeber von *Der Jude* gezeigt hatte, und bat ihn, zu beurteilen, „ob Sie eine objektive Notwendigkeit sehen, daß die Ansicht, die ich vortrage, als eine jüdische Ansicht in die Öffentlichkeit tritt, nicht darum, ob Sie diese Ansicht selbst billigen."

Rosenzweigs *Stern der Erlösung* war in einem noch buchstäblicheren Sinne als Bubers *Ich und Du* das Produkt des Krieges, da sein erster Teil in Rosenzweigs eigenen Worten „auf Armeepostkarten inmitten von Gesprächen mit Kameraden und Vorgesetzten geschrieben worden war".

Existentielles Denken bedeutete für Buber wie für Rosenzweig, daß die Wahrheit vom ganzen Menschen entdeckt und bejaht werden muß. Eine solche Herangehensweise stellte sie in unveränderlichen Gegensatz zu aller Philosophie, die nach dem „Wesen" der Dinge, losgelöst von der konkreten Wirklichkeit der persönlichen Existenz fragt. Diese Wirklichkeit umfaßt Zeit, Veränderung, die Grenzen der Perspektive jeder Person und die notwendige Annahme des Todes als einer Tatsache. Die Krankheit der Vernunft, schrieb Rosenzweig in „Das Büchlein vom gesunden und kranken Menschenverstand" – einem Angriff auf die idealistische Philosophie –, ist ein Versuch, dem Tod auszuweichen, indem man aus dem Leben heraus in die Lähmung eines künstlichen Lebens außerhalb von Zeit, Veränderung und Wirklichkeit tritt. Die Heilung dieser Krankheit muß umgekehrt die Erkenntnis sein, daß Leben bedeutet, auf den Tod zuzugehen, daß der Tod die äußerste Bekräftigung des Lebens ist.

Das grundlegende Konzept der neuen Wissenstheorie, schrieb Rosenzweig in „Das Neue Denken", ist, daß Wahrheit aufhört zu sein, was wahr „ist", sondern eine Wahrheit wird, die im tätigen Leben bewährt werden muß. Von den unwichtigen Wahrheiten wie „zwei und zwei sind vier", über die sich Menschen bei dem minimalen Gebrauch ihrer Gehirne einig sind, „führt der Weg über die Wahrheiten, die sich der Mensch etwas kosten läßt, hin zu denen, die er nicht anders bewähren kann als mit dem Opfer seines Lebens, und schließlich zu denen, deren Wahrheit erst der Lebenseinsatz aller Geschlechter bewähren kann." Wirklicher Dialog ist der Weg zu existentieller Wahrheit. Das Neue Denken „liegt in Bedürfnissen des anderen und, was dasselbe ist, im Ernstnehmen der Zeit." „Zeit brauchen heißt: Nichts vorwegnehmen können, alles abwarten müssen, mit dem Eigenen vom anderen abhängig sein." „In dieser Methode konzentriert sich das, was von dem Buch [‚Der Stern der Erlösung'] an Erneuerung des Denkens ausgehen kann."

In den folgenden Jahren erkannte Buber, daß Rosenzweigs *Stern* den Weg zur Bibel als Wirklichkeit explizit gezeigt hatte, so wie er selbst es in *Ich und Du* implizit getan hatte – durch die gewissenhafte Unterscheidung zwischen Schöpfung, Offenbarung und Erlösung als Stadien, Handlungen und Ereignisse im Verlauf von Gottes Umgang mit der Welt. „Die Katastrophen der historischen Wirklichkeiten sind oft zugleich Krisen des menschlichen Verhältnisses zur Wirklichkeit", schrieb Buber 1930, ein Jahr nach Rosenzweigs Tod. „Für die besondere Art, in der unsere Zeit dies erfahren hat, weiß ich kein größeres und deutlicheres Beispiel als das Franz Rosenzweigs."

Die bemerkenswerten Parallelen zwischen Rosenzweigs und Bubers Denken sollten jedoch nicht die sehr bedeutsamen Unterschiede verdunkeln. Bubers Interesse an chassidischen Geschichten und jüdischer Mystik war dem rationaleren Rosenzweig ebenso fremd, wie es Rosenzweigs gewaltiges philosophisch-theologisches System für den intuitiven, weitgehend unsystematischen und nur zögernd theologischen Buber war. Außerdem kam Rosenzweig trotz seiner großen Achtung vor Bubers Position nie dazu, Zionismus anders als einen letzten Aspekt der Erlösung zu sehen anstatt als unmittelbar erreichbares Ziel. Rosenzweigs Verständnis von Sprache als Brücke zwischen Gott, Welt und dem Menschen kann Bubers Verständnis von Sprache als sowohl Ich-Es wie auch Ich-Du und von echtem Dialog, in dem sowohl geschwiegen als auch gesprochen wird, gegenübergestellt werden. Rosenzweig sah das Judentum bereits in der Ewigkeit, während Buber Judentum an die konkrete, geschichtliche Situation gebunden sah: in der Versuchung – wenn auch weniger stark als das Christentum –, sich fortzubewegen von dieser Situation durch apokalyptische Betonung einer festgelegten Zukunft oder durch Glauben mit einem Wissensinhalt, der Gott auf ein bestimmtes Bild fixiert.

Die zwei Philosophen der Sprache kamen als Menschen und als Kollegen in Rosenzweigs *Freiem Jüdischen Lehrhaus* zusammen. Es war Bubers erste Erfahrung mit dem Austausch wirklicher Diskussion während eines Vortrags. Bis dahin hatte er immer nur vorgetragen. Die Einzigartigkeit des Lehrhauses zog ihn an, die Unterbrechung einer Darlegung, um eine Frage zu beantworten, Lehren an Stelle von Reden halten. Von dieser Zeit an war Buber eine der Säulen des Lehrhauses und, was für Rosenzweig am schönsten war, nicht der fertige und vergangene Buber, sondern der werdende und zukünftige. Im Januar und Februar 1922 sprach Buber noch vor der Niederschrift zu dem, was der erste Band seiner fünfbändigen systematischen Darlegung von *Ich und Du* hatte werden sollen, und im folgenden Winter sprach er, bevor er den zweiten Teil schrieb, in dem Wissen, daß er die anderen Bände mit Vorlesungen am Lehrhaus begleiten würde. Buber fand heraus, daß diese Vorträge Mühe machten, denn in ihrem Verlauf lernte er, mit welcher Schwierigkeit eine Zuhörerschaft hört und besonders, wie unwillens sie aufgrund ihrer Vertrautheit mit Bubers alten Worten bereit war, seine neuen Worte zu hören.

Nahum Glatzer beschreibt Bubers Vorträge unter dem Titel „Religion als Gegenwart“ vor der jüdischen und christlichen Öffentlichkeit am Lehrhaus als „ein zeitgenössisches Ereignis von erstaunlicher Unmittelbarkeit“. Buber selbst betonte die persönliche Verbindung zwischen diesem Ereignis und seiner Freundschaft mit Rosenzweig. „Schon mit dem zweiten Satz Ihres Briefes war meine Antwort gesichert“, sagte er ihm. „Selbstverständlich übernehme ich die Vorlesung, wenn ich Ihnen damit einen persönlichen Wunsch erfüllen kann.“

Rosenzweig schrieb einige Monate früher einem Freund, nicht nur sei Martin Bubers *Der Jude* eine der besten, wenn nicht die beste deutsche Zeitschrift und das repräsentative Organ des deutschen Judentums, sondern Martin Buber selbst werde, ohne es zu wollen, vom intellektuellen und geistigen Deutschland als *der deutsche Jude* anerkannt. Einem anderen Freund schrieb Rosenzweig, daß er von seiner Begegnung mit Buber die Gewißheit seiner absoluten Echtheit mitgenommen habe oder vielmehr davon, daß er echt geworden sei. „Er ist der in geistigen Dingen redlichste, in menschlichen verläßlichste Mann, den ich kenne“, bezeugte Rosenzweig und fügte hinzu: „Ich gebrauche nicht leicht Superlative." Bubers Allgemeinwissen gegenüber erklärte Rosenzweig sich zum Zwerg, und er war gleichermaßen von Bubers Kenntnis der jüdischen Quellen, die vom Talmud bis zu der Mussar-Literatur des achtzehnten Jahrhunderts reichten, beeindruckt. Rosenzweig legte auch ein eindrucksvolles Zeugnis darüber ab, wie Buber seinen Gesprächspartner bestätigte, dreißig Jahre bevor er „Bestätigung" als ein zentrales Konzept seiner philosophischen Anthropologie herausstellte. Über seine Übersetzung des mittelalterlichen jüdischen Philosophen und Dichters Yehuda Halevi schrieb Rosenzweig an einen Freund: „Bei jedem neuen Gedicht war und ist mir das technische Problem während der Arbeit selbst so erdrückend, daß es mir die Aussicht ganz verstellt, und daß ich erst durch andere wieder hören muß, daß noch etwas herausgekommen ist. Im entscheidenden Moment ist dieser andere Buber gewesen. Ohne ihn wäre das Buch nicht entstanden."

Während dieser Zeit begann die wirkliche Freundschaft und Nähe zwischen Buber und Rosenzweig. „Buber ... er [hat] mir viel bedeutet, persönlich", schrieb Rosenzweig an einen Freund. „Die Bekanntschaft mit ihm hätte in meinem Leben Epoche gemacht, wenn dazu noch Gelegenheit wäre. Auch die gedankliche Nähe ist doch in den Vorlesungen sehr groß; hast du das nicht gemerkt? Aber wichtiger ist mir die ungeheuerliche (zwar schon ungesunde, weil überirdische) Wahrhaftigkeit seines Wesens." Einige Monate später erklärte er Buber selbst, daß er verstehen könnte, wenn die Gedanken eines anderen sich deutlich von den eigenen unterschieden, wie bei Georg Simmel zum Beispiel, oder wenn zwei, die in der gleichen Richtung gingen, das gleiche dachten. Aber wenn weder das eine noch das andere der Fall war, wie mit ihnen beiden, wenn „sich nun die Gedanken *selber* begegnen, sich begegnen würden, auch wenn Sie und ich einander nie begegnet wären", dann wächst die Frage, wie das zu verstehen ist, ins Enorme. „Ich bin immer etwas schwerfällig, Bücher als Wirklichkeit zu nehmen", fügte Rosenzweig hinzu, „aber so etwas zwingt dazu."

Der israelische Theaterdirektor Benno Frank erzählt, wie er als junger Mann aufgrund seiner Isolation von seinem orthodoxen jüdischen Hintergrund und von seinem Vater dem Selbstmord nahe kam. Er wohnte den Vorträgen am Frankfurter Lehrhaus bei und sprach schließlich mit Franz Rosenzweig über seine Situation. Obwohl Rosenzweig schon krank war, alarmierte er Buber, der Frank beiseite nahm, ihm half, sich auszusprechen, und dann den Satz sagte, der Franks Leben eine Richtung gab: „Werden Sie Schauspieler: auf der Bühne werden Sie viele Leben leben und viele Tode sterben können." Frank gab den Gedanken an Selbstmord auf und wurde Schauspieler und Regisseur, so wie es Buber ihm geraten hatte.

Im November 1921, nicht lange nachdem er metaphorisch über die Paralyse der idealistischen Philosophie geschrieben hatte, bemerkte Rosenzweig Symptome einer Störung in seiner Motorik, die sein Freund Dr. Viktor von Weizsäcker diagnostizierte. Die Diagnose *amyotrophe Lateralsklerose* wurde von Rosenzweigs Freund Dr. Richard Koch im folgenden Februar bestätigt. Innerhalb weniger Monate machte diese Krankheit, wie Nahum Glatzer es ausgedrückt hat, „den jungen kraftvollen Mann zu einem Invaliden, der Bewegung und der Sprache beraubt", obwohl er noch fast weitere acht Jahre lebte und nicht nur eines, wie Koch erwartet hatte. In einem frühen Stadium seiner Krankheit warnte Rosenzweig Buber davor, daß er ihn bei seinem Besuch seiner äußeren Erscheinung nach nicht sehr verändert finden würde, aber daß neben der Unfähigkeit zu gehen auch seine Sprache gestört sei.

> „Ich bin zwar noch zu verstehen, mehr als es Ihnen im ersten Augenblick scheinen wird, man kann sich daran gewöhnen; aber die Sprache klingt wie von einem uralten Mann und kommt furchtbar mühsam heraus, mühsam noch mehr für den anderen als für mich; alle Nuancen sind mir unmöglich. Im Gesicht bin ich, wenn ich nicht gerade spreche, ziemlich unverändert. Ich habe einen Pyjama an. So – nach diesem tragikomischen Rendezvous-Signalement werden Sie über den ersten Schrecken leicht hinwegkommen."

Während der Jahre von Rosenzweigs Krankheit teilte Buber sich ihm in tiefer Weise mit. Eine solche Teilnahme betraf das mythologische Thema von Gog aus dem Lande Magog, der, der biblischen und späteren jüdischen Tradition zufolge, Gott zum Kampf herausfordern und ihn zwingen würde, den Messias zu schicken. Viel später wurde dieses Thema zum Kern von Bubers chassidischer Romanchronik, die er in der deutschen und israelischen Ausgabe *Gog und Magog* und in der englischen *For the Sake of Heaven* betitelte. „Der ‚Gog' bedrängt mich sehr", schrieb Buber an Rosenzweig, „aber gar nicht eigentlich als eine Angelegenheit der ‚Kunst'. Sondern ich kriege mit einer sinnfälligen Deutlichkeit, die ganz anders als alle Phantasie ist, zu spüren, wie das ‚Böse' zum Werden des Reiches gehört." In einem anderen Brief an Rosenzweig schrieb Buber:

> „Was den Gog betrifft, so ist es gut, daß ich heute fünfundvierzig Jahre alt geworden bin; sonst würde mich der Kerl auffressen. Stellen Sie sich vor, ich wache vorgestern aus einem scheinbar traumlosen Schlaf jäh auf und sehe den phönizischen Teufel leibhaft vor mir, mit verkniffenen Lippen, mich so überlegen anstarrend, wie der römische Imperator der [sic] alte Rembrandt auf der [sic] Castanjouseller Selbstportrait … (‚Oh, Rembrandt war kein Phantast', sagte der Kristos, als ich ihn darauf aufmerksam machte, daß die ‚Büste' bei guter Beleuchtung einen Blick bekommt)."

Ende 1923 benachrichtigte Buber Rosenzweig: „An den Gog wage ich mich noch eine gute Weile nicht wieder. Er hat mir zu viel Pein gemacht."

Im Versuch, aufs beste mit seiner fortschreitenden Krankheit sich zu arrangieren, ordnete Rosenzweig 1924 selbst detaillierte Methoden für seine Pflege, seine Kommunikation mit den Menschen, die um ihn waren, und für seine Studien und sein Schreiben an. Mehrere Krankenpflegerinnen brachen unter der Anstrengung ihres Dienstes bei ihm zusammen. Dieser Dienst schloß ein, daß man ihn hochhob, badete, fütterte und ihm behilflich war, ein paar Meter zu gehen; ihn nur aus dem Bett zu heben und anzuziehen dauerte alleine zweieinhalb Stunden (denn das Strecken seiner Beine führte zu Krämpfen, Ausrutschen, Schmerzen und der wiederholten Notwendigkeit, seine Beine für ihn zu beugen). Das Frühstück dauerte eine Stunde und andere Mahlzeiten noch länger. Dennoch schrieb Rosenzweig – von etwa elf Uhr morgens bis ungefähr ein Uhr nachmittags, von halb fünf bis acht und nach dem Abendessen bis Mitternacht oder länger. Als er die Seiten seiner Bücher nicht mehr umblättern konnte, wurden die Schwestern durch ein Wenden seines Kopfes herbeigerufen, während er schwierige Abschnitte im Talmud las. Als das mündliche Diktieren durch die völlige Lähmung seiner Sprechorgane unmöglich wurde, ermöglichte eine speziell konstruierte Schreibmaschine es ihm, Buchstabe für Buchstabe Worte zu zeigen, obwohl, wie Nahum Glatzer erzählt, bald nur noch seine Frau Edith in der Lage war, zu erraten, welche Buchstaben er meinte:

> „Durch Jahre enger Verbindung hatte Frau Rosenzweig ein instinktives Verständnis erworben, das Außenstehenden wie ein Wunder vorkam. Frau Rosenzweig ermöglichte auch jedes Gespräch mit Besuchern, indem sie oft vorkommende Worte bereits nach dem ersten oder zweiten Buchstaben erriet. Das außergewöhnliche Gedächtnis des Patienten ermöglichte es ihm, während drei der vier Stunden abschließender Arbeit die endgültige Fassung dessen, was er während einer schlaflosen Nacht bis ins letzte Detail ausgearbeitet hatte, auf diese Art zu diktieren und tippen zu lassen. Diese Methode wurde bis zu seinem Tode benutzt."

1925, nachdem Rosenzweig eingeladen worden war, den Artikel über Buber für das *Jüdische Lexikon* zu schreiben, gestand er Buber:

> „Karikieren also und ausrufen: Hier ist zu sehen das heilige Tier der Juden, *kein* Mystiker! – das kann und will ich. Das ist Geschrei, das um der guten Sache willen geschrien werden muß, und da verschanze ich mich grundsätzlich nicht hinter meiner Seele. Aber portraitieren, „über" Sie schreiben – das kann ich nicht. Allen meinen älteren Freunden hat mich das Schicksal meiner Krankheit so entfernt, daß ich heute wohl über sie schrei-

> ben könnte, grade weil ich nicht mehr, oder doch weniger, an sie schreiben kann; Sie aber, der Sie gerade am Vorabend dieses „siebten Tags des Festes“ hereingetreten sind, sind mir auch heute noch viel zu sehr „neues (und immer wieder neues) Gesicht“, als daß ich die Summe eines Portraits vor den Menschen ziehen könnte; es muß bei den Momentaufnahmen meiner Pupillen bleiben, und ich hoffe, hier nicht mehr zu erleben, daß es anders wird.“

An Rosenzweigs vierzigstem Geburtstag, dem 25. Dezember 1926, überreichte Buber ihm eine Mappe mit handschriftlichen Beiträgen von Rosenzweigs Freunden. In seinem Dankesbrief bemerkte er insbesondere das Vorhandensein eines Briefes von Bubers Frau, den er nicht erwartet hatte („Ihr Brief war die große Überraschung des Tages“), und fügte in einem Kommentar hinzu, daß ein Mann in seinen Dreißigern immer noch so etwas von einem Säugling hat: Gelegentliche Dummheiten sind einem erlaubt. Aber wenn er in die Vierziger eintritt, dann ist er endlich und unwiderruflich erwachsen.

Während der zwanziger und bis in die dreißiger Jahre hinein dienten der zugrundeliegende Gedanke und das Programm des Frankfurter *Freien Jüdischen Lehrhauses* als Modell für die Gründung ähnlicher Institutionen in Stuttgart, Köln, Mannheim, Wiesbaden, Karlsruhe, München, Breslau und Berlin. An vielen von ihnen war Buber genauso aktiv, wie er bei der Wiedereröffnung des Frankfurter Lehrhauses im nationalsozialistischen Deutschland sein sollte. In der Zwischenzeit bezog Rosenzweig Buber weiter in die Lehre mit ein, indem er ihn überredete, eine Dozentur für „Jüdische Religionsphilosophie und Ethik“ an der Universität Frankfurt anzunehmen. Als er Buber drängte, diese Position, die ursprünglich für ihn selbst bestimmt gewesen war, anzunehmen, wies er auf die Elastizität des universitären Rahmens hin, die Gefahr, daß sie nur eine weitere Institution zur Rabbinerausbildung werden könnte, und auf die Wirkung, die Bubers Gegenwart und „garantiert apikorische Persönlichkeit“ auf den Charakter und die Richtung der jüdischen Fakultät, die später vielleicht entstehen könnte, haben würde. „Dies kann niemand, der nicht ganz frei von jedem Respekt vor der bestehenden Universität ist und der nicht auch soviel eigenes Renommee mitbringt, daß die Universität sich nicht recht an ihn herantraut.“

Die Entscheidung, den für Rosenzweig geschaffenen und durch seine Krankheit vakant gewordenen Lehrstuhl zu akzeptieren, fiel Buber nicht leicht. Obwohl Buber die Position schließlich annahm, wirft sein Kommentar seinem Freund Hugo Bergmann gegenüber in einem Brief aus dem Jahre 1936, als die Nationalsozialisten Buber zwangen, die Position zu verlassen, Licht auf den Geist, mit dem er dieses Amt antrat:

> „Daß ich – nachdem ich als junger Mensch die fast fertige Habilitationsschrift ad acta gelegt und als vierzigjähriger ein ehrenreiches Ordinariat ausgeschlagen hatte – den Frankfurter Ruf annahm, hing mit meinem Verhältnis zu Franz Rosenzweig auf eine Weise zusammen, die ich als tragisch empfinden muß; es hatte den Charakter des Opfers."

Die erste Person, der der Lehrstuhl angeboten worden war, war Rosenzweigs Mentor und Freund Rabbi Nehemiah Nobel aus Frankfurt, der leider verstarb, bevor er ihn annehmen konnte. In dem Band, der zur Feier von Rabbi Nobels fünfzigstem Geburtstag herausgegeben wurde, erzählt Ernst Simon, wie Buber Rabbi Nobel und dessen Frau besuchte. Als es Zeit wurde, etwas zu essen, fragte Rabbi Nobel Buber taktvoll, ob er vielleicht zu diesem Anlaß gerne eine sehr kleine Jarmulka (Schädelkappe) tragen könnte. Mit Blick auf Bubers Gesicht fügte er hinzu: „Oder wäre selbst die kleinste zu groß für Sie?" „In einem traditionellen jüdischen Haus hätte ich nichts dagegen, eine zu tragen. Aber mit Ihnen, Rabbi Nobel, will ich nicht das kurze Ende der Halachot [der jüdischen Gesetze] auf diese Weise anpacken." Dann rezitierte Rabbi Nobel die Segnung schweigend, so, als wären nur zwei anwesend, denn nur wenn wenigstens drei anwesend sind, kann sie laut gesprochen werden. (Nobel könnte man eher einen konservativen denn einen orthodoxen Juden nennen.)

1923, als die gesammelten *Reden über das Judentum* erschienen, konnte Rosenzweig einen Überblick über Bubers sich entwickelnde Gedanken zu Offenbarung und Gesetz im Judentum gewinnen, was ihn veranlaßte, seinen berühmten Brief „Die Bauleute" zu schreiben. „Ich staune", sagte Rosenzweig zu Buber, „in welchem Maße Sie wirklich der Vor- und Fürsprecher unserer Generationen, der meinen sowohl wie der nach mir kommenden gewesen sind."

> „Wenn Sie so die Lehre uns aus der Armut einiger Grundbegriffe, auf die sie das neunzehnte Jahrhundert ... einschränken wollte, erlöst und uns dadurch von der schon nahen Gefahr befreit haben, daß wir unser geistiges Gutsein abhängig glauben mußten von der Frage, ob wir Kantianer zu sein vermochten oder nicht, so ist es um so merkwürdiger, daß ... Sie dies Gesetz und uns mit ihm, ganz in den Fesseln stecken lassen, die das neunzehnte Jahrhundert auch um es, so gut wie um die Lehre, geschlagen hat."

Wie bei den Lehren muß der Inhalt des Gesetzes in die innere Kraft unserer Handlungen verwandelt werden: allgemeines Gesetz muß persönliches Gebot werden.

> „Gebot, das sich unmittelbar, im Augenblick wo es vernommen wird, in Tat umsetzt, muß das Gesetz wieder werden. Es muß die Heutigkeit wiederkriegen, die alle großen jüdischen Zeiten als die

einzige Bewährung seiner Ewigkeit empfunden haben. Es muß gleich der Lehre erst da anfangen, sich bewußt werden, wo sein Inhalt aufhört, Inhalt zu sein und sich in Kraft, unsere Kraft verwandelt. In Kraft, die nun selber den Stoff wieder mehrt – um sich selber."

Die Wahl des Teils des Gesetzes, den das Individuum erfüllen soll, ist eine gänzlich persönliche, behauptete Rosenzweig, da sie nicht von unserem Willen, sondern von unserem Vermögen abhängt. Daher stellte sich Rosenzweig, im Gegensatz zum paulinischen Alles oder Nichts, ein graduelles Wachstum des Gesetzes in Übereinstimmung mit der persönlichen Existenz des Tätigen vor. Das bedeutet, daß niemand die Grenze des Gesetzes oder dessen, was in seine Sphäre gehört, voraussehen kann oder auch nur sollte. „Wir kennen die Grenze nicht und wissen nicht, wie weit die Pflöcke des Zeltes der Torah hinausgerückt werden können und welcher unserer Taten bestimmt ist, sie hinauszurücken."

Buber antwortete:

„Ihre ‚Bauleute' haben mir das Inwendige der Seele bewegt, und anscheinend eine heimliche Tür eingestoßen. Wenn ich Ihnen antwortete ... werde ich nun wohl wirklich das lange Zurückgehaltene zur Sprache bringen müssen. ‚Theoretisch', ja, aber notwendigerweise zugleich autobiographisch, viel tiefer, viel intimer autobiographisch als in der Vorrede. Denn das Eigentliche, was ich Ihnen zu sagen habe, kann ich nur aus dem Geheimarchiv der Person holen. Da Sie mich kennen, werden Sie verstehen, daß ich mit einigem Schrecken an diese Antwortpflicht denke."

Tatsächlich gab Buber die einzige Antwort in Form von Briefen. In einem seltenen persönlichen Glaubensbekenntnis sagte Buber, daß es sein Glaube war, der ihn davon abhielt, Rosenzweigs Prämissen zu akzeptieren. Es war ein integraler Bestandteil von Bubers persönlichem Wesen, daß er das Gesetz und das Wort Gottes nicht gleichsetzen konnte, noch konnte er sich vorstellen, daß sich diese Position für ihn jemals ändern könnte. Er sagte, daß er diese Tatsache in der Woche vor seinem Brief mit solcher Schärfe empfunden habe, daß sie sogar seine Träume durchdrungen habe. So machte Buber eine Unterscheidung zwischen Offenbarung und dem Geben der Gesetze, die Rosenzweig zu machen versäumt hatte:

„Ich glaube nicht, daß Offenbarung je Gesetzgebung ist; und in der Tatsache, daß aus ihr immer Gesetzgebung wird, sehe ich die Tatsache des menschlichen Widerspruchs, die Tatsache des Menschen. Ich kann nicht zugleich diese Tatsache in meinem *Willen* aufnehmen und aber des Spruchs und seiner Stunde gewärtig sein."

Durch die Unmittelbarkeit des Dialogs mit Gott war es Buber unmöglich, Rosenzweig darin zu folgen, das Ganze des Gesetzes vor seiner eigenen persönlichen Aneignung als göttlich zu bestätigen. Es stimmt nicht, wie Nahum Glatzer meinte, daß Buber der „Sprecher einer neuen, universalen, religiösen philosophischen Orientierung" war, im Gegensatz zu „Rosenzweig, der seinen Frieden in der Praktizierung der Halachah fand, wo die ... Sehnsucht nach Erlösung in der nüchternen Fügung in die Mizwoth erfüllt wird." Wir wissen nicht im voraus, ob ein bestimmter Teil des Gesetzes immer in einer bestimmten Situation in ein Gebot zurückverwandelt werden kann. „Aber die Sache selbst ist schwerer, als Sie meinen: denn mir geht, was Sie nicht berücksichtigen, eben zwischen Offenbarung und *Gebot* die entscheidende Linie der Verwandlung durch die Tatsache des Menschen." Rosenzweig akzeptierte das Gebot als von Gott kommend und ließ nur die Frage offen, ob das Individuum es erfüllen könnte, während Buber näher an der Unmittelbarkeit des Dialogs blieb und zur wirklichen Frage machte, ob es tatsächlich ein Gebot Gottes an den Menschen selber ist. Er wies darauf hin, daß

> „ich die *Satzungen und Rechtsgeheiße* nicht hinnehmen darf, sondern bei jedem fragen und wieder fragen muß: Ist das zu mir gesagt, mir zu Recht? So daß ich mich einmal zu *Israel*, das angeredet wird, zählen kann und ein andermal, viele andere Male nicht. Und wenn ich irgendetwas mit ungeteiltem Herzen Gebot zu nennen vermag in meinem eigenen Leben, so ist es eben dies, das ich so tue und so lasse."

Als sich der Briefwechsel fortsetzte, befand Buber für nötig, Rosenzweig gegenüber deutlich zu machen, daß der Mensch für ihn zwar ein Gesetzesempfänger, Gott jedoch kein Gesetzgeber ist. Dies führte Buber zur entscheidenden Aussage seines Unterschiedes zu Rosenzweig und den meisten praktizierenden Juden, einschließlich vieler seiner Anhänger wie Ernst Simon: „Da Gott mir kein Gesetzgeber, sondern nur der Mensch ein Gesetznehmer ist, gilt mir das Gesetz nicht universal, sondern personal", „nämlich nur das von ihm, was ich als zu mir gesagt anerkennen muß." „Je älter ich werde und je tiefer ich die Unruhe meines Wesens erkenne, um so mehr akzeptiere ich für mich den Ruhetag."

„Ich bin für das, was ich tue und unterlasse, in einer *anderen* Weise verantwortlich als für das, was ich lerne und ungelernt lasse", versicherte Buber gegenüber Rosenzweig. „Gesetzesgeber ist mir ja Gott auch nicht, er gebietet", erklärte Rosenzweig und erkannte Bubers Antwort auf die Frage nach dem Gebot als ebenso legitim an wie seine eigene. In einem anderen Brief dieser Zeit schrieb Rosenzweig: „Bubers Nein ist vielleicht für den ‚Bau' wichtiger als Ernst Simons und mein und Ihr Ja." In jedem Fall war es Buber und nicht Rosenzweig, der sich auf ein persönliches Zeugnis beschränkte und sich weigerte, irgendwelche Aussagen allgemeiner Natur für oder gegen das Gesetz zu machen und noch viel weniger irgendeinen Versuch, Rosenzweig zu überzeugen, sich in Zukunft Bubers eigenem Zeugnis annähern zu sollen oder zu wollen. Das war ganz besonders in Bubers letztem Brief vom Juni 1925 der Fall:

> „Für mich ist und bleibt die eine Frage, die in meiner Seele wahrlich von abyssus zu abyssus gerufen wird: ob das „Gesetz" Gottes Gesetz ist. Auf diese Frage antwortet der andre abyssus wahrlich nicht mit Schweigen. Wenn er aber mit Ja antwortete, würde ich keine Betrachtungen darüber anstellen, ob das Gesetz eine die Ganzheit des Lebens schaffende Kraft sei – das wäre unerheblich. Und hinwiederum könnte mir keine noch so gewisse Bejahung dieser oder einer ihr ähnlichen Frage jenes fehlende, nicht stumm, sondern donnernd fehlende Ja ersetzen. Offenbarung ist nicht Gesetzgebung. Für diesen Satz würde ich in einer jüdischen Weltkirche mit Inquisitionsgewalt hoffentlich zu sterben bereit sein."

Trotz ihrer grundsätzlichen Divergenz in der Beziehung zwischen Offenbarung und Gesetz waren Buber und Rosenzweig fähig, an ihrer gewichtigsten und ernsthaftesten Lebensaufgabe zusammenzuarbeiten: der Übersetzung des Alten Testaments aus dem Hebräischen ins Deutsche. Der Anstoß für diese Übersetzung kam nicht von Buber, sondern von dem jungen christlichen Verleger Dr. Lambert Schneider. Als Universitätsstudent hatte Schneider zum ersten Mal die Bibel für sich selbst entdeckt, insbesondere das Alte Testament, „und dies großartige, oft spannende, oft schwer verständliche, oft ärgerliche Buch ließ mich nicht mehr los." Schneider wünschte sich eine neue Übersetzung durch einen Juden, durch einen Menschen, der mit dem Originaltext vertraut war und für den zu gleicher Zeit die deutsche Sprache ein machtvolles Ausdrucksmittel war. Dies brachte ihn auf Martin Buber, der zu dieser Zeit schon der einzige deutsche Jude war, der von den deutschen Intellektuellen sowohl als wichtiger Beiträger zur deutschen Kultur als auch als Repräsentant des Judentums angesehen wurde.

Schneider schrieb einen Brief an Buber, in dem er seinen Vorschlag für eine neue Übersetzung darlegte, und Buber lud Schneider ein, ihn in seinem Haus in Heppenheim an der Bergstraße zu besuchen. Einige Tage später saß Schneider Buber in dessen Studierzimmer gegenüber. Während er seinen Wunsch erläuterte, lagen Bubers freundliche braune Augen auf ihm, „und er hörte mir aufmerksam zu, so aufmerksam und aufgetan, wie mir bislang noch niemand zugehört hatte."

> „Dann nahm er eine Luther-Bibel von dem Regal, schlug eine Stelle auf, las sie mir vor und übersetzte die gleiche Stelle frei aus dem hebräischen Text, um mir zu zeigen, daß mein Anliegen seine Berechtigung hatte. Aber zugleich machte er mir klar, welch unsag-

> bare Arbeit, welche Verantwortung in einem solchen Unterfangen stecke – das alles ohne große Worte – und ließ mich wissen, daß er nicht glaube, einen solchen Auftrag annehmen zu können, der ihn für Jahre in Anspruch nehmen werde. Alles das war so schlicht und einfach dargestellt, daß ich gar nicht den Versuch machte, weiter in ihn zu dringen, und ich stand auf, um mich zu verabschieden. Draußen spielte die Sonne in dem ersten Grün der Bäume. Es war sehr still auf der Straße und im Haus, als Buber am Schreibtisch stehend noch einmal zu sprechen anfing. Er wollte mir doch noch nicht endgültig absagen, sondern sich noch mit seinem Freund Franz Rosenzweig beraten, denn eine solche Anforderung eines jungen, ganz und gar christlichen Menschen sei ihm ein Zeichen, dem er sich nicht ohne weiteres entziehen dürfe. Er gäbe mir bald Bescheid, und damit gab er mir die Hand zum Abschied.
> Auf dem Weg zu dem kleinen Bahnhof in Heppenheim betrachtete ich meinen Plan als abgetan, denn seine letzten Worte schienen mir nur ein trostreiches Sprüchlein für den Rückweg nach Berlin zu sein. Acht Tage später schon war der Verlagsvertrag über die Übertragung des Alten Testaments abgeschlossen. Es war kein Sprüchlein für den Weg gewesen, es war eine Antwort Martin Bubers in stiller Wahrhaftigkeit. Was Zuhören und Antworten ist, weiß ich seit diesem Frühlingstag …"

Die von Schneider initiierte Übersetzung, die Buber und Rosenzweig durchführten, gaben Schneider nicht nur die Richtung für seine Arbeit als Verleger, sondern schärften ihm auch nach eigener späterer Aussage vorurteilslose Freiheit ein, die es ihm ermöglichte, allen politischen Verwirrungen im nationalsozialistischen Deutschland zu widerstehen. Buber erhielt von Schneider unabhängig von der Veröffentlichung der einzelnen Bände ein monatliches Gehalt für die Arbeit an der Bibelübersetzung.

Bubers bemerkenswerte Zustimmung zu Schneiders Vorschlag kann auf vielen Ebenen verstanden werden. Alles, was in Bubers Verständnis von der Welt als Wort eingegangen war, hatte ihn auf diese Entscheidung vorbereitet: sein Interesse an der Übersetzung vieler Sprachen ins Deutsche, sein Interesse an Mythen, Sagen und Legenden, seine erst vor kurzem ausgereifte Philosophie des Dialogs mit ihrer Betonung der lebendigen Sprache und dem Hin und Her von Anrede und Antwort, selbst sein Interesse an Drama und Poesie. Der Gedanke dieser Aufgabe selbst war Buber nicht neu. Schon vor dem ersten Weltkrieg plante er eine Übersetzung der hebräischen Bibel ins moderne Deutsch. Zu der Zeit war er der Meinung gewesen, daß nur eine Gemeinschaft dies unternehmen könnte, genauer, eine Gemeinschaft von Menschen, die auch persönlich miteinander verbunden waren und auf diese Weise einander auf einer tieferen Ebene in ihrer Arbeit helfen konnten, als das normalerweise möglich war.

Buber besuchte Rosenzweig und las ihm Schneiders Brief mit dem Vorschlag der Bibelübersetzung vor, wobei er hinzufügte, daß er geneigt sei, den Vorschlag anzunehmen, aber nur, wenn Rosenzweig sich an der Aufgabe beteiligen würde. Buber bemerkte, daß diese Aussage Rosenzweig zugleich beglückte und beunruhigte. Später verstand Buber: sicherlich erwartete Rosenzweig nicht mehr, wie in der ersten Zeit seiner Krankheit, in den nächsten Wochen oder Monaten zu sterben, aber er hatte den Glauben daran aufgegeben, daß ihm noch viel Zeit zur Verfügung stünde. Indem er Rosenzweig die Teilnahme an dieser Aufgabe anbot, deutete Buber an, daß er zu Jahren intensivster Arbeit fähig war. Es bedeutete, sich auf eine weitere Rechnung mit der Zukunft einzulassen. Daher stammt der auf der Titelseite gebrauchte Ausdruck: „zu verdeutschen *unternommen* von Rosenzweig".

Im Gegensatz zu Rosenzweig glaubte Buber nicht, daß sie mit irgendwelchen Einschränkungen anfangen sollten, nicht einmal mit der relativ flexiblen, die durch das Unternehmen einer radikalen Revision der lutherischen Übersetzung gegeben wäre. Nur ein Experiment, das die ganze Person verlangt und fordert, folglich ein mutiges Vordringen, das alle früheren Übersetzungen kannte und von ihnen Gebrauch machte, aber sich an keine von ihnen band, konnte eine annehmbare Antwort auf ihre Frage liefern, ob die Bibel neu übersetzt werden sollte und könnte. Dies war der Weg, den sie schließlich gingen. Rosenzweig sah seine Rolle bei dieser gemeinsamen Arbeit als die der begründenden Muse (Diotima und Xanthippe in einer Person), die Rolle, die Buber in Rosenzweigs Übersetzung von Yehuda Halevi einnahm. Das aber, fügte Rosenzweig hinzu, sei keine Kleinigkeit, obwohl er das Gefühl hatte, das Hebräische viel weniger zu kennen als Buber.

Die Form der Zusammenarbeit zwischen Buber und Rosenzweig blieb bis zum Tode des letzteren gleich. Von Zeit zu Zeit übersetzte und sandte Buber Seiten seiner ersten Textübersetzung an Rosenzweig, meist Kapitel für Kapitel. Rosenzweig antwortete mit seinen Kommentaren: Zurückweisungen, Hinweise, Vorschläge für Veränderungen. Buber benutzte sie sofort in Form von Änderungen, sofern sie ihm unmittelbar sinnvoll erschienen; und über den Rest führten sie einen Briefwechsel. Worüber sie sich nicht einigen konnten, diskutierten sie während Bubers Mittwochsbesuchen (Buber lehrte jeden Mittwoch an der Universität Frankfurt und verbrachte den Rest des Tages bei den Rosenzweigs). Der gleiche Prozeß wurde mit der zweiten Version der Übersetzung wiederholt – über insgesamt drei Korrekturlesungen. Mit den Seiten der ersten Version gab Buber Rosenzweig die Gründe dafür an, aus denen er etwas auf eine bestimmte Weise und nicht anders übersetzt hatte, um ihm den Überblick zu erleichtern. Um Rosenzweig die Durchsicht von Büchern zu ersparen, beschrieb Buber für ihn die kontroversen Meinungen in bezug auf jede der schwierigen Passagen, angefangen bei den frühesten Exegeten bis hin zu den neuesten Essays in wissenschaftlichen Zeitschriften. Dennoch mußte der Briefwechsel in bezug auf ein einzelnes Wort oft über Wochen gehen. So wurde im Rahmen eines Briefwechsels die Bibel durch einen Kommentar erhellt, der lebendiger nicht sein konnte. Rosenzweig schrieb an einen Rabbi, daß er während der Bibelübersetzung vieles gelernt habe, was er nicht gewußt hatte, als er das Nachwort zu seiner Übersetzung von *Yehuda Halevi* geschrieben hatte, nicht nur weil jede neue Aufgabe eine neue Methode verlangt, sondern weil Buber ihm neue Einsichten in die Methodik eröffnet hatte.

Bei einer Feier aus Anlaß des Abschlusses der Bibelübersetzung in Bubers Haus in Jerusalem im Jahre 1961, mehr als dreißig Jahre nach Rosenzweigs Tod, sprach Rosenzweigs Freund Eugen Mayer davon, wie Buber sich die meiste Zeit der unbeschreiblich schwierigen und zeitaufwendigen Aufgabe der Arbeit mit Rosenzweig gewidmet und so dessen letzte Jahre mit Befriedigung und Sinn erfüllt hatte. Von dem, der einem Großen in Israel Gnade erweist, gilt, zitierte Mayer aus dem Midrasch, „daß er sie gleichsam ganz Israel erwiesen habe". Rosenzweig selbst wußte sehr zu schätzen, was die Arbeit an der Bibel mit Buber für diesen bedeutete. Als Buber ihm den letzten Abschnitt des Buches *Genesis* gesandt hatte, antwortete Rosenzweig mit einem Gedicht, in dem er ihm dafür dankte, es möglich gemacht zu haben, durch diese Arbeit zu leben.

Buber antwortete Rosenzweigs Gedicht, indem er ihn bat, ihn mit *Du*, dem Symbol enger Freundschaft anzusprechen. „Mit Rang", gestand Buber, „war es mir zu Anfang nicht leicht, und mit Paul Natorp ist es bis zuletzt um äußere Übung geblieben, aber so groß ist der Altersunterschied zwischen uns ja Gott sei Dank nicht." Rosenzweig antwortete, daß es ihm gar nicht schwer falle, Buber mit „Du" anzusprechen, da er es schon oft in der Stille getan habe. Der Altersunterschied war nicht so sehr für die Distanz zwischen ihnen maßgeblich, „obwohl ihn eine rund zehnjährige Spanne männlicher Welterfahrung noch vergrößert – denn Du warst mit zwanzig schon öffentlich, während ich mit dreißig noch zu Rumpelstilzchens Spruch tanzte – sondern ein Gefühl in mir, dem ich bisher durch die gewohnte Briefüberschrift Ausdruck geben durfte; fast bedaure ich, daß das jetzt stillos wäre; aber es bleibt ja als mein verschwiegener Unterton, wie bisher das verschwiegene Du."

Eines der bezauberndsten Kapitel in der Buber-Rosenzweig-Bibelübersetzung bildet die Reaktion von Rosenzweigs jungem Sohn Rafael, der, so erklärte Bubers Frau, so sehr seinem Vater ähnelte und wie dieser eine klar umrissene Persönlichkeit besaß. Als Buber und Rosenzweig an der Übersetzung arbeiteten, las Edith Rosenzweig ihrem kleinen Sohn Rafael Passagen daraus vor, und sie waren von seinen Reaktionen entzückt. „Rafael übrigens braucht keine Auswahl; er schätzt alles", schrieb Rosenzweig. „Und hat übrigens einen Riecher für das Bedenkliche unserer Genesis; neulich erklärte er: ‚Den Adam hab ich lieb und die Hava hab ich lieb und den Abraham und die Sara und Lot und (vorher) die Schlange, aber der liebe Gott ist bös und Wasser ist bös'." Als der kleine Rafael fünf Jahre alt war, bestand er darauf, allen Versicherungen des Gegenteils zum Trotz, daß sein Papa und Onkel Buber die Autoren der Bibel seien! Als Rafael sieben Jahre alt war, erzählte Buber den Rosenzweigs, daß Hans Kohn dabei war, seine Biographie zu schreiben und sagte, zusammen mit der erstaunlichen Menge an Material, das Kohn ausgegraben hatte, vieles davon Buber selbst unbekannt sei, es auch Gott sei Dank noch viel mehr gebe, was noch unbekannt bliebe. Rosenzweig sagte: „Rumpelstilzchen". Worauf Rafael, der am Tisch saß und malte, jubelnd ausrief: „Ach wie gut, daß niemand weiß" und fuhr, anstatt mit den Worten des Märchens („daß ich Rumpelstilzchen heiß'"), die Rosenzweig mit Sicherheit erwartet hatte, originellerweise fort mit: „daß ich die Bibel übersetzt habe." Buber, nie aus der Contenance zu bringen, sagte: „Nun, das gerade doch nicht, das weiß man ja." Drauf er, ohne sich zu besinnen: „daß ich noch so viele schöne Dinge gemacht habe."

Als der große Jude der Aufklärung, Moses Mendelssohn, im achtzehnten Jahrhundert die hebräische Bibel ins Deutsche übersetzte, verfolgte er damit das Ziel, die deutschen Juden Deutsch zu lehren. Zu diesem Zweck machte er seine Übersetzung so deutsch wie möglich, obwohl er wie im Jiddischen hebräische Buchstaben gebrauchte. Das Ziel von Buber und Rosenzweig war das genaue Gegenteil, wie Rosenzweig selbst erkannte: die Bibel auch im Deutschen so hebräisch wie möglich zu machen und dadurch die deutschen Juden zum Originaltext zurückzuführen. Aus diesem Grund dient heute noch die Buber-Rosenzweig-Bibel vielen Israelis als Kommentar zum hebräischen Original. Das bedeutet nicht, daß Buber und Rosenzweig die Aufgabe des Lesers leichter machten als das Original. Im Gegenteil, wie Gershom Scholem im 1961 herausgegebenen Festband, der die Beendigung der Aufgabe anzeigte, sagte, war Bubers und Rosenzweigs Hauptintention, den Leser zu mahnen, Hebräisch zu lernen, und deshalb ließen sie das Klare klar, das Schwierige schwierig und das Unverständliche unverständlich. Anstatt zu glätten und angenehm zu machen, beließen sie den Text absichtlich roh und schmucklos und stellten nie einen Übergang oder einen Abschluß her, wo es das Hebräische nicht tat. „Im Gegensatz zur lutherischen und allen anderen früheren Übersetzungen", schrieb Buber, „sind wir bereit, bis an die Grenzen der deutschen Sprache zu gehen, ohne sie jedoch zu überschreiten, um einen Schatz wie diesen zu retten."

Ernst Simon hob drei voneinander abhängige Charakteristika hervor, die diese Bibelübersetzung von allen anderen unterscheidet: das gesprochene Element, das sinnliche Element und die größtmögliche Erhaltung der hebräischen Sprachform in einer fremden Sprache, durch die die Bibel, in Bubers eigenen Worten, von der „Plage der Bekanntheit" erlöst worden sei. Buber schrieb, daß „man bei einer Verdeutschung der Schrift versuchen müßte, von der Geschriebenheit des Wortes auf seine ursprüngliche und in jeder echten Vorlesung wieder laut werdende Gesprochenheit zurückzugehen."

Von der Septuaginta an hatten alle Übersetzer versucht, die hebräische Bibel in ihre *eigene* geistige Welt zu übertragen. Selbst jüdische Übersetzer und Exegeten entgingen nicht dieser Tendenz, die Bibel zu modernisieren, um sie der westlichen theologischen und kulturellen Denkweise anzupassen. Die grundsätzliche Richtung der Buber-Rosenzweig-Bibel war entgegengesetzt.

Vielleicht die bedeutendste Änderung vom Geschriebenen zum Gesprochenen und vom Statischen zum Dynamischen ist die Buber-Rosenzweig-Übersetzung von hebräisch *kadosch* – nicht als „heilig", sondern als „heiligen". *Kadosch* bedeutet keinen Zustand des Seins, sondern einen Prozeß: den des Heiligens und Geheiligtwerdens. Moses steht vor dem Dornbusch nicht auf heiligem Boden, sondern auf dem Boden der Heiligung. Als Aaron zum Priester geweiht wird, ist er in das Gewand der Heiligung gekleidet und mit dem Öl der Heiligung gesalbt. Der Sabbat ist ein Fest der Heiligung, und die Söhne Israels sind von Gott aufgerufen, Menschen der Heiligung zu werden (nicht ein heiliges Volk).

Diese Wiedergabe verändert mit einem Schlag die ganze Bedeutung der Beziehung zwischen Gott und der Welt und zwischen dem Geheiligten und dem Weltlichen und legt den Grundstein für Bubers spätere Charakterisierung des Chassidismus als eine Form, die das Weltliche nicht als Antagonisten zum Heiligen ansieht, sondern als das Noch-nicht-Geheiligte. Keine getrennten, voneinander durch Tabu isolierten Sphären können dem Ansturm des *Geistbraus* des Gottes von Geist *und* Natur standhalten. Wenn wir diese Änderung auf die Übersetzung einer bekannten chassidischen Geschichte anwenden, wird die Macht dieses Verständnisses von ‚das Alltägliche heiligen' oder ‚das Weltliche weihen' unmißverständlich:

> Der Rabbi von Kobryn lehrte: „Gott spricht zum Menschen, wie er zu Mose sprach: ‚Streife die Schuhe von deinen Füßen' – streife die Gewöhnung ab, die deinen Fuß umschließt, und du wirst er-

> kennen, daß der Ort, auf dem du eben jetzt stehst, heiliger Boden [Grund der Heiligung] ist. Denn es gibt keine Wesensstufe, auf der man nicht überall und alle Zeit Gottes Heiligkeit finden könnte.“

Heiligkeit ist nicht ein einfacher Zustand, der dem Erleuchteten, der die Illusion der Existenz durchschaut, zugänglich wird. Sie ist eine *Aufgabe*, in der das Heiligen durch den Menschen und das Heiligen durch Gott sich begegnen. Wenn die Frage des Rabbi Mendel von Kozk, wo Gott weilt, mit den Versen: „Die ganze Erde ist voll von seiner Herrlichkeit“ beantwortet wird, gibt er zurück: „Nein, Gott weilt da, wo der Mensch ihn einläßt!“

Was vorher als der Herr übersetzt worden war, wurde nun als ICH, DU, ER, das heißt, wie Everett Fox herausstellt, durch „Ich, der mit dir da ist, Du, der mit mir da ist, er, der mit mir da ist“ wiedergegeben. Das bedeutet, wie Rosenzweig erklärte, alle Platonisierungstendenzen zu erkennen und sich vor ihren indirekten philosophischen Konsequenzen zu hüten, daß Gott sich selbst beim Dornbusch nicht als Wesen nennt, sondern als Existierendes, als Daseiendes, als Gegenwärtigsein, als Mitsein, als hinzukommend und denen, die ihn anrufen, helfend. Er spricht an. Die Absolutheit und Ewigkeit Gottes ist also in Wirklichkeit das Vermögen des gegenwärtigen Moments und jedes zukünftigen Moments, einer zu sein, in dem ich mich in meiner gegenwärtigen Existenz angesprochen fühle. Die Ewigkeit von Gottes Gegenwart ist hier, wie in *Ich und Du*, nicht das *„ewige“* Du, sondern das *ewig* Du-*Seiende*, die immer erneuerte Konkretheit und Einzigartigkeit der Begegnung mit dem Du. Mit der Beziehung von Moses zu Gott beginnend, kommentiert Buber: „Der Mensch kann Gottes Antlitz nicht ‚sehen‘ (in unserer Begriffssprache: es kann ihm nicht Gegenstand werden), aber er kann sich von ihm ins eigene anreden lassen und ihm Rede stehen (in unserer Begriffssprache: es kann ihm Partner werden).“ Gott sagt seiner Kreatur, was sie wissen muß – daß er mit ihr ist, für sie gegenwärtig ist, aber in immer neuen, nicht antizipierbaren Formen, in den Formen der eigenen Lebenssituationen seiner Kreatur; deshalb ist es wichtig, Gott wieder und wieder in ihnen zu erkennen.

Die hebräische Bibel will als ein Buch gelesen werden, in welchem keines ihrer Teile in sich selbst geschlossen bleibt; vielmehr jeder zum anderen hin offen bleibt. Die Bibel will dem Leser mit solcher Intensität als ein Buch gegenwärtig sein, das beim Lesen oder Rezitieren einer bestimmten Passage jene mit ihr verbundenen Passagen ins Gedächtnis ruft, besonders jene, die in der Sprache identisch, ähnlich oder verwandt sind, und sie sich alle gegenseitig in solcher Weise erhellen, daß sie in einem *theologoumenon* zusammenkommen, einer Konzeption, die nicht ausdrücklich gelehrt wird, aber den Worten immanent ist und aus ihren

Beziehungen und Übereinstimmungen hervorgeht. Die Wiederholung derselben oder ähnlich klingender Worte oder von Worten oder Ausdrücken mit der gleichen oder ähnlicher Wurzel innerhalb einer Passage, innerhalb eines Buches, in einer Gruppe von Büchern zeigt die sprachliche Beziehung zwischen den Propheten und dem Pentateuch, zwischen den Psalmen und dem Pentateuch, zwischen den Psalmen und den Propheten. Ein schlagendes Beispiel für diese Verkettung von Worten durch Klänge oder Wurzeln stammt aus der Geschichte von Jakob und Esau. Jakob, der den Segen des Erstgeborenen von seinem Vater erschlichen hatte, muß sich, nachdem er von einem vierzehnjährigen Dienst bei seinem Onkel Laban zurückkehrt, dem Zorn seines Bruders Esau und der Möglichkeit, daß Esau ihn tötet, stellen. In der Nacht bevor er Esau treffen soll, geht er allein weg und trifft einen fremden Mann, mit dem er bis zum Morgengrauen ringt und den er nicht eher gehen läßt, als bis er seinen Segen erhalten hat. Nach dieser Probe ist Jakob nun soweit, daß er zu Esau gehen kann, um dessen Vergebung nachzusuchen und die verletzte existentielle Ordnung wieder instandzusetzen, und – wenn nötig – sein Leben dafür herzugeben. Was also durch Falschheit gewonnen worden war, konnte nur durch offenherzige Direktheit und großen persönlichen und geistigen Mut erhalten werden.

Diese Bedeutungen werden nicht in den Text hineingelesen. Sie sind bereits als verborgene Verbindungen vorhanden, die nur durch Aufmerksamkeit für die signifikanten Wiederholungen von Leitworten oder Motiven ans Licht gebracht werden müssen.

Die wesentliche Verbindung zwischen der Geschichte von Jakobs Ringen mit dem „Engel", die so oft außerhalb ihres Kontexts behandelt wird, und seiner Flucht vor dem Zorn Esaus und seiner Rückkehr, um sich ihm zu stellen, entsteht im Text durch die Wiederholung der Motive des Gesichtverhüllens und des Sehens des eigenen Gesichts; der Parallele zwischen dem Sehen des Gesichts Gottes und des Gesicht Esaus und der Parallele zwischen der Segnung oder der Gabe, die Gott Jakob gibt, und der Gabe, die Jakob Esau gibt.

Esau verbindet Jakobs Namen „Ferse-Schleicher" mit der Art, in der Jakob sich zweimal erschlichen hat, was Esau zustand: zuerst sein Geburtsrecht, dann seines Vaters Segen (Im Anfang 27, 35–36). Diese gemeine Art des Kampfes wird durch die gute gesühnt, der Name, der zur Schande geworden ist, wird durch einen geheiligten ersetzt. Bald drückte Gott selbst die Erneuerung des Mannes Jakob-Israel aus und vollendet den Segen, aber erst nachdem er mit seinem Bruder Esau versöhnt ist. Der Segnung zwischen Mensch und Mensch folgt die zwischen Gott und Mensch.

„Der stärkste, hartnäckigste und entschlossenste Kritiker Ihres Werkes", sagte Scholem zu Buber, „waren Sie selbst, der Künstler, der

Sprachmeister und der homo religiosus, der unablässig um die Genauigkeit und Ausdrucksfülle rang, die Ihren Intentionen allein entsprechen konnte." Und viele Jahre später fügte Scholem sein eigenes Zeugnis dem der vielen anderen hinzu, die in der Buber-Rosenzweig-Übersetzung einen unschätzbaren Kommentar zum Text selbst gefunden hatten: „Viele von uns haben immer wieder, wenn wir schwierige Stellen der Bibel lasen, uns gefragt, ja, was sagt wohl der Buber dazu – nicht so ganz anders, wie wir uns fragen, was hat wohl Rashi [der große mittelalterliche jüdische Bibelkommentator] zu sagen?"

Der größte deutsch-schweizerische Romanschriftsteller und Dichter Hermann Hesse schrieb an drei verschiedenen Stellen: „Nennen muß ich auch die Bibelübersetzung von Martin Buber, mit der Lauterkeit und Strenge ihres Kampfes ums Wort eine der edelsten Bemühungen deutschen Geistes in unserer Zeit." Als Hesse Buber 1949 und ein zweites Mal 1958 für den Literaturnobelpreis vorschlug, gab er als Grund unter anderem auch seine Übersetzung der Bibel an. Bubers Sohn Rafael, der als Kommunist seinem Vater zu dieser Zeit keinesfalls nahe stand, schrieb 1926:

> „Die Genesis ist sehr schön in deiner Übertragung. Ich lese gern drin und habe dabei oft das Gefühl, ich lese hebräisch. Ich glaube, du wirst verstehen, was ich damit meine. Es ist eben nicht nur die getreue Übersetzung im Rhythmus der Bibel, sondern es ist der Urtext in der schönen deutschen Sprache. Ich lese ihn jedenfalls deutsch und begreife ihn hebräisch."

Die Buber-Rosenzweig-Bibel stellte zugleich eine hohe kulturelle Leistung dar und gleichzeitig die Beendigung dessen, was Buber selbst die deutsch-jüdische Symbiose nannte. Ernest M. Wolf bezeugte, wie auch Scholem und Simon, die große Bedeutung der Übersetzung für die jüdische Jugend, als Ersatz für das Original und als beliebter Kommentar oder *Targum* zu ihm. Sie gab der Renaissance des jüdischen Lernens, die seit dem Anfang dieses Jahrhunderts, noch vor dem Einfluß von Hitlers Antisemitismus, in Bewegung gekommen war, eine solide Grundlage, und „regelmäßige und systematische Kurse im Bibelstudium wurden eine der Hauptformen erzieherischer Bemühungen in der jüdischen Gemeinschaft."

> „Es gab kaum ein Treffen, ein Seminar, eine Konferenz, oder ein Lager jüdischer Jugendorganisationen, wo das Bibelstudium nicht Teil des Programms war, meist war es ein bedeutsamer und zentraler Teil … Wäre es der Generation junger Juden, die durch die Buber-Rosenzweig-Schule des Bibellesens und der Bibelinterpretaton gegangen waren, erlaubt gewesen, aufzuwachsen und zusammenzubleiben, wären sie wahrscheinlich seit den Tagen, bevor die

Ghettomauern in Europa fielen, die sich der Bibel bewußtesten Juden geworden."

In einem Schreiben an einen Freund nach dem Abschluß des Buches Schmuel erläuterte Rosenzweig die Übersetzung: „Es war eine schwere Aufgabe, Buber sagt, die schwerste seines Lebens." Was seine schwere Aufgabe für Buber persönlich als Fortschreiten vom leichten zum schweren Wort bedeutete, wird lebhaft im Gedicht „Bekenntnisse des Schriftstellers" ausgesprochen, das Buber 1945 schrieb und Ernst Simon widmete:

Ich bin einst mit leichtem Kiele
Ums Land der Legende geschifft,
Durch Sturm der Taten und Spiele,
Unlässig den Blick nach dem Ziele
Und im Blut das bedrückende Gift
Da ist einer auf mich niedergefahren,
Der faßte mich an den Haaren
Und sprach: Nun stelle die Schrift!

Wer oder was war es, der oder das auf Buber niederfuhr, ihn bei den Haaren packte und ihm befahl: „Stelle die Schrift!"? Keine Stimme vom Himmel, sondern die Anrede, die er in der Situation selbst hörte. Bubers Bibelübersetzung ist auch ein „Wort der Zeiten" – ein vertrauensvolles Zuhören und Antworten auf die Forderung der Stunde, was in diesem Fall bedeutete, das biblische Wort an ein Zeitalter heranzutragen, das ihm wahrscheinlich entfremdeter und feindseliger gegenüberstand als jedes frühere in der Geschichte von Judentum und Christentum.

Nirgends ist diese prophetische Stimme in einer entfremdeten Welt mit mehr Kraft und Klarheit ausgedrückt als in Bubers Artikel „Der Mensch von heute und die jüdische Bibel". „Religion ist selber heute eine Sache des abgelösten Geistes", eine seiner Unterteilungen, die nur dazu dient, den Dualismus zwischen „Geist" und „Leben" zu verstärken. Aus diesem Grund beschrieb Buber später Religion sardonisch als „den großen Feind der Menschheit". Das sogenannte Alte Testament ist im Gegensatz dazu das größte Dokument einer Wirklichkeit, in der der Geist verkörpert und das alltägliche Leben geheiligt wird, in dem die Torah ausersehen ist, den natürlichen Verlauf des menschlichen Lebens abzudecken, und der Bund nicht eine Forderung nach Religiosität, sondern nach wirklicher Gemeinschaft ist. „Dem ‚heutigen Menschen' ist die Glaubenssicherheit nicht zugänglich und kann ihm nicht zugänglich gemacht werden." Er kann dennoch „dieses Buch öffnen und sich von seinen Strahlen treffen lassen, wo sie wollen, ohne vorheriges Urteil und vorherige Bindung." Offenbarung findet immer neu in der Gegenwart statt, *wenn ich da bin*. Dieses setzt Leben in echter Verantwortlichkeit voraus, und genau das will der heutige Mensch nicht. „Der heutige

Mensch widersteht der Schrift, weil er der Offenbarung nicht standhält. Der Offenbarung standhalten heißt, die Entscheidungsfülle des Augenblicks aushalten; heißt für den Augenblick antworten: ihn verantworten." Hier ist das Bindeglied zwischen *Ich und Du* und Bubers Artikel „Zwiesprache" von 1928, in dem jedes Ereignis als das „Zeichen der Anrede" gesehen wird. „Meinen wir ein Buch? Wir meinen die Stimme. Meinen wir, daß man lesen lernen sollte? Wir meinen, daß man hören lernen soll." Die gesprochene Qualität der Bibel ist untrennbar von der Forderung nach Teschuwa an unsere Existenz, nach der Umkehr unseres gesamten Wesens, so daß wir uns nicht auf einer früheren Strecke unseres Weges wiederfinden, sondern da, wo die Stimme zu vernehmen ist!

Aufgrund der zentralen Bedeutung von Bubers Arbeit an der Übersetzung der hebräischen Bibel ist es nicht überraschend, daß sie sein häusliches Leben durchdrang. Buber arbeitete in seinem Schlafzimmer an der Bibelübersetzung. Nach dem Zeugnis seiner Enkelin Judith (Rafaels Tochter), die zu dieser Zeit bei ihm lebte, gab es im Schlafzimmer zwei große Tische mit allen Büchern und Materialien, die Buber brauchte, und einen angrenzenden Raum voller Bücher, die mit der Übersetzung zu tun hatten. Nach dem Frühstück pflegte Buber immer bis zu einer festgesetzten Stunde an der Bibelübersetzung zu arbeiten und kam dann aus dem Schlafzimmer herunter in sein Studierzimmer, um an anderen Themen zu arbeiten. Selbst als die Familie in den Alpen wandern ging, nahm Buber während der Pausen die Fahnen seiner Bibelübersetzung aus der einen und ein hebräisch-deutsches Wörterbuch aus der anderen Tasche. Dann führte er inmitten der Schönheit der Dolomiten eine lange Diskussion mit Paula Buber darüber, welches Wort zur Übersetzung eines bestimmten Verses angemessen war.

Während der Mahlzeiten zu Hause ergaben sich viele Auseinandersetzungen zwischen Martin und Paula Buber über die Wahl von Wörtern und sprachlichen Formulierungen. Paula Buber nahm Martin Bubers Arbeit sehr ernst, ehrte sie sehr und verlangte von Judith und ihrer älteren Schwester Barbara, still zu sein, damit sie seine Arbeit nicht störten. Hin und wieder jedoch brach Paula in Wut und Bitterkeit aus, denn es ärgerte sie, immer ihre eigene Zeit und Energie der Entwicklung ihres Mannes zu widmen. In gewissem Ausmaß wurden beide Enkel durch Bubers Bibelübersetzung erzogen. Er lehrte Barbara und Judith die Bibel, und auf diese Art lernten sie Hebräisch.

In dem 1928 in München gehaltenen Vortrag „Biblisches Führertum" vertiefte sich sein Verständnis der biblischen Zwiesprache so, daß es das Paradox geschichtlichen Erfolgs und Mißerfolgs und damit ein Verständnis von Erlösung und Messianismus als untrennbar vom Leiden des „Knechts" einschloß, wie es die bekannten Passagen über das Leiden in Deutero-Jesaja bezeugen:

> „Der Weg, der wirkliche Weg von der Schöpfung zum Reich, wird nicht auf der Fläche der Erfolge, sondern in der Tiefe der Erfolglosigkeit gegangen. Das wirkliche Werk vom biblischen Aspekt aus ist das spätverzeichnete, das unverzeichnete, das anonyme Werk. Es wird im Schatten, im Köcher getan."

Wie gründlich Bubers Verständnis der Verbindung von echtem Dialog und historischem Fehlschlag sein Bewußtsein zu dieser Zeit durchdrang, wird sichtbar an zwei anderen, weit vom Kontext der Bibel entfernten „Worten an die Zeit", die er an diesem Scheideweg schrieb. Im Herbst 1928 hielt Buber auf einer Tagung des China-Institutes in Frankfurt/Main eine Rede zum Thema „China und wir". Unser Zeitalter hat „auf die bitterste Weise zu schmecken, ja, auf eine geradezu närrische Weise" gelernt, daß historischer Erfolg keine Bedeutung hat. Wir haben begonnen, den typischen modernen abendländischen Menschen, „der sich Zwecke setzt, diese Zwecke durchsetzt, der Machtmittel ansammelt und diese Machtmittel auswirkt", anzuzweifeln. Die taoistische Lehre des *wu-wei*, wonach echtes Bewirken nicht Eingreifen, nicht Machtausüben, sondern Bei-sich-selbst-Bleiben ist, weist uns auf diese machtvolle Existenz hin, die zuerst unbedeutsam oder sogar unsichtbar erscheint, jedoch über Generationen fortbesteht, um in anderer Form sichtbar zu werden. „Da wo wir stehen, oder da wo wir bald stehen werden", schloß Buber prophetisch weniger als fünf Jahre vor Hitlers Machtübernahme, „da werden wir unmittelbar an die Wirklichkeit rühren, die Laotzu vertritt."

1929 griff Buber das Thema der versteckten Führerschaft in weiteren Kontexten auf: dem des Zionismus, der modernen Politik und Max Webers bekanntem soziopolitischen Begriff des Charismas. Zu dieser Zeit erzählte Buber im Rahmen eines Beitrags zur Erinnerung an Theodor Herzl durch seine Zeitgenossen den Konflikt zwischen Herzl und David Trietsch wieder, den wir schon in Verbindung mit Bubers früherer zionistischer Politik besprochen haben. Am Ende dieser Geschichte davon, wie er zum ersten Mal seinen Fuß auf tragischen Boden setzte, fügte Buber eine Betrachtung ein, die direkt aus seinem fünfzigsten und nicht aus seinem fünfundzwanzigsten Jahr herrührte. Es war Trietschs Verlobte, die Herzl mit blitzenden Augen gegenüberstand, die Herzl nötigte, zu antworten, wie er es tat. Wenn dieser Vorfall einen fürchterlichen Mangel an Objektivität auf seiten Herzls zeigte, so könnte die Tatsache, daß sein Gegner einen Menschen hatte, der so für ihn eintrat, in Herzls Vorstellung die Möglichkeit hervorgebracht haben, daß es eine andere, von der offensichtlichen Weltgeschichte verschiedene Wirklichkeit geben könnte, „noch eine andere Wirklichkeit als die der offenbaren Weltgeschichte, eine verborgene, ohnmächtige, weil eben nicht zur Macht gelangte."

„... und ob es nicht also wohl auch Berufene geben könne, die nicht zur Macht auserwählt worden sind und doch das Wesen von Berufenen haben? Ob den Momenten, die die einen von den anderen scheiden, nicht vielleicht übermäßiges Gewicht beigemessen werde? ob nicht den Menschen des Mißerfolgs zuweilen ein später, etwa posthumer, etwa auch noch anonymer Sieg beschieden sei, den eben die Geschichte zu verzeichnen sich weigert? ja, ob nicht, wo auch dies ausbleibt, dennoch zu diesen Preisgegebenen ein Ja und ein Segen gesprochen ist, ein Wort, das sie bestätigt? Ob es nicht ein dunkles Charisma gibt?"

Buber behauptete nicht, daß der Mensch, der in der Geschichte handelt, sich erlauben könnte, sich von solchen Fragen überwältigen zu lassen, denn wenn er es täte, müßte er vielleicht verzweifeln und sich zurückziehen. „Aber die Augenblicke, in denen sie ihn berühren, sind die wahrhaft religiösen Augenblicke seines Lebens." Hier ist Religion nicht nur die Begegnung mit dem „ewigen Du" oder selbst „Zwiesprache", sondern das Leiden des Knechtes in den Tiefen.

Ob Buber bei seinem Schreiben über das „dunkle Charisma" David Trietschs auch an seine eigene Lebenserfahrung von einer politischen Enttäuschung nach der anderen gedacht hat oder nicht – eine Erfahrung, die er in den verbleibenden dreißig Jahren seines Lebens wieder und wieder machen sollte –, fest steht, daß er seinen Freund Franz Rosenzweig mit dem „leidenden Knecht" assoziierte, eine Assoziation, die in den letzten Jahren von Rosenzweigs Leben klar und unmißverständlich wurde.

An einem Freitagabend, dem 6. Dezember 1929, wurde Rosenzweig von einem Fieber ergriffen, das sich zu einer schweren bronchialen Lungenentzündung entwickelte. Nach achtundvierzig Stunden der Schlaflosigkeit und des Nach-Luft-Ringens, in denen jene, die um ihn herum waren, vergeblich versuchten, eine angenehme Lage für seine gelähmten Glieder zu finden und zu erraten, was er sagen wollte, fiel er am Montag, den 9. Dezember in einen erfrischenden Schlaf. Am Montagnachmittag stimmte der Arzt, der den Gedanken, ein Sauerstoffzelt zu benutzen, damit Rosenzweig mit seiner Familie sprechen könnte, aufgegeben hatte, Rosenzweigs Bitte zu, ihm seinen Stuhl in sein Arbeitszimmer zu bringen. Man brauchte zwei Stunden, um ihn von seinem Bett zu seinem Stuhl zu bringen, wo er von ein Uhr bis vier Uhr nachmittags schlief. Als er erwachte, nahm er etwas Nahrung zu sich, die erste seit einigen Tagen, und bat, daß man seine Hand in Position für ein Diktat bringe, welches dann in das Schreibheft, das er für seine Korrespondenz mit Buber benutzte, transkribiert werden sollte. Indem er auf die Buchstabenplatte seiner Schreibmaschine deutete, buchstabierte er Buchstabe für Buchstabe langsam und mühsam: „... und – jetzt kommt sie, die Pointe aller Pointen, die der Herr mir wirklich im Schlaf verliehen hat: die Pointe aller Pointen, für die es ...“ Er bezog sich, wie Buber selbst gesagt hat, auf eine der Passagen über den leidenden Knecht aus Deutero-Jesaja. Das Schreiben wurde durch den Eintritt des Doktors unterbrochen, den Rosenzweig mit unendlicher Mühe fragen konnte (indem sie das Alphabet hersagten und er nickte), ob die B'nai B'rith-Loge, deren Präsident der große deutsch-jüdische Denker und geistige Führer Leo Baeck war, dessen außergewöhnlicher Bitte, in Wahrheit ein Erlaß, nachgekommen worden war, daß die Loge siebentausend Exemplare der Buber-Rosenzweig-Übersetzung des Pentateuch kaufen würde. Der Doktor, ein einflußreiches Mitglied der Loge, war sich überhaupt nicht sicher, was das Ergebnis sein würde, aber in der Erkenntnis, daß dies vielleicht seine letzte Gelegenheit war, mit Rosenzweig zu sprechen, sagte, die Loge hätte zugesagt, eine Antwort, die Rosenzweig zu erfreuen schien. Er beschloß, den unterbrochenen Satz, den letzten, den er schrieb, nicht zu Ende zu bringen. Gegen ein Uhr morgens, am 10. Dezember, starb er.

Etwa eine Woche nach Rosenzweigs Tod schrieb Buber einen Artikel über ihn, den er „Für die Sache der Treue“ überschrieb. Buber sprach davon, wie Rosenzweig nach der Vollendung von *Der Stern* das Schreiben von Büchern zugunsten des Lebens beiseitegeschoben hatte, in dem er die Wahrheit als Gatte, Vater, Lehrer, von der Torah lernend und in Israel arbeitend, bestätigen wollte. Aber dann wurde ihm deutlich gemacht, daß dies noch „‚zu gering dafür [war], daß Du mir Knecht wardst‘.“ „Unsäglich Schweres, Unsägliches wurde ihm aufgeladen und aufgetragen“ – seine Krankheit. Anstatt innerhalb eines Jahres zu sterben, wie er erwartet hatte, mußte er acht Jahre leiden. „In diesen acht Jahren hat Franz Rosenzweig die Wahrheit, die er geschaut hatte, im Angesicht Gottes bewährt. Am ganzen Leib gelähmt, stritt er für die Sache der Treue.“ Seine Ärzte sagten von ihm, daß er ein „Phänomen des Geistes“ war, aber Buber bestand darauf, daß er ein Phänomen des Geistes mit dem Willen war, in konkreter Existenz völlig offenbar zu werden.

Glaube allein würde für solch große Beharrlichkeit und Entschiedenheit nicht ausreichen, versicherte Buber. Er brauchte die Gesellschaft des Humors. Glaube bedeutet, ein Gelöbnis abzulegen, aber Humor ist notwendig, um dieses Gelöbnis inmitten aller Quälerei und Widrigkeit der Existenz zu erfüllen. Der, der glaubt, akzeptiert das Leben in seiner Ganzheit, aber das Leben mit seinen individuellen Ereignissen Augenblick für Augenblick zu akzeptieren, ein Leben größter Schmerzen, das erfordere einen tiefsitzenden Humor.

„Ich habe in all diesen Leidensjahren an Franz Rosenzweig nichts so sehr bewundert wie sein Lächeln … Es stieg auf aus der untersten Echtheit der Kreatur. Es war nicht überlegen und nicht resigniert, es war gläubig und gegenwärtig. Die Scherze, die fast auf jeder Seite seiner Bemerkungen zu meinen Übersetzungsmanuskripten standen, waren richtige natürliche Scherze und doch wie Dank –, ja, wie Dankgebete."

In einem Aufsatz von 1956, in dem er Rosenzweig mit Heidegger und anderen existentialistischen Denkern kontrastierte als einen, der sein Leben durch die von ihm erkannte Wahrheit umformen ließ und sie wirklich in seinem Leben lebte, kam Buber wieder auf dieses Thema von Glaube und Humor zurück. Rosenzweigs Lähmung war für einen Denker wie Rosenzweig so ungeheuer schwierig, weil sie nicht seine Gedanken, wohl aber ihre Ausdrucksmöglichkeit verkrüppelte. Dennoch, „ich kann bezeugen", schrieb Buber, aus dem einzigartigen Kontakt über sechs Jahre gemeinsamer Arbeit hinweg, wie Rosenzweig, obwohl er immer tiefer in den Abgrund seiner Krankheit hinabsank, seinem Dienst ununterbrochen treu blieb. „Die große Lehre, die ich damals von dem Freunde empfing, war die der Vereinigung von Glauben und Humor in solcher Probe." „So sieht Wahrheit-bewährende Existenz aus."

Ans Ende seiner „Nachlese", einer Sammlung kurzer Fragmente, Gedichte und Essays, die Buber kurz vor seinem Tod für ein Buch auswählte, stellte er eine kurze Antwort auf die Frage, was nach dem Tode geschieht, die er 1927 für eine französische Zeitschrift verfaßt hatte und an seinem fünfzigsten Geburtstag 1928 auf Deutsch gedruckt worden war. Daß Buber sich die Mühe machte, diese Aussage für Rosenzweig auf Französisch, in der sie ursprünglich veröffentlicht worden war, umzuschreiben, deutet darauf hin, daß er an Rosenzweig und dessen unmittelbar bevorstehenden Tod dachte, als er sie schrieb.

„Wir wissen nichts vom Tod, nichts als die eine Tatsache, daß wir ‚sterben' werden – aber was ist das, sterben? Wir wissen es nicht. So geziemt uns anzunehmen, daß es das Ende alles uns Vorstellbaren ist. Unsere Vorstellungen ins Jenseits des Sterbens verlängern wollen, in der Seele vorwegnehmen wollen, was der Tod allein uns in der Existenz zu offenbaren vermag, scheint mir eine als Glaube verkleidete Ungläubigkeit zu sein. Der echte Glaube spricht: Ich weiß nichts vom Tod, aber ich weiß, daß Gott die Ewigkeit ist, und ich weiß dies noch, daß er mein Gott ist. Ob das, was wir Zeit nennen, uns jenseits unseres Todes verbleibt, wird uns recht unwichtig neben diesem Wissen, daß wir Gottes sind – der nicht ‚unsterblich', sondern ewig ist. Statt unser Selbst uns lebend wiewohl tot vorzustellen, wollen wir uns auf einen wirklichen Tod bereiten, der vielleicht die Endschranke der Zeit, der aber, wenn es sich so verhält, gewiß die Schwelle der Ewigkeit ist."

10. Kapitel

Die Weimarer Republik

(1922–1932)

1925 schrieb Buber an seinen Vater, um ihm die besten Wünsche zu seinem Geburtstag zu übermitteln und ihm wie üblich die letzten Bücher, die er veröffentlicht hatte, zu schicken, in diesem Fall seine Bibelübersetzungen. Carl Buber war überrascht darüber, daß sein Sohn ein Projekt solcher Größenordnung unternommen hatte, und war erfreut über den Erhalt der Bücher. Er sagte auch voraus, daß Martin aufgrund dieses Werks in der Welt großen Erfolg haben würde, dessen Strahlen „uns alle" wärmen werden. 1930 reiste Buber wieder nach Lemberg, um seinen Vater zu besuchen, und 1931 fuhr die ganze Familie zur Beerdigung seiner Stiefmutter dorthin. Bei dieser Gelegenheit sprach Buber von seinem dreiundachtzig Jahre alten Vater als „einem Mann von erstaunlicher Stärke und Rechtschaffenheit", was beweist, daß die Bewunderung, die er als Junge für seinen Vater gefühlt hatte, in keiner Weise sich gemindert hatte.

Martin Bubers Sohn Rafael oder Raffi, wie die Familie ihn nannte, blieb während dieser Jahre in freundschaftlicher Verbindung mit seinen Eltern. Nach dem Krieg immatrikulierte er sich im Alter von neunzehn Jahren, engagierte sich in der Politik und beschäftigte sich mit Flüchtlingen aus dem Osten. Ein Jahr lang studierte er praktische Fächer in Mannheim und entschloß sich schließlich, ein praktischer Mensch zu werden, der sich mit weltlichen Dingen beschäftigt. Diese Entscheidung distanzierte ihn von seinem Vater, der alles andere als praktisch und weltlich war, und brachte ihn seinem Großvater Carl näher. Während dieser Periode war Raffi in der kommunistischen Jugendorganisation aktiv, was den Abstand zwischen den Generationen noch erweiterte oder vielmehr ihm Ausdruck gab, da seine Generation allen Werten ihrer Eltern skeptisch und zynisch gegenüberstand. Er wurde für eine Zeitlang Kommunist und heiratete eine Kommunistin, Margarete Thuring, die später wegen ihres Buches *Als Gefangene bei Stalin und Hitler*, das ihre Erfahrungen in den Vernichtungslagern der Nationalsozialisten und den Sklavenarbeitslagern der Sowjets beschreibt, bekannt wurde. In einem Brief des Jahres 1923 schrieb Buber, wie schmerzhaft ihre Beziehung zu Raffi war, denn er hatte ihnen alle möglichen Sorgen bereitet. „Jetzt“, schrieb Buber, „[besucht er uns] mit seiner Frau und einem sehr lieben Kind namens Barbara, die meiner Frau ähnlich ist.“ Aber in der folgenden Woche ging Raffi nach Worpswede, um der Siedlung Heinrich Vogelers, eines Malers und deutschen Kommunisten, der 1925 in die Sowjetunion emigrierte und den Rest seines Lebens dort verbrachte, beizutreten. Trotz dieses wachsenden Abstandes schrieb Raffi seinem Vater im August 1926 einen freundlichen Brief, in dem er nicht nur Pläne für eine Reise nach Frankfurt einschließlich eines Besuchs bei Franz Rosenzweig darlegte, sondern auch sagte, daß er, obwohl einige Dinge in seines Vaters Brief ihn gestört hätten, einsehen könne, daß sein Vater wirklich sein Freund sei.

Obwohl Buber als föderalistischen Gemeinschaftssozialisten sicherlich schmerzte, daß sein Sohn Kommunist wurde, gab es viel praktischere Bedenken, die die Eltern beunruhigten, insbesondere die Schulung und Erziehung von Barbara und später ihrer Schwester Judith. 1928 spitzten diese Bedenken sich in den Meinungsverschiedenheiten über Barbaras Erziehung zu, zwischen Martin und Paula Buber auf der einen und Margarete auf der anderen Seite. Margarete kam zu Besuch, damit sie versuchen konnten, zu einer Einigung zu kommen. Dies stellte sich als nutzlos heraus, und Paula Buber tat den ungewöhnlichen Schritt, gerichtlich das Sorgerecht für Barbara und Judith zu beantragen, wahrscheinlich mit der Begründung, daß der Lebensstil der Eltern sie hindere, ihre Kinder so aufzuziehen, wie sie es sollten. So wiederholte sich ironischerweise die Familiengeschichte, wenn auch auf sehr unterschiedliche Weise, und Bubers Enkel lebten bei ihm, so wie er bei seinen Großeltern gelebt hatte. Diese Ironie schloß ihren Kreis, als Barbara mit dem betagten Buber in Jerusalem lebte und half, ihn zu versorgen.

Paula Buber erörterte die Situation mit Barbara und Judith, aber Buber selbst scheute davor zurück, bis Paula gestorben war. Zu dieser Zeit fragte er Judith, nachdem er mit der in Deutschland lebenden Margarete Buber-Neumann (wie sie sich nach ihrer Ehe mit ihrem zweiten Mann nannte) auf freundschaftlichem Fuße stand, wie ihre eigenen Beziehungen zu ihrer Mutter seien. Er war überrascht zu erfahren, daß sie nicht nur gut waren, sondern daß Margarete auch die Rolle der Großmutter für Judiths Tochter sehr gut spielte. Als Buber eine Parallele nahelegte, da seine eigene Mutter für ihn nie eine Mutter gewesen war, wies Judith auf einen noch bedeutsameren Unterschied hin. Margarete hatte ihre Kinder nie freiwillig aufgegeben, wie Bubers Mutter es getan hatte, sondern im Gegenteil, flüchtete mit ihnen aus Angst, daß sie ihr fortgenommen würden. Sie bekämpfte die Klage von Anfang an, und erst als sie verloren hatte, übergab sie die Kinder Martin und Paula. Nach der Scheidung und der Klage akzeptierten Martin und Paula Buber Margarete und ermutigten Barbara und Judith, Geld von ihrem Taschengeld zu sparen, um Geschenke für ihre Mutter zu kaufen. Margarete kam und blieb für ein paar Tage im Haus der Bubers, wenn sie ihre Kinder besuchte, und schien sich dabei wohl zu fühlen. Nachdem sie 1934 aus Deutschland in die Schweiz geflohen war, schrieb sie unter falschem Namen einen Brief, in dem sie ihre Kinder bat, sie zu besuchen. Buber und Paula identifizierten die Handschrift und, obwohl es mitten im Schuljahr war, ließen die vier alles stehen und liegen und brachen sofort in die Schweiz auf, um zwei Tage mit Margarete zu verbringen.

Eva, das jüngere Kind von Martin und Paula Buber, heiratete später als Rafael. In einem Schreiben an einen Freund der Familie, der 1923 in Jerusalem lebte, sagte Buber, daß Eva genauso war, wie er sie immer gekannt hatte: „Eva ... ändert sich nicht, bleibt immer das Kind und das Weltwesen, das seine Gewißheit in sich trägt." Eva, von zarterem Körperbau und empfindsamerer und ästhetischerer Natur als ihr älterer Bruder Rafael, verlobte sich zwei Jahre später und heiratete den Dichter Ludwig Strauß.

Evas Vater und Ludwig Strauß waren, wie wir gesehen haben, schon seit Jahren Freunde, mit vielfältigen Verbindungen zu Veröffentlichungen, intellektuellen, dichterischen, geistigen und persönlichen Angelegenheiten. Aus ihrem jahrzehntelangen Briefwechsel wird deutlich, daß Buber dem Vertrauen, das der jüngere Mann ihm entgegenbrachte, von Herzen antwortete, dessen dichterische Gaben erkannte und an der Entwicklung der Persönlichkeit, der er in ihm begegnete, Anteil nahm. Als Strauß Bubers Schwiegersohn wurde, befaßte Buber sich mehr und mehr mit seinen ökonomischen Umständen und half ihm, Veröffentlichungen oder literarische Arbeiten zu finden.

Strauß war Teilnehmer des Seminars über Lao Dses *Tao Te Ching*, das Buber zusammen mit Hans Trüb, Emma Jung (der Frau C. G. Jungs) und einer Anzahl anderer bekannter Persönlichkeiten im August 1924 in Amersfoort in den Niederlanden abhielt. Strauß schrieb Buber in den folgenden Monaten, um seinen tiefempfundenen Dank für all die geistige und persönliche Güte, die Milde und Strenge und alles, was in diesen drei Wochen zwischen Wesen und Wesen vorgefallen war, auszudrücken.

Bubers Antwort an Strauß gibt uns einen Einblick in die Bedeutung, die ihre Sommerferien in den Bergen für Bubers Familie hatte. Aus der Toskana schreibend, sprach Buber von einer wunderbar abgeschlossenen Bucht und einem Stück Pinienwald, in dessen Mitte sie lebten. „Und wenn man aus dem Wasser kommt, sieht man unglaubhaft nah vor sich die blaue Kette der Apuanischen Alpen und dazwischen die weißen Marmorberge von Carrara." Es tat ihnen allen gut, vor allem aber Paula Buber, für die diese Entlastung nach all den Anstrengungen besonders wichtig war. Buber versicherte Strauß auch, daß Evas Schwierigkeit, ihm zu schreiben, eine tiefe durch die Trennungen ausgelöste Angelegenheit war, die man respektieren müsse und die von selbst verschwände, wenn etwas wirklich Konkretes, zum Beispiel ein Hilfeersuchen, auftauchen würde. Dem fügte Buber in bezug auf einen gemeinsamen Bekannten hinzu, daß seine Handlungen Buber gelehrt hatten, auf welch tiefer Ebene die wirklichen Schwierigkeiten unseres Lebens zu suchen sind. In späteren Briefen teilte Buber Strauß mit, daß er die Gedichte, die er an ihn gesandt hatte, Eva gegeben habe, da sie die wahre Empfängerin war, und noch später, daß Paula Buber Evas Beziehung zu Strauß positiver angenommen hätte, als Buber es erwartet hatte.

1930 schrieb Buber an Hans Trüb, daß der Gefühlston ihres Lebens tief von der Gerichtsentscheidung, die ihnen das Sorgerecht für ihre Enkelinnen Barbara und Judith zugesprochen hatte, beeinflußt worden sei. „Insbesondere meiner Frau tut es sehr gut, daß sie der Bangigkeit über das Schicksal des Kindes enthoben ist." Die ganze Zeit des Kampfes um das Sorgerecht war für Paula viel schwieriger gewesen als für ihn, schrieb Buber zur gleichen Zeit an Elijahu Rappeport. Martin und Paula Buber waren zu dieser Zeit sehr wohlhabend, während Barbaras und Judiths Mutter in einem Büro arbeitete und ihr Vater in einer Handelsfirma. Obwohl Rafael kurz nach der Scheidung wieder heiratete, glaubten Martin und Paula fest, daß Barbara und Judith bei ihnen bessere Bedingungen vorfinden würden. Das meiste Geld kam aus Polen, wo Bubers Vater Carl lebte und große Güter, Besitz und Einkommen hatte. Barbara lebte bereits vor der Gerichtsentscheidung bei ihren Großeltern, da beide Eltern dem zugestimmt hatten. Martin und Paula boten ihr an, sie auf die Odenwaldschule zu schicken, aber der Arzt empfahl, da sie mit vier Jahren Scharlach hatte, sie zu Hause zu lassen. Sie wurde privat unterrichtet und ging erst im dritten Schuljahr in die Schule, zu dem Zeitpunkt, zu dem Judith, die inzwischen auch bei ihnen lebte, ins erste Schuljahr kam.

Ein unvergleichlicher Einblick in das Leben von Großeltern und Enkelinnen wird uns durch das Zeugnis von Barbara und Judith fast ein halbes Jahrhundert später gegeben. Obwohl Martin formell ihr Pflegevater war, war Paula für ihre leibliche Versorgung und ihre tägliche Erziehung zuständig, während Buber „ziemlich zurückgezogen" jeden Tag viele Stunden in seinem Studierzimmer verbrachte. Die Familie traf sich während der Mahlzeiten und verbrachte die Ferien miteinander. Ansonsten fanden Treffen mit ihrem Großvater statt, wenn eine Krise entstand. Auf der anderen Seite kamen viele junge und nicht so junge Leute mit Problemen, um Martin zu besuchen. Obwohl er, was seine

Arbeitsstunden anging, sehr streng war, ließ er alles liegen, um sich mit diesen Menschen zu unterhalten.

> „Häufig machten junge Leute, die durch Deutschland wanderten, in Heppenheim Station und kamen, um meinen Großvater zu besuchen. Manchmal übernachteten sie sogar in unserem Haus. Es schien mir, als wolle jeder mit meinem Großvater sprechen. Viele Menschen kamen auch von weit her und trugen seltsame Kleidung. In Heppenheim geht die Geschichte, daß der Bahnhofsvorsteher, wenn er jemanden mit einem Turban oder anderer seltsamer Kleidung in Heppenheim aus dem Zug steigen sah, diesem sofort sagte, daß er zuerst nach rechts gehen sollte, dann an der ersten Straßenecke nach links und dann immer geradeaus, bis er zu Bubers Haus käme. Er wartete nie darauf, bis die Person fragte, wie sie zu Bubers Haus kommt."

Jeden Freitagabend zündete Paula Buber die Sabbatkerzen an, und nach der Mahlzeit las Martin Buber der Familie immer etwas vor. „Er konnte schön lesen", meistens chassidische Geschichten. Paula Buber war ohne die Absicht, alle *Mizwoth* (Gebote) einzuhalten, zum Judentum übergetreten, aber sie war froh, daß die Kinder eine jüdische und zionistische Erziehung erhielten. Wenn Martin Buber jüdische Feiertage einhalten wollte, half sie ihm gerne und tat alles mit deutscher Genauigkeit, einschließlich des Pessachmahls, Chanukka, Purim und anderer Feiertage. Im Alter von acht Jahren begannen die Kinder Hebräisch zu lernen, und sie hatten weiterhin Hebräischlehrer, so daß sie, als sie als Jugendliche nach Palästina kamen, bereits ohne Schwierigkeiten die Zeitung lesen konnten. Als Barbara und Judith älter wurden und Buber erfuhr, daß sie nicht an Gott glaubten, war das schwierig für ihn. Gewöhnlich sprach er freitagsabends vor dem Sabbatmahl einen Kiddusch-Segen, aber nach einigen Jahren hörte er damit auf, weil er den Kindern das Judentum nicht aufdrängen wollte.

Außer zu den Krisenzeiten wandten sich die Kinder an ihren Großvater, wenn sie nichts zu lesen hatten. „Nun, habt ihr alles von Dickens gelesen?" fragte er sie dann und führte sie in seine Bibliothek. Jedoch erlaubte er ihnen nicht, alles zu lesen. Er sagte zu Judith, daß Dostojewski nichts für sie wäre, woraufhin sie sich in seine Bibliothek schlich, einen Roman von Dostojewski herausnahm, ihn heimlich die ganze Nacht hindurch las und ihn unter ihrem Kissen versteckte, bevor sie ihn am Morgen heimlich ins Regal zurückstellte. Martin diskutierte mit ihnen auch, was sie gelesen hatten und lobte ihre Urteile, so daß sie sich nicht wie „totale Ignoramusse" vorkamen.

Paula Buber hatte angesichts des Empfangs von Gästen eine Einstellung, die Judith als schweizerischen Ansatz beschrieb. Das Haus in Heppenheim hatte elf oder mehr Räume, und es gab viele zusätzliche

Betten und Matratzen. Es war immer genug Platz für alle Gäste da, und alles war stets untadelig sauber und ansehnlich. In der Erziehung der Kinder war Paula Buber sehr starr. Sie wußte, was gut und schlecht, richtig und falsch war. Martin erkannte theoretisch, daß es falsch war, den Kindern diese Starrheit aufzudrängen, aber praktisch beförderte er sie. Dies war zum Teil so, weil er die Erziehung der Enkelinnen, wie zuvor die seiner Kinder, seiner Frau überließ, zum Teil wegen der Dominanz ihrer Persönlichkeit, zweifelsohne aber auch, weil er es schwierig fand, sich in die Welt junger Menschen hineinzuversetzen. Er stritt sich mit Barbara und Judith, wenn sie als Jugendliche auf Wanderungen gehen wollten, mit denen er nicht einverstanden war, oder wenn sie nicht intensiv genug für die Schule arbeiteten. Manchmal, wenn er gereizt war, drohte er, sich mit ihrem Vater in Verbindung zu setzen, und sagte: „Ich kann nicht länger verantwortlich sein." Die Kinder nahmen diese Drohungen nicht ernst, da sie ihren Vater als eine Art älteren Bruder betrachteten. Bubers Ideal von der Familie als einer kleinen Gesellschaft mit gemeinsamen Zielen blieb auch weitgehend theoretisch, da er sich kaum in der Familie engagierte. Judith zufolge war Martin Buber jedoch, was den Garten anging, engagiert.

> „Er hatte in der Pflege des großen Gartens um unser Haus in Heppenheim eine sehr spezifische Aufgabe, obwohl die Verantwortung für den Garten völlig in den Händen von Großmutter war. Seine Aufgabe war das Sortieren, Katalogisieren und Etikettieren der Dahlienknollen im Herbst und dabei zu helfen, sie für das Auspflanzen im Frühling zu sortieren. Das war Papa Martins Aufgabe. Er wurde aus seinem Arbeitszimmer gerufen, und ihm wurde gesagt, daß die Zeit für die Arbeit gekommen war, und er widmete sich für Stunden dem Arrangieren der Dahlien, wobei er an jeder eine Notiz mit der Spezifikation ihres Typs befestigte."

Paula Buber war eine sportliche Frau, die gut schwamm und Fahrrad fuhr. Martin Buber konnte, wie wir gesehen haben, tanzen, aber er tanzte selten. Etwas, das ihn erfreute und das er lange Jahre hindurch tat, war, in den Bergen zu wandern. Er konnte sehr gut klettern, aber der Abstieg war oft ein Problem für ihn. Jeden Sommer, wenn die Familie in den Schweizer Alpen oder den Dolomiten in Österreich oder Italien oder in den italienischen Alpen wanderte, studierte Buber die Karten, entschied, wo die Familie Rast machen sollte, und führte die Familie.

Buber versuchte, sich mit einfachen Leuten wie zum Beispiel dem Steuereinnehmer oder dem Lebensmittelhändler zu unterhalten, aber trotz des Eindrucks, den man beim Lesen seiner Bücher gewinnt, war es nicht leicht für ihn, eine Beziehung zu Kindern oder anderen Menschen oder Tieren herzustellen. Er bemühte sich ernsthaft, aber es bereitete ihm Schwierigkeiten. Im Gegensatz zu seinem Freund und Schüler

Ernst Simon war Buber kein von Natur aus geselliger, aus sich herausgehender Mensch, obwohl er mit den Menschen, mit denen er zusammentraf, umgänglich und charmant war. Buber nannte seine Frau oft zärtlich „Paulaschöne" und küßte manchmal ihre Hände. Buber drückte Barbara und Judith gegenüber selten Liebe aus. Wenn sie ihren Großvater trafen, nachdem sie für längere Zeit fort gewesen waren, küßte er sie auf den Kopf oder streichelte sie und sagte: „Ein jüdischer Kopf." Barbara und Judith gehörten einem Sportklub an und lernten bei einem Privatlehrer Skifahren; alle diese Aktivitäten wurden von Paula arrangiert, die für die Enkelinnen deutlich die stärkere Person im Haushalt war, diejenige, die die Dinge bestimmte. Von Zeit zu Zeit organisierte Paula einen Spielabend, an dem alle Personen im Haushalt und vielleicht auch ein oder zwei Gäste sich beteiligten. Dann saßen Barbara und Judith zusammen mit den Erwachsenen und spielten Spiele. Die zwei Hausbediensteten und auch Martins Sekretär nahmen daran teil. An diesen geplanten Abenden war Martin Buber sehr unterhaltsam.

Paula Buber erzählte den Kindern vor dem Schlafengehen oft Geschichten. Einmal versprach sie ihnen, eintausend verschiedene Geschichten zu erzählen, und sie hielt ihr Versprechen. Sie nahm viele dieser Geschichten aus Volkslegenden, mit denen sie vertraut war. Sie selbst war Autorin von Geschichten wie auch von Romanen. Paula Buber legte sogar die Hemden, die Martin tragen sollte, hinaus, genauso wie seine Großmutter seine Schuhbänder für ihn gebunden hatte. Die Kinder zeigten Paula Buber ihre Zensuren, aber es oblag Martin Buber, ihnen eine Gardinenpredigt zu halten, wenn etwas nicht in Ordnung war. Barbara und Judith besuchten ihren Vater in den Ferien, oder er kam und nahm sie auf Reisen mit, aber sie lebten weiterhin bei Martin Buber und seiner Frau Paula.

Emmanuel Strauß, der Sohn von Eva und Ludwig Strauß, erinnerte sich mit großer Zärtlichkeit an seine Kindheitsbesuche bei den Großeltern. Manchmal spielte Martin mit ihm. Zum Beispiel veranstalteten sie einen Boxkampf. „Wenn ich ihm sagte, daß ich ihn an die Wand schmieren würde, lachte er. Aber die Großmutter mochte es nicht, wenn ich das sagte." Im großen Garten spielte er oft mit Barbara und Judith, und manchmal beteiligte Martin Buber sich an den Spielen, auch Verstecken. „Einmal besuchten wir sie zu Pessach, und ich erinnere mich, daß sie farbige Eier im Garten versteckten und wir alle sie suchten." Martin Buber stand auch der Familienseder vor. Emmanuel und sein Bruder Martin (genannt nach seinem Großvater) freuten sich sehr auf diese Besuche bei ihren Großeltern.

> „Uns gefiel die Atmosphäre, das Gefühl, daß die Hausangestellten dazu da waren, dich zu bedienen, die reichlichen Mahlzeiten, der große Garten, die Fahrräder, die ganze Gegend war bezaubernd.

> Obwohl Großmutter eine rauhe Person war, wollten wir kommen. Als kleine Kinder standen wir samstags und sonntags früh auf und stahlen uns in ihre Betten. Großvater und Großmutter gefiel das, aber als wir älter waren, acht oder neun, hörten wir damit auf. Als wir klein waren, kamen auch Barbara und Judith mit zu uns ins Bett der Großeltern, und es war großartig."

Emmanuel und sein Bruder Martin kamen nur in den Schulferien nach Heppenheim. Sonntags ging die ganze Familie wandern. Oberhalb der Stadt befand sich eine Burg, zu der sie gingen. Auf dem Weg dorthin unterhielten sie sich. Die Mahlzeiten wurden gemeinsam mit ihren Eltern und Großeltern, Barbara und Judith, Martin und Emmanuel eingenommen. Paula Buber war eine gute Köchin, und sie lehrte die Hausangestellten, gut zu kochen. So waren die Mahlzeiten wie Feste.

Im Buberschen Haushalt herrschte eine gute Atmosphäre vor. Manchmal gab es Spannungen, aber sie unterschieden sich von dem, was Emmanuel in anderen Familien sah. „Ich kann mich nicht erinnern, daß Buber je die Stimme erhoben hätte. Er war immer gemäßigt. Paula konnte scharf sein." Martin war sehr offen. Wer immer sich anmeldete und bat, mit ihm zu sprechen, wurde akzeptiert, sagte Emmanuel: Arbeiter, Studenten, Intellektuelle. Manchmal achtete Paula Buber auf die Zeit und ließ ihren Mann nicht zu lange mit jemandem sitzen. Martin war keine vertrauliche Person, und er sprach zu seinen Enkelinnen nicht über seine eigenen Probleme. Aber er hatte nie etwas gegen oppositionelle Ansichten und versuchte nie, jemandem seine eigenen Ansichten aufzudrängen.

Paula Buber erzählte Hermann Gerson einmal, daß sie die Kinder niemals unter Martins Aufsicht lassen konnte, und fügte scherzend hinzu, daß er sie einfach in einer Schublade seines Schreibtisches verschließen und vergessen würde. Paula Buber schirmte ihren Mann vor seinen Kindern und Enkelkindern ab, aber in anderer Art, bezeugte Gerson, half sie ihm, kein zurückgezogener Intellektueller zu werden: „Sie stellte oft die Verbindung mit der Realität für ihn her."

Eine andere Freundschaft, die nicht so eng war wie die zu Landauer und Rosenzweig, die aber viele Jahre länger dauerte, verband Buber mit dem deutsch-schweizerischen Dichter Hermann Hesse. 1927 fühlte sich Buber gedrängt, Hesse gegenüber auszudrücken, wie sehr ihn sein Roman *Steppenwolf* gefesselt habe. Buber erschien es, als wäre das Buch ein durch und durch lebendiges Wesen, eine echte Person und nicht eine „Persönlichkeit", ein Freund – „ein keineswegs immer freundlicher Freund, aber eben ein Freund." Um dies zu erfahren, fügte Buber hinzu, müsse man das Buch wirklich gelesen haben, im Gegensatz zu den Kritikern, die es erwähnen, ohne sich ihm geöffnet zu haben.

Als Weihnachtsgeschenk schickte Hesse an Buber 1927 „einige Gedichte". Buber konnte ihm wegen einer Operation, der sich seine Frau unterziehen mußte, seinen Dank erst einige Tage vor seinem fünfzigsten Geburtstag senden. Aber er versicherte Hesse, daß sein Geschenk in der Tiefe seines Herzens empfangen worden sei. Zu dieser Zeit sandte Buber Hesse auch ein eigenes Gedicht, in dem er darüber meditierte, wie das dunkle und das helle Prinzip von der zoroastrischen Gottheit Zervana geboren wurde, das eine aus Wissen und Wort, das Himmel und Erde Seele gab, das andere aus Zweifel und Unterbrechung: „Zwischen ihnen zuckst du hin, Welt." 1932 schrieb Buber an Hesse und dankte ihm für den Roman *Morgenlandfahrt*, der in jenem Jahr in Berlin erschienen war. Es war, sagte Buber, „ein erstaunliches und erfreuliches Buch, rein und richtig. Es tut wohl, daß dergleichen noch möglich ist." Hesse erwiderte, daß es ihn glücklich mache, eine solch enthusiastische Antwort zur *Morgenlandfahrt,* die so wenig verstanden wurde, erhalten zu haben. „Mir selber geht es mit den Jahren mehr und mehr so", fügte Hesse hinzu, „daß ich meine Dichtungen mehr erlebe (erleide) als mache, mich also auch nicht gegen das wehren darf. Ich kann mich nicht gegen das schützen, was sie schwerer zugänglich macht. Eine von ihnen – *Der Steppenwolf* – ist ganz und vollkommen unverstanden geblieben und dabei sogar, eben aus Mißverständnis, ein Mode-Erfolg gewesen!"

Ein weiterer naher Freund Bubers, in dessen Haus Buber sich aufhielt und an den er sich um finanziellen Rat und sogar um Anleihen wandte, war der Schweizer Therapeut Hans Trüb. Einige Monate nach einem Treffen mit Buber im Oktober 1925 schrieb Trüb an Buber, wie wichtig es ihm gewesen sei, als Buber ihn als Erwiderung auf einen Fall, den Trüb ihm vorgelegt hatte, gefragt habe, ob diese Patientin sich vor Verantwortlichkeit fürchtete:

> „Wenn man dieses Wort in der ganzen Tiefe seiner Bedeutung sich vergegenwärtigt, d. h. wenn man sich jeden Augenblick, in dem man die Schicksalhaftigkeit seines Daseins empfindet, seines Sinnes bewußt zu werden versucht, so gelangt man mit Notwendigkeit zu der zentralen Fragestellung, wie Sie sie am Schluß Ihres Vortrags in Holland exponiert haben: ‚Bist Du bereit, mit Deiner ganzen gesammelten Person Deiner Berufung standzuhalten? Bist Du bereit, mit nichts anderem als eben nur mit Deiner Person, mit Deinem ‚Da bin ich' dein Dasein zu verantworten?'"

Trüb fand, daß er sich die letzten sechs Jahre lang instinktiv in diese Richtung bewegt hatte, auf den Ort zu, wo er selbst in seiner Praxis die Betonung der „Analyse" durch die Betonung des Ereignisses der Begegnung ersetzt habe, die nicht auf das Psychologische reduziert werden kann, sondern *zwischen* Menschen liege. Das führte ihn dazu, dem

Patienten seine eigenen Reaktionen mitzuteilen, eine Methode, die er selbst in einem Vortrag im Zürcher Analytischen Klub vier Jahre zuvor „Beziehungsanalyse“ genannt hatte: „Der Gegenstand unserer Betrachtung [muß] nicht der ‚Andere‘ sein, sondern die Wirklichkeit der Beziehung.“ Dazu wurde Trüb nicht nur durch Bubers Schriften, sondern durch dessen Blick verholfen.

> „Ich erkenne Ihr Werk als einen wahrhaften, ehrlichen Bericht dessen, was Ihre guten, treuen Augen, auf die Sie sich in jedem – auch im erschütterndsten – Augenblick mit unbedingtem Vertrauen verlassen, je und je gesehen haben. Ihr Blick ist mir unvergeßlich. Er ist durchdringend und doch in keiner Weise verletzend, streng, unerbittlich und doch von unbeirrbarer Güte!“

Buber schrieb Trüb 1928 und ermutigte ihn, seine Erfahrung der Grenzen der Psychologie in einer Serie von Bildern niederzuschreiben und von innen heraus zu erzählen, was er und seine „Patienten“ zusammen durchschritten. „Dann wird dem Schreiben die Gnade sich nicht versagen“, sagte Buber. Und so war es für Trüb auch in den kommenden Jahren. Obwohl Trüb sich von der analytischen Psychologie zur dialogischen Anthropologie wandte, blieb er doch in wesentlicher *Auseinandersetzung* mit seinem Lehrer Carl Jung.

Eine von Bubers dauerhaften Verbindungen während seiner Jahre in Deutschland war die mit der progressiven Odenwaldschule, die nicht weit von seinem Heim im Wald lag. Persönlich den Leitern nahestehend, kam Buber auch als Besucher und gelegentlich als Sprecher. „In der Odenwaldschule war es schön“, schrieb Buber seinem Freund Franz Rosenzweig über einen solchen Besuch. „In den Augen der Fünfzehn- bis Achtzehnjährigen (Jüngere waren nicht dabei) war zu sehen, wie sie da das, was ich vom Namen sagte – frischweg beinah wie im Lehrhaus –, und noch mehr, was ich las, aufnahmen.“

Buber hatte einen gleichartigen, obwohl nicht so ungetrübten Einfluß auf progressive Erzieher. Er wurde eingeladen, die Hauptansprache auf der Dritten Internationalen Pädagogischen Konferenz des Internationalen Arbeitskreises für die Erneuerung der Erziehung, die vom 2.–5. August 1925 in Heidelberg abgehalten wurde, zu halten. Das übergreifende Thema der Konferenz hieß: „Die Entfaltung der schöpferischen Kräfte im Kinde“. Als Antwort auf dieses Thema verfaßte Buber seinen wichtigen Artikel „Über das Erzieherische“, der drei Jahre vor „Zwiesprache“ geschrieben wurde. Buber sah seine Aufgabe in weiten Teilen als eine kritische an – kritisch sowohl in bezug auf das Thema der Konferenz als auch auf ihr Programm, und er warnte die Leiter der Konferenz im voraus.

Bubers Haltung liefert uns eine klassische Illustration zu seinem Leben als einer „Begegnung auf dem schmalen Grat“. Anstelle der einfachen Gegensätze von konservativ und progressiv oder Disziplin versus Freiheit bot Buber eine dritte, konkretere und realistischere Alternative, die der Erziehung als Dialog: Der Lehrer macht sich selbst zur lebendigen Auswahl der Welt, die sich in seiner Person darstellt, um dem Schüler zu begegnen, ihn hervorzulocken und zu formen. In dieser Begegnung läßt der Lehrer ab vom Willen zu dominieren und der Freude am Schüler, die beide drohen, „das Gewächs seiner Gnaden" zu ersticken. Der Lehrer kann die Schüler, die er vor sich findet, nur dann erziehen, wenn er zwischen sich und ihnen wirkliche Gegenseitigkeit aufbauen kann. Diese Gegenseitigkeit kann nur entstehen, wenn der Schüler dem Lehrer vertraut und weiß, daß er wirklich für ihn da ist. „Vertrauen, Vertrauen zur Welt, weil es diesen Menschen gibt – das ist das innerlichste Werk des erzieherischen Verhältnisses." Aber das bedeutet, daß der Lehrer wirklich für das Kind präsent sein muß, nicht nur in dessen Geist. „Er muß, um dem Kind in Wahrheit präsent zu werden und zu bleiben, dessen Präsenz in seinen eigenen Bestand aufgenommen haben, als einen der Träger seiner Weltverbundenheit, einen der Herde seiner Weltverantwortung." Diese „Umfassung" ist Kern der dialogischen Beziehung, denn der Lehrer sieht die Position des anderen in der konkreten Wirklichkeit dieser Person und verliert doch seine oder ihre eigene nicht aus dem Auge. Anders als in freundschaftlichen Beziehungen muß diese Umfassung jedoch weitgehend einseitig sein: Vom Schüler kann nicht erwartet werden, sich um die Erziehung des Lehrers durch ihren Austausch zu kümmern, ohne daß dabei die Lehrbeziehung zerstört würde. Umfassung muß in der Lehrsituation ständig gegenwärtig sein. In der Entdeckung der „Anderheit" des Schülers entdeckt der Lehrer die wirklichen Grenzen des Schülers oder der Schülerin; durch diese Entdeckung erkennt der Lehrer auch die Kräfte der Welt, die der Schüler braucht, um zu wachsen, und zieht diese Kräfte in sich selbst hinein. So unterrichtet sich der Lehrer selbst durch sein Bemühen um das Kind. Die alten Erzieher stellen sich Erziehung als passive Aufnahme von Traditionen vor, die vermittelt werden – in Bubers Bild „der Trichter"; die neuen Erzieher hingegen als das Hervorziehen der bereits im Selbst vorhandenen Kräfte – in Bubers Bild „die Pumpe". In der Erziehung als Dialog wächst der Schüler durch seine Begegnung mit der Person des Lehrers und dem Du des Schriftstellers, Komponisten oder Künstlers. Wirkliches Lernen findet nur statt, wenn der Schüler teilnimmt, aber es bedeutet auch, daß der Schüler etwas wirklich „anderem" begegnen muß, bevor er lernen kann.

Nicht Freiheit und Befreiung des Instinkts sind für Erziehung entscheidend, erklärte Buber in direktem Gegensatz zum Trend in der „progressiven Erziehung", der von den meisten Teilnehmern an der Heidelberger Konferenz geteilt wurde, sondern die erzieherischen

Kräfte, die dem befreiten Instinkt begegnen. Vertreter der alten autoritären Erziehungstheorie verstehen das Bedürfnis nach Freiheit und Spontaneität nicht. Vertreter der modernen, freiheitsorientierten Erziehungstheorie mißverstehen jedoch die Bedeutung der Freiheit, die unentbehrlich, aber nicht in sich selbst genug für wahre Erziehung ist. Das Gegenteil von Zwang ist nicht Freiheit, sondern Verbundenheit, versicherte Buber, und diese Verbundenheit entsteht, wenn das Kind zuerst frei ist, sich selbst zu trauen, und dann den wirklichen Werten des Lehrers begegnet. Der Lehrer bietet diese Werte in Form eines Fingerzeigs, eines geschickten Hinweises, nicht als Aufdrängen dessen, was „richtig" ist, und der Schüler lernt aus dieser Begegnung, weil er zuerst experimentiert hat.

Wir können in Bubers Aussagen über Freiheit eine unmißverständliche autobiographische Note erkennen. Diese erwuchs aus seiner tiefen persönlichen Identifikation mit Gustav Landauer während der Münchner Revolution *und* seinem gleichzeitigen Gefühl, daß Landauers Eintritt in die Regierung der ersten Räterepublik ein schwerwiegender Fehler war: „Freiheit ... Ich liebe ihr aufblitzendes Gesicht: ... Ich gebe meine linke Hand dem Aufrührer und meine rechte dem Ketzer: voran! Aber ich vertraue ihnen nicht." Wir können auch im folgenden Abschnitt Bubers Gegensatz zwischen denen spüren, die, wie Landauer, sich wirklich engagierten und sich opferten, und denen, die „Freiheit" und „Rebellion" als politische Slogans und Schlagworte benutzen:

> „Von einer Bindung frei werden ist ein Schicksal; das trägt man wie ein Kreuz, nicht wie eine Kokarde. Vergegenwärtigen wir uns, was es in seiner Wahrheit bedeutet, von einer Bindung frei werden: es bedeutet, daß an die Stelle einer mit vielen Geschlechtern geteilten Verantwortung die ganz persönliche tritt. Leben aus der Freiheit ist personhafte Verantwortung, oder es ist eine pathetische Posse."

Als er in seinem Heidelberger Vortrag als erste Illustration von Umfassung einen Mann beschrieb, der einen anderen tritt und dann unerwartet seine Tritte von der anderen Seite fühlt, hat er vielleicht auch an jene Woche im Jahre 1919 gedacht, als er in seiner Einbildung an seinem eigenen Körper die Schläge erfuhr, mit denen Landauer brutal zu Tode geprügelt worden war.

> „Ein Mann schlägt auf einen anderen ein, der stillhält. Nun geschehe es urplötzlich dem Schlagenden, daß er einen Schlag, den er fühlt, in seiner Seele empfängt. Denselben Schlag. Als der Andere, der Stillhaltende. Einen Augenblick lang erfährt er die gemeinsame Situation von der Gegenseite aus. Die Wirklichkeit tut sich ihm an. Was wird er tun? Er übertobt die Seele, oder sein Trieb kehrt um."

Ein anderes konkretes Beispiel von Umfassung, das Buber gab, ist mit noch größerer Sicherheit autobiographisch, denn jemand, der die Erfahrung nicht gemacht hat, könnte sie sich unmöglich vorstellen.

> „Ein Mann liebkost eine Frau, die sich liebkosen läßt. Nun geschehe ihm, daß er die Berührung doppelseitig verspürt: noch mit seiner Handfläche und schon auch mit der Haut der Frau. Die Zwiefältigkeit der Gebärde, als einer zwischen Person und Person sich ereignenden, zuckt durch die Geborgenheit seines genießenden Herzens und rührt es auf. Wenn er sein Herz nicht übertäubt, wird er – nicht etwa dem Genuß absagen: er wird lieben müssen. Damit ist keineswegs gemeint, daß der Mensch, dem solches widerfährt, fortan in jeder Begegnung solchermaßen doppelseitig empfinden sollte – das müßte seinen Trieb vielleicht entmächtigen; aber die eine äußere Erfahrung macht ihm den anderen für alle Zeit gegenwärtig: es hat eine Transfusion stattgefunden, nach der eine bloße Auswirkung der Subjektivität nicht mehr möglich, dem Täter nicht mehr erträglich ist."

Bubers Ansprache „Über des Erzieherische" löste unter den versammelten Erziehern einen Sturm der Kontroverse aus und riß ihn, sowohl im Plenum als auch in den kleineren Arbeitskreisen, die die zweiwöchige internationale Konferenz bildeten, in ständigen Austausch hinein. In ihrem Bericht über die Konferenz beschreibt Elisabeth Rotten ihn als leidenschaftliches Ringen und Streiten. Am wichtigsten war für Buber jedoch, daß seine Ansprache den Kampf offengelegt hatte, ihn in die wirkliche Entscheidungssphäre gebracht hatte und so der zukünftige Disput innerhalb der erzieherischen Lager selbst seine Schatten vorauswarf.

In der Zwischenzeit setzte Buber auch seine Arbeit an spezifisch jüdischer Erziehung fort, insbesondere der Erwachsenenbildung an Rosenzweigs Frankfurter Lehrhaus. 1922 und 1923 hielt Buber eine Vortragsreihe mit dem Titel „Urformen religiösen Lebens" (Magie, Opfer, Geheimnis, Gebet) und hielt ein Seminar ab, in dem er alte nahöstliche, griechische, jüdische und christliche Schriften analysierte. Der Vortrag beinhaltete das Material, das Buber als zweiten seiner fünf projektierten Bände unter dem Titel „Die Grundformen religiösen Lebens" zu veröffentlichen beabsichtigte. Sein zweiter Vorlesungskurs in jenem Jahr behandelte als Thema „Gebet" und beinhaltete ein Seminar über die Interpretation der Psalmen.

Am 17. Juli 1923 schrieb Rosenzweig einen Rundbrief an Eduard Strauß, Martin Buber, Richard Koch und Ernst Simon, in dem er fragte, ob sie die Führung des Lehrhauses ohne ihn übernehmen könnten. Simon antwortete verneinend, und als Folge davon wurde die Leitung von da an von Rosenzweig, Buber, Strauß und Koch geteilt. Buber kritisierte Simon zu jener Zeit scharf für seinen Mangel an Bereitschaft, in dieser Situation zu helfen. „Ihre Antwort auf Rosenzweigs Schreiben hat mich schmerzlich berührt", klagte Buber, „es fehlt darin ganz die menschliche Entgegnung. Ist euch denn, ihr feinen und stolzen jungen Leute, über eurer Beschäftigung mit Schrifttum und Geschichte, mit Richtungen und Einrichtungen, der natürliche Menschenliebesblick so abhanden gekommen, daß ihr die Gebärde des gepeinigten Bruders nicht mehr erkennt?"

Drei Monate später schrieb Simon einen langen leidenschaftlichen Brief an Buber, in dem er gegen die Art und Weise, in der jener sein Seminar über Chassidismus durchgeführt hatte, protestierte und implizit seine Entscheidung, nicht bei der Führung des Lehrhauses mitzuwirken, erklärte. „Sie haben die dort Anwesenden, durchaus zufällig zusammengesetzten Menschen aufgefordert, sich wirklich zu ‚äußern'", schrieb Simon.

> „Darauf entwickelte sich eine z.T. hysterische, z.T. schamlose Fragerei, typischerweise eine fast ausschließlich von Weibern bestrittene, die nicht nur mich, sondern eine große Anzahl jüngerer und älterer Menschen aufs tiefste abstieß und in einem sehr empfindlichen Kern verletzte ... Und auch Sie selbst, der Sie wahrhaft heldenhaft auf Mensur standen ... Sie selbst nahmen doch meine Hand nicht an, die Sie vor dem Ansturm der Hysterischen und Verlogenen retten sollte."

Nach langer Erwägung, warum Buber selbst diese Situation nicht bewußt zu sein schien, kam Simon zu dem Schluß, daß es mit Bubers Mangel an jeglichem Sinn für sein Publikum und für den illegitimen Gebrauch, den es von seiner Wahrheit machte, zusammenhing. Dies sah Simon darüber hinaus eng verbunden mit Bubers metaphysischer Position, die in *Ich und Du* ausgedrückt war und gegen die Simon protestierte, namentlich gegen das Fehlen jeglichen Sinns für das *Tragische*. „Unser Menschsein ist *konstituiert* durch die Tatsache, daß wir vom Baume der Erkenntnis des Guten und Bösen gegessen haben: die Tragik der *Erkenntnis* ist nun unser Teil. Wir kennen die Scham: und damit die Tragik des *Geschlechts*." Um die Menschen zu kennen, dürfe man sie weder als Tiere noch als Engel sehen, sondern als Kreaturen, die aus dem Paradies verstoßen und zur Tragödie der *Arbeit* verdammt sind, Wesen, die eine Mischung aus dem Staub der Erde und der göttlichen Seele darstellen und die, wenn sie sich selbst an Gott zu binden wünschen, die *Tragödie des Gesetzes* auf sich nehmen müssen. Bubers Irrtum, dem Gesetz zu wenig Aufmerksamkeit zu schenken, brachte, so erklärte Simon, den korrespondierenden Irrtum mit sich, der Beziehung zu seinen Mitmenschen zu viel Aufmerksamkeit zu schenken. Im Gegensatz zu Hermann Cohen, der ein Idealist war, wollte Buber um keinen Preis einer sein. Dennoch verfiel er immer wieder darin, wenn er das „Stehen vor dem Angesicht“ für die einzige Seite der Wirklichkeit hielt und entsprechend handelte. „Die Wirklichkeit unseres Menschenlebens hat ein tragisch doppeltes Angesicht wie dieses Leben selbst. ... Sie glaubten, ‚nackt vor Gott‘ zu stehen, und standen vor Fräulein H. – ein furchtbarer Anblick! Jeder, der Sie liebt, mußte hier innerlich aufschreien. Und Sie merkten es nicht.“ Dies treffe nicht nur auf Buber zu, ergänzte Simon. In schamlosen Fragen und noch schamloseren Antworten „liegt die Kerngefahr des Lehrhauses, der Grund, der mich hinderte, in seinen Vorstand zu gehen und mich Ihnen so leidenschaftlich abraten ließ.“

Buber schrieb Rosenzweig und kommentierte: „Er hat recht, aber nur auf der anderen Seite der Liebe.“ Rosenzweig erwiderte, daß Simon ihm diesen Brief vorher gezeigt habe, und fügte hinzu:

> „Natürlich hat er ‚recht‘. So recht wie einer hat, der ihm die Verwandlung der Händler in die Beter durch das Minjan nicht glauben würde. Nachweisbar ist die Verwandlung der Sensationslüsternen in Bedürftige freilich nicht. Trotzdem muß man daran glauben, und auch E. Simon wird eines Tages daran glauben ... auch er sich auf die Heilkräfte der Freiheit besinnen, die er jetzt nur für eine Giftblume halten möchte (was sie gewiß *auch* ist).“

Dieser Brief Simons steht in augenfälligem Kontrast zu einem Brief, den er zwei Monate früher an Buber geschrieben hatte, als er Buber im Zusammenhang mit seiner Herausgeberschaft von *Der Jude* mitteilte, daß er es als großes Glück betrachtete, Bubers Treue zum kleinsten Detail, seine Verantwortlichkeit dem Wort gegenüber, erfahren zu haben. „Ich habe sehr viel für mich dabei gelernt.“ Grete Schaeder hat den Eindruck, daß Buber Simon ein halbes Jahr später in seiner Rede „Über das Erzieherische“ geantwortet hat, in der er klarmachte, daß die Beziehung zwischen Lehrer und Schüler nicht vollständig gegenseitig sein kann, und sie folgert, daß diese Ansprache den Einfluß von Simons Brief enthüllt. Bubers Größe zeigt sich nicht nur in seiner intellektuellen Erwiderung auf Simons Kritik, sondern auch in seiner menschlichen Großherzigkeit: Er akzeptierte einfach seinen „Jünger“ Simon als Freund. Im August 1923 hatte Buber Simon geschrieben, daß es ihm von Herzen leid tue, daß ihre Zusammenarbeit von so kurzer Dauer gewesen sei, und dankte ihm von Herzen für die Verringerung seiner Arbeitslast während einer kritischen Periode seines Lebens. Einige Tage später fügte er hinzu, seine Beziehung zu Simon habe sich trotz all der kleinen Probleme, die aufgetaucht seien, in keiner Weise geändert, und er wünsche herzlich, ihre gegenseitige Beziehung werde unverletzt fortbestehen.

Den Kurs über chassidische Lehren, den Buber am Frankfurter Lehrhaus gab, veröffentlichte er unter dem Titel *Das verborgene Licht* – der gleiche Titel, den er später seiner neuen und erweiterten Sammlung chassidischer Geschichten in der hebräischen Ausgabe (*Or Hagganuz*) geben sollte. Nachdem er das Büchlein chassidischer Quellen, das Buber auf Scholems Drängen zusammen mit seinem vorangegangenen chassidischen Buch *Der große Maggid* veröffentlicht hatte, gelesen hatte, schrieb Rosenzweig 1923 an Buber: „Aber es muß doch Bücher geben, wo das, was Sie sahen, mehr beisammen ist. Geschichtsbücher?" Diese Frage, die Buber viele Jahre später von Gershom Scholem als Anklage „unwissenschaftlicher" Interpretation entgegengeschleudert werden sollte, beantwortete Buber im folgenden Jahr mit dem Plan einer vielbändigen, vollständigen Ausgabe chassidischer Quellen, *einschließlich der formalen Bücher chassidischer Lehren*, die er und Agnon gemeinsam zusammenstellen wollten. (Nahum Glatzer bezeugt, daß das *Corpus Hasidicum* die formalen Lehren der chassidischen *Rebbe* einschließen sollte. „Ich habe die Beinarbeit für sie gemacht", sagte mir Glatzer.) Ein Feuer in Agnons Haus zerstörte viertausend Bücher, all seine Besitztümer und einen großen Teil seiner unveröffentlichten Schriften, einschließlich eines halbfertigen Romans, von dem er Buber viele Teile vorgelesen hatte. Mit den anderen Manuskripten wurde der fast vollständige Band des *Corpus Hasidicum* zerstört, was Agnon dazu bewog, den Plan „auf Jahre hinaus" aufzugeben. Buber wußte, daß er wahrscheinlich ‚für immer' meinte. Der Möglichkeit enger Zusammenarbeit wurde durch Agnons Auswanderung nach Palästina im Herbst 1924 der Boden entzogen. Als Buber viele Jahre später nach Palästina kam und Agnon eine ähnliche Zusammenarbeit vorschlug, lehnte Agnon ab.

1928, als Buber fünfzig Jahre alt war, hörte er von einem Vortrag von Edmund Husserl, dem deutschen Philosophen, der die phänomenologische Schule gegründet hatte, die Denker wie Maurice Merleau-Ponty, Martin Heidegger und Jean-Paul Sartre beeinflußte. Begierig, Husserl zu hören, ging Buber in den Vorlesungssaal, wo ihn jemand von der Philosophischen Gesellschaft erkannte und ihn bat, am ersten Tisch Platz zu nehmen. Als Husserl hereinkam, begrüßte er kurz die Leute am ersten Tisch, bevor er zum Rednerpult ging. „Mein Name ist Buber", sagte Buber. Husserl war für einen Moment wie vor den Kopf gestoßen und fragte: „Der wirkliche Buber?" Buber zögerte, eine weitere Erklärung abzugeben, worauf Husserl ausrief: „Aber so eine Person gibt es nicht! Buber – nun, er ist eine Legende!"

Das erste Buch über Buber wurde zwei Jahre vor seinem fünfzigsten Geburtstag von dem deutschen Protestanten Wilhelm Michel veröffentlicht: das dünne, wunderschön geschriebene *Martin Buber. Sein Gang in die Wirklichkeit* (1926). Michel sah Buber als exemplarisch für die Zeit an, weil Buber die verstreuten Fragmente in sich aufgenommen und vervollständigt habe, den Illusionen des Zeitalters ein Bild der

Wirklichkeit gegenübergestellt habe. Michel reihte Buber unter die einflußreichen deutschen Sprecher seiner Zeit ein, jemand, dessen Worte zu Entscheidung und Wirklichkeit führten. Michel versicherte von Buber: „Er gehört zu uns", was im Rückblick als tragische Ironie erscheint. „Es lebt in ihm die *deutsche* Weltstunde, mag er noch so ausschließlich um die besonderen Fragestellungen des Judentums besorgt scheinen ... Man spricht deutsche Sprache nicht so wie er, ohne dem Geschick des Volkes, dem diese Sprache entstammt, tief und ernsthaft verfallen zu sein." Diese Aussage kommentierend, schrieb Ernst Simon: „Kein deutscher Intellektueller hatte je zuvor einem Repräsentanten des Judentums solche Anerkennung ausgesprochen", und fügte hinzu, daß Buber „der erste jüdische Autor ist, der auf absolut gleicher Stufe von Geben und Nehmen, sowohl im Hinblick auf seinen allgemeinen wie auch auf seinen spezifisch jüdischen Beitrag, in die deutsche Kulturgeschichte eingeht."

1922, zwei Jahre vor der Einstellung dieser Zeitschrift, hatte Buber bereits die tatsächliche Herausgeberschaft von *Der Jude* an Ernst Simon übergeben. Er fühlte das Bedürfnis, mit seiner eigenen Arbeit, zum Beispiel *Ich und Du* voranzukommen, aber er erlebte den innerjüdischen Dialog auch als zu begrenzend für die Bedürfnisse der Zeit. In der Folge widmete Buber zwischen 1922 und 1932 immer mehr Zeit und Energie, sprechend wie schreibend, dem jüdisch-christlichen Dialog, insbesondere in der Nachkriegsbewegung des religiösen Sozialismus, und zwischen 1926 und 1930 für die Mitherausgeberschaft der Zeitschrift *Die Kreatur*.

Buber fand während der Jahre der Weimarer Republik gemeinsamen Boden mit dem christlichen Sozialismus und dem religiösen Sozialismus im allgemeinen. Erziehung der Menschen, Politik aus dem Glauben heraus, aus dem Evangelium oder aus den Propheten abgeleiteter Sozialismus bildeten für Buber und seinen Kreis einen sozialen Bezug, der sich von Staats- und Parteipolitik fernhielt. Obwohl Bubers Hauptsympathien bei Leonhard Ragaz' religiösem Sozialismus lagen, traf er sich während der zwanziger Jahre mit religiösen Sozialisten aller Schattierungen und nahm 1928 auch an einer Konferenz in seinem Heimatort Heppenheim teil, bei der er eine zentrale Person war.

Auf einem dieser Treffen begegnete Buber auch Paul Tillich, der jünger war als er und, obwohl in manchen Kreisen schon wohlbekannt, noch nicht der weltbekannte protestantische Theologe war, der er später werden sollte. Als Mitglied eines Komitees von Sozialisten, einige religiös, andere nicht, berichtete Tillich dem Konferenzplenum von der Schlußfolgerung seines Komitees, daß ein Wort gefunden werden sollte, um das Wort „Gott" zu ersetzen, um diejenigen, die diesen Namen gebrauchen können, und diejenigen, die es nicht können, in der gemeinsamen Sache des Sozialismus zu vereinigen. Nachdem er seinen Bericht abgegeben hatte, so hat Tillich sich selbst erinnert, stand aus den hinteren Reihen ein kleiner Mann mit schwarzem Bart und feurigen Augen auf und sagte: „Aber Gott ist ein Urwort!“ Sie können ein Urwort wie Gott nicht einfach abschaffen, sagte Buber, nicht einmal um der Einheit willen. „Und er hatte recht!“ rief Tillich aus.

„Weltoffenheit und Wirklichkeitsbewältigung sind immer ein sehr wesentlicher Maßstab dafür gewesen“, schreibt Schaeder, „ob Buber einem christlichen Denken nahe kommen konnte.“ Unter diesen Denkern waren solche neo-orthodoxen oder dialektischen Theologen wie Karl Barth, Emil Brunner, Eduard Thurneysen und Friedrich Gogarten. Deren Umwandlung von Bubers Ich-Du-Beziehung zwischen Gott und Mensch in eine Christologie konnte Buber natürlich nicht folgen (wie ich ausführlich in dem Kapitel „Christentum“ in meinem Buch *Martin Buber. The Life of Dialogue* (1955) gezeigt habe). Anders als sein Freund Rosenzweig konnte Buber Judentum und Christentum nicht als gleichermaßen gültig anerkennen, das eine als schon in Gottes Ewigkeit stehend, das andere als historischer Weg zu Gott. „Wir können nicht zugleich im Innern stehen und mit objektivem Auge schauen, das zwei entgegengesetzten *Ansprüchen* gleiche Gültigkeit zuschreibt. Wir kennen den christlichen Anspruch nur von außen und können ihn nicht akzeptieren.“ Wenn jede Seite des Himmels wegen kämpft, bedeutet das nicht, daß jede Seite einen hegelianischen Überblick des Fortschritts des Geistes in der Geschichte in Richtung auf eine Vollkommenheit hin hat, in der alle Unterschiede abgeschafft oder aufgehoben sind.

Vom 20.–25. Juli 1925 hielt Buber an einer Akademie in Amersfoort in Holland die Vortragsreihe „Der Glaube an die Wiedergeburt“. Die Reaktion des Jungschen Psychiaters Hans Trüb auf dieses Ereignis ist ein besseres Beispiel des echten jüdisch-christlichen Dialogs als jede öffentliche Debatte. „Tagtäglich ziehen meine Gedanken zurück nach Amersfoort“, schrieb Trüb im August an Buber. „Es war ja nur eine kleine Woche; aber dieses Licht leuchtet in unser ganzes vergangenes und künftiges Leben hinein“, fügte er hinzu.

> „Nach demselben Einen, was Sie uns durch die Sprache Ihres Herzens offenbarten, suchen wir doch alle. Sie können nicht mißverstanden werden. Ihr reines Schauen, die unbedingte Aufrichtigkeit, mit der Sie alles, was Ihre Augen sehen, uns mitteilen, ist für uns ein Geschenk, das wir nur mit tiefster Dankbarkeit entgegennehmen können. Ich weiß ja, daß je und je in der Gegenwart sich das ‚Große‘ ereignet, daß da, wo Menschen sich wirklich begegnen, sich uns die Unendlichkeit der Schöpfung offenbart. Aber daß ein Mensch es auf sich nimmt, diesem Glauben und Wissen rückhaltlos zu leben, macht mich glücklich.“

Darauf antwortete Buber: „Ihre guten Worte haben mir das Herz erfreut. Auch ich denke an Amersfoort gern, wie an einen jungen Baum, dem man vertrauen darf."

In dem, was Trüb über Amersfoort schrieb, drückte er den Teil von Bubers Persönlichkeit, den ich selbst in meinen Begegnungen mit Buber mehr als ein Vierteljahrhundert später als zentral erlebte, am besten aus. Obwohl die große Betonung in Bubers Philosophie, wie auch in seiner Interpretation des biblischen und chassidischen Judentums, auf dem Wort liegt – hören und antworten –, war Buber doch zuallererst einmal eine Person, die *betrachtete* – nicht mit dem analytischen Auge des Denkers oder dem ästhetischen Auge des Künstlers, oder dem subjektiven Auge einer Person, die aus ihren Begegnungen mit der Welt das zu selektieren sucht, was die Ansichten und Gedankenmuster, die sie bereits hat, bestätigt, sondern mit dem ruhigen, offenen, wirklich interessierten, aber nicht persönlich befangenen Auge von jemandem, der die Wirklichkeit wählt, einfach weil sie die Wirklichkeit *ist.* Erst dann kamen die nächsten beiden Stadien, über die Trüb sprach, ins Spiel – ohne Vorbehalt leben, was er weiß, und darüber aus seinem Herzen zu anderen sprechen.

1924 ließ Buber die Veröffentlichung von *Der Jude* außer für gelegentliche Sonderausgaben einstellen, weil er sich in Richtung auf jüdisch-christliche Dialoge bewegte. Diese Richtung erhielt ihren vollsten, konkreten und symbolischen Ausdruck in der Gründung der ersten hochrangigen Zeitschrift, die gemeinsam von einem Protestanten, einem Katholiken und einem Juden herausgegeben wurde. Die Zeitschrift *Die Kreatur* wurde sehr erfolgreich und angesehen, und während der vier Jahre, in denen sie erschien (1926–1930), widmete Buber sich ihr mit fast ebensolcher Hingabe, wie er sich der Herausgeberschaft von *Der Jude* gewidmet hatte. Rang hatte vorgeschlagen, die Zeitschrift *Grüße aus den Exilen* zu nennen, aber Buber zog den positiveren Titel *Die Kreatur* vor, der die Grundlage, auf der die drei verschiedenen Religionen in fruchtbaren Dialog treten konnten, anzeigte.

Den Anstoß zur Gründung von *Die Kreatur* erhielt Buber durch seine enge Freundschaft mit Florens Christian Rang, dem ehemaligen Pastor, der Anwalt geworden war, mit dem Buber Ostern 1914 beim ersten und einzigen Treffen des Forte-Kreises die erwähnte Auseinandersetzung über jüdische Repräsentanz gehabt hatte. Der Friedenskuß, den die beiden Männer zu der Zeit ausgetauscht hatten, stellte sich als dauerhafter heraus als die ‚vaterländische' und nationalistische Einstellung, die Rang während des Krieges angenommen hatte und die er selbst tief bedauerte und nach dem Krieg wiedergutzumachen suchte. Buber leitete *Die Kreatur* mit einem Leitartikel ein, der Rangs Glauben anerkannte und annahm, daß jede Religion ein Exil bedeute, aus dem nur

Gott befreien kann, daß aber ein Bedürfnis für wirklichen Dialog zwischen den Häusern des Exils vorhanden ist ohne die Anmaßung, die Getrenntheit der Religionen zugunsten eines universellen religiösen „Wesens“ abschaffen zu wollen. 1932 widmete Buber *Das Königtum Gottes*, sein erstes wissenschaftliches Werk über die Ursprünge des Messianismus in der Bibel, seinem jüdischen Freund Rosenzweig und seinem christlichen Freund Rang. In der ersten Ausgabe von *Die Kreatur* im Frühjahr 1926 widmete Buber die Zeitschrift „Florens Christian Rang: Jurist, Philosoph und Theologe“ – alles in einem.

1925 schrieb Buber an Hans Trüb, daß *Die Kreatur* sich der philosophischen Anthropologie widmen werde, deren Interesse die Ganzheit des Menschen in Verbindung mit der Ganzheit des Seins sei. „Hierbei soll die aktuelle Krisis des Psychologismus und die daraus sich ergebende Notwendigkeit einer Erkenntnis der Grenzen psychologischer Beobachtung besondere Beachtung finden.“

Die drei Herausgeber von *Die Kreatur* gehörten keinem gemeinsamen Kreis an. Vielmehr hatte Buber mit großer Umsicht einen protestantischen und einen katholischen Denker gewählt, der, jeder auf seine Art, in seiner eigenen Sphäre „Begegnung“ verwirklichte. Wie ungewöhnlich auch die Wahl des Arztes Viktor von Weizsäcker als des protestantischen Herausgebers von *Die Kreatur* erscheinen mag, die Wahl von Joseph Wittig als katholischem Herausgeber erschien noch eigenartiger. Auf den ersten Blick könnte Wittig, zugleich Priester, Professor für katholische Kirchengeschichte und Schriftsteller, von den dreien als derjenige erscheinen, der für seine Religion am ehesten repräsentativ war. Aber von Weizsäckers spätere Beobachtung: „der Katholik war kein richtiger Katholik, der Protestant kein richtiger Protestant und der Jude kein richtiger Jude“ traf auf Wittig in noch überraschenderem Ausmaß zu als auf seine beiden Mitherausgeber. Buber lud Wittig mitten in seiner Auseinandersetzung mit dem Breslauer Kardinal Bertram ein, der katholische Mitherausgeber von *Die Kreatur* zu werden. „Ich denke, losgelöst von der Kirche wäre ich Ihnen nichts nütze“, sagte Wittig zu Buber.

Bubers Antwort an Wittig machte ganz deutlich, daß Wittig den Katholizismus durch das, was er als Person war und tat, was er schrieb und sagte, repräsentierte und nicht durch seine offizielle Stellung in der Kirche. Auf Wittigs erste Frage, ob Buber seiner Erfüllung der kanonischen Gesetze zustimmen würde, versicherte Buber kategorisch: „Ich habe mich an Sie in Wahrheit als an diese Person gewandt. Das heißt, daß ich Ihre personhafte (natürlich auch Amt und Ordnung einschließende) Situation mit all ihrer Entscheidungsmaterie in meinem Bewußtsein so sehr durchlebt hatte, als ich vermochte, und soweit akzeptiert hatte, als es mir von meiner Aufgabe aus zustand.“ Diese Aussage wiederum berührte die zweite Frage, ob Wittig, von der Kirche exkommuniziert, für Buber von Wert wäre. Bubers Antwort darauf war gleichermaßen kategorisch: „Weil ich mich in Wahrheit an Sie als an diese Person gewandt habe, darum – möge es mir erlaubt sein, dies zu Ihnen in aller Ehrfurcht und Demut, als ein Beter zum anderen zu sagen – könnte nichts auf Erden je in meinen Augen, die unserer gemeinsamen Sache zu dienen bemüht sind, Ihnen Ihr Vertretertum nehmen." Selbst wenn er aus der Gemeinschaft der Kirche und nicht nur von ihren Sakramenten und Ämtern ausgeschlossen wäre, könnte Wittig je aufhören, Katholik zu sein.

Die Kreatur wurde zum Zentrum für eine Gruppe verwandter Geister, die sich mit Erziehung, Psychotherapie, religiösem Sozialismus, internationaler Verständigung, Religion und Poesie befaßten. Buber selbst veröffentlichte in ihr zum ersten Mal solche wichtige Schriften wie „Erziehung", „Zwiesprache" und „Gandhi, Politik und wir". Eugen Rosenstock-Huessy schrieb Buber, daß die dritte Ausgabe von *Die Kreatur* eine „nie gehörte Schönheit" besitze, eine „eindrucksvolle Symphonie" darstelle, die seine eigene frühere Kritik eines Mangels an spezifischer Orientierung beantworte.

Das einzige, was von Weizsäcker besorgt machte, war Bubers Schweigen als Herausgeber. Im Gegensatz zu seiner Arbeit für *Der Jude* schrieb Buber nie Leitartikel für *Die Kreatur*. Dies war eine beabsichtigte, freiwillig auferlegte Beschränkung, um zu verhindern, daß er möglicherweise diesen Austausch freier tiefgründiger Geister dominierte. Von Weizsäcker respektierte dieses Schweigen, fragte aber Buber, ob es nicht an ihm sei, dem am meisten berufenen Mann dieser Stunde, den Ton anzugeben, der andere in ihren Beiträgen für *Die Kreatur* leiten würde. Nach von Weizsäckers eigenem späteren Zeugnis wurde *Die Kreatur* jedoch nicht wegen eines Absinkens der Qualität eingestellt, sondern einfach, weil sie ihre Aufgabe als Forum reicher, kreativer Stimmen, die sie in polyphone und manchmal antiphone Harmonie gebracht hatte, erfüllt hatte.

Was Wittigs Verbindung mit Buber ersterem bedeutete, kommt in einem Brief zum Ausdruck, den er Buber nach dem Erscheinen der letzten Ausgabe schrieb. „Ich weiß, daß es nach Vollendung von *Die Kreatur* ein Leben für uns gibt. Aber wann immer wir uns wieder treffen, sei es durch Arbeit, einen Brief oder einen Besuch, wird es für mich immer ein Ostertag sein." Ein solcher „Ostertag" kam für Wittig 1932, als er Bubers Buch *Zwiesprache* erhielt, das nun als Separatum veröffentlicht worden war. In einem Brief an Ernst Simon sprach Buber von *Zwiesprache* als „dem Büchlein meines Herzens", und es ist in der Tat ein Buch, das vom Herzen kommt, Worte aussprechend, die durch ihre Einfachheit und Kraft allmählich ihren Weg in die Herzen und Gedanken unzähliger Menschen auf der ganzen Welt gefunden haben. „Ich glaube überhaupt keine ‚Antwort' zu geben", schrieb Buber, „nicht bloß keine ganze, sondern auch keine Stücke davon, vielmehr einen (eben nicht theoretischen, sondern praktischen und faktischen) Hinweis, im buchstäblichen Sinn, eine Hinzeigung."

Der Kern wirklichen Dialogs liegt in der Tatsache, daß „jeder der Teilnehmer den oder die anderen in ihrem Dasein und Sosein wirklich meint und sich ihnen in der Intention zuwendet, daß lebendige Gegenseitigkeit sich zwischen ihm und ihnen stifte." Die Grundbewegung des „monologischen" Lebens ist im Gegensatz dazu nicht Abwendung, sondern „Rückbiegung" im physiologischen Ursprung des Begriffs – auf sich selbst zurückbiegen. „Rückbiegung" ist nicht Egoismus, sondern der Rückzug davon, den anderen als Person in ihrer Eigenart zu akzeptieren, um ihn statt dessen *nur als das eigene Erleben* existieren zu lassen, nur als ein Teil des eigenen Selbst. Durch diesen Rückzug „beginnt sich die Essenz aller Wirklichkeit zu zersetzen."

In *Zwiesprache* schrieb Buber:

> „Eine Zeit echter Religionsgespräche beginnt – nicht jener sogenannten Scheingespräche, wo keiner seinen Partner in Wirklichkeit schaute und anrief, sondern echter Zwiesprache, von Gewißheit zu Gewißheit, aber auch von aufgeschlossener Person zu aufgeschlossener Person. Dann erst wird sich die echte Gemeinschaft weisen, nicht die eines in allen Religionen aufgefundenen gleichen Glaubensinhalts, sondern die der Situation, der Bangnis und der Erwartung."

Diese Gespräche offenherziger Personen bedeuteten Verantwortung angesichts des „Anspruches" der Wirklichkeit, bedeuteten, auf einen wirklichen Anruf unvermittelt durch jegliche konzeptionelle Weltanschauung zu antworten. „Der erste, an den ich in diesem Zusammenhang dachte, waren Sie", schrieb Buber an Albert Schweitzer, als er ihn zu einer Konferenz nach Karlsruhe einlud. „Sie haben für mich ja seit langem in eben der Richtung, die ich meine, etwas Exemplarisches."

Obwohl Buber in der christlichen Welt weitgehend als Apostel und Sprecher des Judentums anerkannt war, erhob er weder Anspruch darauf, Repräsentant des rabbinischen Judentums noch einer Synagoge oder einer offiziellen Gruppe zu sein. In ähnlicher Weise war er selbst nicht an Gesprächen mit offiziellen Christen interessiert, wohl aber mit engagierten Personen. Oft standen diese zwei im Gegensatz zueinander.

Es gibt eine bedeutsame Parallele zwischen Bubers Korrespondenz mit dem jungen Theologen und Semitisten Hans Kosmala, der Buber 1932 in tiefer Besorgnis über die Berufung des anerkannten Bibelforschers Alfred Jeremias zum Direktor einer Mission an die Juden schrieb und wegen der Ansprache „Die Brennpunkte der jüdischen Seele", die

Buber 1930 an eine der vier deutsch-christlichen Missionen an die Juden richtete. An Kosmala, der mit Bubers Gedankensphäre vertraut war, schrieb Buber, daß es von seiner eigenen inneren Stärke und Bedingungen abhing, ob er eine solche missionarische Position annehmen und geistig lebendig halten könne. Der deutschen Mission erklärte Buber, daß er als Jude, der auf das Königreich Gottes wartet, gegen ihre Sache war und Missionen wie diese in Mißverständnissen gegründet sehe, die das Kommen des Gottesreiches hindern. Buber sah den Glauben als den ersten Brennpunkt der jüdischen Seele – nicht im Sinne des Glaubens an die Existenz Gottes, sondern im Sinne der *Emuna*, dem Vertrauen, daß Gott, obwohl er völlig über die Menschen erhoben und jenseits ihrer Fassungskraft ist, in unmittelbarer Beziehung mit den Menschen gegenwärtig ist und ihnen gegenübersteht. Die biblische „Gottesfurcht" ist das kreatürliche Bewußtsein der Dunkelheit, aus der Gott sich offenbart, des dunklen Tores, durch das der Mensch hindurchgehen muß, wenn er in die Liebe Gottes eingehen soll. Wenn man statt dessen versuche, ein theologisches Bild von Gott als einfach ‚die Liebe' zu konstruieren, laufe man Gefahr, angesichts der tatsächlichen Ereignisse der Geschichte und des Lebens verzweifeln zu müssen oder in Selbsttäuschung und Heuchelei zu verfallen. Die Gottesfurcht sei jedoch nur ein Tor, kein Wohnort, an dem man sich niederläßt, wie einige der barthianischen und neo-orthodoxen Theologen es zu empfinden scheinen, die die „vollständige Andersartigkeit" Gottes betonten. Das bedeutet auch, kein Urfall und keine Ursünde könne der Macht des Menschen, sich Gott zuzuwenden und ihm nachzueifern, Abbruch tun. Weil das so ist, können wir Gottes Wille nicht erfüllen, wenn wir bei der Gnade anfangen, sondern wir müssen bei uns selbst anfangen – bei unserem Willen, der, wie armselig er auch ist, uns zur Gnade führt.

Der zweite Brennpunkt der jüdischen Seele folgt aus dem ersten: dem „Grundgefühl, daß die erlösende Kraft Gottes überall und immer wirkt und daß doch nirgends und niemals ein Erlöstsein besteht." Während der Jude die Berührung von Gottes Nähe, die ihm von oben zuteil wird, spürt, fühlt er auch, intensiver als jeder andere, den Mangel an Versöhnung in der Welt und die Bürde der unversöhnten Welt auf sich lasten. Sühne bedeutet für den Juden nicht die einzelne Seele, sondern Seele und Welt in untrennbarer Verbindung. Als Folge dieser Einstellung zur Sühne artikulierte Buber hier zum ersten Mal die Unterscheidung zwischen dem Prophetischen und dem Apokalyptischen, die zum Grundstein für sein gesamtes späteres Verständnis sowohl des biblischen Judentums als auch des frühen Christentums wurde. Prophetischer Glaube erhält die Einheit von Gott und Welt, wogegen der apokalyptische Glaube in einen im wesentlichen manichäischen Dualismus verfällt: So

> „verheißt jener [der prophetische] eine Vollendung der Schöpfung, dieser [der apokalyptische] ihre Aufhebung, ihre Ablösung durch eine andere, durchaus andersartige Welt; jener läßt die jetzt richtungslosen Mächte, das ‚Böse', die Richtung auf Gott finden und sich ins Gute einwandeln, dieser sieht am Ende der Tage Gut und Böse endgültig getrennt, das eine erlöst, das andre auf ewig unerlösbar."

Das Prophetische ist der Ruf an den Menschen, sich in der Gegenwart zu Gott zurückzuwenden, denn „der Umkehrende wirkt mit an der Erlösung der Welt." „Es ist nicht so, als ob eine bestimmte Tat des Menschen die Gnade herniederziehen könnte, und doch erwidert die Gnade der Tat, in unvorhersehbarem Walten, unerreichlich und doch sich nicht versagend."

Der jüdische Glaube an die *Nicht*-Inkarnation Gottes und die ungebrochene Kontinuität menschlicher Geschichte bedeutet, daß – pessimistisch betrachtet – die Schicksale von Judentum und Christentum geteilt sind. „Da ist der Jude den Christen der unverständlich als der Verstockte, der nicht sehen will, was sich begeben hat, unverständlich der Christ dem Juden als der Verwegene, der in der unerlösten Welt ihre vollzogene Erlösung behauptet." Aber wenn Christ und Jude beide mehr an Gott als an unseren Bildern von Gott interessiert sind, „gibt es Augenblike, da wir ihm (dem Einen Kommenden) gemeinsam die Straße bahnen dürfen."

1926 überließ Buber es seiner Frau Paula, die ihre Tochter in Düsseldorf besuchte, mit ihrem Schwiegersohn Ludwig Strauß darüber zu sprechen, wie er über die Frage der Beschneidung von Ludwigs und Evas erstem Kind Martin Emmanuel denke. „Ich habe im Laufe meines Lebens gelernt", so schrieb Martin an Paula, „daß wir im Exile auf diese urtümliche Beurkundung der Eingehörigkeit nicht verzichten dürfen, wie immer wir mit unserem persönlichen Gefühl dazu stehen, eben weil sie die einzige uns hier gegebene ist und weil wir durch sie den ‚Bund', dem im Exil die Gemeinschaft als Träger fehlt, personhaft fortbestehen lassen." 1961 sagte Buber zu Hugo Bergmann fast dasselbe über die Juden, die in Israel in der jüdischen Gemeinschaft lebten. So sehr dies auch in Widerspruch zu Bubers Position dem jüdischen Gesetz gegenüber zu stehen scheint, sollte diese Einstellung die allgemeine Anschauung zerstreuen, daß Buber einfach ein „Apikoros" sei, wie Rosenzweig ihn scherzhaft nannte, ein Jude, der aus Prinzip und Praxis die Gesetze nicht beachtete. Der biblische Bund zwischen Gott und Israel wurde mehr und mehr zum Mittelpunkt von Bubers Verständnis des Judentums.

Das Königtum Gottes (1932), ein Buch, das lange Jahre hindurch in Buber gereift war, besaß besondere Bedeutung, weil es Bubers erste vollständig wissenschaftliche Interpretation der Bibel darstellte. Als solche bot es die Grundlage für alle späteren wissenschaftlichen Interpretationen, die folgten, wie *Moses* (hebr. 1945, dt. 1948), *Der Glaube der Propheten* (1959) und *Zwei Glaubensweisen* (1950). Es wurde als der erste von drei Bänden über den Ursprung des Messianismus in der hebräischen Bibel publiziert, obwohl die späteren Bände niemals als solche veröffentlicht wurden, sondern nur als Fragment über die Salbung des Saulus durch den Propheten Samuel.

Buber glaubte, daß dieses Buch wie kein anderes seiner Bücher zuvor ihm einen Platz in der wissenschaftlichen Welt sichern würde. Das Herzstück von *Das Königtum Gottes* liegt in dem häufig wiederholten Thema, daß der Mensch mit seinem ganzen Wesen in den Dialog mit Gott treten muß: es muß eine ausschließliche Beziehung sein, die alle anderen Beziehungen und daher die gesamte Lebensordnung formt. Das Versagen der Könige im Dialog mit YHVH war der Anlaß für die Sendung der Propheten. Der „theopolitische" Realismus der Propheten führte sie dazu, jede nur symbolische Erfüllung des göttlichen Auftrags zurückzuweisen, die Teilung des Gemeinschaftslebens in einen „religiösen" Bereich der Mythen und des Kults und einen „politischen" Bereich staatlicher und ökonomischer Gesetze zu bekämpfen.

Bubers Ansatz zum Königtum Gottes als einer direkten Theokratie oder einem „theopolitischen Staat" ist selbst ein Beispiel einer Wanderung auf dem schmalen Grat. Die höchste Bindung, die in ihrer Natur keinen Zwang kennt, wird natürlich in keinem tatsächlichen Staat verwirklicht, da jeder Staat mehr oder weniger auf Zwang beruht. Daher beinhaltet jeder Kampf für die Verwirklichung der Gottesherrschaft im politischen Leben die Gefahr, auf der Seite des Zwangs oder der Freiheit zu irren. Der schmale Grat zwischen diesen Abgründen bedeutet, zu jeder Stunde die Demarkationslinie auf eine Weise zu ziehen, die erlaubt, sich der Verwirklichung des Gottesreichs in der menschlichen Gemeinschaft so weit wie möglich anzunähern.

Der Schweizer Theologe Emil Brunner schrieb an Buber im Juni 1932: „Ihr Buch scheint mir das erste, das wirklich hindurchgebrochen ist durch den trostlosen Schematismus der objektivierenden Historie mit seiner alles plattdrückenden evolutionistischen Walze in die sachnahe Sicht alttestamentlichen Geschichtsverständnisses." Jahre später, in seinem Buch *Der Mensch im Widerspruch*, schrieb er, daß Bubers *Das Königtum Gottes* mehr wirkliche Geschichtsphilosophie enthalte als jedes andere Buch zur Philosophie der Geschichte. Gershom Scholem erklärte im Verlauf eines langen Briefes, der durchdringende kritische Fragen enthält, daß die Prinzipien, die Buber in *Das Königtum Gottes* zu konkreter Anwendung gebracht habe, eine völlig neue Tradition der Bibelforschung eröffneten, deren Bedeutung für jede Ebene jüdischer Wirklichkeit nicht ermessen werden könnte. Die Tatsache, daß Gershom Scholem nach Palästina gezogen war und dort in der Erforschung chassidischen Materials, zu dem Buber keinen Zugang hatte, aktiv wurde, veranlaßte eine umfangreiche Korrespondenz zwischen beiden.

Für Buber keimten, mehr noch als für die meisten Autoren, Ereignisse aus der fernen Vergangenheit in seinem Denken, nahmen vorläufige Form an, wurden getestet, durchdacht und für eine Weile zurückgestellt, bis er sich von anderen Verpflichtungen genügend freimachen konnte und sich ihnen mit der Konzentration, die sie verdienten, zuwenden konnte. Dies trifft sicherlich auf *Das Königtum Gottes* zu, aber auch auf viele andere seiner lebenslangen Anliegen wie Judentum, Chassidismus, Sozialismus, Erziehung, Kunst und Theater. Mehr noch, was als einfache Interessenkontinuität erscheint, wie bei der Bibel und beim Chassidismus, war für Buber wieder und wieder eine Wiederentdeckung und ein Neuanfang als das Resultat einer Reaktion auf eine spezifische Periode seines Lebens.

Ein wichtiges Anliegen während der Jahre der Weimarer Republik war für Buber, welche Form die Hebräische Universität, die nun endlich Wirklichkeit wurde, annehmen sollte, als sie in Jerusalem gegründet wurde. Für Buber lag die Wahl im wesentlichen zwischen der traditionellen europäischen Universität und einer Volkshochschule nach dem Modell Grundtvigs im neunzehnten Jahrhundert in Dänemark. Ein Teil des Problems bestand darin, wie das Wissen und die neuesten wissenschaftlichen Methoden mit einer Verankerung in jüdischem Wissen und jüdischem Kulturleben, ungestört von fremden Methoden und Disziplinen, zu vereinen wären. Ein anderer Aspekt bestand darin, wie die tiefen spirituellen und intellektuellen Bedürfnisse der neuen Pionierarbeiter bei der jüdischen Besiedlung zu befriedigen wären. Auf Einladung des Exekutivkomitees in London erklärte Buber sich bereit, eine öffentliche Darstellung eines Volkshochschulplans zu entwerfen, zu welchem Zweck er während des kommenden Jahres eine Palästina-Studie unternahm. Buber schrieb Rosenzweig von dem Vorgehen des zionistischen Exekutivkomitees in bezug auf die Frage von Volkshochschule versus Universität: „Meine jungen Jahre kehren wieder mit Gewalten, ob auch ohne Lieder." Sein Traum ging jedoch nicht in Erfüllung, erst 1949, als Buber selbst Schulen für die Lehrer der neuen Immigranten aufbaute und die Erziehungsarbeit in den Kibbuzim während der letzten Jahre seines Lebens einen Aufschwung nahm.

Ein Musterbeispiel des Charaktererziehers, wie er Buber vorschwebte, war Siegfried Lehmann, der während des ersten Weltkrieges in Berlin das Volksheim für Osteuropäische Juden leitete und 1927 das jüdische Jugenddorf Ben Shemen in der Nähe von Lydda in Palästina gründete. Lehmanns Konzeption von Jugenderziehung im Lande Israel war von der Vorstellung ihrer Vorbereitung auf ländliches Leben in einem Dorf geleitet. Um dieses zu erreichen, wurden ein Kinderdorf und eine Bauernhofschule aufgebaut, gefolgt von einem Freilichttheater, Kinderheimen und einer Bücherei. Koedukation von Mädchen und Jungen aller Altersstufen im Dorf und die Verbindung des akademischen Unterrichts in den Grund- und weiterführenden Schulen mit manueller Arbeit auf dem Feld und in den Werkstätten erleichterten die Erreichung dieser Ziele. Von Anfang an legte Lehmann besonderes Gewicht auf ein Verständnis der arabischen Welt – ihrer Geschichte, religiösen Traditionen, Sprache und Kunst – und auf Begegnungen der Gemeinde mit den benachbarten arabischen Dörfern. Während der Jahre des arabischen Aufstandes gegen die britische Verwaltung (1936–1939) waren die jüdischen Siedlungen ständige Angriffsziele. Nie jedoch wurde Ben Shemen angegriffen, aufgrund der Freundschaft, die Siegfried Lehmann mit den umliegenden arabischen Dörfern aufgebaut hatte.

Buber hegte während dieser Zeit auch ein aktives Interesse am politischen Leben Palästinas. Während des ersten Weltkrieges hatten die Briten öffentlich die Balfour-Doktrin verkündet, die den Juden ein Heimatland in Palästina versprach, aber im geheimen umwarben sie die Araber innerhalb und außerhalb Palästinas. Als die Araber während des jüdischen Pessachfestes 1920 zu Ausschreitungen aufgehetzt wurden, organisierte der in Rußland geborene zionistische Schriftsteller und Führer Vladimir Jabotinsky (1880–1940) die *Haganah,* eine jüdische Verteidigungsarmee, und führte sie in die Konfrontation mit den aufständischen Arabern. Während der zwanziger und dreißiger Jahre führten Buber und sein Kreis einen Kampf hinter den Kulissen gegen Jabotinskys Revisionisten und ihre Forderung nach einer jüdischen Legion, aber dieser Kampf war nicht erfolgreich.

Buber selbst suchte nicht mehr bei der zionistischen Mehrheit Unterstützung für seine Ziele, sondern tat sich statt dessen mit Brit Schalom, dem Friedensbund zusammen, einer Gruppe, die sich durch ihr Interesse an jüdisch-arabischer Verständigung in Palästina und durch ihr Eintreten für einen binationalen Staat mit Bevölkerungsparität auszeichnete. Die bis zu den Unruhen von 1929 federführenden Männer waren vor dem ersten Weltkrieg nach Palästina eingewandert, und zwei von ihnen behielten auch in den kommenden Jahren eine zentrale Stellung – der Agronom Chaim Kalvarisky (1868–1947) und der Zionist religiös-sozialistischer Prägung Rabbi Binjamin (das Pseudonym Jehoschua Radler-Feldmanns [1880–1957]). Die zweite Gruppe, die nach 1929 dominant wurde, bestand aus Intellektuellen mit einem zentraleuropäischen liberalen Hintergrund, von denen insbesondere drei – Hugo Bergmann, Hans Kohn und Robert Weltsch – alle in Prag Bar Kochba-Hochschüler und Gefolgsleute Martin Bubers gewesen waren. Hinzu kamen Ernst Simon und Gershom Scholem und eine Gruppe von Pazifisten wie Nathan Chofschi, der Nichtzionist Werner Senator und Orientalisten. Lord Edwin Samuel, Sohn des ersten Hochkommissars in Palästina, und Norman Bentwich, während dieser Periode Kronanwalt, sympathisierten beide mit Brit Schalom, so auch Judah Magnes, der wegen seiner Position als Kanzler der Universität Brit Schalom nicht angehörte, der aber in vieler Hinsicht ein führender Geist dieser Gruppe wie auch späterer ähnlicher Gruppen war. „*Brit Schalom* hatte keine Ideologie", schreibt Susan Hattis in ihrer scharfsichtigen Studie der binationalen Idee in Palästina:

> „Sie erkannten einfach, daß die Furcht der Araber vor einem Zionismus, der in Begriffen jüdischer Majorität und eines jüdischen Staates sprach, gerechtfertigt war. Sie glaubten, daß man kein Maximalist zu sein brauchte, d. h. Masseneinwanderung und einen zionistischen Staat fordern mußte, um loyaler Zionist zu sein ... Von vitaler Bedeutung war die Anerkennung, daß beide Nationen zu Recht in Palästina waren."

Heute wird selbst von den meisten Menschen in Israel nicht erkannt, wie weit verbreitet die Idee des Binationalismus zu jener Zeit war. *Hapoel Hazaïr*, die linke zionistische Gruppe, die sich 1930 mit *Achduth Haawoda* (Vereinigte Arbeiter) verband, um die dominante *Mapai*-Partei zu werden, zählte eine ganze Reihe von Brit Schalom-Mitgliedern und -Anhängern in ihren Rängen, Buber, Kohn, Weltsch, Bergmann, Chofschi eingeschlossen, und selbst viele ihrer anderen Mitglieder standen dem binationalen Prinzip nicht oppositionell gegenüber, wie Joseph Sprinzak, einer der Parteiführer. Chaim Weizmann, Präsident der zionistischen Organisation und erster Präsident des Staates Israel, war ein gestandener und unerschütterlicher Verfechter des Binationalismus oder der „Parität", wie er es lieber nannte, selbst wenn diese Position ihn höchst unpopulär machte und zu seinem Rücktritt als Präsident der zionistischen Organisation führte.

Als Brit Schalom gegründet wurde, identifizierte Buber sich mit ihren Prinzipien, denn sie waren mit denen identisch, die er selbst über viele Jahre vertreten hatte. Der dritte Teil von Bubers Buch *Kampf um Israel* (1932) beschäftigte sich mit den arabisch-jüdischen Problemen in Palästina und war „den Freunden von Brit Schalom" gewidmet. Die Juden sind nicht einfach staatenlos, erklärte Buber 1926, sondern auch in den Staaten, in denen sie leben, schutzlos (eine Tatsache, die viele von uns lange zu wissen abstritten). Aber dieser Schutz kann nicht dadurch zustande kommen, daß man die Situation umdreht, indem die Juden in Palästina die Mehrheit werden, die dann die arabische Minderheit so behandeln kann, wie sie selbst behandelt worden ist (selbst wenn sie humaner vorgeht). Buber befürchtete, daß „Zion" sich als „das große Galuth-Hotel" herausstellen könnte, die bequem eingerichtete Kopie des Exils: „Es gehört zur Signatur unseres großartigen und erbärmlichen Zeitalters, daß die Träume der Menschheit in ihm in Erfüllung gehen: als Zerrbilder."

1927 kam Buber in engen Kontakt mit Judah Leib Magnes, dem Kämpfer für Zion und für Frieden, einem Rabbiner und Kriegsdienstverweigerer in Amerika während des ersten Weltkrieges, Begründer des „Jewish National Fund", Gründer und erster Präsident der Hebräischen Universität bei ihrer Eröffnung 1925 und für den Rest seines Lebens ihr Kanzler. Magnes ist als „unverbesserlicher Idealist" beschrieben worden. Buber war ein realistischer Meliorist, dessen Lehre von der „Demarkationslinie" den schmalen Grat zwischen einem Relativismus, der sich einfach an die Situation anpaßt, und einem absoluten Idealismus, der für sie ohne Bedeutung bleibt, markiert. Der Unterschied zwischen den beiden Männern wird an Bubers Antwort gegen die Sprache eines Vorschlags zur Gründung einer religiösen Vereinigung deutlich, in der die ineinandergreifenden gesellschaftspolitischen und religiösen Probleme, denen die jüdischen Menschen in Zion sich konfrontiert sahen, insbesondere mit den arabisch-jüdischen Beziehungen, auseinanderfielen. Nach einer enthusiastischen Antwort von Hugo Bergmann und Hans Kohn ließ Magnes sie sein fünfseitiges Programm an Buber schicken. Buber billigte Magnes' Einschätzung der vorgeschlagenen Mitglieder der Vereinigung als soziale Radikale, die dem Recht und der Gerechtigkeit der hebräischen Propheten folgen wollten, beanstandete jedoch Magnes' Reden vom „Mandat des ‚inneren Gottes' eines jeden" und von „absoluten ethischen und metaphysischen Werten". An seiner Stelle bot Buber eine Formulierung an, die von einer glaubenden Einstellung sprach, die der echte Boden menschlichen Lebens ist und eine Beziehung zur Wahrheit der Existenz durch das gesamte eigene Wesen erlangt. „Eine solche Sensibilität kann nicht allein durch die Innerlichkeit der eigenen Seele begründet werden: sie muß sich in der ganzen Fülle des persönlichen und gemeinschaftlichen Lebens, an dem das Individuum teilnimmt, manifestieren."

1929 informierten zwei führende deutsche Zionisten, Georg Landauer und Gershom Chanoch, Buber darüber, daß er von der Hitachdut, den Arbeiterzionisten Amerikas und Deutschlands, zu ihrem Repräsentanten beim sechzehnten Zionistenkongreß, der im August in Basel in der Schweiz abgehalten werden sollte, gewählt worden war. Der zionistische Führer Joseph Sprinzak hielt Bubers Erscheinen für absolut erforderlich für die Debatte, Bubers Worte und Gegenwart an sich würden allein schon einen Kampf gegen Jabotinskys Revisionisten darstellen. Buber gab diesen dringenden Bitten nach und ging nach Basel zum letzten zionistischen Kongreß, an dem er aktiv teilnahm.

In seiner Ansprache auf dem sechzehnten Zionistenkongreß wies Buber den gewöhnlichen Gegensatz zwischen Antizionisten, die Israel weniger als eine Nation betrachten, und Zionisten, die Israel als Nation sehen, zurück. Er bevorzugte eine dritte Kategorie: jene, die in Israel mehr als eine Nation sehen, was bedeutet, daß sie Israel als alles, was eine Nation definiert, ansehen, aber den „heiligen Egoismus", der eine Nation zum Ziel in sich selbst werden läßt, zurückweisen. Auch kann das Ziel Zions – der Beginn des ‚Königtum Gottes' für alle menschlichen Menschen – nicht zurückgestellt werden, bis das Leben der Nation gesichert ist: „Wenn wir nicht mehr als das Leben wollen, gewinnen wir auch das Leben nicht." Bei einer Ansprache in Berlin im Oktober 1929 betonte Buber wieder die Untrennbarkeit von Land, Menschen und Aufgabe und wies auf das kleine Experiment des Kibbuz hin als etwas, das wichtiger war als der gewaltige russische Staatszentralismus: Nur im Kibbuz war wirklich *Topos*, Ort – Konkretheit sozialer Umwandlung, nicht in Institutionen und Organisationen, sondern in der zwischenmenschlichen Unmittelbarkeit selbst.

Denen, die sagen, man müsse Unrecht tun, um als ein Volk leben zu können, entgegnete Buber: Ja, solange man in jeder Stunde nur so viel tut, für das man wahrhaft verantwortlich sein kann. Er definierte wahre Verantwortlichkeit als Umfassung, als jenes echte tatsächliche Vorstellen, welches den Juden in Palästina ermöglichen würde, sich vorzustellen, wie es wäre, wenn *sie* die Menschen wären, die schon in Palästina lebten, und die Araber die Neuankömmlinge, die kämen, um das Land zu kolonisieren. „Die Menschlichkeit unseres Daseins beginnt da, wo wir sagen: Wir wollen nicht *mehr* Unrecht tun, als wir müssen, um zu leben."

> „Alles verantwortliche Verhältnis zu den anderen fängt mit echter aktueller *Phantasie* an. Wenn wir im Zeichen der Verantwortung uns vergegenwärtigen wollen, *was* wir in Palästina tun, müssen wir uns gründlich, mit leiblicher Phantasie vorstellen, *wir* waren die Eingesessenen und die anderen die Anwärter, die nun ins Land gekommen sind und von Jahr zu Jahr mehr davon in Besitz nehmen wollen! Wie würden wir das uns Widerfahrene empfinden? Wie würden wir darauf reagieren? Erst wenn wir das wissen, werden wir lernen, jeweils nicht *mehr* Unrecht zu tun, als wir müssen, um zu leben … Wir haben in Palästina nicht mit den Arabern, sondern neben ihnen gelebt. Das Nebeneinander zweier Völker auf dem gleichen Territorium muß aber, wenn es sich nicht zum Miteinander entfaltet, zum Gegeneinander ausarten."

Es ist für Zion charakteristisch, daß es nicht mit allen möglichen Mitteln gebaut werden kann, sondern nur mit *Bemisphat* (Jeschajahu 1, 27), nur „mit Gerechtigkeit", sagte Buber 1932 in Antwerpen.

Von 1927 an entwickelte sich ein kontinuierlicher Briefwechsel und Anstrengungen von Magnes, Gershom Scholem und vielen anderen, mit dem Ziel, Buber an die Hebräische Universität zu holen, wenn für ihn eine Position gefunden werden konnte, die von der Fakultät und dem Beirat befürwortet werden sollte. Der erste Versuch war ein Plan für ein Institut für Religionsgeschichte, das Buber leiten sollte. 1929 jedoch wurde Bubers Lehrstuhl für Religionswissenschaft abgelehnt, zum Teil aufgrund der Opposition der Orthodoxen, die bedingungslos ablehnten, daß Buber das Fach Religion lehre. Magnes schlug dann vor, für Buber eine Position als Rektor der Hebräischen Universität zu schaffen. Dieses Angebot erfreute Buber. „Die Bombe ist geplatzt", schrieb er an Rosenzweig. An seine Frau Paula schrieb Buber: „Sein Angebot hatte mich doch überrascht, es bedeutet ja eine teilweise Abdikation zu meinen Gunsten." Für Paula Buber, die ihre Religion, ihre Familie und ihre Heimatstadt aufgegeben hatte, um Buber zu heiraten, bedeutete dies ein noch größeres Opfer. Obwohl sie eine Philozionistin war, sprach sie nicht Hebräisch und konnte nicht anders, als ihre geliebten Berge und Wälder, die Quelle vieler der Geschichten, die sie geschrieben und veröffentlicht hatte, zu vermissen. „Ich verstehe so gut, liebes Herz, einen wie schweren Entschluß das für Dich bedeutet", schrieb ihr Buber, „denn hier wird einem ja zum erstenmal im Leben ein Amt angeboten, das zugleich Großes fordert und Großes ermöglicht." Wie Adam zu Eva am Ende von Miltons *Paradise Lost* sagte, schloß Buber: „Und Du solltest wissen, daß ich lieber mit Dir ein Landstreicher wäre, als akademisches Oberhaupt dieses Planeten ohne Dich." Was immer auch geschieht, fügte Buber hinzu, „ich habe vor, für uns eine breitere und beweglichere Lebensweise zu ermöglichen. Du mußt Dich freier fühlen, arbeiten können, Dich wieder mehr in der Welt umtun. Das heißt zugleich, Du mußt einen Teil der Haushaltsarbeit abgeben können; und das wieder heißt, wir müssen die nötigen Änderungen am Haus vornehmen."

Magnes' Traum von Buber als Rektor der Hebräischen Universität ging nicht in Erfüllung aufgrund einer Opposition, auf die auch alle späteren Vorschläge zu Bubers Gunsten stießen.

1929 machte Hugo Bergmann in einem Brief an seinen Freund Robert Weltsch eine scharfsichtige Bemerkung bezüglich Bubers Schwierigkeiten, nach Palästina zu gelangen:

> „Ich muß immer an die verschiedenen Legenden denken, wie der Teufel den Baal Schem verhindert, nach Palästina zu kommen, weil sonst die Erlösung gekommen wäre. Wenn Buber die Kraft fände, nach Palästina zu kommen und all das zu überwinden, was zwischen ihm und Palästina steht, wenn er den Sinn für die Wirklichkeit, die er predigt, wirklich in sich selbst verwirklichen würde,

> würden wir mit ihm zusammen eine neue Alija in uns selbst erleben und eine Art von Erlösung. Aber der Teufel wird doch das wohl schon zu verhindern wissen."

Durch seine enge Verbindung zu Hermann Gerson, dem Führer des „Arbeitsvolkes", besaß Buber einen dramatischen Einfluß auf einen Teil der jüdischen Jugendbewegung in Deutschland und ihre Umwandlung in einen tatsächlichen Kibbuz in Palästina. „Volkserziehung als unsere Aufgabe", eine Ansprache Bubers an das 21. Delegiertentreffen der deutschen Zionisten 1926, im gleichen Jahr, in dem er Gerson traf, erlaubt uns einen Einblick in die tiefe Bedeutung, die Bubers Meister-Jünger-Beziehung mit Gerson für Bubers eigenes Verständnis seines Platzes in der zionistischen Bewegung hatte. Buber beschreibt sein Verständnis der jüdischen Besiedlung Palästinas als eine über viele Generationen fortgesetzte Kolonisation, in der „wir die Teilnahme am Geschlechterwerk der Gemeinschaft in die Atmosphäre einer neuen Normalität einziehen lassen." Diese Kolonisation sollte von einer Elite der jüdischen Jugend durchgeführt werden, die bereits eine feste Grundlage in der Volkserziehung ihrer früheren Heimatländer hatte. Buber versicherte jedoch, daß zwei Arten von grundlegenden Menschentypen für diese Aufgabe nötig wären, der Chaluz oder Pionier und der Helfer. Hier wird, wie Grete Schaeder aufgezeigt hat, nicht nur Bubers Konzeption der Art, in der Palästina entwickelt werden sollte, sichtbar, sondern auch die Rolle, die er sich selbst zugedacht hatte, während er wieder und wieder seine eigene Immigration hinausschob: die des Helfers. Entsprechend den Volkshochschulen in Palästina, müssen in der Diaspora Institutionen existieren, die das lehren, was Buber die „Seinstradition" genannt hat, die Weitergabe von Werten, die *institutionelle* Verkettung von Generationen durch Lehre, im Gegensatz zu allem, was gelegentlich, provisorisch und vorläufig ist.

Die jüdische Jugendbewegung kann diese Aufgabe nicht erfüllen, sagte Buber, weil ihre Führer keine Personen sind, die Existenz und Lehre weitergeben. Die Abfolge ihrer Generationen ist nicht in der großen Verbindung der Generationen enthalten. „Das ist auch der Grund, weshalb wir von den oft herrlich lebendigen Generationen der Jugendbewegung – der jüdischen ebenso wie etwa der deutschen – eine nach der anderen verschwinden sehen, als habe sie nie in begeisterter Gegenwart gelebt."

Buber fühlte sich eindeutig in gewissem Maß aufgerufen, sich der Jugend zuzuwenden und ihr zu helfen, zu den Pionieren zu werden, die eine organische Abfolge von Generationen bewirken könnten. Mit dem Hervortreten von Hermann Gerson als einem seiner bedeutendsten Gefolgsleute schien sich für Buber der Weg zu öffnen, genau das zu tun, da Gerson bereits einer der anerkannten Führer der jüdischen Jugendbewegung in Deutschland war. Durch Gerson konnte Buber hoffen, eine echte „Jugendschule" zu gründen.

Gerson kam aus einer sehr stark assimilierten Familie. Mit achtzehn entschied er sich, Jude zu werden, eine Entscheidung, die seine Freunde in der Jugendbewegung für verrückt hielten. Während dieser Periode begegnete Gerson Bubers Schriften, besonders seinen Essays über das Judentum. Gerson begann 1926 an der Jüdischen Hochschule in Berlin zu studieren, und im selben Jahr kam Buber nach Berlin, um einen Vortrag zu halten, dem Gerson beiwohnte. Als hätte der Blitz ihn getroffen, wußte Gerson, daß Buber die Person war, die er gesucht hatte, um von ihr geführt zu werden, und er schrieb an Buber und bat, dieser möge sein geistiger Mentor werden. Buber lud Gerson ein, ihn das nächste Mal, wenn er nach Berlin kam, zu besuchen, und von da an waren sie Meister und Jünger. In vieler Hinsicht wurde Gerson eine Art Agent für Buber, der ihm viel von dem, was in Berlin geschah, mitteilte. Buber leistete Gerson Hilfe, als dieser dabei war, den Werkleute-Zweig der jüdischen Jugendbewegung in Deutschland zu etablieren. Gersons Idee war, daß die Ideale der Jugendbewegung nicht verschwinden müssen, wenn die Jugendzeit verblaßt, und daß man das ganze Leben hindurch versuchen kann, diese Ideale zu verwirklichen. Buber unterstützte diesen selbständigen Ansatz mit ganzem Herzen. Das wachsende Bewußtsein von der Aufgabe, der er sich gegenübersah, führte Buber zu dem bleibenden Beschluß, niemals einem Ruf auszuweichen, der von der Jugend an ihn gerichtet würde.

Die Synthese von nicht-zionistischem jüdischem Nationalismus, nicht-orthodoxem Enthusiasmus für das Judentum und nicht-kommunistischem revolutionärem Sozialismus, den Gerson mit Bubers religiösem Sozialismus, seiner existentialistischen Religion und seinem hebräischem Humanismus verband, war „so komplex", meint Grete Schaeder, „daß sie nur unter bürgerlichen Intellektuellen in Deutschland Anklang finden konnte." Gersons gänzliche Übernahme von Bubers Sprache und Gedanken wurde durch eine entschlossene Anstrengung erreicht, sich wie Buber zu verhalten, die sich sogar auf den Bart, die Ausdrucksweise und die Aussprache erstreckte. Zu gleicher Zeit war er, wie Gerson 1966 zugab, so mit seiner Rolle als charismatischer Führer seines Kreises beschäftigt, daß er davor zurückscheute, Buber zu oft mit seinen Anhängern zusammenzubringen, aus Furcht, daß seine eigene Position bedroht würde. „Bereitsein heißt bereiten", zitierte Gerson aus der zweiten von Bubers „Drei Reden über das Judentum".

Angesichts der Entwicklung und der radikalen Veränderung der Werkleute müssen wir uns fragen, ob die Gedanken, Sprache und Manierismen, die Gerson „sich zu eigen gemacht hatte", und die *Art*, in der er sie sich zu eigen gemacht hatte, ihn wirklich für die unvorhersehbaren neuen Situationen, mit denen er und sein Kreis konfrontiert werden würden, vorbereitet hatten.

Im September 1932 schrieb Buber an Gerson, daß er seiner Meinung nach zu sehr mit der bewußten Aufgabe des „In-der-Welt-Seins“ und Gott-Dienens beschäftigt sei, anstatt einfach spontan in der Welt zu sein und Gott zu dienen, wie es sich in jedem gegebenen Moment gerade ergab. „Sie sind noch zu sehr ‚Billardspieler‘ und zu wenig ‚Tennisspieler‘. Ich weiß genau, wie das ist, denn in Ihrem Alter ist es mir (davon abgesehen, daß ich wie gesagt leichtfertiger war als Sie) grad so ergangen.“ Im selben Brief sprach Buber von Gersons bevorstehender Eheschließung:

> „Natürlich weiß man, wenn man ‚heiratet‘, nicht, ob man ‚bereit bleiben wird, seine Existenz, wo nötig, aufs Spiel zu setzen‘; aber darauf kommt es ja gerade an, daß man das *nicht* wisse; daß man gefährdet bleibe; daß man also die Probe, wenn sie an einen herantritt, in ihrer ganzen, durch keinen simplifizierten Lebensstil abgeschwächten Wucht zu bestehen habe. Das wahre Ungesichertbleiben ist das Ungesichertbleiben gegen die Probe. Es kommt darauf an, gar nicht immun zu werden.“

In bemerkenswerter Vorwegnahme des Segens, den Elija dem Elischa in Bubers „Mysterienspiel“ ein Vierteljahrhundert später geben sollte, wünschte Buber, daß Gerson und seine Verlobte „den eigentlichen Segen des Lebens zu erfahren, den aus dem Widerspruch“.

Viel später, als er auf seine Beziehung mit Buber während dieser frühen Jahre zurückschaute, schrieb Gerson:

> „Er war ein Meister des Gesprächs, und jedes Gespräch mit ihm erreichte seinen Höhepunkt, wenn sein Gesprächspartner ihn an den zentralen Problemen seiner intellektuellen, persönlichen oder politischen Sphäre teilhaben ließ. Als ich ihn 1927 kennenlernte, hatte er es sich bereits zur Regel gemacht, jeden Brief, den er erhielt, persönlich zu beantworten; und wenn er einen jungen Menschen als seinen Schüler annahm, dann teilte er alle Freuden und Leiden dieser Person. Diese große Fähigkeit zuzuhören, einen Dialog mit Individuen und geschichtlichen Ereignissen zu führen – diese seltene Fähigkeit ist es, die die Person Bubers bestimmte und jedes Gespräch mit ihm zu einer Lebenserfahrung werden ließ, in der sich Klärung, Vertiefung und Ermutigung auf wunderbare Weise vereinigten.“

Auf Gersons Bitte traute Buber beide, denn zu dieser Zeit war es in Deutschland jedem möglich, eine Heiratszeremonie zu vollziehen. Im April 1933 schrieb Buber an Gerson: „Natürlich ist es richtig, daß Sie heiraten", und fügte hinzu, daß er bereit sei, die religiöse Zeremonie abzuhalten, vorausgesetzt, daß er das Ritual etwas modifizieren dürfe.

Als Gerson seine Bitte äußerte, schrieb Buber seinen Artikel „Warum gelernt werden soll" (1931) für das Programm der *Schule der jüdischen Jugend*, die Gerson und Moritz Spitzer in Berlin leiteten.

Im Geist dieses Essays schrieb Gerson am 15. April 1933 einen Rundbrief an seinen Kreis, nachdem er erkannt hatte, daß der Ort der Verwirklichung sich ändern könnte – genauer, daß die Aufgabe der Werkleute jetzt in Palästina lag und nicht in Deutschland –, daß aber die Arbeit an der Bibel und der jüdischen Geschichte nicht aufgegeben werden sollte, um die Reihen der bereits zahlreichen Parteijuden, die keine geschichtliche Vision hatten, nicht zu verstärken. Mit dem Aufstieg der Nationalsozialisten zur Macht 1933, dem antijüdischen Boykott und den Restriktionen, die im April 1933 wirksam wurden, wurde die Grundlage der jüdischen Identifikation mit Deutschland und mit ihr alles Wanken in ihrer Beziehung zu den Chaluzim weggefegt. Im April 1933 war die Entscheidung für die Gründung eines Werkleute-Kibbuz in Palästina einstimmig. Buber schrieb an Arthur Ruppin und Chaim Weizmann in bezug auf den Landerwerb für die Werkleute in Palästina. Er schrieb auch an reiche Juden in Deutschland, die Geldmittel zum Landkauf beisteuern konnten. In seinem Brief an Ruppin im November 1933 empfahl er die Werkleute wärmstens.

> „In den Jahren, in denen ich sie kenne, haben sie sich unter der Führerschaft von Hermann Gerson und unter meinem Einfluß zu einer Gruppe mit ernsthaftem jüdischen Bewußtsein und einem starken Verantwortungsgefühl entwickelt. Gleichzeitig ist ihre Beziehung zu Palästina tiefer und allumfassender geworden, so daß sie jetzt eine aktive Form angenommen hat. Ich bin überzeugt davon, daß das Land und der moralische Geist von ihnen wertvolle Bewirtschaftung erhalten wird."

Obwohl Gerson in seinem Rundbrief vom April 1933 ausführlich über die unzähligen Aufgaben und Schwierigkeiten und die sozialen, pädagogischen, kulturellen und politischen Probleme, die vor ihnen lagen, geschrieben hatte, übertrafen die radikalen Veränderungen, die sie tatsächlich erwarteten, bei weitem seine Vorstellungskraft und die der anderen Mitglieder der Werkleute. Gerson wurde ein Moses, der das gelobte Land betrat, aber nicht länger als Moses. Seine charismatische Führerschaft endete auf eine tragische Weise, die er nicht hatte voraussehen können.

11. Kapitel

Das nationalsozialistische Deutschland

(1933–1938)

„Von allen Juden Europas", erklärte Nora Levin, „waren die völlig überraschten und verwirrten Juden Deutschlands die, die am wenigsten auf das Schicksal vorbereitet waren, das sie verschlingen sollte." Als der Staat ihnen abrupt verbot, sich als „Mitglieder des deutschen Volkes" zu bezeichnen, „nahm [der Schock] ihnen den moralischen und kulturellen Kern ihres Lebens." Am 30. März 1933 schrieb Buber an Hermann Gerson: „Was mich betrifft – mich hat gerade in diesen Tagen der Glaube umschlossen wie ein Schneckenhaus." Kurz nach ihrer Machtergreifung erklärten die Nationalsozialisten den 1. April 1933 zu einen Boykottag jüdischer Geschäfte. Auch an Bubers Haus erschien ein SA-Mann, der seine Hand zum nationalsozialistischen Gruß hob und Buber ankündigte, daß ein Boykottmarsch vor seinem Haus stattfinden werde. Buber bemerkte mild, daß er daran wahrscheinlich nichts ändern könne. Der SA-Mann wandte sich mit einer Frage an ihn: „Herr Professor, wir haben verschiedene Schilder: ‚Jüdisches Geschäft', ‚Jüdisches Anwaltsbüro', ‚Jüdischer Arzt', aber keines paßt auf Sie. Was für eine Art Schild sollen wir in Ihr Fenster tun?" Darauf bemerkte Buber lakonisch, daß die Wahl dem SA-Offizier überlassen bleiben müsse, denn er selbst habe kein Etikett. Der SA-Mann schaute Bubers Studierzimmer kritisch an und bemerkte die beeindruckende Bibliothek, die die Wände bedeckte. Schließlich hatte er eine Erleuchtung. „Ich habe es", verkündete er glücklich und zog ein Schild aus seiner Mappe: „Jüdischer Buchhändler". „Wir werden das ins Fenster tun", entschied er, und das geschah dann auch. Buber diskutierte nie über Politik, aber einmal erklärte er den Eltern eines früheren Schulkameraden von Rafael, daß er die Nationalsozialisten nicht hasse, sondern nur verachte.

Hedwig Straub, von 1930 bis 1936 Hausangestellte, erinnert sich, daß 1933 Albert Einstein ein regelmäßiger Besucher im Hause Buber, und auch der spätere Bürgermeister von Jerusalem kam regelmäßig. Sie diskutierten stets die Möglichkeit der Emigration, die, als sie stattfand, Einstein nach Amerika und Buber nach Palästina führte. Erst 1952, drei Jahre vor Einsteins Tod, trafen sich die beiden Freunde wieder.

Im Herbst 1933, genau zu der Zeit, als Buber seiner Position an der Universität Frankfurt enthoben wurde, legten Koryphäen wie Professor Ernst Ferdinand Sauerbruch, der Chirurg, Martin Heidegger, der existentialistische Philosoph und Wilhelm Pinder, der Kunstgeschichtler, einen öffentlichen Schwur ab, Hitler und das nationalsozialistische Regime zu unterstützen. Als Heidegger nach Heidelberg kam, um eine Vorlesung zu halten, hatte die auf der Bühne versammelte Fakultät zuvor beschlossen, aufzustehen und hinauszugehen, sobald er anfangen würde zu reden. Als Heidegger sich erhob, stand ein junger Professor, Arnold Bergstraesser, auf, aber niemand anderer. Dann setzte er sich wieder hin, während Heidegger die Professoren, die noch nicht Nationalsozialisten geworden waren, mit einer Schimpfrede bedachte, wie sie noch nie an einer deutschen Universität zu hören gewesen war!

Im Oktober 1933 legte Buber, seine offizielle Entlassung richtig voraussehend, seine Professur nieder. Er erhielt viele Sympathiebekundungen deutscher Professoren. In Heppenheim blieb Buber mit der intellektuellen Welt in Verbindung, die in Bestürzung und Verwirrung gefallen war. Sein Haus wurde zu einer Art Schrein für Juden und Christen, die Rat und Hilfe suchten. Gelehrte und geistige Persönlichkeiten in Deutschland, die früher in akademischer oder sogar freundschaftlicher Beziehung zu Buber gestanden hatten, suchten sich vor ihm zu rechtfertigen, wenn sie in der einen oder anderen Form der nationalsozialistischen Bewegung beitraten. In den ersten Jahren zeigten viele „Arier" ihren Widerstand, indem sie Buber besuchten, und drückten persönlich oder in Briefen, manchmal mit Absicht auf offenen Postkarten, ihre bösen Ahnungen aus über das, was in Deutschland vor sich ging.

Die Durchsuchung von Bubers Haus in Heppenheim im März 1933 war recht ergebnislos. Wie Buber selbst sagte, verhinderte der Respekt des normalen Deutschen vor Büchern und Autoritäten, daß sie – angesichts einer Bibliothek von mehreren tausend Büchern – zu Gewalt griffen. Zwei junge Männer in braunen Uniformen erschienen unangekündigt, um eine Hausdurchsuchung durchzuführen, ohne zu wissen, wonach sie suchten. Buber war als bekannter Jude suspekt. Sie nahmen dunkel wahr, daß sein geistiger Widerstand eine Gefahr für ihre „neue Ordnung" darstellte, ohne zu wissen, welche Form diese Gefahr annehmen könnte. Als sie auf Buber zukamen, saß er an seinem Schreibtisch und arbeitete an seiner Übersetzung der Bibel. Der Anführer fragte: „Was machen Sie da?" „Ich übersetze die Bibel", antwortete Buber. Der braungekleidete Mann schaute mißtrauisch auf die langen Seiten Papier, bedeckt mit Bubers klarer, schöner Handschrift, und bemerkte skeptisch, daß das viel zu lang für die Bibel sei; es sei der Talmud. Buber wies das zurück und deutete auf die bereits gedruckten Bände seiner Übersetzung. Dies überzeugte den pedantischen SA-Mann in keiner Weise. „Die Bibel“, sagte er, „ist nur *ein* Buch, das man zur Konfirmation bekommt.“ Schließlich schlug Buber vor, daß ein protestantischer Pfarrer als „Experte“ in der Sache geholt würde. Der letztere bestätigte, daß es wirklich das Alte Testament sei. Weil Buber in den Augen des SA-Offiziers glaubwürdig erschien, wurde die Hausdurchsuchung an diesem Punkt beendet.

Während der Verwüstungen und Brutalität der *Pogromnacht* im November 1938, als Buber bereits emigriert war, zerstörten die Nationalsozialisten alle Möbel im Haus in Heppenheim, das noch den Bubers gehörte, und auch die dreitausend Bände, die sich noch in seiner Bibliothek befanden und schickten ihm dann eine Rechnung über siebenundzwanzigtausend Mark! Zu dieser Zeit war von einem Respekt für Bücher nichts mehr zu spüren.

Eine Ironie des Schicksals des Aufstiegs der Nationalsozialisten zur Macht ist die von Agnon festgehaltene Tatsache, daß Goebbels, Hitlers Propagandaminister, und Göring, der zweite Mann im nationalsozialistischen Regime, Hitler als einen *Künder* priesen. Dies ist die besondere deutsche Übersetzung des hebräischen Wortes *Nabi* oder Prophet, die Buber und Rosenzweig in ihrer Bibelübersetzung gebraucht hatten. Dieser tragischen Ironie gleicht nur Rosenbergs Zitieren von Bubers *Reden über das Judentum* bei den Nürnberger Prozessen wegen Bubers Betonung der Wichtigkeit des „Blutes“ für das Volk.

Ein Kollege Bubers an der Universität Frankfurt war Ernst Krieck. Buber selbst beschreibt Krieck, nachdem dieser Nationalsozialist geworden war, als jemanden, der zuviel Sinn für Verantwortung hatte, um von den Nationalsozialisten als Minister für Kultur in Preußen nominiert zu werden, obwohl er der einzige Mann war, den sie vielleicht ernsthaft in Erwägung hätten ziehen können. In einer Monatsschrift, die er herausgab, veröffentlichte Krieck ein antisemitisches Pamphlet mit dem Titel „Der jüdische Gott“. Buber bot ihm durch eine dritte Person eine Stellungnahme an, die nur die Dinge, die faktisch unkorrekt waren, klarstellen sollte. Krieck entgegnete dieser dritten Person, daß er für Buber großen Respekt empfinde, aber daß der letztere immer noch zu naiv sei, weil er überhaupt nicht verstehe, daß dies ein *politisches* Journal sei!

Nahum Glatzer sprach in einem Brief an Buber aus London vom 27. April 1933 die wahrhaft prophetischen und pathetischen Worte zur Situation des Juden in Deutschland. Von den Nationalsozialisten seines Amtes an der Universität Frankfurt/Main enthoben, sah Glatzer, da er glaubte, Ghettos seien nicht mehr möglich, nicht die Einschränkungen der Juden voraus, aber ihre Zerstörung: „Wir können nicht mehr so leben, als ob es den Christen und den Deutschen nicht gäbe; darum wird die Entrechtung nicht eine Selbstbeschränkung, wie sie in früheren Zeiten eintreten konnte, zur Folge haben – sondern unsere Zerstörung." Buber antwortete: „Wir [werden] die Frage des Ertragenkönnens nur praktisch erproben können." „Für meine Person will ich jetzt versuchen, ob ich für die Gemeinschaft etwas zustande zu bringen vermag." Buber war zu diesem Zeitpunkt noch nicht entlassen, aber er hatte einen Brief vom Rektor der Universität erhalten, der ihn davor warnte, im Sommersemester 1933 seine Vorlesungen und Seminare abzuhalten, was auch bedeutete, es würde, anders als bei der Entlassung Glatzers und anderer, von denen in der *London Times* berichtet worden war, keine Publizität darüber geben. „Ich glaube aber nicht, daß ich noch in Frankfurt lesen werde", schloß Buber.

Im April 1933 schrieb Buber seine erste große Antwort auf die „Beurteilung" der Stunde: „Der jüdische Mensch von heute". „Der jüdische Mensch von heute ist der innerlich ausgesetzteste Mensch unserer Welt", erklärte Buber. „Die Spannungen des Zeitalters haben sich diesen Punkt ersehen, um an ihm ihre Kräfte zu messen. Sie wollen erfahren, ob der Mensch ihnen noch zu widerstehen vermag, und erproben sich am Juden ... Sie wollen durch sein Schicksal erfahren, was es um den Menschen ist." Zur gleichen Zeit begannen die anderen Kinder damit, Barbara und Judith zu beschimpfen und auf der Straße mit Steinen nach ihnen zu werfen. Buber rief sie in sein Arbeitszimmer und erklärte ihnen, was Antisemitismus ist, was am Judentum wichtig ist und warum ihre Klassenkameradinnen und andere Leute sich ihnen gegenüber auf diese Weise verhielten. Als 1936 alle jüdischen Schüler und Schülerinnen aus deutschen Schulen ausgeschlossen wurden, stellte Buber extra für sie einen Lehrer an, der auch zeitweise sein Sekretär war, und begann, sie auf die Übersiedlung nach Israel vorzubereiten. Die bekannteste von Bubers Antworten auf die Situation erfolgte angemessenerweise in seinem Artikel „Die Kinder":

> „Die Kinder erleben, was geschieht und schweigen, aber nachts stöhnen sie aus dem Traum, erwachen, starren ins Dunkel: die Welt ist unzuverlässig geworden. Man hatte einen Freund, der Freund war selbstverständlich wie das Sonnenlicht. Nun plötzlich sieht er einen fremd an, die Mundwinkel spotten: hast du dir etwa eingebildet, ich machte mir wirklich was aus dir?"

Das bekannte Lächeln der Welt hat sich in eine Grimasse verwandelt, und es gibt niemanden, mit dem das Kind über seine Angst sprechen kann, niemanden, den es fragen kann, warum alles so ist, wie es ist. Die Wut des Kindes kann kein Ventil finden und schwelt im Innern und verwandelt sich in *Ressentiment:* „So wird man schlecht." Das Urteil der

Stunde ist nicht nur das gegen die Nationalsozialisten, sondern auch das gegen Israel.

> „‚Israel‘ bedeutet: um einer Verbundenheit willen, in der unser Sein begründet ist, Gemeinschaft üben. Die Gemeinschaft zwischen Wesen und Wesen, zwischen Mensch und Mensch, auf die hin die Schöpfung erschaffen ist, lebensmäßig üben. Und das bedeutet heute: Unmittelbarkeit hüten in einer immer mittelbarer werdenden Menschenwelt. Der Selbstgerechtigkeit der Kollektivitäten gegenüber das Geheimnis der Beziehung wahren, ohne das ein Volk dem Eisestod verfallen muß.
> Aber haben wir uns nicht selber auf den Weg begeben, eine selbstgerechte Kollektivität zu werden?
> So grausam sie uns erschwert ist, tut menschliche Aufgeschlossenheit not.“

„In Deutschland sieht es nicht gut aus“, schrieb Buber an Hans Trüb im Juni 1933. Er zweifelte, ob er seine Aufgabe dort zu Ende bringen könnte: „Die Atmosphäre wirkt destruktiv auf das Atmungssystem der Seele.“ Dennoch war Bubers Arbeitsbedürfnis größer denn je: „Ich habe ja damit begonnen, die Ernte eines großen Stücks Leben einzubringen.“ Trotz allem, was sich ereignete, schwankte Buber während der fünf Jahre, die er noch in Deutschland blieb, nicht in seiner Arbeit. Das ist um so bemerkenswerter, als Buber im Verlauf des folgenden Jahres die ungeheuer beanspruchende Aufgabe jüdischer Erziehung annahm, die ihn beschäftigte, bis er Deutschland verließ.

Buber wankte auch nicht in seiner prophetischen Aufgabe, zur deutsch-jüdischen Gemeinschaft in der Zeit der Krise zu sprechen. Im Sommer 1933 schrieb er eine „theologische Notiz“ mit dem Titel „Geschehende Geschichte“. Seine Beschäftigung mit dem Knecht und der versteckten Geschichte wieder aufnehmend, erklärte Buber, daß Geschichte ein Dialog zwischen der Gottheit und der Menschheit ist, in der die Person, die nicht erfolgreich ist, oft die ist, die dem Dialog treu geblieben ist und, wie Buber es von David Trietsch nach dessen öffentlicher Beschämung durch Herzl sagte, die im geheimen bestätigt wird. Von diesem Standpunkt kann Geschichte nur verstanden werden, wenn wir die Angesprochenen sind und nur in dem Maß, in dem wir uns aufnahmebereit machen. Uns ist die Möglichkeit, ein objektives Urteil über die Bedeutung der Geschichte zu fällen, kategorisch verweigert, aber es ist uns erlaubt, die Herausforderung und den Anspruch der Geschichte an uns zu kennen. Dies ist keine „subjektive“ Bedeutung, sondern eine, die nur mit dem eigenen persönlichen Leben eingefangen werden kann.

Das „Urteil", das Buber für das deutsche Judentum in jener Stunde der Krise wahrnahm, war, daß jeder seine eigene Bedürftigkeit *und* die der ihm Nahestehenden wahrnahm.

> „Aber wer von uns erleidet die Not der Gesamtheit, der der Modus ihrer Existenz, die schicksalhafte, durch Leben und Werk beglaubigte Symbiose mit dem deutschen Volk, zerstört worden ist? wer von uns nimmt die Last der plötzlich ungeheuer getürmten Problematik auf sich? wer erkennt seine eigene Schuld daran, bekennt sie, kehrt sich von ihr ab? wer kehrt um, so um, daß in ihm, durch ihn sich die Umkehr der Gesamtheit begibt?"

In einer Ansprache an das Frankfurter Lehrhaus im Januar 1934 mit dem Titel „Der Jude in der Welt" charakterisierte Buber klar und einfach den Juden als den unsicheren Menschen. Teilsicherheit, deren andere Völker sich erfreut haben, sei ihm vorenthalten worden. Auf einem Boden lebend, der jeden Moment unter seinen Füßen wegbrechen kann, habe das jüdische Volk symbiotische Beziehungen als trügerisch und jede Allianz als vorläufig erlebt. Darum wird die jüdische Diaspora von Juden als *Galuth* oder Exil charakterisiert. Diese wandernde, aufgegebene Gemeinschaft hat für die Völker, in deren Mitte sie gelebt hat, etwas Geisterhaftes an sich, etwas Unheimliches, etwas Unbehaustes, das nicht in die Majoritätskultur assimiliert werden kann. Die Juden waren immer die ersten Opfer fanatischer Massenbewegungen wie der Kreuzzüge im elften Jahrhundert und wurden für Massenunglücke wie den „schwarzen Tod" verantwortlich gemacht. Selbst wenn sie versuchten, sich an ihre Umwelt anzupassen wie die Marranos, die in Spanien zum Christentum konvertierten und heimlich Juden blieben, schlug diese Anpassung fehl, und die Inquisition folgte auf den Marranismus. Nur wenn es dem prophetischen Ruf nach Verwirklichung der Gemeinschaft treu bleibt, kann das jüdische Volk seine eigene Sicherheit erlangen, versicherte Buber.

Buber war nicht nur über die Bedrohung des jüdischen Volkes durch die Nationalsozialisten besorgt, sondern auch über die Bedrohung, die für das Christentum von ihnen ausging. Als Buber 1934 der Eranos-Konferenz in Ascona in der Schweiz beiwohnte, deren Hauptthema die analytische Psychologie C. G. Jungs war, sah er sich gezwungen, öffentlich auf die boshaften Angriffe einer Reihe von Nationalsozialisten, die zugegen waren, zu antworten. „Es ist gewöhnlich nicht meine Rolle, das Christentum zu verteidigen", sagte Buber, als er sich erhob, „aber in diesem Fall muß ich es tun."

Es ist leicht zu verstehen, warum der bekannte deutsche Schriftsteller und Pastor Albrecht Goes erklärte, daß zu jener Zeit Bubers Bücher – *Zwiesprache* und *Ich und Du* – „uns wichtig wie das Brot" waren. Zu jener Zeit, bezeugte Goes, „zählte [es] nicht wenig, dies zu wissen:

der Mann, von dem dies alles ausging, ist noch unter uns, die Lampe in Heppenheim an der Bergstraße brennt noch."

1936 veröffentlichte der Schocken Verlag in der *Bibliothek der kleinen Bücher* eine Auswahl von „dreiundzwanzig Psalmen in der Urschrift mit der Verdeutschung" von Buber. Im Vorwort zu dieser Auswahl, die er „Aus den Tiefen rufe ich zu dir" betitelte, behandelte Buber anscheinend die Psalmen, aber tatsächlich, existentiell sprach er die große Not seiner Zeit an. Man kann eine scharfe Linie ziehen, versicherte er, zwischen den Psalmen persönlicher Not und denen, die Hoffnung auf Rettung der Gemeinschaft ausdrücken. Im Gespräch mit Schalom Ben-Chorin 1956 sagte Buber: „Die Hitlerzeit war die schrecklichste, die ich erlebt habe, aber auch in ihr war Heilsgeschichte, war Gott ... ich kann nur nicht sagen, wie und wo."

Anfang Oktober 1936 berichtete Buber Trüb vom unerwarteten Entzug seines Passes, und Ende Oktober setzte sich dieses Ärgernis fort. Mit dem bemerkenswerten Mut, der ihm eigen war, ging Buber selbst zum Gestapohauptquartier und fragte, warum sie ihm den Paß entzogen hatten. Sie dachten, er wäre verrückt, daß er zu ihnen kam, aber er bekam seinen Paß zurück. Im Dezember 1936 wandte Buber sich an Hermann Hesse um Rat wegen eines Schweizer Verlegers, der vielleicht einen Roman seiner Frau veröffentlichen würde. Sie war wegen ihrer „jüdischen Ehe" aus der Reichsschrifttumskammer ausgeschlossen worden. Eine Ahnung davon, was das Leben im nationalsozialistischen Deutschland Bubers Geist kostete, ist uns durch einen Brief vom Januar 1937 an Hermann Gerson, der sich jetzt in einem Kibbuz in Israel niedergelassen hatte, gegeben. „Ich kann mir wohl denken", schrieb Buber,

> „daß Sie jetzt, in dieser schweren Zeit Ihres Lebens, mehr Präsenz von mir erwartet hatten, und mit Recht. Das Schlimme ist, daß es gleichzeitig auch bei mir eine schwere Zeit, vielleicht die schwerste (wenn auch nicht die gewaltsamste) meines bisherigen Lebens gegeben hat, eine Zeit schwerer Bedrohung an Seele, Geist und Zusammenhang, und daß ich daher, wenn auch keiner irdischen Hilfe bedürftig (weil es *dafür* keine gibt), so doch weniger hilfsfähig, ja gegenwartsfähig war als seit zwei Jahrzehnten."

Am 26. November 1938 veröffentlichte Gandhi in seiner Zeitung *Harijan (Der Unberührbare)* eine Stellungnahme, in der er vorschlug, daß die Juden in Deutschland *Satyagraha* oder Seelenkraft als die effektivste Antwort auf die Greueltaten der Nationalsozialisten gebrauchen sollten. In einer öffentlichen Antwort, die Buber schrieb und zusammen mit einer ebensolchen von Judah Magnes veröffentlichte, stellte Buber Gandhi für seine Aussage zur Rede, daß diese Verfolgungen „eine exakte Parallele" zu jenen darstellten, denen die Inder in Südafrika im Jahre 1905 ausgesetzt waren. Buber enthüllte das ganze Pathos dessen, was er und seine jüdischen Glaubensgenossen im nationalsozialistischen Deutschland durchgemacht hatten. „Was das Wüten des Feindes nicht zustande brachte, bewirkt der freundliche Zuspruch", schrieb Buber in seinem „Brief an Gandhi" (vom 24. 2. 1939). „Ich muß antworten."

> „Aber wissen Sie nichts, Mahatma, von der Verbrennung der Synagogen und der Thorarollen? Wissen Sie nicht, was da an heiligem, zum Teil uraltem Gut der Gemeinschaft in Flammen aufgegangen ist? Ich habe nie davon gehört, daß Buren oder Engländer in Südafrika indisches Heiligtum verletzt hätten ... Aber wissen Sie, oder wissen Sie nicht, Mahatma, was ein Konzentrationslager ist und wie es darin zugeht, welches die Martern des Konzentrationslagers, welches seine Methoden des langsamen und des schnellen Umbringens sind? ... Und meinen Sie etwa, ein Jude könnte in Deutschland nur einen einzigen Satz eines Vortrages wie jenes von Ihnen öffentlich aussprechen, ohne niedergeschlagen zu werden? ... Ich habe in den fünf Jahren, die ich selbst unter dem gegenwärtigen Regime verbracht habe, viele Handlungen echter Seelenstärke von Juden erlebt ... Aber diese Handlungen haben offenbar keinen Einfluß auf das Handeln der Gegenseite ausgeübt ... einer dämonischen Universalwalze kann man so nicht begegnen ... Zeugenschaft ohne Zeugnis, unwirksames, unbeachtetes Deutschland. Gott allein nimmt ihr Zeugnis entgegen; der ‚siegelnde' Gott, wie es in unseren Gebeten heißt, besiegelt es ... Solches Martyrium wird getan; doch wer darf es fordern!"

Zum ersten Jahrestag der *Pogromnacht* schreibend, erklärte Buber, daß der deutsche Staat die Grundlagen seiner eigenen Existenz erschütterte, indem er eine Minderheit, die nicht gegen ihn verstoßen hatte, vernichtete. Buber sprach vom Staat, um ihn vom deutschen Volk abzugrenzen, das mitwirkte oder es tolerierte, aber nicht aus eigener Initiative handelte.

> „Was vor einem Jahr in Deutschland geschah, war nicht ein Ausbruch der Volksleidenschaft, eines volkstümlichen Judenhasses, ebensowenig wie in irgendeiner Handlung, die in jenen sieben Jahren an uns begangen wurde. Es war ein Befehl von oben und wurde genau, mit der Genauigkeit einer zuverlässigen Maschine ausgeführt. Während der Vorbereitung der Nürnberger Gesetze zogen zwei Wochen lang jeden Morgen um sechs Uhr an den Fenstern meines Hauses in Heppenheim Schulkinder vorbei und sangen das schöne Lied: ‚Wenn erst das Judenblut vom Messer spritzt'; damit war der gegebene Befehl erfüllt. Am Morgen darauf erwarteten wir vergeblich den Aufzug. Was elementarer Judenhaß ist, ein Ausbruch aus den Tiefen der Triebe – das sah ich in Polen, in Deutschland habe ich es nicht gesehen."

Buber nahm das deutsche Volk nicht von der Schuld aus. Im Gegenteil, er war der Meinung, daß es eine alte Gewohnheit der Deutschen war, denen an der Macht zu gehorchen und sie als von Gott geschickt anzusehen. „Es fällt anscheinend dem deutschen Menschen schwer, zwischen Gott und dem Erfolg zu unterscheiden und sich einen Gott vorzustellen, der nicht mit den starken Bataillonen geht, sondern bei ‚den Zermalmten und Geisterniederten' (Jeschajahu 57, 15) wohnt." Selbst die wirklichen Intellektuellen in Deutschland schienen „an jeden zu glauben geneigt, ... der das politische Geschäft mit Gewalt ergreift und mit hemmungsloser Härte betreibt." Selbst diejenigen, die verfolgten und leidenden Juden halfen, stimmten oft innerlich mit der Tendenz der Verfolger überein, obwohl sie deren Roheit bedauerten.

Bubers größte Furcht war, daß die Menschen in Palästina die falsche Lektion lernen würden und im Namen der jüdischen Sache den „Golem, auf dessen Stirn Satans Name geschrieben ist", imitieren würden, jene „Grausamkeit, die wie eine Maschine funktioniert." Sie „schändet und zerstört eine unserer Gemeinden nach der anderen."

Die Nationalsozialisten nannten Buber den „Erzjuden", eine Bezeichnung, die er bei seiner Ansprache bei der Entgegennahme des Friedenspreises des Deutschen Buchhandels 1953 mit Stolz zitierte.

Für Buber war Hitler nur die Karikatur Napoleons, das „dämonische Du", dem alles entgegenflammt, dessen Feuer aber kalt ist, der Mann, der für Millionen Du war, für den aber niemand Du war. Das einzig Bemerkenswerte, das Buber an Hitler sah, war seine Besessenheit – im wörtlichen Sinn des Begriffs – als Folge seiner Impotenz. Hitlers Idee der höheren Rasse war nicht wirklich biologisch, behauptete Buber. Sie stammte von Nietzsche.

In meinem Aufsatz „Die Grundlagen von Bubers Ethik" in dem Band *Martin Buber* der Reihe *Philosophen des 20. Jahrhunderts* schrieb ich: „Unser Antagonist mag der Teufel oder Hitler sein, aber selbst solch einem muß getreulich geantwortet, muß entgegengehalten werden." In seiner „Antwort" kommentierte Buber, daß er niemanden für absolut unerlösbar halte – durch Gott. Aber nicht „von Gott, sondern einzig von mir und diesem Menschen" sprechend, fühlte er sich genötigt, meine Interpretation zurückzuweisen:

> „Hitler ist nicht mein Antagonist im Sinn eines Partners, ‚den ich bestätigen kann, indem ich ihm widerspreche', wie Friedman sagt, denn er ist unfähig, einen wirklich anzureden und unfähig, einen wirklich anzuhören. Das habe ich einmal persönlich erfahren, als ich ihn, wenn auch nur in der technischen Übermittlung des Rundfunks, reden hörte. Ich wußte, daß diese Stimme imstande war, mich mitsamt unzähligen meiner Brüder zu vernichten; aber ich erfuhr, daß sie ungeachtet solcher Macht nicht imstande

war, das gesprochene und vernommene Wort in die Welt zu setzen. Und schon eine knappe Stunde danach habe ich im ‚Satan' den ‚armen Teufel' zu ahnen bekommen, den armen Teufel an der Macht, und zugleich habe ich meine dialogische Ohnmacht verstanden. Ich hatte zu antworten, aber nicht dem, der geredet hatte. Insofern eine Person ein Teil einer Situation ist, habe ich zu antworten, aber nicht gerade der Person."

Genauso wichtig wie die prophetische Forderung und der Trost, den Martin Buber dem deutschen Judentum während der ersten fünf Jahre des Dritten Reiches spendete, war seine Führerschaft im geistigen Widerstand gegen die Nationalsozialisten. Abraham Joshua Heschel, während der letzten dreißig Jahre von Bubers Leben dessen Freund, sprach oft von seiner Verbindung mit Buber bei der Leitung des wiedereröffneten Frankfurter Freien Jüdischen Lehrhauses während jener Periode. „Buber gab mir meine erste Arbeit", sagte Heschel und bezeugte: „Dies war die Zeit von Bubers wahrer Größe." Der geistige Widerstand gegen den Nationalsozialismus nahm zwei Hauptformen an: jüdisch-christliche „Dialoge" und die Organisation der Erziehung für die Juden Deutschlands. Letztere begann erst nach dem Machtaufstieg der Nationalsozialisten. Die Dialoge begannen bereits vorher, als die kommende Umwälzung bereits in der Luft lag.

1932 schrieb Buber den Aufsatz „Ethik der politischen Entscheidung", der 1933 in einem Band des deutschen Versöhnungsbundes veröffentlicht wurde, in dem er überlegte, ob die Gruppe das Individuum seiner Verantwortung entheben konnte. Buber unterschied zwischen der echten Person des Glaubens, die innerhalb einer Glaubensbeziehung „vertraut", und der, die an einen Führer „glaubt". Leute erklären heute schnell, daß sie an den Führer glauben, sagte Buber,

„aber die menschenleibigen Götzen sind noch schlimmer als die ideeförmigen, weil sie stärker das Wirkliche vortäuschen ... Mit meiner Wahl, meiner Entscheidung, meiner Handlung – Tun oder Lassen, Eingreifen oder Aushalten – antworte ich, wie unzulänglich auch, dennoch rechtmäßig dem Wort, verantworte ich meine Stunde. Diese Verantwortung kann mir meine Gruppe nicht abnehmen, ich darf sie mir von ihr nicht abnehmen lassen ... sie geht mich ungeheuer an; ich sehe ja, indem ich nicht entscheide, von der Welt nicht ab ... kein Programm, kein taktischer Beschluß, kein Führerbefehl kann mir sagen, wie ich, mich entscheidend, meiner Gruppe in Gottes Angesicht gerecht zu werden habe ... es könnte sogar sein – wenn in meinem Entscheidungsakt so Unerhörtes mir aufginge – daß ich grausam wider ihren Erfolg gestellt wäre, weil ich innewürde, wie Gott sie anders liebt als zu diesem Erfolg. [Das kann mich zuweilen bewegen,] den Kampf für die Wahrheit, die menschliche, die ungewiß-gewisse Wahrheit, die das tiefe

> Gewissen [mir] schöpft, in die Gruppe selber zu tragen und damit eine innere Front in ihr aufzurichten oder zu verstärken. Diese kann – da sie, wenn überall aufrecht und stark, als eine Einheit quer durch alle Gruppen liefe – für die Zukunft unserer Welt wichtiger werden als alle Fronten, die heute zwischen Gruppe und Gruppe, Gruppenverband und Gruppenverband sich ziehen."

Dies hat, so Buber, nichts mit „Individualismus" zu tun. „Ich halte das Individuum weder für den Ausgangs- noch gar für den Zielpunkt menschlicher Welt. Aber ich halte die menschliche Person für den unverschiebbaren zentralen Platz des Kampfes zwischen der Bewegung der Welt von Gott weg und ihrer Bewegung auf Gott zu." Dieser Kampf findet in sehr großem Ausmaß im Bereich des öffentlichen Lebens statt, die entscheidenden Schlachten werden jedoch in den Tiefen der Person geschlagen. „Auf den Freiheitsdusel des nächstvergangenen Geschlechts ist die Fesselungssuche des gegenwärtigen gefolgt, auf die Untreue des Rausches die Untreue der Hysterie." Dieser Artikel wurde von Buber als integraler Teil des Buches *Die Frage an den Einzelnen* verwendet – veröffentlicht 1936 –, in einer Zeit, in der er noch größere Bedeutung hatte, wenn auch nur als Stimme, die in der Wildnis ruft.

Gerhart Kittel, ein Gelehrter des Neuen Testaments, repräsentierte einen „christlichen" Antisemitismus. Trotz seiner evangelischen Frömmigkeit und seiner Betonung der alttestamentarisch-jüdischen Wurzeln des Christentums bestätigte er den Nationalsozialismus. Im Juni 1933 schrieb Kittel an Buber, daß er ihm ein kleines Buch mit dem Titel *Die jüdische Frage* zuschicke, in dem einige Passagen dem Juden Buber feindselig erscheinen müßten. Er wünsche jedoch ernsthaft, dem Judentum gerecht zu werden, behauptete er und erinnerte Buber an die hohe Achtung, die er für sein Lebenswerk hatte und die sich in dem zeigte, was er darüber geschrieben hatte. Buber antwortete, daß er das Buch sorgfältig gelesen und viel gefunden habe, worin Übereinstimmung zwischen ihnen existierte oder existieren könnte. Aber wenn er das Werk als Ganzes las, könne er nicht bestätigen, daß Kittel dem Judentum gerecht geworden war. Buber wandte sich gegen Kittels Reden von *dem* jüdischen Arzt, *dem* jüdischen Anwalt, *dem* jüdischen Kaufmann, als ob sie alle wie eine einzige Klasse behandelt werden könnten (genau der Stoff, aus dem Vorurteile gemacht sind), und er wandte sich noch ausdrücklicher gegen Kittels Gebrauch der Tatsache, daß die Juden Fremde im Land waren, als Grundlage für ihre Diskriminierung. „Wollen Sie diese Folgerung etwa auch auf die deutschen Minderheiten in der Welt ausdehnen?" fragte Buber Kittel und zitierte Passagen der hebräischen Bibel, die von der Forderung, einen Standard zu haben, handeln, eine Gerechtigkeit für Gastgeber und Gast gleichermaßen anzuwenden. Den „Gehorsam" anerkennend, den Kittel als einen, aber nur einen Teil des Erwachens eines neuen Glaubensbundes des jüdischen Volkes zitierte, fragte Buber, ob solch ein „Gehorsam" bedeute, daß wir unsere Diffamierung nicht nur als Gottes gerechtes Urteil, sondern auch als gerechte Tat der Menschen ansehen sollten? Buber schloß, indem er darauf hinwies, daß Kittel an eine Öffentlichkeit schrieb, zu der Buber als Jude keinen Zugang hätte.

Wie sich herausstellte, wurde es Buber im Juli 1933 durch den Mut seines früheren Partners im jüdisch-christlichen Dialog, Karl Ludwig Schmidt, Herausgeber der *Theologischen Blätter,* ermöglicht, öffentlich auf Kittel zu antworten, und diese Antwort und eine weitere wurden in Bubers Buch *Die Stunde und ihr Urteil* (1936) wieder abgedruckt. Auf die Behauptung Kittels, daß das wirklich Jüdische mit dem Symbol der Verbannten, die ohne Ruhe oder Heimat über die Erde wandern, verbunden bleibe, antwortete Buber, daß der „wandernde Jude" eine Figur der christlichen, nicht der jüdischen Legende sei. Wirkliches Judentum ist immer bereit, falls das Versprechen *im nächsten Moment* erfüllt wird und seine Wanderschaft zu Ende geht. Die „historische Gegebenheit", Fremde zu sein, ist eine Frage, gerichtet an die Völker und an Israel, nicht die Lösung für ein Problem. „Wenn er aber einst zwischen Israel und den Völkern richtet, wird er das Schuldsbuch der Völker wohl nicht unaufgeschlagen lassen", erklärte Buber. Als Antwort auf Kittels massive Leugnung, daß er das Judentum diffamiere, zitierte Buber als ein Beispiel von vielen Kittels Behauptung, daß *der* jüdische Anwalt den Buchstaben des Gesetzes beachte, aber sich dem deutschen Bewußtsein des Gesetzes genau zuwider verhalte. Wenn diese Behauptung, der jüdische Anwalt pervertiere als *Jude* das Gesetz, „keine Diffamierung ist, so weiß ich nicht, was in der Welt so genannt zu werden verdient." Diese Reaktionen auf Kittel zu veröffentlichen barg für einen Juden im „Dritten Reich" Gefahr. Aber, wie Schalom Ben-Chorin bemerkt hat, Zivilcourage war immer ein Kennzeichen Bubers, der nach außen hin ein so sanfter Mann war, der aber hart und streng werden konnte, wenn richtig und falsch, Gerechtigkeit und Ungerechtigkeit auf dem Spiel standen. Gershom Scholem schrieb Buber aus Jerusalem, daß er Kittels Broschüre mit Ekel und Empörung gelesen habe und daß von allen schändlichen Werken, die von bekannten Professoren produziert wurden, dieses sicherlich eines der schändlichsten war.

Nach den Nürnberger Gesetzen von 1935 füllte Julius Streichers üble Zeitung *Der Stürmer* die Köpfe von Millionen von Lesern mit Haß auf und Furcht vor den Juden. 1936 bat eine Delegation deutscher protestantischer Geistlicher, meist Dorfpastoren, Buber um Material gegen Streichers Verfälschungen, das er natürlich lieferte. Ein noch bedeutenderer geistiger Widerstand gegen den Nationalsozialismus durch jüdisch-christlichen Dialog war Bubers Veröffentlichung seines Buches

Die Frage an den Einzelnen im Jahre 1936. Ausgehend von einer Kritik und Neudefinition von Kierkegaards zentralem Konzept des „Einzelnen" und in geringerem Maß vom radikalem Individualismus Max Stirners, eines deutschen Philosophen des neunzehnten Jahrhunderts, benutzte Buber dieses Buch in der Tat als Gelegenheit zu einer radikalen Kritik am Kollektivismus und, in Verbindung mit dieser Kritik, an Personen wie dem christlichen Theologen Friedrich Gogarten und dem Professor der Staatsrechtslehre an der Universität Berlin Carl Schmitt, die Christentum auf eine Weise interpretierten, die dem Kollektivismus Unterstützung bot. Insbesondere kontrastierte Buber Gogartens Bejahung der radikalen und nicht abzubüßenden Schlechtigkeit des Menschen mit der jüdischen Position, die keine „Ursünde" anerkennt. In einer gleichgestimmten Antwort auf Bubers Kritik an Gogarten schlug Karl Ludwig Schmidt vor, daß Buber an den großen systematischen evangelischen Theologen Karl Barth schreiben solle, um seine Sicht zu diesem Thema zu erfahren. Barth erwiderte, in der evangelischen Christenheit habe das Konzept des „radikalen" Bösen *coram Deo* (vor Gott) Gültigkeit, aber nicht unter den Menschen, und diese Konfrontation der ganzen Person mit der Forderung und dem Urteil Gottes beeinträchtigten das Gebot, Gott zu lieben und seinen Nächsten zu lieben, in keiner Weise. „Wenn es anders wäre", schloß Barth, „so hätte die ganze Bekenntniskirche in diesen Jahren ruhig zu Hause bleiben bzw. dort bleiben können, wo eben – Gogarten steht!" Buber pflichtete bei, daß der Mensch in der Sicht Gottes als böse dastehen könnte, nicht aber in der Sicht einer menschlichen Gemeinschaft oder Institution.

In seinem Vorwort zu *Between Man and Man* von 1948 erklärte Buber, die Veröffentlichung des Textes 1936 in Deutschland sei erstaunlich, „da es die ganze Grundlage des Totalitarismus angreift." „Die Tatsache, daß es ohne Strafe veröffentlicht werden konnte, muß sicherlich damit erklärt werden, daß es von den entsprechenden Autoritäten nicht verstanden worden war." „Ich wundere mich eigentlich", schrieb Hermann Herrigel an Buber, „daß Sie heute ein Buch schreiben, das, wenn es nicht ganz nur im Grundsätzlichen bleiben sollte, Sie in die Lage bringen mußte, sich unmittelbar zur heutigen Gegenwart politisch zu äußern."

Wenn dem Individuum, das in ein Ganzes eingefügt ist, die persönliche Stimme verweigert wird, hört menschliche Wahrnehmung auf, menschliche Reaktion ist taub, und „damit wird ein unermeßlicher Wert, der den Menschen konstituierende, gefährdet." „Damit der Mensch nicht verloren gehe, tun Personen not, die nicht kollektiviert sind, und Wahrheit, die nicht politisiert ist, ... die Wahrheitsverantwortung der Person in ihrer geschichtlichen Lage", Verantwortlichkeit des einzelnen, der alles ihm gegenwärtige Sein konfrontiert und garantiert, einschließlich der politischen Körperschaft.

Die Frage an den Einzelnen repräsentiert eine neue Betonung der Wichtigkeit, „Ich“ zu sagen, die durch den kollektivistischen und totalitären Trend der Zeit notwendig geworden war. Jenen, die Buber mit George Herbert Mead als Exponent des „sozialen Selbst“ oder mit Harry Stack Sullivan als Exponent des „Interpersonellen“ im allgemeinen in Zusammenhang bringen, sagt Buber hier in unmißverständlichen Begriffen: „Nicht eher, als man in vollkommener Wirklichkeit – also: sich findend – Ich sagen kann, kann man in vollkommener Wirklichkeit – also: zu Gott – Du sagen. Man kann es, auch wenn man es in einer Gemeinde tut, nur ‚allein‘ tun.“

„Die Schöpfung ist keine Hürde auf der Bahn zu Gott, sie ist diese Bahn selbst.“ Kreaturen sind mir in meinen Weg gestellt, so daß ich meinen Weg zu Gott mit ihnen finde. Der wirkliche Gott ist der Schöpfer, und alle Wesen stehen vor ihm in seiner Schöpfung in Beziehung zu einander. „Den wirklichen Gott kann kaum eine kürzere als jedes Menschen längste Linie erreichen: die Linie, welche die diesem Menschen zugängliche Welt umspannt ... Erst wenn alle Beziehungen unverkürzt in die eine hereingenommen werden, legen wir den Ring unserer Lebenswelt um die Sonne unseres Seins.“ Um alle unsere endlichen Dus in unseren Dialog mit dem „ewigen Du“ zu bringen, müssen wir für uns selbst ein innerweltliches „Kloster“ schaffen, das verhindert, daß unsere Bande mit der Welt aufgelöst werden. Diese Einsamkeit inmitten des Lebens, zu der wir Zuflucht nehmen, ist absolut erforderlich, wenn wir nicht sehen möchten, daß unsere Beteiligung am Seienden abstirbt. Kierkegaard ist für uns ein Bild des menschlichen Zustands – denn er ist, wie wir, isoliert und ausgesetzt, und dies ist das Schicksal des Menschen als Mensch. Aber Kierkegaard stellt kein Bild vom Menschen dar, das uns sinnvolle Richtung für persönliche und soziale Existenz geben kann. Bubers „schmaler Grat“ befindet sich nicht am Rande des Lebens, sondern genau in dessen Zentrum. „Wir dürfen, selber auf schmalem Grat wandelnd, den Anblick der vorschießenden Felszacke, auf der er über dem Abgrund steht, nicht scheuen und dürfen sie nicht betreten. Wir haben viel von ihm zu lernen, das Letzte nicht.“ Kierkegaards Sichtweise ist akosmisch. Er leugnet die Schöpfung. Aber Gott der Schöpfer schwebt nicht über seiner Schöpfung als ein Chaos; er umfängt sie. „Er ist das unendliche Ich, das alles Es zu seinem Du macht“, und wir entsprechen Gott, wenn wir das uns zugereichte Stück Welt menschlich umfangen, indem wir mit unserem Wesen zu denen, die um uns sind, Du sagen, Gottes Schöpfung in seinen Geschöpfen lieben.

Bemerkenswert ist, daß Buber, im nationalsozialistischen Deutschland lebend, dennoch das öffentliche, politische Wesen als die menschliche Welt bejahen konnte, die in ihren echten Formen danach strebt, unser Einander-Zuwenden im Kontext der Schöpfung zu verwirklichen. Wenn Kierkegaard sich in seinem Schrecken über die pervertierten Formen des sozialen Lebens abwandte, so hatte Buber, ein Jahrhundert später, weit mehr Grund, es zu tun. Aber Buber, der sich selbst in einer seiner chassidischen Schriften dazu bekannte, unausweichlich dazu bestimmt zu sein, die Welt zu lieben, sagte: „Wer aber in aller Erniedrigung der Menschenwelt nicht aufgehört hat, sie zu lieben, schaut auch heute noch diese Gestalt." Die Gestalt, auf die Buber besonders hinwies, war genau die, die Kierkegaard vermied – die Ehe. In wahrer Ehe kann die Auseinandersetzung mit dem öffentlichen Wesen nicht länger umgangen werden. In diesem Zeugnis für die Ehe demonstrierte Buber wieder, wie bedeutsam seine eigene Ehe mit seiner Frau Paula für die Entwicklung und Fortsetzung seiner Philosophie des Dialogs war. In das Sakrament der Ehe eintreten bedeutet, die Tatsache ernst zu nehmen, daß der andere ist, die Tatsache, daß ich nicht rechtmäßig am Seienden teilnehmen kann, ohne am Sein des anderen teilzunehmen. Wenn ich dies tue, bin ich entscheidend in das Verhältnis zur Anderheit getreten, „und das Grundgebilde der Anderheit, das vielfach unheimliche, aber nie ganz unheilige und der Heiligung entzogene, in das ich und die mir in meinem Leben begegnenden Anderen eingetan sind, ist das öffentliche Wesen." Die Personen, mit denen wir es zu tun haben, haben nicht nur eine andere Art zu denken und zu fühlen, eine andere Überzeugung und Einstellung, sondern auch

> „eine andere Weltwahrnehmung, eine andere Erkenntnis, eine andere Sinnhaftigkeit, ein anderes Berührtwerden vom Sein her ... dies alles mitten in den harten Konfliktsituationen und ohne ihren Wirklichkeitsernst aufzuweichen bejahen, ... dies ist es, wodurch ... uns ... erlaubt ist, ... an die ‚Wahrheit' oder ‚Unwahrheit', ... ‚Gerechtigkeit' oder ‚Ungerechtigkeit' des Anderen ... zu rühren."

Der einzelne begegnet Gott, indem er seine Arme um die Schöpfung legt und sich der biographischen und historischen Stunde stellt, „mit all ihrem Widerspruch, der wie Widersinn anmutet, standhalten, ohne die Wucht der Anderheit in ihr abzuschwächen." Die Situation, in der Buber stand, die Situation, in der Hitler, in den Worten Martin Heideggers, „die heutige und künftige deutsche Wirklichkeit und ihr Gesetz" war, erkannte Buber als „Gottes Frage" an ihn. Menschliche Wahrheit ist mit der Verantwortlichkeit der Person verbunden. Sie wird nur dann existentiell wahr, wenn wir die Prüfung des Hörens und Antwortens bestehen.

Ein wichtiges Beispiel dieser persönlichen Verantwortlichkeit war Bubers Führerschaft in der jüdischen Erziehung während der Zeit des

Nationalsozialismus. Am 22. März 1933 schrieb Robert Weltsch aus Berlin an Buber, die meisten deutschen Juden hätten noch nicht erkannt, daß es wahrscheinlich notwendig werden würde, ein vollständiges jüdisches Schul- und Kultursystem aufzubauen. „Die ungeheure Schwierigkeit dabei liegt darin, daß gleichzeitig ein abrupter Verarmungsprozeß das deutsche Judentum ergreift." Am 24. März schrieb Buber an Hermann Gerson, daß er, wenn der Kern der deutschen Juden (natürlich mit Ausnahme der Separatistenbewegung der extrem Orthodoxen) ihr Vertrauen in ihn setzte, bereit wäre, die verantwortliche Führung der jüdischen Erziehung in Deutschland zu übernehmen.

Am 1. April 1933 wurde gegen alle Juden in Deutschland der Boykott verhängt, selbst gegen solche mit einem Viertel jüdischen Blutes, obwohl das Tragen der Binde mit dem Davidstern erst am 19. September 1941 zur Pflicht gemacht wurde. Es war diese Identifikation, wie Nora Lewin aufgezeigt hat, die es später möglich machte, mit der gigantischen Aufgabe der ‚Endlösung' von sechs Millionen Juden zu beginnen. Am 4. April 1933 veröffentlichte Robert Weltsch einen Leitartikel in der *Jüdischen Rundschau*, der in sich selbst einen Markstein geistigen Widerstandes gegen die Nationalsozialisten darstellte und viele Juden vor dem Selbstmord bewahrte. „Tragt ihn mit Stolz, den gelben Fleck!" lautete sein Titel, der daran erinnerte, daß die Kirche die Juden gezwungen hatte, dieses Abzeichen in den mittelalterlichen Ghettos zu tragen. „Die Juden können heute nicht anders als *als Juden* sprechen", hieß es. „Alles andere ist völlig sinnlos."

Mehr als jede andere Einzelperson war es Martin Buber, der die deutschen assimilierten Juden lehrte, warum sie litten und ihnen ein Gegengewicht gegen völlige Verzweiflung gab, indem er ihr jüdisches Bewußtsein wiedererweckte. Menachem Gerson hat darauf hingewiesen, daß Bubers Einfluß auf das deutsche Judentum vor 1933 tiefgreifend, aber nicht weitverbreitet war. Nach Hitlers Machtergreifung aber entdeckten viele, die sich vorher nicht mit Buber beschäftigt oder ihn als esoterischen, unverständlichen Propheten abgetan hatten, in ihm jetzt ihren Wegbereiter und Tröster. Überrascht, unvorbereitet und ohne jeden klaren Sinn für jüdische Identität, fanden sie plötzlich in Bubers Lehren das, was sie brauchten, um den grausamen Forderungen der Stunde widerstehen zu können. Buber erweckte sie zu einer sinnvollen jüdischen Existenz und bereitete sie geistig auf die Alijah (Auswanderung nach Palästina) vor. Durch sein persönliches Engagement in Form von Kursen, Programmen und Vorträgen und durch seine Leitung kultureller und erzieherischer Aktivitäten wurde Buber zusammen mit dem großen Rabbi Baeck schnell als furchtloser Sprecher für das deutsche Judentum bekannt. Während der Zeit der größten Prüfung und des größten Leidens seines Volkes seit dem Beginn der Diaspora bot Buber Führerschaft von seltener Qualität; er lehrte sie, durch eine tiefere Bejahung ihres Judentums ihrem Schicksal mit Mut und Glauben zu begegnen. „Keiner von denen, die Bubers Vorträge am Kolleg für jüdische Erziehung in Berlin hörten, wird sie jemals vergessen", schreibt Dr. Bertha Badt-Strauß. „Es war wie eine Insel des Friedens im täglich erneuten Aufflackern der Verfolgung der Juden durch die Nationalsozialisten." Wichtiger noch war vielleicht Bubers Organisation kleiner Gruppen von Lehrern und Schülern, die zusammen in Arbeitsgemeinschaften lebten und schafften. Durch diese Aktivitäten, durch Beratung, Trost und indem er ihre hoffnungslosen Gemüter aufrichtete, rettete er zahllose Menschen vor geistiger Verzweiflung.

Moritz Spitzer erzählt ein erstaunliches Ereignis aus der Zeit kurz nach dem Machtantritt der Nationalsozialisten:

> „Am 1. Mai 1933 saßen wir in Bubers Haus in Heppenheim. Es war sehr heiß. Die Nationalsozialisten hatten einen Maiaufmarsch organisiert, und da die Fenster offen waren, sahen und hörten wir Teile davon. Nach dem Ende des Aufmarschs kam ein Hausmädchen zu Buber und sagte, daß ein Mann ihn zu sprechen wünsche. Sie gingen in Bubers Arbeitszimmer, und nach ein paar Minuten ging der junge Mann wieder. Buber kam sehr aufgeregt aus seinem Arbeitszimmer heraus. Er sagte, daß der junge Mann ein Beamter war, dem befohlen worden war, an der Parade teilzunehmen. Er verabscheute sich deswegen selbst und hatte das Gefühl, nicht zu Frau und Kind nach Hause gehen zu können, ohne Buber gegenüber seinen Abscheu auszudrücken. Er sagte zu Buber: ‚Ich hob die Hand, um ‚Heil Hitler' zu sagen, und habe das Gefühl, die Hand ist schmutzig. Bitte schütteln Sie meine Hand, und ich verspreche, daß ich sie nie mehr zu solchem Gruß erheben werde.' Wir erfuhren später, daß er seinen Beamtenposten aufgegeben hatte und eine Privatfirma als Rechtsanwalt eröffnet hatte. Sein Name ist Ludwig Metzger. Nach dem Krieg wurde er Bürgermeister von Darmstadt, war auch Bundestagsabgeordneter und unterstützte Israel aktiv."

Spitzer bezeugt auch, daß Buber nach der Machtergreifung Hitlers eine Ausnahme von seinem langwährenden Grundsatz machte und in die Synagoge ging, um eine Predigt zu halten.

Ende Mai lud Buber Otto Hirsch von der Reichsvertretung und Max Grünewald, Rabbi und Gemeindeführer von Mannheim, in sein Haus, um seine Vorstellungen über jüdische Erziehung zu diskutieren, und zwei Tage später schrieb er an Ernst Simon in Jerusalem und bat ihn, zu erwägen, mit ihm zusammen an diesen Unternehmungen zu arbeiten. Er ging auch nach Berlin, um an Versammlungen der Reichsvertretung teilzunehmen. Obwohl er zu dieser Zeit an Gerson schrieb: „diese Atemlosigkeit ist nichts für mich", wurde sie für die fünf Jahre, die er noch in Deutschland bleiben sollte, zu einer notwendigen Lebensform. Gerson selbst beschreibt diese Periode in Bubers Leben später als eine „unermüdlicher Aktivität in einer Atmosphäre der Unsicherheit und Angst." Buber schrieb an Otto Hirsch, daß es ihm noch nicht möglich gewesen sei, einen Brief von Hirschs Sohn zu beantworten: „Alles drängt sich jetzt, wie Sie sich denken können. Man kann auch auf das einen stark berührende Persönliche nicht mehr persönlich eingehen und darf nur eine künftige Stunde erhoffen, in der man wieder Muße und Unmittelbarkeit hat." Im selben Jahr beantwortete Buber eine Rundfrage, die jüdische Jugend betreffend („Name verpflichtet" [1933]), indem er sagte: „Um aufrichtig zu sein, genügt es nämlich nicht, daß man, was man spricht, auch meine, und nicht einmal, daß man, was man meint, auch ausspreche; man muß wissen, was eigentlich man meint; mehr noch, man muß das, was man meint, wirklich, das heißt: mit der ganzen Person meinen; sonst ist nur der Verstand aufrichtig und das Gemüt ist es nicht, oder umgekehrt. Man muß also vor allem in sich selber aufrichtig sein."

Inzwischen stritten sich in Berlin die Orthodoxen und die Liberalen, ob sich nicht eine neutralere Person für den Wiederaufbau der jüdischen Erziehung finden könnte, während Leo Baeck bezeugte, daß Buber dafür „einmalig qualifiziert" sei. Buber hatte der Führung der Reichsvertretung zwei Vorschläge für Erziehungsprogramme unterbreitet, in denen er feststellte, daß eine solche große Gemeinschaftsaufgabe nur mit geeintem Geist und unter geeinter Führung durchgeführt werden konnte. Die Aufgabe dieses Erziehungsleiters (Bubers selbst) würde es sein, Schulen für die jüdischen Kinder, die durch die nationalsozialistischen Gesetze von den öffentlichen Schulen ausgeschlossen worden waren, zu gründen; Schulen, die der neuen Generation die lebendige Substanz des Judentums einprägen und einen Menschentyp schaffen würden, der fähig sein würde, unter den schwierigsten Umständen des Existenzkampfes auszuhalten. Am Ende seiner Ansprache „Unser Bildungsziel" (1933) sagte Buber:

> „Man frage nicht, für welches Land wir erziehen wollen. Für Palästina, wem es das Land sein darf. Für irgendeine Fremde, wem sie das Land sein muß. Für Deutschland, wem es das Land sein kann. Es ist *ein* Bild, *ein* Ziel, *eine* Erziehung."

Im November 1933 eröffnete Buber das Frankfurter Lehrhaus wieder, das er bis zu seiner Ausreise nach Palästina 1938 leitete. Die für das Lehrhaus charakteristische Methode des intensiven Austausches zwischen Lehrern und Schülern in einer Gemeinschaft und in dem beide Gruppen lernen und lehren, ist notwendig, so versicherte Buber, um junge Juden auszurüsten, der Situation zu begegnen und ihr als Juden zu begegnen. Dazu war es nicht notwendig, sich vom deutschen Teil ihres Erbes, das das ihre war, zu trennen, wie auch immer die Einstellung der Nationalsozialisten war, sondern den jüdischen zu stärken und zu erneuern, indem sie das *Volk* Gottes wurden. Dies bedeutete, sagte Buber, eine Erziehung in Richtung auf eine Gemeinschaft der Erinnerung, Unmittelbarkeit des Zusammenlebens untereinander und eine Arbeitsgemeinschaft. Erich Weniger bezeugt, daß das wiedereröffnete jüdische Lehrhaus in den wenigen Jahren, in denen es bestand, unter Bubers Einfluß zu einem einmaligen Ort der Geistesförderung wurde. Von 1933 bis 1937 war es in der Tat einer der zwei Zufluchtsorte in Frankfurt, der die Arbeit des *deutschen* Geistes erlaubte. „Martin Bubers Vorträge waren historische Ereignisse", bezeugte Weniger, wie auch viele andere in Erinnerungen an diese Zeit.

Etwa um diese Zeit kehrte Bubers Jünger und Freund und Rosenzweigs treuer Gefolgsmann, Ernst Simon, aus Palästina zurück, um beim Lehrhaus und den breiteren Aufgaben jüdischer Erwachsenenbildung, die Buber unternahm, zu helfen. Simon stellt das seltene Beispiel eines deutschen Zionisten dar, der „zum Land aufgestiegen war" und doch in der Lage war, dem Ruf der Stunde zu antworten, indem er freiwillig in ein Deutschland zurückkehrte, das von der schrecklichen Dunkelheit verschleiert war, die sich noch nicht herabgesenkt hatte, als er es verließ.

Im März 1934 schrieb Buber an Otto Hirsch und schlug ein Zentralbüro für jüdische Erwachsenenbildung vor, das nach Art der Volkshochschulen, an denen er schon lange interessiert war, organisiert werden sollte. Die Aufgabe des Zentralbüros, für dessen Sitz Buber Frankfurt vorschlug, würde es sein, Erwachsenenschulen, Lernhäuser, „Jugendschulen" und Kurse verschiedener Art einzurichten. Dieser Vorschlag diente als Modell für das „Zentralbüro für jüdische Erwachsenenbildung", das Buber für die Reichsvertretung leitete. Durch diese Position übte Buber während der nächsten fünf Jahre einen enormen Einfluß auf jeden Aspekt jüdischer Erziehung und Kultur in Deutschland aus.

Einer der Männer, denen Buber während seiner Arbeit an der Mittlerstelle am nächsten kam, war Otto Hirsch, ein Schwabe von tief verwurzelter jüdischer Frömmigkeit. Hirsch antwortete auf Bubers Lehre und Charakter nicht nur damit, daß er ihm die Dienste der Reichsvertretung zur Verfügung stellte, sondern auch, indem er, zusammen mit seinen Freunden Leopold Marx und dem Chormeister Karl Adler, im Stuttgarter Jüdischen Lehrhaus ein Zentrum schuf, von dem aus Bubers persönlicher Einfluß weit über Frankfurt hinaus ausstrahlen konnte. Von einer Anzahl von Lehrhäusern, die in Deutschland zu dieser Zeit entstanden, eingeschlossen einige in Berlin und Mannheim, war das

Stuttgarter Zentrum der deutlichste Nachfolger der Leitstelle in Frankfurt. Hirschs selbstlose Aktivität für seine jüdischen Mitbürger setzte ihn dem Zorn der Nationalsozialisten aus. Er wurde häufig verhaftet, ertrug jedoch seine Zeiten der Gefangenschaft „äußerst gut" – seiner eigenen Meinung nach, „aufgrund seines soldatenhaften Auftretens und Erfahrung", aber in Ernst Simons Beurteilung mehr noch aufgrund der „unbeugsamen Nobilität seines Charakters, dessen offensichtliche Qualitäten auf die Folterer selbst einen Eindruck gemacht haben müssen." Simon betonte auch Bubers geistigen Widerstand gegen die Nationalsozialisten durch Erziehung: „Jeder, der Buber damals nicht gesehen hat, hat keine wahrhafte Zivilcourage gesehen." „Wenn ein Mensch wünscht, seine ‚Persönlichkeit' unbeschadet durch die Krise zu bringen", sagte Buber seinen Miterziehern, „muß sie zerfallen, denn dann hat die Krise, was sie will – ein Objekt, das brüchig genug ist, um von ihr zerbrochen zu werden." Nur durch eine neue Antwort konnten die deutschen Juden ihre Gemeinschaft und Würde angesichts des Bestrebens der Nationalsozialisten, sie zu zerstören, erhalten.

Als er vormals im Konflikt stehende jüdische Jugendgruppen zusammenbrachte, wies Buber die Sprache von „Toleranz" und „Neutralität" zugunsten von „Solidarität, lebendige[m] Füreinanderstehen, Mutualität, lebendige[r] Wechselwirkung" zurück und zugunsten von „Vergegenwärtigung der Wurzelgemeinsamkeit und der Verzweigungen." In diesen Bezeichnungen sah er das „Modell der großen Gemeinschaft", der „Gemeinschaft der Gemeinschaften". Buber setzte daher in seiner Arbeit als Direktor der Mittelstelle als Ziel ihres erzieherischen Programms, Gruppen mit verschiedenen Weltanschauungen miteinander in der Erfahrung von Gemeinschaft in Kontakt zu bringen. Die große Gemeinschaft „ist keine Vereinigung Gleichdenkender", schrieb Buber, „sondern ein echtes Zusammenleben von Menschen ähnlicher oder sich ergänzender Naturen, aber von unterschiedlichem Geist. Gemeinschaft ist die Überwindung von *Anderheit* in lebendiger Einheit." Dies ist keine Frage formalen und minimalen Verständnisses, sondern eines Gewahrseins der Beziehung des anderen zur Wahrheit von der anderen Seite – „Umfassung". Gefordert ist ein lebendiges einander Antworten. „Nicht Verwischung der Grenzen zwischen den Bünden, Kreisen und Parteien, sondern gemeinschaftliche Erkenntnis der gemeinsamen Wirklichkeit und gemeinschaftliche Erprobung der gemeinsamen Verantwortung." ‚Vitale Dissoziierung', die Krankheit der Menschen unserer Zeit, wird nur scheinbar durch das Zusammenpferchen von Menschen geheilt. „Hier kann zunächst nichts anderes helfen als ein rechtschaffenes Miteinanderzutunbekommen der Menschen verschiedener Gesinnungskreise in gemeinsamer Erschließung des gemeinsamen Grundes." Dies ist die *Andragogik* (Erwachsenenbildung) unserer erzieherischen Arbeit. „Wir leben – man muß es immer wieder sagen – in einer Zeit, in der Schlag auf Schlag die großen Träume, die großen Hoffnungen des Menschenvolks sich erfüllen: als ihre eigenen Karikaturen!" Buber glaubte, die Ursache dieser weitreichenden Erfahrung sei die Macht fiktiver Überzeugungen, die ungebildete Qualität des Menschen seines Zeitalters. „Gegen sie steht die zeitwahre, zeitgerechte Bildung, die den Menschen hinführt zum gelebten Zusammenhang mit seiner Welt und ihn von da aufsteigen läßt zu Treue, zu Erprobung, zur Bewährung, zu Verantwortung, zu Entscheidung, zu Verwirklichung."

Im Gegensatz zum Geist seiner Zeit lehrte Buber die Kunst des langsamen Lesens, die Bedeutung und Inhalt des heiligen Textes in einem Geist behandelte, der weit davon entfernt war, orthodox zu sein, der jedoch höchste Treue zum Buchstaben und zum Wort besaß, besonders in Klang und Rhythmus und in der Wahl und Wiederholung der Worte. So machte Buber vielen, die nie zuvor mit der Bibel konfrontiert gewesen waren, die Frucht seiner jahrelangen Arbeit an der Bibelübersetzung in der Art, wie er und Rosenzweig sie als erste vorangetrieben hatten, zugänglich. „Es war eine Erfahrung, die Jahrzehnte mit ihnen lebte", bezeugt Simon. Bubers wichtigste Leistung bestand darin, die Bibel für seine Zuhörer von einem Buch in eine gesprochene Lehre zu verwandeln: „Das biblische Wort kann nicht von seiner Gesprochenheit abgelöst werden. Sonst verliert es seine Konkretheit, seine Körperhaftigkeit. Ein Gebot ist kein Satz, sondern eine Ansprache." „Meine Bibelkurse [wurden] geradezu enthusiastisch aufgenommen", schrieb Buber an seine Frau aus Lehnitz, wo im Sommer 1934 eine Trainingswoche für Lehrer unter der Führung von Buber und Ernst Simon stattfand.

Obwohl die Schulen unter dem Mangel an Einrichtungen und an überfüllten Klassenräumen mit mehr als fünfzig Kindern litten, war das System jüdischer Erziehung im nationalsozialistischen Deutschland erfolgreich, insoweit es die gesamte Existenz des Individuums formte. Es schuf so die Grundlage für das Heranwachsen einer Generation von Juden, die in Palästina oder in anderen Ländern der Diaspora Wurzeln schlagen konnten. Buber fand so in der jüdischen Jugend Deutschlands Unterstützung, und seine Erwartungen an die jüdischen Schulen wurden in gewissem Maße erfüllt. Diesen Prozeß kommentierend, schrieb Buber, daß eine Generation die Lehren nur empfangen kann, indem sie sie erneuert, denn in einer lebendigen Tradition ist es nicht möglich, eine Trennungslinie zwischen Erhaltung und Erzeugung zu ziehen. Nur wenn die ältere Generation immer aufs neue ihre Existenz im Versuch zu lehren, zu erwecken und die Jugend zu formen riskiert, springt der heilige Funke über.

Der deutsche Gelehrte Heinz Politzer erzählt, wie er Buber zum ersten Mal 1934 in Prag begegnete. Buber war dorthin gekommen, um auf einem Treffen junger zionistischer Sozialisten, die durch Hitlers Machtaufstieg beunruhigt waren, zu sprechen. Politzer war unter den Zuhörern, um Zuspruch zu suchen, aber statt der Predigt, die er erwartet hatte, sprach Buber über *Kewuzot,* die Dorfgemeinschaften, die von den Pionieren in Palästina gegründet wurden, und über die Beziehung des utopischen Sozialismus zu den biblischen Lehren über Gerechtigkeit. Obwohl in Bubers Worten weder Trost noch religiöser Eifer lag, wurde Politzer Zeuge „der Anwendung eines lebendigen Glaubens auf die unmittelbaren Bedürfnisse einer existentiellen Situation."

> „... hier war ... seine Stimme, die Sprache sozusagen aus der Tiefe einer immer gegenwärtigen Erinnerung schöpfend und hörbar das Gewicht der Verantwortung widerspiegelnd, die die Rede unterstützte, ohne die Worte zu überfordern. Zuhörend fühlte ich Fragen wie auch Einwände in meinem Geist aufsteigen, und ich dächte gerne, daß sie nicht die naheliegendsten waren. In genau der Zeit jedoch, die sie brauchten, um aufzutauchen, hatte Buber sie bereits in seiner Rede beantwortet. Einige Freunde unter den Zuhörern machten ähnliche Erfahrungen. Diese Art des Rapports zwischen Buber und seinen Zuhörern hatte viele seiner Vorträge in Zwiegespräche mit ihm unbekannten Personen verwandelt, stilles Zwiegespräch."

Die Situation der dahinschwindenden Minorität der deutschen Juden machte sowohl aktiven Widerstand (Revolution) als auch passiven Widerstand (Nichtkooperation) unmöglich, aber es gab eine dritte Art scheinbar unsichtbaren Widerstands. Diesen verwirklichte Buber. Es war der Widerstand des Geistes, der von sich selbst Bestandsaufnahme macht und so seine eigenen Kräfte in der Konfrontation mit den Nationalsozialisten entfaltete. Beten und auch Lernen konnten diesen Widerstand verkörpern.

1934 wurde Buber eingeladen, auf der Versammlung der Hechaluz-Bewegung eine Ansprache über die Weltanschauung des *Chaluz* (Pioniere) zu halten. In seiner Rede griff Buber die jüdischen Revisionisten an. Aber er tat es auf philosophische Art, andeutend, daß er auch die Nationalsozialisten angriff. Bei dem Treffen war auch ein Büroangestellter der Gestapo anwesend, der dem Vorsitzenden eine Notiz sandte, die besagte, Bubers Ansprache sei politisch und gegen das Gesetz. Der Vorsitzende sandte eine Notiz zurück, in der er erklärte, Buber rede nur über Philosophie, und der Gestapoangestellte griff nicht ein. Aber alle Anwesenden wußten, daß die Ansprache politische Implikationen besaß, und waren von Bubers Mut beeindruckt. Aliza Ziv Or, eine in Jerusalem lebende Lehrerin, die in Palästina bei Buber studiert hatte, bezeugt, daß zur Zeit des Nationalsozialismus Bubers Schriften den Juden viel mehr Hilfe leisteten, auf Antisemitismus zu antworten, als die Schriften Herzls oder Pinskers: „Man könnte sagen, daß er uns geholfen hat, unseren Rücken gerade zu machen." Benjamin Uffenheimer, Professor für Bibelstudien an der Universität in Tel Aviv, erklärt, daß er Bubers Name zum ersten Mal im Alter von sechzehn Jahren hörte und begann, seine Schriften zu lesen, als eine Gruppe jüdischer Studenten aus Freiburg, die durch alle kleinen Orte reiste, sein Dorf erreichte und mit den jungen Leuten über Zionismus zu sprechen begann. Bubers Bücher, so erzählte Uffenheimer Haim Gordon:

> „... bezauberten mich und bewegten mich so tief, daß ich nie ein Buch beenden konnte – es löste einen solchen Gefühlssturm in mir aus. Bubers Schriften waren für mich eine Antwort auf die nationalsozialistische Propaganda. Sie halfen mir bei der Entscheidung, Deutschland zu verlassen und nach Israel zu kommen – ich hatte zu Hause keine zionistische Erziehung. Als ich in *Hachschara* war [ein Trainingslager für die nach Israel Kommenden], lasen wir zusammen Buber. Wir lasen ihn als einen großen Lehrer."

1934 bestätigte Salman Schocken Hugo Bergmann, daß er Bubers Gegenwart in Deutschland für die deutschen Juden für ungewöhnlich wichtig hielt, denn Buber war die einzige Persönlichkeit, die Autorität besaß. „Baeck komme als Gemeindeangestellter nicht in Betracht neben Buber."

Nachdem Hitler an die Macht gelangt war, berichtet Moritz Spitzer, suchten die Juden nach einer Botschaft wie der, die Buber übermittelte – daß es einen Weg zurück zum Judentum gibt –, und sie strömten herbei, um ihn zu hören. Buber erhielt viele Briefe von Studenten, von denen Spitzer einige beantwortete (vor allem jene, die von Frauen geschrieben waren!). Buber war offen für die Menschen, die sich an ihn wandten, aber er mußte sich schützen, denn zu der Zeit wollten viele Menschen ihn zu Rate ziehen, einschließlich Spitzer selbst, als die Frau, von der er sich kürzlich getrennt hatte, nach Heppenheim kam.

Im Oktober 1934 hielt Buber am Frankfurter Lehrhaus einen Vortrag mit dem Titel „Die Mächtigkeit des Geistes". Später wiederholte er diesen Vortrag vor einer großen Versammlung in der Berliner Philharmonie. Obwohl das Publikum vor allem aus Juden bestand, war auch eine beachtliche Anzahl Nichtjuden anwesend, darunter etwa zweihundert SS-Männer, die über die ganze Halle und besonders auf die Galerie verteilt waren. In diesem bemerkenswerten Rahmen lieferte Buber eine unmißverständliche Herausforderung an die Götter der Zeit, indem er unterschied zwischen Christentum, das die elementaren Kräfte in Unterwerfung hält, Heidentum, das sie glorifiziert, und Judentum, das sie heiligt. „Geist ist nicht eine späte Blüte am Baume Mensch", sagte Buber, „sondern er ist das, was den Menschen als solchen konstituiert.“ Aber dies gilt nur, wenn Geist nicht als menschliche Fähigkeit unter anderen verstanden wird, sondern als die Totalität des Menschen, „seine zu Bewußtsein gewordene eigentümliche Ganzheit, die ihn zum Menschen macht, die Ganzheit, in die alle seine Fähigkeiten, Kräfte, Eigenschaften Triebe einbezogen und eingeeint sind.“ Der Geist hat daher drei mögliche Beziehungen zu den elementaren Kräften: ihre Glorifizierung, ihre Eroberung oder die Heiligung, durch die sie verwandelt werden. „Neu-Heidentum“, womit Buber den Nationalsozialismus meinte, verbindet Judentum mit Christentum und behauptet, beide verleugneten die großen vitalen Kräfte. Neu-Heidentum behauptet, diese Kräfte seien heilig und erzeugt so einen Dualismus zwischen einem der Welt fremden Geist und einer Welt, die dem Geist fremd ist. „Blut und Boden“, der nationalsozialistische Slogan, den der NS-Ideologe Alfred Rosenberg bei den Nürnberger Prozessen versuchte mit Buber zu verbinden, ist tatsächlich dem wahren Geist des Judentums entgegengesetzt, der erklärt: „So werden Blut und Boden in der Verheißung an Abraham geheiligt durch ihre Bindung an das Geheiß (Im Anfang 12, 2), ‚ein Segen‘ zu werden. ‚Same‘ wird verheißen, und ‚Erde‘ wird verheißen (13, 15f), aber beides nur, damit … ein neues Volk in seinem Land ‚SEINEN Weg hüte, Wahrheit und Recht zu tun‘ (18, 19) und so den Bau einer Menschheit beginne.“ Die christliche Entweihung von Hunger, Geschlechtlichkeit und dem Willen zur Macht ließ den Geist heilig und die Welt unheilig. „Auch da, wo das Christentum auf das natürliche Leben sakral eingeht, wie in dem Sakrament der Ehe, wird nicht die Leiblichkeit des Menschen selbst geheiligt, sie wird nur dem Heiligen unterworfen.“

Buber schloß seine Ansprache mit einer nachhallenden und unmißverständlichen Herausforderung an den Nationalsozialismus. Wenn dieser Geist des Judentums, der die elementaren Triebe heiligt, „wenn er neue Lebensgestaltung gewinnt, [wird er] auch Zeitaltern standzuhalten vermögen, in denen das Elementare in seinen Kräften ohne Beding, in seinem Treiben nur eben gebändigt waltet.“ Als Folge dieser Rede in Gegenwart von zweihundert SS-Männern wurde es Buber, auch nach der Aufhebung seines Lehrverbots am 21. Februar 1935, nicht mehr gestattet, öffentlich zu sprechen. Als das Sprechverbot gegen Buber bei öffentlichen Anlässen und geschlossenen Versammlungen jüdischer Organisationen verkündet wurde, bot der Frankfurter Quäker Rudolf Schlosser Buber die Gelegenheit, seine Vorträge in geschlossenen Versammlungen nicht-jüdischer Organisationen, insbesondere in Versammlungen der Quäker fortzusetzen, eine Einladung, die Buber wiederholt annahm. Im März 1935 wurde ein neues Lehrverbot ausgesprochen, obwohl es später durch die Intervention der Reichsvertretung modifiziert wurde, so daß Buber seine Lehrtätigkeit, wenn auch in begrenztem Ausmaß, fortsetzen konnte.

Als Buber seine Reden über Erziehung in einem Sammelband veröffentlichte, beschrieb er die Aufgabe jüdischer Erwachsenenbildung als eine des geistigen Widerstands gegen die Nationalsozialisten: „Es ging in dieser unter großen Schwierigkeiten bis ans Frühjahr 1938 geleisteten Arbeit darum, Hitlers Willen zur Zermürbung der Judenheit entgegen, dieser und insbesondere der Jugend einen unerschütterlichen Halt zu geben."

Moritz Spitzer, der Herausgeber des Schocken-Almanachs, hatte seit 1919 mit Buber in Verbindung gestanden. Am 1. Mai 1932 zog er von Berlin fort, um bis Ende 1934 Bubers persönlicher Sekretär zu werden. Obwohl die Nationalsozialisten Buber anfangs fürchteten, durchsuchten sie sein Haus nur einmal. Bei dieser Gelegenheit wurden sie von einer energischen Schmährede Paula Bubers empfangen; die ausländische Presse berichtete über das Ereignis. Die Nationalsozialisten durchsuchten Spitzers Haus im nahegelegenen Benz fünf- oder sechsmal in der Hoffnung, etwas zu finden, das Buber inkriminieren würde. Sie setzten Spitzer sogar in Einzelhaft und erließen später einen Deportationsbefehl. Er protestierte beim Ministerium, und sie ließen ihn bis 1939 bleiben. 1934 verließ Spitzer, der in Teilzeitarbeit mit Buber für den Schocken Verlag gearbeitet hatte, Heppenheim, um nach Berlin zu gehen und die Verlagsleitung zu übernehmen. Buber war eng mit dem Schocken Verlag verbunden und beriet Spitzer. Auf einer jüdischen Versammlung, zu der Buber 1937 sprach, erhob sich zu Anfang ein Herr und enthüllte in etwas beschämtem Ton, er sei Gestapobeamter, ein höchst bemerkenswerter Vorfall. Er wurde eingeladen, Platz zu nehmen und an den Vorgängen teilzunehmen. Buber und die anderen Anwesenden sprachen drei Stunden lang über religiöse Fragen. Der Gestapobeamte machte pflichtbewußt Notizen, aber er gab Buber auch den Eindruck, als höre er mit persönlichem Interesse zu. Zum Schluß sagte er: „Das können wir Christen doch Wort für Wort unterschreiben." Nach weiterer Rede und Antwort ergriff er Bubers rechte Hand mit beiden Händen und sagte: „Bleiben Sie gesund!" Auf ihrer Reise von Leipzig zurück nach Heppenheim fragte Buber seine Frau nach ihrem Eindruck von diesem Mann und seinen Abschiedsworten. „Das war nur ein Euphemismus!" antwortete sie. Buber übersetzte diesen Euphemismus mit: „Gott gebe, daß wir dich nicht totschlagen müssen!"

Einmal ging Buber in Heppenheim spazieren. Ein Mann stand auf dem Weg vor ihm und sagte: „Na, du Jud!" „Na, du blöder Kerl", erwiderte Buber ohne Zögern. Der Mann war verdattert. „Ich bewunderte diese Geistesgegenwart", kommentierte Werner Kraft, dem Buber diese Geschichte erzählte. Wir können auch seinen Mut bewundern. Viele Deutsche in hoher Stellung waren unglücklicherweise feige, bemerkte Buber Kraft gegenüber und fügte hinzu: „Ich verstehe nicht, wie jemand überhaupt ohne Mut leben könnte."

Zu seinem sechzigsten Geburtstag im Februar 1938 erhielt Buber viele Ehrungen von jenen, mit denen er während dieser Jahre in der jüdischen Erwachsenenbildung gearbeitet hatte. Das Präsidium der Reichsvertretung, Leo Baeck und Otto Hirsch, überbrachte Buber in seinem Haus in Heppenheim persönlich die Glückwünsche im Namen der deutschen jüdischen Gemeinde. Eine der Ehrungen, auf Pergament geschrieben und in Leder gebunden, machte Buber zum Ehrenmitglied des Zionistenvereins von Deutschland. „Der Zionismus in Deutschland ist in seinem Werden und auf seiner Höhe ohne Sie nicht denkbar", hieß es da. „Sie haben uns gelehrt, daß Zionist-sein, Jude-sein und Mensch-sein für uns eine Einheit ist ... Ihr Weckruf galt dem Zion der Welt und dem Zion der Seele zugleich ... Die Zionisten in Deutschland, drei Generationen sind Ihnen in Liebe und Dankbarkeit verbunden."

1943, aus Anlaß von Leo Baecks siebzigstem Geburtstag, veröffentlichte Buber in Palästina eine Ehrenschrift mit dem Titel „In Theresienstadt". „In Nachtstunden eines intensiven Wachseins zwischen dünnem Schlaf und dünnem Schlaf wird es mir zuweilen unheimlich gegenwärtig, daß er dort ist und ich hier. Ach, ihr Sorglosen in Zion, die ihr alle Tugenden der Nation hier versammelt wähnt, richtet euren Blick dorthin, nach dem innersten Wirbel der Bewährung." Im Gespräch mit Kraft fragte Buber, ob die Nationalsozialisten auch ihn, Buber, nach Theresienstadt geschickt hätten, und fügte hinzu: „falls nicht, so hätte er doch gehen müssen, wenn Baeck ging." „Merkwürdige Frage, auf die ich nichts erwidern konnte! Sie klang wie ein nachträglicher Schauder", kommentierte Kraft.

Buber schrieb an Albert Schweitzer aus Anlaß von Schweitzers sechzigstem Geburtstag, das Wissen, daß Schweitzer in dieser Welt existierte, habe ihn viele Jahre lang gestärkt und in den letzten Jahren getröstet: „Es war mir ja immer um die Helfer zu tun, und Sie sind all die Zeit auf vielfache Weise ein großer Helfer gewesen." Schweitzer antwortete, indem er Buber sagte, wie oft und mit welcher Liebe und welcher Achtung er an ihn gedacht hatte, seit sie sich zum letzten Mal begegnet waren, und fügte mit Pathos hinzu: „Ach, ich hatte so viel zu tun und war so furchtbar ermüdet (Sie sehen es an der Schrift), daß ich für die Bekannten und Freunde nicht existierte." Buber erhielt im August des vorangegangenen Jahres einen anderen traurigen Brief von seinem Vater Carl, der bemerkte, wenn die gegenwärtigen unsicheren Zeiten nicht zu einem Ende kämen, bliebe Martin nichts anderes übrig, als nach Palästina zu gehen: „Ich bin sehr alt geworden, und die Beschwerden lassen sich nicht vermeiden, ich habe das Verständnis, daß es nicht anders gehen kann, und vermeide alle Klagen." Im April 1935 starb Carl Buber. Martin fuhr zur Beerdigung nach Polen. Er erbte ein Drittel von seines Vaters Reichtum, eine bedeutende Summe. Aber die Regierung Polens erlaubte nicht, daß das Geld außer Landes gebracht wurde, und es verblieb auf einem geschlossenen Bankkonto. In einer Antwort auf einen Kondolenzbrief von Max Brod schrieb Buber, daß er ein neues Gefühl bekommen habe, „trotz allem" mit anderen verbunden zu sein. Im gleichen Brief kommentierte Buber die Kafka-Gesamtausgabe, die Brod herausgegeben hatte: „Sie zeigt, wie man mit aller Ehrlichkeit am Rand leben kann, ohne des Hintergrunds verlustig zu gehen. Es steckt die eigentliche Widerlegung Iwan Karamasows darin." Auch Leo Baeck schrieb, um seine Trauer über den Tod von Bubers Vater auszudrücken: „Die fließende Linie zwischen Vergangenheit und Gegenwart wird eine entscheidende Grenzlinie, wenn man seinen Vater verliert."

Das Jahresende 1936 war für Buber eine Zeitspanne, die die Jahre, die unmittelbar seinem Tod vorausgingen, bemerkenswert machten und sich ähneln ließen: die Erwartung eines unmittelbaren Endes seiner kreativen und wissenschaftlichen Arbeiten. In dieser Periode beendete er ein Buch nach dem anderen, selbst inmitten der ungeheuer beanspruchenden Arbeit für jüdische Erwachsenenbildung. Er fand jedoch auch noch die Zeit, die Bande der Freundschaft zu vielen, denen er nahe blieb, zu stärken.

Bubers Interesse an Psychologie und Psychiatrie blieb auch in dieser Zeit bestehen, besonders durch seine Freundschaft mit Hans Trüb und Ludwig Binswanger. Der Einfluß Bubers auf Trüb zeigt sich durch den bemerkenswerten Artikel des letzteren von 1935: „Individuation, Schuld und Entscheidung: Jenseits der Grenzen der Psychologie". In diesem Artikel beschreibt Trüb, wie er durch eine jahrzehntelange Krise ging, in der er mit seiner persönlichen und doktrinären Abhängigkeit von dem großen Psychologen Carl Jung brach, zugunsten der neuen Einsichten, die seine Beziehung mit Buber ihm vermittelt hatte. Den größten Einfluß hatte nach seinem eigenen Zeugnis nicht Bubers Philosophie, sondern die persönliche Begegnung mit ihm, von der die revolutionären Veränderungen in Trübs Methode der Psychotherapie ausgingen. Trüb fand sich völlig durch die Tatsache entwaffnet, daß es Buber in der Unterhaltung weniger um die Ideen seines Gesprächspartners als um die Person selbst ging. In solch rückhaltlosem Austausch ist es einfach nicht möglich, irgendeine verborgene Absicht zu verfolgen, schrieb Trüb. Eine Individualität triumphierte nicht über die andere, denn jede bleibt beständig dieselbe. Dennoch ging Trüb „aus dieser Begegnung ‚allzeiterneuert' hervor, und mein Wissen um die Wirklichkeit der Dinge ist der Wahrheit einen Schritt näher gekommen." „Dies gibt ihm [Buber] in meinen Augen die unvergängliche Größe und macht auch sein Leben zur symbolischen Existenz, daß er als dieser einzelne Mensch hervortritt und unmittelbar zum Menschen redet."

> „Martin Buber ist für mich das Symbol der allzeiterneuerten Entscheidung. Er hält das Geheimnis nicht in seiner Individualität verschlossen, sondern aus dem Urgrund des Geheimnisses selbst heraus sucht er tastend die Verbindung mit dem anderen Menschen. Er läßt in seinem einsamen Selbst einen leisen Ton anklingen und anschwellen und horcht auf den Widerhall von drüben her. So empfängt er die Richtung auf den anderen hin, und so findet er ihn im Gespräch als seinen Partner. Und in diese Begegnung läßt er all seine Individualität bewußt eingehen."

Im September 1935 antwortete Buber auf Trübs Frage, welche Bedeutung das Prinzip der „Individuation" für ihn habe, indem er andeutete, daß sie ein falscher Begriff sei: „Wir entstehen als *Individuen*, aber wir werden zu *Personen.*" Das existentielle Problem, eine Person zu werden, das Kierkegaard diskutiert hatte, wird von Jung als ein Problem *psychologischer Entwicklung* behandelt, ohne die Dimension der Existenz zu berücksichtigen.

Buber organisierte bis 1938 immer eine Pessachsederfeier für die ganze Familie, bis seine Enkelinnen siebzehn und achtzehn Jahre alt waren. Buber las das meiste der Pessach-Aggada, aber er ließ die chauvinistischen Teile aus, wie den, in dem Gott gebeten wird, seinen Zorn über die nicht-jüdischen Nationen auszuschütten. Buber diskutierte auch bestimmte Passagen, die nicht klar waren oder ihm bemerkenswert erschienen. In jenen Jahren ging Buber selten durch den Ort, außer zum Postamt. Er hatte die Angewohnheit, im Gehen zu lesen, so daß die Leute sagten: „Professor Buber denkt selbst, wenn er geht."

Die Beziehung zwischen Martin Buber und seiner Frau Paula war sehr gut, doch Paula konnte sehr willensstark sein. Als Moritz Spitzer einmal mit Martin und Paula Buber im Zug fuhr, zeigte Martin Buber Paula Buber die Kopie eines seiner neuen Bücher, die er am Morgen erhalten hatte. Er hatte, offenbar ohne ihre Zustimmung, eine Widmung an sie hineingeschrieben. Paula Buber wurde sehr ärgerlich, schimpfte ihn auf der Stelle im Zugabteil aus und forderte ihm das Versprechen ab, daß die Widmung in den folgenden Ausgaben nicht mehr erscheinen würde. Spitzers Anwesenheit machte ihr dabei kein Kopfzerbrechen.

In Juni 1937 schrieb Buber an Hermann Hesse, daß er nicht davon reden wolle, was Hesses Lebenswerk für Bubers Familie bedeute,

> „an dem wir Freude und Aufrichtung erlebten, an dem unsere Kinder in frühen Jahren sich maßen und bildeten und das wir jetzt durchblättern, um für die jungen Enkelinnen das Rechte auszuwählen. Wir möchten ihnen vielmehr etwas sagen, was sich schwer übermitteln läßt; nämlich wie gut wir beide Ihnen sind, wie wir Sie

> oft in Gedanken und Gesprächen heimsuchen, wie froh wir sind, mit Ihnen in dieser Zeit – trotz allem – da zu sein, und wie wir Sie in unserer Welt nicht missen können.“

1939 sandte Buber eine ähnliche Botschaft an den deutschen Dichter Karl Wolfskehl und schrieb, wie gut und wichtig es sei, daß er gerade in dieser Welt mit all ihrer Grausamkeit existiere: daß „nicht das Gesicht, sondern die Person die immer noch aufgetane Pforte zur Ewigkeit ist.“ Buber hielt es in der Tat für seine Pflicht, in einer solchen Zeit jemandem, den er liebte und ehrte, gute Wünsche zuzusenden.

Im Schocken-Almanach des Jahres 5699 (= 1938) veröffentlichte Buber einen Artikel mit dem Titel „Die Erwählung Israels“, in dem er erklärte, „der Glaube Israels ... lehrt die geheimnisvolle Begegnung von Menschenumkehr und göttlichem Erbarmen.“ Israel „ist nur dann erwählt“, wenn es seine Wahl erkennt, ‚der Verwerfer‘ jedoch kann niemals aufhören, ‚der Erwähler‘ zu sein. Der Gott, der sich abwendet als Antwort auf *unser* Abwenden, erwartet unsere Rückwendung. Das ist „das trostreiche Paradox dieser unserer Existenz.“ In der sich immer mehr verdunkelnden Zeit, in der Buber dies schrieb, haben diese Worte vielleicht jene getröstet, die später ihren Weg nach Palästina gefunden haben, und jene anderen, deren Weg nun in die Gaskammern führte.

Abb. 1: Buber in den zwanziger Jahren

Abb. 2: Buber in den vierziger Jahren

Abb. 3: Martin Buber in den fünfziger Jahren

Abb. 4: Paula Buber in den fünfziger Jahren

Abb. 5: Buber in seinem Arbeitszimmer in Jerusalem

Abb. 6: Buber im Jeep des Ehemannes seiner Enkelin Barbara

Abb. 7: Buber während seiner Dankesrede „Ein gläubiger Humanismus" anläßlich der Verleihung des Erasmus-Preises, Amsterdam, Sommer 1963

Abb. 8: Buber beim Abendessen mit Prinzessin Beatrix der Niederlande nach der Verleihung des Erasmus-Preises, Amsterdam, Sommer 1963

Abb. 9: Buber und Premierminister David Ben Gurion
während der Feierstunde der Hebräischen Universität Jerusalem
aus Anlaß von Bubers 80. Geburtstag, Februar 1958

Abb. 10: Buber, Ernst Simon (links) und Hugo Bergmann (Mitte),
seine beiden engsten Freunde und Schüler,
auf der Veranda von Bubers Haus in Jerusalem

Abb. 11: Buber und Naemah Beer-Hofmann, Juli 1963

Abb. 12: Buber mit seiner Urenkelin Tamar Goldschmidt
in seinem Haus in Talbiyeh

Teil III

VORKRIEGSPALÄSTINA UND DIE FRÜHEN JAHRE DES STAATES ISRAEL

(1938–1953)

12. Kapitel

Aufstieg zum Land: Vorkriegspalästina

(1934–1939)

Auch unabhängig von seinen eigenen Verhandlungen mit der Hebräischen Universität richtete sich Bubers Aufmerksamkeit während seiner letzten Jahre in Deutschland zunehmend auf Palästina, denn zahlreiche Menschen, mit denen sich Buber eng verbunden fühlte, emigrierten nach Palästina. Unter ihnen befanden sich Hermann Gerson, dessen Werkleute, Bubers Sohn Rafael, seine Tochter Eva und deren Mann, der Dichter Ludwig Strauß, und viele andere. Einen Einfluß übte auch die Tatsache aus, daß ein großer Teil der jüdischen Erwachsenenbildung im nationalsozialistischen Deutschland auf die Vorbereitung einer Siedlung in Palästina ausgerichtet war.

Mit dem Machtaufstieg der Nationalsozialisten wurde es für die Werkleute unmöglich, länger zu glauben, sie könnten auf sinnvolle Weise in Deutschland leben und arbeiten. Im April 1933 entschieden sie sich einstimmig, nach Palästina auszuwandern und einen Werkleute-Kibbuz zu gründen. Im April 1934 hatten sie genug Geld gesammelt, um Land in Palästina zu kaufen, und am Ende des Monats machten sie sich auf den Weg, ohne den tatsächlichen Kaufabschluß für das Land abzuwarten.

In einem Brief an Buber aus Palästina teilte Hermann Gerson die schockierende Nachricht mit, daß seine Frau Lo beabsichtigte, ihn zu verlassen, um mit einem anderen Mitglied des Kibbuz zusammenzuleben. In seiner ersten Verzweiflung darüber verließ Gerson den Kibbuz und wollte sich das Leben nehmen. In seiner Antwort tröstete und schalt Buber Gerson zu gleicher Zeit:

> „Ihr Brief hat mich bestürzt. Ich bin mit dem ganzem Herzen bei Ihnen, aber ich gräme mich nicht bloß um Sie, ich zürne Ihnen auch. So geht das nicht, für Sie nicht! Sie haben sich einem Bund von Menschen verschworen, in dem Lebenseid mußten alle möglichen Enttäuschungen und Niederlagen der Person einbezogen und vorweggenommen sein, nichts, was Ihnen widerfuhr, durfte Sie mehr freigeben, wie ein privates Individuum über sich zu

> verfügen, Ich weiß, was es heißt, wenn das Sterben einem leichter wird als das Leben, aber die Verantwortung ist größer als Tod und Leben, und Sie haben eine, die Sie heute noch nicht zu überschauen vermögen, aber um die Sie wissen …
> Was nun das selber zwischen Ihnen und Lo betrifft, sagen Sie ja das Strengste, fast zu Strenges für mein Gefühl. Sie waren einfach (ich vergesse nicht warum, aber das ändert nichts) zu ichgebunden, und gerade bei Ihnen kam es besonders darauf an, das loszuwerden … öffnen Sie sich der Welt …
> Ich umarme Sie, lieber Freund, ich bin Ihnen gut wie noch nie."

Nach vier Jahren intensiver Diskussion beschloß der Kibbuz Hazorea *Haschomer Hazaïr* beizutreten. In diesem Prozeß vertraten sie eine marxistische Ideologie, betrachteten ihre frühere Position als bürgerliche Rationalisierung und taten ihre früheren Ideale des religiösen Sozialismus und der Gemeinschaft als „Ideologie" im marxistischen Sinne ab: als geistige Verschleierung eines materiellen Interesses. Gerson lehnte jetzt Buber und seine Lehren als sentimental, idealistisch und für die harte Wirklichkeit des Kibbuzlebens ungeeignet ab. Gerson klagte, daß Buber übersteigerte Worte benutze, die nicht immer zwingend und notwendig seien, so daß „ich mich manchmal fragte: ‚Ist das voll im Angesicht der Wirklichkeit gesagt, wie ich mit ihr in den letzten Jahren zusammengeriet?'"

Während derselben Zeit veränderte sich das Leben eines anderen Kibbuzniks aus Deutschland drastisch – das von Bubers Sohn Rafael. Seit einiger Zeit von seiner Frau Margarete getrennt, die später in einem Konzentrationslager und daraufhin, obwohl sie Kommunistin war, in einem sowjetischen Arbeitslager interniert wurde, heiratete Rafael 1934 wieder und emigrierte nach Palästina, wo er in Kvuza Geva in der Nähe von Ain Harod lebte. Dort arbeitete er zwölf Stunden täglich in großer Hitze, war aber, wie er seinem Großvater Carl schrieb, sehr glücklich, in der Tat ausgesprochen vergnügt. Rafael beabsichtigte nicht nur, seine zweite Frau Ruth herüberzubringen, sobald er die Umstellung erfolgreich vollzogen hatte, sondern auch Barbara und Judith, seine beiden Kinder aus erster Ehe, die bei Martin und Paula lebten. „Für euch wird es wohl ein großes Opfer sein", schrieb Carl Buber an seinen Sohn Martin zu der Möglichkeit, daß Barbara und Judith ihrem Vater nach Palästina folgen könnten, und er schloß: „Aber es muß sein." Trotzdem fand die Umsiedlung der Mädchen nicht statt. Als Antwort auf einen langen Brief, den Rafael seinen Eltern im August 1936 geschrieben hatte, schrieb Martin:

> „Deine Briefe sind mir ebenso wie Mutter sehr wohltuend, vor allem, weil man daraus immer wieder mit Freude merkt, was man freilich schon weiß: was für ein tüchtiger Kerl Du geworden bist.

Über das persönliche Schicksal hinaus ist mir das hinsichtlich Deiner ganzen Generation ein tröstliches Zeichen: sie hat es schwer gehabt und hat dann auch schwer geirrt, aber es ist ihr doch gewährt, den Weg zu finden."

Für Bubers Schwiegersohn war es schwieriger, sich in Palästina niederzulassen. Buber war seit langer Zeit an der Dichtung von Ludwig Strauß interessiert, aber er war auch immer um dessen finanzielle Situation besorgt. Er riet ihm vom riskanten Verlegerberuf ab und bemühte sich wiederholt, für ihn Arbeit zu finden. Er war jedoch nicht in der Lage, der Familie Strauß viel finanzielle Hilfe zu geben; deshalb stellte Evas Großvater Carl bis zu seinem Tod eine monatliche Unterstützung zur Verfügung. Als Strauß 1934 seine Absicht, nach Palästina auszuwandern, ankündigte, waren Evas Eltern dagegen. Dies mag auf den ersten Blick seltsam erscheinen, weil Buber und Strauß sich ursprünglich durch ihr gemeinsames Interesse am Zionismus getroffen hatten. Doch Martin Buber und noch in viel stärkerem Maß Paula Buber zweifelten, daß Eva den physischen Belastungen eines Lebens in Palästina gewachsen sein würde, eine Sichtweise, die Eva, Martins Aussage zufolge, teilte. Die Sorge von Strauß galt seinen zwei jungen Söhnen, für die er im nationalsozialistischen Deutschland berechtigterweise eine zweifelhafte Zukunft voraussah. Nur mit Schwierigkeiten erhielt Strauß Bubers Zustimmung.

1936 brach ein ähnlicher, noch größerer Konflikt, dieses Mal jedoch zwischen Ludwig Strauß und seinen Schwiegereltern, aus, durch den er seine lange Freundschaft mit Martin Buber gefährdet sah. Nach einem schmerzhaften inneren Kampf entschied Strauß im Januar 1936, den Werkleuten im Kibbuz Hazorea sich anzuschließen. Er informierte Buber von dieser Entscheidung in einem langen Brief, auf den Buber erst antwortete, als er durch einen Brief seiner Tochter Eva hörte, daß ihr Mann Bubers Schweigen schlecht aufgenommen hatte. Im März schrieb Buber ihm einen langen Brief, in dem er ihm in der Tat erklärte, daß er ihm nicht geschrieben hatte, weil er ihm in seiner Entscheidung nicht beipflichten könnte.

„Stellt euch doch vor, daß ich ein starkes Gegengefühl habe, das mit einem Urgefühl in mir, einem mir selbst geheimnisvollen, zusammenzuhängen scheint: soll ich das in Argumente übersetzen, die das, was gemeint ist, gar nicht wiedergeben können? ... Was ist da rechtmäßigerweise zu tun, als Euch mit einem Euch allen, wie Ihr wißt, liebend zugewandten, aber schicksälig verstummten Herzen eben versuchen zu lassen, was Ihr versuchen wollt!"

Ein Versuch, ihn umzustimmen, stand außer Frage, aber Buber fügte ein Wort der Vorsicht hinzu, um Strauß besonders auf eine Realität aufmerksam zu machen, die er vielleicht nicht vollständig bedacht hatte, wiewohl er darüber schrieb: „Ich nehme Dich wirklich als geistige Person wichtig genug – aber wenn Du in einem Kibbuz einwurzeln willst, mußt Du gewissermaßen vergessen, wer Du bist und das Ganze dieser Gemeinde, das der vollen Teilnahme aller an der leiblichen Arbeit, auf Dich nehmen. Das wird eine sehr schwere Sache sein – und wenn Du es Dir auch jetzt als schwer vorstellst, über Dein Vorstellen schwer." Obwohl Hermann Gerson und sein Kreis alles unternähmen, es ihm leichter zu machen, dürfe er selbst das als neues Mitglied eines Kibbuz in den ersten Jahren nicht zulassen. Dies sei keine Frage des guten Willens seiner Kameraden, sondern eine objektive Tatsachenfeststellung.

> „Du kannst das gar nicht mehr festhalten, was Du als Dichter an Muße, an Rhythmus der Tätigkeiten usw. brauchst, Du mußt, wenn Du dem Gesetz gehorchen willst, Dich mit Haut und Haaren von dem Gleichen-und-Allgemeinen, vom Geheisch der Erde verschlingen lassen und den dichterischen Atem Dir nur verstatten, wenn, wann sie dich freigibt."

Buber ermangelte in keiner Weise des konkreten und realistischen Verständnisses des Arbeiterlebens, wie der ihm mittlerweile unfreundlich gesonnene Gerson gerne dachte!

Ludwig Strauß hielt an seiner Entscheidung fest, vollzog seinen Beitritt zum Werkleute-Kibbuz und schrieb Buber, daß sich in der Tat ihre Ansichten unterschieden. Dieser Unterschied kam wieder scharf ins Blickfeld zu einer Zeit, als Strauß, obwohl es ihm unmöglich war, im Kibbuz zu bleiben, dennoch dem Land nahe bleiben wollte. Buber bemühte sich, für Ludwig literarische Arbeit in Jerusalem zu finden, und legte ihm, von der eigenen Erfahrung ausgehend, nahe, daß genau die Überwindung der Beschwerlichkeit von zwei Arten intellektueller Arbeit, Redaktion und Dichtung, der Durchbruch sein könnte, den er für seine eigene Kreativität brauche. Strauß antwortete, daß Buber die Situation nicht von seiner Seite gesehen habe. In Bubers eigener Terminologie hatte Buber in der „Umfassung" oder der „Vorstellung des Wirklichen" versagt, und zwar genau durch die Annahme, daß seine eigene Erfahrung auch für Ludwig gelte. Buber selbst hatte niemals Arbeit mit den Händen erfahren und konnte sich nicht vorstellen, was sie für Strauß bedeutete. Strauß brauchte keine andere Art intellektueller Arbeit für einen Durchbruch zur eigenen Kreativität, sondern manuelle Arbeit auf dem Land.

Die Hauptursache für Bubers Versagen, die Situation aus Strauß' Perspektive zu sehen und seine Seite der Situation zu erleben, war die Tatsache, daß Paula Buber, als sie 1937 Palästina besuchte, meinte, die Bedingungen auf dem Land seien für Eva zu hart, und sich energisch dafür einsetzte, das Paar dazu zu bringen, in die Stadt umzuziehen. Trotzdem zog Ludwig mit Eva und den zwei Jungen ins Kinderdorf in

Ben Shemen, wo Ludwig eine Stellung annahm. Erst einige Jahre später nahm er tatsächlich eine Verlegertätigkeit in Jerusalem auf, wozu Martin ihm geraten hatte.

1936 veröffentlichte Buber das Buch *Zion als Ziel und Aufgabe,* in dem solche warnenden Aufsätze wie „Wann denn?“ erschienen. In seinem Vorwort zu diesem Buch sprach Buber von dem kranken Verständnis der Zeit, die für notwendig erachtete, „mit den Wölfen zu heulen“, und glaubte, den Aufbau von Zion durch die in der Welt verbreiteten unrechtmäßigen Mittel bewerkstelligen zu können. Das wahre Zion kann als Ziel nur erreicht werden, wenn man in den Weg dorthin, in die Aufgabe, vom Ziel selbst soviel hineingebracht hat, wie man kann. Kein Weg führt zu einem anderen Ziel als zu seiner eigenen Vollendung. Zion als Ziel kann nicht erreicht werden, wenn die Mittel zu diesem Ziel ganz und gar von ihm verschieden sind.

Im August erhielten Bubers einen Brief von Rafael, in dem er den arabischen Angriff auf seinen Kibbuz und zwei weitere Siedlungen in der Jezreel-Ebene beschrieb sowie die Maßnahmen, die von den Siedlern zu ihrer Selbstverteidigung ergriffen wurden, das Aufstellen besonderer Polizeiwachen auf den Feldern, die sie kultivierten, eingeschlossen. Am Tage fuhr Rafael Traktor, aber zu besonderen Zeiten und in der Nacht diente er als Wache für seine eigene und die benachbarten Gemeinden. Überall in Palästina hatten die Araber Angriffe gestartet, auf den Hafen von Haifa, die Petroleumleitungen und die Züge, die inzwischen ihren Verkehr zwischen Haifa und Tel Aviv eingestellt hatten. Obwohl die Spannung unter den jüdischen Siedlern stark gestiegen war, erschien die Gefahr zu diesem Zeitpunkt nicht ernst. Besonderen Anlaß zur Freude gab Rafael die Tatsache, daß keine Haßgefühle für das arabische Volk existierten, obwohl sie ihre Felder mit der Waffe in der Hand bearbeiten mußten und fast jede Nacht gegen Araber, die sich hinter den Felsen verbargen, kämpfen mußten. Auf beiden Seiten gab es viele Menschen, die Frieden wollten. Sein Vater antwortete: „Leider sehe ich nicht, wie in der nächsten Zeit der schwere Konflikt auf eine gerechte Weise überwunden werden könnte. Was man in dieser Richtung vorschlagen möchte, dürfte bei keiner der beiden Parteien Gehör finden.“

Wie Raffi, Ludwig und Hermann Gerson sollten Buber ununterbrochene Jahre kontinuierlicher Arbeit in Palästina beschieden sein. Aber so wie Jakob sich um Rachel bemühte, so war es auch für ihn eine lange Zeit des Wartens, der Frustration und der Enttäuschung, bevor er am Ziel anlangte. Es bedurfte elf Jahre der Verhandlungen und Jahre dauernder Auseinandersetzungen mit den Nationalsozialisten und den britischen Autoritäten, bevor Martin Buber, Mitbegründer der Bewegung zur Gründung der Hebräischen Universität und weltbekannter Gelehrter und Philosoph, seinen Wohnsitz in Palästina als Professor an der Hebräischen Universität finden konnte! 1927 begannen die Verhandlungen mit der Universität, die wiederholt festfuhren trotz der Anstrengungen von Judah Magnes, Hugo Bergmann (der während dieser Zeit Rektor der Universität wurde), Gershom Scholem und vieler anderer.

Als Antwort auf einen Brief von Gerson schrieb Buber: „Ich kann mich gar nicht damit befassen, ob ich irgendwo ‚wirken' kann; so was ginge mir geradezu gegen die Scham. Wenn ich an ein Leben in Palästina denke, so denke ich eben daran, ob ich dort leben und arbeiten kann, nicht, ob ich dort und darauf einwirken kann (worüber ich mir übrigens nie Illusionen gemacht habe)." Trotzdem scheinen Gersons Fragen *kurzfristig*, jedoch nicht auf längere Sicht, prophetisch gewesen zu sein. Buber informierte Gerson dann, daß er die Stellung angenommen hatte, wenn auch ernsthafte private Schwierigkeiten finanzieller Art den Zeitpunkt seines Gehens beeinflussen könnten. Er hoffte, Anfang März 1935 übersiedeln zu können. Aber weniger als eine Woche später erfuhr Buber, daß die Direktorenversammlung der Universität die Empfehlung zurückgewiesen hatte. Die engstirnig religiöse Clique fand ihn nicht jüdisch genug, erklärte Magnes, und die Spezialisten fanden diesen „begabten Schriftsteller" nicht gelehrt genug!

Es ist ein interessanter Kommentar zu Bubers vorgeblichem Mangel an Gelehrtheit, daß er in der Lage war, drei verschiedene Lehrstühle in drei sehr unterschiedlichen Fakultäten auszufüllen – in Religionsgeschichte, Erziehung und Sozialphilosophie – und in der Tat die Positionen, die er schließlich einnahm, der Lehrstuhl für Soziologie und der Vorsitz in der Soziologischen Fakultät an der Hebräischen Universität waren. In einem Brief, in dem er Hugo Bergmann zu seiner Wahl zum Rektor der Hebräischen Universität gratulierte, kommentierte Buber auch das Opfer, das im Wechsel einer Disziplin enthalten ist, die, obwohl sie für ihn seit vielen Jahren wichtig war, doch nicht im eigentlichen Sinne „seine" Disziplin war. Er würde so viel Zeit und Energie damit verbringen müssen, unabhängige Ansichten und Methoden zu entwickeln, daß er wenig Zeit für wissenschaftliches Arbeiten in den Bereichen haben würde, an denen er persönlich mehr interessiert war. So „habe ich aber das Gefühl, daß dort, mit zwei oder drei Ausnahmen, niemand um die Härte dieser Entschließung weiß. Derartige Gefühle haben mich zeitlebens nicht zu stören vermocht; zum ersten Mal spüre ich jetzt eine mir aufs Herz gelegte Last."

Buber ist nicht aus dem nationalsozialistischen Deutschland „vertrieben" worden. Die Nationalsozialisten wollten ihn nicht einmal auswandern lassen, weil er keine 25 % vom Wert des Landes, das er zu der Zeit in Polen besaß, bezahlen konnte. Nur nach verschiedenen Interventionen stimmten sie zu, daß er Zweidrittel des Jahres in Palästina leben dürfe, unter der Bedingung, daß er den Rest der Zeit in Deutschland verbringe und sein Haus in Heppenheim in „bewohnbarem" Zustand halte. Paula Buber nahm diese Bedingung so ernst, daß sich tatsächlich Besitztümer im Haus befanden, die dann in der Pogromnacht im folgenden November geplündert wurden, und in der auch die Einrichtung von Bubers Haus in Heppenheim zusammen mit dreitausend Bänden, die in der Bibliothek geblieben waren, zerstört wurde. Wie bereits erwähnt, forderte das Finanzministerium der Nationalsozialisten siebenundzwanzigtausend Mark von Buber, die er natürlich nicht zahlen konnte.

Ein bizarrer Vorfall ganz zum Schluß sorgte für eine komische Auflösung dieser surrealen Affäre. Der schwierigste Teil des Umzugs selbst war das Verpacken von Bubers Bibliothek – mehr als zwanzigtausend Bänden – in Kartons und Kisten. Die Beamten des Dritten Reiches waren mißtrauisch und schickten einen Gestapobeamten, um die Verpackung der Bibliothek überwachen zu lassen. Der Beamte stand untätig und gelangweilt mitten im Bücherchaos und wandte sich schließlich an Buber mit der Bitte um ein Buch, das er lesen könnte. Buber lud seinen ungeladenen Gast ein, aus den Büchern das, was immer er wolle, auszuwählen. Aber der Gestapobeamte erwiderte: „Herr Professor, ich würde gerne eines Ihrer Bücher lesen." Buber zögerte, denn er war sich ganz und gar nicht im klaren, welches seiner Bücher für diesen NS-Günstling angemessen wäre. Schließlich gab er diesem Beamten der Geheimen Staatspolizei die gesammelte Ausgabe seiner chassidischen Bücher. Drei Tage lang las der Nationalsozialist fasziniert das mehr als siebenhundert Seiten starke Buch, bis er es ganz gelesen hatte. Dann fragte er Buber, ob er das Buch als Erinnerung behalten dürfe. Als Buber zustimmte, bat der Gestapomann um eine persönliche Widmung. „Ich konnte schlecht ‚Für meinen lieben Gestapomann' hineinschreiben", kommentierte Buber, als er diese Geschichte erzählte. Er löste das Problem, indem er einfach seinen Namen in das Buch schrieb.

Die Aufgabe des Bücherpackens nahm auch eine ironische Wendung. Hier allein war Bubers Familienideal der kleinen Gemeinschaft mit vielen gemeinsamen Zielen erfüllt, denn die ganze Familie arbeitete als Gruppe zusammen, um Tausende von Büchern zu verpacken und zu verschicken. Während sie arbeiteten, lächelte Martin und kommentierte: „Hier sehe ich eine Familie zusammenarbeiten." Jedoch half er seiner Frau nicht beim Packen der Haushaltsutensilien, Wäsche und anderer Dinge! Nachdem sie fortgezogen waren, stimmte Buber zu, das Haus in Heppenheim nicht zu verkaufen und jedes Jahr für einige Monate zurückzukehren, um Erwachsene in Frankfurt zu unterrichten. 1937 kam die Familie in Israel an und kehrte, nachdem die Kinder in der Schule angemeldet und eine Wohnung gemietet worden war, nach Deutschland zurück. Im Frühling 1938 kamen sie nach Israel zurück, und ein großer Teil des Mobiliars und der Bücher wurde nach Israel transportiert, ohne daß das Haus in Heppenheim verkauft worden war. Buber bereiste im Sommer 1939 Europa mit der Absicht, auch nach Deutschland zu reisen. Als er in der Schweiz ankam, wurde er gewarnt, die Grenze nach Deutschland nicht zu überschreiten, und kehrte daraufhin nach Israel zurück.

Während dieser Jahre setzte Buber das Studium des modernen Hebräisch fort, das er unter der Anleitung von Abraham Joshua Heschel begonnen hatte und in dem er so bemerkenswerte Fortschritte gemacht hatte, daß Heschel nicht umhin konnte, sich zu fragen, ob Buber nicht noch anderswo Hilfe gesucht hatte. Der Unterschied zwischen dem biblischen und talmudischen Hebräisch, mit dem Buber von Kindheit an vertraut war, und dem modernen Hebräisch, insbesondere in seiner gesprochenen Form, war so groß, daß Buber sich vorstellte, das erste Semester seines Unterrichts nur durch das Lesen geschriebener Texte zu bestreiten, und es nicht wagte, außer mit engen Freunden, an Gesprächen auf Hebräisch sich zu beteiligen.

Bei ihrer Ankunft in Palästina fanden die Bubers ein Haus in Talbiyeh, einem der Stadtviertel des „neuen" (im Gegensatz zum *wirklich* alten) Jerusalem. Die neu hinzugekommenen jüdischen Immigranten aus Europa hatten sich größtenteils in den neuen Vierteln Jerusalems niedergelassen. Die Umstellung war schwierig, aber bis zum Mai hatten sie sich genügend eingerichtet, so daß Paula Buber sich nach all den Anstrengungen und Aufregungen, denen sie ausgesetzt war, etwas ausruhen konnte. Buber beschrieb sich selbst als jemand, der, wenn auch nicht im Ozean sich tummelnd, so doch immerhin mit Hilfe eine Schwimmweste darin schwimmen konnte. „Das Leben hier bekommt mir gut", schrieb er an Scholem, „ich lasse mir den Wind der Winde um die Ohren wehen, und den atmosphärischen Druck, der mich in Europa überallhin begleitete, bin ich los – ein Beweis, daß es die ‚Gemeinschaft' trotz allem wirklich gibt." Paula und Martin Buber litten beide unter der Hitze, die meistens erträglich war, außer zu Zeiten des notorischen Hamsin oder Wüstenwindes, der dem kalifornischen Santa Ana-Wind vergleichbar ist. Er verbreitete eine trockene, bedrückende Hitze, an die Buber sich nie gewöhnen konnte. Als Antwort auf die Frage von Eduard Strauß, ob sie „sicher" wären, antwortete Buber, daß Bomben (der arabischen Terroristen) beständig in allen Teilen der Stadt explodierten, auch in dem Stadtteil, in dem sie lebten. „Aber mit *dieser* Unsicherheit kann man bemerkenswert gut leben", fügte er in unmißverständlichem Kontrast zum nationalsozialistischen Alptraum, aus dem sie vor so kurzer Zeit aufgewacht waren, hinzu.

Buber fand das Leben in Palästina schwieriger, aber sinnvoller als in Europa. Er erlebte eine unglaubliche Kreativität sowohl als Lehrer als auch als Schriftsteller. Obwohl er sehr viel geschrieben hatte, wurde er doch erst jetzt ein Schriftsteller im wirklichen Sinn des Wortes. Vordem waren seine Schriften, mit Ausnahme der Bibelübersetzung, mehr zufällig gewesen; Schlangenhäute, die er, wie er es ausdrückte, abstreifen mußte. Deutsche Publikationen standen außer Frage, und selbst Schocken wollte nur die Bibelübersetzung fortführen, aber nichts Neues von Buber annehmen. Buber war jedoch schon dabei, Verbindungen in die Schweiz, nach England und Amerika zu knüpfen, ein Bemühen, das in den Kriegsjahren und nachher große Früchte trug.

Der gute Geist im Haushalt der Bubers war seine Frau Paula, die den Lebensstil des Hauses zu einem großen Teil bestimmte, selbst wenn sie sich der Außenwelt weniger bewußt blieb. Buber zog die arabische Architektur vor, und alle drei seiner Häuser in Jerusalem hatten hohe Decken und dicke Wände, die Schutz vor Hitze und Kälte boten. Die alten europäischen Mahagonimöbel schafften in seinem relativ neuen orientalischen Haus den Eindruck einer Synthese von Orient und Okzident. In seinem Arbeitszimmer standen große Glasvitrinen, in denen sich neben gelehrten Büchern Kunstbücher mit Reproduktionen alter Meister befanden. Es gab auch einzelne Kunstgegenstände aus seinen früheren Jahren in Florenz und eine wunderbare Dante-Ausgabe in italienischer Originalsprache, die Buber zu lesen liebte. Das Arbeitszimmer wurde von einem großen, fremdländischen Schreibtisch dominiert, auf dem immer eine große Sammlung von Stiften lag, nie aber eine Schreibmaschine stand. Der Schreibtisch war mit Büchern und Manuskripten und vor allem mit Notizbüchern bedeckt, in die Buber Ideen, die ihm zu völlig verschiedenen Bereichen einfielen, systematisch je nach Thema in das eine oder andere notierte. Buber rauchte nicht, aber er hatte immer Zuckerstücke parat, die dazu dienten, seine Energie und Konzentration zu steigern, wenn er ermüdet war. In seinem ersten Haus in Jerusalem bewahrte er eine vollständige Ausgabe von Goethes Werken in der Nähe seines Schreibtisches auf.

Buber wußte immer genau, wo in seiner Bibliothek sich genau dieses oder jenes Buch oder diese oder jene Passage, die er benötigte, befanden. Er war in der Lage, jedes Buch innerhalb weniger Stunden zu lesen und sich vollständig dessen Inhalts zu erinnern. Neben den Büchern hielten sich in seinem Arbeitszimmer Katzen auf, die frei durch das offene Zimmer ein- und ausgingen und auf dem Sofa seines Arbeitszimmers lagen. Buber sprach zu diesen Katzen, als ob sie menschliche Wesen wären, und sie beachteten ihn in der gleichen Weise. Wenn er zu einer Katze sagte: „Ja, was machst du? Leg dich in die Ecke und stör mich nicht“, gehorchte die Katze.

Zu der Zeit, als Buber sich in Palästina niederließ, beherrschte er bereits das gesprochene Hebräisch. Zuerst schrieb er seine Vorlesungen auf Deutsch und arbeitete sie dann mit dem Hebräisten Fritz Aronstein auf Hebräisch durch. Seine deutsche und hebräische Handschrift glichen fast reiner Kalligraphie, so daß er dem Drucker oft seine handgeschriebenen Manuskripte gab. Als er seine Antrittsvorlesung im großen Auditorium der Hebräischen Universität auf dem Jerusalem überblickenden Scopusberg gab, war sein Hebräisch so klar und reich, daß seine Zuhörer oft nicht wußten, wo Buber die Bibel oder Plato zitierte und wo er selbst sprach.

Im Laufe der nächsten Jahre, als die meisten seiner Schriften auf Hebräisch und nicht mehr auf Deutsch erschienen, wurde Buber zu einem ungewöhnlichen hebräischen Schriftsteller. Er versuchte im Hebräischen, was er im Deutschen getan hatte. Das Ergebnis war etwas gezwungen, denn die Sprache eignete sich für eine so enge Übertragung nicht. Er mußte sein eigenes Hebräisch erschaffen, so wie er sein eigenes Deutsch erschaffen hatte. Dennoch drückte er sich im Hebräischen mit großer Eindringlichkeit aus. Es ist nicht wahr, daß er, wie seine Verleumder gerne sagten, kein gutes Hebräisch schreiben konnte. Als Theodor Heuss, der Präsident der Bundesrepublik Deutschland, 1960 zu einer Vorlesung nach Israel kam, die von Buber, Bergmann, Scholem und Ernst Simon unterstützt wurde, kam der Premierminister von Israel, David Ben Gurion, in der Halle des Hotels, in dem ein Festessen für Heuss veranstaltet wurde, auf Buber zu. Ben Gurion versuchte seine eigene Verlegenheit darüber, daß er sich genötigt fühlte, einen hohen Staatsmann, der jedoch Deutscher war, zu ehren, zu überspielen, indem er Buber angriff. „Wie kommt es, daß Sie Ihre Bücher nie in Hebräisch geschrieben haben?“ fragte Ben Gurion. „Ich habe viele in Hebräisch geschrieben“, antwortete Buber, „unter anderem auch *Gog und Magog,* das in der Zeitung Ihrer eigenen Partei in Fortsetzung veröffentlicht worden ist!“

Im abstrakten Denken und in Dichtung und Drama verließ Buber sich weiterhin auf das Deutsche. Doch in wichtigen Bereichen seines Lebens, wie im Chassidischen, wurde er einer von jenen „Menschen, die spontan in Hebräisch dachten.“ Für viele Jahre Buch auf Buch sowohl in Deutsch als auch in Hebräisch zu schreiben war eine Arbeit, die die intensivste Konzentration erforderte. Insbesondere, da diese beiden Sprachen, wie Buber selbst deutlich machte, nicht geeignet waren, die gleichen Dinge auszudrücken. Erst in seinen letzten Jahren unternahm Buber die Korrektur der Übersetzungen ins Hebräische und ins Englische, und es gelang ihm oft, genauere Worte zu finden als die Übersetzer. Bubers Antrittsvorlesung „Die Forderung des Geistes und die geschichtliche Wirklichkeit“ (1938) war eine bemerkenswerte Kombination des Alten – Plato und Jeschajahu – und des Neuen – der modernen Wissenschaft der Soziologie –, des Akademischen und des Geistigen, des Zeitlosen und des Aktuellen.

Jeschajahu hatte keinen Entwurf eines perfekten und gerechten Staates. Er besaß nur eine Botschaft, eine Proklamation, die sowohl Kritik als auch Forderung war. Er war der machtlose Prophet, der sowohl das Volk als auch die Regierung an ihre *gemeinsame* Verantwortung gegenüber dem Willen Gottes und für wahre Gemeinschaft gemahnte. Seine Kritik richtete sich an das Leben der Menschen in einer Gesellschaft, in der soziale Ungleichheit und die Unterscheidung zwischen Freien und Unfreien die Gemeinschaft spalteten und die Entstehung eines wirklichen Volkes, das in der Lage war, die Forderungen des Bundes zu erfüllen, unmöglich machten. Jeschajahu hat genau in seinem Versagen zu seiner historischen Stunde seine Vision für immer im Volk verankert, so daß ihr Geist in jeder neuen Situation, in der von neuem die Chance besteht, sie in soziale Wirklichkeit umzusetzen, noch wirksam ist. Genau weil er eine Botschaft für eine bestimmte Situation und nicht eine universale und zeitlose ideale Wahrheit empfangen hatte, entspricht sein Wort nach Tausenden von Jahren vielen Situationen in der Geschichte der Völker. Jeschajahu kann sich nicht auf Platos Einstellung des ruhigen Beobachters zurückziehen, wenn er sich von wilden Bestien umgeben fühlt. Er muß eine Botschaft sprechen, die mißverstanden, falsch beurteilt, mißbraucht wird, deren Aussage jedoch für immer glühen wird.

Auf unheimliche Art stellte Buber mit diesen Worten seinen eigenen einsamen und schmerzhaften Weg in den zukünftigen Jahren in Palästina und im Staat Israel dar. Wenn man von ihm, während er in Deutschland war, humorvoll als Rabbi von Zehlendorf oder Heppenheim sprechen konnte, ist das Bild, das zu seinem Leben in Israel paßt, nicht das des chassidischen Führers, der von seiner Gemeinde umgeben ist, sondern das des einsamen Propheten, der das harte Wort der Stunde an taube Ohren und harte Herzen heranträgt. Buber war kein biblischer Prophet, vielmehr ein Philosoph. Er hatte keine göttlich inspirierte Botschaft, sondern eine Lehre. Doch auch er wollte das, was für die Umwandlung sozialer Wirklichkeit, der Wirklichkeit innerhalb der Gesellschaft und der Wirklichkeit zwischen einer Gesellschaft und einer anderen entscheidend war. Auch ihn trieb die prophetische Aufgabe der Kritik und die Forderung an die gegenwärtige Situation voran. Er sah die Zukunft nicht auf der Grundlage der Inspiration wie Jirmejahu, sondern auf der Basis des Verstehens wie Jeschajahu.

Der Kern von Bubers Antrittsvorlesungen als Professor für Sozialphilosophie an der Hebräischen Universität stellt – unter dem Titel „Das Problem des Menschen“ (hebr. 1943) – einen entscheidenden

Schritt vorwärts dar in der Entwicklung seiner philosophischen Anthropologie, seinem bedeutsamsten Beitrag zur Philosophie und Geschichte des westlichen Gedankenguts. Obwohl scheinbar eine objektive Prüfung der Geschichte der Philosophie vom Standpunkt des Problems des Menschen aus, gibt es vieles in „Das Problem des Menschen“, das seine gelebte geschichtliche Basis in Bubers Leben enthüllt.

Noch mehr als in *Die Frage an den Einzelnen* betont Buber in *Das Problem des Menschen* (dt. 1948) die Wichtigkeit der Vereinsamung – eine Vereinsamung, die er selbst während der ihm verbleibenden Jahre seines Lebens immer intensiver erfahren sollte. Nur in seiner strengen und unentrinnbaren Vereinsamung stellt sich dem Denker die menschliche Problematik als eine unabhängige Wirklichkeit dar. „Im Eis der Einsamkeit wird sich der Mensch am unerbittlichsten zur Frage“, und in den am meisten vereinsamten Personen werde das anthropologische Gedankengut in der menschlichen Geschichte fruchtbar. Buber unterscheidet hier zwischen Epochen der Bewohntheit, in denen die Menschen wie in einem Haus oder Heim in der Welt lebten, und Epochen der Heimlosigkeit, in denen der Mensch „lebt ... in der Welt wie auf freiem Feld und hat zuweilen nicht einmal vier Pflöcke, ein Zelt aufzuschlagen.“ Auffälligerweise hatte Buber, der mit vierzehn Jahren die Drohung der Unendlichkeit von Raum und Zeit in solcher Schärfe erfahren hatte, daß er fast Selbstmord begangen hätte, als er seine Doktorarbeit schrieb, sich in der makrokosmischen Sicherheit des Cusaners niedergelassen –, nur um sie erneut und für immer im ersten Weltkrieg zu verlieren.

Nach den Entdeckungen von Kopernikus und Einstein kann das Universum noch gedacht werden – in mathematischen Theoremen –, aber man kann es sich nicht länger als Heim vorstellen oder in ihm wie in einem Heim leben. Buber bezieht sich auf die Krise des Nationalsozialismus, wenn er hier von „einem Moment in der Geschichte, in dem die Problematik der menschlichen Entscheidung in erschreckendem Ausmaß spürbar wird“, spricht. Eine neue anthropologische Furcht ist entstanden: „Die Frage nach dem Wesen des Menschen steht vor uns in all ihrer Größe und ihrem Schrecken wie nie zuvor, und nicht mehr in philosophischer Gewandung, sondern in der Nacktheit der Existenz.“

In einem wichtigem Sinne stellt *Das Problem des Menschen* Bubers eigenen Dialog mit Denkern dar, die in seiner Jugend einen entscheidenden Einfluß auf ihn ausübten: Kant, Feuerbach, Kierkegaard und Nietzsche. Bubers Kritik an Nietzsches Lehre vom „Willen zur Macht“, sie sei krank, ist nicht überraschend bei einem Philosophen, der von seinen frühesten Schriften an die Notwendigkeit betont hat, die Macht einer sinnvollen persönlichen, sozialen und nationalen *Richtung* verantwortlich zu machen. Neu ist, was Buber hier über wirkliche Größe in der Kultur- und Geistesgeschichte wie auch in der Geschichte von Menschen und Staaten sagt, denn in dieser Charakterisierung können wir vielleicht etwas von Bubers Einsicht erfahren:

> „Zur Größe gehört eine innere Mächtigkeit, die zuweilen jäh und unwiderstehlich zur Macht über die Menschen erwächst, zuweilen still und langsam in eine still und langsam zunehmende Schar hineinwirkt, zuweilen auch gar nicht zu wirken scheint, sondern in sich besteht und ausstrahlt, Strahlen, die vielleicht erst den Blick einer fernen Zeit erreichen werden ... Der große Mensch, ob wir ihn in der intensivsten Tätigkeit an seinem Werk oder im ruhenden Gleichgewicht seiner Kräfte erfassen, ist mächtig, unwillkürlich und gelassen mächtig, aber er begehrt nicht nach Macht. Wonach er begehrt, ist Verwirklichung dessen, was er im Sinn hat, Fleischwerden des Geistes."

Erst in unserer Zeit ist das anthropologische Problem zur Reife gelangt und wurde schließlich als unabhängiges philosophisches Problem behandelt, denn nur in unserer Zeit ist die Heimlosigkeit im Universum verbunden mit der Heimlosigkeit, die durch den Verfall der alten organischen Formen des direkten Lebens zwischen Mensch und Mensch verursacht wurde. Diese doppelte Heimlosigkeit wird noch dadurch gesteigert, daß der Mensch hinter seinen Werken zurückbleibt und sich durch die Mächte, die er selbst in Form von Maschinen, Produktionsökonomie und unverständlichen politischen Mächten geschaffen hat, beherrscht fühlt.

Trotz seiner Einmaligkeit kann der Mensch, wenn er in die Tiefen seines Lebens hinabtaucht, niemals ein Wesen finden, das in sich selbst ganz ist und als solches das Absolute berührt. Zwei begrenzte und bedingte Wesen können jedoch das Absolute erfahren, wenn sie in echtem Dialog zusammen sind. In einer wirklichen Beziehung werden die Barrieren des Selbstseins durchbrochen, und man erfährt das Geheimnis des anderen Wesens im Geheimnis des eigenen. Die beiden Personen nehmen existentiell, nicht nur psychisch am Leben des anderen teil. Wenn der Mensch die Gelegenheiten auf seinem Weg, sich anderen zu öffnen, nicht nutzt, „verschleudert [er] das kostbarste, unersetzlichste, das jeweils einmalig gebotene Material." Unser Leben geht an uns vorüber.

„Die *große* Beziehung gibt es nur zwischen wirklichen Personen. Sie kann stark wie der Tod sein, weil sie stärker als die Einsamkeit ist, weil sie die Schranken der hohen Einsamkeit durchbricht, ihr strenges Gesetz besiegt und die Brücke über den Abgrund der Weltangst von Selbstsein zu Selbstsein schlägt." Buber fürchtete sich weniger vor dem Alptraum als vor der Vereinsamung oder dem Abgrund der Furcht. Auf dem schmalen Grat wandernd, trat er im Gegenteil immer wieder hervor, um dem anderen, der zu ihm kam, zu begegnen, und diese Begegnung auf dem schmalen Grat war der Ausgangspunkt für seine Anthropologie und sein Leben. Als Buber einige Jahre nach dem ersten Weltkrieg Max Scheler traf, nachdem sie sich für einige Zeit nicht gesehen hatten, war dieser, ohne daß Buber dies wußte, durch eine Phase des Katholizismus gegangen. Scheler überraschte Buber, indem er sagte: „Ich bin Ihrem schmalen Grat sehr nahe gekommen." Wenn Buber etwas nicht von Scheler erwartet hatte, dann war es dies, daß dieser die Sicherheit, die durch das sichere Wissen vom Urgrund des Seins gegeben war, aufgeben würde. Genau diese Bedeutung hatte der schmale Grat für Buber erlangt, seit seine eigenen Gedanken über die letzten Dinge einen entscheidenden Wendepunkt erreicht hatten.

Wenn er seinen Freunden seinen Standpunkt als den schmalen Grat darlegte, so meinte er, daß er nicht auf dem breiten Hochland eines Systems ruhte, welches eine Reihe von sicheren Aussagen über das Absolute einschloß, sondern auf einem schmalen felsigen Grat zwischen Abgründen, wo man die Sicherheit metaphysischer Wahrheiten nicht haben kann, jedoch Zuversicht in die Echtheit einer Begegnung, die das Wissen um den gegenseitigen Kontakt ohne die Sicherheit objektiven Wissens hervorbringt. Seine zweite Aussage Scheler gegenüber lautete: „Er ist anderswo, als Sie annehmen", denn in der Zwischenzeit hatte er verstanden, daß Scheler das Konzept des schmalen Grats mit Bubers früherer, von der deutschen Mystik beeinflußten Philosophie verwechselte, in der er die Meinung vertreten hatte, daß der Mensch das Wesen ist, durch dessen Existenz das Absolute Wirklichkeit in der Zeit erlangen kann, während es zugleich ewige Wahrheit bleibt. Schelers neue Philosophie des werdenden Gottes war in der Tat dieser Auffassung von der Verwirklichung Gottes durch den Menschen sehr nahe. Auch Scheler hatte ein erschütterndes Erlebnis während des Krieges gehabt, ein so radikal anderes als Buber, daß es ihn, anstatt ihn zu einer Begegnung mit Anderheit und der Anerkennung der Existenz des Geistes im Reich des Zwischen zu bringen, von der wirklichen Machtlosigkeit des Geistes überzeugte.

Die zentrale Position, die Freud der Verdrängung und Sublimierung zuspricht, ihre dominante Bedeutung für die gesamte Struktur des persönlichen und gemeinschaftlichen Lebens, basiert nicht auf dem Leben des Menschen im allgemeinen, sondern auf der Situation und den Qualitäten des typischen Menschen von heute, der sowohl in seiner Beziehung zu anderen als auch in seiner Seele krank ist. Wenn auch das Individuum in jeder Gesellschaft oft seine oder ihre Wünsche den Befehlen der Gemeinschaft anpassen muß, erlangt Verdrängung eine dominante Wichtigkeit nur, wenn die organische Gemeinschaft von innen auseinanderfällt und Mißtrauen zum Grundton des Lebens wird.

„Die Scheidung zwischen Geist und Trieben ist hier, wie sehr oft, die Folge der Scheidung zwischen Mensch und Mensch." In früheren Zeiten dachte der Mensch mit seinem ganzen Körper, bis in die Fingerspitzen; jetzt denkt er nur mit seinem Gehirn. Denn unser Zeitalter ist das des kranken Menschen, von der Welt abgeschnitten und gespalten in Geist und Instinkte. Weder Individualismus, der nur einen Teil des Menschen versteht, noch Kollektivismus, der den Menschen nur als Teil einer größeren Einheit versteht, können uns die Ganzheit des Menschen geben, denn sie sind die Schlußfolgerung oder der Ausdruck des gleichen menschlichen Zustands in verschiedenen Stadien. „Dieser Zustand ist durch das Zusammenströmen kosmischer und sozialer Heimlosigkeit, Weltangst und Lebensangst zu einer Daseinsverfassung der Einsamkeit gekennzeichnet, wie es sie in diesem Ausmaß vermutlich noch nie zuvor gegeben hat." Und Kollektivismus bedeutet eine schrecklichere Isolation als Individualismus. Das kollektive Ganze zielt logisch und erfolgreich auf die Reduzierung, Neutralisierung, Entwertung und Entweihung jeder Verbindung mit lebenden Wesen ab: „Jene zarte Fläche des persönlichen Wesens, die nach Fühlung mit anderem Wesen verlangt, wird fortschreitend abgetötet oder doch unempfindlich gemacht." Aber die Vereinsamung nimmt Rache in den Tiefen und steigert sich heimlich zu einer Grausamkeit, die im Zersprühen der Illusion in Erscheinung treten wird. „Der moderne Kollektivismus ist die letzte Schranke, die der Mensch vor der Begegnung mit sich selbst aufgerichtet hat."

Buber sah am Horizont, „mit der Langsamkeit aller Vorgänge der wahren Menschengeschichte", die große Desillusionierung von dem modernen Kollektivismus und die Erkenntnis des „Zwischen" als die Sphäre echter Gemeinschaft auftauchen, als „wirklichen Ort und Träger zwischenmenschlichen Geschehens". In den mächtigsten Augenblicken der Zwiesprache, wo der „Abgrund den Abgrund ruft", ist der schmale Grat, jenseits der subjektiven „inneren" Eindrücke und diesseits der objektiven „äußeren" Ereignisse, der Ort, wo Ich und Du sich begegnen, der Bereich des „Zwischen". Nur von diesem Wissen über die ewige Begegnung des einen mit dem anderen ausgehend, können wir den echten Menschen wieder gewinnen und wirkliche Gemeinschaft begründen.

> „Im tödlichen Gedränge des Luftschutzkellers treffen plötzlich die Blicke zweier Unbekannter sekundenlang aufeinander, in staunender, bezugloser Gegenseitigkeit. ... Es kann sich begeben, daß im verdunkelten Opernsaal zwischen zwei einander fremden Hörern, die in der gleichen Reinheit und mit der gleichen Intensität einige Mozartsche Töne vernehmen, ein kaum spürbares und doch elementares dialogisches Verhältnis sich errichtet."

Der wahre Lehrer wie auch der wahre Soziologe und der philosophische Anthropologe ist für Buber nicht der „wertfreie" Gelehrte und Vermittler von Wissen. „Erziehung, die diesen Namen verdient, ist wesentlich Charaktererziehung", sagt Buber zu Beginn der Ansprache, die er auf der Nationalen Konferenz jüdischer Lehrer in Palästina 1939 in Tel Aviv hielt. Heute sind unzählige Menschen in die Sklaverei der Kollektive versunken, und jedes Kollektiv ist die höchste Autorität für seine eigenen Sklaven. Dies trifft nicht nur auf die totalitären Länder zu, sondern auch für die Parteien und parteiähnlichen Gruppierungen in den sogenannten Demokratien. Kein Bezug auf absolute Werte kann einen Menschen vor solcher Sklaverei retten. Nur der Schmerz, den man in den Stunden absoluter Vereinsamung erfährt, kann zur Rettung des eigenen echten, persönlichen Selbst aus der Sklaverei des Kollektivismus führen. In diesem Zusammenhang bezog sich Buber zum ersten Mal auf das, was er später „Gottesfinsternis" nannte. „Den Schmerz wachzuhalten, das Verlangen zu erwecken ist die erste Aufgabe eines jeden, den die Verdunklung der Ewigkeit leiden macht; es ist auch die erste Aufgabe des echten Erziehers in dieser Stunde." Die Art, in der er diese Aufgabe erfüllen kann, ist wiederum, nicht auf die Erziehung großen Charakters abzuzielen, sondern ihn als letztliches Ziel zu haben, denn nur durch den Hinweis auf den großen Charakter kann der Erzieher den Schmerz im einzelnen Schüler, in der einzelnen Schülerin, der der Gegensatz zwischen dem, was sie ist und was sie sein könnte, bewußt wird, erwecken und am Leben erhalten. Der „große Charakter" bildet die Verbindung zwischen dem „großen Menschen" und der „großen Beziehung", wie Buber sie in *Das Problem des Menschen* behandelte. Der große Charakter antwortet mit der Ganzheit seines Wesens auf die Einmaligkeit jeder Situation, die er als aktive Person herausfordert. Der große Charakter ist also jemand, der angesichts der absoluten Neuheit jeden Augenblicks das Leben des Dialogs lebt.

> „Jede lebendige Situation hat, wie ein Neugeborenes, trotz aller Ähnlichkeiten ein neues Gesicht, nie dagewesen, nie wiederkehrend. Sie verlangt eine Äußerung von dir, die nicht schon bereitliegen kann. Sie verlangt nichts, was gewesen ist. Sie verlangt Gegenwart, Verantwortung, dich."

„Einem verantwortenden Menschen bleiben die Normen nicht fremd." Aber die Normen wirken nicht durch Maxime oder Gewohnheit, sondern durch jene Befehle, die latent bleiben, bis sie sich uns konkret enthüllen. Als Illustration erzählte Buber von einem Mann, dessen Herz genau in dem Moment vom Blitzstrahl des „Du sollst nicht stehlen" getroffen wurde, als er von einer ganz anderen Begierde als der des Stehlens bewegt war, und dessen Herz so davon getroffen war, daß er nicht nur das aufgab, was er gerade tun wollte, sondern mit der ganzen Kraft seiner Leidenschaft das genaue Gegenteil tat. „Dieser Mann war ich", sagte mir Buber, „nur war der Befehl an mich nicht: ‚Du sollst nicht stehlen', sondern ‚Du sollst nicht töten'!" „Ich hatte nicht vor, jemanden zu töten", fügte er hinzu; doch in diesem Verbot entdeckte Buber die positive Richtung, in die er gehen mußte. In ähnlicher Weise enthielt in seinem Kindheitserleben, das in „Die zwei Knaben" beschrieben ist, das Verbot seines Gewissens, dem Lehrer von der sexuellen Pantomime seiner Mitschüler zu erzählen, eine Richtung, ein „Ja", das ihn die Maxime des Lehrers „Ein guter Junge ist einer, der *uns* hilft" beiseite schieben ließ zugunsten der Situation, die ihn als einzigartiges *Du* ansprach. Maximen befehlen nur der dritten Person, dem Jeden und dem Keinen.

Der Lehrer kann in jungen Menschen den Mut erwecken, die Bürde des Lebens wieder auf sich zu nehmen, indem er ihnen das Bild des großen Charakters vorhält, der dem Leben und der Welt keine Antwort verweigert, sondern die Verantwortlichkeit für alles Wesentliche, das ihm oder ihr begegnet, akzeptiert. Heute sind die großen Charaktere noch „Feinde des Volkes", deren Liebe für die Gesellschaft beinhaltet, sie auf eine höhere Ebene heben zu wollen. „Morgen werden sie die Bauleute einer neuen Einheit der Menschenwelt sein", geboren aus dem Verlangen nach persönlicher Einheit. Dies ist ein wechselseitiger Prozeß. Eine große und volle Beziehung kann nur zwischen ganzen und verantwortlichen Personen existieren, aber sie werden dies gerade durch das Leben des Dialogs.

Buber kritisierte die Hebräische Universität hauptsächlich deswegen, weil sie ihr ursprüngliches Ziel, ein Zentrum für Erwachsenenbildung zu sein, nicht erfülle, und er wiederholte diese Kritik und Forderung mehrmals, nachdem er nach Palästina gekommen war. Aber als er selbst an der Hebräischen Universität lehrte, war er Professor und stand in keinem sehr engen Kontakt zu seinen Studenten. Bedeutende Studenten wie Samuel Eisenstadt haben die Wirklichkeit des Dialogs bezeugt, die Buber im Klassenzimmer hervorrief. Buber warf Probleme auf und brachte die Studenten dazu, Fragen zu stellen, aber er war Studenten gegenüber, die ins Wort fielen, zu „großzügig", berichtet Eisenstadt. „Er war, im besten Sinne des Wortes, ein großer Bühnendarsteller. Er konnte im Rahmen des Dramas, das er inszenierte, zuhören." Eisenstadt bewunderte Bubers Wissen des gesamten Bereichs der modernen Soziologie sehr, in dem er alles Wichtige gelesen hatte, auch das, was ihn nicht besonders interessierte. „Er konnte drei- bis vierhundert Seiten in einer Stunde lesen, konnte an einem Nachmittag tun, wozu eine normale Person eine Woche zum Lesen brauchte." Eisenstadt zufolge, der Buber später als Vorsitzender der Soziologischen Fakultät an der Hebräischen

Universität folgte, war die Atmosphäre in Bubers Seminaren offen und informell. Buber lehrte auf gut organisierte Art und ermutigte Diskussion und Dialog, die beide in seinen Seminaren von großer Wichtigkeit waren. Buber hatte jedoch zuviel Geduld und erlaubte Studenten, Klassenzeit mit dummen Fragen zu verschwenden. Auf die Frage, ob Buber den Charakter seiner Studenten erzog, antwortete Eisenstadt, daß er es nicht formell tat. „Aber er hatte eine Haltung, die den erzog ... der von ihm beeindruckt war."

Ein anderer Student Bubers, Joseph Ben Dov, später Professor an der Hebräischen Universität, war von Buber als Person beeindruckt – von seiner Höflichkeit und seinen Versuchen, seinen Studenten persönlich gegenüberzutreten. Obwohl Buber Vorlesungen und Seminare abhielt wie andere Lehrer auch, übte er eine große Präsenz aus. „Er war weniger als andere Lehrer ein Intellektueller und mehr ein Erzieher." Bei seltenen Gelegenheiten erwähnte Buber persönliche Begegnungen, wie eine Auseinandersetzung, die er einmal mit Max Weber gehabt hatte. Hin und wieder hatten die Studenten jedoch das Gefühl, daß Buber sich wie ein polnischer Edelmann verhielt:

> „Buber traf sich immer mit Schülern in seinem Haus, was zu der Zeit die meisten Lehrer taten. Seine Einstellung gegenüber seinen Studenten war gut, aber er hielt seine Distanz. Schlimmer, Buber besaß sehr wenig Sensibilität für die Tatsache, daß er sehr wohlhabend war, während die meisten seiner Studenten arm waren. Er saß hinter seinem Schreibtisch und nahm von Zeit zu Zeit ein Stück Schokolade aus der Schublade und steckte es in seinen Mund, ohne jemals dem Studenten eines anzubieten, der, arm wie er war, es sich nicht leisten konnte, Geld für Schokolade auszugeben."

Ben Dov hatte auch das Gefühl, daß Buber weniger Soziologe im technischen Sinne war als jemand, der soziologische Schriften benutzte, um sich auszudrücken.

Yonina Talmon, die ihre Doktorarbeit unter der Anleitung von Buber schrieb, erhitzte sich sehr darüber, wie unsensibel Martin und Paula Buber waren. Manchmal kam sie zu einem Morgentreffen zu Buber, nachdem sie die ganze Nacht Wachdienst an der Hebräischen Universität gehabt hatte. Während des Treffens pflegte Paula Buber hereinzukommen und ihrem Mann Kaffee und Kuchen zu bringen, jedoch keiner von beiden bot Yonina etwas an. Eine andere Promotionsstudentin der Soziologie, die später vor ihrem frühen Tod Professorin für Soziologie wurde, wandte sich bitter gegen Buber und klagte ihn an, seine eigene Lehre des Dialogs nicht zu leben.

Aliza Ziv Or, eine Lehrerin in Jerusalem, berichtete, daß viele Studenten, obwohl sie Bubers Wissensreichtum bewunderten und die Größe von Werken wie *Ich und Du* anerkannten, durch seinen Stil und seine Persönlichkeit abgestoßen waren, in ihrem Fall zumindest durch die Art, in der er sein Judentum ausdrückte. Einmal fühlte sie sich sogar unbehaglich dabei, Bubers Bücher in ihrem Haus zu haben, und verschenkte sie alle. „Jetzt lese ich seine Bücher mit weniger Wut, ich scheine ihm zu vergeben. Ich kam auch zur Feier zu seinem achtzigsten Geburtstag." Buber wollte tief berühren und seine Studenten aufrühren, aber er erreichte sie nicht. Als er ein Seminar über Jeschajahus Vision abhielt, diskutierten die Studenten mit ihm. Buber beantwortete jede Frage und legte Wert darauf, auf jeden einzugehen, auch wenn die Kommentare Unkenntnis verrieten. All das führte dazu, daß die Vorlesung ihren klaren Sinn, nämlich Richtung zu geben, verlor. Der Reiz für die Studenten war nicht, etwas zu lernen, sondern jemanden zu haben, den sie angreifen konnten. In ihrer Schlußfolgerung schaut Aliza Ziv Or mit traurigem, gemäßigtem und gereiftem Blick zurück:

> „Ich glaube, wir waren ihm gegenüber ziemlich unfair. Er wollte uns nahe sein, und wir lehnten ihn ab, denn er schien empfindliche Punkte zu berühren, und wir wollten stark und zäh sein. In gewissem Ausmaß wird seine Größe vielleicht an den starken Reaktionen, die er hervorrief, sichtbar. Ja, manchmal benahmen wir uns wie Schweine. Wir waren nicht ehrlich genug, zu lernen, gegen Buber zu sein, also fanden wir Wege, ihm und seinen Gedanken auszuweichen."

Ernst Simon sagt von Buber, daß er keinen Erfolg hatte, weil er ohne Methode lehrte. Der ausgezeichnete Bibelgelehrte Benjamin Uffenheimer war von Buber als Lehrer auch nicht besonders beeindruckt. Es machte Buber nichts aus, angegriffen zu werden, nicht einmal von einer Kommunistin, deren Attacken Buber lächelnd begegnete, seinen Bart strich, sie zu verstehen suchte und versuchte, ihre Argumente auf das, was im Text vorkam, zu beziehen. Buber wurde nie wütend, und seine Seminare waren lebendiger als die mancher seiner Kollegen, die „geradezu langweilig" waren, wie Uffenheimer bezeugt.

> „Damals ... war eine Distanz zwischen Lehrer und Student normal. Die meisten von uns kamen aus Europa, wo Distanz zwischen Lehrer und Student natürlich war ... Buber trug viel zum Curriculum der Hebräischen Universität bei, indem er jene für die deutsche Soziologie zentralen Philosophen lehrte, etwas, was jetzt, wo experimentelle Soziologie regiert, kaum gelehrt wird."

Abgesehen von Bubers natürlichem Adel, auf den Arnold Zweig sich bezog, als Buber seinen fünfzigsten Geburtstag feierte, rührte das Fehlen von Nähe zu seinen Studenten am wahrscheinlichsten weniger aus einer Unfähigkeit (denn Buber hatte sein ganzes Leben hindurch viele enge Beziehungen, auch zu jüngeren Gefolgsleuten) denn durch die Rückstände der europäischen Vorstellung davon, was es heißt, Professor zu sein, etwas, das er mit den meisten seiner Kollegen an der Hebräischen Universität gemeinsam hatte. Als Walter Goldstein 1942 Buber gegenüber bemerkte, er sehe etwas Tragisches im Leben von Hermann Cohen, lächelte Buber und sagte: „Was erwarten Sie? Der Mann war vierzig Jahre lang Professor!"

Als die Familie Buber nach Palästina zog, wurde Paula Buber von allen ihren vorherigen Verbindungen und dem literarischen Leben abgeschnitten. Ihr Deutsch half ihr in Palästina nicht viel. Sie versuchte Hebräisch zu lernen, aber es gelang ihr nicht wie ihrem Mann, was zu vielen Frustrationen führte. Die Verantwortung für die Führung des Hauses war in Palästina schwieriger. Paula Buber hatte weniger Bedienstete als in Deutschland, und alles brauchte in Palästina mehr Zeit. Sie war sehr am Leben und den Geschichten, die aus dem Leben entstanden, interessiert, aber das Leben in Palästina begrenzte ihre Kontakte auf Menschen, die aus Deutschland kamen oder Deutsch sprachen. Martin versuchte sie zu ermutigen, insbesondere dazu, ihr eigenes Schreiben fortzusetzen, was sie auch tat. Das machte ihn sehr glücklich. Er schlug Veränderungen an ihrem Roman vor und half ihr, ihn für die Veröffentlichung fertigzustellen.

Paula Buber wiederum half Martin Buber in jeder Hinsicht, manchmal jedoch sprach sie sich gegen ihn aus. Einmal, als Martin Buber Judith ausschimpfte, weil sie ihre Magisterarbeit nicht beendete, protestierte Paula: „Und erinnerst du dich nicht, daß du in derselben Situation nur englische Romane gelesen hast?" Paula war an ihren Nachbarn in Palästina interessiert, aber verließ kaum ihr Haus. Barbara und Judith gingen manchmal mit ihr einkaufen, aber nachdem sie in Palästina eingetroffen war, ging sie nirgendwo alleine hin.

In Palästina saß Martin der Familienseder vor. Er las die ganze Aggada, interpretierte Teile und fügte Geschichten hinzu. Dann versteckte er auf dramatische Weise das Afikoman (das Stück Matze, nach dem die Kinder suchen). Manchmal erzählte er Geschichten, die mit dem Exodus aus Ägypten verbunden waren. Zu anderen Zeiten las er aus den chassidischen Geschichten. Mit der Zeit jedoch entdeckte er, daß Barbara und Judith mit seiner religiösen Methode nicht glücklich waren. Von der Zeit an strich er die Familienseder, denn er wollte seinen Enkeln nicht seine Ansichten aufzwingen.

In Palästina lebten Bubers Enkel Emmanuel und Martin (Mischa) in Martins und Paulas Nähe und besuchten sie oft. Sie fühlten sich im Haus wohl und unterhielten sich mit Buber oft über ihre Probleme. Als Emmanuel sich entschloß, Lehrer für Kunst und Kunsthandwerk zu werden, ermutigte Buber ihn dazu. Buber erzählte seinem Enkel von seinem Bedauern darüber, daß er in seiner Jugend nicht gelernt habe, handwerklich zu arbeiten. Später fragte er Emmanuel, ob er in seiner Ehe glücklich sei und schaute ihm tief in die Augen, um zu sehen, ob die Antwort ehrlich war. Seine Enkel fanden es schwierig, ihn anzulügen, denn sie sahen in ihm jemanden, der die Kraft hatte, ihre Seele zu durchdringen wie kein gewöhnlicher Mensch. Wenn Emmanuel um Rat zu Buber kam, war er immer ein wenig angespannt, bis er hörte, was Buber zu sagen hatte. Emmanuel spürte die Ausstrahlung von Bubers Persönlichkeit und fühlte sich sicher, weil er einen solchen Großvater hatte. Wenn er Schulprobleme hatte, kam er, ohne vorher ein Treffen vereinbart zu haben, und Buber legte stets seine Arbeit beiseite, um ihn zu sehen. Manchmal fand er Buber in Gedanken versunken, aber nach einer Weile war Buber für ihn ganz präsent. Er sagte zu Emmanuel nie, daß er keine Zeit hätte, ihn zu sehen, sondern fragte ihn vielmehr: „Wie geht es dir?" und wenn Emmanuel antwortete: „Gut, danke", sagte er: „Nein, ich will wirklich wissen, wie es dir geht. Erzähle es mir genau." Dann begannen sie ein langes Gespräch.

Emmanuel erlebte Paula Buber als eine sehr fordernde Frau, die oft ihre Kritik äußerte, denn sie wollte die Dinge erledigen. Wenn Martin jemals etwas von Emmanuel verlangte, so war es, weil Paula Buber ihn dahingehend beeinflußt hatte oder weil er ihre Forderungen unterstützen wollte. Paula Buber war eine sehr starke Persönlichkeit. Sie bewunderte ihren Gatten, aber sie war auch oft aggressiv und impulsiv, mit einer scharfen Zunge, die sie gegen ihn und jeden anderen einsetzte. Martin war eher ein ausdrucksvoller Mensch, Paula hingegen mehr ein Handlungsmensch.

Als Hermann Gerson sich zu einer psychoanalytischen Behandlung entschloß, war Buber über diese Entscheidung sehr unglücklich und erinnerte ihn an die deutsche Legende, in der jemand das lebendige Herz einer Person herausnahm und es durch ein steinernes Herz ersetzte (ein Bild, das Buber später bei der Erörterung des Falles Melanie benutzte). Gerson betrachtete Bubers Antwort als ursächlich für die Abkühlung ihrer Beziehung, die sie schließlich abbrachen. Nach Gersons Meinung verstand Buber das Wesentliche an Freuds Denken nicht – daß Menschen Wünsche haben –, eine Zuschreibung, die seltsam erscheint für einen Mann, der sein ganzes Leben lang damit beschäftigt war, dem „bösen Trieb" Richtung zu geben. Buber für seinen Teil war unglücklich darüber, daß Gerson das, was er ihm schrieb, negativ befand. Er bestand auch darauf, daß er ihm nicht von „Lehrer" zu „Schüler" schreibe. Buber fügte etwas humorvoll hinzu, daß er, obwohl er in der Lage war, in seinem Universitätsseminar etwas zu Marx und Sorel zu lehren (den sie nur aus der Wirklichkeit der *Tradition* heraus verstehen konnten), Freud nicht für seine Vorlesungen verarbeiten konnte, er aber vielleicht etwas über ihn schreiben würde.

Als Gerson Buber nach der Erneuerung ihrer Beziehung in Jerusalem besuchte und ihn fragte, wie er das Leben im Kibbuz Hazorea beeinflußt habe, antwortete Gerson: „Rücksichtnahme auf das Individuum". Sie lernten von Buber, daß der Kibbuz auf seine individuellen Mitglieder Rücksicht nehmen muß, und sie vermittelten diese wichtige Botschaft an die kommende Generation. Anders als andere Kibbuzim strebten sie danach, jedem Individuum seine Privatsphäre zu belassen, in die Kibbuzinteressen und Klatsch nicht eindringen konnten. Sie ließen dem Individuum Raum zu leben.

Kurz nach Bubers lange verzögerter Alijah wurden Bubers europäisch begründeter religiöser Sozialismus und das amerikanische Gemeindeevangelium, von dem Magnes inspiriert war, in der Gründung einer Ha-'Ol (das Joch oder das Band) genannten religiösen Gesellschaft 1939 in Jerusalem vereinigt. Sie entlehnten ihren Namen einem rabbinischen Midrasch, der auferlegt, die Bürde des himmlischen Reiches auf sich zu nehmen und einander in liebender Güte zu begegnen. Die Gesellschaft vertrat die Verantwortlichkeit für die Menschheit im allgemeinen und für das Leben Israels im besonderen – eine Verpflichtung zu sozialer Aktion und praktischer politischer Arbeit, die jeden Versuch, Herrschaftsgebiete aufzuteilen, ablehnte. Wie Rosenzweig bejahten Magnes und Buber beide den *Glauben* im Gegensatz zur Religion. In einer Diskussion über messianische Politik im Juli 1939 wies Buber die Meinung, daß Politik per se eine Erlösung bewirken könnte, emphatisch zurück. Das Beste, was wir tun können, ist, den Weg für die Erlösung vorzubereiten, und selbst hier sind wir nie sicher, welche unserer Handlungen messianische Bedeutung *haben* können. Erlösung selbst liegt in Gottes Gnade, aber sie hängt auch von uns ab.

Buber kam in einer Zeit großer Unruhen nach Palästina. Seit zwei Jahren hatte es fortgesetzte Angriffe arabischer Terroristen auf abseits gelegene jüdische Siedlungen, auf Reisende in Autos und Zügen und auf einsame Wanderer gegeben. In der Presse erschienen fast täglich Berichte über diese Blutvergießen. Während die Haganah, die Organisation jüdischer Selbstverteidigung, weiterhin ihre Politik der Zurückhaltung verfolgte und sich weigerte, Vergeltung an denen, die am Terror nicht teilnahmen, zu üben, meinten die radikalen jüdischen Gruppen, wie die Sterngruppe und die Irgun Zvai Le'umi, die außerhalb der Disziplin der Haganah standen, es sei notwendig, Terror mit Terror zu bekämpfen.

Buber erhob seine Stimme im ersten Aufsatz „Gegen die Untreue" (Juli 1938), den er in Palästina veröffentlichte, gegen diese Politik. „Die Verwirrung im Land hat sich zu unerträglichem Ausmaß gesteigert", begann er. Buber rief seine jüdischen Mitbürger in Palästina auf, sich gegen den inneren Verrat jener zu vereinen, die nicht den Autoritäten der jüdischen Besiedelung gehorchen wollten und sowohl Briten als auch Araber angriffen.

> „Gruppen, die, solange die Treue dauert, nicht zur Macht gelangen können, zetteln die Untreue an, um aus ihr Gewinn zu ziehen ... An uns war es, durch unsere Haltung, durch unser Wort, unsere deutliche Bereitschaft zu einem Einvernehmen eine Scheidung innerhalb der arabischen Bevölkerung herbeizuführen, die Wohlmeinenden zu ermutigen und die Terroristen zu isolieren ... Lassen wir die Übung der blinden Gewalt schalten, ... der Widerspruch, der elende Sohn der Galuth, wird zum Herrn auf Zion erhoben."

Mit „blinder Gewalt" meinte Buber das von den jüdischen Terroristen vertretene Prinzip, jeden Araber, egal ob unschuldig oder nicht, als Vergeltung für die Morde an Juden durch arabische Terroristen zu töten. „Im Leben unserer Nation hat es niemals eine Stunde der Heimsuchung oder Versuchung gegeben wie die gegenwärtige."

Im gleichen Monat trat Buber der *Liga für Menschenrechte* in ihrem Appell gegen die Todesurteile für arabische Terroristen zur Seite. Sie waren für Bubers Unterstützung besonders dankbar, denn sie fanden sich plötzlich angeklagt, eine „kleine Gruppe verräterischer Juden" zu sein. Im August schrieb er Hans Trüb: „Hier ist alles banger, wirrer, grausamer und unschuldiger, als man sich vorstellen kann. Ihr solltet mal herkommen; was man hier von der menschlichen Wirklichkeit und von der Einwohnung ‚inmitten unserer Makel' (Er rief 16, 16) erfahren kann, ist wohl nirgends sonst zu erfahren."

Im nationalsozialistischen Deutschland hatte Buber die Juden zur Treue gegenüber jüdischem Volkstum erweckt. In Palästina, in umgekehrter Situation, wo die politisch überheizte Atmosphäre einen fanatischen Nationalismus begünstigte, versuchte er, sie zur Menschlichkeit zu erwecken. Nirgends ist der Gang auf dem schmalen Grat klarer als in Bubers bekanntem Brief an Gandhi, in dem er, um seinem Zeugnis zum Friedensbund *und* zum Zionismus treu zu bleiben, den Mann, den er mehr als jede andere lebende Person im öffentlichen Leben bewunderte, zur Rechenschaft zog.

In der Ausgabe seiner Zeitung *Harijan* vom 26. November 1938 – der gleichen Ausgabe, in der er den deutschen Juden riet, *Satyagraha,* also gewaltlosen Widerstand gegen die Nationalsozialisten zu gebrauchen – sagte Gandhi, daß Palästina den Arabern gehöre und es deshalb „falsch und unmenschlich [sei], die Juden den Arabern aufzuzwingen." Aus seiner Sympathie für die Juden als die „Unberührbaren des Christentums" setzte Gandhi „die Erfordernisse der Gerechtigkeit" und den jüdischen Ruf nach einer nationalen Heimat, „der mich nicht sehr anspricht", gegeneinander. „Warum sollten sie nicht, wie andere Völker der Erde auch, das Land zu ihrer Heimat machen, in dem sie geboren sind und in dem sie ihren Lebensunterhalt verdienen? Was heute in Palästina vorgeht, ist durch keinen moralischen Verhaltenskodex zu rechtfertigen", verkündete Gandhi in einer für den großen Exponenten gewaltloser direkter Aktion, die dem Gegner mit Liebe und Verstehen begegnet, seltsam einseitige Bewertung der Situation. Das edlere Vorgehen, schlug Gandhi mit gleichermaßen bemerkenswerter Naivität gegenüber der Situation der Juden in genau diesem Moment vor, „wäre, auf einer gerechten Behandlung der Juden, wo immer sie geboren sind und sich vermehren, zu bestehen." „Es wäre sicherlich ein Verbrechen gegen die Menschlichkeit, die stolzen Araber so zu reduzieren, daß Palästina teilweise oder ganz den Juden als nationale Heimat zurückgegeben werden kann." Gandhi stellte sich vor, daß die Juden in der Folge aus anderen Teilen der Welt, in denen sie sich niedergelassen hatten, vertrieben würden, und behauptete, daß „dieser Ruf nach einer nationalen Heimat den Deutschen eine plausible Rechtfertigung für die Ausweisung der Juden liefert." „Das Palästina der Bibel ist keine geographische Fläche", fügte er hinzu, „es ist in ihren Herzen." Wenn die Juden auf das geographische Palästina schauen müssen, sollten sie erkennen, wie Buber selbst oft gesagt hat, daß „es falsch ist, es im Schatten der britischen Gewehre zu betreten." Aber Gandhi schlug vor, daß sie die Herzen und den guten Willen der Araber und die Sympathie der Weltmeinung gewinnen sollten, indem sie anboten, sich erschießen oder ins Rote Meer werfen zu lassen, ohne einen Finger gegen die Araber zu rühren. „Es gibt Hunderte von Wegen, mit den Arabern zu diskutieren, wenn die Juden nur die Hilfe des britischen Bajonetts aufgeben. So wie es steht, sind sie mit den Briten Teilhaber an der Ausplünderung eines Volkes, das ihnen kein Unrecht getan hat."

Im April 1939 veröffentlichte „Das Joch" oder „Das Band" als erste Folge einer beabsichtigten Serie von Flugschriften zwei Briefe von Martin Buber und Judah L. Magnes an Gandhi, zusammen mit Gandhis Behauptungen aus *Harijan.* Buber begann mit „Mahatma", dem Ausdruck der Verehrung, die in Buber geboren wurde, als er 1922 Gandhis Feststellung las, daß „unsere Gewaltlosigkeit oberflächlich ist ... nur unserer Hilflosigkeit zuzuschreiben." Diese Verehrung blieb in Buber so groß, daß selbst Gandhis Ungerechtigkeit den Juden in Palästina gegenüber sie nicht zerstören konnte. Aus diesem Grund ist Bubers Entgegnung an Gandhi eine sehr persönliche Antwort und gleichzeitig eine politische Aktion, eine, die langsam geschrieben wurde, unterbrochen durch wiederholte Pausen. Manchmal vergingen Tage zwischen kurzen Abschnitten:

> „Immer wieder bin ich tage- und nächtelang mit mir ins Gericht gegangen, ob ich nicht an irgendeinem Punkte das Maß der von Gott einer menschlichen Gemeinschaft erlaubten und sogar anbe-

> fohlenen Selbsterhaltung überschreite und in die schlimme Verirrung kollektiver Selbstsucht verfalle. Freunde und mein eigenes Gewissen haben, wo diese Gefahr drohte, mich dazu gebracht, mich zu reinigen."

In seiner Antwort zeigte Buber auf, daß die 150 000 Inder in Südafrika von mehr als zweihundert Millionen Landsleuten in Indien ernährt werden, und er sagte zu Gandhi: „Das Indien der vedischen Vorstellung ist keine geographische Gegend, es ist in euren Herzen." Ein Land ist in den Herzen der Menschen, weil es in der Welt ist; es ist ein Symbol, weil es Wirklichkeit ist. Eine bloße Idee kann nicht heilig sein, aber ein Stück Erde sehr wohl. Zerstreuung ist erträglich, sogar bestimmt, wenn es irgendwo ein Einsammeln gibt, einen wachsenden Heimmittelpunkt, wo es das Leben einer Gemeinschaft gibt, die heute zu leben wagt, weil sie morgen zu leben hofft. Sonst wird Zerstreuung Zerstückelung. Wie in *Das Königtum Gottes* und später in *Israel und Palästina* bestand Buber auf der unlösbaren Einheit von Volk, Land und Aufgabe.

> „Nicht die Verheißung des Landes ist für uns das Entscheidende, sondern die Forderung, deren Erfüllung an das Land, an die Existenz einer freien jüdischen Gemeinschaft in diesem Land gebunden ist. Die Bibel sagt uns nämlich, und unser innerstes Wesen bestätigt es, daß einst, vor mehr als dreitausend Jahren, unsere Einwanderung in dieses Land im Bewußtsein eines Auftrages von oben geschah, hier, mit den Generationen unseres Volkes, eine gerechte Lebensordnung aufzurichten, wie sie eben nicht von Einzelnen im Bereich der privaten Existenz, sondern nur von einem Volk in der Gestaltung seiner Gesellschaft zu verwirklichen ist ... Ich spreche nur eben für die, die das Gerechtigkeitsgebot des biblischen Israel als Auftrag an sie selbst empfinden."

Um Gandhi gegenüber seine eigene Position im arabisch-jüdischen Konflikt klarzustellen, sagte Buber ihm, daß er „einem Menschenkreise [angehöre], der, seit Palästina von den Briten erobert worden ist, nicht aufgehört hat, dafür zu kämpfen, daß die Juden einen echten Frieden mit den Arabern suchen." In seiner Erklärung dessen, was er mit dieser Aussage meinte, brachte Buber in klassischer Weise das Leben des Dialogs, die „Gemeinschaft der Anderheit" und die Begegnung auf dem schmalen Grat zum Ausdruck, die alle ‚Entweder-Oder' vermeiden, um die Spannung beider Punkte angesichts des Konflikts zu bewahren:

> „Unter einem echten Frieden verstanden und verstehen wir, daß die beiden Völker gemeinsam das Land bewirtschaften sollen, ohne daß eins dem anderen seinen Willen aufzwingen darf ... Hier erheben sich zwei vitale Ansprüche einander gegenüber, zwei Ansprüche verschiedener Herkunft und verschiedener Art, wo nicht sachlich entschieden werden kann, dieser sei gerecht und jener un-

> gerecht. Wir empfanden und empfinden es als unsere Aufgabe, den Anspruch, der dem unseren entgegentritt, zu verstehen, zu ehren und uns um eine Versöhnung beider Ansprüche miteinander zu bemühen. Auf den jüdischen Anspruch können wir nicht verzichten; ist doch an dieses Land noch Höheres als das Leben unseres Volkes, nämlich sein Werk, und das heißt, der göttliche Auftrag an es, gebunden ... Da gewiß auch auf der anderen Seite solche Liebe und solcher Glaube vorhanden sind, ein Zusammenschluß zu gemeinsamem Dienst an dem Land nicht unerreichbar sein kann. Wo Glaube und Liebe sind, kann auch ein scheinbar tragischer Widerspruch zur Lösung gelangen."

Eine Anmerkung, die sich bereits in *Die Frage an den Einzelnen* fand, aber in Bubers Gedanken und Aussprüchen in den kommenden Jahren mehr und mehr betont wurde, war die „Politisierung", die die wirklichen Bedürfnisse der Menschen zu prinzipiellen Ansprüchen und politischen Losungen hochstilisiert. „Die Schlange [der Politik] siegt nicht bloß über den Geist, sondern auch über das Leben." Dies war sicherlich Bubers eigene Erfahrung und sein eigenes Schicksal in der aufgeladenen politischen Atmosphäre Palästinas und später Israels, von seiner Einwanderung im Jahre 1938 bis zu seinem Tod 1965. Dies hielt ihn jedoch niemals davon ab, sich so viel wie möglich in jeder gegebenen Situation an die „gelebte Konkretheit" zu halten. Obwohl er von Beginn an gegen die Verbindung zwischen Zionismus und britischem Imperialismus, die in der Balfour-Deklaration implizit ist, protestiert hatte, wies er Gandhi gegenüber darauf hin, daß die Juden dreißig Jahre, bevor der „Schatten der britischen Gewehre" auf Palästina fiel, begonnen hatten, wieder dort zu siedeln, und daß dieser Schatten erschien und blieb, nicht um jüdische, sondern um britische Interessen zu wahren.

„Wir haben nicht, wie unser Volkssohn Jesus und wie Sie, die Lehre der Gewaltlosigkeit und des Friedens ausgerufen", fügte Buber hinzu,

> „weil wir meinen, daß ein Mann zuweilen, um sich oder gar seine Kinder zu retten, Gewalt üben muß. Aber wir haben von der Urzeit an die Lehre der Gerechtigkeit und des Friedens ausgerufen; wir haben gelehrt und gelernt, daß der Friede das Ziel der Welt und daß die Gerechtigkeit der Weg zu ihm ist. Also können wir nicht Gewalt üben wollen. Wer sich zu Israel zählt, kann nicht Gewalt üben wollen."

Obwohl Buber sich nicht unter den Kreuzigern Jesu befunden hätte, wäre er auch nicht unter den Gefolgsleuten seiner absoluten Gewaltlosigkeit gewesen. „Ich muß, wie dem Übel in mir, so dem Übel in der Welt widerstreben." Obwohl er danach strebte, dies nicht mit Gewalt tun zu müssen, glaubte er, wenn es keinen anderen Weg gab, das Böse dadurch zu hindern, das Gute zu zerstören, daß er „Gewalt üben und mich in Gottes Hände geben“ würde. In einem Nachhall auf sein Gedicht „Gewalt und Liebe“ von 1926 gestand Buber: „Wir sollten für die Gerechtigkeit auch kämpfen, aber liebend kämpfen.“

13. Kapitel

Der zweite Weltkrieg

(1939–1945)

Buber erlebte den zweiten Weltkrieg mit all seinen Dramen und Tragödien in der relativen Abgeschiedenheit Palästinas. Der Einfall der Nationalsozialisten in Polen hatte den endgültigen Verlust Bubers polnischer Besitzungen zur Folge. Dies machte ihm unmöglich, in absehbarer Zeit ein Darlehen von Hans Trüb zurückzuzahlen, das ihm erlaubt hatte, sein Haus in Heppenheim zu verkaufen. Angesichts dieser Situation verfiel Buber in eine Depression, die ihn lange Zeit daran hinderte, persönliche Briefe zu schreiben. Obwohl äußere Umstände die Depression hervorgerufen hatten, reichte sie nach Bubers eigener Aussage Trüb gegenüber tief in sein Inneres. Die Unfähigkeit, seine Schuld Trüb gegenüber zu begleichen, war „eine Bürde, die nicht nur den Nacken beugte, sondern auch die Kehle zuschnürte.“ „Sie müssen versuchen sich vorzustellen“, schrieb Buber an Trüb in Anspielung auf die Geschichte von Jona, „daß ich für sieben Monate im Bauch des Ungeheuers lag und erst jetzt aufs Land gespuckt worden bin.“ Während Ludwig Strauß im Jugenddorf Ben Shemen arbeitete, kam Buber dorthin, um eine gemeinsame Bar Mizwa für seinen Enkel und andere Jungen seines Alters zu organisieren. Buber schrieb Strauß, daß er die Bar Mizwa-Rede sehr gerne halten würde, nicht nur seinem Enkel zuliebe, sondern auch, weil es eine Gelegenheit böte, das Konzept der *Mizwoth* einfach und klar ohne Ballast darzustellen. Im Oktober 1939, als die Nachricht kam, daß Ludwigs Schwester sich getötet hatte, schrieb Buber ihm, daß er unmittelbar spüre, was dies für ihn bedeute, und wüßte, daß man kein Beileid mehr anbieten könne, nur noch Mitgefühl, „und das tue ich mit meiner ganzen Seele, mit ihrem armseligen Wissen über unser Leben und unser Sterben und mit meiner ganzen Freundschaft für Sie.“ Ludwig Strauß erwiderte, daß der Selbstmord seiner Schwester kein „Freitod“ gewesen sei, wie die Deutschen es nennen, wenn jemand sich selbst das Leben nimmt. Seine Schwester war für einige Zeit krank gewesen und bis zur Verzweiflung gequält von wahnsinnigen Ängsten und Schuldgefühlen.

Bubers Freunde kamen zu verschiedenen Zeiten zum Kaffee in sein Haus, unter ihnen auch Shmuel Agnon. Buber und Agnon erzählten einander Geschichten und diskutierten darüber. Aber es kam auch, unvermeidbar in Palästina, zu vielen politischen Diskussionen. Judith und Barbara diskutierten politische Fragen mit ihrem Großvater und wurden manchmal ganz aufgeregt, während Buber selbst sich nie ereiferte. Als Barbara und Judith in den vierziger Jahren an den Marxismus zu glauben begannen, rief Buber beide in sein Arbeitszimmer und erklärte ihnen, warum ihre Ansätze falsch waren, besonders ihr Glaube an das Gute, das aus den Vorgängen in der UdSSR entstand. Um seine Ansicht zu stützen, las er ihnen Eindrücke vieler Menschen vor, die die UdSSR besucht hatten. Am Ende des elften Schuljahres bekam Judith eine schlechte Note in Arabisch. Sie entschied sich, diese Note während der Sommerferien nicht zu verbessern, und arbeitete im Kibbuz Dalia. Nachdem sie einen Monat lang Felder von Steinen geräumt hatte, erhielt sie einen Brief von ihrem Großvater, auf den hin sie nach Hause kam, um zu lernen. Später studierte sie an der Hebräischen Universität, wo sie einige Kurse ihres Großvaters belegte, der mit ihr die Arbeiten, die sie vorgelegt hatte, diskutierte.

Als Barbara und Judith älter wurden, bemerkten sie, daß Martins Beziehungen zu ihnen und noch mehr zu ihren Kindern viel spontaner waren als zu seinem Sohn Rafael und seiner Tochter Eva. Von ihrem Großvater lernte Judith die Wichtigkeit von Anstrengungen als eigenem Wert, „etwas, das mich nicht besonders erfreut."

> „‚Du hast recht, wenn du etwas zur politischen Entwicklung in Israel beitragen möchtest', argumentierte Buber, ‚aber du kannst viel mehr beitragen, wenn du erst einmal jemand wirst. Zum Beispiel einen Magister in irgendeinem Gebiet machst ...' Jemand zu sein war für Buber nicht notwendigerweise auf den akademischen Bereich beschränkt. Meine Schwester [Barbara] war Malerin. Sie beendete die höhere Schule nicht, aber sie studierte an der Bezalel-Kunstschule. Buber unterstützte sie: ‚Sie wird im Bereich der Kunst jemand sein.'"

Bubers Tochter Eva besuchte inzwischen einige Psychologiekurse als Gasthörerin an der Hebräischen Universität und begann unter der Anleitung ihres Psychologieprofessors, mit Problemkindern zu arbeiten. Dies war eine Berufung, der sie bis ans Ende ihres Berufslebens treu blieb. Als Evas Sohn Emmanuel die Grundausbildung bei der britischen Armee absolvierte, begegnete er einigen Problemen, die er mit seinem Großvater besprach. Buber hörte zu und machte Vorschläge, wie er sich Menschen gegenüber verhalten sollte. Er riet ihm, sich nicht durch das

Verhalten einiger seiner Kommandeure verletzt zu fühlen, da diese nur ihre Arbeit täten. Im allgemeinen sagte Buber anderen nicht, wie sie sich verhalten sollten, sondern nur, wie er sich verhalten würde. Diese Art des Zuhörens gab Emmanuel ein Gefühl der Sicherheit, ein Gefühl, daß es eine Lösung für sein Problem gab.

Im Februar 1940 schrieb Buber seinem alten Freund Eduard Strauß, der in Amerika lebte, und klagte, wie sehr sie den Kontakt miteinander verloren hatten. Buber war es seit September unmöglich gewesen, Strauß zu schreiben, weil er des Landes beraubt worden war, das er besessen hatte, und als Folge davon an keinen seiner Freunde seine Schulden zurückzahlen konnte. Das nagte an ihm und machte es ihm schwierig zu sprechen. Im November 1941 beklagte Buber in einem Brief an Strauß erneut, daß die äußere Beziehung zwischen ihnen unterbrochen worden sei, und nahm persönlich die Schuld auf sich, weil er wegen der schweren Bürde, die er fühlte, lange unfähig gewesen war, seinen Freunden außerhalb Palästinas zu schreiben. Strauß' Bericht von seiner Krankheit hatte diese Haltung durchbrochen und den Brief veranlaßt.

Joseph Bentwich, Rektor einer höheren Schule in Israel und Herausgeber einer Zeitschrift für zeitgenössisches Judentum, begegnete Buber zum ersten Mal während des zweiten Weltkrieges. Zwischen 1941 und 1945 traf sich eine Gruppe zum Religionsstudium einmal im Monat in Bentwichs Haus in Jerusalem, um religiöse Texte zu diskutieren. Buber kam häufig zu diesen Treffen, aber als die Gruppe eine formale Satzung beschloß, die besagte, daß die Mitglieder der Gruppe Menschen sein sollten, die ihren Glauben durch *Mizwoth* lebten, wies Ernst Simon darauf hin, daß Buber einen Beitritt wahrscheinlich ablehnen würde, da er die Gebote der jüdischen Gesetze nicht beachte. Bentwich schlug vor, daß Buber kommen und teilnehmen sollte, ohne formelles Mitglied der Gruppe zu sein, und das geschah dann auch. Zur Gruppe gehörten auch Julius Guttmann und Cecil Roth, beide bekannte Professoren der Philosophie.

Bubers Zugang zum Dialog konnte manchmal humorvoll sein. Einmal, als Buber auf eine theologische Frage in einer Art und Weise antwortete, die Schalom Ben-Chorin nicht verstand, entgegnete Buber: „In Ordnung, jetzt antworte ich Ihnen in nicht-Buberscher Sprache!" Wenn jemand ihn nicht verstand, hatte Buber viel Geduld. Überhaupt keine Geduld hatte er jedoch mit Intellektuellen, die ihm ihre hochtrabende Sprache vorführten. Wenn ein Arbeiter oder eine Hausfrau ihn nicht verstanden, gab er sich viel Mühe, ihnen verstehen zu helfen.

Avraham Tsivion, ein Erzieher, der in Jerusalem lebte und Buber besuchte, fragte ihn einmal nach einer Formel, die gewährleisten könne, daß er nicht versagen würde, wenn er in der Mission, junge Zionisten in der Diaspora zu unterrichten, nach England ginge.

„Ein Lächeln breitete sich auf Bubers Gesicht aus, und er sagte fast flüsternd: ‚Sie sind ein junger Mann, und Sie wollen eine Formel? Lassen Sie mich Ihnen etwas sagen. Als ich jung war, war ich gern mit großen Leuten zusammen und wollte ihre Ansichten zu zwei Dingen wissen: Wahrheit und Religion. Aber das war wertlos und verging wie Rauch. In jenen Tagen ging ich oft mit meinem Freund Albert Einstein unter den Linden in Berlin spazieren … ‚Einstein, mein Freund, wonach suchen Sie in Ihrer Arbeit?‘ fragte ich ihn. Einstein antwortete: ‚Hier ist das Antlitz des Kosmos. Ich möchte es mit Transparentpapier bedecken und auf dieses Papier die Koordinaten des Universums zeichnen. Mir fehlt dazu nur eines, und das ist es, was ich suche: die Formel.‘ Buber richtete sich in seinem Stuhl auf und fuhr mit weit offenen Augen fort: ‚Ich antwortete ihm: ‚Sie wollen zuviel, Einstein‘, und in meinem Herzen dachte ich: ‚Chutzpah.‘ … Schließlich wandte Buber sich mir zu und sagte: ‚Sie wollen eine Formel? Was ein Mensch in dieser Welt tun kann, ist darum zu kämpfen, daß er sie nur einen Zentimeter in die richtige Richtung bewegt, und wenn er damit Erfolg hat, so hat er viel getan. Ich wünsche Ihnen Erfolg.‘“

Im November 1942 war Buber durch die Krankheit seiner Halbschwester, die mehr tot als lebendig aus Teheran ins Hadassah-Krankenhaus in Jerusalem eingeliefert wurde, sehr aus dem Gleichgewicht geraten. Sie nach all diesen Jahren wiederzusehen erregte Buber sehr. Im folgenden Monat war er gezwungen, aus seiner Wohnung in Talbiyeh, die einem Konsulat gehörte, auszuziehen. Nicht nur überwältigte Buber die Aufgabe, die mehr als zwanzigtausend Bücher zu verpacken, sondern schwierig war auch das Problem, wohin sie ziehen sollten. Paula Buber zog den weitgelegenen Hügel von Dir Abu Tor vor. Die Tatsache, daß dies damals ein rein arabischer Stadtteil war, störte Buber nicht, aber ihm wäre ein Haus etwas weniger weit von der Universität entfernt lieber gewesen. Am Ende des Jahres entschieden die Bubers sich für ein Haus in Dir Abu Tor, das als Haus des Jussuf Wahab Dajani bekannt war. Dir Abu Tor ist ein Hügel, der dem Moriah-Berg genau gegenüber liegt, nur durch das Tal von Kidron von ihm getrennt. Das Haus hatte altes Gebälk und Räume mit hohen Decken, und es lag hoch auf dem Hügel, von weitem sichtbar. Besonders vom Dach bot es einen phantastischen Blick auf den Tempelplatz, was im neuen Jerusalem fast nie der Fall ist. Die Al Aksa-Moschee war ebenfalls zu sehen, und selbst der Felsendom über dem Felsen, auf dem Abraham der Überlieferung nach bereit gewesen war, seinen Sohn Isaak zu opfern, bis der göttliche Befehl es verbot. Der Blick aus dem Arbeitszimmer war „wahrlich eines Martin Buber würdig“, wie Walter Goldstein bemerkte. Dieses Haus war das schönste und weiträumigste, wenn auch das altmodischste, in dem Buber während der Jahre in Jerusalem lebte.

Die hebräische Dichterin Lea Goldberg, die viele Werke Dostojewskis ins Hebräische übersetzte, erzählte davon, wie sie Paula Buber in diesem Haus in Dir Abu Tor traf. Sie hatte bereits Eva und Ludwig Strauß in Ben Shemen kennengelernt, wohin sie kam, um eine Vorlesung zu halten, und sie verbrachte jeden Sommer drei Monate mit der Familie Strauß in Beit Hakerem, einem Kibbuz im nördlichen Galiläa, bekannt als Zentrum für Musik und Künste. Sie lernte Evas Vater durch ihr Buch über den russischen Schriftsteller Nikolai Gogol kennen. Buber war besonders an Gogols Pilgerschaft nach Jerusalem interessiert, und sie hatte ein Kapitel aus dem Gogol-Buch für ihn übersetzt. Danach lud Buber sie ein, ihn an einem heißen Sommertag in seinem Haus zu besuchen. Als sie eintraf, war es ihr, als sei Paula Buber über ihre Gegenwart nicht glücklich. „Sie war Bubers Freunden gegenüber sehr mißtrauisch", kommentierte Professor Goldberg, und darüber hinaus war sie sehr müde und mochte all die Leute nicht, die kamen, um ihn zu besuchen. Zu Lea Goldberg war Paula Buber überhaupt nicht freundlich, sondern sehr reserviert. Buber sprach von dem Blick aus ihrem Fenster und sagte zu seiner Frau: „Bitte öffne die Tür, um Frau Goldberg den Blick zu zeigen." „Nein", entgegnete Paula Buber, „es ist zuviel Umstand." Dann machte sie in Gegenwart von Eva und Ludwig zu Goldberg eine Bemerkung über die Größe des Hauses. „Meine Kinder denken, ich sollte ein kleineres haben." Darauf antwortete Goldberg: „Ich kann mir Sie nicht in einem kleineren Haus vorstellen." Daraufhin wurde Paula Buber plötzlich sehr freundlich, öffnete das Fenster und zeigte ihr den Blick. Diese Freundschaft dauerte bis zu Paula Bubers Tod. „Paula Buber war eine sehr schwierige und unausgeglichene Person", hat Lea Goldberg von ihrer Freundin gesagt. „Sie war ihren Kindern und Enkelkindern gegenüber sehr hart. Ich pflegte sie Maria Theresia zu nennen."

Martin Buber besaß eine besondere Beziehung zu den Landschaften Jerusalems, besonders zur Altstadt. „Die neue ist nur ein Vorort", sagte er zu Eugenia, meiner ersten Frau, und zu mir. Obwohl er ihn einmal als asymmetrisch bezeichnete, nannte er den Tempelplatz den schönsten Platz, den er kenne: „Rom kann sich nicht mit ihm vergleichen."

Obgleich Buber in der ersten Hälfte seines Lebens viel geschrieben hatte, kam er doch erst in der zweiten Hälfte zur Ruhe und wurde zu einem disziplinierten Schriftsteller. 1942 erschien die hebräische Originalausgabe seines Buches *Der Glaube der Propheten,* das das Studium der Ursprünge des Messianismus aus *Das Königtum Gottes* und *Der Gesalbte* weiterführt. Er arbeitete zu dieser Zeit auch an den hebräischen Urschriften von *Israel und Palästina, Pfade in Utopia* und *Die chassidische Botschaft.*

Im September 1941 wandte Buber sich an den großen deutschen Schriftsteller Thomas Mann, der als Repräsentant des freien und liberalen Deutschland 1933 in die Schweiz und 1939 in die USA ausgewandert war. Mann reiste zu dieser Zeit in den USA und hielt Ansprachen mit dem Titel „Der kommende Sieg der Demokratie". Buber schrieb: „Ich wende mich mit einer außergewöhnlichen Bitte, einmalig in meinem Leben, an Sie, als den Träger des wirklichen deutschen Geistes in der gegenwärtigen Welt." Er bat, ihm zu helfen, einen Verleger für Paula Bubers Roman *Muckensturm* zu finden, den Buber als außergewöhnlich umfassend charakterisierte. „In diesem Mückenschwarm spiegelt sich die große Gemeinschaft mit ihrer Pathologie. Das Werk, in dem der Schmerz und die Auflehnung eines in seiner Art stark verwurzelten deutschen Menschen Ausdruck gewonnen haben, geht die heutige Welt unmittelbar an, aber es ist zugleich ein geschichtlicher Roman, der einen Ort und eine Stunde in dem Sinnzusammenhang bewahrt, in den sie gehören." Der Roman wurde allerdings erst 1951 und nur in Deutschland veröffentlicht.

Eine der schwierigeren Freundschaften, die Buber in Palästina pflegte, war die mit Walter Goldstein, einem deutsch schreibenden Philosophen, der im Laufe der Zeit mehrere Bände über Bubers Gedankengut sowie ein Buch über Buber und Sartre schrieb. Im März 1943 zog Buber Goldstein darüber zur Rechenschaft, daß dieser durch eine psychologisch-anekdotische Methode und nicht mit den Begriffen des allgemein Menschlichen, durch die allein seine Motive verständlich waren, an sein Werk herangehen wollte. Bubers Sache, sein „Wort" konnte nicht durch das ausgedehnte psychophysische Bild, das Goldstein von ihm zu zeigen wünschte, gefördert werden.

In den Jahren des zweiten Weltkriegs hielt Buber an Samstagnachmittagen in der Synagoge der deutschen Juden, Emet weEmuna, ein „offenes Forum", das den Fragen und Anliegen der Zeit gewidmet war. Der Anlaß für diese Diskussionen war 1942 die Gefahr, daß die Nationalsozialisten die Linie bei El Alamein durchbrechen könnten, in welchem Fall die Briten auf keinen Fall Ägypten oder Palästina würden halten können. Als Folge hiervon war die Atmosphäre der Zeit von Verteidigungsmaßnahmen, Diskussionen unter den Juden über Massenselbstmord und Vorschlägen, daß die Briten alle Juden von Palästina nach Indien bringen sollten, gekennzeichnet.

Buber benutzte das erste Treffen des offenen Forums dazu, Fragen des Weltkriegs zu diskutieren, über die sowohl er als auch seine Zuhörer aufs äußerste besorgt waren. Die satanische Qualität der regierenden faschistischen Systeme dokumentiere sich bereits in ihrer Sprache, sagte Buber. Sprache sollte primär dem Dialog dienen, die Sprache der Diktatoren jedoch ist ein monologisches Geschrei, das überhaupt keine Antwort erwartet und erlaubt, das nur danach sucht, von einem enthusiastischen Chor begleitet zu werden. Wo Sprache ihres dialogischen Charakters entleert ist, wird Lüge zu einem System, und die Möglichkeit des Protests wird a priori ausgeschaltet. Die Lüge behauptet die Wahrheit zu sein und sucht das Gewissen (jene „jüdische Erfindung", wie Hitler in einem Gespräch mit Hermann Rauschning sagte) zu ersticken. Aber selbst Hitler konnte sein Gewissen nicht völlig unterdrücken, behauptete Buber, und in seinen einsamsten Stunden war er sicher seinem Urteil ausgesetzt.

Buber zufolge war Hitler weder pathetischer Zyniker wie Mussolini, noch war er ein Schauspieler. „Er ist ehrlich vor dem Mikrophon und ehrlich im vertrauten Dialog, nur daß eben die Inhalte der beiden Ehrlichkeiten einander widersprechen." Wenn er sich dem Rausch der öffentlichen Rede hingibt, ist er ein besessener Mann, aber wenn er sich einem Vertrauten gegenüber erklärt, kann er Motive offenlegen, deren er sich nicht bewußt ist, wenn er sich im Griff der hysterischen Muse, die sein rhetorisches Toben inspiriert, befindet. Mussolini ist ein vollendeter Schauspieler des Dämonischen; Hitler wird wirklich dämonisch. „Wenn man Mussolini betrachtet, kann man von neuem darüber erstaunen und erschrecken, was der Mensch ist; aber wenn man Hitler sieht, wird man vom Schwindel erfaßt."

Wie die meisten anderen Juden in Palästina konnte Buber zu der Zeit den Berichten der Massenmorde an polnischen Juden keinen Glauben schenken. Er gab zu, daß zehn bis fünfzehn Prozent von dem, was berichtet wurde, wahr sein könnte, was erschreckend genug war, sah dies jedoch als Konsequenz des Krieges und verabscheute jede politische Ausnutzung dieser Berichte. „Für lange Zeit danach nahm er die grausame Wirklichkeit nicht wahr", kommentiert Goldstein. „Sein ganzes Wesen wehrte sich dagegen zu ‚akzeptieren', was seine Vorstellungskraft überstieg und mit allen seinen Grundansichten unvereinbar war." Als 1945 und 1946 zuverlässige Berichte über das Ausmaß der Massenvernichtung in Palästina einzutreffen begannen, mußte er schließlich glauben, obwohl er sich das unvorstellbare Grauen noch immer nicht bildhaft machen konnte. Für den Rest seines Lebens, so sagte er einmal, verging keine Stunde mehr, in der er nicht an den Holocaust dachte.

In seinem Gedicht „Rachman, ein ferner Geist spricht" aus dem Jahre 1942, das er kurz vor seinem Tode für den Band *Nachlese* auswählte, stellt Buber den Konflikt zwischen den Mächten im zweiten Weltkrieg mit der Gegnerschaft der Asen, der leichten, himmlischen nordischen Götter, und Hel, der Welt der Toten, gleich. Er sieht das „zitternde Israel" in ihren Konflikt verstrickt, und er sieht sich selbst in einem bestechenden Bild es in seinen Händen haltend wie einen verwundeten Vogel, eine Verantwortung, die er in der Tat fühlte. In Hermann Hesses letztem großen Roman *Magister Ludi* opfert sich der Regenmacher selbst, weil es ihm unmöglich ist, Regen zu bringen und sein Volk zu retten. Nach dem Krieg gestand Buber Hugo Bergmann, daß er sich gezwungen fühlte, sich mit diesem Regenmacher zu identifizieren!

1944 wurde die Vernichtung der europäischen Juden allmählich unter den Juden des Jischuw bekannt. Bubers leidenschaftlicher Artikel „Schweigen und Schreien", der im Frühjahr 1944 erschien, zeigte, daß er trotz seiner Unfähigkeit völlig zu begreifen, voll und ganz in der Lage war, auf das Geschehen zu antworten. Als schlimm empfand er auch diejenigen politischen Parteien, die versuchten, die Katastrophe auszunutzen, um die Situation zu radikalisieren, und dabei genau zu wissen, daß dies der Rettung nicht zuträglich sein würde. „Ich habe mich manchmal gefragt", schrieb Buber, „ob sich nicht in einer außergewöhnlichen Stunde eine Front bilden kann, die quer durch alle Parteien verläuft. Die Front derjenigen, die mit der ganzen Wahrheit ihres Herzens das Heil ihres Volkes wollen." Die Leben der Namenlosen, die es zu retten gilt, sollten nicht durch Parteilichkeit und politische Spiele gefährdet werden. Was zu dieser späten Stunde not tut, behauptete Buber, ist, „so viele Juden wie nur möglich zu retten, sie hierher oder an andere Orte zu bringen, sie zu retten, durch völlig realistische Behandlung der verschiedenen praktischen Fragen, mit allen Mitteln, die uns zur Verfügung stehen, wo immer noch etwas zu retten ist."

Seine starke persönliche Reaktion auf den zweiten Weltkrieg machte es Buber schließlich möglich, die chassidische Romanchronik *Gog und Magog* (dt. 1949) zu schreiben, die er seit mehr als zwanzig Jahren erfolglos zu vollenden versucht hatte. In seiner frühen Arbeit der Wiedererzählung chassidischer Geschichten und im Versuch, die rechte Form für sie zu finden, war er auf einen umfangreichen Komplex von inhaltlich verbundenen Geschichten gestoßen. Zusammen formten sie einen großen Zyklus, obwohl es sich um Erzählungen aus zwei verschiedenen Traditionen und Tendenzen handelte, die einander entgegenstanden. Dieser Geschichtenkomplex konnte nicht ignoriert werden; die Ereignisse, die in ihrem Mittelpunkt standen, waren von besonderer Bedeutung. Sie wurden oft aus der Perspektive der Legende betrachtet, aber ihr wirklicher Kern war unverkennbar. Einige *Zaddikim* hatten durch theurgische Akte (die sogenannte Kabbala) versucht, Napoleon zum „Gog des Landes Magog" aus dem Buch Jecheskel zu machen, dessen Krieg, wie einige eschatologische Texte ankündigen, vom Kommen des Messias gefolgt sein wird. Andere *Zaddikim*, die gegen diese Versuche waren, warnten, daß das Kommen der Erlösung nicht durch äußere Aktionen vorbereitet werden kann, sondern nur durch die Wandlung der ganzen Person. Bemerkenswert war, daß alle – die wagten wie auch die, die warnten – innerhalb eines einzigen Jahres starben.

Den einzig befriedigenden Ansatz bot die Tragödie, in der zwei Personen einander entgegenstehen, jede gerade so, wie sie ist, und die wahre Gegnerschaft nicht eine des „guten" und des „bösen" Willens ist, sondern eine der grausamen Gegensätzlichkeit der Existenz selbst. „Gewiß war ich ‚für' Pzysha und ‚gegen' Lublin, zumal mich von Jugend auf das Bild und die Lehre Rabbi Bunams in besonderer Weise für Pzysha gewonnen hatte." Diesen Ansatz benutzte Buber, um den Roman zu schreiben. „Meine ganze Arbeitserfahrung hat mich gelehrt, daß Bücher, die einem aufgetragen sind, langsam reifen, und dann am stärksten, wenn man sich nicht mit ihnen befaßt, und daß sie schließlich ihr inneres Fertiggewordensein einem so kundgeben, daß man sie sozusagen nur noch abzuschreiben braucht."

Der Beginn des zweiten Weltkrieges brachte dieses Buch schließlich zur Reife, „die Atmosphäre der tellurischen Krisis, das furchtbare Wägen der Kräfte und die Zeichen einer falschen Messianik auf hüben und drüben." Den entscheidenden Anstoß erhielt Buber durch einen Halbtraum, in dem unerwartet ein falscher Bote erschien, von dem das erste Kapitel erzählt, als Dämon mit Fledermausflügeln und den Zügen eines judaisierten Goebbels. „Ich schrieb – nun nicht mehr in deutscher, sondern in hebräischer Sprache (die deutsche Fassung kam erst später dran) – sehr schnell, als brauchte ich wirklich nur abzuschreiben, alles Sichtbare stand mir deutlich vor Augen, die Verknüpfungen ergaben sich wie von selber."

Es wird klar, daß *Gog und Magog* tief mit Bubers Beschäftigung mit der Tragödie, mit dem Messianismus, mit den Nationalsozialisten und mit dem zweiten Weltkrieg zusammenhing. Diese Verbindung wird durch Bubers Sichtweise von Hitler als „Möchtegern-Napoleon" verstärkt. In der Geschichte von Herzls Angriff auf seinen Freund und zionistischen Kameraden David Trietsch sprach Buber davon, wie er mit vierundzwanzig Jahren zum ersten Mal auf dem Boden der Tragödie stand. Seine Jahre der Suche nach dem rechten Standpunkt, von dem aus die Geschichte von *Gog und Magog* erzählt werden mußte, waren tief verbunden mit dem, was er damals als das „Grab von Recht und Unrecht" verstehen lernte, mit seinem viel späteren Verständnis davon, wie aus diesem Grab von Recht und Unrecht das Recht wieder aufersteht, und – vielleicht wichtiger noch für Bubers eigenes Leben – mit seiner persönlichen Gegnerschaft zu Theodor Herzl – dem Führer, dem er trotz allem in seinem Herzen treu blieb – wie der Yehudi dem Seher treu bleibt. Yehudis Bejahung der Einheit Gottes in seiner Verweigerung, sich selbst vom Seher völlig zu trennen oder ihn einfach als böse und falsch anzusehen, besitzt eine machtvolle Verbindung mit einem der schmerzhaftesten Ereignisse in Bubers frühem Leben wie auch mit seinem Verständnis von echtem Dialog als der menschlichen Bestätigung des anderen, selbst bei Gegnerschaft.

Buber sagte mir, daß er *Gog und Magog* als sein wichtigstes Buch betrachte. Damit meinte er selbstverständlich nicht das einflußreichste, wie *Ich und Du*, oder das kulturell bedeutsamste, wie man von seiner Bibelübersetzung sagen könnte. Es war jedoch das Buch, in dem sein Herz den bedeutsamsten Ausdruck in Antwort auf die Welt, in der er lebte, gefunden hat. In seinen ersten Erzählungen chassidischer Geschichten war er, wie er später erkannte, zu frei. In der Form der „legendären Anekdote", die er für die spätere Erzählung der chassidischen Geschichten entwickelte, fand er das richtige Format für die rohen Originale. Aber erst in *Gog und Magog* entdeckte er, wie Freiheit und Treue zum Geist der Geschichten verbunden werden können.

„Jede Auseinandersetzung, die um des Himmels willen stattfindet, wird währen", wird uns in „Sprüche der Väter" im Talmud gesagt. Auch wenn die Opponenten in einer solchen Auseinandersetzung unvereinbare Überzeugungen vertreten, sind doch beide Zeugen der einzigen menschlichen Wahrheit, die wir haben, nämlich der unserer Beziehung zur Wirklichkeit, die uns in jedem konkreten historischen Moment anspricht. Gerade eine solche Auseinandersetzung ist der Kern von Bubers chassidischer Romanchronik. Obwohl sie in der Zeit der napoleonischen Kriege angesiedelt ist und die Kämpfe obskurer chassidischer Gemeinschaften in ihrem Brennpunkt stehen, ist *Gog und Magog* in vieler Hinsicht Bubers tiefgründigstes und konkretestes Bild des Menschen. Das Herzstück des Romans ist die Gleichzeitigkeit von Nähe und Konflikt zwischen Jaakob Jizchak von Lublin, dem „Seher", und seinem Namensvetter, dem „heiligen Yehudi" oder „heiligen Juden". Hier findet sich eine konkrete Verkörperung der Spannung zwischen dem „Prophetischen", das den Zuhörer aufruft, mit ganzem Wesen umzukehren, und dem „Apokalyptischen", das eine festgesetzte Zukunft voraussagt, die sich nur zu entfalten braucht. Diese Spannung zieht sich durch den ganzen Roman und formt seinen Kern.

Yehudis Kampf mit dem Seher ist Teil einer Bejahung der Einheit Gottes – sein Bestehen darauf, daß Erlösung Erlösung *des* Übels und nicht nur *vom* Übel sein muß. Diese Bejahung verhindert, daß wir den Konflikt der Geschichte als einen Konflikt zwischen Gut und Böse ansehen. Es ist vielmehr Tragödie in dem besonderen Sinn, wie Buber sie definiert – die Tatsache, daß jeder ist, wie sie oder er ist, und daß es in der Beziehung nicht genügend Mittel gibt, um die Gegner in wirklichen Dialog miteinander zu bringen und so zu verhindern, daß sich die Beziehung in fixierter Gegnerschaft festschreibt. Obwohl der Yehudi die Tragödie selbst nicht auflösen kann, bringt er sie in seine Beziehung mit Gott ein. Er weigert sich zuzulassen, daß die Gegensätze der Existenz ihn von der loyalen Beziehung zu dem Lehrer abschneiden, den er anerkennt, sogar als er sich gegen ihn wendet.

Der Seher bittet Yehudi zu sterben, so daß durch ihn der Seher vielleicht von der Oberwelt lernen kann, welches der nächste Schritt in dem großen messianischen Unterfangen ist. Trotz ihrer ungewöhnlichen Natur ist der Leser sowohl auf die Bitte als auch auf ihre Erfüllung vorbereitet. Obwohl der Seher genau weiß, daß der Yehudi einen von dem seinigen völlig verschiedenen geistigen Weg geht, verlangt er sein Leben von ihm. Der Yehudi willigt ein aufgrund einer Loyalität zum Seher, die das nur Persönliche transzendiert.

Hinter dem Konflikt zwischen dem „Prophetischen“ und dem „Apokalyptischen“, zwischen der Art Yehudis, für die Erlösung zu arbeiten, und der des Sehers, steht die tragische Tatsache, daß unsere menschliche Existenz aus der Hoffnung auf menschliche Umkehr und der Verzweiflung an seiner Fähigkeit zur Umkehr besteht. „Der grausame Gegensatz der Existenz“ ist in der Tatsache enthalten, daß wir, um miteinander zu kommunizieren, einander „gegenüber“, entfernt von und im Gegensatz zueinander sein müssen und erst dann und dadurch „von Angesicht zu Angesicht“ sein können. Tragödie entsteht aus der Tatsache, daß wir auf die Ansprache, die an uns von dem, was uns gegenüber ist, gerichtet wird, nicht antworten und oft nicht antworten können. Dadurch verhärten wir dieses Gegenübersein zu einfacher Gegnerschaft und verhindern die Verwirklichung seiner Möglichkeiten für Beziehung. „Wir können den Boden der Tragödie nicht verlassen“, sagte Buber 1951, als er zum ersten Mal Amerika besuchte. „Aber in der wirklichen Begegnung können wir den Boden der Rettung erreichen, nachdem die Tragödie vollendet ist.“ Tragödie kann in der dialogischen Situation erfahren werden; der Widerspruch kann Theophanie werden.

Karl Kerényi zufolge, einem Schweizer klassischen Philologen und einer Autorität für Mythenforschung, steht *Gog und Magog* auf dem Gipfel epischer Prosa neben solchen Meisterwerken wie Thomas Manns *Der Erwählte* und Pär Lagerkvists *Barabbas*. Bubers große Leistung in seiner chassidischen Romanchronik ist „die Evokation [der] in der ganzen epischen Weltliteratur in solcher Glut und Ausschließlichkeit der religiösen Kräfteentfaltung sonst nirgends erscheinenden Kämpfer im Geiste.“ „Martin Buber hat auch dieses Größte geleistet“, schließt Kerényi, „das Gute und das Böse, das Heilsame und das Gefährliche läßt er in seinem eigensten und geliebtesten Bereich erscheinen. Seine ‚Chronik‘ erhebt sich über Zeit und Volksbedingtheit, wie jedes Werk, das ‚klassisch‘ ist.“

In dem Buber-Band der *Philosophen des 20. Jahrhunderts* widmet Rivka Schatz-Uffenheimer, eine Schülerin Scholems, den letzten Teil einer langen Kritik von Bubers Interpretation des Chassidismus dem Werk *Gog und Magog*.

> „Jedes Gespräch in *Gog und Magog* ist ein Kapitel des Lebens in der geistigen Welt des Chassidismus, ein Kapitel, von aller Banalität und Sentimentalität gereinigt, alles durch den meisterhaften Gebrauch der Andeutung verfeinert, so daß, wenn Sie es nicht mehrere Male gelesen haben, Sie es gar nicht gelesen haben. Hier wird uns durch Buber gelehrt, wie wir der Welt und Gott ins Auge schauen sollten."

In seinen „Antworten an meine Kritiker" im gleichen Band machte Buber aufs neue seinen Anspruch geltend, daß „der ‚heilige Jude', ohne die kabbalistische Grundlehre aufzugeben, im wesentlichen die schlichte menschliche ‚Existenz' aufgibt" – gegen die magischen Handlungen des Sehers zugunsten Napoleons. Dadurch „greift [der Jude] damit auf den schon innerhalb der Prophetie Israels hörbaren Ruf zurück, erst müßten wir ‚umkehren', ehe Gott von dem ‚Entflammen seines Zorns' ‚umkehrt'", und auf die talmudische Lehre, daß alle eschatologischen Verbindungen vorbeigegangen sind und es nun allein auf die menschliche Umkehr ankommt.

Im Gegensatz zu Baruch Kurzweils Kritik, Buber stehe außerhalb der Welt, aus der er seine Mission ziehe, versicherte Buber, daß er an einem Punkt ganz vitaler Einheit mit diesen Männern stehe. „Als ich in meiner Jugend das erste chassidische Buchwort vernahm, nahm ich es mit einer chassidischen Begeisterung auf. Ich bin ein polnischer Jude." Sein Hintergrund war natürlich die Aufklärung, „aber in der empfänglichen Zeit des Knabenalters hat eine chassidische Atmosphäre ihren Einfluß auf mich ausgeübt." Dieses ist uns bereits bekannt, aber nichts in Bubers früheren Schriften bereitet uns auf die Aussage vor, die folgt: „Gewißheit ist mir, daß, wenn ich damals gelebt hätte, als man noch um das Wort Gottes selber und nicht um dessen Karikaturen kämpfte, auch ich, wie so viele, meinem Vaterhaus entlaufen und Chassid geworden wäre." Obwohl „es mir nach Generation und Situation verwehrt", gehört „mein Herz … zu jenen von Israel, in denen sich heute, den blind Bewahrenden und den blind Bestreitenden gleicherweise entrückt, das Ringen vollzieht, das der Erneuerung von Glaubensgestalt und Lebensgestalt vorausgeht." Erst jetzt „setzt sich [dieses Ringen] fort, nur eben in einer Weltstunde, in der an die Stelle des langsam scheidenden Lichts die Finsternis getreten ist." Obwohl Bubers geistige Substanz nicht ganz in die Welt der Chassidim gehörte, lag seine Basis in diesem Bereich, und seine Impulse waren ihr verwandt.

„Wer eine Lehre von mir erwartet, die etwas anderes ist als eine Hinzeigung dieser Art, wird stets enttäuscht werden", sagte Buber. Wesentlich in dieser geschichtlichen Stunde, die Buber in *Gog und Magog* ausdrücklich „Gottesfinsternis“ nannte, ist nicht, eine feste Doktrin zu besitzen, sondern ewige Wirklichkeit zu erkennen und aus ihrer Tiefe der Wirklichkeit der Gegenwart gegenüberzutreten. „Es ist in dieser Wüstennacht kein Weg zu zeigen.“ Alles, was man tun kann, ist „zu helfen, mit bereiter Seele zu beharren, bis der Morgen dämmert und ein Weg sichtbar wird, wo niemand ihn ahnte.“

14. Kapitel

Jüdisch-arabische Wiederannäherung und Konflikt

(1939–1949)

In den Jahren des zweiten Weltkrieges gelangten die Kämpfe nie bis Palästina, und die Araber ließen, trotz ihrer Sympathien für die Nationalsozialisten als Feinde der Juden, ihre Kämpfe gegen das britische Mandat und den Jischuw während des Krieges ruhen. Infolgedessen lieferte der Krieg den Hintergrund für eine wenngleich nur kurzlebige jüdisch-arabische Kooperation. An dieser Bewegung nahm Buber aktiv teil.

Schon früh hatte Buber sich gezwungen gesehen, im Konflikt zwischen den mehr „politischen" Zionisten und den eher „praktisch" ausgerichteten einen Standpunkt zu beziehen – zwischen denen, die damit beginnen wollten, politische Konzessionen einzufordern und dann die Siedlungen aufzubauen, und jenen, die der Meinung waren, daß die tatsächliche Besiedlung dem Anspruch auf legale Rechte vorangehen müsse. Bubers Identifikation mit den letzteren, so sagte er 1958, „entstammte der Einsicht, daß das ungeheure Doppelwerk der vollkommenen Wiedergeburt des jüdischen Volkes und seiner Eingliederung in die vorderasiatische Welt nicht durch eine plötzliche, unzureichend vorbereitete Massensiedlung, sondern nur durch die bereitende Tätigkeit von Generationen im Lande zu schaffen ist." Das bedeutete, die Bahn für Arbeit und Frieden freizumachen, ein selektives organisches Entwicklungsprinzip, das den Kern einer jüdischen Gemeinschaft hervorbringen sollte, die als Basis für die Wiedergeburt des Volkes dienen könnte. Es bedeutete auch praktische ökonomische und soziale Kooperation mit den Arabern, eine auf Vertrauen und Zusammenarbeit gegründete Solidarität. Buber wußte, daß die jüdische Besiedlung kein Instrument des britischen Imperialismus war. Deshalb beklagte er die Art, wie die Juden nach Palästina kamen, die möglich und in vielen Fällen unausweichlich machte, daß die Araber dies glaubten. Selbst nachdem das britische Empire durch das Commonwealth ersetzt worden war, wurde der Jischuw fälschlicherweise noch als Agent des britischen Imperialismus angesehen. Statt dessen hätte es einen umfassenden Plan geben sollen, der die jüdische Besiedlung zum organischen Zentrum nicht nur des jüdischen Volkes, sondern auch des aufsteigenden Nahen Ostens hätte machen können, ein großer Plan, der die Araber Palästinas zu Partnern in der Arbeit beim Aufbau des Landes gemacht hätte. Dies hätte zu einer Kooperation zwischen den beiden Nationen führen können, in der die Frage der zahlenmäßigen Proportionen nicht länger von entscheidender Bedeutung gewesen wäre. Obwohl tausend Knospen arabischen Vertrauens zerstört worden waren, war es immer noch möglich, sich in Richtung auf eine Allianz und ein umfassendes Band zwischen zwei Brudernationen zu bewegen.

Bubers Ansatz zur jüdisch-arabischen Wiederannäherung lagen sein Zionismus und sein hebräischer Humanismus zugrunde. Buber fand die Grundlage für seinen hebräischen Humanismus in der Bibel. Er konzentrierte sich nicht auf den Gegensatz von Ideellem und Praktischem, sondern für ihn war das Ganze im Gegensatz zu einem Teil entscheidend. „Die biblischen Menschen sind Sünder wie wir, aber eine Sünde begehen sie nicht, unsere Erzsünde: sie unterfangen sich nicht, Gott in den abgezirkelten Raum einer Abteilung des Daseins, in die ‚Religion' einzusperren." „Das Leben in ein privates Moralleben und ein öffentliches, in dem jedes Mittel für den Zweck benutzt werden kann, zu unterteilen, bedeutet, der Zerstörung der Existenz eines Volkes Tür und Tor zu öffnen." Dies sei keine Frage von absolutem Pazifismus oder totaler Gerechtigkeit, sondern die Aufgabe, die Scheidelinie in jeder Situation neu zu ziehen.

> „Wohl, wir sind nicht imstande, das vollkommene Recht in unser Leben zu übertragen; und gerade in den Entscheidungen der Gemeinschaft sind wir immer wieder bereit, um ihrer Erhaltung willen ein Unrecht auf uns zu nehmen; aber worauf es ankommt, ist, daß wir jeweils in der Stunde der Entscheidung mit dem Aufgebot der höchsten Verantwortung, mit der Kraft des Gewissens erkennen, wieviel zur Bewahrung der Gemeinschaft gefordert ist, und daß wir dies auf uns nehmen und nicht weniger als dies."

1939 wurde eine lockere Gemeinschaft jener, die sich mit der Verbesserung jüdisch-arabischer Beziehungen beschäftigten, unter dem Namen *Liga für jüdisch-arabische Wiederannäherung und Kooperation* gegründet. In den frühen vierziger Jahren trafen sich frühere Brit Schalom-Mitglieder – Buber, Simon, Magnes und Henrietta Szold, die Begründerin von Hadassah – zu Diskussionen bei sich zu Hause. Im Frühjahr 1942 begannen sie eine Reihe regelmäßiger Treffen im Haus von Magnes, um den USA-Besuch David Ben Gurions, des Vorsitzenden der Jewish Agency Executive, zu diskutieren, der darauf abzielte, amerikanische Unterstützung für die Umwandlung Palästinas in einen jüdischen Staat oder Commonwealth zu gewinnen. Magnes und Buber glaubten, daß ein solches Programm unweigerlich zum Krieg mit den Arabern führen würde, und sie behaupteten, daß das jüdische Establishment keineswegs alle Wege zu jüdisch-arabischer Wiederannäherung erkundet hätte.

Der Ruf nach der Schaffung eines jüdischen Staates mit etwaiger jüdischer Mehrheit hatte die Konsolidierung aller binationalen Gruppen der Linken, der Rechten und des Zentrums zur Folge. Die linke *Haschomer Hazaïr* trat der *Liga für jüdisch-arabische Wiederannäherung und Kooperation* bei, und die Organisation legte am 23. Juni 1942 einen umfassenden Gegenvorschlag vor. Sie anerkannte die Rechte der Juden, nach Palästina zu emigrieren, bis dessen gesamte ökonomische Aufnahmefähigkeit erschöpft war, sowie das Recht des Jischuw, eine vollständige und autonome ökonomische, kulturelle, soziale und politische Einheit zu werden. Aber sie anerkannte auch die Rechte der Araber Palästinas auf ein national autonomes Leben und auf Beziehungen mit anderen Teilen der arabischen Nation; sie bejahte die Nichtdominanz eines Volkes über ein anderes, ungeachtet der zahlenmäßigen Verhältnisse, und eine binationale Herrschaft, die an einer Föderation mit den benachbarten arabischen Staaten teilnehmen könnte, wenn die Verhältnisse dies erlaubten. Der kleine Kreis von Freunden rief im August 1942 eine Versammlung von mehreren hundert Anhängern des Binationalismus und der arabisch-jüdischen Wiederannäherung zusammen, um die Gründung einer Organisation, die sie *Ihud* oder Einheit nennen wollten, zu diskutieren. Die meisten Mitglieder gehörten der Liga an, aber zogen es vor, dies als Block zu tun, anstatt als „die Intellektuellen" bezeichnet zu werden. Judah Magnes, der vorher nie einer binationalen Organisation angehört hatte, wurde überzeugt, an der Ihud teilzunehmen, die ihn später als ihren Gründer anerkannte, obwohl er darauf bestand, daß es nur ein Exekutivkomitee geben sollte und er nicht sein Vorsitzender sei. Das Komitee setzte sich aus Buber, Kalvarisky, Magnes, Smilansky, Henrietta Szold und Justice Valero zusammen und hielt sein erstes Treffen am 11. August 1942 ab. Es rief zu einer Wiederbelebung der gesamten semitischen Welt durch jüdisch-arabische soziale, ökonomische, kulturelle und politische Kooperation auf und sprach sich für eine binationale Regierung und Teilnahme an einer größeren nahöstlichen Föderation aus.

1944 wurde Robert Weltschs schlecht gehende Zeitschrift *Tagesprobleme* mit Buber als erstem und Ernst Simon als zweitem Herausgeber von der Ihud übernommen und einfach nur *Probleme (Ba'ayot)* genannt. Obwohl die Ihud Mitglieder des linken Flügels der Labor-Föderation und Mitglieder der dritten Alijah, neue Emigranten aus

Deutschland, Mitglieder der früheren Brit Schalom und der Liga für arabisch-jüdische Wiederannäherung und Kooperation und religiöse Chaluzim sowie auch Buber, Simon, Hugo Bergmann und Magnes einschloß, blieb sie doch ein begrenzter Kreis ohne starken Einfluß auf das öffentliche Leben, der an die Menschen mehr durch das schriftliche als durch das gesprochene Wort appellierte. Ihud war auch in der Immigrationsfrage in fataler Weise gespalten: die marxistische „Junge Garde" verlangte freie und unbegrenzte Immigration der Juden, Magnes und Buber aber traten für Immigration bis zu zahlenmäßiger Parität ein, nicht aber bis zur Majorität.

In der Vergangenheit hatte Buber sich lange Zeit für unbegrenzte Immigration der Juden ausgesprochen, an sie geglaubt und behauptet, daß eine Verständigung mit den Arabern auf dieser Basis erreicht werden könnte. Doch vier Jahre in Palästina hatten ausgereicht, ihn zu überzeugen, daß dies ein Irrtum war. Die zionistische Mehrheit war bereit, die Einheit Palästinas aufzugeben, um einen jüdischen Staat zu erlangen. Die Binationalisten waren auf der anderen Seite bereit, den jüdischen Staat aufzugeben, um die Einheit Palästinas zu erhalten. Dies kommentierte Buber so: „Vielheit ist ein Konzept der genauen Wirklichkeit des Lebens; wogegen Mehrheit ein rein politisches Konzept ist. Wir streben danach, so viele Juden wie möglich nach Palästina einwandern zu lassen, wogegen Ben Gurion danach strebt, daß sie die Mehrheit in diesem Lande erreichen." Als sie erfuhren, daß ihre geliebte Gründerin Henrietta Szold eine der Führerinnen der binationalen Gruppe war, die Ben Gurions Biltmore-Programm ablehnte, reagierte die Hadassah in den USA verbittert. In Palästina wurden einige der Ihud-Führer mit Stinkbomben angegriffen, mit Gewalt bedroht und in den Schlagzeilen der Zeitungen herabgewürdigt.

1944 veröffentlichte Buber in hebräischer Sprache einen ironischen Dialog über „Biltmore" zwischen einem „Loyalen" und einem „Verräter". Buber selbst fragt den „Loyalen", warum es in den Straßen soviel Gerede über die Gibeoniten, die Nichtjuden gibt, denen von Joshua in biblischer Zeit erlaubt worden war, dort zu leben, die aber gezwungen worden waren, nur als Holzhauer oder Wasserträger zu leben. Der „Loyale" leugnet ab, daß der Biltmore-Plan Teile der Landesbevölkerung zu Bürgern zweiter Klasse herabsetzen will, aber der „Verräter" weist darauf hin, daß die baldige Annahme eines Zweite-Klasse-Status eine natürliche Folge ist, wenn ein Volk der politischen kollektiven Gleichheit beraubt wird. Dieser Prophezeiung widersetzte sich selbst Ernst Simon in der Herausgeberbesprechung von *Ba'ayot,* in der Buber vorschlug, seinen Artikel zu veröffentlichen. „Sicherlich würden wir, die wir von anderen so schrecklich behandelt worden sind, unsere Minoritäten nicht auf die gleiche Weise behandeln?" protestierte Simon. Buber weigerte sich nachzugeben, aber siebzehn Jahre später, in der Einführung zu der Sammlung hebräischer Essays *Leute und Welt*, in der dieser Artikel wiederabgedruckt ist, gab Simon voller Bitterkeit zu, daß Buber recht gehabt hatte. Durch militärische Restriktionen und Arbeitsbeschränkungen waren die Araber in Israel in Wirklichkeit, wenn auch nicht legal, auf den Status von Bürgern zweiter Klasse gebracht worden.

Bubers Beziehung zu Judah Leib Magnes stellte einen der bedeutsamsten Dialoge dieser Periode von Bubers Leben dar, selbst wenn man die gemeinsamen politischen Aktivitäten außer acht läßt. Dieser Dialog gründete sich auf ein hohes Maß gegenseitiger Achtung – trotz der Unterschiede ihrer Persönlichkeiten. Obwohl beide Männer eine außerordentlich praktische Orientierung besaßen, waren Bubers Interessen in ihrer Bandbreite fast universal, während Magnes sich auf wenige Belange konzentrierte. Bubers Taktiken waren flexibler als die von Magnes, der selbst in seinem persönlichen Leben Präsident mit der Persönlichkeit eines Präsidenten blieb. Als Folge davon waren nur wenige Personen in der Lage, mit ihm in einen Umgang einzutreten, in dem sie Rat erteilen würden. Magnes hingegen war bereit, Bubers Rat anzunehmen, obwohl sie oft nicht übereinstimmten. Magnes' Persönlichkeit hatte etwas von der strengen Einfachheit eines Quäkers, während Buber viel Wärme ausstrahlte und Humor besaß. Buber besuchte Magnes oft, um zu diskutieren, sowohl mit ihm allein als auch mit anderen.

Buber gab Hans Trüb ein vollständiges Bild seines damaligen Lebens. Seine Universitätsarbeit war befriedigend, doch hatte er die Position des Rektors, die ihm angeboten worden war, zurückgewiesen, weil er seine eigene Arbeit nicht unterbrechen wollte. Obwohl die Hausarbeit in der Kriegszeit Paula in einer schwer vorstellbaren Weise in Anspruch genommen hatte, war es ihr auch möglich gewesen, wichtige Arbeit zu tun. Sie hatten ihre ersten Ferien am Meer seit 1939 verbracht, und das hatte ihnen gut getan, besonders Paula Buber. „Bärbel", ihre Enkelin Barbara, die auf eine Handelsschule gegangen war, hatte einen Kollegen geheiratet und lebte als Zeichenlehrerin in Haifa. Judith, die jüngere Enkelin, lebte bei Martin und Paula Buber und studierte an der Universität. „Auch sie will Lehrerin werden." (Sie wurde Professorin für politische Wissenschaft.) „Eva lebt mit ihrem Mann und dem jüngeren Sohn in dem großen Kinder- und Jugenddorf Ben Shemen, wo Ludwig unterrichtet ... Rafael hat schon vor langer Zeit den Kibbuz, in dem er gelebt hatte, verlassen, kaufte sich resolut ein Lastauto und fährt seither (hauptsächlich waren es Militärtransporte) mit großem Geschick und Umsicht."

Albert Einstein schrieb Buber aus Amerika und berichtete über seine Aussage vor dem anglo-amerikanischen Untersuchungskomitee in

Washington über Probleme des europäischen Judentums und Palästinas. Mit bemerkenswerter Offenheit sprach Einstein vor dem aus sechs Engländern und sechs Amerikanern zusammengesetzten Komitee davon, wie die britische Mandatsregierung von Anfang an versucht hatte, die Verwirklichung der Balfour-Deklaration zu sabotieren, indem sie die Einwanderung erschwerte, die Anzahl landbesitzender Juden begrenzte und die arabischen Massen systematisch aufstachelte bis zur Organisation von Unruhen, bei der die Mandatsregierung systematisch kollaborierte. Einstein schlug, wie Magnes, eine binationale Regierung unter direkter Aufsicht der Vereinten Nationen vor, da keine Hoffnung auf Verbesserung der Verhältnisse bestand, solange die Briten das Mandat behielten, auch erschien ihm die Errichtung eines jüdischen Staates mit Aufteilung der bestehenden Volksgruppen nicht durchführbar. Das war für die britische Hälfte des Komitees schwer zu verkraften, wie Einstein selbst berichtet, obwohl er seine Aussage ruhig und liebenswürdig, ohne Leidenschaft, machte. „Ich habe noch vergessen, daß ich in der Diskussion meiner Überzeugung Ausdruck gab“, schrieb Einstein, „daß die Kommission vom Standpunkt der britischen Regierung nur eine Art ‚smoke-screen‘ bedeute und daß nicht die geringste Absicht bestehe, sich durch deren Empfehlungen und Vorschläge beeinflussen zu lassen.“ Daraufhin erhitzten sich einige britische Komiteemitglieder, und Einstein antwortete: „Ich werde mich freuen, wenn ich unrecht behalte.“

Von Washington reiste das anglo-amerikanische Komitee nach Palästina. Die Jewish Agency wollte, daß die jüdische Sache in geschlossener Front von all denen, die einen jüdischen Staat favorisierten, vorgetragen würde, aber Ihud bestand darauf, seine unabhängige Aussage zugunsten eines binationalen Staates zu machen. Dies geschah in Form eines schriftlichen Statements, das die sofortige Einwanderung von 100 000 Juden verlangte, ob die Araber dem zustimmten oder nicht, eine Föderation nach Schweizer Modell, zwei nationale Gemeinschaften mit Steuergewalt für kulturelle Belange, einen Stufenplan, der zu binationaler Unabhängigkeit und einer zukünftigen Föderation des Mittleren Ostens führen sollte und zu einer Inangriffnahme der diskreditierten Vorstellung der Selbstbestimmung kleiner nationaler souveräner Einheiten, auf die Woodrow Wilson am Ende des ersten Weltkrieges gehofft hatte. Israels Fähigkeit, Bündnisse der Kooperation und Partnerschaft mit den Arabern zu formen, die auch um nationale Befreiung und geistige Wiedergeburt kämpften, war die Bewährungsprobe für den Traum von Zion. Wenn eine erfolgreiche Lösung des Palästina-Problems gefunden werden könnte, dann würde ein erster bahnbrechender Schritt „in Richtung auf ein gerechteres Leben zwischen Volk und Volk getan worden sein.“ Magnes behauptete, daß „ein großer Teil der schweigenden Bevölkerung mehr oder weniger denkt wie wir."

Der Bericht des Komitees im Mai, nachdem es sich nach Palästina zurückgezogen hatte, um die Zeugenaussagen zu bedenken, stellte einen Sieg für Ihud dar. Er empfahl die unmittelbare Einwanderung von 100 000 Juden, die Zurücknahme diskriminierender Gesetzgebung zu Landüberschreibungen, die Juden und Araber getrennt hielten, und die Errichtung einer Treuhandverwaltung durch die Vereinten Nationen, die weder die Form eines jüdischen noch eines arabischen Staates haben sollte, sondern die eines binationalen Landes, das sich auf Unabhängigkeit zubewegt. Dieser Bericht wurde einstimmig abgefaßt, aber die britische Regierung schenkte ihm, wie Einstein prophezeit hatte, keine Aufmerksamkeit und legte statt dessen einen eigenen Plan vor, der von Juden und Arabern gleichermaßen sofort zurückgewiesen wurde.

Nach dem Bericht der anglo-amerikanischen Kommission ging Magnes für ein halbes Jahr nach Amerika, um seine Sache vor der amerikanischen Öffentlichkeit zu vertreten und Täuschungen und falsche Anklagen in bezug auf den Binationalismus zu entkräften. Während seiner Abwesenheit schrieben Buber und Moshe Smilansky an General Sir Evelyn Barker, Oberbefehlshaber der britischen Armee in Palästina. Sie baten um die Rücknahme der Todesstrafe für Joseph Simhon und Michael Ashbel, zwei jüdische Jugendliche, die an terroristischen Aktivitäten der revisionistischen Irgun Zvai Le'umi teilgenommen hatten, einer nationalen militärischen Organisation außerhalb der Haganah, die bewaffnete Angriffe auf den Militärflugplatz Kastina durchgeführt hatte. Buber und Smilansky wiesen darauf hin, daß sie die gleiche Position im Falle von Arabern bezogen hatten, die während der Unruhen zum Tode verurteilt worden waren, und daß sie sich als Menschen, die unermüdlich für Frieden in Palästina arbeiteten, verpflichtet fühlten, Barker daran zu erinnern, daß die Vollstreckung der Todesurteile die Spannung nur erhöhen und das Erreichen von Frieden schwieriger machen würde. Die beiden Jugendlichen wurden daraufhin begnadigt. Bubers Intervention zugunsten dieser Terroristen, deren eigene Position und Aktivitäten er mit seinem ganzen Sein ablehnte, ist wichtig für sein Verständnis von Begegnungen auf dem schmalen Grat. Diejenigen, die selbst polarisiert sind, neigen dazu, andere ebenso zu sehen. Es hat innerhalb und außerhalb von Palästina jüdische Gruppen gegeben, die fälschlicherweise behauptet haben, Buber habe sich für das Leben von zum Tode verurteilten arabischen Terroristen eingesetzt, sich aber geweigert, sich für die Leben jüdischer Terroristen einzusetzen. Um einen solchen Fall handelte es sich bei dem jüdischen Terroristen Dov Gurner. Auch hier ist das beharrliche Gerücht, daß Buber sich nicht für ihn eingesetzt habe, falsch. Gavriel Stern, zu der Zeit Herausgeber von *Ba'ayot*, versichert uns, daß Buber und Henrietta Szold zusammen einen Brief geschrieben haben, über den in *Ba'ayot* berichtet worden war.

Buber traf Gavriel Stern, der ihn mehrere Male für *Ba'ayot* interviewte, durch die Jüdisch-Arabische Freundschaftsliga. Als Buber den Eindruck gewann, Sterns Arbeit sei nachlässig, war er darüber sehr unglücklich und ließ es ihn wissen. Später lud er Stern in sein Haus ein, wo Stern, nachdem er seine anfängliche Zurückhaltung überwunden hatte, mit Buber sich lange unterhielt. Er charakterisierte Buber als einen Menschen, der wirklich zuhören konnte, der immer versuchte, der Sache auf den Grund zu gehen und dafür sogar bereit war, Konventionen zu überschreiten. Schließlich sah Stern Buber auch als einen praktischen Menschen, besonders was Geld anbelangte.

1945 nahm Buber an der Vorbereitung eines zehnseitigen „Gesuch[s] zu sehr später Stunde für jüdisch-arabische Kooperation in Palästina und im Mittleren Osten" teil. Das Gesuch griff das britische „Weiße Papier" vom Mai 1939 an, das die jüdische Einwanderung auf 75 000 begrenzte, eine Zahl, die bereits erreicht worden war und Tausende von heimatlosen Juden in Europa ohne Ort ließ, an den sie gehen konnten. Mit dem Hinweis, die Juden hätten mit Intelligenz und Hingabe gezeigt, daß die ökonomischen Ressourcen Palästinas mehr Immigranten aufnehmen könnten und noch mehr würden aufnehmen können, als je gedacht worden war, forderte das Papier eine Verstärkung der jüdischen Einwanderung nach Palästina. Es erkannte jedoch an, daß die ablehnende Einstellung der Araber dem im Wege stand. Deshalb wurde vorgeschlagen, diese Einstellung durch eine systematische Anstrengung in Richtung auf arabisch-jüdische Verständigung und Kooperation zu überwinden, eine Verständigung, die gegründet sein würde auf der Schaffung eines binationalen Palästina, in dem beide Völker gleiche Rechte und Pflichten haben sollten, und auf der Verstärkung des internationalen Charakters von Palästina, der erreicht werden könnte, wenn es unter die Treuhand der Vereinten Nationen gestellt würde. In dem Gesuch wurde die Einwanderung von 100 000 Juden vorgeschlagen mit der eindeutigen Absicht, keinen jüdischen Staat zu errichten.

Im Mai 1946 schrieb Buber einen Artikel unter dem Titel: „Ein tragischer Konflikt?", in dem er den wichtigen Begriff eines „politischen Überschußkonflikts" schuf, um den Unterschied zwischen einem wirklichen Konflikt und einem politisch hervorgerufenen, eingebildeten Konflikt zu beschreiben. Er behauptete, daß „die gegenwärtige jüdisch-arabische Situation, die ohne Lösung zu sein scheint", aus einem politischen „Überschußkonflikt" erwuchs, der in beiden Lagern entstanden war. Auch hier betonte er die Notwendigkeit, die Politisierung der Wirklichkeit zu bekämpfen, was in seinen späteren Schriften häufig vorkam:

> „Wir müssen politische Arbeit leisten, um eine Heilung der kranken Beziehung zwischen Politik und Leben zu bewirken ... Die einzige Hoffnung ist, Institutionen zu errichten, die die Forderungen des Lebens über die Forderungen der Politik stellen und die uns dadurch eine wirkliche, substantielle Basis geben, von der aus wir die Wahrheit erklären können."

Die Spannung in Palästina erreichte einen neuen Höhepunkt, als die Irgun im Alleingang am 22. Juli 1946 die zentralen Regierungsbüros im King-David-Hotel in Jerusalem in die Luft sprengte und den Tod von achtzig Regierungsbeamten und Zivilisten – Briten, Juden und Arabern gleichermaßen – verursachte. Die entsetzte Jewish Agency befahl die Einstellung aller bewaffneten Operationen gegen die Briten. Aber Buber fand das nicht ausreichend, wie er in einem Artikel in der hebräischen Tel Aviver Tageszeitung *Ha'aretz* am 26. Juli 1946 („Nein, es ist nicht genug!") deutlich machte. Buber hatte das Gefühl, daß die Führung des Jischuw durch ihre Unterstützung der jüdischen Widerstandsbewegung in den mörderischen Angriff der *Irgun* verwickelt war:

> „Es ist eine verhängnisvolle Irrlehre, daß man ein Volk durch Gewalttaten regenerieren könne. Auf diesem Weg entsteht nicht Befreiung und Heilung, sondern neue Entartung und neue innere Versklavung ... In Australien sind aus deportierten Verbrechern Menschen von sozialem Verantwortungsgefühl geworden, in Zion sind aus Menschen, die unter heiliger Fahne herkamen, Verbrecher geworden."

Am 12. August 1946 sandten Buber, D. W. Senator und Moshe Smilansky dem Hochkommissar ein Protestschreiben der Ihud bezüglich der Unterbrechung der Flüchtlingsimmigration, die ihrer Ansicht nach nicht unter die Kategorie Sicherheitsmaßnahmen fiel und nur weiteres Leiden unschuldiger Opfer der Verfolgung durch die Nationalsozialisten bedeuten konnte. Zugleich grenzten sie ihre Bitte sorgfältig von den Bemühungen von Terroristen ab, die versuchten, ähnliche Konzessionen durch Gewalt zu erreichen.

Am 16. August 1946 verurteilte das britische Militärgericht eine Gruppe von achtzehn Irgunmitgliedern, die im selben Monat gefangengenommen worden waren, zum Tode. Am 21. August appellierten Buber und sechs andere Ihudmitglieder an den Hochkommissar, die Urteile zurückzunehmen, unterstrichen dabei ihre eigene ständige Ablehnung des Terrorismus und wiesen darauf hin, daß 1930 einige der Unterzeichner einen ähnlichen Appell für dreiundzwanzig zum Tode verurteilte Araber, die Morde an Mitgliedern der palästinischen jüdischen Gemeinde begangen hatten, eingereicht hatten. „Erziehung und Überzeugung werden auf lange Sicht eher Früchte tragen, wogegen die Todesstrafe in den Augen der überlebenden Mitglieder der schuldigen

Gruppen und einiger Elemente der Gesellschaft als ganzer ‚Märtyrer' schafft."

Der Höhepunkt der Kooperation zwischen Juden und Arabern in dieser Zeit in Palästina stellte sich auch als der ergreifendste und tragischste heraus. Die Liga für jüdisch-arabische Wiederannäherung und Kooperation in Palästina fand ihr Gegenstück in einer Körperschaft, die als *Falastin el-Jedida* (Das neue Palästina) bekannt war. Gründer und Führer dieser Organisation war Fauzi Darwish El-Husseini, ein Vetter des unnachgiebigen antizionistischen Mufti von Jerusalem und selbst aktiver arabischer Nationalist, der für seine Teilnahme an antijüdischem Aufruhr im Gefängnis gesessen hatte. Auf einer öffentlichen Versammlung in Haifa am 22. Juni 1946 hatte Fauzi den wesentlichen Ihud-Positionen eines binationalen, von den Vereinten Nationen überwachten Staates beigestimmt, wobei das Problem der Immigration im Rahmen eines Generalabkommens und auf der Basis der ökonomischen Aufnahmefähigkeit des Landes gelöst werden sollte. Ende August 1946 sprach Fauzi im Haus von Chaim Kalvarisky und drängte auf eine arabische Gegenkraft gegen die von seinem Vetter, dem Mufti, geführte „Araber-Partei". Er griff die offizielle Politik von Arabern und Juden gleichermaßen als eine an, die nur Schaden und Leiden hervorbrachte, und rief Araber und Juden auf, sich zu vereinen und Hand in Hand gegen die imperialistische Politik zu arbeiten, die sie gegeneinander ausspielte.

Am 11. November 1946 unterzeichneten fünf Mitglieder von Falastin el-Jedida ein Abkommen mit der Liga für jüdisch-arabische Wiederannäherung und Kooperation, das Zusammenarbeit, politische Gleichheit, jüdische Immigration gemäß der ökonomischen Aufnahmefähigkeit des Landes und eine zukünftige nahöstliche Föderation forderte. Dieses Abkommen war durch eine aktive Kampagne von Fauzi und seinen Anhängern, die sich an muslimische und christliche Lehrer, Journalisten, Geschäftsleute und Arbeiter unter den Arabern wandte, vorbereitet worden. Ihre Aktivitäten dehnten sich auf die Veröffentlichung des arabischen Organs *El-Akha* (Bruderschaft) und den Erwerb eines Klubraumes aus. Diese Aktivitäten wurden von arabischen Warnungen und Drohungen begleitet, aber Fauzi entgegnete unerschrocken: „Die Geschichte wird beurteilen, wer von uns dem rechten Weg gefolgt ist." Am 23. November, weniger als zwei Wochen, nachdem dieses Abkommen mit dem Versprechen der Liga, die Aktivitäten von Falastin el-Jedida zu unterstützen, unterzeichnet worden war, wurde Fauzi von unbekannten arabischen Extremisten ermordet. Einige Tage nach diesem Mord sagte sein Vetter Jamal Husseini, der mit dem Mufti die Führerschaft der Araberpartei innehatte: „Mein Vetter hat gefehlt und hat seine gerechte Strafe erhalten." Kein palästinensischer arabischer Politiker hatte je zuvor öffentlich mit den Juden verhandelt und mit ihnen ein Abkommen geschlossen. Fauzis Freunde kamen zu Buber und anderen Führern der Liga für jüdisch-arabische Wiederannäherung und Kooperation und erklärten, daß sie keine Furcht hätten weiterzumachen, und fragten um Rat, was sie jetzt nach Fauzis Tod tun sollten. „Geht in Frieden heim", sagten Buber und seine Freunde ihnen. „Sie würden euch genauso umbringen, wie sie Fauzi umgebracht haben." Die jüdischen und arabischen Männer des Friedens nahmen traurig Abschied voneinander, und keine andere Gegenbewegung gemäßigter Araber gegen die Extremisten entstand, um dem Ansturm der Ereignisse, die zum Krieg führten, entgegenzuwirken.

Im Juni 1947 stellte Buber in seiner Rede „Zwei Völker in Palästina" im niederländischen Rundfunk ein umfassendes Bild seiner Vision jüdisch-arabischer Wiederannäherung dar. Dort warnte er wieder vor der heimtückischen Wirkung der Dominanz der Politik, die nicht immer erkennbar ist, denn sie habe sich in unterschiedlichen Verkleidungen in jede Sphäre des Lebens eingeschlichen.

Laut Buber fielen insbesondere die Forderungen nach einem arabischen oder jüdischen Staat im gesamten Land Israel unter die Kategorie des politischen „Überschusses". „Das Böse liegt nicht in der Politik als solcher, sondern in ihrer Hypertrophie", schrieb Buber 1947 in dem Artikel „Der binationale Ansatz zum Zionismus". Die Macht, die solch fiktives politische Denken im Jischuw hatte, nahm beständig zu – zum Teil aus wirklicher Verzweiflung heraus, hervorgerufen „durch einen Akt der Ausrottung, wie er nie zuvor von irgend einer anderen Nation erlebt worden war, und der Gleichgültigkeit der Welt angesichts dieser Tat ... Nach einer Ausrottung dieser Art ist die arme menschliche Seele dazu angetan, Ausrottung überall im Hinterhalt liegen zu sehen."

Im Juni 1947 begann, was der Bürgermeister von Jerusalem R. M. Graves in einem Buch als ein „Experiment in Anarchie" bezeichnet hat: ein Krieg aller gegen alle, in dem drei Völker – die Briten, die Araber und die Juden – gegeneinander wüteten. Durch die persönliche Intervention von Ben Gurion erteilte die überwältigende Mehrheit der Hadassah in den USA ihrer Gründerin Henrietta Szold, einer treuen Führerin der Ihud, eine beißende Abfuhr und votierte für die Teilung Palästinas, so daß nur noch *Haschomer Hazaïr* als Befürworter eines binationalen Staates übrig blieb.

D. W. Senator informierte Buber, daß Magnes ernsthaft herzkrank sei, und sagte ihm, daß es diesem sehr viel bedeuten würde, zu seinem siebzigsten Geburtstag (8. Juli 1947) einen Brief von Buber zu erhalten. Buber schrieb Magnes einen sehr persönlichen Brief. „Es [Magnes siebzigster Geburtstag] berührt die Tiefen meiner Seele" – und zu gleicher Zeit einen öffentlichen Brief, der in der Sommerausgabe von *Ba'ayot* veröffentlicht wurde. Im wesentlichen schrieb Buber, daß er von Magnes ein großes Geschenk erhalten hatte: die Möglichkeit, wieder im Rahmen und im Namen einer politischen Gruppe politisch aktiv sein zu können, ohne dabei die eigene Wahrheit zu opfern.

Im Bericht der Sonderkommission an die Vollversammlung der Vereinten Nationen sprach sich die Mehrheit für eine Teilung Palästinas in einen jüdischen und einen arabischen Teil, Jerusalem unter internationaler Treuhandschaft, aus. In den Debatten in den Vereinten Nationen, die am 29. November zur Zweidrittel-Stimmenmehrheit für die Teilung führten, wurde Binationalismus nicht einmal als Alternative zur Teilung genannt. „Einer nach dem anderen steht auf und sagt, daß er seine Stimme gern einem föderalen Plan geben würde, daß aber unglücklicherweise ein solcher Plan nicht existiere", schrieb Magnes am Tag vor der Wahl an Hugo Bergmann.

Am 29. November 1947 entschied sich die Vollversammlung der Vereinten Nationen mit einer Zweidrittelmehrheit für eine Teilung Palästinas. Am nächsten Tag wurde eine Gruppe Juden, die durch Palästina fuhr, aus dem Hinterhalt angegriffen und getötet. Einen Tag später kam es in Jerusalem zu ernsten Aufständen, und der Krieg, der, wie Buber und Magnes immer wieder gewarnt hatten, eine Teilung begleiten würde, brach aus. Als er die Situation zehn Jahre später zusammenfaßte, schrieb Buber: „Da eine jüdische-arabische Solidarität weder in der Form von Tatsachen noch auch nur in der eines verkündeten Programms der Kooperation eingeleitet war, empfanden führende Araber die Masseneinwanderung als eine Bedrohung und die zionistische Bewegung als einen ‚Mietling des Imperialismus', beides zu Unrecht, beides ohne von uns praktisch darin gestört zu werden. Unser geschichtlicher Wiedereinzug in unser Land ist durch ein falsches Tor erfolgt." Über den Ausbruch des Krieges sagte er: „Alles ging mit einer furchtbaren Folgerichtigkeit und zugleich mit einer furchtbaren Sinnlosigkeit vor sich." Eine persönliche Bemerkung, die Buber an dieser Stelle einfügte, zeigt die vollkommene Konkretheit und den vollkommenen Realismus seiner Begegnung auf dem schmalen Grat: „Ich bin kein radikaler Pazifist, ich glaube nicht daran, daß man überall auf Gewalt mit Gewaltlosigkeit zu antworten habe, ich kenne die Tragödie von Angesicht." Diese Bemerkung bedeutet in keiner Weise, daß Buber sein Anliegen aufgab, in *jeder Situation* das Mögliche für jüdisch-arabische Beziehungen zu tun. Im Januar 1948 schrieben Buber, Magnes und Senator einen Brief an die hebräische und englische Presse mit einem Appell an die öffentliche Meinung und an die jüdische Führung, Schritte zu unternehmen, um boshafte Massenangriffe von Juden zu verhindern: „Lassen wir uns die kürzlichen bedauernswerten Vorkommnisse eine Warnung sein, uns nicht durch den Mob regieren zu lassen, nicht mit unseren eigenen Händen die moralischen Grundlagen unseres Lebens und unserer Zukunft zu zerstören." „Gegen diese Preisgegebenheit der Seele an den unversöhnlichen Widerspruch war alles von mir je früher, z. B. in Hitlerdeutschland, erlebt, eine fromme Idylle." Nationalsozialismus war organisierter Terror, der noch lange nicht seinen Höhepunkt erreicht hatte; die Situation in Palästina war Anarchie. Was in der Altstadt von Jerusalem geschah und nicht geschah und zu geschehen drohte, die Tätlichkeiten des Mobs, die in Jerusalem besonders grausam zu sein schienen und „immer erfolgreicher" denen des arabischen Gegners ähnelten, „durch die Entschlüsse und Nichtentschlüsse" – all dies nahm Bubers Aufmerksamkeit in Anspruch, vor allem aber die Stadt Jerusalem, in der er während des ganzen Krieges lebte.

Als die Schlacht um Jerusalem nicht länger vermieden werden konnte und die Invasion der Vereinten Arabischen Armeen die Stadt praktisch vom Rest des Landes abschnitten und belagerten, blieb Buber in der bedrohten Stadt, obwohl ihm die Möglichkeit angeboten worden war, sich und seine Frau durch Umzug nach Tel Aviv zu retten. Einmal, während der schlimmsten Tage der Belagerung, begegnete Buber Schalom Ben-Chorin auf der Ben-Yehuda-Straße im Zentrum der Stadt und sagte zu ihm: „Wenn man mir auch ein Flugzeug vor die Haustüre senden würde, so würde ich dieses Jerusalem, in dem das geschah, was ich vermeiden wollte, doch nicht verlassen." Im Februar 1948, als die Engländer als Antwort auf jüdische Terrorakte ihrem eigenen Terrorismus frönten, indem sie die Ben-Yehuda-Straße zerstörten, war Buber sehr deprimiert. Eine bekannte arabische Familie, die von Jussuf Wahab Dajani, versuchte vergeblich, Buber und seine Familie in ihrer arabischen Gegend zu schützen. Vor dem Krieg hatten viele der Araber in Dir Abu Tor Achtung vor Buber und nannten ihn „den alten Heiligen" und „den alten Mann". Nachdem der jüdisch-arabische Krieg ausgebrochen war, waren die Araber in der Nachbarschaft, nach Bubers eigener Aussage, in ein Lager geteilt, das für die Bubers war, und eines, das ihn töten wollte. Die Haganah benutzte Bubers Haus und sogar seine Bücher als Schutz gegen arabische Kugeln, so daß viele seiner Bücher Einschüsse aufwiesen. Schließlich wurde das Bleiben für die Bubers zu schwierig, und sie zogen mit der Habe, die sie mitnehmen konnten, in die Grete Ascher-Pension in Rechawja, einem modernen Stadtteil von Jerusalem, der an den neuen Campus der Hebräischen Universität anschließt, welcher entstand, nachdem der Scopusberg unzugänglich geworden war. Buber fuhr im Auto des anglikanischen Erzdekans Dr. Graham Brown.

Nachdem die Bubers abgefahren waren, schloß Dajani das Zimmer ab, in dem sich Bubers Bibliothek befand. Einige Tage später kamen irakische Truppen in das Haus. „Wo sind die Juden, die hier gelebt haben?" fragten sie. „Die sind nicht mehr hier", antwortete Dajani. Eine Hausdurchsuchung folgte. „Was ist in diesem geschlossenen Raum?" fragte ein irakischer Soldat. „Halt!" sagte Dajani. „Hinter dieser Tür befindet sich die große Bibliothek von Professor Buber über die Geschichte der Religionen. Sie werden mich töten müssen, wenn Sie in diesen Raum hineinwollen." „Nun, wofür halten Sie uns?" fragte der irakische Captain. „Denken Sie, wir sind Barbaren?" Er zog sich sofort zurück. In einer Ansprache, die von einem westdeutschen Radiosender im Jahre 1962 ausgestrahlt wurde, sagte Albrecht Goes, daß angesichts dessen, was die Nationalsozialisten in der *Pogromnacht* im November 1938 getan haben, kein Deutscher diese Geschichte ohne Scham hören könnte!

Im arabischen Dorf hatten sie beschlossen, Buber nicht zu töten, aber die Straßen, die aus dem Land hinausführten, waren gefährlich auf Grund des „inoffiziellen Krieges", der im Dezember begann und bis zum 15. Mai dauerte. Gavriel Stern hatte zusammen mit den Dajanis, die das Haus vor Plünderern schützten, die Verantwortung für Bubers Haus nach dessen Abfahrt übernommen. Als er einmal auf einer der vielen Fahrten zu Bubers Haus war, um deren Möbel und Hausrat hinauszubringen, fand ein Terroranschlag gegen die Araber statt. Als Folge hiervon wurde Sterns Auto eingekreist, und er und seine Kammeraden dachten, sie wären verloren. Aber die arabischen Offiziere sagten: „Wir wissen, wer Sie sind und wer ihre Freunde sind", gemeint waren die Bubers. Der Ort stand nicht unter Polizeischutz, und das Verfrachten der Möbel und Bücher erforderte von Stern viel Mut. Es dauerte sechs Wochen, aber es kam zu keinerlei Zwischenfällen. Die Araber zerstörten alles im Hause von Bubers Nachbarn, aber das Buber-Haus wurde ausgezeichnet bewacht, und seine Besitztümer blieben während der ganzen arabischen Besetzung völlig unangetastet. Es wurde unter den Arabern sogar gesagt, daß Buber dort noch lebte, schrieb und dachte. Selbst unter seinen „Feinden" war Buber eine lebende Legende.

1948 schrieb Buber an Salman Schocken:

> „Als vor einer Woche während meines Kollegs (im Gymnasium Rechawja, wo jetzt die Vorlesungen stattfinden) eine englische Kugel mir über den Kopf und in die Wand fuhr, haben wir, ich und die mir verbliebenen Studenten, das kaum als eine Störung, vielmehr als einen natürlichen Vorgang empfunden und mit dem obligaten Humor aufgenommen; aber gerade darin stellte sich der Widersinn der hiesigen Situation zulänglich dar."

Buber schrieb an Heinz Politzer, daß es keine Verbindungen zwischen Dir Abu Tor und dem jüdischen Jerusalem mehr gebe, aber er habe gehört, daß in der völlig chaotischen Schießerei dreizehn englische Kanonenkugeln in sein Haus eingeschlagen und unter anderem sein von Emil Rudolf Weiss gemaltes Porträt in Öl durchlöchert hatten. An Ernst Simon schrieb Buber, daß die stündliche Reaktion auf die unvorstellbar grausamen und sinnlosen Ereignisse hier eine große innere und äußere Anforderung an jeden stelle und besonders an „einen so routinelosen, uneingeordneten, jeder Situation schutzlos ausgelieferten Menschen, wie ich es immer noch bin und offenbar auch bleiben muß." Buber berichtete Simon auch, daß sie intensiv in der Ihud arbeiteten, und „von dem so schmerzensreichen Jerusalemer Volk bekennt sich ein nicht unerheblicher Teil offen zu uns, wogegen freilich ‚die Sorglosen' in Tel Aviv [Anspielung auf Amos 6, 1] auch weiterhin nichts von uns wissen wollen."

Buber vertraute Hugo Bergmann an, daß er sich in diesen Stunden oder Viertelstunden des Philosophierens, die ihm trotz allem gewährt waren, intensiver denn je befaßt habe „mit der Kategorie (ich meine wirklich Kategorie) des Menschen, mit seiner Möglichkeit, und alles, was ich in diesen Monaten des Durcheinander über ihn gelernt habe, fließt da mit ein." So hat „Urdistanz und Beziehung", Bubers abstrakteste philosophische Schrift und die Grundlage seines reifsten philosophischen Werks, *The Knowledge of Man,* seinen Ursprung nicht in der Gemütsruhe und Beschaulichkeit, die traditionellerweise mit Philosophen assoziiert wird, sondern mitten in dem, was Buber später das furchtbarste Jahr seines Lebens nannte. In ähnlicher Weise schrieb Paula, die nicht weniger ein Titan war als ihr Mann, den epischen Roman *Am lebendigen Wasser,* den Buber für ihr wichtigstes Werk hielt, während der Belagerung Jerusalems, als sie die Bürde für den ganzen Haushalt, Buber selbst, mehrere Enkel und neun Katzen trug, mit sehr geringen Mitteln. Von dieser Zeit an bis zu Bubers Tod siebzehn Jahre später entstand ein Ton, der in den kommenden Jahren wiederholt zu hören war: sein Bedürfnis, die Veröffentlichung seiner Arbeiten in einer Art zu beschleunigen, wie er es bis dahin nicht getan hatte.

Am 13. April wurde ein Konvoi, der Ärzte und Pflegepersonal zum Hadassah-Krankenhaus und Professoren und Arbeiter der Universität zum Scopusberg bringen sollte, von einer arabischen Gruppe überfallen. Sie sahen sich stundenlang grausamen Angriffen als hilflose Opfer ausgeliefert, während britische Einheiten weniger als eine Meile entfernt stationiert waren und Magnes und andere vergeblich um ihre Hilfe ersuchten. Zehn der Universitätsangehörigen und der Direktor des Hadassah-Krankenhauses waren unter den siebzig Menschen, die getötet wurden. Am 14. Mai erklärten in Tel Aviv das Exekutivkomitee der Jewish Agency und der Jüdische Nationalrat die Unabhängigkeit Israels, das sofort von Harry Truman für die Vereinigten Staaten und kurz danach von der Sowjetunion anerkannt wurde. Dies markierte das Ende des inoffiziellen und den Beginn des offiziellen Krieges. Im Vorwort zu *Zwei Glaubensweisen,* das Buber „in Jerusalem in den Tagen seiner Belagerung [schrieb], vielmehr des in ihm ausgebrochenen Chaos der Vernichtung", bekannte er, daß die Arbeit ihm geholfen habe, „auch diesen Krieg, für mich den schwersten der drei, im Glauben zu überstehen." Am 28. Mai wurde die Altstadt den Arabern überlassen und blieb bis zwei Jahre nach Bubers Tod in ihren Händen.

Im Mai 1948, genau zu der Zeit, als der Staat Israel ausgerufen wurde und der offizielle Krieg begann, schrieb Buber seinen Artikel „Zweierlei Zionismus". Als die Illusion, daß die arabische Mehrheit sich bereit erklären würde, eine Minderheit zu werden, zerplatzte, war der offizielle Zionismus bereit, das Land, das er „erlösen" wollte, damit die Zionisten eine Mehrheit bildeten, aufzuteilen. Es ersetzte wirkliche Unabhängigkeit durch das Schlagwort der „Souveränität" „in einer Zeit, in der die Souveränität der kleinen Staaten im Eiltempo entwertet wird! Statt danach zu streben, die Initiativgemeinschaft im Rahmen eines Vorderasiatischen Verbandes zu werden", fügte Buber in wahrhaft prophetischen Worten hinzu, „setzte man sich ein Staatlein zum Ziel, das Gefahr lief, in einem steten Gegensatz zu seiner natürlichen geo-politischen Umgebung zu leben und seine besten Kräfte an militärische statt an soziale und kulturelle Werte hergeben zu müssen."

Buber schloß „Zweierlei Zionismus" mit einem traurigen persönlichen Geständnis:

> „Als ich vor fünfzig Jahren um der Wiedergeburt Israels willen mich der zionistischen Bewegung anschloß, tat ich es mit einigem Herzen. Heute geht durch mein Herz ein Riß. Ein Krieg um politische Struktur droht ja immer in einen Krieg um die nationale Existenz umzuschlagen. Darum kann ich gar nicht anders, als an ihm mit meiner eigenen Existenz teilzunehmen, und mein Herz bebt heute wie das Herz jedes jüdischen Menschen. Aber auch einem Sieg entgegen vermag ich mich nicht zu freuen, denn ich fürchte, daß ein Sieg der Juden eine Niederlage des Zionismus bedeuten wird."

Im Juni 1948 schrieb Ludwig Strauß an Buber und fragte ihn, ob es keine Möglichkeit gäbe, Jerusalem zu verlassen, da die Universität bis auf weiteres geschlossen sei und ihn keine Pflichten an diesen Ort bänden. Da er wußte, daß es im ganzen Land keine Sicherheit gab, wies Strauß darauf hin, daß es in Jerusalem relativ weniger sicher sei als anderswo. Eva arbeitete acht Stunden täglich im Speisesaal – harte Arbeit –, aber ihr Gesundheitszustand in Kfar Vitkin, wo sie jetzt lebten, war besser als in Ben-Shemen. Ludwig Strauß' Blutdruck war gesunken, was er dem Meeresklima und dieser neuen Dorfgemeinschaft zuschrieb. Sie berichteten auch, wie sehr sie von „den traurigen Ereignissen der vorangegangenen Woche", dem Kampf zwischen Irgun Zvai Le'umi und der regulären Haganah, berührt waren. Trotz Ludwigs Bitten erwog Buber nicht einmal, Jerusalem zu verlassen. Bis Juli hatten die Bubers unter großem Aufwand von Mühen und Geld das meiste ihres Besitzes gerettet, wobei die Bücher in Säcken an verschiedenen Stellen lagerten. Buber mußte die Vorlesung, die er für die Plenarsitzung des Internationalen Philosophiekongresses im August 1948 in Amsterdam geplant hatte, aufgeben.

Im August 1948 schrieb Buber an Ernst Simon, der sich in Amerika aufhielt, daß „Jerusalem", wie es Simon sich in seiner gegenwärtigen Situation vorstellte, vollkommen unwirklich sei. Es war sozusagen nur in seiner inneren Dialektik vorhanden. Nur ein Jerusalem, das von schwerer Prüfung heimgesucht war, konnte für sich die Stunden der Befreiung und der Klarheit, von denen Simon sprach, in Anspruch nehmen. Buber wies statt dessen auf eine erstaunliche und unvorhergesehene Präsenz hin und darauf, daß ihm tiefer als je zuvor der widersprüchliche Charakter menschlicher Existenz bewußt werde und er ihn mit größerer Wirklichkeit, das heißt im täglichen Leben trage und eine ausgesprochen praktische Freiheit und Klarheit nur um den Preis großen Leidens zu erlangen sei. Buber machte denen, die nicht da waren, keinen Vorwurf, aber er gestand eine große Traurigkeit über das Schicksal einer Wahrheit, die den historischen Test nicht bestanden hatte.

Buber antwortete auf eine Frage Simons zur Schuldanteilnahme, daß es immer wieder den Punkt gibt, wo man sicherlich nicht von kollektiver Verantwortlichkeit „befreit", aber „freigesprochen" wird: Man muß die Schuld tragen, aber nicht sühnen. (Viele Jahre später sollte Abraham Heschel über eine andere kollektive Situation sagen: „Einige von uns sind schuldig, alle von uns sind verantwortlich.") Das sei genauso, wie wenn jemand, der persönlich haftbar sei, Konten nach eigenem Gutdünken ausgleiche. Zweitens versicherte Buber, daß es ungeschriebene, unausdrückbare *Mizwoth* gebe. „Mehr ist nicht zu sagen", schloß Buber. „Aber das hatte ich Ihnen zu sagen, denn wo bleibt die Freundschaft, wenn man eine Antwort schuldig bleibt?"

Im Spätsommer 1948 kam Graf Folke Bernadotte, der Präsident des schwedischen Roten Kreuzes, als Vermittler im arabisch-jüdischen Krieg und als Direktor der UN-Waffenstillstandskommission nach Palästina. Am 17. September wurde diese hochgeachtete Persönlichkeit von jüdischen Terroristen ermordet. Werner Kraft überbrachte Buber die Nachricht, die dieser noch nicht gehört hatte. Buber war sprachlos vor Schock. Er schrieb einen Artikel über die Ermordung des Grafen Bernadotte, den er nicht veröffentlichte, und erklärte darin:

> „Schändliche Mordtaten werden unserem Volke nur Schaden und Verachtung einbringen. Es wird nicht gelingen, eine Nation einzuschüchtern, die sich rühmt, niemals vor einer Drohung zurückgewichen zu sein ... Mord aus dem Hinterhalt ist immer nur gemein und abscheulich, und jeder Mord ist immer nur Verbrechen und

> Untat. Ein im Namen des Volkes begangener Mord zersetzt das Leben und die Lebenshoffnung eben dieses Volkes. In dem Wort ‚Du sollst nicht morden!' verstehen wir auch das Gebot: Du sollst nicht die Seele deines Volkes ermorden!"

Viele Jahre später, als eine gemeinsame Anstrengung unternommen wurde, unter den einflußreichen Denkern der Welt Unterstützung für den Literaturnobelpreis für Buber zu finden, sagte Ernst Simon, der schwedische Botschafter habe ihm mitgeteilt, daß es wegen der Ermordung des Grafen Bernadotte für einen Israeli – selbst einen wie Buber, der standfest gegen alle Terrorakte sich ausgesprochen hatte – immer noch unmöglich sei, den Nobelpreis zu erhalten.

Im Oktober 1948 veröffentlichte Buber in *Ba'ayot* den Artikel „Schluß mit den leeren Worten!", in dem er die Gefühle beider Seiten mit Begriffen der „Massenpsychologie" und der „Hypnose" charakterisierte, die jeder Seite das Gefühl gab, daß sie die verletzte Partei sei – genau die Begriffe, die er so bitter zurückgewiesen hatte, als Frederik van Eeden sie zu Beginn des ersten Weltkrieges auf Deutschland angewandt hatte! Im Gegensatz zu den simplistischen Deutungen, die Araber hätten den Krieg dadurch begonnen, daß sie die Juden angriffen, fügte Buber ein historisches Aperçu an und versicherte: „Die Wahrheit ist, daß wir den Angriff ‚friedlich' begonnen hatten, als wir in das Land eindrangen. Wir taten dies, weil wir dazu gezwungen waren, für unser Volk ein selbständiges, produktives, ihm angemessenes Leben zu erreichen. Da dies auf die Dauer nur in Übereinkunft mit dem zweiten Volk gelingen kann, hängt alles davon ab, ob wir das zweite Volk – mit Taten natürlich und nicht nur mit leeren Worten – davon überzeugen können." In positiver Hinsicht bedeutete dies, eine echte Interessengemeinschaft zu entwickeln, die die Araber in ihren wirtschaftlichen Tätigkeiten einschloß. In negativer Hinsicht bedeutete dies, alle Proklamationen und politischen Aktionen einseitiger Art zurückzuhalten. Es wurde deutlich, daß nichts von dem getan wurde.

Wie einflußreich eine solche Aussage in Kriegszeiten wirken kann, ist kaum vorstellbar. Gideon Freudenberg, ein Nahal-Erzieher, der später mit Buber an der *Schule für die Erziehung von Lehrern des Volkes* arbeitete, schrieb ihm, „Schluß mit den leeren Worten!" würde die Tausende von Juden, die Frieden schätzten und die Buber unter seiner Führung hätte zusammenschmieden können, nur abstoßen. Freudenberg erkannte die Gefahr, die vom Geist der Gewalt, des Nationalismus und des Militarismus für die Seele des Zionismus ausging, und machte Buber einen Vorwurf daraus, ein Schuldbekenntnis erhalten zu wollen, bevor er „uns aufruft zum Kampf gegen … jüdischen Expansionismus, gegen jüdischen Raub und Plünderung, gegen anti-arabische Diskriminierung, gegen die Zerstörung ihrer Dörfer und für die Rückkehr der Flüchtlinge.“ Freudenberg sah trotz aller Hürden den Weg frei für den Aufbau eines friedlichen Landes für Juden und Araber, die in ihren Grenzen leben wollten, und er sah Buber dazu wie geschaffen, der geistige und politische Führer für alle die Tausende zu sein, die bei dessen Aufbau mithelfen wollten.

In seiner Antwort fragte Buber, wo diese Tausende gewesen wären, als er seinen Protest gegen die Bombardierung des King-David-Hotels veröffentlicht hatte. „Wenn es sie gibt, laß sie kommen“, fügte er hinzu, und „wir werden die bittere Wirklichkeit untersuchen – so schmerzhaft das auch sein wird – und zusammen werden wir nach einem Ausweg suchen, wenn es einen solchen Weg gibt. ‚Erlösung‘ einer äußeren Art kann mit dem Blut unserer Söhne bezahlt werden. Innere Erlösung kann nur kommen, wenn wir ins brutale Gesicht der Wahrheit blicken.“

Das „brutale Gesicht der Wahrheit“, das Buber in seinem Artikel herausstrich, war wahrscheinlich für seine jüdischen Genossen im Jischuw vollkommen unangenehm; es erwies sich jedoch als außerordentlich prophetisch:

> „Wir sehen uns der Gefahr gegenüber, daß der Friede, wenn er kommt, kein Friede sein wird; ... Und wie wollen Sie dann, in der Epoche eines solchen Scheinfriedens, gegen den ‚Geist des Militarismus‘ kämpfen? ... Und werden wir nicht rüsten und rüsten müssen, um dagegen gerüstet zu sein? Werden sich nicht unsere besten Kräfte darin aufzehren?“

Im Januar 1949 vertraute Buber Walter Goldstein mehr von dem Tribut an, den der arabisch-jüdische Konflikt, der endlich zum Stillstand gekommen war, ihn gekostet hatte. Die Wirren dieses furchtbarsten Jahres seines Lebens hatten ihn, so empfand er, seiner Kraft, Menschen zu beraten, beraubt. Vordem betrachtete er, wenn er einen Menschen sah, dessen ganzes Leben auf einmal. „Jetzt ist das nicht mehr so.“ Die Tiefe von Bubers Gefühl über den Krieg spiegelt sich in dem Gedicht „November“, in dem die Verbindung zwischen der Gewalt, die die Nationalsozialisten den Juden antaten, und der, an der die Juden nun im Namen des Zionismus teilnahmen, sanft aber unmißverständlich gezogen wird:

> Die Rollen brannten langsam und lang.
> Ich sah aus der Ferne die Funken stieben,
> Ich sah, wie das Pergament zersprang,
> Und als ich den Blick zu beharren zwang
> Sah ich: die Asche sank.
> Nur das Wort ist geblieben.
> Die Täter sind nun längst abgetan,
> Ein wüster Haufen von Henkern und Dieben.
> Mit ihnen ging die Wut und der Wahn

Und die kalte Sucht um den Plünderplan.
Ich sah: geleert die Bahn.
Unser Wort ist geblieben.
Wir aber, sind wir Sprecher dem Wort?
Vermögen zu lauten wirs und zu lieben?
Ich seh uns ringen – um welchen Hort?
Gewaltig der Arm – und das Herz verdorrt?
O Stimme ohne Ort,
Der das Wort ist geblieben!

1946 lebte Bubers Enkel Emmanuel Strauß nach seiner Entlassung aus der jüdischen Brigade der britischen Armee, der er zwei Jahre zuvor beigetreten war, eineinhalb Jahre mit Martin und Paula Buber in deren Haus in Jerusalem zusammen. Während des Unabhängigkeitskrieges wusch Paula seine Uniform für ihn. Er fühlte sich zu Hause und seinen Großeltern, von denen er wußte, daß sie sich um die Situation Sorgen machten, sehr nahe. Einmal, als ein Berater Emmanuels sagte, es gebe keine Möglichkeit, mit den Arabern zu reden, und die Juden müßten das Land mit Gewalt zurücknehmen, widersprach Emmanuel, obwohl alle anderen Mitglieder der Gruppe dem Berater zustimmten. Als er im Laufe der Auseinandersetzung ein Buch erwähnte, das er auf Deutsch gelesen hatte, verbot ihm der Berater, weiterhin Bücher auf Deutsch zu lesen. Darauf antwortete Emmanuel, daß sein Großvater auf Deutsch schreibe, woraufhin der Berater ihm sagte, er solle seinem Großvater ins Gesicht spucken. Buber fand es bedauerlich, daß der Berater Eltern und Großeltern in seine Argumentation hineinzog, aber er regte sich nicht über die Aussagen des Beraters auf.

Bubers Enkelin Barbara heiratete Zeev Goldschmidt. Goldschmidt lag fast ein Jahr lang krank in einem Hospital in Jerusalem, während Barbara in Haifa lebte und arbeitete. Danach entschlossen sie sich, nach Jerusalem zu ziehen. 1946 entschieden sich Martin und Paula Buber, einige Zeit in Übersee zu verbringen, und baten die Goldschmidts, in ihrem Haus zu leben und es zu versorgen, während sie außer Landes waren. Als die Bubers vom Nachbarschaftskomitee in Talbiyeh ein neues Haus bekamen, wurde dies an die Bedingung geknüpft, daß sie dort zusammen mit einer anderen Familie wohnten. Daraufhin schlug Buber vor, Barbara und Zeev sollten in das Haus in Talbiyeh einziehen. Dadurch waren sie in der Lage, Paula und Martin Buber zu helfen, als diese älter wurden. Buber bezahlte die Miete und Nebenkosten und richtete das Haus ein.

15. Kapitel

Biblisches Judentum, Chassidismus und Erwachsenenbildung

(1943–1959)

Bubers Produktivität während dieser Periode der Anarchie, der Verwirrung und des Krieges war nicht weniger erstaunlich als die während der fünf Jahre im nationalsozialistischen Deutschland. Zusätzlich zur Weiterführung der Übersetzung der hebräischen Bibel schrieb er drei wichtige Bücher mit Bibelkommentaren – ein Buch über die historische Beziehung zwischen Israel und Palästina, ein Buch über die Geschichte des utopischen Sozialismus und ein Buch mit Interpretationen der Chassidim –, außerdem revidierte und überarbeitete er sein ganzes Werk chassidischer Geschichten. 1949 schrieb er seinem Übersetzer Ronald Gregor Smith:

> „Sie haben recht, wenn Sie sagen, daß ich ‚so viel schreibe'. Aber wollen Sie wissen warum? Weil ich hier sozusagen aus dem Gedächtnis die Bücher abschreibe, die ich im Laufe vieler Jahre, bevor ich nach Palästina gekommen bin, verfaßt, aber nicht geschrieben habe, und hier muß ich sie einfach schreiben. Wie Sie wissen, behandeln sie alle ein Thema, nur auf verschiedene Arten."

In *Moses* und *Der Glaube der Propheten* setzte Buber seine Dokumentation des messianischen Anspruchs des biblischen Judentums auf Gerechtigkeit, Rechtschaffenheit, Gemeinschaft und Frieden fort, die er in *Das Königtum Gottes* begonnen hatte. „Mag auch manches davon im persönlichen Dasein in die Erscheinung treten, vollkommen leibhaft sichtbar kann die Gerechtigkeit erst in den *Ordnungen* einer Volksexistenz werden ... Das Hinzeigen auf das wahre Absolute kann nur ein Werk des Lebens, und zwar des Volkslebens sein." In den besten Jahrzehnten dieser Besiedelung „haben Generationen, die in sich ungeahnte Arbeitskraft und Effizienz entdeckten, die Tafeln sozialer Gerechtigkeit über ihre Arbeit gestellt." Aber in den letzten Jahren ist die Arbeit jener Generationen von einem Leben übermannt worden, das keine Tafeln sozialer Gerechtigkeit kennt. Der Jischuw sollte das Zentrum des jüdischen Volkes sein, aber was ist das geistige Zentrum dieses Zentrums? Bubers sich über vierzig Jahre erstreckende Bibelarbeit kann als unermüdliche Anstrengung angesehen werden, trotz der sich immer mehr verschlechternden politischen Situation zu versuchen, dem Herzen dieses Zentrums den Bund wiederzugeben.

In *Moses* hielt Buber wieder standhaft fest am schmalen Grat zwischen dem Bestehen der Traditionalisten auf der wörtlichen Wahrheit der biblischen Erzählung und der Tendenz der modernen Kritiker, dieser Erzählung nur literarische oder symbolische Bedeutung zuzuschreiben. Der Traditionalist neigt dazu, die Ereignisse der Bibel als übernatürliche Wunder und den Versuch, sie mit unserer Erfahrung zu vergleichen, als unerlaubt zu betrachten. Der Modernist sieht sie als beeindruckende Phantasien oder Fiktionen, die nur von einem rein immanenten, persönlichen Gesichtspunkt aus interessant sind. Zwischen diese zwei Ansätze setzt Buber einen dritten:

> „Wir müssen auch hier den kritischen Zugang zu einer Wirklichkeit suchen, indem wir uns fragen, aus was für einem menschlichen Verhältnis zu wirklichen Begebenheiten allmählich, auf vielen Wanderungen und Wandlungen, von Mund zu Ohr, von Gedächtnis zu Gedächtnis und von Traum zu Traum das Schriftwerk erwachsen konnte, das wir lesen."

Buber nannte seine Behandlung der biblischen Geschichte „Traditionskritik", im Unterschied zu „Quellenkritik". Traditionskritik versucht, durch die Schichten der verschiedenen Bearbeitungen von Tradition zu einer bereits in der ersten vorhandenen und in den späteren entwickelten, wiederhergestellten oder verzerrten Einheit durchzudringen.

> „Überlieferung ist naturgemäß Gestaltwandel; Änderung und Bewahrung vollziehen sich im gleichen Strom; auch noch während die Hand ergänzt, horcht das Ohr in die Tiefe der Vergangenheit; nicht nur dem Leser, auch dem Schreiber selbst legitimiert sich das Neue im Alten."

Die Bibel als „wörtliche Wahrheit" und die Bibel als „lebendige Literatur" werden so in *Moses* ersetzt durch die Bibel als Aufzeichnung konkreter Begegnungen, die im Laufe der Geschichte zwischen einer Gruppe von Menschen und dem Göttlichen stattfanden. Die Bibel ist weder in erster Linie fromme Literatur, noch ist sie symbolische Theologie, die uns von der Natur Gottes, so wie er in sich selbst ist, erzählt. Sie ist die geschichtliche Darlegung von Gottes Beziehung zum Menschen, gesehen durch menschliche Augen. Ein „Wunder", wie die Teilung des Roten Meeres, die den Israeliten ermöglichte, den sie verfolgenden Ägyptern zu entkommen, ist weder ein objektives Ereignis, das die Gesetze der Natur und Geschichte aufhebt, noch ein subjektiver Vorstellungsakt. Es ist weder „übernatürlich" noch „natürlich", sondern ein Drittes: ein Ereignis, das von einem Individuum oder einer Gruppe von Menschen als ein bleibendes Erstaunen, das kein Wissen von Ursachen schwächen kann, erfahren wird, als Staunen über etwas, das schicksalhaft in das Leben dieses Individuums und dieser Gruppe eingreift. Daher ist es ein dialogisches Ereignis, ein Ereignis des *Zwischen*.

> „Das wirkliche Wunder bedeutet, daß im staunenden Erfahren des Ereignisses die geläufige Kausalität gleichsam transparent wird und den Anblick einer Sphäre freigibt, in der eine einzige, nicht durch andere beschränkte Macht handelt. Mit dem Wunder leben heißt, diese Macht Mal um Mal als die wirkende wiedererkennen. Das ist ‚die Religion Moses', des Mannes, der die Nichtigkeit des Zaubers erfuhr, das Dämonische als einer Wirkungsform des Göttlichen erkennen lernte …; und das ist Religion überhaupt, sofern sie Wirklichkeit ist."

Das vielleicht bedeutendste Beispiel dafür, was „der schmale Grat" für Bubers Betrachtung der Bibel bedeutete, ist das autobiographische Fragment, das er zu „Samuel und Agag" erzählt. Bei einer Zugreise in Deutschland traf Buber zufällig den Schweizer Anwalt und Zionisten Markus Cohn, einen frommen und gesetzestreuen orthodoxen Juden. Sie diskutierten die Bibel und besonders die Passage, in der der Prophet Schmuel zu Saul sagt, daß er die Nachfolge für das Königreich deshalb verloren hat, weil er, nachdem er die Amalekiter unterworfen und sie und ihre Tiere getötet hatte, das Leben von Agag, dem Prinzen der Amalekiter, verschont hatte. Die Amalekiter waren das Volk, das hinterrücks über die Israeliten hergefallen war, als sie vierzig Jahre durch die Wildnis wanderten. Die Amalekiter töteten zügellos alles, was sie konnten; infolgedessen erklärte Moses Amalak ewigen Krieg, und Amalak wurde zum Symbol jüdischer Geschichte von Hamann bis Hitler. Nach der Geschichte in Schmuel 1, 15 rief Schmuel den Agag zu sich, der sagte: „Sei's drum, schon wich des Todes Bitterkeit." „Wie du andere Mütter kinderlos gemacht hast, so werde ich deine Mutter kinderlos machen", antwortete Schmuel „und zerschlug ihn in Stücke vor dem Herrn in Gigal."

Buber gestand seinem Reisegefährten, als er diese Geschichte zum ersten Mal als Junge gelesen habe, habe sie ihn über alle Maßen beunruhigt, und selbst jetzt konnte er nicht glauben, daß es Gottes Wille war. Die Stirn seines Gefährten verdunkelte sich, und seine Augen flammten. „So, also das glauben Sie nicht?" fragte er. „Nein, ich glaube es nicht", antwortete Buber. Dann – mit noch drohenderen Augen und noch dunklerer Stirne – drängte der Mann: „So, Sie glauben es nicht!" „Nein", wiederholte Buber, „ich glaube es nicht." Dann – die Worte eines nach dem anderen herausstoßend – sagte der Mann: „Was, was glauben Sie also?" „Ich glaube", antwortete Buber, ohne nachzudenken, „daß Samuel Gott mißverstanden hat." Dann geschah etwas Außerordentliches: die zornige Stirn klärte sich, die Augen wurden deutlich sanft und strahlend. Dann sagte der Mann: „Das meine ich auch."

Es ist letztlich nicht erstaunlich, berichtet Buber, daß ein wirklich frommer Jude, soll er zwischen Gott und der Bibel wählen, Gott wählt. Aber in den Jahren, seit dies geschehen ist, hat Buber sich wiederholt gefragt, ob er die richtige Antwort gegeben hatte, und wieder und wieder kam er zu einem Ja und einem Nein. Ja, insoweit es um dieses bestimmte Gespräch ging, „damit der Dialog nicht nichtig wird." Jedoch nein, insofern man denken könnte, daß er meinte, nur diese eine Interpretation von Gottes Willen sei ein Mißverständnis gewesen.

> „Gott gibt den erschaffenen Menschen den Nöten und Ängsten nicht preis, er leiht ihm den Beistand seines Worts, er spricht zu ihm, er spricht sein Wort zu ihm. Der Mensch aber horcht nicht getreuen Ohrs auf das ihm Zugesprochene, er vermengt schon im Hören Himmelsgebot und Erdensatzung miteinander, Offenbarung des Seienden und die Orientierungen, die er sich selber zurechtmacht. Von dem Tatbestand sind auch die heiligen Schriften der Menschen nicht ausgenommen, auch die Bibel ist es nicht."

Wir haben kein objektives Kriterium, um zwischen dem, was besteht, und dem, was aus den Stimmen und Federn, aus denen der Text der hebräischen Bibel entstanden ist, zu unterscheiden. Wir haben nur Glauben – wenn wir ihn haben. „Immer wenn ich einen biblischen Text zu übertragen oder zu interpretieren habe, tue ich es mit Furcht und Zittern, in einer unentrinnbaren Schwebe zwischen dem Worte Gottes und den Worten der Menschen", erklärte Buber. Der Orthodoxe und der Fundamentalist entrinnen dieser Spannung durch eine *Bibliolatrie*, einer wortwörtlichen Auslegung der Bibel, die versucht, das Wort der Bibel zu einer objektiven, vom Himmel herabgereichten Aussage einzufrieren – als ob Worte an sich, ohne daß sie gesprochen und gehört werden, Bedeutung trügen. Die Liberalen versuchen dem zu entkommen, indem sie an die Bibel mit dem Prüfstein des „Progressiven" und des „Universalen" herangehen und das akzeptieren, von dem sie meinen, daß es zur „modernsten" Moral paßt, und zurückweisen, was nicht paßt. Buber bewahrte die Spannung und – mit ihr – die Begegnung auf dem schmalen Grat.

Die erste Antwort, die Moses auf die Frage: „Wer, soll ich sagen, hat mich gesandt?" erhält, ist: der Gott deiner Väter, der Gott, den du *erkennst*. Die zweite ist: „der ich dasein werde": „Er, der seine stete Gegenwart, seinen steten Beistand verspricht, weigert sich, sich auf bestimmte Erscheinungsformen festzulegen." Dieser Gott muß nicht beschworen werden, denn er ist immer mit dir, aber dieser Gott kann auch nicht beschworen werden.

Buber fand die Bedeutung von Moses für unsere Zeit auch in den zehn Geboten, deren Seele er in *Moses* und im Wort *Du* sah. Dieses Du bedeutet die Erhaltung der göttlichen Stimme. Es „hat zu allen Zeiten nur derjenige den Dekalog wirklich aufgenommen, der ihn als zu ihm selber gesprochen vernahm, das heißt: der das darin niedergelegte Angesprochenwordensein jenes Ersten oder jener Ersten als sein eigenes Angesprochenwerden erfuhr." Wie autobiographisch diese Aussage ist, wissen wir aus „Charaktererziehung", in dem der Blitzstrahl von „Du sollst nicht" das Herz eines „Mannes", Buber selbst, trifft, so daß er mit aller Leidenschaft, in der er seine Handlung ausführen wollte, genau das Gegenteil dessen tut, was er vorhatte. Von gleichermaßen moderner Relevanz in Bubers *Moses* ist, wenn er sich gegen den universalistischen Ansatz in der vergleichenden Religionskunde wendet, sein Bestehen auf dem Atypischen und Einmaligen als etwas, das einen zentralen Platz in der Geschichte des Geistes hat, gerade weil es *Geschichte* ist, nicht zeitlose Wahrheit. Buber betonte, daß der „feste Buchstabe" nicht von irgendeiner, auf der vergleichenden Kulturgeschichte basierenden generellen Hypothese zerlegt werden sollte, solange das, was im Text gesagt ist, historisch möglich ist. Jene, die den Gott Moses' als Patriarchen ablehnen, werden eine moderne, wenn auch unwillkommene Relevanz in Bubers Insistenz darauf finden, daß die Einheit und Abbildlosigkeit Gottes ihn über eine Geschlechtlichkeit erhebt: „Ein geschlechtlich determinierter Gott ist ein unvollständiger, ein auf Ergänzung angewiesener; er kann nicht der eine Gott sein."

Betrachtet man Bubers frühere Aussagen über seine Beziehung zu den *Mizwoth,* den Geboten des jüdischen Gesetzes, ist seine Diskussion des Aufstandes Korahs gegen Moses in *Moses* vielleicht die bemerkenswerteste. Korah behauptet, daß alles bereits heilig ist und nicht geheiligt werden muß, und führt eine Gruppe gegen Moses und das „Gesetz", das Moses dem Volk auferlegt. Weil die ganze Arbeit des Bundes zwischen Gott und dem Volk bedroht ist, muß Moses die Rebellen jetzt zum Untergang verdammen. Buber stellt sich auf die Seite des „Gesetzes" gegen die Gesetzlosigkeit, obwohl er mit Gesetz immer noch die Torah oder die Anweisungen Gottes im Dialog mit ihm meint und nicht irgendein festgeschriebenes universales Gesetz, das von Gottes Ansprache und der menschlichen Antwort losgelöst werden könnte. Er schreibt, daß es

> „ohne Gesetz, das heißt, ohne überlieferbare Scheidung zwischen Gottgefälligem und Gottmißfälligem, keine geschichtliche Kontinuität göttlicher Herrschaft auf Erden geben kann ... Dagegen ist das falsche Argument der Rebellen, daß das Gesetz als solches den

> Geist und die Freiheit verdränge, und die falsche Forderung, daß es durch sie abzulösen sei.“

Das Falsche würde wahr werden, sobald die Gegenwart Gottes in allen seinen Kreaturen erfüllt wird, aber jene Eschatologien, wie der Pseudomessianismus der Anhänger von Sabbatai Zwi (dem Kabbalisten des siebzehnten Jahrhunderts und „mystischen Messias“ von Palästina) und Jakob Frank (achtzehntes Jahrhundert), die verkünden, daß dies schon der Fall sei, können der Wirklichkeit der Geschichte nicht standhalten. „Demgegenüber bleibt als die ‚mosaische‘ Haltung: inmitten der Geschichte die Zukunft eines ‚heiligen Volkes‘ zu glauben und zu bereiten.“

Der Glaube der Propheten vervollständigt und krönt Bubers Jahre der Beschäftigung mit dem Ursprung des Messianismus in der Bibel, und in vieler Hinsicht ist es sein beeindruckendstes Buch biblischer Exegese. Hier nimmt er die These aus *Das Königtum Gottes* wieder auf, daß es keine Spaltung zwischen dem „Religiösen“ und dem „Sozialen“ geben kann, daß Israel ohne rechten Glauben unter den Menschen nicht das Volk YHVH werden kann. YHVH als Herrn der Welt anzuerkennen bedeutet, daß der Mensch im irdischen Leben nicht sein eigenes Regime einsetzen kann und die Macht im Himmel durch einen Kult befriedigen kann. „Der Gott des Alls ist der Gott der Geschichte.“ Er ist die Gottheit, die mit ihrem Geschöpf und mit ihrem Volk den harten Weg der Geschichte geht. Unser Pfad in der Geschichte des Glaubens ist nicht ein Pfad von einer Art Gottheit zu einer anderen, sondern von „einer Gottheit, die sich verbirgt“ (Jeschajahu 45, 15) zum Gott der Geschichte, der sich enthüllt.

Der Prophet Israels ist Partner in dieser Enthüllung. Im Gegensatz zu der populären Auffassung sagt er fast nie eine unausweichliche Zukunft voraus, sondern spricht zu einer tatsächlichen und bestimmten Situation der Gegenwart. Selbst seine Unheilsbotschaft soll die wirklichen Entscheidungskräfte im Menschen wecken, so daß er zum Bund – der Erfüllung des Königtums Gottes – zurückkehrt. Menschliche und göttliche Umkehr entsprechen einander, nicht als verursache die menschliche Umkehr die göttliche, sondern Gott antwortet auf menschliche Umkehr genau so, wie er auf menschliche Abkehr antwortet. Der israelische Prophet „kennt“ Gott nicht, wie ein Subjekt ein Objekt kennt, sondern im vertrauten Kontakt zweier Partner in einem zweiseitigen Ereignis. Er sucht Gott nicht, um zukünftige Dinge zu hören, sondern um dieses Kontaktes willen, der – wie der zwischen Adam und Eva – ganz gegenseitig und ganz wirklich ist. So ist der Name YHVH, der Moses in der Offenbarung im Dornbusch enthüllt worden war, in der „Rechtschaffenheit“ von Amos, der „liebevollen Güte“ von

Hoschea und der „Heiligkeit“ von Jeschajahu entfaltet, „die erst mitsammen zu äußern vermögen, was jenes Da-sein des ‚Daseienden‘ für das Israel, ‚bei dem‘ er da ist, zu bedeuten hat.“ Diese Offenbarung der Gegenwart Gottes ist auch eine Forderung, die dem Menschen auferlegt ist, denn dieses Wesentliche muß von ihm kommen. Diese prophetische Situation wechselseitigen Dialoges überträgt sich auf das Messianische, denn auch die messianische Prophezeiung verbirgt eine Forderung und eine Alternative. Sie ist nicht Vorhersage, sondern bedingtes Angebot. „Der Bewährte, den Gott ‚hat‘, muß aus diesem geschichtlichen Menschenlehm entstehen.“

Jeschajahus Messias ist keine göttliche Figur, die an die Stelle der menschlichen Umkehr tritt oder die eine Erlösung bringt, die der Mensch nur noch annehmen und in die er eintreten muß. Der Glaube an das Kommen eines messianischen Führers ist der Glaube, daß der Mensch schließlich mit seinem ganzen Wesen das Wort sprechen soll, das dem Wort Gottes antwortet. Durch den Kern Israels, der den Bund und die Wahl (Jeschajahus „heiliger Überrest“) nicht verrät, wird die lebendige Beziehung zwischen Gott und dem Volk aufrechterhalten, und aus ihrer Mitte wird „der Vervollkommnete“ aufsteigen. Durch sein Wort und Leben wird Israel sich Gott zuwenden und als Anfang seines Reiches dienen.

> „Der Messias ist – gleichviel ob er nun mehr als der von Gott Gefundene oder als der von Gott Gesandte erscheint – der Erfüllende, der endlich den statthalterlichen Auftrag erfüllende Mensch, durch den die Verwirklichung der Volksordnung unter der Führung YHVHS, der Anfang der Weltordnung unter der Führung YHVHS, gesehen wird … Der Messias Jeschajahus ist gottähnlich, wie der Mensch gottähnlich ist, in dem sich die Ebenbildlichkeit entfaltet hat, nicht weniger und nicht mehr. Er kommt Gott nicht näher, als dem Menschen als Menschen zu kommen bestimmt ist; er kommt nicht auf die Seite Gottes hinüber, er bleibt vor seinem Angesicht stehen, in unaufhebbarem Dialog.“

Nachdem Jeschajahus Hoffnung auf einen wahren König enttäuscht ist, wendet sich die Hoffnung seines Nachfolgers, des anonymen Propheten, der als Deutero-Jesaja bekannt ist, auf den Propheten oder *Nabi*; hier, nicht als Erfolgsgeschichte, sondern aus den Tiefen der Geschichte und des Leidens des „Knechts“, wird die messianische Aufgabe fortgesetzt. Das Wort wird zwischen Person und Person zum Propheten gesprochen, und es ist ihm überlassen, es in menschliche Sprache zu übersetzen und zu antworten, wehklagend, sich bei Gott beklagend, mit Gott über Gerechtigkeit streitend, betend. Bei Jirmejahu hat der Dialog von Israels Glauben seine reinste Form erreicht. Wenn der Mensch zu Gott nur wahrhaft spricht, gibt es nichts, was er ihm nicht sagen darf.

Dem Menschen und Israel gegenüber stellt Jirmejahu Gottes Forderung nicht nach Religion, sondern nach Gemeinschaft, damit das Königreich Gottes kommen soll. „Darum geht ihm hier, wo er ein Volk anklagt, daß es nicht zur Gemeinschaft wurde, der Anspruch des Menschen an den Menschen dem seinen voraus." Gott überläßt dem Menschen die Wahl, sein Herz der harten Wahrheit zu öffnen oder die einfache Lüge als Wahrheit zu akzeptieren. „Dieser Gott macht es dem Glauben schwer und dem Unglauben leicht; und seine Offenbarung ist nur eine verschiedene Gestalt seiner Verborgenheit." Nur die Kraft äußerster Verzweiflung kann dem Menschen hier helfen, eine Verzweiflung, die so elementar ist, daß sie den letzten Lebenswillen nimmt oder die Seele erneuert, indem sie ihn ermutigt, mit seinem ganzen Wesen umzukehren. Die Glaubensbeziehung muß der Probe einer völlig veränderten Situation standhalten und, wenn überhaupt, in anderer Form erneuert werden. Der Gott, gegen dessen Zurückgezogenheit Ijob kämpft, die Gottheit, die zürnt und still ist, die „ihr Gesicht verhüllt", bringt Ijob und Deutero-Jesaja in die aus der Verfinsterung des göttlichen Lichts entstehende Verzweiflung. Nur wenn Gott sich Ijob wieder nähert, wenn er Gott *sieht*, ist diese Verzweiflung von ihm genommen. Inmitten genau *dieser* Verfinsterung Gottes machte Buber eine seiner bemerkenswertesten Glaubensaussagen: „Schöpfung der Welt ist Gerechtigkeit, keine vergeltende und ausgleichende, aber eine austeilende, eine gebende. Gott der Schöpfer gibt im genauesten Sinn ‚jedem das Seine', jedem Ding und Wesen, indem er es ganz es selbst werden läßt." Die Bedeutung dieses Glaubens kann nur in der Aufeinanderfolge der „Knechte" Gottes verstanden werden: Ijob, der treue Rebell, Abraham, Moses, David und Jeschajahu, eine Aufeinanderfolge, die zu Deutero-Jesajas Knecht des Herrn führt, dessen Leiden ihn besonders mit Ijob verbinden. Nur in den Tiefen seines Leidens entdeckt der Knecht das Geheimnis des „Gottes der Leidenden", in dem er in der Gemeinschaft mit Gott weiß, daß Gott ewig und Gott sein „Los" ist.

„Der ‚Zaddik', der Gottgerechte, leidet um Gottes und seines Erlösungswerkes willen, und Gott ist bei ihm in seinem Leiden." Deutero-Jesajas „leidender Knecht des Herrn" nimmt freiwillig allen Gram und alle Krankheit der Schlechtigkeit des Volkes auf sich, um es zu YHVH zurückzubringen. Der „Knecht" kann weder mit Israel noch mit Christus identifiziert werden, wie das traditionellerweise getan wird. Wie *Der Glaube der Propheten* sagt, ist der Knecht nicht ein einiges, sondern ein persönliches Wesen, das durch die Generationen in vielen Gestalten und auf vielen Lebenswegen Gestalt annimmt.

Indem er um Gottes willen leidet, kommt der Knecht zu der Erkenntnis, daß Gott mit ihm leidet und er zusammen mit Gott für die Erlösung der Welt arbeitet. Der Knecht vollendet so das Werk der Richter und der Propheten, das Werk der Verwirklichung des Gotteskönigtums unter den Menschen. Obwohl er ein Prophet ist, ist er nicht mehr ein machtloser Gegensatz zu den Mächtigen, denn es ist ihm auferlegt, Gottes neue Ordnung des Friedens und der Gerechtigkeit in der Welt einzusetzen. Dieses Königtum bezeichnet jetzt in Wirklichkeit die ganze menschliche Welt. Es bleibt jedoch eine besondere Verbindung zwischen dem individuellen Knecht und dem Knecht Israel. Durch sein Wort und Leben wird Israel sich Gott zuwenden und Gottes Herrschaft über sich einsetzen und als Beginn seines Königtums dienen.

Es gibt drei Abschnitte auf dem Weg des Knechts: erstens die vergebliche Arbeit des israelitischen Propheten in Israel; zweitens die Arbeit des Leidens, bei der der Knecht nicht nur aushält, sondern freiwillig leidet; und drittens den des erfüllten Messianismus, den Abschnitt, der für Buber in einer unerlösten Welt klar undenkbar war. Das Stadium, in dem Israel und die Welt beständig leben, ist das zweite. Hier geht die Einheit zwischen individuellem Knecht und dem Knecht Israel über in ihre Einheit im Leiden. In einer Zeit kurz nach dem größten Leiden, das die Diaspora, der Galuth, je gekannt hat, lebend und schreibend, hatte Buber zweifellos die Auslöschung der Juden im Holocaust im Sinn, als er von dieser Einheit des individuellen Knechts und des Knechtes Israel in der bereitwilligen Annahme des Leidens sprach:

> „Insofern das große Diasporaleiden Israels ein nicht bloß ertragenes, sondern wahrhaft getragenes, ein getanes Leiden ist, wird es im Bild des Ebed gedeutet. Wer in Israel das Leiden Israels tut, ist der Ebed, und er ist das Israel, an dem sich YHVH verherrlicht."

„Nur eine Sichtweise, die in einem sehr tiefen Sinne biblisch ist", schreibt der Gelehrte des Alten Testaments J. Coert Rylaarsdam in seiner Besprechung von *Der Glaube der Propheten,* „konnte so konsistent jeden Teil der Bibel, die sie berührte, erhellen." „Professor Buber", bemerkt Rylaarsdam, „ist auf einzigartige Weise die wirkende Kraft, durch die in unserer Zeit Judentum und Christentum einander begegnet sind und einander bereichert haben."

Als würde er die „Gottesfinsternis" vorausahnen, die in diesem und den folgenden Jahren mehr und mehr zu einem zentralen Thema in Bubers Gedanken werden sollte, schrieb Ewald Wasmuth ihm im Jahre 1951, er könne sich vorstellen, daß Menschen, nach all dem Lärm über den Tod Gottes, für einige Jahrhunderte den Zugang zur Bibel verlieren könnten und dann jemand Bubers *Der Glaube der Propheten* lesen und in ihm solche Macht finden würde, daß sein Herz klopfte und er wieder nach den Quellen suchte und der Atem Gottes in eine gottlose Welt zurückkehren würde.

1943 schrieb Buber an Lina Lewy, eine jüdische Anhängerin von Leonhard Ragaz, daß

> „ich an einen bereits, vor so und so vielen Jahren, gekommenen Messias überhaupt nicht zu glauben vermag; weil ich die Unerlöstheit der Welt allzu tief spüre, um mich mit der Vorstellung einer vollzogenen Erlösung – sei es auch nur der ‚Seele' (ich *will* nicht mit ‚erlöster' Seele in einer unerlösten Welt leben) – abfinden zu können ... daß *Gott* die Hilfe in aller Not ist und keiner außer ihm. Dies aber ist auch, dessen bin ich gewiß, der Glaube Jesu selber gewesen. Ich glaube nicht an Jesus, aber ich glaube *mit* ihm."

In der Gedächtnisrede auf Ragaz – „Ragaz und Israel" (1946) – in der Kurt Wilhelms-Synagoge in Jerusalem machte Buber seine prägnanteste und leidenschaftlichste Aussage über den Platz Jesu in der jüdischen Gemeinde, eine Aussage, die zugleich die Sympathie und die „Anderheit" zeigt, die seinen Dialog mit christlichen Freunden gekennzeichnet haben. Sie zeigt auch, wie der Brief an Lewy, den unauslöschlichen Eindruck des Holocaust auf Buber:

> „Ich glaube fest daran, daß die jüdische Gemeinde im Zug ihrer Wiedergeburt Jesus rezipieren wird; und zwar nicht bloß als eine große Figur ihrer Religionsgeschichte, sondern auch im lebendigen Zusammenhange eines sich über die Jahrtausende erstreckenden messianischen Geschehens, das in der Erlösung Israels und der Welt münden wird. Aber ich glaube ebenso fest dran, daß wir Jesus nie als gekommenen Messias anerkennen werden, weil dies dem innersten Sinn unserer messianischen Leidenschaft ... widersprechen würde. In das mächtige Seil unseres Messiasglaubens, das, an einen Fels am Sinai geknüpft, sich bis zu einem noch unsichtbaren, aber in den Grund der Welt gerammten Pflocke spannt, ist kein Knoten geschlagen. Für unseren Blick geschieht Erlösung allezeit, für ihn ist keine geschehen. Am Schandpfahl der Menschheit stehend, gegeißelt und gefoltert, demonstrieren wir mit unserem blutigen Volksleib die Unerlöstheit der Welt. Für uns gibt es keine Sache Jesu, nur eine Sache Gottes gibt es für uns."

Ragaz war ein echter Freund, weil er im Gegensatz zu jenen, die meinen, die Erwählung Israels sei an das Christentum übergegangen, die Auffassung vertrat, Judentum und Christentum seien zwei lebendige Ströme Israels, und jeder müsse er selbst werden, um der andere sein zu können.

Selbst wenn er sein offenes Forum „Experimente zum Dialog" in der Jerusalemer Synagoge des Rabbi Kurt Wilhelm durchführte, weigerte Buber sich, am vorangehenden Gottesdienst teilzunehmen. Die meisten religiösen Menschen, nicht nur Orthodoxe, konnten Bubers „religiöse Abstinenz" nicht verstehen. Bubers lebendiger Glaube war ein unvermittelter und dadurch ein urjüdischer, erklärte Ben-Chorin und fügte hinzu, es werde oft übersehen, daß das jüdische Gesetz die

Funktion eines Mittlers zwischen Gott und dem Volk Israel angenommen hat. Bubers völlige Zurückweisung von Vermittlung, sein direkter Dialog mit Gott bewogen ihn auch, für sich alle verdeckten jüdischen Formen von Vermittlung zurückzuweisen. Radikaler noch als die Chassidim wies Buber jede Teilung des Lebens in heilige und profane Sphären zurück. Buber gab die Rituale auf, die bestimmte Tage und Stunden, Umstände und Bereiche als heilig bezeichnen, um Gottes Licht in jene weiten Räume des täglichen Lebens zu bringen, die die jüdischen Rituale in der Dunkelheit der Profanität lassen.

1954 notierte Hugo Bergmann in seinem Tagebuch, wie bewegt er im Gespräch mit Buber von dessen positiver Einstellung zum Land Israel war:

> „Nur bei uns ist eine Kontinuität von Generation zu Generation, bei all dem Dummen, das hier geschieht, und bei allen Sünden wächst hier doch etwas, und diejenigen, die hier leben, mit allen ihren Enttäuschungen, wirken in etwas hinein, das sie aufnimmt und ihre Wirkung weiterträgt. Dort in Europa ist jeder vereinzelt, hie und da gibt es eine kleine Gruppe, die wie eine Sekte lebt, aber überall leben die glaubenden Menschen *neben* dem Leben."

1959 schrieb Buber an seinen alten Freund Nahum Goldmann, der seit Jahren Präsident des Zionistischen Weltkongresses war, es sei ihm nicht möglich, das von Goldmann vorgeschlagene Thema, wie jüdisches Leben möglich ist, zu behandeln. „Dieses Thema ist mir, in diesen letzten Jahren, besonders in dieser allgemeinen Fassung, immer problematischer geworden, und ich glaube nicht zumal vor einer solchen Öffentlichkeit, etwas Positives darüber zu sagen zu haben."

Bubers Interesse an Psychologie setzte sich während dieser Jahre fort und mit ihm die Entwicklung seiner philosophischen Anthropologie. 1946 erklärte Buber in seiner Antwort auf eine Frage Hans Trübs, daß die Welt ganz klar zuerst einmal das ist, wogegen die Seele „stößt". Für den Säugling ist die Welt nicht die Mutterbrust, die ihm gehört, sondern die Tischkante, die ihm Schmerz bereitet. So ist Welt zuallererst das, was sich nachdrücklich als „anders als ich" darstellt, was ich in meiner Seele nicht einschließe und in das ich nicht eintreten kann. Die Wahrnehmung der Welt *als Welt* findet wieder und wieder durch Störung, Widerstand, Widerspruch, Absurdität statt, die überwunden werden müssen, bevor man zu einem Verständnis oder sogar zu einer Freundschaft mit oder Liebe zur Welt gelangen kann. Diese Konzeption der Welt führte Buber zu einer Kritik am modernen Konzept des „Unbewußten".

Die Welt ist nicht mein, schrieb Buber an Trüb, aber sie kann wieder und wieder mein „werden" in echten Begegnungen, nicht mein als *in* mir, sondern mein als *mit* mir. Diese Tatsache ist durch die moderne Konzeption des „Unbewußten" verdunkelt worden. Das Unbewußte muß als ein psychologisches Hilfsmittel anerkannt werden, das mit Weitsicht und Zurückhaltung zu behandeln ist, das immer wieder mit der Wirklichkeit konfrontiert werden muß, das immer dynamisch und nicht statisch begriffen werden muß, als Prozeß und nicht als etwas als Objekt Festgeschriebenes. Aber es gibt vor, sehr viel mehr zu sein. Durch die Fiktion einer „Welt in der Seele", daher einer Welt, die mein ist in mir, will es die Möglichkeit des „Lebens der Seele mit der Welt" verbergen. Dies war eine von Bubers klarsten Aussagen über die Gefahr des „Psychologismus", auf die er ausführlich ein Vierteljahrhundert zuvor in seiner Ansprache über „Die Psychologisierung der Welt" in Jungs und Trübs Psychologischem Klub in Zürich hingewiesen hatte.

1949 schrieb Martin Buber von dem „schmerzlichen Ereignis des Hinscheidens unseres geliebten Freunds Hans Trüb", dessen nachgelassenes Buch *Heilung aus der Begegnung* er und Arië Sborovitz bearbeiteten und herausgaben und zu dem Buber die Einleitung schrieb. Dieses Buch stellte eine Auseinandersetzung mit der dialektischen Psychologie Jungs dar, gegenüber der Trüb seinen eigenen dialogisch-anthropologischen Psychotherapieansatz entwickelt hatte. In seiner Einführung zu *Heilung aus der Begegnung* erwähnt Buber Jung nicht, aber in einem Brief an Trüb 1946 antizipierte Buber seine eigene bekannte Kontroverse mit Jung fünf Jahre später. Die *Einführung in die Mythologie* von Jung und Karl Kerényi kommentierend, sagte Buber, scheinbar behandelten beide Autoren das gleiche Thema von unterschiedlichen Seiten. In Wahrheit jedoch meint Kerényi mit Mythos etwas, das *im Kontakt mit der Welt* als die Enthüllung und Formung der Geheimnisse dieser Wirklichkeit entsteht; Jung dagegen versteht unter Mythos das, was von selbst *in der Seele* entsteht und was letztlich nichts anderes bedeuten und ausdrücken kann als die Geheimnisse der Seele selbst.

1947 ging Buber nach Europa, wo er mehr als sechzig Vorlesungen an Universitäten in Holland, Belgien Schweden, Dänemark, Frankreich und England hielt. Der enthusiastische Empfang, der ihm in England und Holland bereitet wurde, überraschte ihn und machte ihm deutlich, daß er mit dem intellektuellen, kulturellen und geistigen Leben Europas mehr in Kontakt war, als er geglaubt hatte.

Der kleine Aufsatz „Bücher und Menschen", den Buber 1947 schrieb, privat drucken ließ und an seine Freunde verteilte, ist ein persönliches Geständnis, das Bubers Entwicklung vom „leichten Wort" zum „schweren Wort" krönt und von den geistigen und kulturellen Voreingenommenheiten seiner Jugend zum „lebendigen Konkreten" zeugt:

„Wenn man mich in meiner frühen Jugend gefragt hätte, ob ich es vorziehen würde, nur mit Menschen oder nur mit Büchern zu verkehren, hätte ich mich gewiß zugunsten der letzteren ausgesprochen. Später hat sich das mehr und mehr geändert. Nicht als hätte ich soviel bessere Erfahrungen mit Menschen als mit Büchern gemacht – im Gegenteil, rein erfreuliche Bücher kommen mir immer noch weit öfter als rein erfreuliche Menschen in den Weg –, aber die vielen schlechten Erfahrungen mit Menschen haben mein Lebensmark genährt, wie es das edelste Buch nicht vermöchte, und die guten haben mir die Erde zum Garten gemacht. Wogegen kein Buch für mich mehr zu tun vermag, als mich in ein Paradies der hohen Geister zu entrücken, wo mein innerstes Herz nie vergißt, daß ich drin nicht lange bleiben darf, aber auch nicht einmal wünschen kann, daß ich es dürfte. Denn (ich muß es gerade heraus sagen, um verstanden zu werden) mein innerstes Herz liebt die Welt mehr als den Geist. Wohl bin ich dem Leben mit der Welt nicht so gewachsen, wie ich es möchte, ich versage immer wieder im Umgang mit ihr, ich bleibe ihr immer wieder von dem schuldig, was sie von mir erwartet, und zwar zum Teil deshalb, weil ich dem Geist so verhaftet bin."

Dies ist das aus der Seele aufquellende Testament des Mannes, der früh wußte, daß er dazu bestimmt war, die Welt zu lieben!

Der Verzicht auf alle literarischen Möglichkeiten und Mittel, die er zur Verfügung hatte, der seine Bewegung vom „leichten Wort" zum „schweren Wort" begleitete, fand auch Eingang in seine Wiedererzählungen der chassidischen Legenden, die sich von den vielfarbigen Stoffen seiner früheren Bücher hin zu den rauhen, unverfeinerten und fragmentarischen Ereignissen, die er später „legendäre Anekdoten" nannte, bewegten. Buber selbst beschrieb seine ersten Versuche, Zeugnis für die große Wirklichkeit des Glaubens abzulegen, der er im Chassidismus begegnete, als das Werk „eines unreifen Mannes", der noch nicht wußte, wie er seinen inneren Hang zur Poetisierung des Erzählstoffes im Zaum halten konnte. Obwohl er von Anfang an wußte, daß es sich beim Chassidismus um eine Lebensweise handelte, zu der die Lehre den unverzichtbaren Kommentar lieferte, wurde es doch erst durch den ersten Weltkrieg für Buber in überwältigender Weise klar, daß sein Leben auf geheimnisvolle Weise mit der Aufgabe, die ihren Anspruch auf ihn angemeldet hatte, verbunden war. Der junge Schriftsteller, der 1905 mit der Aufgabe begann, hätte sich den existentiellen Anspruch, den das chassidische Material an ihn stellen würde, und damit die Möglichkeit, Dialog ganz konkret und ernsthaft zu machen, nie träumen lassen:

„Seit ich die Arbeit am chassidischen Schrifttum begonnen habe, ist es mir um die Lehre und den Weg zu tun. Aber damals meinte ich, das sei etwas, was man auch bloß betrachten könne und dürfe;

> seither habe ich erfahren, daß die Lehre zum Lernen und der Weg zum Gehen da ist. Je tiefer ich es erfuhr, um so mehr ist mir diese Arbeit, an der sich mein Leben maß und vermaß, zur Frage, zum Leid und doch auch zum Trost geworden."

Die zwei Bände von *Die Erzählungen der Chassidim (Die frühen Meister* und *Die späteren Meister)*, die Buber ursprünglich auf Hebräisch unter dem Titel *Or Hagganuz* und später unter anderem auf Deutsch, Englisch und Französisch veröffentlichte, krönen Bubers lebenslange Wiedererzählung chassidischer Legenden und Geschichten. In ihnen sind zwei frühere deutsche Werke enthalten, die geschrieben wurden, nachdem Buber seine ursprünglichen, übermäßig freien poetischen Neuschöpfungen zurückgewiesen hatte zugunsten solcher, die sich eng an die einfachen, rauhen Originale halten. Aber selbst diese wurden völlig überarbeitet. Der weitaus größte Teil wurde nach Bubers Ankunft in Palästina im Jahre 1938 geschrieben. In seinem im Sommer 1946 geschriebenen Vorwort räumte Buber „der Luft dieses Landes" das Verdienst ein, den Drang zu dieser neuen und umfassenderen Abfassung genährt zu haben. Die alten jüdischen Weisen sagten, daß dieses einen Menschen weise macht, aber Buber gewährte es ein anderes Geschenk: die Stärke, einen Neuanfang zu machen, selbst nachdem er seine Arbeit an den chassidischen Legenden für beendet angesehen hatte. Die Form, die Buber für diese Erzählungen fand, war die der „legendären Anekdote", die die Ereignisse, die im Kern der Erzählungen liegen, rekonstruiert. „Anekdote heißt sie, weil sie jede einen in sich geschlossenen Vorgang mitteilt, und legendär, weil ihr das Stammeln der begeisterten Zeugen zugrunde liegt, die bezeugen, was ihnen widerfuhr." Die Chassidim glaubten, daß das Erzählen von Geschichten über die Zaddikim selbst ein wirkliches Ereignis war, das den zukünftigen Generationen die Kraft zutrug, die einmal aktiv war, indem man sie durch das lebendige Wort verbreitete. Diese Qualität der Geschichte als Ereignis ist sehr schön in einer Geschichte eingefangen, die Buber im Vorwort erzählte:

> „Man bat einen Rabbi, dessen Großvater ein Schüler des Baalschem gewesen war, eine Geschichte zu erzählen. ‚Eine Geschichte', sagte er, ‚soll man so erzählen, daß sie selber Hilfe sei.' Und er erzählte: ‚Mein Großvater war lahm. Einmal bat man ihn, eine Geschichte von seinem Lehrer zu erzählen. Da erzählte er, wie der heilige Baalschem beim Beten zu hüpfen und zu tanzen pflegte. Mein Großvater stand und erzählte, und die Erzählung riß ihn so mit, daß er hüpfend und tanzend zeigen mußte, wie der Meister es gemacht hatte. Von der Stunde an war er geheilt. So soll man Geschichten erzählen.'"

1949 schlug Hermann Hesse, der im Jahr zuvor den Nobelpreis erhalten hatte, Buber für diesen Preis vor. In seinem Brief an die schwedische Akademie sprach Hesse von Buber, er sei „der ... große Lehrer und Führer der geistigen Elite unter den Juden. Als Übersetzer der Bibel, als Wiederentdecker und Verdeutscher der chassidischen Weisheit, als Gelehrter, als großer Schriftsteller und schließlich als Weiser, als Lehrer und Repräsentant einer hohen Ethik und Humanität ist er nach der Meinung derer, die sein Werk kennen, eine der führenden und wertvollsten Persönlichkeiten im heutigen Schrifttum der Welt." In einem Brief, den Hesse an einen Freund schrieb und in dem er seinen Vorschlag erklärte, wies er besonders auf *Die Erzählungen der Chassidim* hin:

> „Martin Buber ist in meinem Urteil nicht nur einer der wenigen Weisen, die gegenwärtig auf der Erde leben, er ist auch ein Schriftsteller von sehr hohem Rang, und mehr als das, er hat, wie kein anderer lebender Autor, die Welt der Literatur um einen lebendigen Schatz bereichert – *Die Erzählungen der Chassidim* ... Martin Buber ... ist der würdigste geistige Repräsentant Israels, des Volkes, das unter allen Völkern unserer Zeit am meisten gelitten hat."

Diese Briefe, so gestand Buber mir später, waren mit „einer Sympathie [geschrieben], von der ich weiß, daß sie tief ist." Als er an Hesse selbst schrieb, nachdem er von Freunden in Stockholm den Text von Hesses Vorschlag erhalten hatte, sagte Buber: „Da habe ich wieder einmal, und mit einer Stärke wie nur selten zuvor, beides empfunden: wie unwichtig der ‚Ruhm' und wie wichtig das Bestätigtwerden durch die Menschen ist, denen unser Vertrauen gehört. Es tut uns Sterblichen not, durch sterbliche Brüder bestätigt zu werden." Dieses Thema der Bestätigung sollte in seiner philosophischen Anthropologie zum Mittelpunkt werden, die er in *Beiträge zu einer philosophischen Anthropologie* in den unmittelbar folgenden Jahren darlegte, insbesondere in *Urdistanz und Beziehung*, das mit dem Satz schließt: „Einander reichen die Menschen das Himmelsbrot des Selbstseins."

In seinem Beitrag zu dem Martin Buber gewidmeten Band der *Philosophen des 20. Jahrhunderts* sagt Walter Kaufmann von Bubers *Erzählungen der Chassidim*, sie seien in ihrer Einfachheit unmißverständlich. „Buber ... legt uns Juwel um Juwel vor, ohne sie in Fassungen minderer Qualität zu zwängen. Bubers Geschichten lassen sich nicht durch Kürzungen verbessern. Das ist mehr, als man der Kunst irgendeines der vier Evangelisten nachsagen kann."

> „Was Bubers Werk rettet, ist seine Vollkommenheit. Er hat uns eines der großen religiösen Bücher aller Zeiten geschenkt, ein Werk, das zum Vergleich mit den heiligen Schriften der Menschheit herausfordert ... Der Rang jener Werke hängt jedoch nicht von ihrer positivistischen Zuverlässigkeit ab, sondern von ihrer Tiefe. Und das trifft ebensosehr auf ‚Die Erzählungen der Chassidim' zu."

Für Buber war die Wahrheit des Chassidismus für Menschen *aller* Glaubensrichtungen von vitaler Bedeutung, „denn jetzt ist die Stunde, wo wir in Gefahr sind, den Zweck unseres Erdendaseins zu vergessen, und ich weiß von keiner anderen Lehre, die uns so eindringlich daran erinnert." Wie Buber 1952 sagte: er spreche „die Botschaft, die der Chassidismus nicht sein wollte, aber war und ist, unmittelbar als Botschaft aus. Ich spreche sie als solche gegen seinen Willen aus, weil die Welt ihrer heute sehr bedarf." „Chassidismus hat in der Menschenwelt nie so Fuß gefaßt wie das Christentum", schloß Buber, aber „wegen seiner Wahrheit und wegen der großen Bedürftigkeit der Stunde trage ich ihn gegen seinen Willen in die Welt." Wie sehr dies gegen den Willen des Chassidismus geschah, wurde im Juni 1965 nur allzu deutlich, als die jungen Männer des chassidischen Bratslaver Seminars in der Mea She'arim in Jerusalem von Bubers Tod mit dem jiddischen Ausdruck sprachen, den man für den Tod eines Tieres benutzt!

Buber wollte nie den Chassidismus als solchen verbreiten, vielmehr war Chassidismus für ihn ein beeindruckendes Beispiel einer Art von Frömmigkeit, die ans Leben gebunden ist und die unheilige Teilung in geheiligte und profane Sphären überwunden hat, indem sie das Ganze des Lebens heiligt. Nirgendwo ist dies deutlicher als in dem kleinen Buch *Der Weg des Menschen* (nach der chassidischen Lehre), dessen Inhalt ursprünglich einer Vorlesungsreihe entstammte, die Buber 1947 in Holland gehalten hatte. 1948 schrieb Hermann Hesse an Buber, *Der Weg des Menschen* sei „wohl das Schönste, was ich von ihnen gelesen habe." *Der Weg des Menschen,* schreibt Gershom Scholem, „ist nicht nur eine Perle der Literatur, sondern auch eine außergewöhnliche Lektion in religiöser Anthropologie, vorgelegt in der Sprache des Chassidismus und inspiriert durch eine große Anzahl authentischer chassidischer Sprüche."

Der Weg des Menschen unterscheidet sich vollkommen von allen anderen chassidischen Schriften Bubers. Es besteht aus sechs Teilen, jeder in Form eines Kommentars zu einer chassidischen Geschichte, ergänzt durch andere Geschichten und Sprüche. Es ist jedoch weit mehr als eine einfache Interpretation oder Zusammenfassung chassidischer Lehre. Kein anderes von Bubers Werken gibt uns so viel seiner eigenen einfachen Weisheit wie dieses bemerkenswerte Destillat. Es steht mit *Ich und Du, Gog und Magog* und *Erzählungen der Chassidim* auf einer Stufe als einer der großen Klassiker. Noch mehr als die einzelnen Geschichten in jedem Teil der *Erzählungen der Chassidim* sind die Teile von *Der Weg des Menschen* organisch verbunden, so daß es in sich selbst ein Weg der Weisheit ist, etwas, das keine noch so profunde philosophische Aussage sein kann.

Zusammen mit *Was ist der Mensch?* geben sein theoretischer Aufsatz „Zwischen Gesellschaft und Staat“ (dt. 1948) und sein Buch *Pfade in Utopia,* das 1947 in hebräischer und 1949 in englischer Übersetzung veröffentlicht wurde, zwei weitere Eindrücke von Bubers Aktivität als Professor für Sozialphilosophie und späterem Vorsitzenden der soziologischen Fakultät der Hebräischen Universität. Während das erstere eine weitreichende Unterscheidung zwischen dem „politischen Prinzip“ und dem „sozialen Prinzip“ darstellt, beinhaltet das letztere eine Geschichte des dezentralisierten Sozialismus mit einzelnen Kapiteln über Proudhon, Kropotkin, Landauer, Marx und Lenin sowie einem über die Kibbuzim in Palästina. Buber schrieb an Lambert Schneider, dem er die deutsche Ausgabe von *Pfade in Utopia* (dt. 1950) anvertrauen wollte: „Das Buch hat in England einen starken Erfolg; in der Sunday Times ist es als das wichtigste Buch des Jahres bezeichnet worden. Ich glaube, daß es in Deutschland – als eine geistesgeschichtliche Darstellung des ‚utopischen Sozialismus‘ und Kritik der Lehren von Marx und Lenin – eine besondere Aufgabe zu erfüllen hätte.“

Buber unterscheidet sich von Reinhold Niebuhr, Bertrand Russell und anderen zeitgenössischen politischen Denkern und ist verbunden mit den Gedanken von Männern wie A. D. Gordon, Albert Camus, Carlo Levi und Ignazio Silone durch die grundsätzliche Unterscheidung, die er zwischen dem „sozialen Prinzip“ und dem „politischen Prinzip“ macht. Das „soziale Prinzip“ ist das Prinzip wirklicher Gesellschaft und wirklicher Gemeinschaft. Das „politische Prinzip“ dagegen ist ein grundsätzlich abstraktes Prinzip, das die gesellschaftliche Wirklichkeit der Gemeinschaftlichkeit der Regierungsherrschaft opfert. Die latente Krise, die zwischen Nation und Nation existiert, macht den politischen Überschuß über das zur Ordnung Notwendige hinausgehend unausweichlich. Eine soziale Umstrukturierung in Richtung auf maximale Dezentralisierung, die mit den gegebenen sozialen Bedingungen vereinbar ist, ist möglich und notwendig, wenn die Menschheit nicht vom politischen Prinzip verschluckt werden soll. Die soziale Vitalität einer Nation, ihre kulturelle Einheit und Unabhängigkeit, hängt ab von der sozialen Spontaneität, die in ihr zu finden ist. Soziale Erziehung und Interesse an wirklicher sozialer Veränderung sind notwendig, wenn diese Spontaneität erhalten und gestärkt werden soll.

Um neue Gemeinschaftlichkeit und soziale Spontaneität in einer Welt zu schaffen, in der der Kapitalismus den Menschen ohne organische Sozialstruktur zurückgelassen und in der der Kommunismus soziale Regeneration zugunsten eines rigiden politischen Zentralismus aus den Augen verloren hat, schlug Buber einen föderalistischen Gemeinschaftssozialismus vor. Buber unterschied seinen Sozialismus vom theoretischen utopischen Sozialismus, den er als schematische Fiktion charakterisierte, der Systeme absoluter Gültigkeit auf der Basis einer abstrakten Vorstellung der menschlichen Natur ersinnt. *Topischer Sozialismus* beginnt mit der Unterschiedlichkeit und Gegensätzlichkeit der Tendenzen des Zeitalters und erwächst aus den Notwendigkeiten einer gegebenen Situation. Zusätzlich darf diese topische und lokale Verwirklichung nur der Ausgangspunkt für das höhere Ziel einer organischen Gesellschaft sein: eine Gemeinschaft der Gemeinschaften, die sich mit der Zeit zu einer Föderation von Gemeinwesen, von Nationengruppen ausweitet, die, wie die einzelne Kommune, maximale soziale Spontaneität erhalten wird, in einem Rahmen, der mit der Situation und der gegebenen Zeit vereinbar ist.

Die wichtigsten Träger sozialer Umstrukturierung, sagte Buber in *Pfade in Utopia,* sind die vollständigen Kooperativen oder Dorfgemeinschaften, die Produktion und Konsumtion, Industrie und Landwirtschaft in einer kooperativen Gemeinschaft, die sich um gemeinsames Land dreht, vereinen. Das vielversprechendste Experiment mit Dorfgemeinschaften ist nach Bubers Meinung das der jüdischen Kollektivsiedlungen in Palästina gewesen. Diese waren auf die Notwendigkeiten der gegebenen örtlichen Situationen gegründet und mit sozialistischen und biblischen Lehren von sozialer Gerechtigkeit verbunden. Die Mitglieder dieser Gemeinschaften verbanden eine seltene Bereitwilligkeit zum Experiment und ungewöhnliches Selbstbewußtsein mit einem „unvergleichlich positiven, geradezu glaubensmäßigen Verhältnis dieser Menschen zu dem innersten, dem eigentlichen Wesen ihres Dorfes.“ Darüber hinaus arbeiteten die Gemeinschaften selbst eng zusammen und ließen zugleich dem ständigen Verzweigen in neue Formen und unterschiedliche Arten der Sozialstruktur völlige Freiheit. Die bekanntesten Formen sind Kewuza und Kibbuz. Der schnelle Zufluß jüdischer Flüchtlinge aus dem nationalsozialistischen Deutschland nach Palästina, während der Jahre der dritten Alijah, führte oft zum Aufstieg einer Quasi-Elite, die nicht in der Lage war, dem Gemeinwesen wahre Führerschaft zu geben und darum mit den echten Chaluzim in Konflikt geriet. Trotz dieser Tatsache und der Politisierung, die die Kibbuzim in den letzten Jahren entlang der Parteilinien gespalten hatte, empfand Buber, daß die jüdischen Gemeinwesen im Kampf für eine strukturell neue Gesellschaft, in der individuellen Gruppen größtmögliche Autonomie gegeben und die dennoch die größtmögliche Beziehung miteinander genießen würden, von zentraler Bedeutung waren. 1952 wiederholte Buber nochmals seine Überzeugung, daß die wichtigste Entscheidung für die nächsten Generationen die zwischen einem Machtsozialismus und einem spontanen, von unten entstehenden Sozialismus sei, zwischen dem „politischen Prinzip“ und dem „sozialen Prinzip“. „Der zukünftige Zustand der Menschheit in der großen Krise hängt sehr davon ab, ob eine andere Art des Sozialismus Moskau entgegengesetzt werden kann, und ich wage selbst heute, es Jerusalem zu nennen."

Bubers Vorstellung einer sozialistischen Umstrukturierung der Gesellschaft beruhte auf dem

> „Bedürfnis des Menschen ... sein Haus als eine Kammer in einem größeren, umfassenderen Bau empfinden zu dürfen, in dem er daheim ist und dessen Insassen ihm in ihren Begegnungen mit ihm, in ihrem Zusammenwirken mit ihm sein eigenes Wesen und Leben bestätigen. Soll die Menschenwelt eine menschliche Welt sein, so muß Unmittelbarkeit zwischen ... Menschenhaus und Menschenhaus [walten]."

Das Prinzip der gegenseitigen Bestätigung, das Buber in sehr viel abstrakteren Begriffen in „Urdistanz und Beziehung" (1951) erweiterte, wurde klar, konkret und bündig ausgedrückt, als Buber auf die Bedeutung des Versuchs von Architekten hinwies, Umgebungen, die zur Begegnung einladen, und Zentren, die Begegnung formen, zu bauen.

> „Das uneingestandene Geheimnis des Menschen ist, daß er in seinem Wesen und in seiner Existenz von seinen Mitmenschen bestätigt werden will ... und dieses nicht bloß in der Familie und dazu noch in der Parteiversammlung oder im Wirtshaus, sondern auch im Verlauf der nachbarlichen Begegnungen, etwa wenn er und der andere aus der Tür seines Hauses oder an das Fenster seines Hauses tritt und der Gruß, mit dem sie einander begrüßen von einem wohlwollenden Blick begleitet wird, einem Blick, in dem die Neugier, das Mißtrauen und die Routine durch eine gegenseitige Teilnahme überwunden worden sind."

Als Buber 1938 nach Palästina kam, stellte er weiterhin die Forderung, daß Erwachsenenbildung ins Zentrum der Aktivitäten der Hebräischen Universität gestellt werden müsse. Nach dem Krieg jedoch wurden die Juden Marokkos, Algeriens, Ägyptens, des Libanon, Syriens, des Jemen, Saudi-Arabiens und andere enteignet und gezwungen, Heimstätten zu verlassen, an denen ihre Vorfahren in vielen Fällen seit zweitausend Jahren gelebt hatten. Diese Masseneinwanderung orientalischer Juden in den neuen Staat Israel führte zu dem großen, unvorhergesehenen Erziehungsproblem und rief schließlich die Institution, die Buber vorgeschwebt hatte, ins Leben, die *Beth Midrasch l'Morei Am*, die *Schule für die Ausbildung von Lehrern des Volkes*. Buber wurde vom Zentrum für Erwachsenenbildung an der Hebräischen Universität, der Regierung und der Jewish Agency eingeladen, ein Zentrum aufzubauen, in dem Lehrer herangebildet werden sollten, die selbst in den Immigrantenlagern und -herbergen wie auch in den von den Neuankömmlingen gegründeten Siedlungen leben sollten. Gideon Freudenberg wurde leitender Direktor oder Rektor, Buber „Ideendirektor" und Präsident der

Schule, beides in täglichem Kontakt mit den Studenten. Die Menschen in den Übergangslagern waren zu fünfzig Prozent orientalische Juden und kamen zu fünfzig Prozent aus europäischen Internierungslagern und vorher aus Konzentrationslagern der Nationalsozialisten. Man einigte sich darauf, daß die auszubildenden Lehrer selbst neue Einwanderer sein sollten. Die Schule wurde zunächst auf ein Jahr gegründet. Wegen ihres großen Erfolges wurde sie weitergeführt. Die neue Schule sollte jedes Jahr eine kleine, zahlenmäßig begrenzte Gruppe ausbilden, damit die Lehrer die Studenten einzeln kennenlernen und mit jedem von ihnen Kontakt aufbauen konnten.

Nicht Frage und Antwort, betonte Buber, sondern Dialog zwischen Person und Person ist das Herzstück der Erziehung.

> „Die Schule des Volkes ist auf der Ermutigung des Kontakts zwischen Lehrer und Studenten gegründet – auf dem Prinzip des Dialogs; Dialog der Fragen von beiden Seiten und der Antworten von beiden Seiten, Dialog einer gemeinsamen Beobachtung einer bestimmten Realität in der Natur, der Kunst, oder der Gesellschaft, Dialog des gemeinsamen Eindringens in eines der Lebensprobleme, Dialog wahrer Kameradschaft, in denen die Brüche im Gespräch nicht weniger Dialog sind als die Sprache selbst."

Die Schule wurde auch zu einem *Ulpan* – einem Ort intensiven Hebräisch-Lernens –, an dem Lehrer und Studenten von morgens bis in die Nacht in Kontakt standen und über die Dinge sprachen, die sie im Laufe des Tages gehört hatten. Auf diese Weise war es möglich, nicht nur den Geist, sondern auch das Herz der Studenten zu beeinflussen. Die Altersspanne der Studenten lag zwischen siebzehn und fünfzig, ihre Schulbildung reichte vom Hauptschulniveau bis zum Universitätsabschluß mit vielen Jahren Lehrerfahrung in Übersee. Ihr Verständnis des Judentums reichte von oberflächlich bis tiefgründig. Wegen des drängenden Bedarfs mußte der Kurs auf ein Jahr begrenzt werden, und die Studenten mußten mindestens vierzehn Stunden täglich arbeiten, um die Arbeit zu bewältigen. „Im Lauf meines Lebens habe ich solche Intensität des Lernens von morgens bis Mitternacht nicht gesehen", berichtete Buber. Die sechs Stunden täglichen Unterrichts hatten nicht die Form von Vorlesungen, sondern von Seminaren, an denen sich die Studenten so aktiv wie möglich beteiligten. Dies machte individuelle Zuwendung zu den Studenten möglich, denn die Klassen bestanden aus bis zu dreißig Studenten. Die Lehrer, die von der Hebräischen Universität und anderswo herbeigeholt worden waren, mußten bereit sein, den Studenten jede nötige Hilfe zu geben, sie zu beraten und oftmals sogar ihnen Trost zu spenden, weil sie soviel gelitten hatten. Diejenigen, die aus den Internierungslagern gekommen waren, brachten eine Last mit, bei deren Überwindung die Lehrer und Direktoren ihnen helfen mußten. Buber und Freudenberg fühlten sich aber auch für ihre zukünftige Existenz verantwortlich und berieten sie darin, wie sie ihre finanziellen Probleme lösen konnten, wie sie heiraten und eine Familie gründen konnten. Freudenberg, der mit ihnen lebte, sagte ihnen, daß sein Büro immer offen sei, und Buber selbst war immer bereit, sie zu empfangen, wenn sie mit ihm sprechen wollten. Buber hatte jetzt schon einige Zeit in seinem dritten und letzten Haus in Jerusalem gelebt, dem schönen im arabischen Stil gebauten Haus in Talbiyeh in 3 Chovevei Zion (dies bedeutet völlig treffend: die Straße der „Liebhaber Zions“). Die Herberge in der Jabotinsky-Straße lag um die Ecke. Buber suchte Freudenberg jeden Abend um zehn Uhr auf, und sie saßen bis spät in die Nacht zusammen, um über die Probleme des Tages und die Philosophie der Menschheit zu sprechen. Wenn ein künftiger Volkslehrer kam, sprachen Buber und Freudenberg zusammen im Schulbüro mit dem Kandidaten über seine Interessen und Absichten. Auf diese Weise gewannen sie Eindrücke über die Persönlichkeit des Kandidaten und seine oder ihre Qualifikationen für diese oder jene Arbeit. „Buber wußte, ob dieser Mann oder diese Frau für die Arbeit geeignet war“, hat Freudenberg gesagt. „Wir erlebten sehr, sehr wenige Enttäuschungen.“ Fast jeden Abend suchte Buber Gideon Freudenberg auf, um kleinere Probleme oder Vorschläge zu besprechen. Buber stimmte zu, Kandidaten allein auf der Basis eines Interviews und nicht auf der Grundlage von Zeugnissen als Studenten zum Seminar zuzulassen. Er nahm an allen Interviews teil. Bubers Name half, das Seminar zu etablieren und zu unterstützen, besonders im Umgang mit Budgetproblemen. Als die Jewish Agency einmal ihren Verpflichtungen nicht nachkam und Freudenberg aus eigener Tasche zahlen mußte, ging Buber zur Jewish Agency und weigerte sich, ihr Büro zu verlassen, bis sie ihm eintausend Pfund gegeben hätten! Im dritten Jahr verlangte das Erziehungsministerium, die Zahl der Studenten zu verdoppeln.

Buber selbst hielt einen Bibelkurs ab und verbrachte einmal drei Monate mit der Bedeutung des hebräischen Worts *re'ah* in *ahavta l're'ah cmocha*, was gewöhlich übersetzt wird als „Liebe deinen Nächsten wie dich selbst.“ Wenn Buber lehrte, las er nicht aus Notizen, sondern er sprach einfach. Er gab jedem Schüler die Gelegenheit zu unterbrechen und Fragen zu stellen, nach denen er dann seine Rede fortsetzte. Bubers Einfluß auf die Studenten war, nach Freudenberg, sehr groß, nicht wegen des Inhalts seiner Lehre, sondern wegen seiner Persönlichkeit. „Wenn er aus der Bibel und den Propheten las, war es, als kämen die Propheten selbst in den Raum.“ So verkörperte Buber selbst das Ziel der Schule, welches in erster Linie war, die Ganzheit der Person anzusprechen, denn „nur ganze Personen können andere beeinflussen.“ Das, wovon er zehn Jahre zuvor in seiner Ansprache an die Lehrer in Tel

Aviv gesprochen hatte, konnte er jetzt in die Wirklichkeit umsetzen – die Verbindung von Situation und Person in der Charaktererziehung. „Charakter ist nicht über Situation", sagte Buber in seiner Diskussion über die Schule in Amerika 1951, „sondern ist mit der grausamen, harten Forderung dieser Stunde verbunden."

Nach Bubers Tod 1965 kündigte die Hebräische Universität Pläne zur Gründung eines ehrgeizigen und ausgedehnten „Martin Buber-Zentrums für Erwachsenenbildung und weiterführende Erziehung" in einem für diesen Zweck „in dankbarer Anerkennung von Bubers bahnbrechender Arbeit" zu errichtenden großen Gebäudes an. Das Martin Buber-Zentrum für Erwachsenenbildung wurde 1972 auf dem neuen-alten Scopusberg-Campus in einem beeindruckenden Gebäude eröffnet, das ein ‚Martin Buber-Zimmer' enthält, in dem Bubers Arbeitszimmer genauso, wie es in seinem Haus in Talbiyeh war, erhalten ist, mit seinem Schreibtisch, dem Bild seiner Frau, dem Bücherschrank, seinem Vergrößerungsglas und seiner Schreibfeder. Erster Direktor des Martin Buber-Zentrums war Dr. Kalman Yoran, ein Absolvent von Beth Midrasch l'Morei Am. Dr. Yoran hoffte, Bubers und Freudenbergs Schule zur Ausbildung von Volkslehrern wiederzubeleben, um Lehrer für die Erwachsenenbildung auszubilden, die in allen Gemeinden Israels arbeiten sollten. Zu gleicher Zeit leistete das Zentrum beeindruckende Arbeit in weiterbildender Erziehung und stand mit den örtlichen Entwicklungen der Erwachsenenbildung überall in Israel auf genau die Art und Weise in Kontakt, die Buber vorgeschlagen hatte.

Im August 1953 starb Ludwig Strauß. Als Buber die Nachricht vom Tod seines Schwiegersohnes hörte, schrieb er Eva einen bemerkenswerten Trostbrief:

> „Mein liebes Evchen, seit heute vormittags die Nachricht kam, ist es mir ein paarmal so gewesen, als ginge Ludwigs Bildseele minutenweise neben mir her, und jetzt eben, ehe ich das Briefblatt herübernahm, so als stünde sie neben mir, jedesmal ohne sich irgend um mich zu kümmern, aber auch ohne Fremdheit. Es war aber gar nicht der Ludwig, den ich beim Abschied gesehen habe und seither im Sinn hatte, auch kein früherer Ludwig, und doch auch wieder nicht schattenhaft unbestimmt; ich meine, es war das vollendete Bild, die Gestalt in ihrer Vollendung, wie sie der Mensch wohl nicht anders als in einem Gang gewinnen kann, der auch durch das tiefste Leiden führt. Und es scheint mir, die Ruhe seiner letzten Tage hat in einer Weise, die kein Überlebender verstehen kann, damit zu tun gehabt; es scheint mir, daß die große Schwäche des vergehenden Erdenwesens nur das Sichtbare daran war, das Unsichtbare aber die alles überwindende Ahnung des Vollendetwerdens."

Teil IV

DEUTSCHLAND NACH DEM WELTKRIEG UND DIE USA: ANTWORTEN AN KRITIKER

(1945–1963)

16. Kapitel

Dialog mit Christen in Westdeutschland

(1945–1961)

Die Wiederaufnahme des unterbrochenen Dialogs mit deutschen Denkern und Freunden in Deutschland nach der Niederlage Hitlers und dem Ende des zweiten Weltkrieges war für Buber ein wichtiger Teil einer ganz neuen Phase seines Engagements im jüdisch-christlichen Dialog. Sie kreiste um *Zwei Glaubensweisen*, das Buch über Jesus und Paulus, das Buber während der Belagerung Jerusalems geschrieben und in den frühen fünfziger Jahren in Deutschland, England und Amerika veröffentlicht hatte.

In der englischen Paperbackausgabe trägt *Zwei Glaubensweisen* den Untertitel „Eine Studie über die gegenseitige Durchdringung von Judentum und Christentum". Es ist auch eine Studie über ihre grundlegende Verschiedenheit und insbesondere über den Messianismus des biblischen Judentums, der nach Bubers Meinung durch Jesus fortgesetzt und verstärkt worden war, im Gegensatz zu dem gänzlich anderen Messianismus von Paulus und Johannes, der sich um den Glauben an den auferstandenen Christus und nicht um die biblische *Emuna* oder Vertrauen, das Jesus predigte, drehte.

In dem Aufsatz, mit dem er 1927 seine Sammlung chassidischer Bücher vorstellte, sagte Buber, die Bedeutung des Erscheinens Jesu für die Christen „bleibt für mich der eigentliche Ernst der abendländischen Geschichte." Aber vom jüdischen Standpunkt aus war Jesus der erste unter denjenigen Menschen, die aus der Verborgenheit heraustraten, in der Gott den Knecht gelassen hatte, und die ihr Messiastum in ihrer Seele und in ihren Worten anerkannten. „Daß dieser Erste – wie ich immer wieder erfahre, wenn sich mir die personhaft klangechten Worte zu einer Einheit fügen, deren Sprecher mir schaubar wird – in der Reihe der unvergleichlich Reinste, Rechtmäßigste, mit wirklich messianischer Kraft Begabteste war, ändert nichts an dem Faktum dieser Erstheit, ja, es gehört wohl eben dazu, gehört zu dem furchtbar eindringlichen Wirklichkeitscharakter der ganzen automessianischen Reihe." Es war eine erstaunliche Tatsache, daß für Buber der Dialog mit Jesus (wie der mit Plato und einigen anderen, die er gelesen hatte) kein metaphorischer, sondern ein tatsächlicher Dialog mit der Person Jesu war, die für ihn in der Verschmelzung einer Reihe seiner Aussagen gegenwärtig wurde. In *Zwei Glaubensweisen* stellte Buber die Folgerung, daß Jesus sich selbst als der Messias sah, ernsthaft in Frage. Aber er hielt den Dialog mit dem Menschen, der ihn durch seine Stimme erreichte, aufrecht.

> „Jesus habe ich von Jugend auf als meinen großen Bruder empfunden. Daß die Christenheit ihn als Gott und Erlöser angesehen hat und ansieht, ist mir immer als eine Tatsache von Ernst erschienen, die ich um seinet- und um meinetwillen zu begreifen suchen muß ... Mein eigenes brüderlich aufgeschlossenes Verhältnis zu ihm ist immer stärker und reiner geworden, und ich sehe ihn heute mit stärkerem und reinerem Blick als je."

Zwei Glaubensweisen ist die letzte einer Reihe von Bibelstudien, in denen Buber den Ursprung des Messianismus behandelte, und bildet in diesem Sinne den Schlußstein der Grundlage, die Buber siebzehn Jahre früher mit *Das Königtum Gottes* gelegt hatte. Jesus stand im Schatten des Deutero-Jesajaschen leidenden Knechtes Gottes, aber er trat aus der wirklichen Verborgenheit, die für die Leidensarbeit des Knechtes wesentlich ist, heraus. Selbst dann jedoch glaubte Buber nicht, daß Jesus sich selbst in dem Sinne für göttlich hielt, in dem er später für göttlich gehalten wurde. Darüber hinaus rief Jesus seine Jünger nach allem, was wir aus der synoptischen Tradition wissen, nicht zusammen, um an Christus, sondern an Gott zu glauben, wie immer es auch mit seinem „messianischen Bewußtsein" bestellt sein mag. Der Glaube, den er predigte, war die jüdische Emuna – „jenes unbedingte Vertrauen zur Gnade, das macht, daß einen auch der Tod nicht mehr schreckt, denn auch er ist in der Gnade." Paulus und Johannes dagegen machten den Glauben an Christus (*Pistis*) zum einzigen Tor der Erlösung. Dies bedeutete die Aufhebung der Unmittelbarkeit zwischen Gott und Mensch, die der Kern des Bundes und des Königtums Gottes gewesen war. „‚Ich bin die Tür', wird es nun heißen (Johannes 10, 9); es frommt nicht, wie Jesus meinte, da anzuklopfen, wo man steht (vor der ‚engen Pforte'); es frommt nicht, wie die Pharisäer meinten, ins offene Tor zu treten; Zugang haben einzig, die an ‚die Tür' glauben."

Buber sah Jesus als jemanden, der verlangte, daß der Mensch über das, was normalerweise seine ganze Fähigkeit ausmachte, hinausgeht, um bereit zu sein, in das sich nähernde Königtum Gottes einzutreten. Jesus folgte dem biblischen Judentum, indem er behauptete, Gott habe dem Menschen die Torah als Anleitung gegeben, um ihn zu lehren, sein Herz auf Gott zu richten. Die Torah ist kein objektives, von der tatsächlichen Beziehung des Menschen zu Gott unabhängiges Gesetz, erklärte

Buber hier. Es schenkt nur denen Leben, die es um Gottes willen empfangen, so daß noch etwas vom Hören an dem göttlichen Befehl haftet. Es „bedeutet Erfüllung der Torah: das Vernehmen des Wortes auf die ganze Dimension der menschlichen Existenz zu erstrecken."

Im Gegensatz zu Jesus nimmt Paulus einen Dualismus zwischen Glauben und Tun an, der auf einem Glauben an die Unmöglichkeit der Erfüllung des Gesetzes basiert, das er als eine unabhängige, objektive Sammlung von Regeln betrachtete, die alle Menschen vor Gott zu Sündern und ihre Rettung von der Annahme des Lehrsatzes abhängig macht, daß Gott gelitten hatte, gestorben und als Christus auferstanden war. Das Vertrauen in die Unmittelbarkeit von Menschen und Gott wird weiter dadurch zerstört, daß Paulus die starke Tendenz aufweist, Gottes Zorn und seine Gnade in zwei getrennte Mächte aufzuspalten, wobei die Welt der Macht des Richtspruchs übergeben wird, bis die Kreuzigung und Auferstehung Christi Gnade und Erlösung bringen. Er betrachtet den Menschen als von Natur aus böse und unfähig, bis zur Ankunft Christi Gottes Verzeihung zu erlangen. Der Gott des Paulus nimmt keine Rücksicht auf die Menschen, zu denen er spricht, sondern benutzt sie für die höheren Ziele seines göttlichen Plans. Gott allein macht den Menschen unfrei und zum Gegenstand des Zornes, während Gott in der Arbeit der Errettung fast hinter Christus verschwindet. Mit Paulus verglichen, betont der christliche Paulinismus unserer Zeit nicht die Demokratie der Welt, sondern sieht die Existenz geteilt in eine unbegrenzte Herrschaft des Zorns und eine Sphäre der Versöhnung, wo „der Anspruch auf Errichtung einer christlichen Lebensordnung klar und energisch genug erhoben wird, de facto aber einer unerlösten menschlichen Welt die erlöste christliche Seele in einer edlen Ohnmacht gegenübersteht."

Buber kontrastiert den modernen Paulinismus der protestantischen Krisentheologen mit Kafkas „Paulinismus der Unerlösten". Kafka kannte die „Gottesfinsternis" von innen heraus, die Buber selbst in den unmittelbar folgenden Jahren als den Charakter dieser Stunde menschlicher Geschichte herausstellen sollte. Kafkas unausgesprochenes „gegenwärtiges Thema ist die Entrücktheit des Richters, die Entrücktheit des Schloßherrn, die Verborgenheit, die Verfinsterung, die Finsternis." Er beschreibt höchst genau aus innerer Bewußtheit heraus „das Walten der fauligen Dämonien, das den Vordergrund füllt." Aber Kafka, der Jude, weiß auch, daß Gottes Verborgenheit nicht die Unmittelbarkeit vermindert: In der Unmittelbarkeit wird Gott zum Erlöser, und der Widerspruch der Existenz wird für uns zur einer Theophanie.

> „Düsterer als je vorher wird der Weltlauf gezeichnet, und doch wird erneut, mit einem noch vertieften ‚Trotz alledem', ganz leise und scheu, aber unzweideutig, die Emuna verkündigt. Sie ist hier,

> inmitten des paulinischen Bereichs, an die Stelle der Pistis getreten. In all seiner Zurückhaltung bekennt doch der in der verfinsterten Welt umirrende Spätling mit jenen deuterojesajanischen Sendboten der leidenden Völkerwelt (Jeschajahu 45, 15): ‚Wohl, du bist ein Gott, der sich verbirgt, Gott Israels, Heiland!'"

Wenn Buber schloß, der Paulinismus könne den marcionitischen Dualismus nicht überwinden, so sah er, daß auch für das Christentum „aus dem starren Paulinismus ein Weg zu einer anderen, der Emuna näheren Gestaltung der Pistis führt." Judentum und Christentum werden unterschiedlich bleiben, bis die Menschheit aus den Exilen der Religionen ins Königtum Gottes heimgeführt worden ist. „Aber ein nach der Erneuerung seines Glaubens durch die Wiedergeburt der Person strebendes Israel und eine nach der Erneuerung ihres Glaubens durch die Wiedergeburt der Völker strebende Christenheit hätten einander Ungesagtes zu sagen und eine heute kaum erst vorstellbare Hilfe zu leisten."

Buber meinte nicht, daß *Emuna* ausschließlich den Juden gehört. Er erklärte, er habe im Laufe seines Lebens eine Reihe Christen kennengelernt, die eine ideale Vertrauensbeziehung zu Gott hatten, die durch keinen Fehlschlag und kein Unglück erschüttert werden konnte, und dieses Vertrauen hatte seinen Ursprung nicht in dem Glauben, daß Gott in Christus Mensch geworden war. Das letztere diente nur als Verstehenshilfe.

> „Ich erlebte das am stärksten vor einigen Jahren im Gespräch mit der führenden Persönlichkeit einer wichtigen christlichen Sekte. Es war eines jener Gespräche zwischen zwei Personen, die ohne Vorbehalt geführt wurden. Wir sprachen von der uns beiden gemeinsamen Bereitschaft, von ‚eschatologischen Begebenheiten' in völlig unerwarteter, allen vorherigen Vorstellungen widersprechender Weise überwältigt zu werden. Plötzlich hörte ich meinen Gesprächspartner diese Worte sagen: ‚Wenn Gott es denn von mir fordern sollte, bin ich bereit, sogar ... aufzugeben.' Wo ich hier diese drei Punkte gesetzt habe, war der Mittelpunkt des christlichen Dogmas genannt. Selbst jetzt, wo ich dies schreibe, empfinde ich die Emotion jenes Augenblicks."

Buber bezog sich hier auf die englische Quäkerin Joan Fry. Um die Wichtigkeit dieser Aussage zu verstehen, müssen wir im Gedächtnis behalten, daß englische Quäker im Gegensatz zu vielen amerikanischen Mitgliedern der Gesellschaft der Freunde an die Göttlichkeit Christi glauben.

Für viele Christen ist Christus nicht das „Ich" der Ich-Du-Beziehung zu Gott, sondern das „Du". In *Zwei Glaubensweisen* erklärte Buber, daß das Christentum, soweit es Gott im Bild Christi fixiert, Gott daran hindert, sich zu verbergen und daher auch daran, sich immer wieder neu zu enthüllen, und er wies darauf hin, daß das, was der Theologe Nathan Söderblom und Schatow in Dostojewskis Roman *Die Teufel* oder *Die Besessene* explizit sagten, für viele Christen zutrifft: daß Christus für sie wirklich bleibt, selbst wenn Gott unsicher oder unwirklich wird.

Durch den Glauben an Christus, behauptete Buber in *Zwei Glaubensweisen*, haben die Christen „einen Gott erlangt, der in den Stunden, da ihnen die Welt zerbrach, nicht versagte, ja mehr noch, der ihnen in Stunden, da sie sich in Schuld verfallen fanden, die Sühne gewährte." Was Buber von Übel erschien, war „nicht die das Unaussprechliche zur Sprache bringende Mythisierung der Wirklichkeit ..., sondern die Gnostizierung des Mythos, die ihn aus seinem geschichtlich-biographischen Wurzelgrund reißt." Mythos ist noch mit existentieller Wirklichkeit vereinbar, weil sie an den Glauben gebunden ist; Gnosis ist es nicht. In diesem Zusammenhang faßte Buber seinen eigenen Zugang zum Inhalt und der Art des Glaubens an Jesus prägnant zusammen: nicht an irgendeinem Bild zu hängen („selbst Erinnerung mystiziert, besonders Erinnerung, die sich weiterzugeben wünscht"), sondern an der einen Stimme, „die eine immer neu wiedererkennbare Stimme, die aus einer Reihe unzweifelhaft echter Sprüche zu meinem aufgetanen Ohr redet." „Die Umrisse des Sprechers mögen unbestimmt sein", fügte Buber hinzu, „die Stimme ist bestimmt genug", und ebenso bestimmt ist für Jesus die zentrale Bedeutung des Verharrens in der Unmittelbarkeit mit Gott – die große *Devotio*. Der protestantische Bibelgelehrte James Muilenburg gibt eine überraschend zustimmende Einschätzung von Bubers Beitrag zum jüdisch-christlichen Dialog in seinem Aufsatz „Buber als Bibelübersetzer". Er sieht in Buber nicht nur den „größten jüdischen Denker unserer Generation" und „tief authentischen Vertreter und Repräsentanten der hebräischen Art des Denkens, Sprechens und Handelns", sondern auch „den führenden jüdischen Sprecher gegenüber der christlichen Gemeinde".

> „Mehr als jeder andere jüdische Schriftsteller sagt er den Christen, was im Alten Testament zu hören ist, was das Alte Testament wirklich sagt und was es mit Sicherheit nicht sagt ... Mehr noch, er hat eine tiefe Einsicht und ein sicheres Verständnis von Vielem im Neuen Testament, eine herzliche Anerkennung des historischen Jesus und die Kenntnis, wo Jude und Christ verschiedene Wege gehen. Mehr als jeder andere jüdische Denker unserer Zeit steht er an der Grenze, die das Christentum vom Judentum trennt. Er ist das beste zeitgenössische Korrektiv zum beharrlichen Marcionismus großer Teile der christlichen Kirche. Er gibt jüdische Antworten auf christliche Fragen, die Art Antworten, die Christen brauchen, wenn sie sich selbst verstehen wollen ... Er hat mehr als jeder

andere jüdische Gelehrte unserer Zeit der christlichen Gemeinde die Schriften des Alten Bundes eröffnet ... Ohne ein Verständnis und eine Wertschätzung des Alten Bundes müssen die Schriften des Neuen Bundes für immer verschlossen bleiben.“

Der deutsche katholische Theologe und Jesuit Hans Urs von Balthasar war da ganz anderer Meinung. „Wenn das Geheimnis Christi nicht im Hintergrund sichtbar ist“, schrieb von Balthasar, dann „bewegt sich Bubers Dialog unerbittlich auf Ijobs Frage an Gott zu ... und frißt sich im Laufe der Zeit tiefer und tiefer wie ein Krebs.“ Was Balthasar mit dieser letzten Aussage meinte, war, daß Bubers biblischer Dialog mit Gott am Problem des Bösen scheitern mußte, wenn er die durch die Ankunft Christi gegebene transzendierende Lösung für dieses Problem nicht hat. Buber machte in seiner Antwort geltend, Ijob sei sein Vater, ebenso eindeutig die Verbindung von Vertrauen und Ringen, die diese biblische Figur wie den „modernen Ijob“ kennzeichnet, diese zweite Art des modernen Rebellen, die ich in *Problematic Rebel* und *The Hidden Human Image* benannt habe. Indem er das tut, bestätigt Buber die biblische *Emuna* gegenüber der *Pistis*, die den Kern von Hans Urs von Balthasars Christentum ausmacht:

„Ohne Christentum, so sagt man mir, führe das Dialogische unweigerlich bis zur Ijobsfrage an Gott. Ja, das tut es, und Gott lobt ‚seinen Knecht‘ (Ijob 42, 7). Mein Gott will im Herzen und im Munde seiner Kreatur die Klage um das große Unrecht in der Welt nicht verstummen lassen, und wenn sie in einer unveränderten Welt doch ihren Frieden findet, nur weil er ihr seine Nähe wieder gewährt hat, bestätigt er sie. Frieden, sage ich; aber das ist ein Friede, der sich mit dem Kampf um die Gerechtigkeit in der Welt verträgt.“

Buber glaubte sowohl an eine zukünftige Vervollkommnung der Gesellschaft als auch an eine Umwandlung der Welt,

„nur daß ich beim Bau der Fundamente jener selber mit Hand anlegen darf, diese aber mag in aller Stille schon da sein, wenn ich an einem Morgen erwache, oder ihr Sturm mag mich aus dem Schlafe reißen. Und beides, die ‚Umkehr‘ und das ‚Heil‘, beides gehört zusammen, Gott weiß wie, ich brauche es nicht zu wissen. Das nenne ich Hoffnung.“

1961 nahm Buber an einem Kirchentag in Berlin teil, der der Schaffung einer Arbeitsgemeinschaft von Juden und Christen gewidmet war, die vielleicht eine neue Beziehung zwischen der deutschen evangelischen Kirche und dem Judentum einleiten könnte. In seiner Ansprache an diese Gruppe erklärte Buber, daß der jüdisch-christliche Dialog nur möglich wäre, wenn die Kirche ihren Anspruch auf Vorrang aufgeben würde. Einige evangelische Theologen waren in der Tat bereit, diesen Anspruch aufzugeben, aber die Kirche war es nicht. Buber erkannte die Schwierigkeit dieser Aufgabe, denn selbst wo die Kirche Israel anerkennt, tut sie es nur mit beträchtlichem Vorbehalt. Die Kirche müßte nach Bubers Ansicht ihre missionarische Haltung Israel gegenüber aufgeben und „Toleranz" durch echte Liebe ersetzen. Buber war tief bewegt, als der geistige Gründer der *Aktion Sühnezeichen* in Berlin spontan anbot, eine Synagoge für die jüdische Reformgemeinde in Jerusalem zu bauen, ein Projekt, das wegen der Jerusalemer Gemeinde nicht verwirklicht wurde, nicht durch Fehler der *Aktion Sühnezeichen*, die jeder Spur missionarischer Absicht abhold war.

Als Buber und Ben-Chorin sich einmal in Bubers Haus unterhielten, waren Bubers Enkelkinder dabei, vor seinem Arbeitszimmer eine Hütte oder einen Tabernakel für das jüdische Sukkotfest aufzubauen. Ben-Chorin erwähnte die Vision des Propheten Secharja (14, 16–18), in der das Laubhüttenfest auf alle Menschen ausgeweitet wurde, und fragte Buber, warum gerade dieses Fest, das das jüdische Volk an seine vierzigjährige Wanderung durch die Wüste erinnerte, ein Fest für alle Völker werden sollte. „Weil die Völker das Kreuz der Unbehaustheit Israels auf sich nehmen müssen", bemerkte Buber.

1947 begleitete Judith Martin und Paula auf eine Vortragsreise nach Dänemark, Schweden, England, Frankreich und in die Schweiz. Judith fand ihren Großvater charmant und redegewandt, voller Anmut in seinen Reden und gut vorbereiteten Vorlesungen, selbst in den dramatischen Augenblicken. Sie war besonders von seiner Beherrschung so vieler unterschiedlicher Sprachen und seiner Fähigkeit, große Zuhörerschaften in vielen Ländern mit seiner Präsentation fesseln zu können, beeindruckt. Diese Sprachen umfaßten nicht nur Deutsch und Hebräisch, sondern auch Französisch, Englisch und sogar Polnisch – von Latein, Griechisch, Jiddisch und Italienisch ganz zu schweigen!

Im Sommer 1948 schickte Hermann Hesse Buber die Kopie eines Briefes, den er an einen protestantischen Geistlichen geschrieben hatte, in dem er recht drastisch sagte, daß er die Ansicht dieses Geistlichen nicht teilte, weder die über das Alte Testament, welches bloß einige Perlen enthalten sollte, noch daß es bloße Vorstufe des Neuen Testaments sei, noch die, daß es nur für die Juden wichtig sei. „Für ein Kapitel der geschichtlichen Bücher und für manches Kapitel bei den älteren Propheten gäbe ich die Briefe des Paulus oder die Apokalypse gerne hin", schrieb Hesse und fügte hinzu, daß die Lehre des Alten Testaments von der Nächstenliebe jedem Wort von Jesus oder den Aposteln gleichrangig sei. „Ich halte die alte Judenhetze von der Kollektivschuld der Juden am Tode Jesu heute im Munde jedes Christen für unerlaubt und sicherlich im Munde jedes Deutschen", schloß Hesse mit unmißverständlichem Bezug auf die Nationalsozialisten und den Holocaust. Buber antwortete, daß er von dem Brief an diesen Pastor besonders getroffen sei, da er gerade den ersten Teil von *Zwei Glaubensweisen* schreibe. Vier Jahre später schickten Martin und Paula Hesse ein achtzeiliges Gedicht als Freundesbotschaft.

1949 schrieb Josef Minn, ein Studiendirektor aus Bonn, an Buber und schlug vor, daß er nach Deutschland zurückkehren sollte. „Was jetzt in Deutschland ist und geschieht, geht mich ungeachtet seiner Chaotik, ja gerade ihretwegen unmittelbar an“, antwortete Buber, „und in der mich sehr stark befassenden Frage, was nun aus dem Menschen werden kann, ist dieses Element ein wichtiges.“ Aber, so fügte er hinzu, er fühle sich nicht berufen, nach Deutschland zurückzukehren und die Richtung zu weisen. In diesem Zusammenhang „ist ‚etwas geschehen‘. Mißverstehen Sie mich aber nicht, mein Freund“, fügte Buber hinzu,

> „es ist durchaus erwünscht, ja es scheint mir an sich erwünscht zu sein, daß was ich in diesen mehr als hundert Monaten, seit ich weggegangen bin, gedacht und geantwortet habe (weit mehr als in irgendeiner früheren entsprechenden Zeitspanne meines Lebens), in einer nahen oder fernen Zukunft, wenn möglich, in einer nahen, zu den Deutschen gelange, die ihm zugänglich sind oder werden können; aber zu ihnen besonders, spezifisch zu ihnen zu reden vermag ich nicht mehr, kollektiv, anders als zu Einzelnen (wie eben jetzt zu Ihnen) nicht mehr.“

Im Dezember 1949 schrieb der evangelische Theologe Karl Heinrich Rengstorf, Professor für das Neue Testament und die Geschichte und Literatur des Judentums in Münster sowie Direktor des Institutum Judaicum Delitzschianum, an Buber und drängte ihn, die Bibelübersetzung ins Deutsche zu vollenden, damit sie nicht als „Torso“ zurückgelassen werde. Er sagte ganz richtig voraus, daß diese Arbeit in Deutschland mit Enthusiasmus begrüßt werden würde. Buber vollendete tatsächlich dieses Lebenswerk mit aller ihm verbliebenen Kraft.

Im März 1950 ermutigte Rengstorf Buber, wie Leo Baeck, der 1948 zu ihnen gekommen war, und wie Alfred Wiener 1949, seiner Einladung zu folgen und während der von der Evangelischen Kirche in Deutschland unterstützten zweitägigen Studentenkonferenz „Kirche und Judentum“ einen Vortrag zum Thema „Israel – unser Land“ zu halten. „Sie werden mir zubilligen, daß ich einen Eindruck davon habe, was es für Sie bedeuten würde, noch einmal nach Deutschland zu kommen, nachdem Sie unter so schmählichen Umständen dies Land Ihrer jahrzehntelangen Wirksamkeit haben verlassen müssen“, schrieb Rengstorf. „Aber im Blick auf die Bedeutung unseres Anliegens und die Wichtigkeit unserer Arbeit für den zukünftigen Weg unseres Volkes und unserer Kirchen wage ich doch, Sie zu bitten, sich trotz alles Geschehenen und trotz Ihres hohen Alters unserer Bitte nicht zu versagen."

In einem persönlichen Brief an seinen alten Freund Alfred Döblin, der ihn eingeladen hatte, korrespondierendes Mitglied der Mainzer Akademie der Wissenschaften und Kultur zu werden, gestand Buber, daß er seit dem Ende des Krieges einer wachsenden Gruppe von Menschen aus Deutschland, unter ihnen auch Teilnehmer an den Entnazifizierungsverfahren, die sich um Beistand an ihn gewandt hatten, alle möglichen Arten von Hilfe und Rat gegeben habe. „Auch durch öffentliche Äußerungen verschiedener Art habe ich mein ungemindertes Interesse für die deutschen Menschen, die guten Willens sind, bekundet", bekräftigte Buber. „Ich kann mich jedoch nicht dazu entschließen, an der Tätigkeit deutscher öffentlicher Institutionen teilzunehmen, denn dies erfordert einen Grad der Verbundenheit, zu dem ich mich nicht befähigt fühle." „Ich bringe", so schloß er, „aber allem, was an echter Geistigkeit und an echter Menschlichkeit in Deutschland besteht und geschieht, eine tiefe und rückhaltlose Sympathie entgegen."

Im Mai 1950 wiederholte Karl Rengstorf seine Einladung trotz Bubers Ablehnung, jedoch gerade wegen des Grundes, den Buber angab: daß es hier Menschen gebe, die wegen der Ausrottung der Juden durch die Nationalsozialisten für ihn keine Gesichter mehr hatten. „Ich wage es deshalb, weil ich mit meinem ganzem Herzen und mit meiner ganzen Kraft darum ringe, daß die Menschen hier wieder zu einem Gesicht kommen. Ich wage es um so mehr, weil ich weiß, daß der Verlust des Gesichtes mit dem zusammenhängt, was man Ihnen und den Ihrigen getan hat." Wie jedoch seine Erfahrungen mit Leo Baeck und Alfred Wiener gezeigt hätten und wie Buber es noch deutlicher zeigen könnte, „kann man hier sein Gesicht nur wiederfinden oder zu einem neuen Gesicht kommen, wenn man Ihnen wieder begegnet." Rengstorf versicherte Buber, daß seine Einladung an ihn, die Münsteraner Vorlesungen 1951 zu halten, auch eine Einladung des Rektors und des Senats der Universität Münster sei.

Im Juli schrieb Rengstorf an Buber, sein letzter Ablehnungsbrief habe ihn beschämt. „Natürlich verstehe ich Sie. Es wäre ja auch schlimm, wenn es anders wäre", fügte er hinzu, „aber was ist da schon Verstehen? Was in all diesen Dingen zu helfen vermag, ist ja nicht das Verstehen, sondern die Liebe. Da liegen die Versäumnisse der Vergangenheit und da auch die Wurzeln der deutschen Schuld und die letzten Gründe, weshalb uns das Gesicht abhanden gekommen ist. Ohne Liebe kann der Mensch nicht leben." Als Buber sich bereit erklärte, zu einem kleinen Kreis besonders geladener Personen zu sprechen, wagte Rengstorf nicht länger zu bitten. Aber er wollte, daß Buber wußte, wie viele seiner Kollegen und Studenten ihn liebten, eifrig seine Bücher studierten und begierig waren, sein Gesicht zu sehen, seine Stimme zu hören und ihm zu begegnen. Buber teilte Rengstorf dann mit, daß er vorhabe, den Dezember in Deutschland zu verbringen und sich in dieser Zeit gerne mit ihm und jenen Kollegen und Studenten, von denen er gesprochen hatte, treffen würde.

„Ich pflege bei solchen Zusammenkünften, die ich immer mehr an die Stelle von Vorträgen lasse, jede echte Frage rückhaltlos zu beantworten.“ … „Es ist, wie Sie sagen“, schloß Buber. „Ohne Liebe kann der Mensch nicht leben – nicht wahrhaft, nicht als Mensch. Aber Liebe scheint heute, mehr als je zuvor, Gnade zu sein – aus Gnaden empfunden. Gott sei Dank, daß ich sie erkenne, wo ich ihr begegne.“ Nach seinem einmonatigen Aufenthalt in Deutschland schrieb Buber an Rengstorf, daß er viel gelernt habe, „und es soll, wenn's Gott will, auch was daraus werden.“

Im „Nachtrag zu einem Gespräch“ hat Buber näher erklärt, was er meinte, als er von den Deutschen als ‚gesichtslos‘ sprach:

> „Ich [habe] die verschiedenen, zumeist recht gewichtigen Aufforderungen, in Deutschland öffentlich zu reden, abgelehnt … weil für mich seit dem, was vom deutschen Menschen, sowohl Massen wie einzelnen, in der Hitler-Zeit den Juden angetan worden ist – dem Ungeheuren, das sogar in der Weltgeschichte des jüdischen Martyriums nicht verglichen werden kann –, der Deutsche als Vielheit, als Menge, als öffentliches Wesen gesichtslos geworden ist. Ich aber kann nur zu Menschengesichtern reden, die mit ihren persönlichen Sinnen mein Wort aufnehmen. Ganz anders verhält es sich mit meiner Beziehung zu einzelnen deutschen Menschen, die aufgeschlossen und redlich, der ganzen Schwere der Situation bewußt, zu mir kommen und mit mir reden. Ich verschließe mich ihnen ebenso wenig wie Menschen irgendeines anderen Volkes; ich suche ihr Ringen um die Befreiung Deutschlands von seinem verhängnisvollen innren Widerspruch zu verstehen und ihnen, soweit sie es begehren und ich es zu leisten vermag, auch Rat und Hinweis erteilen.“

1961 sprach Buber in einer Unterhaltung mit Werner Kraft von Oskar Loerke, Viktor von Weizsäcker und Hans Carossa als Menschen, die wortwörtlich an Hitler gestorben seien. In seinem Artikel „Schuld und Schuldgefühle“ (1957) sprach Buber von denselben drei Männern, jedoch ohne sie beim Namen zu nennen: „Ich habe drei bedeutende und mir teure Menschen an ihrem, wenn auch nur zeitweiligen, Versagen in den Tagen einer akuten Gemeinschaftsschuld längeren Krankheiten verfallen sehen.“ Buber hatte sicherlich den deutschen Arzt, Dichter und Romanschriftsteller Hans Carossa vor Augen, als er vom dritten dieser Menschen als jemand sprach, der „sich den Fehlgriff eines Augenblicks von Gott nicht [hat] vergeben lassen, weil er selber ihn sich nicht vergab."

Hans Carossa machte Buber und der ganzen Welt persönlich ein bemerkenswertes Schuldeingeständnis durch seinen autobiographischen Roman *Ungleiche Welten*, der 1951 veröffentlicht wurde. Carossa wurde gegen seinen Willen zum Mitglied der preußischen Dichterakademie berufen, und später – 1941 – wurde ihm die Präsidentschaft einer „Europäischen Schriftstellervereinigung" aufgedrängt. Er grämte sich viele Jahre lang bis zu seinem Tod über sein Versagen, nicht früh genug Widerstand geleistet zu haben. Buber bewegte an Carossas Roman nicht nur die innere Geschichte der Zeit des Nationalsozialismus, sondern auch, was er als wichtigen Beitrag zum Verständnis des Geistes unserer Zeit ansah: „Die Macht des Niederträchtigen kommt ja nicht von unten allein", schrieb Buber an Carossa. „Und es ist ja nicht etwa ein Böses am Geist, das da wirkt, sondern eher noch ein Gutes an ihm – nur daß es nicht ein leidenschaftlich Gutes ist ... die Leidenschaft des Guten ... ist sie nur außerhalb des öffentlichen Wesens zu finden, das eben deshalb der andern Leidenschaft, der gnadenlosen, preisgegeben ist?"

Einige Zeit vor Carossas Tod im Jahre 1956, als sie voneinander Abschied nahmen – zuvor hatten sie einige Zeit miteinander verbracht –, ergriff Carossa Bubers Arm und sagte mit unvergeßlicher Stimme: „Ist es nicht wahr, daß man nicht mit der ganzen Seele Böses tun kann?" Buber hatte in seinem Buch *Gut und Böse*, das Carossa kurz zuvor gelesen hatte, gesagt, während das Gute nur mit der ganzen Seele getan werden könne, werde das Böse niemals mit ganzer Seele getan. Carossa stellte keine theoretische Frage, sondern die wichtigste persönliche Frage seines Lebens. Buber sah Carossa an und bestätigte sowohl seine Aussage als auch Carossa selbst, dadurch daß er als Antwort und Abschied sagte: „Ja".

1961 schrieb Buber an Eugen Rosenstock-Huessy, daß er von dem, was dieser ihm über Viktor von Weizsäcker geschieben habe, erschüttert sei, auch wenn er es nicht verstehe. Obwohl nicht klar ist, worum es ging, stellt man sich irgendeinen Zusammenhang zwischen von Weizsäckers Tod und seiner Schuld durch seine wie auch immer geringe Teilnahme an den kollektiven Handlungen des nationalsozialistischen Deutschlands vor. „Als ich W. [= Weizsäcker] zum letzten Male sah, erschien mir seine Krankheit in einem schrecklichen, für mich kaum faßlichen Gegensatz zu der Franzens [Rosenzweig]."

Im Dezember 1951 schrieb Dr. Bruno Snell an Buber und teilte ihm mit, daß ihm der Goethepreis der Universität Hamburg verliehen worden sei. Der jährlich vergebene, im vergangenen Jahr neu geschaffene Preis war zuvor Professor Carl Burckhardt, dem Schweizer Historiker, Schriftsteller, Diplomaten und Präsidenten des Internationalen Roten

Kreuzes verliehen worden. Mit der Verleihung des Goethepreises an Buber wollte die Universität seine großen wissenschaftlichen Tätigkeiten ehren, aber vor allem seine Arbeit für echte Humanität, die der gegenseitigen Verständigung der Menschen und der Erhaltung und Fortsetzung einer großen geistigen Tradition diene. Snell lud Buber ein, im Februar 1952 nach Hamburg zu kommen, um den Preis entgegenzunehmen und einen Vortrag vor der akademischen Jugend der Universität zu halten. Buber war sich völlig bewußt, daß er mit der Annahme des Preises einer deutschen Universität, gleichgültig wie human und edel ihre Absicht war, die Juden in der ganzen Welt und besonders in Israel tief beleidigen würde, die der Meinung waren, daß kein Jude in öffentlicher Funktion irgendetwas mit Deutschland zu tun haben sollte. Dennoch nahm Buber ihn an „als eins der vorerst noch wenigen Zeichen einer aus der gegenmenschlichen Chaotik unserer Zeit entstehenden neuen Humanität ..." Diese sah er darüber hinaus nicht, wie in alten Zeiten, in der großen Vision von Individuen oder manchmal von Gelehrten und Philosophen verkörpert, sondern im Kampf jedes Volkes mit sich selbst. Deshalb betrachtete und akzeptierte er den Preis mehr als ein persönliches Geständnis – denn als ein institutionelles. Er konnte jedoch 1952 wegen seiner Verpflichtungen in Amerika, die ihn bis zu seiner Rückkehr nach Israel in Anspruch nahmen, nicht nach Hamburg kommen.

Buber spendete den Erlös des Goethepreises *Ner* (Licht), der Monatsschrift, die nach der Gründung des Staates Israel *Ba'ayot*, das offizielle Organ der Ihud, ersetzt hatte. Am 25. Januar 1952 teilte Buber Bruno Snell von New York aus mit, daß er Snells erneuter Einladung, bei einer Feier einen Vortrag zu halten, nicht nachkommen könne, nicht nur wegen technischer Schwierigkeiten, sondern auch aus wesentlicheren Gründen, die er vor Snell persönlich nicht zurückhalten wollte:

> „So sehr es mir gewährt ist, in jeder echten Begegnung mit einem deutschen Menschen ihn als Person rückhaltlos anzunehmen und demgemäß auch mit jedem aus solchen Personen gebildeten Kreis zu kommunizieren, so ist es mir doch bisher nicht möglich geworden, die seit den Vorgängen von 1938ff. für mich bestehende Antlitzlosigkeit der deutschen Öffentlichkeit zu überwinden. Ein nicht durch intentionale Auslese zusammengeschlossenes Publikum, wie etwa die Studentenschaft einer Hochschule, erfüllt für mich die unerläßliche Voraussetzung nicht, unter der allein ich öffentlich zu sprechen vermag: jedes Gesicht, dem ich mich zuwende (und ohne solche immer neue Zuwendung kann ich überhaupt nicht reden), als das meines rechtmäßigen Gegenüber betrachten zu dürfen. Unter den Lasten, die mir die Geschichte dieser Zeit auferlegt hat, empfinde ich diese als eine der schwersten."

Im Dezember 1952 schrieb Buber an Romano Guardini, den berühmten deutschen katholischen Theologen, den er seit 1918 kannte, und dankte ihm für eine gedruckte Abschrift von Guardinis Vorlesungen über „Verantwortung: Gedanken zur jüdischen Frage“ an der Universität München. „Noch während des Lesens merkte ich, daß sich etwas für mich geändert hatte“, sagte Buber. „Es war mir wieder ermöglicht, in Deutschland öffentlich zu sprechen.“ Dieser Brief markiert einen Wendepunkt für Buber, denn, wie wir sehen werden, wurde ihm im nächsten Jahr der Friedenspreis des deutschen Buchhandels verliehen, den er annahm. 1952 war der Preis Guardini selbst verliehen worden. Er öffnete auch den Weg für Buber, im Juni 1953 nach Hamburg zu kommen, wo er verspätet den Goethepreis erhielt und einen Vortrag unter dem Titel „Geltung und Grenze des politischen Prinzips“ hielt.

Obwohl Buber, wie wir sahen, deutlich das nationalsozialistische Deutschland vor Augen hatte, als er *Was ist der Mensch?* (1939) schrieb, bezieht sich der Teil des Buches, den er einer Kritik Heideggers widmete, in keiner Weise auf dessen eigene Aktivitäten als Nationalsozialist. Wegen des großen Einflusses von Heideggers Gedanken auf Philosophie, Theologie und existentielle Psychiatrie und Psychologie in Europa und Amerika haben viele einflußreiche Denker diesen Aspekt seiner Karriere ignoriert oder abgeschwächt, den er selbst in keiner Weise bis zu seinem Tod 1976 je bedauert hat. Tatsache ist, daß Heidegger ab dem 1. Mai 1933 aktives Mitglied der NSDAP war, sich mit Hitler und der Sache der Nationalsozialisten identifizierte und während seiner Zeit als Rektor der Universität Freiburg an allen SA-Aktivitäten teilnahm, die zur weiteren Verfolgung von Juden und Dissidenten und zum Ausschluß jüdischer Professoren einschließlich der Anhänger seines eigenen jüdischen Lehrers Edmund Husserl führten.

1951 schrieb Buber eine Kritik Sartres, Heideggers und Jungs unter dem Titel „Religion und modernes Denken“, die er später in sein Buch *Gottesfinsternis* aufnahm. Buber sprach von Heidegger als jemandem, „der zweifellos in die historische Reihe der Philosophen gehört.“ Als wesentlichen Bestandteil seiner Diskussion von Heideggers Gedanken zur Religion sprach Buber von seiner Hingabe an den Nationalsozialismus und Hitler. Es gibt keinen Zweifel, sagte Buber, daß es die gegenwärtige Geschichte gewesen ist, die zu Heideggers Glauben an einen völlig neuen „Kommenden“, der von allen vorangegangenen Bildern des Göttlichen zu unterscheiden sei, geführt habe. In seiner Ansprache als Rektor der Freiburger Universität pries Heidegger im Mai 1933 in allgemeinen Worten „die Herrlichkeit und Größe“ der erfolgreichen ‚Revolution‘. Der Titel dieser Ansprache, mit der Heidegger sich dem Nationalsozialismus andiente, lautete: „Die Selbstbehauptung der deutschen Universität“. *Selbstbehauptung* ist, wie Walter

Kaufmann aufgezeigt hat, genau der Terminus, den Buber im zweiten Teil von *Ich und Du* gebraucht hatte, um auf den „falschen Drang zur Selbstbehauptung" zu verweisen, der den Menschen zwingt, die unverläßliche, unsolide, nicht dauerhafte, unvorhersehbare und gefährliche Welt zugunsten der Beziehungen zum Haben von Dingen zu fliehen. In seinem Aufruf an die Studenten vom 3. November 1933 erklärte Heidegger Hitler zur „heutige[n] und künftige[n] deutsche[n] Wirklichkeit und ihr[em] Gesetz". „Hier steht die Geschichte nicht mehr, wie in allen gläubigen Zeiten, unter göttlichem Gericht", kommentierte Buber; „sie selber, die inappellable, weist dem Kommenden seinen Weg an." Buber erkennt, daß Heidegger mit Geschichte keine Liste datierbarer Ereignisse meine. „Geschichte ist nur dann", schrieb Heidegger, „wenn je das Wesen der Wahrheit anfänglich entschieden wird." „Aber", kommentierte Buber,

> „eben seine Stunde versteht er ja als solche, eben dieselbe, deren Problematik ihn in ihrer grausamsten Erscheinungsform geirrt hat. Er hat sein Denken, das Denken des Seins, an dem er teilhat und dem er die Macht zuspricht, den Aufgang des Heiligen zu bereiten, dieser von ihm als Geschichte bejahten Stunde verbündet. Er hat sein Denken an *seine* Stunde gebunden wie kein anderer der Philosophen ..."

Bevor „Religion und modernes Denken" 1952 in der Zeitschrift *Merkur* veröffentlicht wurde, schrieb der Herausgeber an Buber und bat ihn, seine Kritik an Heideggers Nationalsozialismus wegzulassen oder zu modifizieren. „Die Wunden der Nachkriegsära sind schon groß", erklärte er, „müssen wir sie noch größer machen?" „Er spricht über metaphorische Wunden", sagte Buber zu mir, „aber ich spreche über wirkliche Wunden, Millionen davon." Einige Jahre später jedoch stimmte Buber zu, mit Heidegger zusammen auf einer von der Bayerischen Akademie der Schönen Künste geplanten Veranstaltung über das Thema „Sprache" zu diskutieren. Martin und Paula trafen sich mit Heidegger und seiner Frau zur Vorbereitung der Veranstaltung auf einem Schloß in Deutschland. „Ich habe bereits gesagt, was ich gegen ihn zu sagen habe", erklärte Buber mir. Das Treffen fand Ende Mai zusammen mit Carl-Friedrich von Weizsäcker, dem bekannten Physiker, auf Alreuthe, dem Schloß des Grafen Schaumburg-Lippe auf Einladung des Grafen Podewil, des Generalsekretärs der Bayerischen Akademie der Schönen Künste, statt. Buber schrieb mir, daß Heidegger „mehr nach meinem Geschmack ist als seine Schriften."

Im Juni 1953 schrieb Buber an Albrecht Goes, daß er vor seiner nächsten Europareise Briefe, die er seit 1933 bekommen hatte, durchgegangen sei, wobei er auf einen Brief von ihm vom August 1934 gestoßen war, in dem er ihn nach seiner Einstellung zu Verantwortung fragte. Dieser Brief beeindruckte Buber in besonderer Weise. „Ich bekam das fragende Herz des damals jungen ... Menschen stärker als damals zu fühlen“, gab Buber zu. „Die Welt ist heute so beschaffen, daß man keine Erfahrung einer echten Nähe noch verschweigen darf“, fuhr Buber fort, sein Schreiben zu erklären: „Ich weiß nicht, in welchem Maße Sie noch mit dem Schreiber des Briefes identisch sind (ich bin heute mehr sein Empfänger, als ich damals war), aber Sie stehen gewiß noch in einer so intimen Beziehung zu ihm, daß Sie ihm meinen Gruß in aller Unmittelbarkeit ausrichten können.“ Goes antwortete herzlich, Buber sei für ihn immer einer der zwei oder drei wichtigsten Lebensmeister geblieben, und sein Brief habe „alle Wurzeln des Lebens“ berührt. Dies war der Beginn einer engen Freundschaft, die bis zu Bubers Tod dauerte.

Am 17. Juni 1953 schrieb Arthur Georgi von Hamburg aus an Buber, um ihm zu sagen, daß der Friedenspreis des Deutschen Buchhandels, der 1951 an Albert Schweitzer und 1952 an Romano Guardini verliehen worden sei, nun an ihn verliehen werde, und lud ihn ein, während der Zeremonie in der Paulskirche in Frankfurt am 27. September zu sprechen. Buber, der sich zu dieser Zeit in Deutschland aufhielt, antwortete Georgi, daß er den Preis annehmen und in Frankfurt einen Vortrag unter dem Titel „Das echte Gespräch und die Möglichkeiten des Friedens“ halten würde. Die zehntausend Mark, die Buber mit dem Preis erhielt, stiftete er für die Sache der jüdisch-arabischen Verständigung.

Am Sonntag, dem 27. September 1953, während Zehntausende über Lautsprecher zuhörten, wurde Buber der Preis von Arthur Georgi überreicht, der Buber charakterisierte als „den wahrhaftigen Menschen, den Bekenner und Gestalter einer alles Leben durchdringenden Humanität, den Deuter der Bestimmung seines Volkes in der Zeit, den dialogischen Denker, Theologen und Erzieher.“ Albrecht Goes hielt dann die Laudatio: „Martin Buber: Der Beistand“. In der Darlegung dessen, was er mit „unsere Stütze“ meinte, machte Goes die gleiche Unterscheidung zwischen „Führer“ und „Lehrer“, die Buber Jahre zuvor in seinem Artikel über Achad Haam gemacht hatte: „Die Wahrheit, die mich meint und der ich Antwort schulde, kommt nicht aus dem – wie immer gearteten – Führerbefehl zu mir. Wer nach Diktat lebt, lebt nicht als Person. Der Hörige hört nicht.“ Durch Buber dagegen, sagte Goes, seien wir „nicht belehrt worden“, sondern er habe uns „eine Richtung gewiesen; der Lebensmeister, nicht der Lehrmeister redete mit uns ... Das Vertrauen, das Martin Buber ausstrahlt, ist das Vertrauen des wahren Zaddik“, das die Bereitschaft einschließt, mit anderen traurig zu sein und zu schweigen, „weil uns die Einsicht eint, daß es schwer ist, den anderen wirklich zu lieben, wo wir doch – nach einem tiefen Wort des Sasower Rabbis – oft genug nicht wissen, was dem anderen fehlt.“

Vor einer Zuhörerschaft, in der sich auch Theodor Heuss, der Bundespräsident der Bundesrepublik Deutschland, und viele der herausragendsten Politiker und Denker Deutschlands befanden, hielt Buber seine eigene Rede: „Das echte Gespräch und die Möglichkeiten des Friedens". In einer deutlicheren Sprache, als sie je in Deutschland von so hoher Tribüne aus gebraucht worden war, zog er jene, die am Holocaust teilgenommen hatten, zur Verantwortung:

> „Vor einem Jahrzehnt etwa hat eine erhebliche Anzahl deutscher Menschen – jedenfalls mehrere Tausende – auf den indirekten Befehl der deutschen Reichsregierung, auf den direkten Befehl von deren Beauftragten Millionen meiner Volks- und Glaubensgenossen umgebracht, in einer systematisch vorbereiteten und durchgeführten Prozedur, der an organisierter Grausamkeit kein früherer geschichtlicher Vorgang zu vergleichen ist. Ich, einer der am Leben Gebliebenen, habe mit denen, die an jener Handlung in irgendeiner Funktion teilgenommen haben, die Dimension des menschlichen Daseins nur zum Scheine gemein; sie haben sich dem menschlichen Bereich so dimensional entrückt, so in eine meinem Vorstellungsvermögen unzugängliche Sphäre der monströsen Unmenschlichkeit versetzt, daß nicht einmal ein Haß, geschweige denn eine Haßüberwindung in mir hat aufkommen können. Und was bin ich, daß ich mich ermessen könnte, hier zu ‚vergeben'?"

Zugleich gab Buber seiner lebenslangen Überzeugung Ausdruck, daß ein Volk nicht als ganzes verurteilt werden sollte, und unterschied zwischen den verschiedenen und widerstreitenden Impulsen innerhalb des deutschen Volkes:

> „Wenn ich an das deutsche Volk der Tage von Auschwitz und Treblinka denke, sehe ich zunächst die sehr vielen, die wußten, daß das Ungeheure geschah, und sich nicht auflehnten; aber mein der Schwäche des Menschen kundiges Herz weigert sich, meinen Nächsten deswegen zu verdammen, weil er es nicht über sich vermocht hat, Märtyrer zu werden. Sodann taucht vor mir die Menge all derer auf, denen das der deutschen Öffentlichkeit Vorenthaltene unbekannt blieb, die aber auch nichts unternahmen, um zu erfahren, welche Wirklichkeit den umlaufenden Gerüchten entsprach; wenn ich diese Menge im Sinn habe, überkommt mich der Gedanke an die mir ebenfalls wohlbekannte Angst der menschlichen Kreatur vor einer Wahrheit, der sie nicht standhalten zu können fürchtet. Zuletzt aber erscheinen die mir aus zuverlässigen Berichten an Angesicht, Haltung und Stimme wie Freunde vertraut Gewordenen, die sich weigerten, den Befehl auszuführen oder weiterzugeben und den Tod erlitten oder ihn sich gaben, oder die erfuhren, was geschah, und weil sie nichts dawider unternehmen konnten, sich den Tod gaben. Ich sehe diese Menschen

ganz nah vor mir, in jener besonderen Intimität, die uns zuweilen mit Toten, und mit ihnen allein, verbindet; und nun herrscht in meinem Herzen die Ehrfurcht und die Liebe zu diesen deutschen Menschen."

Buber betrachtete die Jugend, die seit diesen Ereignissen aufgewachsen war, als das wesentliche Leben des deutschen Volkes und sah sie in einer machtvollen inneren Dialektik gefangen – ein Teil „des großen Innenkampfes, der heute in allen Völkern, in der Herzgrube jedes Volkes mehr oder weniger bewußt oder mehr oder weniger leidenschaftlich gekämpft wird." Er hatte in der deutschen Jugend, obwohl sie zerrissen war, mehr Bewußtheit „im Ringen des Menschengeistes gegen die Dämonie des Untermenschlichen und Widermenschlichen" als anderswo gefunden. „Der Überlebende, an dem sich solche Kundgebungen vollziehen, ist in die hohe Pflicht der Querfront-Solidarität genommen: Solidarität aller Teilscharen in dem entbrennenden Kampf um das Werden einer Menschheit. Diese Pflicht ist in der gegenwärtigen Stunde die höchste Erdenpflicht. Ihr zu gehorchen lag dem zum Symbol erwählten Juden auch da, gerade da ob, wo das nie zu tilgende Gedächtnis dessen, was geschehen ist, sich dawider stellte." In seiner Danksagung drückte Buber seine Solidarität mit dem Kampf der Streiter für Menschlichkeit gegen das Widermenschliche unter den Deutschen und den Juden aus.

1958 hatte Buber in einer Diskussion über seine Einstellung zum Nachkriegsdeutschland einen Lieblingsspruch seiner Großmutter zitiert: „Man weiß nie vorher, wie ein Engel aussehen wird." Bei dieser Gelegenheit hatte der „Engel", wie Buber sicherlich voraussah, zwei ganz unterschiedliche Aspekte. Die einzigartige und und beispiellose Huldigung an das fürmenschliche Element in Deutschland war von bitteren und oft bösartigen Angriffen auf Buber in der israelischen Presse und in jiddischen, deutschen und englischen jüdischen Zeitungen in der Schweiz, England und den Vereinigten Staaten begleitet.

In Israel war Buber durch diese Aktion völlig isoliert. Selbst seine engsten Freunde, wie Hugo Bergmann, rieten ihm davon ab, den Friedenspreis anzunehmen. Als Buber nach Israel zurückkehrte, sagte er zu Bergmann: „Ich muß die Reifeprüfung bestehen." In einer Ansprache über die israelische Radiostation Kol Yisrael (Die Stimme Israels) ein Jahr nach Bubers Tod brachte Bergmann diese ganze Geschichte einschließlich seiner eigenen Opposition als Beweis dafür vor, daß Buber das Gewissen und der Wächter der Menschheit war.

„Meine Gesinnung gebietet mir, kein Volk als Volk zu verdammen", sagte Buber, „wie die christlichen Kirchen so oft das jüdische Volk insgesamt als Messiasmörder verdammt haben", denn man muß zwischen den aktiv Schuldigen, den passiv Schuldigen und den nicht Schuldigen unterscheiden („Ich sage nicht ‚unschuldig', das ist keiner"). Weit davon entfernt, Bubers Ansprache als Entlastung für sich selbst anzusehen, zeigte jeder ernsthafte öffentliche Bezug auf diese Ansprache, daß sie strenge Selbstbesinnung ausgelöst hatte. Buber berichtete, daß führende deutsche Gelehrte nach einigen seiner Universitätsvorlesungen „zuweilen in einer in der westlichen Zivilisation fast beispiellosen Weise ihren Anteil an der Schuld des Nichtwiderstands [als] die große Belastung ihres Lebens bekannt und in der konkretesten Sprache die vollzogene Wandlung geschildert [hatten].“ Buber wies auch auf das hin, was er in seiner weit verbreiteten Ansprache „Geltung und Grenze des politischen Prinzips“ gesagt hatte: „Leute, die in ihrem Privatbezirk von der skrupulösesten Rechtlichkeit waren, sahen wir Tag um Tag in der Sphäre ihrer Partei, nachdem diese ihnen angegeben hatte, wer der (in diesem Falle innere) ‚Feind‘ sei, mit unzweifelbar ruhigem Gewissen lügen, verleumden, betrügen, rauben, peinigen, foltern, morden.“

Im Juli 1953 schrieb Buber mir, daß er seine Rede „Geltung und Grenze des politischen Prinzips“ an sieben deutschen Universitäten gehalten habe (Heidelberg, Frankfurt, Bonn, Münster, Hamburg [bei der Preisverleihung], Tübingen und Göttingen) „und von der starken Reaktion überrascht war. In Göttingen versammelten sich nach der Vorlesung viele Hunderte von Studenten vor der Universität, um mir eine ‚Ovation‘ zu geben.“ In seinem letzten Brief an Ludwig Strauß schrieb Buber auch, daß diese radikal-kritische Vorlesung trotz oder gerade wegen ihres Charakters eine stärkere und reinere Wirkung zeitigte, als er erwartet hatte. Wirklicher Widerstand war nur in Bonn spürbar gewesen, aber er ging in der positiven Reaktion in anderen Städten unter.

1953 oder später schrieb Buber eine bemerkenswerte Antwort auf eine Aussage seines deutschen Freundes Ewald Wasmuth. Wasmuth wollte aus dem Wechsel zwischen Epochen des Daheimseins und Epochen der Heimlosigkeit, auf den Buber in *Was ist der Mensch?* hinwies, eine historische Dialektik machen. Aber der kopernikanische Ausbruch des Unendlichen besaß eine solche Wirkung, weil der Mensch ihr bis zu dieser Zeit nur die kantische Antinomie der Raum-Zeit-Unendlichkeit und -Endlichkeit entgegengesetzt, aber noch kein größeres Bild Gottes als das traditionelle besaß, „ein größeres *und noch nicht aussprechbares*, das Bild eines Gottes, der aus seiner Ewigkeit diese unendliche endliche Raumzeitwelt ins Sein gesetzt hat, sie mit seiner Ewigkeit umfängt und überwaltet.“

Wenn Buber während seiner Besuche in den fünfziger Jahren an einer deutschen Universität sprach, berichtet Albrecht Goes, ging es ihm weder darum zu gefallen noch zu schockieren, sondern er teilte, indem er geradewegs auf sein Thema zusteuerte und in seinem geduldigen Monolog und Dialog engagiert war, mit Tausenden „das Brot des Mitseins“. „Ich habe nie jemanden erlebt, der es so wenig darauf anlegte,

Zündstoff zu liefern, um das Brennbare einer Hörerschaft zu entflammen.“ Goes beschreibt auch seine persönlichen Gespräche mit Buber oder zusammen mit Martin und Paula. Buber war mit über fünfundsiebzig genau dreißig Jahre älter als Goes, in keiner Weise aber durch irgendwelche Anzeichen von Schwäche gehindert. „Die Augen waren klar, das Gehör war vorzüglich; der leiseste Ton war ebenso gut möglich wie der lebhafte Ausruf; das stupende Gedächtnis kannte kein Versagen, und was ‚Ermüdung‘ ist, schien der Ehrwürdige kaum zu wissen.“ Nach einer mehr als vierstündigen Unterhaltung stand Goes, besorgt, Buber über alles gehörige Maß hinaus ermüdet zu haben, auf und murmelte eine Entschuldigung. „Aber was wollen Sie?“ fragte Buber, „ein gutes Gespräch muß lang sein ... lang sein dürfen.“

Als 1960 deutsche Studenten nach den Namen der größten geistigen Gestalten unserer Zeit gefragt wurden, kam Buber zusammen mit Papst Johannes XXIII. auf den dritten Platz. Im selben Jahr besuchte eine deutsch-israelische Studentengruppe von einem Kirchenkolleg in Berlin Buber in Jerusalem und fragte ihn, welche Hoffnung es in einer oberflächlichen, sinnlosen Welt gäbe. Es gibt Hoffnung, antwortete Buber. Die wirklichen Ereignisse finden in der Stille statt, unbemerkt von allen. Als Antwort auf Bubers Forderung, konkret zu sein, sprachen die Studenten von der Schuld ihrer Eltern, dem Verbrechen der älteren Generation gegen das Volk Gottes. Man kann von niemandem fordern, ein Märtyrer zu sein, antwortete Buber, aber wo es Sünde gibt, da gibt es Haß, und wo es Haß gibt, da muß es Versöhnung geben. Wirkliche Versöhnung jedoch ist nur da möglich, wo die schuldige Person umkehrt zu einer besseren Lebensweise. „Daran fehlt es in Deutschland“, sagte Buber, und er meinte nicht nur die Nürnberger Prozesse, bei denen jeder einzelne der Angeklagten antwortete: „Nicht schuldig“, sondern auch die ganze ältere Generation in Deutschland. Aber auch die jüngere Generation wird schuldig werden, wenn sie nicht nach einem besseren Weg sucht, denn wie in einer griechischen Tragödie trägt sie an den Sünden ihrer Eltern.

Im Dezember 1961 fragte Heinz Kremers Buber, was er über die Entwicklung der Beziehungen der Bundesrepublik Deutschland zu Israel dachte. Buber antwortete, daß er sie zuerst einmal als eine Beziehung der Republik zu sich selbst sehe. Seit Jahrhunderten war das Land durch eine geographische Situation belastet, die Deutschland wenige politische Erfolge erlaubte. Diese Situation veranlaßte die Deutschen, unkritisch erfolgreiche Politik und Politiker zu akzeptieren und sich politischen „Charismatikern“ auszuliefern. Als ein typisches Beispiel erzählte Buber, wie er und Paula, als sie zum ersten Mal aus Deutschland nach Jerusalem kamen, in der überfüllten Stadt keine Wohnung finden konnten. Ein deutscher evangelischer Pastor nahm die Bubers mit offenen Armen auf und überließ ihnen einen wunderschönen Raum. Buber war von der Liebe, die dieser Deutsche ihm zeigte, gerade als er Deutschland für immer verlassen hatte, tief bewegt. Um so mehr sei er erschüttert gewesen, als dieser selbe deutsche Theologe dann gesagt habe: „Man mag von Hitler denken, was man will. Eines steht für mich fest: Gott hat ihn sichtbarlich gesegnet!"

1958 veröffentlichte Hans Kohn aus Anlaß von Bubers achtzigstem Geburtstag einen Aufsatz in einer wichtigen deutschen Zeitschrift, in dem er von den großen, meist aus jungen Leuten zusammengesetzten Menschenansammlungen sprach, die Bubers Vorträge in Deutschland besuchten.

> „Aus uraltem biblischen und aus jüngerem chassidischen Gute schöpfend und es deutend, ist er doch zutiefst verwurzelt in jener geistig so fruchtbaren und lebensmäßig so spannungsreichen, so schöpferischen und so gefährdeten und dabei völlig einzigartigen deutsch-jüdischen dialogischen Einheit, die, wie so vieles andere in Deutschland, als das Hitlerunheil die Macht an sich riß, zu Ende kam und versank. Das nach-hitlerisch gewandelte Deutschland begrüßt in Buber mit Recht eine ehrwürdige Gestalt, die es an Großes in seiner eigenen Vergangenheit mahnt. Buber bedeutet für die Welt einen der wesentlichen Denker und Menschen seiner Zeit. Für Deutschland bedeutet er mehr."

Buber repräsentierte für das Nachkriegsdeutschland genau den Mut und die Stärke, mit der er auf dem schmalen Grat entlang ging und auf dem er den Deutschen begegnete. Im Juli 1960 erhielt Buber einen Brief von der *Gesellschaft für Christlich-Jüdische Zusammenarbeit* in Darmstadt, der ihn darüber unterrichtete, daß der Kreisvorstand des Kreises Bergstraße eine Tafel an seinem Haus in Heppenheim anbringen wolle – zur Erinnerung an die langen Jahre, die Buber dort gelebt habe – und die Gesellschaft aus diesem Anlaß gern eine Feier veranstalten wolle, auf der Buber selbst sprechen möge, wenn er vorhabe, im nächsten Jahr nach Deutschland zu kommen. Buber antwortete:

> „Ich glaube sagen zu dürfen, daß ich der Sache der Völkerversöhnung nach Kräften diene. Das ist aber eine Sache, die nur im Zeichen der Wahrheit gedeihen kann. Es hieße, meine ich, der Wahrheit nicht gerecht werden, wenn an dem von mir und den Meinen in den Jahren von 1916 bis 1938 bewohnten Haus in Heppenheim a. B. eine Tafel angebracht würde, die nur an die Tatsache dieses Wohnens erinnerte, aber unerwähnt ließe, daß es Plünderung und Enteignung gewesen sind, die diesem Wohnzusammenhang ein Ende setzten. Eine Gedenktafel wie die von Ihnen geplante würde zwar eine hohe Ehrung meiner Person bedeuten, aber der geschichtlichen Wahrheit, an die die kommenden Geschlech-

> ter zur Mahnung und Warnung erinnert werden sollen, würde damit nicht die ihr gebührende Ehre erwiesen."

1975 sandte ich auf Bitten einer deutschen Bürgerinitiative, die den Plan, das „Buber-Haus" wegen einer Autobahn abzureißen, bekämpfte, einen Brief an den Bürgermeister von Heppenheim und erhielt eine lange, aber negative Antwort. Im März 1978 jedoch kam ein Brief von Margarete Exler, einem Mitglied dieses Komitees, die mitteilte, daß Bubers Haus in Heppenheim doch noch gerettet worden war:

> „Die hessische Landesregierung wird sich seiner annehmen, und es soll in Zukunft die Niederlassung des Internationalen Rates der Christen und Juden sein, verbunden mit einem Konferenzraum für verschiedene Zwecke, um nicht nur die Erinnerung an Martin Buber lebendig zu erhalten, sondern auch seine Ideen, so daß Menschen in die Lage versetzt werden mögen, sie in ihrem täglichen Leben zu praktizieren."

Der Brief war mit einer Buber-Gedenkmarke frankiert. Sie war gestempelt mit „Martin Buber 1878–1978 / in Heppenheim 1916–1938".

17. Kapitel

Der Dialog in den USA

(1951–1956)

Im November 1948 bat Louis Finkelstein, Kanzler des Jüdischen Theologischen Seminars von Amerika – die Institution, die konservative Rabbis ausbildet – Buber, nach Amerika zu kommen und am Seminar Vorlesungen zu halten. Buber antwortete freundlich, daß er die nächste jüdische Generation gerne in der Unmittelbarkeit des Lebens, von Angesicht zu Angesicht, treffen würde, nicht bloß durch seine Bücher, denn er war mehr denn je von der Wichtigkeit dieser Generation „für unsere Zukunft" überzeugt. Buber mußte sein Kommen zweimal aufgrund seiner Arbeit an der Schule für Lehrer des Volkes verschieben, so daß sein Besuch erst im akademischen Jahr 1951/52 stattfand.

Der amerikanische Philosoph Michael Wyschogrod erzählt, wie Buber seine Achtung dem konservativen und daher die Halachah beachtenden Seminar, das ihn nach Amerika geholt hatte, gegenüber zeigte:

> „Am ersten Freitagabend organisierte das Seminar ein Sabbatmahl zu Ehren Bubers. Nach dem Essen sollte Buber zu seinem Hotel, das etwa fünfzig Blocks entfernt war, zurückkehren. Es war zehn Uhr abends, und ein kalter Regen fiel. Keiner von uns fuhr am Sabbat Auto, und wir wußten nicht, wie Buber zu seinem Hotel kommen würde. Wir wußten, daß es ihm nichts ausmachte, am Sabbat zu fahren, und fragten ihn, ob wir ihm ein Taxi rufen sollen. Wir waren recht unglücklich darüber, denn wir dürfen keinen anderen Juden ermutigen, am Sabbat zu fahren, aber da Buber ein älterer Mann und das Wetter schlecht war, dachten wir, es sei in Ordnung. Aber Buber sagte: ‚Nein, ich werde zu Fuß gehen.' Und so beschlossen wir alle, ihn zu begleiten. Wir alle gingen fünfzig Blocks mit ihm am Broadway entlang und kamen naß an seinem Hotel an. Er war auch naß, aber er hatte das Gefühl gehabt, daß es nicht angebracht gewesen wäre, in einem Taxi zu fahren."

Als Antwort auf die Frage, ob Buber seine Gedanken persönlich verwirklichte, bezeugt Wyschogrod, daß Buber als Person oft größer war als seine Bücher. „Wenn er bei Ihnen saß, dann schenkte er Ihnen seine volle Aufmerksamkeit. Nur Sie existierten. Diese Fähigkeit, zuzuhören und Ihnen das Gefühl zu geben, daß er auf Sie, so wie Sie sind, warte, beeinflußte die Menschen." Dies übertrug sich auch auf die Art, in der Buber einen Dialog mit jedem führte, der nach den Vorlesungen eine Frage an ihn richtete. „Er war willens, mit der Tiefe zuzuhören und zu antworten, die die Frage erforderte."

Ich begegnete Buber zum ersten Mal am 31. Oktober 1951, nachdem ich mich sechs Jahre mit seinem Werk beschäftigt hatte. Das Jüdische Seminar hatte ihn im Hotel Marcy an der 96. Straße, Ecke West End Avenue untergebracht, wo er während der ganzen Zeit seines New York-Aufenthalts wohnte. Diese Begegnung war vielleicht die bemerkenswerteste von allen unseren Begegnungen in unseren neun Jahren. Buber begrüßte mich, führte mich in seine Hotelsuite und blickte mir suchend in die Augen, während er meine Hand nahm. Schon mein erstes Gefühl sagte mir, wie gänzlich „andersartig" dieser Mann erschien, zu dem ich durch das Lesen seiner Schriften und Briefe solche Seelenverwandtschaft empfunden hatte. Er war nicht ganz einen Meter sechzig groß. Seine Augen besaßen eine Tiefe, Sanftheit und Direktheit, wie ich sie nie zuvor und niemals danach angetroffen habe. Er bat mich, mich zu setzen. „Sie müssen nicht denken, daß ich vor allem deswegen an Ihnen interessiert bin, weil Sie ein Buch über mich geschrieben haben", sagte er und fügte von sich selbst sprechend hinzu: „Meine Bücher sind nicht das, was mir wichtig ist. Sie sind wie Schlangenhäute, die ich abstreife, wenn ich muß."

Buber erzählte mir von seinem Treffen mit T. S. Eliot fünf Tage zuvor in London. Sie waren durch Ronald Gregor Smith, den Übersetzer von *Ich und Du* und der Auswahl *Between Man and Man* zusammengebracht worden. Es waren nur zwei andere Personen zugegen. Eliot war sehr schüchtern, aber direkt und freimütig, etwas, was Buber gewöhnlich nicht antraf, wenn jemand ihm zum ersten Mal begegnete. Da ich in Zusammenhang mit meiner Doktorarbeit eine Einstellungsskala dem Bösen gegenüber konstruiert hatte und gerade einen einjährigen Kurs über „Philosophie und Literatur" am Sarah Lawrence College plante, der Bubers *Ich und Du* und T. S. Eliots *Vier Quartette* einschließen sollte, fragte ich Buber, ob er nicht auch fände, daß seine Ansichten sich sehr von denen Eliots unterschieden. „Wenn ich einem Menschen begegne, beschäftige ich mich nicht mit Ansichten, sondern mit dem Menschen", sagte Buber. Ich verstand seine Antwort als einen Tadel, was sie auch war. Ich hatte aus Buber und Eliot dialektische Positionen in meinem eigenen Denken gemacht und die Wirklichkeit ihres Dialogs als Menschen, die einander begegneten, verloren! Als ich fünfzehn Jahre später an T. S. Eliot schrieb, um ihn um Unterstützung für eine Nominierung Bubers für den Nobelpreis zu bitten, bestätigte Eliot

Bubers Sinn für die Ungewöhnlichkeit der Begegnung zwischen ihnen. „Ich traf Buber nur einmal", schrieb Eliot mir in seiner Zustimmung, die Nominierung zu unterstützen, „aber damals fühlte ich, daß ich der Gegenwart von Größe beiwohnte."

Bubers erster Besuch in Amerika war auch der Anlaß für sein offizielles Ausscheiden aus der Hebräischen Universität. Jetzt, wo er sich zur Ruhe gesetzt hatte, war er gebeten worden, ein Seminar über biblischen Glauben abzuhalten, etwas, was ihm vorher streng verboten worden war, solange er ein offizielles Amt bekleidete. „Ich bin genau die gleiche Person wie vorher", beklagte sich Buber bei mir. „Warum kann ich es jetzt tun, wenn ich es vorher nicht konnte?" Die Antwort war natürlich die gleiche orthodoxe Opposition, die ursprünglich verhindert hatte, daß Buber in irgendeiner offiziellen Funktion Religion an der Universität lehrte. Tatsächlich bezweifle ich, daß er je ein Seminar über biblischen Glauben abhielt, selbst nach seinem Ausscheiden. Später teilte er mir mit, daß er gebeten worden sei, ein Seminar über Religionen im Vergleich abzuhalten, und er angenommen hatte.

Ich habe mir nie während oder auch nach meinen vielen Gesprächen mit Buber Notizen gemacht, so daß das, was von ihnen bleibt, nur das ist, was Buber das „organisch selektive Gedächtnis" genannt hat. Bei seinen öffentlichen Vorträgen und in Seminaren und Diskussionsgruppen machte ich mir hingegen Notizen. Eine handelt von einer kleinen Gruppe, die sich mit Buber in seiner Hotelsuite im Marcy traf. Buber hielt uns keinen Vortrag; er beantwortete einfach Fragen. Danach gefragt, welchen Beweis er für seine religiösen Einstellungen anbieten könne, antwortete er:

> „Der ‚Mensch des Glaubens' (ich ziehe es vor, nicht ‚gläubiger Mensch' zu sagen) hat sich ohne objektiven Beweis für den Glauben entschieden, und genau das ist seine Situation. Was ich mit Religion meine, ist gerade sein persönliches Leben. Man denkt gewöhnlich nicht im Traum daran, das eigene persönliche Leben einzusetzen – wirklich dem Abgrund mit dem Abgrund zu begegnen. Ich muß unter der Gewalt des Geistes die Person, der ich begegne, dazu bringen, sich mit ihrem persönlichen Leben auseinanderzusetzen. Ich darf ihm nicht zeigen, daß seine Argumente inhaltlich falsch sind, sondern daß Argumente – Argumentation an sich – falsch sind. Ich muß seine Sicherheit erschüttern, indem ich ihn dazu bringe, seinem Selbst ins Auge zu sehen. Er stellt mich in eine Situation der Verantwortlichkeit für ihn … mit ihm gegen sich selbst kämpfen – die Kräfte tief in ihm als Verbündete nutzen. Ich kann dies nur wagen, wenn er mit äußerster Ernsthaftigkeit und ohne Vorbehalt kommt. Es ist nur eine Frage der persönlichen Beziehung – nichts anderes."

Ein sympathischer, jedoch ambivalenter junger Mann hinterfragte die Relevanz von Bubers Büchern für das Leben. „Wenn meine Bücher nicht zu Ihnen sprechen, dann verbrennen Sie meine Bücher!" antwortete Buber ohne Spur von Ironie oder Ärger. Malcolm Diamond aus Princeton, der ebenfalls seine Dissertation über Buber schrieb, warf die Frage der „Subjektivität" in Bubers Denken auf. „Subjektivität bedeutet immer Meinung, Reflexion", sagte Buber. „Davon spreche ich überhaupt nicht – nur über Sein, über Existieren." Aber er spreche auch nicht über „Objektivität", erklärte er. „Gott hat etwas mit jedem lebenden Wesen zu tun, aber nicht mit Ideen. Philosophie ist eine Transponierung von Wirklichkeit auf eine gänzlich andere Ebene."

„Von einer Suspension des Ethischen" hieß der erste der Aufsätze, den ich aus *Gottesfinsternis* übersetzte. Wie alle anderen, so endete er, trotz seines wissenschaftlichen Ausgangspunktes, mit einem glühenden Bekenntnis zu unserer Zeit. Kierkegaards Behauptung, der „Ritter des Glaubens" müsse die gewöhnliche Ethik zugunsten der „absoluten Pflicht dem Absoluten gegenüber" aussetzen, stellte Buber die Frage gegenüber, „ob du wirklich vom Absoluten angesprochen wirst oder von einem seiner Affen?" Obwohl die Stimme Molochs ein mächtiges Brüllen der „Stimme eines verschwebenden Schweigens" vorzieht, erscheint es in unserer Zeit extrem schwer zu sein, die eine von der anderen zu unterscheiden. In der Vergangenheit gaben „teils blasse, teils krasse, allesamt untreue und doch richtige" Bilder des Absoluten dem Menschen etwas Hilfe gegen die Affen des Absoluten, die sich auf der Erde tummeln. Aber jetzt, wo nach Nietzsches Worten ‚Gott tot ist' und das geistige Auge „die Erscheinung des Absoluten nicht mehr auffängt", herrschen falsche Absolutismen über die Seele, und die Aussetzung des Ethischen füllt die Welt in karikierter Form. Wohlkonditionierte junge Seelen opfern ihre persönliche Integrität, damit Freiheit oder Gleichheit kommen möge (ursprünglich hatte Buber auch geschrieben: „oder das Königreich kommen möge", ließ es dann aber wegen der Empfindsamkeit christlicher Theologen aus). „Im Bereich des Moloch lügen die Aufrichtigen und foltern die Barmherzigen und meinen wirklich und wahrhaftig, der Brudermord werde der Brüderlichkeit den Weg bereiten."

Es ist bemerkenswert, Bubers leidenschaftliche Kritik an Kierkegaards „Von einer Suspension des Ethischen" mit der ganz anderen Betonung einer Aussage, die er 1940 Hugo Bergmann gegenüber machte, zu vergleichen:

> „Gott ist nicht moralisch ... Gott ... ist nicht gut im Sinne der Moral, und wir dürfen die Moral nicht in den Glauben hineintragen, wie das Augustin getan hat. Die Moral ist ein Gehäuse, das der Glaube zerbricht. Die Situation Abrahams, zweimal: (Geh' aus

> deinem Lande, Im Anfang 12, 1) und das Opfer Isaaks – in allen solchen Fällen ist die moralische Entscheidung die leichtere. Wer das nicht erlebt hat, weiß nicht, was schwer ist. Es ist ein steiler Weg zwischen zwei Abgründen, wie mir das einmal in den Dolomiten widerfahren ist."

In „Religion und Realität" charakterisiert Buber das Denken unserer Zeit als eines, das darauf abzielt, die Idee des Göttlichen als wahres Anliegen der Religion zu erhalten, während es die Wirklichkeit der Idee von Gott und unsere Beziehung zu ihm zerstört. „Dies geschieht auf sehr mannigfaltige Art, unverhüllt und verhüllt, apodiktisch und hypothetisch, in der Sprache der Metaphysik oder in der der Psychologie." Insbesondere modernes Denken kann einen Gott nicht länger ertragen, der nicht auf die Subjektivität des Menschen beschränkt ist. Wann immer der Mensch die Begegnung mit Gott als Selbstbegegnung interpretieren muß, ist seine Struktur zerstört. „Das ist die Signatur der gegenwärtigen Stunde." Im Gegensatz zum „Tod Gottes" sprach Buber von „Gottesfinsternis" als einem wirklichen Ereignis, das nicht in Gott oder im menschlichen Geist stattfindet, sondern zwischen uns und Gott. „Verfinsterung des Himmelslichts, Gottesfinsternis ist in der Tat der Charakter der Weltstunde, in der wir leben." Wenn man, wie Heidegger, darauf besteht, daß wir die Macht, die das Geheimnis enthüllt, in irdischem Denken finden, leugnet man die tatsächliche Wirklichkeit unseres Gegenüber und trägt zur menschlichen Verantwortlichkeit für die Finsternis bei. Wir können den Namen Gottes, der einen Genitiv impliziert, aufgeben, aber „der mit dem Namen Gemeinte lebt im Lichte seiner Ewigkeit. Wir aber, die ‚Tötenden', bleiben dem Tod Überlassene, in der Finsternis behaust."

Nach dem jüdischen Gesetz oder der Halachah befragt, gab Buber zu, daß seine Position als Antinomismus oder Gesetzlosigkeit mißverstanden werden und von einem verantwortungslosen Menschen mißbraucht werden kann, um sich in seiner Verantwortungslosigkeit bestätigt zu fühlen. Aber für den verantwortungsvollen Menschen sah Buber den *persönlichen* als den einzigen Weg. „In dreihundert Jahren gibt es vielleicht eine neue Halachah. Aber jetzt ist dies nur die Art des modernen Menschen. Ich bin nur gegen die Erstarrung des Lebens. Ich will den Menschen vor antizipierter Objektivierung warnen." Natürlich wird es Objektivierung wieder und wieder geben, und wenn es sie gibt, kann die Tradition nur durch den persönlichen Weg erneuert werden. „Auf diesem persönlichen Weg entdeckt man vielleicht Dinge, die nicht nur für einen selbst wahr sind, sondern für andere. Ohne Gefahr, ohne Risiko kann man nicht leben – die Aufgabe ist, zwischen den Risiken zu wählen." „Es gibt in der jüdischen Tradition Dinge, die ich überhaupt nicht akzeptieren kann", sagte Buber,

> „und Dinge, die ich für wahr halte, die im Judentum nicht ausgedrückt sind. Aber das, was ich für wesentlich halte, ist im biblischen Judentum mehr als irgendwo sonst ausgedrückt worden – im biblischen Dialog zwischen Mensch und Gott. Im Chassidismus wird dies in einem Gemeinschaftsleben entwickelt. Ich will zeigen, daß Judentum gelebt werden kann. Es ist von äußerster Wichtigkeit, daß die Juden heute Judentum leben."

Allein schon von seiner Rundreise in den ersten zwei Monaten, von der Buber mir erzählte, können wir uns eine Vorstellung von Bubers unglaublicher Energieleistung während seiner Amerikareise machen. Zwischen dem 8. November und dem 21. Dezember hielt er zwanzig Vorträge in New York, Cleveland, Chicago und Detroit, an Universitäten wie Dartmouth, Haverford, Brandeis, Yale, Columbia, der Universität von Chicago und der Universität von Wisconsin. Zusätzlich zu diesen Vorträgen empfing Buber einen Strom von Besuchern, traf sich mit Herausgebern, unterhielt eine aktive Korrespondenz mit Menschen in aller Welt, arbeitete mit mir an der Übersetzung seiner Vorträge und mit Professor Seymour Siegel vom Seminar an der Aussprache des Englischen (*Thou* war das einzige Wort, das Buber niemals meisterte, es klang immer wie „vow"!). In seinem zweiten Seminarvortrag „Die heimliche Frage" konfrontierte Buber das Judentum mit einer Kritik zweier moderner französisch-jüdischer Denker, die sich von ihm abgewandt hatten: Simone Weil und Henri Bergson. Bergson und Weil sahen Israel beide als Verkörperung eines Prinzips des sozialen Lebens, das entweder eine zu überwindende Stufe darstellte, wie für Bergson, oder, wie für Weil, als das große Hindernis, das „große Biest" der Apokalypse. Im Gegensatz zum Dualismus, den beide zwischen dem spirituellen Innenleben, in dem sie ihren Bezugspunkt zur Wirklichkeit fanden, und der äußeren sozialen Welt postulierten, porträtierte Buber Judentum als etwas, das der Innenwendung seinen angemessenen Platz zugestehe, aber die Selbstgenügsamkeit der Seele nicht gelten lasse: „Die innere Wahrheit muß Lebenswirklichkeit werden, sonst bleibt sie die Wahrheit nicht. Ein Tropfen der messianischen Vollendung muß jeder Stunde eingemischt werden; sonst ist sie gottlos, trotz aller Frömmigkeit." Wer liebt, bringt Gott und die Welt zusammen – diese chassidische Lehre ist die Vollendung des Judentums, und in ihr ist, wenn überhaupt irgendwo, die „aktive Mystik", nach der Bergson rief, verwirklicht. In einer leidenschaftlichen Aussage charakterisierte Buber die chassidische Botschaft an alle als „Du mußt selber anfangen. Das Sein wird dir sinnlos bleiben, wenn du nicht selber, liebend-tätig, in es eingehst und den Sinn in ihm erschließest; alles will geheiligt ... und verwirklicht werden durch dich. ... Willst du glauben lernen, liebe!"

Der dritte Seminarvortrag „Der Dialog zwischen Himmel und Erde“ enthüllt das Zusammenkommen von Bubers Interpretation der hebräischen Bibel mit seiner Philosophie des Dialogs in einer eindeutigen Klarheit, die in keiner seiner anderen Schriften zu finden ist: „Auf Gottes souveräne Anrede gibt der Mensch seine selbständige Antwort.“ Selbst das Schweigen des Menschen ist eine Antwort. Klagend, flehend, Dank und Preis gebend, erfährt der Mensch, daß er gehört, verstanden, akzeptiert und bestätigt wird. „Die Grundlehre, die die jüdische Bibel füllt, ist diese, daß unser Leben ein Gespräch zwischen Oben und Unten ist.“

> „Was einst geschah, geschieht jetzt und immer, und dies, daß es uns geschieht, verbürgt uns, daß es geschah. Einem ewig wiederkehrenden Geschehen hat die Bibel in der Form der verklärten Erinnerung den bildhaft entscheidenden Ausdruck verliehen. In den unendlichen, ewig wechselnden, aber dem wahrhaft Aufmerkenden offenbaren Zeichen der Begebenheiten und Situationen spricht in den Wesenstunden des persönlichen Lebens die Transzendenz zu unseren Herzen. Und es gibt eine Sprache, in der wir antworten können; das ist die unserer Handlungen und Haltungen, unserer Reaktionen und unserer Unterlassungen.“

Dieses Verständnis der Gesamtheit unserer Antworten als unsere Verantwortung im Dialog mit dem Transzendenten ist fast identisch mit dem, was Buber 1957 im Nachwort zur zweiten Ausgabe von *Ich und Du* schrieb, ohne hierbei jedoch in irgendeiner Weise auf die Bibel Bezug zu nehmen. Er warnt uns, darauf zu achten, daß wir das Gespräch mit Gott nicht als etwas, das nur außerhalb des Alltäglichen geschieht, verstehen, und stellt fest, daß Gottes Anrede alles Biographische und Historische in unserem Leben durchdringt „und macht es für dich und mich zu Weisung, zu Forderung. Ereignis um Ereignis, Situation um Situation ist durch die Personsprache befähigt und ermächtigt, von der menschlichen Person Standhalten und Entscheidung zu heischen.“

Im „Dialog zwischen Himmel und Erde“ wird der wirkliche Kern von Bubers Verständnis dieser Stunde als einer Stunde der „Gottesfinsternis“ aufgedeckt. Er gebraucht hier nicht diese Sprache, sondern vielmehr die biblische Sprache von Gott, der sein Angesicht verbirgt, fügt jedoch ein unmißverständliches autobiographisches Geständnis ein. Wenn Gott sich vollständig von der Erde zurückzuziehen scheint und nicht länger an ihrer Existenz teilhat, dann ist der Raum der Geschichte voller Lärm, aber bar des göttlichen Atems. „Wer an den lebendigen Gott glaubt, wer um ihn weiß, und ihm bestimmt ist, in einer Zeit seiner Verborgenheit das Leben zu verbringen – wie kann er leben!“ Nach diesem Geständnis ging Buber dazu über, über Psalm 82 zu sprechen, aber er beendete den Aufsatz mit der Frage, wie ein jüdisches Leben, oder genauer gesagt, ein Leben mit Gott noch möglich ist in einer Zeit, seit der es ein Auschwitz gibt. Elie Wiesel, selbst Überlebender des Holocaust, hat gesagt: „Mit dem Kommen der Nationalsozialisten in Deutschland wurde die Menschheit Zeuge dessen, was Buber eine Gottesfinsternis nennen würde.“ In der Tat nannte Buber vor allem im Namen des „Ijob von Auschwitz“ dieses Zeitalter eines der „Gottesfinsternis“. In einer Sprache, die an seine Interpretation Kafkas erinnert, sagte Buber in „Der Dialog zwischen Himmel und Erde“: „Die Unheimlichkeit ist zu grausam, die Verborgenheit zu tief geworden“, und er fragte, ob wir noch zu Gott sprechen, sein Wort hören, ihn anrufen oder als Individuen oder als Volk mit ihm in Zwiesprache treten können. „Wagen wir es, den Überlebenden von Auschwitz, dem Ijob der Gaskammern zu empfehlen: ‚Danket dem Herrn, denn er ist gütig, denn in Weltzeit währt seine Huld!‘?“ Die einzige Antwort, die der biblische Ijob erhielt, war Gottes Nähe, daß er Gott wieder kannte. „Nichts ist erklärt, nichts ausgeglichen, das Unrecht ist nicht Recht geworden und die Grausamkeit nicht Milde.“ Und wie ist es, fragte Buber, „mit all denen, die nicht über das Geschehene hinweggekommen sind und nicht darüber hinwegkommen werden?“ Buber revidierte seine ursprüngliche Antwort auf seine eigene Frage, indem er einen neuen und machtvolleren Schluß schrieb, einen, der – wenn überhaupt er etwas tut – das Vertrauen und das Ringen, das den „modernen Ijob“ kennzeichnet, aufzeigt.

> „Stehen wir bezwungen vor dem verborgenen Antlitz Gottes, wie der tragische Held der Griechen vor dem antlitzlosen Verhängnis? Nein, selbst hier rechten wir, ja, wir selbst, mit Gott, selbst mit ihm, dem Herrn des Seins, den wir einst, wir hier, zu unserem Herrn erwählt haben. Wir schicken uns nicht in das irdische Sein, wir ringen um seine Erlösung, und wir rufen rechtend die Hilfe unseres Herrn, des wieder und noch verborgenen, an … Mag seine künftige Erscheinung keiner früheren gleichen, wir werden unseren grausamen und gütigen Herrn wiedererkennen.“

Einer von Bubers denkwürdigsten Vorträgen in Amerika fand in der Park Avenue-Synagoge in New York City statt. Dort stellte er eine Interpretation der Psalmen aus seinem kleinen Buch *Recht und Unrecht* vor. Als er mit den Worten des Psalms sagte: „Ich werde nicht sterben, sondern leben“, schien es die vorstellbar persönlichste Erklärung und zugleich eine Aussage für ganz Israel zu sein. Nach dem Vortrag beantwortete Buber informell Fragen. „Professor Buber, warum haben Sie solchen Einfluß auf die Protestanten gehabt?“ fragte ein Mann mit der in diesem jüdischen Rahmen deutlichen Unterstellung, daß Buber kein wirklich guter Jude sein könne, wenn er solch großen Einfluß auf die

Protestanten habe ausüben können. „Fragen Sie die Protestanten!" antwortete Buber. Ein anderer stellte etwas in Zweifel, worauf Buber fragte: „Haben Sie wirklich nachts wach gelegen und über diese Frage nachgedacht?" Entgegen der gewöhnlichen Vorstellung der Öffentlichkeit von einem Redner behandelte Buber nie generelle kulturelle Fragen. In den meisten öffentlichen Situationen beantwortete er nur „wirkliche Fragen", Fragen, in denen der Fragende sich selbst einbrachte. „Das ist wirklich Pilpul", sagte Buber auf eine andere Frage an dem Abend, wobei „Pilpul" der Name für die Art des Haarespaltens ist, die häufig vorkommt, wenn das Studium des Talmud zu unfruchtbarer Spitzfindigkeit verkommen ist. Am beeindruckendsten war jedoch, daß Buber, obwohl selbst kein die Gesetze beachtender Jude, mit dreiundsiebzig Jahren in einer kalten Winternacht auf dem Heimweg von der Synagoge meilenweit durch den Central Park ging, um am Sabbat nicht zu fahren und damit das religiöse Gesetz zu verletzen, das seinem Gastgeber, dem konservativen Seminar, wichtig war!

Unter den alten Freunden, mit denen Buber während seines Amerikaaufenthalts wieder Kontakt aufnahm, war Albert Einstein, der viele Jahre vor seinem Tod 1955 in Princeton verbrachte. Einstein und Buber waren entzückt zu entdecken, daß sie beide Ellery Queens Kriminalromane mochten! Später vertraute Buber mir an, daß Einstein wegen der Atombombe, zu deren Erfindung seine eigene Forschung beigetragen hatte, sehr deprimiert war und als Folge eine Operation verweigerte, die vielleicht sein Leben hätte retten können. Nach dem Tod des Wissenschaftlers schrieb Buber an Rudolf Kayser, Einsteins Schwiegersohn: „An Einstein denke ich oft und von der Tiefe des Herzens aus. Es war mir damals, trotz der Seltenheit des persönlichen Kontakts, als würde mir, auch mir, eine Stütze entrissen." „Vater Einstein hatte mir über Ihren Besuch in Princeton sehr begeistert erzählt", erwiderte Kayser. „Er fühlte solche Nähe und Bewunderung für Sie, daß das Wiedersehen für ihn eine große Freude war."

In „Der Mensch und sein Gebild" erzählte Buber von einer Unterhaltung mit Einstein vierzig Jahre zuvor, in der er ihn vergeblich mit einer versteckten Frage über seinen Glauben bedrängt hatte. Schließlich war Einstein herausgeplatzt: „Was wir (und mit diesem ‚wir' meinte er: ‚wir Physiker') erstreben", rief er, „ist doch, ihm seine Linie nachzuziehn." Einstein meinte mit „nachziehen", was man tut, wenn man eine geometrische Figur nachverfolgt. Zu der Zeit erschien Buber Einsteins Verlangen als unschuldige Hybris. Aber im Lichte der neuen Physik, die seitdem entstanden ist, erschienen seine Bestrebungen als etwas, was mehr und mehr ernsthaft in Frage zu stellen war. „Die grundsätzliche Unerforschlichkeit des Elektrons, die ‚Komplementarität' kontradiktorischer Erklärungen – und die Gotteslinien des Seins! Und dennoch –

von dieser unbildlich, unwirklich, unheimlichen unheimhaft gewordenen Welt müssen wir ausgehen."

Im Vortrag „Religion und Philosophie", den Buber vor einer großen Zuhörerschaft an der Columbia-Universität hielt, behauptete er, daß die höchste Gewißheit jeder Religion ist, „daß der Sinn des Daseins in der jeweils gelebten Konkretheit aufgetan und erlangbar ist – nicht über dem Handgemenge mit der geschehenden Wirklichkeit, sondern in ihm." Bei einem Mittagessen in der Kathedrale von St. John the Divine mit Bischof James Pike, Reinhold Niebuhr und anderen fragte ich Buber, wie er diese Behauptung über alle Religionen aufstellen könnte, angesichts der hinduistischen Vedanta, die in ihrer nichtdualistischen Tradition die Dualität von Ich und Du zugunsten des Einen ohne den Zweiten, der Identität von Brahman und Atman zurückweist. „Das ist ihre Philosophie", antwortete Buber; „ihre Religion ist immer noch die gelebte Konkretheit." Das Religiöse muß darum ringen, die gelebte Konkretheit als den Begegnungsort zwischen Menschlichem und Göttlichem gegen alle jene Kräfte, die ihre Qualität der Gegenwärtigkeit und Einzigartigkeit bedrohen – Metaphysik, Gnosis, Magie und Politik – zu schützen. Sie muß auch die Vergeschichtlichung des Augenblicks zu etwas nur Vergangenem und seine Vertechnisierung in ein Mittel für einen zukünftigen Zweck zurückweisen. Aber der Sinn ist nicht durch irgendeine Art analytischer, synthetischer oder phänomenologischer Untersuchung und Reflexion über die gelebte Konkretheit zu gewinnen, wie es moderne existentialistische Philosophen versuchen, sondern nur in der unverminderten Unmittelbarkeit des Augenblicks.

> „Freilich, wer auf das Erfahren der Erfahrung ausgeht, verfehlt sie mit Notwendigkeit, weil er die Spontaneität des Geheimnisses verletzt. Nur der erlangt den Sinn, der dem ganzen Walten der Wirklichkeit ohne Rückhalt und Vorbehalt standhält und ihm lebensmäßig, das heißt, in der vollen Bereitschaft, den erlangten Sinn mit dem Leben zu bewähren, antwortet."

Für den Menschen gibt es entweder Gegenüber oder Gegenstand. Das Kind, das still zu seiner Mutter spricht, indem es nur in ihre Augen schaut, und dasselbe Kind, das auf etwas an der Mutter schaut wie auf jedes andere Objekt, zeigt diese zwei grundsätzlichen Modalitäten der Beziehung zum existierenden Sein. Einige Monate nachdem Bubers Enkelin Barbara Bubers erstes Urenkelkind Tamar das Licht der Welt schenkte, bemerkte Buber mir gegenüber: „Als ich Vater wurde, war ich nur ein Junge. Ich sah nichts. Als ich Großvater wurde, sah ich ein kleines bißchen. Jetzt wo ich Urgroßvater bin, sehe ich wirklich." Was Buber schon in embryonaler Form im sechs Monate alten Säugling angelegt sah, das verfolgte er auch zu seiner vollen Entwicklung auf die Höhen menschlicher Existenz. Ich-Du findet seine größte Verdichtung und Verklärung in religiöser Wirklichkeit, in der das uneingeschränkte Seiende als absolute Person mein Partner wird.

Ich-Es findet seine höchste Verdichtung und Verklärung in der philosophischen Erkenntnis, in der das Subjekt aus dem unmittelbar gelebten Zusammensein von Ich und Es herausgezogen und das Es abgelöst wird in gedachte existierende Wesen oder gedachtes Seiendes selbst. „Die Glaubenswirklichkeit der Begegnungen mit dem alle Gestalten durchscheinenden und selber gestaltlosen Begegner kennt, als reine Ich-Du-Beziehung, kein Bild von ihm, nichts als Gegenstand Erfaßliches – sie kennt die Gegenwart des Gegenwärtigen allein." Doch Gott leidet daran, daß wir ihn durch all diese notwendigerweise unwahren Symbole betrachten, bis sie, wie es wieder und wieder geschieht, anschwellen und den Weg zu Gott verstellen, indem sie beanspruchen, selbst Wirklichkeit zu sein. Dann kommt die Stunde des Philosophen wie Sokrates heran, der die unwahren Bilder in seinem Gebet zum wieder unbekannten Gott zerstört, und indem er das tut, den religiösen Menschen aufweckt und ihn zwingt, sich durch die gottenthobene Wirklichkeit aufzumachen zu einer neuen Begegnung mit dem namenlosen Begegner.

In der Diskussion, die dem Vortrag „Religion und Philosophie" an der Columbia-Universität folgte, bemerkte Buber, daß er für die Ich-Du-Beziehung mit der Natur häufiger kritisiert worden sei als für jeden anderen Teil seiner Philosophie. Aber wenn er auf den großartigen Baum vor seinem Fenster schaute, konnte er die Wirklichkeit der Begegnung mit ihm nicht verleugnen.

1961 sandte ich Buber eine Kopie der Bakkalaureatsansprache, die ich an der Universität von Vermont gehalten hatte, in der ich zum ersten Mal auf die Buber und Camus gemeinsame Einstellung hinwies, die ich in *Problematic Rebel* (1963) als die des „modernen Ijob" identifiziert hatte – die Einstellung, in der Dialog und Rebellion, Vertrauen und Ringen untrennbar verbunden sind. „Es macht nichts, daß diese Rebellion in Begriffen eines ‚Atheismus' bei Camus oder des ‚Theismus' bei Buber ausgedrückt ist", sagte ich in *Problematic Rebel.* Aber in meiner Bakkalaureatsrede nannte ich Camus einen Atheisten, ohne dies in Anführungszeichen zu setzen. Buber antwortete: „Ich würde Camus keinen Atheisten nennen. Er war einer der Menschen, die die alten Bilder zerstören. Sie wissen, wie ich ihnen gegenüber empfinde." Buber bezog sich auf seine Schlußfolgerung in „Religion und Philosophie". Wenn Symbole mehr als Zeichen und Hinweise auf Gott werden und die Wirklichkeit für sich in Beschlag nehmen, dann kommt der Philosoph, der das Bild und den Gott, den es symbolisiert, zurückweist. Dem Bild setzt der Philosoph die reine Idee entgegen, die er sogar manchmal als die Negation aller metaphysischen Ideen versteht. Dieses Gebet des Philosophen an den wieder unbekannten Gott identifizierte Buber in tiefer Einsicht als die Einstellung Camus'. Auf einer Podiumsdiskussion über ‚Buber und Literatur', eine interdisziplinäre Konferenz der Universität Michigan, an der wir beide teilnahmen, sagte mir der hervorragende amerikanische Literaturkritiker R. W. B. Lewis, daß Camus ihm während des Salzburger Festivals in Österreich gesagt hatte, daß er nichts dagegen habe, im Buberschen Sinne des Wortes religiös genannt zu werden. Lewis drückte dies später in *The Picaresque Saint* so aus:

> „Camus gibt eine große Achtung für Buber zu … Und Camus ist sogar willens zu sagen, daß für ihn selbst ‚das Heilige' genau jene Präsenz ist, die im Schweigen während eines Augenblicks echter Bewußtheit empfunden wird … Nur in dem, was Buber die Bedingung der Bewußtheit nennt, ist sogar ein vorübergehender Augenblick der Gemeinschaftlichkeit erreicht."

Buber bemerkte mir gegenüber, daß die Menschen in den USA „sehr höflich" seien, worunter er nicht „in echtem Dialog" verstand. „Es gibt Städte", sagte Buber mir, „die wir Nachtschöne nennen. New York ist eine davon." Auf dem Weg nach Los Angeles machten Martin und Paula Zwischenstation, um den Grand Canyon zu sehen, der auf beide einen enormen Eindruck machte. „Los Angeles ist wirklich ‚genauso ungewöhnlich' wie New York", schrieb Buber mir,

> „aber bei weitem nicht so wichtig. Seit gestern leben wir auf dem Dach dieses Hotels, und in einer Nacht wie dieser schauen wir auf all die Einzigartigkeit der Stadt, völlig unfähig, sie als eine einzige Gesamtheit zu sehen, sie ist eine Zusammenballung von Zusammenballungen. Aber es war natürlich ein einmaliges Erlebnis, diese Berge und dieses Meer zusammen zu sehen."

Als Buber einmal in Los Angeles eine Strecke mit dem Taxi fuhr, drehte sich der Taxifahrer plötzlich zu ihm um und sagte: „Mister, ich muß Sie etwas fragen. Vor einigen Tagen habe ich gelesen, daß man nicht gleich auf Leute wütend werden soll. Was denken Sie darüber?" Buber stimmte zu und fragte ihn, wo er das gelesen habe. „In einer Illustrierten", antwortete der Taxifahrer. „Lachen Sie nicht, aber der Mann, der das gesagt hat, ist siebenhundert Jahre alt." „Sie meinen, er lebte vor siebenhundert Jahren?" „Ja, das habe ich gesagt. … Sein Name war Franz …" „Franz?" „Oh ja, Franz von Assisi." „Oh, dann haben Sie etwas Gutes gelesen", sagte Buber und erzählte dem Taxifahrer von Franz von Assisi. Nachdem Buber das Fahrgeld bezahlt hatte und gegangen war, vermißte er sein Brillenetui und meinte, daß das schöne Etui wohl im Taxi aus seiner Tasche gefallen sein mußte. Als er zwanzig Minuten später aus dem Gebäude kam, kam ihm der Taxifahrer mit dem Etui in der Hand entgegen. Wie Buber beim Erzählen der Geschichte selbst andeutete, ist für einen Taxifahrer Zeit Geld und Benzin noch mehr Geld. Voller Anerkennung sagte Buber ihm: „Vielen Dank. Das war gut von Ihnen. Sie sind ein guter Mensch." Darauf legte dieser Riese von einem Mann seine Arme um den sehr kleinen Buber und erklärte: „Niemand hat das je zu mir gesagt!" Im Januar 1952 schrieb Buber aus Los Angeles an Hermann Hesse: „Die amerikanischen Eindrücke sind für uns beide wichtig gewesen. Ich habe das Menschliche in einer neuen Art kennengelernt – in seiner widersprüchlichen Natur."

Viele von Bubers Vorträgen in Amerika wurden später in *Gottesfinsternis* gesammelt. In *Ich und Du* hatte Buber geschrieben: „Gewiß ist Gott das ‚ganz Andere'; aber er ist auch das ganz Selbe: das ganz Gegenwärtige. Gewiß ist er das Mysterium tremendum, das erscheint und niederwirft; aber er ist auch das Geheimnis des Selbstverständlichen, das mir näher ist als mein Ich." Zu jener Zeit versuchte Buber die Überbetonung des Transzendenten bei Karl Barth und Rudolf Otto zu korrigieren. In *Gottesfinsternis* betonte er umgekehrt, denn inzwischen hatte sich die Situation umgekehrt: „Wer sich weigert, Gott auf die Transzendenz zu beschränken, faßt ihn größer auf, als wer ihn darauf beschränkt", schrieb er, „wer ihn aber auf die Immanenz beschränkt, meint etwas anderes als ihn." Denn die, die unsere Beziehung zum Transzendenten verleugnen, tragen zur menschlichen Verantwortung für die Gottesfinsternis bei. Buber sah sich genötigt, die sehr einflußreiche Philosophie Sartres, Heideggers und Jungs in „Religion und modernes Denken" anzugreifen.

Sartres Aussagen über das Schweigen des Transzendenten in Verbindung mit dem Fortbestehen des religiösen Bedürfnisses im modernen Menschen hat vielleicht eine völlig andere Bedeutung als die, die Sartre sich vorstellt, meint Buber. Wenn Gott dem Menschen gegenüber schweigt und der Mensch Gott gegenüber, „dann ist etwas geschehen, nicht in der menschlichen Subjektivität, sondern im Sein selber geschehen, und es wäre dessen würdiger, es sich nicht in großen und unzuständigen Sprüchen, wie jenen vom ‚Tode' Gottes, zurechtzulegen, sondern es, wie es ist, auszuhalten und zugleich auf ein anderes Geschehen, auf eine neue Wandlung im Sein existentiell zuzugehen, über den eigenen Tod hinweg." Sartres Schlußfolgerung, daß es nun von uns abhängt, dem Leben Bedeutung und Wert zu geben, „ist fast genau das, was schon Nietzsche gesagt hat, und es ist seither nicht wahrer geworden", bemerkte Buber mit Ironie.

Bubers Kritik an Heidegger richtete sich vornehmlich gegen dessen Thesen zur „Erscheinung des Göttlichen". Heideggers Sicht ist mit der wirklichen Transzendenz des Göttlichen unvereinbar: Seiendes oder Wesen sind immer mit uns *selbstwollend* in Beziehung getreten und haben uns erlaubt, mit ihnen in Beziehung zu treten. „Wesen wandte sich aus seiner Transzendenz uns zu, stieg zu uns nieder, zeigte sich uns, redete zu uns, in der Immanenz … das hat von je Religion von Magie geschieden." Gott will den Menschen als unabhängigen Partner im Dialog brauchen, als Kameraden bei der Arbeit. „Gott läßt sich nicht beschwören, aber er will auch nicht zwingen." Durch sein Sichergeben oder Sichverweigern kann „der ganze Mensch mit seiner ganzen Wesensentscheidung" einen unermeßlichen Anteil an der tatsächlichen Offenbarung oder Verborgenheit des Göttlichen haben.

> „Aber für einen Einfluß des begriffklärenden Denkens ist zwischen Himmel und Erde kein Raum. Der also, dessen Erscheinen durch einen solchen modern-magischen Einfluß bewirkt oder mitbewirkt gedacht wird, hat mit dem, den wir Menschen, trotz all der Verschiedenheit unserer Glaubenslehren im Letzten übereinstimmend als Gott ansprachen, offenbar nur den Namen gemein."

Im abschließenden Aufsatz „Gott und der Menschengeist", den Buber für *Gottesfinsternis* schrieb, wies er auf zwei Stadien des Philosophierens hin – eines, in dem der menschliche Geist seine Konzeption des Absoluten mit sich selbst verschmilzt, „bis dann alles Gegenüber, alles, was an uns herantritt und uns überkommt, alle partnerliche Existenz in der freischwebenden Subjektivität aufgelöst ist", und eines, in dem der menschliche Geist konzeptuell die Absolutheit des Absoluten vernichtet und, indem er das tut, die eigene Absolutheit zerstört. Jetzt kann der Geist nicht mehr als unabhängige Essenz existieren, sondern nur als Erzeugnis menschlicher Individuen, „die Geist enthalten und absondern wie Schleim und Harn."

Buber wies auch auf zwei pseudoreligiöse Gegenstücke zur Wirklichkeit der Glaubensbeziehung hin – Kontrolle und Enthüllung, Magie und Gnosis. In der Magie zelebriert man Riten, ohne dem Du zugewandt zu sein und ohne wirklich seine Gegenwart zu meinen. Magie will die Mächte, die sie beschwört, kontrollieren. „Statt die Begebenheiten als Rufe zu verstehen, die einen auffordern, will man selber sich anheischig machen, ohne vernehmen zu müssen." In der Gnosis wird die Macht des Intellekts dazu benutzt, die „göttlichen Geheimnisse", das heilige Es, zu enthüllen und vorzuführen. In vielen Theologien wie auch Theosophien „ist die enthüllende Gebärde hinter der auslegenden zu entdecken."

Wirkliches Gebet bittet im Gegensatz dazu darum, daß die göttliche Gegenwart dialogisch spürbar werde. Die einfachste Voraussetzung eines solchen Gebets – „die Bereitschaft des ganzen Menschen für diese Gegenwart, das schlichte Hingewandtsein, die rückhaltlose Spontaneität" – ist heute durch ein Überbewußtsein davon, daß ich *bete* oder *ich* bete, zerstört. Wer nicht präsent ist, empfängt keine Präsenz, und der moderne Mensch kann solange nicht präsent sein, wie er einen Teil seines Ich zurückhält, der nicht mit dem Rest seiner Person in die Handlung des Gebets eingeht, ein Ich, für das das Gebet ein Objekt ist – „das Subjektwissen des sich Hinwendenden *um* seine Hinwendung".

Was bei der modernen Philosophie und der modernen Religion in Frage steht, ist nicht die Wahl zwischen Ich-Du und Ich-Es, sondern ob Ich-Du der Architekt und Ich-Es dessen Assistent bleibt, der Helfer. Wenn Ich-Du *nicht* befiehlt, dann ist es schon dabei zu verschwinden. Genau dieses Verschwinden des Ich-Du ist jedoch das Kennzeichen dieser Stunde.

> „In unserem Zeitalter hat die Ich-Es-Relation, riesenhaft aufgebläht, sich fast unangefochten die Meisterschaft und das Regiment angemaßt. Das Ich dieser Relation, ein alles habendes, alles machendes, mit allem zurechtkommendes Ich, das unfähig ist, Du zu sprechen, unfähig, einem Wesen wesenhaft zu begegnen, ist der Herr der Stunde. Diese allgewaltig gewordene Ichheit mit all dem Es um sie her kann naturgemäß weder Gott noch irgendein echtes, dem Menschen sich als nichtmenschlichen Ursprungs manifestierendes Absolutes anerkennen. Sie tritt dazwischen und verstellt uns das Himmelslicht."

Bubers letzte Aussage über die „Gottesfinsternis" war seine Antwort auf Emil Fackenheims in dem Band *Martin Buber – Philosophen des 20. Jahrhunderts* veröffentlichte Behauptung, daß das Schweigen oder die Gottesfinsternis eine „äußerst beunruhigende Frage" sei.

> „Man dürfte das, was hier gemeint ist, auch ein Schweigen Gottes nennen oder vielmehr, da ich mir keine Unterbrechung der ewigen Offenbarung vorzustellen vermag, einen Zustand, der auf uns als Schweigen Gottes wirkt ... Ich bin in diesen letzten Jahren, in einem überschweren Forschen und Fragen, immer neu vom Schauder des Jetzt gepackt, nicht weiter gekommen, als daß ich nunmehr eine Offenbarung durch Verbergung des Antlitzes, ein Sagen durch Schweigen kenne. Die Finsternis Gottes ist mit Augen zu sehen, sie will gesehen werden. Wer aber heute nichts zu sagen weiß als ‚Sieh da, er leuchtet!', der führt in die Irre."

Auf Bitten der jüdischen Friedensbruderschaft, der ich angehörte, fragte ich Buber, ob er sich bei seiner Rückkehr nach New York mit ihren Mitgliedern zu treffen bereit wäre. Buber schrieb mir im März 1952 aus Los Angeles:

> „Ich bin kein Pazifist; denn ich weiß überhaupt nicht, ob ich in einer bestimmten Situation, in der Kampf notwendig geworden ist, nicht kämpfen würde. [‚Man muß zwischen ‚ismus' und Situation unterscheiden,' sagte Buber einmal zu mir, ‚einschließlich Pazifismus', und er sagte auch: ‚Ich hätte auch angesichts von Hitler kein Kriegsdienstverweigerer aus Gewissensgründen sein können wie Sie.'] Natürlich bin ich von ganzem Herzen für Frieden, aber nicht

für den gewöhnlichen Frieden, der nur in verschleierter Form den Krieg fortsetzt und vorbereitet."

Buber sagte, er habe überhaupt nichts dagegen, dies mit einer kleinen Gruppe in rückhaltloser Offenheit zu diskutieren, und schlug den Abend des 12. April vor. Wir trafen uns dementsprechend mit einigen Mitgliedern und Führern der jüdischen Friedensbruderschaft. Ein Mitglied fragte Buber, warum Israel nicht einseitig abrüste. „Weil die Beduinen am ersten Tag mit Erstaunen zuschauen würden", antwortete Buber, „und am zweiten Tag einreiten würden."

Am 28. April schrieb ich Buber über sein Buch *Bilder von Gut und Böse*, dessen Manuskript er mir in seiner eigenen deutschen Handschrift geschickt hatte und das ich jetzt wieder in der englischen Übersetzung gelesen hatte. „Ich werde nie aufhören, darüber erstaunt zu sein", gestand ich Buber, „wie jedes Ihrer Werke etwas wirklich Neues ausdrückt und doch in der Einheit Ihres Denkens bleibt." In diesem Buch kennzeichnet Buber zwei Stadien des Bösen – ein erstes, in der das Böse direkt aus „Entscheidungslosigkeit" wächst, aus dem Versagen, die Richtung zu Gott zu finden, indem man mit seinem ganzen Sein auf die konkrete Situation antwortet; und ein zweites, in der das Böse die Form einer Entscheidung annimmt, hinter der man aber nicht mit der ganzen Person steht. Das erste Stadium blickt auf Bubers Lehre von der „Richtung" im ersten Dialog von *Daniel* (1913) zurück. Im ersten Stadium klammert sich die Seele, unfähig, die Spannung der Möglichkeiten auszuhalten und den schweren Weg in Richtung auf Einheit zu gehen, an jedes Objekt, an dem der Wirbel sie gerade vorbeiträgt, und hängt ihre Leidenschaft daran, es greifend, sich seiner bemächtigend, es verschlingend, zwingend, verführend, ausbeutend, erniedrigend, quälend und zerstörend. Diese Vision des Menschen, der von den Möglichkeiten, wie auch der Unendlichkeit, umgeworfen wird, ähnelt sehr Kierkegaards Konzept vom Ursprung der Sünde und dem Fall in *Der Begriff der Angst*. Wichtiger noch, es steht in direktem Zusammenhang mit dem Faden der Unendlichkeit, der den vierzehnjährigen Buber dem Selbstmord nahe gebracht hatte; mit der Verlockung des kreativen Menschen, sich in der Unendlichkeit zu verlieren, über die Buber als Fünfundzwanzigjähriger schrieb; mit „Am Tag der Rückschau", in dem er sich mit fünfzig erinnert, wie Paula Buber seiner Selbsttäuschung und Verrücktheit ein Ende gesetzt und ihm geholfen hatte, als junger Mann eine wirkliche Entscheidung zu treffen; und dadurch „die feurige Materie" der eigenen Möglichkeiten, die um die Person kreisen, die dem „bösen Drang" Richtung geben muß (*Ich und Du*).

Im zweiten Stadium des Bösen verschmelzen die wiederholten Erfahrungen der Unschlüssigkeit zu einer Fixierung, die eine Bestätigungskrise erzeugt. Das Ja, das andere zu ihm sprachen und das er zu sich selbst sprechen konnte, „um ihn von der Bangigkeit des Preisgegebenseins zu befreien, die ein Vorgeschmack des Todes ist“, wird nicht mehr gesprochen. In einer Zwangslage kann man ohne die Bejahung des anderen auskommen, aber nicht ohne die eigene. Diejenigen, die dann nicht die bemerkenswerte Wende zurück zum Guten vollziehen oder in ihrer Beziehung zu sich selbst pathologisch zerbrechlich werden, löschen das Bild davon, was sie sein sollen, aus zugunsten einer absoluten Selbstbejahung, die behauptet, daß das, was ich sage, wahr ist, weil *ich* es sage, was ich tue, gut ist, weil *ich* es tue. Unzweifelhaft war es Bubers Erfahrung mit den Nationalsozialisten und mit dem Krieg in Palästina, die ihn veranlaßten, seine Ansicht über das Böse zu vertiefen und dieses zweite Stadium aufzunehmen.

Im Juli 1955 schrieb Buber mir wegen des Schriftstellers „Georg Munk“: „Meine Frau mag es überhaupt nicht, wenn Leute über ihre Person schreiben. Nur um das zu verhindern, wählte sie ein Pseudonym.“ Bubers alter Verleger, der Insel Verlag, nahm Paulas epischen Roman *An lebendigen Wassern* zur Veröffentlichung an, weshalb sie den nächsten Sommer mit seiner Bearbeitung verbrachte. Es ist erstaunlich, daß diese Geschichte einer deutschen katholischen Familie bis ins kleinste Detail einfängt, wie Paulas Leben in München vor ihrer Heirat gewesen sein muß und nichts ihrer fünfundvierzig Lebensjahre mit Martin in Berlin, Heppenheim und Palästina widerspiegelt. Die zwei hatten vor, nach der Verleihung des Friedenspreises am 27. September nach Italien zu reisen. „Wir werden nicht in die Dolomiten fahren“, teilte Buber mit. „Im Gegensatz zu früher ist da jetzt im Sommer zu viel Lärm.“ Am ersten September berichtete Buber von Amsterdam, daß er vor einem Kreis (in der Oude Loo, dem bezaubernden alten Schloß), in dem „die Königin von Holland die interessanteste Person war“, einen Vortrag gehalten hatte. „Die Königin, die ich meinte, war Juliana“, erklärte er später. „Ihre Mutter war eine sehr andere Person.“ Er fügte hinzu, daß eine neue Ausgabe der Buber-Rosenzweig-Übersetzung der hebräischen Bibel in vier Bänden im Jakob Hegner Verlag in Köln herauskommen werde. Er drückte auch seine Freude darüber aus, daß die University of Chicago Press endlich in Zusammenarbeit mit Routledge & Kegan Paul mein *Martin Buber. The Life of Dialogue* (1955) zur Veröffentlichung angenommen hatte: „Ich fürchte, das Aufschneiden wird Sie viel Arbeit kosten.“

Auf meinen Bericht, Will Herberg behaupte, die entscheidende Wandlung in Bubers Philosophie sei auf Rosenzweigs Aufsatz „Atheistische Theologie“ zurückzuführen, antwortete Buber: „Ich bin nicht durch Menschen, sondern durch Ereignisse entscheidend beeinflußt worden, insbesondere die Jahre 1916–1919“, und fügte hinzu: „Ich bin etwas erstaunt, daß H. denkt, eine solche Veränderung kann durch andere Menschen anstatt durch das Leben selbst hervorgerufen werden." Im Januar 1954 teilte mir Buber mit, daß er „in diesen letzten Wochen ein biblisches Mysterienspiel" geschrieben habe. Im März sagte er, der Titel seines Mysterienspiels laute *Elija*. „Ich habe mit dem Thema einen großen Teil meines Lebens gerungen ... Keine Absicht, es zu veröffentlichen." Er erklärte auch, daß er überhaupt nichts über die Beendigung seiner Anthropologie sagen könne. „Es ist eine reine Frage der Gnade."

Meine gleichzeitige Freundschaft mit Buber und Heschel stellte mich unter große Spannung, was die Frage der Beachtung des jüdischen Gesetzes oder der Halachah betraf. Obwohl Heschel nie von mir verlangte, orthodox zu werden, machte er doch sehr klar, daß die Erfüllung der Gesetze der Weg zu wirklicher Teilhabe am Judentum sei, oder wie er es in *God in Search of Man* ausdrückte: „die heilige Dimension der Existenz". Als ich von einem Schüler Heschels hörte, daß Buber die jüdischen Gesetze und Rituale nicht befolgte (ich hatte wegen seines Bartes angenommen, daß er es tue!), fühlte ich große, aber nur zeitweilige Erleichterung. 1954 schrieb ich Buber über dieses Problem, und er antwortete im März aus Heidelberg, daß er eine solche Frage nicht unabhängig von der persönlichen Existenz sehen könne. „Für meine Person weiß ich, daß ich zu tun versuche, was ich als ein an mich gerichtetes Gebot erfahre; aber wie kann ich daraus die allgemeine Regel machen, daß ein Ritual richtig oder falsch ist usw." (Was er dann sagte, gab mir mehr Einsicht in seine Einstellung dem jüdischen Gesetz gegenüber als alles, was er seit seinem Briefwechsel mit Rosenzweig vor über dreißig Jahren zu diesem Thema geschrieben hatte.

> „Ich öffne mein Herz dem Gesetz so weit, daß ich mich, wenn ich ein Gebot an mich gerichtet weiß, verpflichtet fühle, es zu befolgen, so weit es sich an mich richtet – z. B.: ich kann am Sabbat nicht leben wie an anderen Tagen; meine geistige und physische Haltung ist verändert, aber nichts in mir treibt mich dazu, genau und im einzelnen zu befolgen, was das Religionsgesetz erlaubt und was nicht. In bestimmten Augenblicken, die zum Teil ziemlich regelmäßig, zum Teil bei Gelegenheit kommen, habe ich das Bedürfnis zu beten, und dann bete ich, natürlich allein, und sage, was ich sagen möchte; das eine Mal ganz ohne Worte, und ein andermal hilft mir ein erinnerter Vers in einer außergewöhnlichen Situation; aber es hat auch Tage gegeben, an denen ich mich dazu gedrängt fühlte, an dem Gebet einer Gemeinde teilzunehmen; und dann tat ich es. Das ist meine Art zu leben, und wenn man will, kann man es religiöse Anarchie nennen. Aber wie könnte ich daraus eine allgemeine Regel machen, die z. B. auch für Sie gilt! Ich kann nur das eine sagen: setzen Sie sich in Beziehung, wie Sie können und wann

> Sie können; tun Sie ihr Bestes, in der Beziehung zu bleiben, und haben Sie keine Furcht!“

Ich war vor allem von Bubers letzter Bemerkung an mich betroffen, denn ich hatte nichts davon gesagt, daß ich mich fürchtete, und dennoch hatte er die Furcht, die hinter meiner Frage nach dem richtigen Weg und wie ich ihn finden konnte, gespürt. Jahre später, als ich Albrecht Goes' Artikel über Buber las, in dem er sagt, jedem Menschen stehe etwas im Gesicht geschrieben, in Bubers Gesicht „Fürchte dich nicht!“, dachte ich an diesen Brief. „Religiöse Anarchie“ ist genau der Vorwurf, den Gershom Scholem Buber später machte, aber als er schrieb, daß Buber während seiner dreißig Jahre in Israel niemals einen Fuß in eine Synagoge gesetzt habe, hat er, diesem Brief nach zu urteilen, unrecht. Als ich 1955 über Bubers Umgang mit Rosenzweig zum jüdischen Gesetz schrieb, fragte ich Buber, ob man dem Gesetz nicht offen gegenüber sein könnte wie gegenüber den Lehren. „Natürlich kann man dem ‚Gesetz gegenüber offen‘ sein“, antwortete er, „aber nicht, indem man etwas tut, bevor man ‚berührt‘ worden ist. Ich kann vorläufig lernen, aber ich kann nicht vorläufig handeln. Ich brauche keine Entscheidung, um wahrzunehmen, sondern um zu handeln.“ „Indem ich mein Herz öffne, kann ich keine ‚geschichtliche Offenbarung‘ finden, nur persönliche“, fügte er als Antwort auf eine andere Frage hinzu.

> „Ich unterscheide nicht zwischen mir als einfachem Individuum und Mitglied Israels, aber es ist mir völlig unmöglich, etwas als Gottes Gebot zu akzeptieren, das ich nicht als solches höre, und ich kann nur durch diese Person, die ich bin, hören. Jedes historische Dokument ist das Werk einer Transformation, aber die Stimme im Dialog selbst ist es nicht.“

In der Antwort auf einen scharfen Brief des englischen jüdischen Erziehers Emil Marmorstein sagte Buber: „In all den Jahren hat niemand auch nur ein einziges kritisches Wort von mir über die Tradition gehört, und wenn jemand zu mir davon spricht, daß er sein Leben gemäß der Torah in ihrem Sinn lebt, antworte ich ihm: es ist dein Glück.“

In „Geltung und Grenze des politischen Prinzips“, das ich etwa zu dieser Zeit für Buber übersetzte, nahm Buber in konkreterer Form wieder auf, was er in „Zwischen Gesellschaft und Staat“ über die Unterscheidung zwischen dem sozialen und dem politischen Prinzip gesagt hatte. Vom Ausspruch Jesu „Gib dem Kaiser, was des Kaisers ist, und gib Gott, was Gottes ist“ ausgehend, versuchte er zu zeigen, daß Jesus nicht die dualistische Teilung des Lebens zwischen dem geistigen und dem materiellen meinte, wie allgemein angenommen wird, sondern die Unterscheidung zwischen den indirekten Aspekten der Gesellschaft, die die Mittel sind, und den direkten, die diesen Mitteln Sinn geben. Ontologisch betrachtet, stellt die menschliche Person die Einheit zweier Sphären dar – die der Ganzheit und die der Teilung oder Trennung. „Was er in der Sphäre der Sonderung rechtmäßig tut, empfängt seine Rechtmäßigkeit aus der Sphäre der Ganzheit." Dem Staat zu geben, was ihm in der Sphäre der Trennung gebührt, ist durch die Sphäre der Ganzheit gebilligt, in der wir Gott geben, was ihm gebührt, uns selbst. Gib Gott deine Unmittelbarkeit in direkter Beziehung zu ihm, wie der Ausspruch Jesu über die Steuern uns sagt, und indem du das tust, wirst du immer wieder lernen, was du dem Kaiser in den indirekten Beziehungen der Politik, des Geldes und der Gesellschaftsstruktur geben sollst.

Nach Meinung und Einstellung eines sehr großen Teils der modernen Welt sind im Gegensatz dazu öffentliche Regime dazu legitimiert, menschliche Existenz zu bestimmen, „weil die Staatlichkeit eben den Wesensstand des Menschen ausmache und nicht sie um seinetwillen, sondern er um ihretwillen bestehe." Ob das, was nach der Wegnahme des wesentlichen Teils für den Kaiser übrig bleibt, noch auf das Konto „Gottes" gebucht werden kann, ist kaum von Bedeutung. Die Gültigkeit und Begrenzung des politischen Prinzips in der modernen Welt zu erörtern bedeutet, am entscheidenden Punkt das einzig Absolute, das nicht relativiert worden ist, zu kritisieren – die politischen Archonten dieser Stunde. Von einer Diskussion Hegels, Marxens und Heideggers ausgehend, zeigte Buber auf, daß – werden historische Zeit und Geschichte verabsolutiert – der zeitgebundene Denker inmitten der gegenwärtigen historischen Ereignisse dem gegenwärtigen Drang des Staates zur Macht leicht den Charakter des Absoluten zuschreiben mag. „Danach mag für ein Weilchen der Gnom Erfolg krampfhaft grinsend den Gottessitz der Vollmacht einnehmen." Auch hier sprach Buber über eine Bewegungsrichtung, nicht über ein Entweder-Oder, sondern über eine immer neu gezogene Grenzlinie – das „*Quantum satis*" des „soviel man kann". „Wenn die politische Seinsordnung meine Ganzheit und Unmittelbarkeit nicht antastet, darf sie von mir verlangen, daß ich ihr jeweils so gerecht werde, als ich im gegebenen inneren Konflikt glaube verantworten zu können." Er war sich der grausamen Konflikte zwischen Pflichten sehr bewußt und implizierte in keiner Weise, daß das Interesse der Gruppe unter *allen* Umständen der moralischen Forderung geopfert werden müßte. „Aber das evidente Fehlen eines Seelenkampfes, das Fehlen ihrer Wunden und Narben ist mir unheimlich." „Ich will Ihnen sagen", schrieb Buber mir zu dieser Zeit, „daß ich nicht aus Prinzip gegen ‚Sicherheit' bin; ich bin dagegen, der Sicherheit den Sinn des Lebens (nicht weniger als das!) zu opfern."

Zu dieser Zeit schickte Buber mir als Antwort auf meine eigene tiefe Besorgnis die Antwort auf meine Fragen in bezug auf Meditation und

Mystik. Was die spontanen Meditationen seiner frühen Tage ersetzte, so sagte Buber,

> „ist etwas sehr anderes, das immer an eine Wirklichkeit, an eine Situation gebunden ist. Ich kann nicht umhin, all dies Gerede über Meditationen für ziemlich übertrieben zu halten."

Im Dezember 1953 wurde das deutsche Original von „Prophetie und Apokalyptik" in der Zeitschrift *Merkur* veröffentlicht. In diesem Aufsatz stellte Buber eines seiner letzten Paare polarer Gegensätzlichkeiten vor, zwei ideale Typen, die einander in Spannung hielten und die sein Denken von den frühesten bis zu seinen ausgereiftesten Stufen kennzeichneten. Diese Polaritäten geben Bubers Denken Flexibilität und Schärfe, aber aus dem gleichen Grund sind sie oft Anlaß für Mißverständnisse und Verwirrung. „Loslassen und entscheiden", „orientieren und verwirklichen", „Ich-Du" und „Ich-Es", Person und Ego (Individuum), Dialog und Monolog, *Emuna* und *Pistis*, *Gnosis* und *Devotio*, werden nicht so sehr wiederaufgenommen, als daß ihnen durch dieses letzte Begriffspaar – Prophezeiung und Apokalypse – historische Tiefe und Dimension gegeben wird. Unglücklicherweise sind viele Leser nicht in dialektischem oder phänomenologischem Denken geschult, und aus diesem Grund wollen sie Bubers polare Begriffe als miteinander unvereinbare Gegensätze lesen, als Entweder-Oder, zwischen denen man sich entscheiden muß. Dies ist ein großes Hindernis zum Verständnis seines Denkens, selbst bei Gelehrten, Philosophen und Theologen, wie jeder andere einzelne Faktor.

Buber begann „Prophetie und Apokalyptik", indem er zwei unterschiedliche Arten, auf eine Krise zu reagieren, einander entgegensetzte: auf die ursprünglichen Fähigkeiten zurückzugreifen und zu der Entscheidung über die nächste Stunde beizutragen oder „sich nichts vorzumachen", das heißt, sich fatalistisch ergeben und mit dem Strom tragen lassen. Die innerste Vertrauensfrage der Seele ist: „Wage ich das schlüssigerweise Unmögliche, oder füge ich mich ins Unvermeidliche?" Prophezeiung entsteht in einer Zeit der Stärke, Apokalypse aus Dekadenz. Die eine ist für die *Gegenwart gesprochen*, die andere ist für die *Zukunft geschrieben.* „Und wo immer der Mensch vor der Bedrohung durch sein eigenes Werk erschaudert und der radikal fordernden Geschichtsstunde entfliehen möchte, naht ihm die apokalyptische Vision eines unhemmbaren Ablaufs." Wie beim „modernen Paulinismus" aus *Zwei Glaubensweisen* herrscht eine völlig säkularisierte, durch und durch ernüchterte apokalyptische Einstellung, die keine Hoffnung für die Zukunft hat, aber den Charakter der Gegenwart als schon viel zu spät sein bewahrt. Das unheilbare Altsein der Welt ist akzeptiert und selbstverständlich. Diese neue Apokalypse sagt nicht mehr: „Man kann nicht gegen den Strom schwimmen", denn das Bild des Stroms, zu dem eine Mündung gehört, ist schon zu erschütternd. Vielmehr sagt es: „Eine Spätzeit hat sich als Spätzeit zu benehmen, wenn sie nicht ausgelacht werden will." Ihre einzige Poesie ist die einer auf sie selbst gerichteten Ironie, ihre einzige Kunst ist eine, die die Dinge atomisiert, und Glaube ist vollkommen unpassend geworden. Bubers eigene persönliche Erfahrung mit dem Versuch, gegen diese Indirektheit, die alle menschlichen Beziehungen durchdringt, zu rebellieren und als Romantiker voller Illusionen gescholten zu werden, wird deutlich in seiner Beschreibung der gegenwärtigen Stunde widergespiegelt:

> „Wehrt sich einer gegen das Erschlaffen des dialogischen Verhältnisses zwischen den Menschen, so hält man ihm entgegen, er verkenne die schicksalhafte Einsamkeit der heute Lebenden. ... Spricht einer aus, die Krisis des Völkerlebens erscheine nicht unwesentlich deshalb als eine so schwere, weil das existentielle Mißtrauen aller gegen alle jede sinnreichende Verhandlung über die wirklichen Interessensdifferenzen verhindert, so wird er durch ein Lächeln der Gewitzigten belehrt: eine ‚alte' Welt ist eben gewitzigt."

Buber *hat* zugunsten der historischen Tiefe rebelliert, die er beständig am Werk sah, die Schöpfung zu verjüngen, und damit im Bündnis mit den Propheten, zugunsten des Risikos innerer Wandlung, die die „Gewohnheitsseele" in eine „Überraschungsseele" umwandelt. Umkehr bedeutet nicht Rückkehr zu einem früheren schuldlosen Lebensstadium, sondern umschwenken dahin, wo die verschwenderische Ziellosigkeit zum Gehen eines Weges wird und Schuld in der neuerstehenden Echtheit der Existenz gesühnt wird.

> „Wie im Leben der einzelnen Person, so gilt es auch im Leben der Menschenwelt: was in einer bestimmten Stunde möglich ist und was in ihr unmöglich ist, kann nicht zureichend in einem Vorwissen ermittelt werden. ... Maß und Grenze des von hier aus in einer erwünschten Richtung Erreichbaren erfährt man nicht anders, als indem man in dieser Richtung geht. Seelenkräfte lassen sich nur dadurch messen, daß man sie gebraucht. In den wichtigsten Augenblicken unseres Daseins herrscht weder Planung noch Überraschung allein, sondern mitten in der treuen Ausführung eines Geplanten werden wir durch geheimste Entschließungen und Einsätze überrascht. Für solche Überraschung muß aber auch Raum gelassen sein; wer plant, als ob sie unmöglich wäre, macht sie unmöglich. Man kann sich nicht zur Unmittelbarkeit bestreben, aber man kann sich sie frei und offen halten; man kann das echte Gespräch nicht herstellen, aber man kann da sein; das existentielle Mißtrauen läßt sich nicht durch Vertrauen ersetzen, wohl aber durch die wiedergeborene Unbefangenheit."

Diese Passage macht unwiderlegbar deutlich, was schon immer hätte deutlich sein sollen: Buber hat niemals Idealtypen gesetzt, um den einen zu bestätigen und den anderen zurückzuweisen, sondern als Teil des lebenslangen Ringens darum, daß in der modernen Welt *Platz* für *Verwirklichung* sein sollte, Ich-Du, Person, *Emuna,* Devotio, Freiheit, Überraschung, dialogische Unmittelbarkeit und der Mut zu vertrauen.

1955 schrieb der amerikanische protestantische Theologe Reinhold Niebuhr *The Self and the Dramas of History* auf der Grundlage von Bubers Philosophie des Dialogs, und Will Herberg schickte Buber seine Besprechung des Buches. Im Vorwort zu seiner Anthologie *The Writings of Martin Buber* behauptete Herberg, daß *für Buber* Gott immer Ich und der Mensch immer Du ist. „Gegen Herbergs Sicht des Menschen, ‚einfach das Du zu sein', liefert die Bibel zwei große Argumente", erwiderte Buber: „das Buch Ijob (der erst am Ende eine Antwort bekommt) und das Buch der Psalmen (von denen fast alle um Zwiesprache bitten oder für eine Antwort danken)." Aber Herberg empfand unter Niebuhrs Einfluß so stark, daß Buber Gott immer als das Ich und den Menschen immer als Du annehmen *sollte*, daß er nicht über sich bringen konnte, das Vorwort so zu ändern, daß es wiedergab, was Buber wirklich dachte! Buber bat mich, Niebuhr seinen Artikel „Geltung und Grenze des politischen Prinzips" zu senden, und kommentierte:

> „Offensichtlich kennt er ihn noch nicht. Ich bin niemals anti-politisch gewesen, weder theoretisch noch praktisch, aber ich halte es für lebenswichtig, die Grenzen der Politik festzulegen, wenigstens solange, als es nicht möglich ist, die Entscheidungsgewalt in die Hände der besten Menschen (nicht der Philosophen, wie Plato dachte, aber eben wirklich der besten Männer) zu legen; dann würde es im Leben dieser Männer mehr Tragik geben, aber die Tragik im Leben der Menschheit würde geringer werden."

Herberg und Niebuhr akzeptierten beide Bubers Ich-Du-Philosophie auf der zwischenmenschlichen und auf der göttlich-menschlichen Beziehungsebene, aber im Bereich des Sozialen und Politischen hielten sie ihn für einen „Utopisten".

Im Oktober 1955 diktierte Buber zwei Seiten über Offenbarung als Antwort auf Fragen, die ich ihm gestellt hatte. Diese sind eine erstaunliche Illustration davon, wie seine Gedanken als Antwort auf „wirkliche Frage" entstanden. Wie in seiner Antwort an Jung benutzt er auch hier den Vergleich eines „göttlichen Feuers, das einen Klumpen Erz ergreift, in ihn eindringt, ihn schmilzt und verwandelt", so daß die Flamme Gottes in ihm weilt und nie von ihm zu unterscheiden ist. Buber sah sich selbst für jene Personen sprechen, für die die Unterscheidung zwischen dem göttlichen und menschlichen Teil zu einem persönlichen Problem geworden war, das sie weder überwinden noch ignorieren konnten:

> „Diese können nicht von ihrem Wissen zurücktreten, das ein organischer Teil ihres persönlichen Glaubens ist. Aber genausowenig können sie die geschichtliche Tradition aufgeben, die sie in ihrer Religion gerprägt hat. Was sie tun können und tun müssen, ist, wieder und wieder hinzuhören, um zu erfahren, welche der traditionellen Gebote von ihnen als etwas gehört werden können, das ihnen von Gott befohlen wurde, und selbstverständlich dem gemäß leben."

1958 und 1959 korrespondierten Reinhold Niebuhr, Buber und ich über das Thema der Sozialphilosophie und der Beziehung zwischen dem Sozialen und dem Politischen. Ich habe Niebuhrs Kommentare zu Bubers Sozialphilosophie und Bubers Antworten später in den Buber-Teil von *Philosophical Interrogations* einbezogen. Bubers Zusammenfassung dieser Angelegenheit zwischen ihm und Niebuhr ist vielleicht der konkreteste einzelne Ausdruck seiner Lehre von der „Demarkationslinie" in Bubers Sozialphilosophie.

> „Was er die grundlegende Struktur der Gesellschaft nennt, basiert historisch und sogar vorgeschichtlich (dies ist meine Meinung entgegen der unter Ethnologen vorherrschenden Meinung) auf persönlichen Beziehungen, und wo sie diese unterdrückt, wird sie verkehrt. Was die moderne technisierte Gesellschaft angeht, so hängt sie natürlich von ‚kunstgerecht konstruierten Machtgleichgewichten' ab, aber was davon abhängt, ist ihre Ordnung, nicht ihre Gerechtigkeit. Wenn Niebuhr das nicht einräumen kann, dann müssen wir offenbar genau zwischen zwei Arten von ‚Gerechtigkeit' unterscheiden, und ich für meinen Teil werde von dem Gedanken verfolgt, daß das Konzept der Gerechtigkeit zweigeteilt werden und sogar unterschiedliche Namen tragen muß. Ich kann die gottgewollte Wirklichkeit der Gerechtigkeit nirgendwo anders sehen als im ‚gerecht sein', und das bedeutet natürlich: gerecht sein, soweit es hier und jetzt möglich ist, unter den ‚kunstgerechten' Bedingungen der tatsächlichen Gesellschaft. Daher ist es meiner Auffassung nach nicht die Gerechtigkeit, die von ihr abhängt, sondern wieder und wieder das ‚wieviel' an Gerechtigkeit, das verwirklicht werden kann. *Manchmal fahre ich im Bestreben, gerecht zu sein, in der Dunkelheit fort, bis mein Kopf auf die Wand trifft und schmerzt, und dann weiß ich: Hier ist (jetzt) die Grenze, und ich kann nicht weiter gehen. Aber vorher konnte ich es nicht wissen, so oder so.*" [kursiv von mir – M. F.]

„Niebuhr ist an der Gesellschaft als institutioneller Realität interessiert und ich als … auf menschlichen Beziehungen aufgebaut", kommentierte Buber 1959.

Nachdem ich *Die Geschichten des Rabbi Nachman* übersetzt hatte, verschob Horizon Press die Veröffentlichung des Buches, um Marc

Chagall zu bitten, es zu illustrieren. Buber war davon überhaupt nicht erfreut: „Sie müssen verstehen, mein lieber [Maurice], daß ich nicht so jung bin wie Sie und Zeit für mich eine etwas andere Bedeutung hat als für Sie. Ich will die Dinge in Ordnung bringen." Im Mai sagte Chagall Buber in Paris, daß er gebeten worden sei, *Nachman* zu illustrieren, aber Buber fragte ihn nicht nach seiner Entscheidung. „Entre nous", schrieb Buber mir aus Heidelberg, „seine Tochter wollte, daß ich ihn frage, ob er die Illustrationen für die Geschichten der Chassidim machen würde, aber ich wollte das nicht. Er ist ein sehr bemerkenswerter Künstler, und seine neuen Illustrationen zur Bibel sind schön, aber ich ziehe es vor, wenn die Geschichten ohne Illustrationen bleiben." Im Juli fügte Buber in einem Brief aus Zürich hinzu: „Ich schätze ihn sehr, aber sein Chassidismus und meiner sind verschieden und sollten besser nicht vermischt werden."

Im Oktober 1956 zeichnete Buber ein Bild eines für ihn fraglos typischen Arbeitstages, tagein, tagaus, jahrein, jahraus bis zu seiner letzten Krankheit:

> „Ich muß mich jetzt mit (1) der Neuschrift der Schuld-Vorträge, (2) mit der Vorbereitung eines Vortrags über den Traum befassen, (3) die Korrekturfahnen der Bände 3 und 4 der Bibelübersetzung lesen und (4) die französische Übersetzung der *Chassidischen Geschichten* Teil 2 vergleichen. Wenn Sie zu all dem das tägliche Geschäft (Herausgeberschaft der Pädagogischen Enzyklopädie, Korrespondenz, ernsthafte Gespräche mit Besuchern jeden Tag, Ihud-Angelegenheiten etc.) hinzufügen, dann haben Sie einen guten Arbeitstag."

Das Bemerkenswerteste war, daß Buber trotz dieser erdrückenden Arbeitslast für jede Person, die kam, um ihn zu besuchen, vollständig gegenwärtig war.

18. Kapitel

Begegnung mit der Psychotherapie und Tod in Venedig

(1951–1958)

Unter denen, die an Bubers Woche über den Taoismus 1924 in den Niederlanden teilgenommen hatten, befand sich auch Carl Jungs Frau Emma, die Buber 1925 Neujahrsgrüße „in dankbarer Erinnerung an Amersfoort" schickte. Im August 1932 schrieb Buber an Hans Trüb, daß er in den letzten Jahren einige Artikel von Jung gelesen hatte, die einen positiveren, „näheren" Eindruck auf ihn gemacht hatten. Im März 1933 schrieb Buber an Trüb, daß er unter anderem hoffte, bei dem Eranos-Treffen in Ascona, an dem er teilnehmen werde, auch mit Jung zusammenzutreffen. 1947 jedoch stellte Buber in einem Brief an Trüb den ungarischen Mythologen Karl Kerényi als die einzige Person aus dem ganzen Kreis um Jung heraus, die er gern kennenlernen würde. „Ich habe in den letzten Jahren fast alle seine Bücher gelesen und mit besonderem Gewinn. Er ist heute der Mann in Europa, die Person, der die große Usener-Linie fortsetzt." Im Juni 1952 machte Buber mich auf die Juni-Ausgabe der *Neuen Schweizer Rundschau* aufmerksam, die den „schönen Artikel Kerényis: ‚Martin Buber als klassischer Autor'" enthielt. „Er ist auch als ein Zeichen moralischer Unabhängigkeit interessant, wenn man bedenkt, daß Kerényi einer der Lehrer im Jung-Institut ist und Jung der Autokrat ist, der er ist", fügte Buber hinzu. Diese letzte Bemerkung bezog sich nicht auf Jungs Denken, sondern auf seine Persönlichkeit, so wie Buber sie durch die vielen Jung-Schüler, mit denen er in den zwanziger und dreißiger Jahren zu tun hatte, kannte. In diesem Zusammenhang ist es interessant, sich darüber Gedanken zu machen, wie Hans Trübs Bewegung auf Buber zu und von Jung weg Jung beeinflußt haben muß, denn Trüb war ihm so nahe gewesen, daß Jung Trüb gebeten hatte, seine eigene Frau Emma zu behandeln.

1934 nahm Buber an der Jungschen Eranos-Konferenz in Ascona in der Schweiz teil und hätte das auch 1935 wieder getan, wenn es die Einschränkungen seiner Lehrtätigkeit durch die Nationalsozialisten nicht gegeben hätte. Darüber hinaus hatte er über Jahre hinweg enge Beziehungen zu vielen Jungschen Analytikern, vor allem zu Hans Trüb. 1951 jedoch widmete Buber Jung die zweite Hälfte seines sehr kritischen Artikels „Religion und modernes Denken". Jungs gnostische Umwandlung des Glaubens schien ihm in Wirklichkeit weit mehr zur menschlichen Verantwortung an der „Gottesfinsternis" beizutragen als Heideggers Gedankenmagie. Der Teil von Heideggers Denken, der sich mit der kommenden Erscheinung des Göttlichen befaßt, ist tatsächlich weniger einflußreich gewesen als der Teil Jungschen Denkens, der Glauben in *Gnosis* verwandelt, denn das letztere ist zentral für Jungs sehr populäre Philosophie der Individuation. Die gleiche Frage der *Gnosis* – Wissen *über* Glauben – im Gegensatz zu *Devotio – Glauben tatsächlich leben* im Dialog von Ansprechen und Angesprochenwerden – steht im Zentrum der anderen bekannten Kontroverse, die über die fünfziger Jahre und über Bubers Tod hinaus andauerte – die Kontroverse mit Gershom Scholem über die Interpretation des Chassidismus, obwohl sie in diesem Fall von Scholem initiiert wurde und nicht von Buber.

Als 1951 die Kontroverse zwischen Buber und Jung bekannt wurde, waren viele in Europa, Amerika und Israel schockiert. Der traditionelle Feind der Religion war Freud, während Jung als ihr großer Freund begrüßt wurde. Viele Anhänger Jungs standen Buber nahe und umgekehrt, und nicht wenige betrachteten sich als Schüler beider Männer, denen scheinbar das Interesse an der „Suche des modernen Menschen nach seiner Seele" gemeinsam war. Mehr noch, Jungs „kollektives Unbewußtes" oder „objektive Psyche" hat eine unmißverständlich transpersonale, objektive und Ehrfurcht einflößende Natur, die Jung veranlaßte, es mit Rudolf Ottos *Mysterium tremendum* zu identifizieren. In „Religion und modernes Denken" nannte Buber selbst Jung „den führenden Psychologen unserer Zeit" und wies darauf hin, daß er Religion in ihrer historischen und biographischen Form zum Gegenstand umfassender Beobachtungen gemacht hatte.

Buber kritisierte Jung jedoch, weil er, trotz aller Widerrufe, „die Grenzen der Psychologie mit souveräner Freiheit ... überschreitet", indem er Religion als „eine lebendige Beziehung zu den seelischen Vorgängen, die ... im Dunkel des seelischen Hintergrundes sich ereignen", definiert und Gott im allgemeinen als einen „autonomen psychischen Inhalt" versteht. Daß dies nicht lediglich psychologische Aussagen sind, wie Jung behaupten würde, sondern metaphysische, zeigte Buber, indem er Jungs Aussagen zitierte: „so ist auch Gott nicht wirklich, denn dann greift er nirgends in unser Leben ein", und Gott ist „für unsere Psychologie eine Funktion des Unbewußten", im Gegensatz zur „orthodoxen Auffassung", derzufolge Gott „für sich existiert", was psychologisch bedeutet, „daß man sich der Tatsache, daß die göttliche Wirkung dem eigenen Inneren entspricht, nicht bewußt ist." Psychologie wird für Jung zur einzig erlaubten Metaphysik, während sie zugleich für ihn empirische Wissenschaft bleibt. „Beides zu vereinen ist aber unmöglich", kommentiert Buber.

Modernes Bewußtsein, mit dem sich Jung klar identifiziert, „perhorresziert den Glauben und darum auch die darauf fußenden Religionen" und wendet sich statt dessen mit seinen „intimsten und stärksten Erwartungen" der Seele als der einzigen Sphäre zu, von der der Mensch annehmen kann, daß sie das Göttliche beherberge. Die neue Psychologie „verkündet [so] die neue, die einzig noch wahr sein könnende, die Religion der reinen psychischen Immanenz." Mehr noch, sie wendet sich, in Jungs eigenen Worten, „im gnostischen Sinne" der Seele als dem neuen Ort zu, der das Gewissen durch die Einheit von Gut und Böse ersetzt. Diese Einheit der Gegensätze ist, darauf wies Buber hin, der reife Ausdruck einer Tendenz, die für Jung von Anbeginn seines intellektuellen Lebens charakteristisch war. „In einer sehr früh gedruckten, aber nicht in den Handel gekommenen Schrift tritt sie in geradezu religiöser Sprache als Bekenntnis zu einem eminent gnostischen Gotte [Abraxas] auf, in dem Gut und Böse miteinander verbunden sind und einander gleichsam ausbalancieren." In modernen Mandalaträumen scheint „der Platz der Gottheit", erklärt Jung, „durch die Ganzheit des Menschen eingenommen zu werden", die Jung das Selbst nennt. Obwohl Jung an einigen Stellen die Deifikation des Menschen vermeidet, ist an anderen das Selbst, die Verbindung von Gut und Böse, bei Jung auf den höchstmöglichen Platz erhoben, als die neue „Inkarnation", deren prospektive Erscheinung Jung an verschiedenen Stellen andeutet. „Wenn wir wissen wollen", sagt Jung, „was geschehen wird in einem Falle, wo die Gottesidee nicht länger projiziert ist als eine autonome Wesenheit, so ist dieses die Antwort der unbewußten Seele: das Unbewußte schafft die Idee eines deifizierten oder göttlichen Menschen." „Diese Figur", kommentierte Buber, „ist die als die Realisierung der ‚Identität Gottes mit dem Menschen' zur Erde herabgestiegene letzte Gestalt jenes gnostischen Gottes, zu dem Jung sich einst bekannt hatte."

Buber ging es nicht um Fragen des Credos oder Glaubens oder der Metaphysik, sondern darum, was mit der Glaubensbeziehung selbst in der wirklichen menschlichen Existenz geschah. „Was immer es um Gott sei", paraphrasierte Buber Jung, „es kommt für den Menschen des modernen Bewußtseins einzig darauf an, in keiner Glaubensbeziehung mehr zu ihm zu stehen." Wenn man sich zu einer bestimmten Aufgabe aufgerufen weiß und eine Aufgabe nicht erfüllt hat, von der man weiß, daß es die eigene ist, dann weiß man, was es bedeutet zu sagen, daß einen das eigene Gewissen heimsucht: denn Gewissen ist die Stimme, die, was man ist, vergleicht mit dem, was man aufgerufen ist zu sein. Diese Gewissensinstanz wird von Jung zugunsten der Seele aufgegeben, die als in alles umfassender Ganzheit vollzogene Vereinigung von Gut und Böse in das Selbst integriert ist. Jung sieht sicherlich das Selbst als die Welt umfassend an, aber „die anderen", erklärt Buber, „nur als Inhalte der individuellen Seele, die durch die Individuation ja zu ihrer Vollendung, eben als individuelle Seele gelangen soll." Alle Wesen, die in dieser Weise in mein Selbst „eingeschlossen" sind, werden tatsächlich von ihm nur als Es besessen. „Erst wenn ich der uneinschließbaren Anderheit eines Wesens gewahr werdend darauf Verzicht leiste, es mir irgend einzuverleiben, einzuverseelen, wird es mir wahrhaft zum Du. Das gilt für Gott wie für Mensch." Buber charakterisierte den Weg, den er im Gegensatz zu Jung einschlug, so: „er führt von der Seele, die die Wirklichkeit sich einträgt, zur Wirklichkeit, der die Seele sich fügt."

„Jung hat dem *Merkur* eine Antwort zugeschickt, und der *Merkur* bittet mich um eine Antwort darauf", bemerkte Buber mir gegenüber zu dieser Zeit. „Ich werde eine sehr kurze schreiben – es ist eine hoffnungslose Sache: zwei verschiedene Sphären, ich sehe seine, und er sieht meine nicht." Das Seltsamste an Jungs Entgegnung war, daß er Bubers Kritik an ihm dessen „Orthodoxie" zuschrieb, eine Aussage, deren Ironie niemand entgehen konnte, der wußte, welchen ständigen Angriffen durch orthodoxe Juden auf seine Konzeptionen des Judentums und des Chassidismus Buber seit fünfzig Jahren, vor allem in Palästina und Israel, ausgesetzt war.

In seiner Antwort an Jung, die als Anhang in *Gottesfinsternis* veröffentlicht wurde, merkte Buber an, daß er grundsätzlich nicht seine eigenen Glaubenssätze in die Diskussion hineintrage, sondern sie um des menschlichen Gesprächs willen zurückhalte.

> „Es sei aber der völligen Klarheit halber hier erwähnt, daß mein eigener Glaube an Offenbarung – der mit keinerlei ‚Orthodoxie' verquickt ist – nicht bedeutet, zu glauben, daß fertige Aussagen über Gott vom Himmel zur Erde niedergereicht würden, sondern daß die menschliche Substanz von dem sie heimsuchenden Geistesfeuer geschmolzen wird, und nun bricht aus ihr Wort hervor, Aussage, die nach Sinn und Gestalt menschlich ist, Menschenfassung und Menschensprache, und doch für ihren Erreger und seinen Willen zeugt. Wir werden uns offenbart – und können es nicht aussagen, es sei denn, als ein Offenbartes."

Warum Buber Jungs modernen Gnostizismus für gefährlicher ansah als Heideggers moderne Magie, wird durch die abschließende Passage von Bubers Entgegnung auf Jung unmißverständlich deutlich:

> „Die Seelenlehre, die die Geheimnisse behandelt, ohne die Glaubenshaltung zum Geheimnis zu kennen, ist die moderne Erscheinungsform der Gnosis. Die Gnosis ist nicht als eine nur-histori-

sche, sondern als eine allmenschliche Kategorie zu verstehen. Sie – und nicht ein Atheismus, der, weil er Gottes bisherige Bilder verwerfen muß, ihn annihiliert – *ist der eigentliche Widerpart der Glaubenswirklichkeit*. Ihre moderne Erscheinungsform geht mich nicht bloß ihres massiven Anspruchs wegen spezifisch an, sondern insbesondere auch der von ihr als Psychotherapie gelehrten Wiederaufnahme des karpokratischen Motivs wegen, das Instinkte mystisch vergottet, statt sie im Glauben zu heiligen (kursiv von mir – M. F.)."

Das Problem, mit dem Buber Jung konfrontierte, war, einfach ausgedrückt, dies: Entweder ist die Wahrheit auf das Psychische reduziert und wird zur Tautologie, oder das Psychische wird zur Wahrheit erhoben und so zur falschen Hypostasierung. Denn Jung ist kein traditioneller Gnostiker, der an einen völlig transzendenten Gott glaubt, sondern ein *moderner* Gnostiker, dessen Bezugspunkt der Wirklichkeit die kollektive Psyche ist. Bei aller ehrfurchtgebietenden bestimmenden Qualität von Jungs kollektivem Unbewußten ist es dennoch ein Es und nicht ein Du. Es kann weder als Du angesprochen werden, noch kann man in wirklichem Dialog mit ihm leben und mit ihm ringen, wie man das mit dem transzendenten, aber gegenwärtigen Gott der hebräischen Bibel kann. Es hat sicher die Qualität eines Gegenübers; es kann nie mit der bewußten Person identifiziert werden oder auch nur mit dem persönlichen Unbewußten. Aber es gibt keine Gegenseitigkeit, kein Geben und Nehmen, keine Andeutung, daß Jungs Gott den Menschen genau für das Vorhaben braucht, für das er ihn geschaffen hat. In der Tat ist Jungs Gott nicht der Schöpfer, sondern ein Demiurg, der seinen Platz in einer größeren Ordnung findet, wie Zeus im griechischen Kosmos, denn Jungs letztendlicher Prüfstein der Wirklichkeit ist nicht der autonome Inhalt der unbewußten Psyche, den er Selbst nennt, sondern die unbewußte Psyche selbst. Die Stellung des Göttlichen im Unbewußten, wie archetypisch und universell verstanden auch immer, psychologisiert dennoch Gott und die Wirklichkeit und beraubt unsere Begegnung mit „den Dingen dieser Welt" jeglicher offenbarender Macht, außer der nachahmenden Reflexion unserer vergessenen und begrabenen inneren Wahrheiten. Hätte Jung die Psyche nicht als *den* ausschließlichen Prüfstein der Wirklichkeit geltend gemacht, hätte er einem Bereich, der zweifelsohne tiefe Bedeutung hat, ob es nun der Schatten, Animus, Anima, die große Mutter oder eines der anderen Lebenssymbole ist, die in unseren Tiefen schlummern, große Achtung geben können, ohne diesen Bereich zu einem gespiegelten platonischen Universalen zu machen und diese überlebensgroße Sphäre auf den nun leeren Thron des Absoluten zu erheben.

Bubers Kritik an Jungs modernem Gnostizismus ist eng verbunden mit dem Gegensatz von *Devotio* und *Gnosis*, den Buber in seiner reifen Darstellung der chassidischen Lehren betont hat. Den frühchristlichen und nicht-christlichen Gnostikern und den späteren, mit den Pseudomessianismen von Sabbatai Zwi und Jakob Frank verbundenen gnostischen Bewegungen im Judentum ist gemeinsam, daß die Lehre von der Aufgabe der Heiligung einer noch ungeheiligten Schöpfung ersetzt wird durch die Doktrin, daß innerhalb der Gemeinschaft der „Auserwählten" alles bereits heilig *ist.* Obwohl antinomischer Gnostizismus die Schöpfung im allgemeinen als radikal schlecht und nicht zu heiligen zurückweist, sieht er ihre Mitglieder, besonders die sogenannten Perfekten oder Auserwählten, als so heilig an, daß ihnen nicht nur erlaubt ist zu sündigen, sondern mehr noch, daß sie sündigen sollen, um die Sünde zur Heiligkeit zu erheben. In ihrer Auflehnung gegen die Unterscheidung zwischen Gut und Böse glaubten die radikalen Sabbataianer und Frankisten, daß sie das Böse tilgen könnten, indem sie so taten, als wäre es nicht böse, das heißt, indem sie eine zur Tat gegensätzliche innere Absicht der Reinheit bewahrten. Ihres exotischen Kostüms der sabbataianischen und frankistischen Orgien entkleidet, hat diese Illusion einen deutlich modernen Klang.

Diese dämonische „Begier, die Wirklichkeit zu überrennen", wie Buber es ausdrückt, ist nicht einfach das Ergebnis von Unglauben, sondern eine Krise in der Seele der Person, eine Krise der Versuchung, Freiheit und Unehrlichkeit. Die Faszination des Dämonischen in der modernen Literatur, die Tendenz vieler, Psychoanalyse oder „Psychodrama" zu einem Selbstverwirklichungskult zu machen, der illusionäre Glaube, daß persönliche Erfüllung durch die „Freisetzung" der eigenen tiefen, inneren Energien kommen kann und die spezifischeren Formen des modernen Gnostizismus wie die analytische Psychologie von Carl Jung, die die Beteiligung am Bösen als Weg zur Integration des Selbst und zur „Individuation" verteidigt – sie alle zeigen die besondere moderne Relevanz dieser Krise der Versuchung und Unehrlichkeit.

Buber sah im Chassidismus das Gegenmittel gegen das messianische Gift von Sabbatai Zwi und Jakob Frank, gerade wegen seiner Botschaft der „Heiligung des Alltags" – in der Arbeit für eine Erlösung, die zu keiner festgesetzten Stunde kommen kann, sondern nur im Beharren auf einem unsentimentalen Leben mit den konkreten Realitäten des Alltags. Dadurch verschärfte Buber zunehmend den Kontrast zwischen Chassidismus und der kabbalistischen Mystik, auf dem er basierte, und legte den Grundstein für die Idealtypen von *Gnosis* und *Devotio.* Frank wollte in die tiefsten Tiefen des Reichs der Sünde eindringen, um sie zu überwinden, um die Unreinheit mit der Stärke der Heiligkeit zu erfüllen, bis sie von innen aufbricht. Buber verstand das Anliegen von Franks

Revolte in ganz modernen Begriffen. Die Franksche Doktrin der „fremden Aktionen" und die chassidische Doktrin der „fremdartigen Gedanken" gingen von der gleichen gemeinsamen Voraussetzung aus:

> „Der Abgrund ist aufgebrochen, es geht für keinen Menschen mehr an, so zu leben, als ob es das Böse nicht gäbe. Man kann Gott nicht dienen, indem man dem Bösen nur ausweicht; man muß sich damit befassen ... Der Zersetzungsstoff ist, ohne daß es verspürt wurde, auch in die fernsten Glieder des Volkes eingedrungen, die anscheinend von dem Vorgang gar nicht berührt worden waren, und sogar, wer das Übel ingrimmig bekämpfte, mußte in der dunklen Tiefe der eigenen Seele, im Wirrsal der Träume seinen Angriffen standhalten."

Buber beschreibt das Gift als „Begier, die Wirklichkeit zu überrennen":

> „Statt von der Wirklichkeit aus zu leben, die grausamer Widersprüche voll ist, aber eben deshalb das wirklich Große, nämlich die stille Arbeit an der Überwindung der Widersprüche erweckt, ergibt man sich der Illusion, berauscht sich an ihr, unterwirft ihr das Leben, und in ebendem Maße, indem man dies tut, wird der Kern des Daseins brennend und unfruchtbar zugleich, er wird zugleich ganz erregt und an der bewegenden Kraft gelähmt."

Der sabbataianische Gedanke, man könne das Böse dadurch austilgen, daß man es ohne böse Absicht tue, brandmarkte Buber als „eine Illusion, denn alles, was der Mensch tut, wirkt auf seine Seele zurück, auch wenn er wähnt, sie schwebe über der Tat. ... Die Bereiche sind umgestürzt, alles greift in alles über, und die Möglichkeit ist mächtiger als die Wirklichkeit."

Die chassidische Lehre, die Buber dieser „Begier, die Wirklichkeit zu überrennen" entgegensetzte, war nicht neu, aber sie nahm eine tiefere, völlig moderne Bedeutung an. Mit dem chassidischen Heiligen der Welt ist kein „einmaliges messianisches Handeln gemeint, sondern ein Tun des Alltags, das die messianische Vollendung vorbereitet."

> „Die große Kawwana haftet nicht an irgendeiner Auswahl des Vorgeschriebenen; alles kann, mit ihr getan, das Rechte, das Erlösende sein. Jede Handlung kann diejenige sein, auf die es ankommt; entscheidend ist nur die Kraft und Konzentration der Heiligung, mit der ich sie tue."

„Wir sollen das Element, das sich unser bemächtigen will, in Substanz des wahren Lebens verwandeln." Buber unterschied diese chassidische Lehre von der psychoanalytischen Theorie der „Sublimierung der Libido", indem er darauf hinwies, daß letztere allein auf psychische Ereignisse begrenzt ist, während erstere wirklichen Kontakt mit anderen Wesen bedeutet. Buber übersetzte die Sprache des „bösen Triebes" in die moderne Sprache der Phantasie und Imagination, aber Imagination ist hier „kein freies Spiel der Seele, sondern jeweils eine faktische Begegnung mit faktischen Elementen des Seins, die außerhalb von uns sind." „Was wir lediglich in unserer Seele zu wirken vermeinen, wirken wir in Wahrheit am Schicksal der Welt."

Obwohl der Chassidismus wie der Sabbataianismus sich auf die Kabbala gründete, entnahm ersterer der Kabbala nur, was er „für die theologische Fundierung eines begeisterten und unexaltierten Lebens in der Verantwortung", für das einem anvertraute Stück der Welt brauchte. Aus unverbindlicher Geistigkeit gnostischer Lehren werden sie zu einem integralen Bestandteil authentischen Lebens. „An die Stelle esoterisch geregelter Meditationen ist die Aufgabe getreten, jede Handlung mit der Stärke des Vorsatzes zu erfüllen, nicht gemäß irgendwelcher Vorschriften, sondern als Antwort auf den Augenblick." Das Heilige erscheint nicht länger in der Abgesondertheit von Asketen, sondern in der Freude der chassidischen Führer und ihrer Gemeinden, und – was in alten kabbalistischen Kreisen undenkbar war – der „einfache Mensch", der Mensch der ursprünglichen *Devotio*, der weder rabbinische noch kabbalistische Gelehrtheit besitzt, wird in Ehren gehalten, weil er Gott mit seinem ganzen Wesen dient: „Wo der mystische Wirbel kreiste, dehnt sich nun der Weg des Menschen." „Die Devotio hat im Chassidismus die Gnosis absorbiert und überwunden", schloß Buber. „Solches hat immer wieder geschehen müssen, wenn die Brücke über dem Chasma des Seins nicht einstürzen sollte."

Im März 1956 schickte Leslie H. Farber, Fakultätsvorsitzender der Washington D. C. School of Psychiatry, eine formelle Einladung an Buber, die vierten jährlichen William Alanson White-Gedenkvorlesungen zu halten, und bat ihn, in ihnen seine philosophische Anthropologie und seine Beiträge zur Psychologie in den Mittelpunkt zu stellen. Er beschrieb die Washingtoner Schule als eine eklektische, für jede Kritik offene Gruppe, die besonders an Bubers Kritik an Freuds Theorien über das Unbewußte und über Träume, von denen ich Farber erzählt hatte, interessiert war. Farber beschrieb auch Harry Stack Sullivan, den Begründer der Washingtoner Schule und seine Theorie der interpersonellen Psychiatrie ausführlich, von der Farber zu Recht meinte, sie sei Bubers eigenem Ansatz nahe.

Im Februar 1957 informierte Farber Buber, daß eine private Stiftung zugestimmt hatte, 25 000 Dollar zur Verfügung zu stellen, um die Seminartreffen zu filmen, falls Buber dem zustimmen würde. Farber deutete auf die taktvollste Weise an, daß eine solche Aufzeichnung, obwohl er sich der möglichen Unbequemlichkeiten bewußt war, für viele Seminare und Universitäten auf der ganzen Welt, die sonst nie die Gelegenheit haben würden, den neunundsiebzigjährigen Buber zu hören und zu sehen, von großem Wert sein könnte. „Ja, ich glaube, ein solcher Film würde historische Bedeutung haben.“ Farber hatte Willard Van Dyke, Filmemacher der Dokumentationen *Der Fluß* und *Die Stadt*, gewinnen können, den Film zu drehen. Buber antwortete, daß er zu seinem Bedauern dieses Mal nein sagen müsse:

> „Es ist meine Erfahrung (jedenfalls meine Erfahrung mit mir selbst), daß Gefilmtwerden die Spontaneität des Dialogs beeinträchtigt, und was ich am meisten brauche, ist volle Spontaneität. Das war auch der Grund, warum ich es vor ein paar Tagen Dean Pike abgeschlagen habe, daß ein Gespräch mit mir vom Fernsehen aufgenommen wird. Ich bin sicher, Sie verstehen, daß die Ablehnung bestimmter moderner technischer Mittel in diesem Zusammenhang wesensnotwendig ist.“

Als Leslie Farber, Eugenia und ich ihn vom Flughafen in New York abholten, sagte er, daß er nicht einmal einer Tonbandaufzeichnung der Seminare zustimmen würde, und fügte hinzu: „In fünfundzwanzig Jahren wird niemand mehr wissen, wovon ich überhaupt spreche!“

In Chestnut Lodge traf Buber Frieda Fromm-Reichmann, deren Krankheit sie daran gehindert hatte, an den Seminaren teilzunehmen. Sie fragte Buber, ob sie mit ihm allein sprechen könne, und vertraute ihm in ihrem Gespräch ihre große, fast verzweifelte Einsamkeit an. Ein Jahr später starb sie. Als Leslie Farber ein oder zwei Jahre später für sie eine Gedenkvorlesung hielt, stellte er sie unter den Titel: „The Therapeutic Despair“ („Die therapeutische Verzweiflung“). Die Hauptaktivität in Chestnut Lodge war, dem langen Fallbericht einer der Psychiater, der selbst chassidische Vorfahren hatte, zuzuhören. Er hatte den Fall einer jungen Frau mit mystischen und poetischen Neigungen in der deutlichen Annahme ausgewählt, daß er für Buber von Interesse sei. Aber Buber sagte nur, ohne auf ihre Dichtung oder ihre Mystik Bezug zu nehmen: „Ich sehe in diesem Fall nicht die therapeutische Linie.“ War es nur eine Anpassung an die Gesellschaft, oder fand wirkliche Heilung in der Begegnung statt?

Der übergreifende Titel von Bubers vier Vorlesungen an der Washingtoner Schule lautete übersetzt: „Was kann philosophische Anthropologie zur Psychiatrie beitragen?“

Buber begann „Elemente des Zwischenmenschlichen“, seine zweite Vorlesung, mit der Unterscheidung zwischen dem *Sozialen* im allgemeinen und dem *Zwischenmenschlichen*; den letzteren Begriff hatte er fünfzig Jahre zuvor für das Sozialpsychologische gebraucht. Jetzt stellte er im Gegensatz dazu das „Zwischenmenschliche“ als die Sphäre heraus, in der Personen wirklich präsent sind oder bereit sind, füreinander präsent zu sein. Indem er auf diese Sphäre hinwies, wies Buber jene Existentialisten zurück, die versichern, der grundlegende Faktor zwischen Menschen sei, daß einer für den anderen ein Objekt ist, und er betonte auch, daß das Psychologische nur die verborgene Begleitung des Dialogs ist, dessen Bedeutung im „Zwischen" gefunden wird. Der wichtigste neue Beitrag dieser Vorlesung lag in der Unterscheidung zwischen „Sein" und „Scheinen", deren Dualität er als das wesentliche Problem der zwischenmenschlichen Sphäre ansah. Diese beiden sind Idealtypen, die gewöhnlich vermischt sind, deren Unterscheidung aber konzeptionell notwendig ist, um ihre anthropologische Wichtigkeit zu erkennen. Im „Sein" wie im „Scheinen" geht es darum, den anderen zu beeinflussen, aber beim „Sein" geht man von dem aus, *was man wirklich ist*, wogegen man beim „Scheinen" von dem *Eindruck, den man machen möchte*, den man bei der anderen Person durch das, was man zu sein scheint, geben will, ausgeht. „Auf die Authentizität des Zwischenmenschlichen kommt es an; wo es sie nicht gibt, kann auch das Menschliche nicht authentisch sein." Die Versuchung des Scheins entspringt unserem Bedürfnis, von anderen bestätigt zu werden, unserem Wunsch, daß der/die andere unsere Gedanken, was wir tun und was wir sind, gutheißen. Dieser Versuchung nachzugeben ist die eigentliche Feigheit des Menschen, ihr zu widerstehen sein eigentlicher Mut. Was Buber nicht akzeptierte, war die Vorstellung, daß jeder von Natur aus „Schein" ist, weder das Kind – „Ich habe keinen jungen Menschen gekannt, der mir hoffnungslos schlecht erschienen wäre" – noch die ältere Person, die Schicht auf Schicht des Scheins angesammelt hat, die, wenn überhaupt, nur mit großer Schwierigkeit zu durchdringen sind. „Der Mensch ist, als Mensch, erlösbar." Daß dies keinen leichtfertigen Optimismus ausdrückt, wird an Bubers Aussage deutlich, daß der größte Teil dessen, was heute unter Menschen Gespräch genannt wird, besser als Gerede zu bezeichnen wäre, wie das so eindrucksvoll in Tschechows Stück *Der Kirschgarten* dargestellt ist. Als Antwort auf Sartres Versuch, jeden Gedanken an einen Durchbruch als reaktionären Romantizismus zu brandmarken, machte Buber eine leidenschaftliche persönliche Aussage:

> „Wer wirklich erkennt, wie weithin sich unser Geschlecht von der wahren Freiheit, der freien Freigebigkeit von Ich und Du verloren hat, müßte, kraft des Auftragscharakters jeder großen Erkenntnis solcher Art, selber, und wäre es als der einzige auf Erden, Unmittelbarkeit üben und nicht von ihr lassen, bis die Spötter erschrecken und in seiner Stimme die der eigenen niedergehaltenen Sehnsucht vernehmen."

Der moderne Mensch versucht nicht nur das sogenannte Unbewußte, sondern auch den psychischen Strom selbst, der doch niemals als Objekt zu fassen ist, auseinanderzunehmen, um die vielschichtige Person auf eine handhabbare Gleichung zu reduzieren und das dynamische zentrale Prinzip aus einer genetischen Formel abzuleiten. „Eine radikale Entgeheimnissung wird heute zwischen Mensch und Mensch angestrebt. Die Personhaftigkeit, das unablässig nahe Mysterium, einst der Beweggrund der stillsten Begeisterungen, wird eingeebnet." Buber griff nicht die für die Geistes- und Sozialwissenschaften unentbehrliche analytische Methode an, sondern die Grenzübertretung, die das im wesentlichen unterschiedliche Wissen von der Einmaligkeit des Menschen beeinträchtigt. Das Gegenmittel gegen diese moderne Einstellung fand Buber in der „Realphantasie" – die „ein kühnes, fluggewaltiges, die intensivste Regung meines Seins beanspruchendes Einschwingen ins Andere" ist.

Die Hinwendung zum Partner wird frustriert, wenn einige der Anwesenden keinen aktiven Anteil nehmen, wie Buber durch eine Anekdote über ein Gespräch mit zwei Freunden illustrierte: Zwei am Gespräch beteiligte Männer gerieten durch die schweigende, aber einflußreiche Anwesenheit der drei Ehefrauen in ein Wortgefecht, in dem der erste seine gewöhnliche Gelassenheit und Stärke, mit der ein „Meister des Gesprächs" spricht, aufgab und statt dessen glänzte, kämpfte und siegte, während der andere Freund, ein Mann von edler Natur und objektiver Fairneß, „verlor". Die „Vorstellung" mag ein Erfolg gewesen sein, der Dialog jedoch war zerstört.

Bubers Unterscheidung zwischen existentieller Schuld und neurotischen Schuldgefühlen in seiner dritten William Alanson White-Vorlesung „Schuld und Schuldgefühle" bestand ebenfalls in der idealtypischen Unterteilung zweier Phänomene, die im Alltagsleben gewöhnlich gründlich und sogar auf verwirrende Art vermischt sind. Neurotische Schuld ist mit den Tabus, über die Freud und andere gesprochen haben, identisch, ob sie nun kulturelle Tabus sind oder jene, die durch den Einfluß des Ödipuskomplexes internalisiert sind. Solche „Schuld" wird ins Unbewußte verdrängt, wogegen existentielle Schuld erinnert wird, jedoch nicht als eine Schuld, für die man jetzt verantwortlich ist. Buber definierte existentielle Schuld als diejenige, die man als Person in einer persönlichen Beziehung auf sich lädt – mit anderen Worten: als die Verletzung, die man der gemeinsamen Existenzordnung zufügt. Diese „objektive" Schuld kann so lange nicht verstanden werden, wie man in den üblichen Begriffen von Individuum versus Gesellschaft denkt. Die meisten Menschen in unserer Kultur sind erst vor so kurzer Zeit von der durch soziale Tabus auferlegten Schuld befreit worden, daß sie dazu tendieren, sich gegen Bubers existentielle Schuld als nur eine andere Verkleidung für die alten Beschränkungen, die sie gerade abgeworfen haben, zur Wehr zu setzen. Darum ist Bubers Vorlesung „Dem Gemeinschaftlichen folgen" zum Verständnis von „Schuld und Schuldgefühle" wesentlich. Jene objektive Ordnung, die man verletzt – „die Ordnung, deren Grundlage wir als die Grundlage unserer eigenen und aller menschlichen Existenz kennen und anerkennen" –, ist nichts anderes als die aus der gemeinsamen Sprache, von der Buber in „Dem Gemeinschaftlichen folgen" spricht, aufgebaute gemeinsame Welt. Existentielle Schuld ist daher das Ergebnis einer Verletzung des Gemeinschaftlichen, die auch, aus demselben Grund, eine Verletzung der Authentizität der eigenen persönlichen Existenz ist. Daher ist es auch keine Frage von Gesellschaft, Religion oder platonischen Idealen, die einer Person von außen aufgezwungen werden, sondern der tiefsten Bedeutung zwischenmenschlicher persönlicher Existenz. Wir kennen dies aus den kleineren Gruppen, denen wir angehören, wie die Familie und die Gemeinde, denn wir wissen, was es bedeutet, eine solche Gruppe durch das, was wir tun oder versäumen zu tun, zu verletzen. Das Zwischenmenschliche ist nicht Harry Stack Sullivans „Interpersonelles", das genauso sehr Ich-Es wie Ich-Du ist, genauso unpersönlicher sozialer Sinn wie sinnvolle Reziprozität und Partnerschaft; aber es ist auch nicht einfach die Dyade von Ich und Du. Es ist die Gruppe, deren Mitglieder füreinander da sind.

Der Therapeut muß erkennen, daß es wirkliche Schuld gibt, die „grundverschieden von all den angsteinflößenden Popanzen, die in der Höhle des Unbewußten hergestellt werden", ist. Er darf zu diesem Wissen nicht aus irgendeiner religiösen Tradition kommen, sondern muß zulassen, daß sie immer neu aus der historischen und biographischen Selbsterfahrung der heute lebenden Generation erwächst, die weiß, in welchen Ausmaß wir schuldig geworden sind. „Unter der immer unwiderstehlicher werdenden Zucht dieses Wissens lernen wir neu, daß Schuld ist." Unsere Beziehung zu anderen zu verletzen heißt, an dieser Stelle die menschliche Seinsordnung zu verletzen. Es bedeutet auch, daß wir für diese Verletzung verantwortlich bleiben. „Kein anderer, als der die Wunde schlug, kann sie heilen."

Die Seminare wurden in der Domschule neben der Washington Episcopal Cathedral abgehalten. Prominente Psychoanalytiker der Washingtoner Schule, auch solche von so weit entfernt wie San Francisco, ein oder zwei Theologen, wie Bernard Mollegan vom Theologischen Seminar in Virginia, und einige Philosophen nahmen an der Gruppe teil. Während der Pause am letzten Abend sagte der bekannte Neuropsychiater David Rioch: „Jetzt werde ich Buber kriegen. Ich werde ihn nach Gott fragen." Als das Seminar fortgesetzt wurde, fragte David Rioch: „Was können Sie über Gott im Bezirk des Heilens sagen?" Buber ging zu Rioch hinüber, schaute ihn an und sagte:

> „In dem Augenblick, da der Name Gottes genannt wird, brechen menschliche Kreise in Personen auseinander, ohne es zu wissen. In diesem Augenblick wird die Gemeinschaftlichkeit des Denkens – das Faktum des Zusammen-Denkens – zerstört. Der Unterschied

> zwischen einer Welt mit Gott und ohne ihn ist so ungeheuer, daß die Diskussion über Gott trennend wirkt, außer in einer Gruppe, die durch echten gemeinsamen Glauben verbunden ist. Die Menschen sagen Gott, ohne die Wirklichkeit zu meinen, als die erhabene Konvention einer kultivierten Persönlichkeit."

Von allem, was Buber während seines ganzen Aufenthalts in Washington tat und sagte, beeindruckte seine Weigerung, über Gott zu sprechen, David Rioch am meisten!

Buber akzeptierte, was die moderne Psychologie mit dem Unbewußten meint, soweit es wirklich als eine verborgene Sphäre, die wirkliche Effekte zeitigt, genommen wird. Aber er wies die Ansicht Freuds, Jungs und der meisten anderen Psychoanalytiker über das Unbewußte zurück, daß nämlich das Unbewußte psychischer Natur ist. Statt dessen vertrat er die Idee, daß es gerade die Ganzheit der Person vor ihrer Trennung und Weiterentwicklung ins Physische und Psychische, „Körper" und „Seele", die äußeren Sinne und den inneren Sinn sei. Das impliziert, daß das Unbewußte nicht einfach eine psychische Tiefkühltruhe ist, in der Träume und Ideen sich in bereits psychischer Form aufhalten, bereit, an die Oberfläche zu tauchen, wenn die Verdrängung überwunden ist. Ein Traum ist eine Entwicklung eines Ereignisses im Unbewußten durch die Psyche, das wir in sich selbst niemals erkennen können. Mehr noch, seine Form und Bedeutung sind primär durch unsere interpersonellen und zwischenmenschlichen Beziehungen, deren wichtigste für den Therapiepatienten die zum Therapeuten ist, geformt. Buber erzählte einen Traum, in dem er einmal vorwärts ging und ein Wind ihm ins Gesicht blies. In seinem Traum sagte er zu sich selbst: „Ah, dies ist das andere Mal." „Ich empfand nicht nur die eine Zeitlinie, die von der Geburt zum Tod geht", erklärte er, „sondern auch, als ob es eine andere Zeitlinie gäbe, die auf mich zukommt, mich schlägt. Darüber nachdenkend, dachte ich: ‚Oh, es ist dasselbe mit dem Raum wie mit der Zeit.'" In Träumen, die wir erinnern, behauptete Buber, gibt es manchmal eine Unterbrechung von Räumen, das heißt, daß hier etwas geschieht, und dort sind andere Dinge, ohne sich zu vermischen. Hier sind sie sozusagen, zwei Ebenen, zwei Raumdimensionen finden statt, eine im Angesicht der anderen. Noch seltsamer sind Erscheinungen in der Zeit. Buber erzählte auch von einem Traum, der weiterging, bis er einmal im Traum fühlte: „Es ist nicht, wie es sein sollte – was nun?" Es war, als schreibe er eine Geschichte und denke daran, sie zu ändern. „Von diesem Augenblick an erschien die gleiche Szene wieder und wieder mit einigen Varianten. Schließlich gelang es mir, die letzte Szene zu verändern, und es ging weiter. Dies wiederholte sich viele Male." „Es gab eine Zeit in meinem Leben, in der ich sehr viel von Träumen wußte und dann weniger und weniger", sagte Buber, „und jetzt ist es nur Erinnern."

Buber sprach auch davon, in einem Zustand ungewöhnlicher Klarheit wach zu liegen, nachdem er geschlafen hatte. „Ich erinnere mich ... an Nächte von außergewöhnlicher Klarheit ohne Schlaf." In diesen Nächten findet eine Art der Problemlösung statt, die auch im Schlaf geschieht. „Es ist eine außergewöhnliche Wachheit – viel stärker als in der gewöhnlichen Welt. Es ist nicht Traum oder Schlaf." Dies mag ein Hinweis darauf sein, was für Buber die mystischen Stunden ersetzte, nachdem er sie aufgegeben hatte. David Rioch fragte Buber, ob er jemanden kenne, der eine solche Nacht der Klarheit gehabt hätte, ohne vorher emsig an einem Problem gearbeitet zu haben. „Ja, mich selbst", entgegnete Buber, „ein oder zwei Mal als Überraschung, als eine fortgesetzte Überraschung, und es bestimmte den Verlauf meines anderen Gedankens danach."

Buber erzählte von einem schizophrenen Freund, dessen Krankheit er über viele Jahre hinweg verfolgte. Der Mann hatte eine erstaunlich willensstarke Frau, die wollte, daß er sich ein für allemal erholen sollte. Sie besuchte ihn in jenen katatonischen Momenten, wenn er Haltungen, Positionen und Bewegungen einnahm, die einer normalen Person im allgemeinen unmöglich sind, und es gelang ihr tatsächlich, die gleichen Bewegungen wie er zu machen. Er ließ sie in seine besondere Welt, und sie verließ die Welt, die allen gemeinsam ist. In dem gleichen Maße, in dem er sie einließ, kam er selbst heraus. Fünfundzwanzig Jahre später besuchte der Mann Buber und sagte ihm, daß er seit einer Reihe von Jahren normal sei – ein von allen geachteter Universitätsprofessor –, wogegen seine Frau nicht mehr aus dem Haus zu gehen oder selbst am Tag das Bett zu verlassen wagte. Sie unterhielten sich mehrere Stunden lang, aber als Buber ging, erzählte der Professor Paula, daß er während des Krieges für die Briten sehr nützlich gewesen sei, weil seine Verbindung zu den Sternen ihm ermöglicht habe, ihnen zu sagen, wann die Kriegsflugzeuge der Nationalsozialisten kommen würden! Seine scheinbare Normalität war nur Anpassung und nicht die Heilung eines „verkümmerten Person-Zentrums". Später wurde er Professor in der Sowjetunion. Eines von dem, was Buber dann sagte und was mir immer im Gedächtnis geblieben ist, ist, daß die sogenannte normale Person die wirkliche Welt nicht deshalb der Welt des Schizophrenen vorzieht, weil es eine bessere Welt ist – die Welt des Schizophrenen mag besser sein –, sondern weil sie wirklich ist.

Buber sah für die Zukunft einen musikalischen Typus von Therapeut nahen, der nicht einfach den Theorien seiner oder ihrer Schule folgen, sondern „zuhörenden Gehorsam" praktizieren und die richtige Methode und Antwort für jede einzelne Person und jeden einzelnen Traum entdecken würde. Man würde ein Gedicht nicht nach der gleichen Methode interpretieren wie einen Roman, oder die Gedichte von

Keats nicht mit der gleichen Methode wie die Eliots, bemerkte Buber. „Der wirkliche Meister weiß dem Einzigartigen zu begegnen."

In der schwersten Krankheit, die im Leben einer Person manifest wird, manifestiert sich das höchste Potential in negativer Form. Wenn dem so ist, dann ist es nur der erste Schritt für die Therapeutin, die Person, *wie sie ist,* zu bestätigen. Sie muß die andere Person auch in ihrer dynamischen Existenz nehmen, in ihrer besonderen Möglichkeit. In der Gegenwart liegt verborgen, was *werden kann*. Die Möglichkeit des Patienten wird für den Therapeuten in dem spürbar, was dieser am meisten bestätigen würde. Als ich versuchte, die Implikationen dieses neuen Ansatzes zum Unbewußten zu verstehen, fragte ich Buber, ob, wenn das Unbewußte nicht eine psychische Sphäre *im Menschen* ist, es nicht vielleicht *direkteren* Kontakt mit und Anteil am Zwischenmenschlichen haben könnte als das psychische. Wenn dem so wäre, dann gäbe es eine unmittelbare Beziehung zwischen zwei Unbewußten anstelle einer, die durch die Psyche jeder Person gefiltert ist. Bubers Antwort bestätigte meine Einsicht:

> „Wenn das Unbewußte der Teil des Daseins einer Person ist, in dem die Bereiche von Leib und Seele nicht getrennt sind, dann bedeutet die Beziehung zwischen zwei Menschen die Beziehung zwischen zwei ungeteilten Existenzen. Da würde der höchste Augenblick der Beziehung das sein, was wir unbewußt nennen. Aber ‚das Unbewußte' sollte, mag und wird mehr Einfluß auf das Zwischenmenschliche haben als das Bewußte. Zum Beispiel beim Händeschütteln: wenn der wirkliche Wunsch besteht, in Berührung zu sein, dann ist der Kontakt weder körperlich noch seelisch, sondern eine Einheit aus beidem. Das Unbewußte als solches tritt nicht leicht in Aktion. Ich ziehe ein Wort zurück, du nimmst es an – das Unbewußte hat keine solchen Mittel zu seiner Verfügung. Immerhin, das Unbewußte führt manchmal zu einem halb artikulierten Ausruf, was alle vorbereiteten Wörter nicht können. In diesem Fall wird die Stimme das unmittelbare Instrument des Unbewußten."

Buber erzählte Farber, daß er als junger Mann hatte Therapeut werden wollen, aber die psychiatrischen Kliniken jener Zeit, in der die Patienten vor einem Publikum zur Schau gestellt wurden, abstoßend fand. Obwohl Buber einen anderen beruflichen Weg wählte, gewann er über die Jahre hindurch eine tiefe Einsicht in die Psychotherapie. Farber selbst bezeugt, daß er nie eine bessere Beschreibung von Manie gelesen habe als jene „Seinsentscheidung, ... die Flucht in den Wahn", von der Buber in *Gut und Böse* schreibt. „Soziale Pubertät" dauere viel länger, als die Leute denken, bemerkte Buber Farber gegenüber – manchmal bis zur Lebensmitte oder bis ins Alter. Buber sagte Farber auch, daß er Sullivans Ansatz zur Schuld oberflächlich finde. „Ich habe mich mein ganzes Leben lang mit Schuld auseinandergesetzt, während er Schuld nur als eine Form der Furcht behandelt.“ Freud kam Buber wie jemand vor, der vom Temperament her eher schweigsam war, und so erschien Buber Farber.

Buber sprach von Jung als jemandem, der eine nicht phänomenologische, sondern psychische Realität in seiner Behandlung des Unbewußten annahm. Dies erschien Buber unrechtmäßig. Aus der ständigen Lebenserfahrung kennen wir nur das Sein, welches das Physische und das Psychische umfaßt. „Die Annahme einer Psyche, die existiere, wie etwas im Raum existiert, ist entweder eine Metapher oder ein rein metaphysischer Grundsatz der Natur des Seins, für den es keinerlei Erfahrungsgrundlage gibt.“ Wenn Jung auch das Problem des Unbewußten falsch behandelte, so behandelte Freud es gar nicht. Buber sah Freud wie Marx als einen der großen Vereinfacher, das heißt als „jemand, der eine allgemeine Konzeption an die Stelle der immer erneuten Erforschung der Wirklichkeit setzt.“ Er behandelte einen neuen Aspekt der Wirklichkeit, als wäre er die Lösung für eines der Rätsel des Seins. „Fünfzig Jahre psychotherapeutischen Denkens haben auf dieser gefährlichen Art des Denkens aufgebaut. Nun ist diese Zeit zu Ende.“ Als wir zusammen nach Chestnut Lodge fuhren, sagte Buber zu mir: „Wenn Sie lange genug leben, und ich hoffe, Sie werden es, denn ich liebe das Leben, werden Sie eine Zeit erleben, in der Freud nicht mehr wichtig genommen wird.“ Er sagte voraus, daß es im einundzwanzigsten Jahrhundert vielleicht keine Psychiater und die in dieser Kennzeichnung implizite Trennung von Geist und Körper nicht mehr geben werde.

Eine Anzahl bekannter Gelehrter nahm an den Podiumsdiskussionen über Buber an der Universität Michigan im April 1957 teil, unter ihnen Kenneth Boulding, der Ökonom, Ross Snyder und Perry LeFevre von der Theologischen Fakultät der Universität Chicago und R. W. B. Lewis, der damals in Rutgers lehrte. Das bemerkenswerteste Ereignis während dieser Konferenz war der Dialog zwischen Buber und dem bekannten amerikanischen Psychologen Carl R. Rogers, dem Begründer des „nicht-direktiven“ oder „klientenzentrierten“ Psychotherapieansatzes. Es gab eine Reihe bemerkenswerter Ähnlichkeiten zwischen ihm und Buber, die während des Dialogs zutage traten, aber mit ihnen auch einige wichtige Unterschiede.

Der Dialog fand im Rackham-Auditorium der Universität Michigan vor einer Zuhörerschaft von vierhundert Leuten statt, mit der Auflage, daß es keine Fragezeit geben sollte. Buber stimmte der Tonaufzeichnung dieses Gesprächs zu, dessen Text daher wörtlich als Anhang zu *The Knowledge of Man* erhalten ist. Rogers' Eröffnungsfrage war amüsant, er fragte danach, „wie Sie so tief in zwischenmenschlichen Beziehungen leben und ein solches Verständnis des Menschen erlangen konnten, ohne Psychotherapeut zu sein." Buber beantwortete Rogers' Frage autobiographisch, indem er von der Zeit erzählte, als er an der „Psychiatrischen Klinik" Psychiatrie studierte. Am wichtigsten jedoch war sein Hang, jedem Menschen zu begegnen, etwas im anderen zu verändern und sich selbst auch von ihm verändern zu lassen. 1918, mit vierzig Jahren, wurde ihm bewußt, wie der Krieg ihn durch den Zwang zur „Realphantasie" beeinflußt hatte, und er stellte dies an seiner Reaktion auf Landauers Tod dar. Von da an fühlte er, insbesondere in seinen Begegnungen mit jungen Leuten, daß er mehr zu geben hatte als nur den Hang, Gedanken und Gefühle auszutauschen. „Ich hatte die Frucht einer Erfahrung zu geben."

Was in Bubers Dialog mit Rogers am klarsten zutage tritt, war seine Beschäftigung mit Situationen und ihren Grenzen, auch den Grenzen echten Dialogs. Dies führte zur ersten Auseinandersetzung zwischen ihnen. Rogers bestand darauf, daß es zwischen ihm und seinen Klienten völlige Gegenseitigkeit (Mutualität) gebe. „Ich vermute, Sie meinen, auf demselben Niveau zu sein", sagte Buber. „Aber da ist auch eine bestimmte Situation, die manchmal tragisch sein kann, sogar noch schrecklicher als das, was wir tragisch nennen. Sie *können* das nicht ändern." „Aus einer gewissen Fülle heraus", sagte Buber zu Rogers, „geben Sie ihm, was er braucht, um nur für diesen Augenblick mit Ihnen auf derselben Ebene sein zu können." Aber diese Situation dauert nicht einmal eine Stunde an, sondern Minuten; Minuten, die vom Therapeuten möglich gemacht wurden. An einem Punkt dieses Austauschs bemerkte Rogers: „Also nun frage ich mich, wer ist Martin Buber, Sie oder ich", worauf Buber entgegnete: „Ich bin sozusagen nicht ‚Martin Buber' in Anführungszeichen."

Im Nachwort zur zweiten Auflage von *Ich und Du*, das Buber im folgenden Jahr schrieb, erklärte er die „normative Beschränkung der Mutualität" in helfenden Beziehungen ausführlicher. „Wenn ein echter Psychotherapeut damit zufrieden ist, den Klienten nur zu ‚analysieren', d. h. aus seinem Mikrokosmos unbewußte Faktoren ans Licht zu holen und die durch ein solches Hervortreten verwandelten Energien an eine bewußte Lebensarbeit zu setzen, mag ihm manche Reparatur gelingen." Er mag einer diffusen und strukturarmen Seele helfen, sich zu sammeln und zu ordnen, aber er wird die Regeneration eines verkümmerten Person-Zentrums nicht bewerkstelligen. „Das vermag nur, wer mit dem großen Blick des Arztes die verschüttete latente Einheit der leidenden Seele erfaßt." Das ist in der Person-zu-Person-Haltung eines Partners möglich, der die Wirkung seiner eigenen Handlung an seinem eigenen Pol und „mit der Kraft der Vergegenwärtigung" am anderen stehend erfährt. „Wieder aber würde die spezifische, die ‚heilende Beziehung' in dem Augenblick enden, wo es dem Patienten ... gelänge, seinerseits die Umfassung zu üben" und das Ereignis auch vom Pol des Arztes zu erfahren. Das bedeutet nicht, daß der Student, Klient oder das Gemeindemitglied überhaupt nichts vom anderen als Person wahrnimmt. Mutualität des Kontakts und Mutualität des Vertrauens sind vorhanden sowie auf beiden Seiten ein Gefühl dafür, wo der andere herkommt. Aber die Verantwortlichkeit und das Interesse ist von beiden Partnern auf die Erziehung oder Heilung des einen, dem geholfen wird, und nicht an die des Helfers gerichtet.

„Wenn man in die tiefsten Tiefen des Individuums eindringt, ist das gerade der Aspekt, dem man am meisten vertrauen kann, daß er konstruktiv oder auf Sozialisierung oder die Entwicklung besserer zwischenmenschlicher Beziehungen gerichtet ist", sagt Rogers im weiteren Dialog. „Was Sie sagen, dem man vertrauen kann ... steht in polarer Beziehung zu dem, was in diesem Menschen am wenigsten Vertrauen verdient", sagte Buber. „Wenn ich ihn weiter und tiefer erfasse als zuvor, ... erkenne ich, wie das Schlechteste und das Beste in ihm voneinander abhängig sind ... Mag sein, daß ich ihm gerade dadurch helfen kann, daß ich ihn befähige, die Beziehung zwischen diesen Polen zu verändern. Die Pole sind nicht Gut und Böse, sondern Ja und Nein, Annahme und Ablehnung ... Vielleicht können wir sogar die richtungsgebende Kraft in ihm stärken, denn diese Polarität ist oft richtungslos." Jede existentielle Beziehung beginnt damit, den anderen so zu akzeptieren, wie er ist, sagt Buber. Aus diesem Grund *kann es nicht* eine „unbedingte positive Bejahung von allem, was er sagt, tut und ist", sein. Bestätigen bedeutet, die gesamte Potentialität des anderen zu akzeptieren und sogar einen entscheidenden Unterschied in seiner Potentialität zu machen. Wir können im anderen die Person erkennen, die zu werden er *erschaffen* wurde, und wir können ihn in Beziehung zu dieser Potentialität, die mit ihm gemeint ist, bestätigen, so daß sie auf die Wirklichkeit des Lebens antworten kann. „Nur durch meine Liebe, die dich annimmt, entdecke ich, was du zu werden bestimmt bist." Buber sagte, daß er Fälle erlebt habe, in denen er dem anderen gegen sich selbst helfen mußte, ihm helfen mußte, seine einzigartige persönliche Richtung zu finden.

> „Wissen Sie, das erste von allem ist, daß er mir vertraut. Ja, das Leben ist für ihn grundlos geworden; er kann nicht auf festem Boden gehen. Er hängt sozusagen in der Luft. Und was will er? Er will jemanden, dem er nicht nur vertrauen kann, wie einer dem anderen vertraut, sondern jemanden, der ihm jetzt die Sicherheit vermittelt, daß es einen Boden gibt, daß es eine Existenzmöglichkeit gibt. Die Welt ist nicht verdammt zu Entbehrung, Entartung, Zerstörung. Die Welt kann erlöst werden. Ich kann erlöst werden, weil

es dieses Vertrauen gibt. Wenn dies erreicht ist, kann ich diesem Menschen sogar bei seinem Kampf gegen sich selbst helfen. Aber das kann ich nur, wenn ich zwischen Akzeptieren und Bestätigen unterscheide."

Nach dem Gespräch sagte Buber mir: „Ich bin sehr schonend mit ihm umgegangen, ich hätte viel schärfer sein können." Aber er sagte auch, daß Rogers sich wirklich selbst als Person eingebracht habe und deshalb ein wirklicher Dialog zustande gekommen sei. Er strich tatsächlich in der Folge den letzten Absatz in seinem Manuskript „Elemente des Zwischenmenschlichen", in dem er behauptet hatte, daß es unmöglich sei, einen öffentlichen Dialog zu führen.

Das letzte Hauptereignis während Bubers zweitem Besuch in den Vereinigten Staaten war ein Seminar über biblischen Glauben an der Columbia-Universität, das von Jacob Taubes für den Mai 1957 arrangiert worden war. Das Seminar beschränkte sich auf Fakultätsmitglieder einer Reihe von Universitäten und Colleges um New York City herum. Reinhold Niebuhr, James Muilenburg, Joseph Campbell, Walter Kaufmann, Malcolm Diamond, Michael Wyschogrod und eine ganze Anzahl anderer hervorragender Gelehrter aus verschiedenen Fächern waren zugegen. Buber beschäftigte sich mit der Interpretation einer Anzahl Verse, besonders aus dem Neuen Testament. An einer Stelle merkte er an, daß die Matthäuspassage, die direkt auf den Vers: „Seit den Tagen von Johannes dem Täufer haben die Menschen versucht, das Königreich Gottes mit Gewalt zu erobern" folgt, ihm nicht echt erschien. Nach dem Grund gefragt, sagte Buber: „Es ist nur mein eigenes subjektives Gefühl." Als einige ihn weiter drängten, äußerte er schließlich: „Ich höre nicht die Stimme Jesu darin." Daraufhin wurde James Muilenburg rot im Gesicht, schlug auf den Tisch und sagte: „Das ist reine Subjektivität!" „Aber das sagte ich Ihnen ja", sagte Buber sanft.

Michael Wyschogrod, ein orthodoxer jüdischer Professor der Philosophie, der sehr an Kierkegaard und Heidegger interessiert war, vermutete eine Verbindung zwischen dem Holocaust und dem geistigen Bruch, der im Judentum seit der Erleuchtung entstanden war und einen so schrecklichen Abfall hervorgebracht hatte. Buber ging zu Wyschogrod hinüber und sagte, jedes Wort betonend, mit äußerstem Ernst zu ihm: „Ich könnte nicht an einen Gott glauben, der sechs Millionen Menschen wegen ihrer Sünden zum Tode verurteilen würde." Ein anderes Mal während des Seminars fragte Joseph Campbell Buber: „Ist dieser Gott Israels derselbe wie Shiva?" Buber, der Campbell und sein Interesse an universalen mythologischen Motiven nicht kannte, antwortete, daß nur Gott die Religionen aus ihrem Exil befreien und alle Bilder Gottes einschmelzen könne zu dem einen bildlosen Gott. Später erzählte ich Buber von Campbells universalistischem Ansatz zur Religion (er hatte *The Masks of Gods* noch nicht geschrieben, aber sein Ansatz war mir aus seinem Buch *The Hero with a Thousand Faces* und aus den Jahren meiner Bekanntschaft mit ihm als Kollege am Sarah Lawrence College gut bekannt) und daß Campbell einige Bücher von Heinrich Zimmer, dem deutschen Gelehrten für indische Religion, redigiert hatte. „Ah, ich wußte es", rief Buber aus, meinend, daß er gespürt habe, von woher Campbell kam. Er und Paula unterhielten sich freundschaftlich über Zimmer, den sie kannten und der die Tochter von Bubers Freund Hugo von Hofmannsthal geheiratet hatte.

Buber wurde im Frühjahr 1958 im Rahmen eines Forschungsstipendiums nach Princeton eingeladen, eine Einladung, die zu seiner dritten und letzten Reise in die USA führte. Im Dezember antwortete er auf die zahllosen Einladungen zu Vorträgen und Seminaren, während er in Princeton war: „Ich habe eine Unmenge von Arbeit in Princeton zu tun und kann nicht eine Woche lang oder so für ein Seminar fortgehen. Princeton bedeutet für mich Stille und Arbeit, mit sehr wenigen und kurzen Unterbrechungen." Er stimmte einem öffentlichen Vortrag für Princeton und einem am Union Theological Seminary in New York zu, aber lehnte darüber hinaus alle anderen Einladungen ab. Eine Einladung, die Buber annahm, kam von mir im Namen der amerikanischen Freunde von Ihud, einer Gruppe, deren Vorsitz ich seit 1956 geführt hatte.

Im August 1956 schrieb ich Buber und Ernst Simon und drückte ihnen gegenüber meine Besorgnis über den, wie es mir schien, vorherrschend antizionistischen Ton im Exekutivkomitee der „amerikanischen Freunde" von Ihud, einer israelischen Organisation, deren Mitglieder treue Zionisten waren, aus. Dies lag mir besonders am Herzen, denn ich war von Anfang an gebeten worden, Vorsitzender der Organisation zu werden, und hatte diese Position angenommen. Das Programm der amerikanischen Freunde von Ihud war untadelig. Aber die praktische Arbeit, auch unseres Exekutivkomitees, gab mir zuzeiten das Gefühl, als wären wir in der Tat dem amerikanischen Judenrat mit seiner starken antizionistischen Position näher als der Ihud, etwas, das vielleicht durch die Politisierung und Polarisierung der Frage in Amerika unausweichlich war, wo es 1956 undenkbar erschien, daß Menschen sowohl Zionisten sein und sich um arabisch-jüdische Wiederannäherung bemühen konnten – wie Magnes, Buber, Smilansky, Simon, Henrietta Szold und andere Führer der Ihud in Israel. Bubers Antwort war unzweideutig:

> „Das Problem, das Sie mir vorgelegt haben, hat nur eine mögliche Lösung. Die Freunde von Ihud als solche dürfen sich in ihren politischen Erklärungen nicht von denen von Ihud unterscheiden. Eine amerikanische Gesellschaft zur Förderung der Freundschaft zwischen Juden und Arabern oder dergleichen kann öffentlich sagen, was immer sie sagen will, aber eine Gesellschaft, die den

> Namen Ihud verwendet, ist in besonderer Weise gebunden und in besonderer Weise verantwortlich. Für mich jedenfalls ist bezüglich dieses Punktes keine Diskussion möglich. Ich werde ihn ausdrücklich beim nächsten Treffen unseres Vorstands vorbringen."

In seinem nächsten Brief, nach dem Treffen mit dem Ausschuß von Ihud, schrieb Buber mir, daß Ernst Simon sich mit mir in Verbindung setzen würde, wenn er in New York sei: „Was er sagt, ist auch in meinem Namen gesagt."

Die amerikanischen Freunde von Ihud beschlossen, eine große Feier zur Erinnerung an den zehnten Todestag von Judah Magnes und zu Ehren von Bubers achtzigstem Geburtstag zu veranstalten, während sich Buber im Frühjahr 1958 in Amerika aufhielt. Der Anlaß des Treffens war, Geld für *Ner* zu sammeln. Buber hatte zugesagt zu sprechen, obwohl er mir im Januar 1958 schrieb: „Ich habe den Eindruck, Sie glauben, daß ich bei dem Ner-Treffen einen Vortrag halten kann. Ich kann nichts vorbereiten, aber ich bin bereit, frei auf alles, was Sie oder irgend jemand sagen oder fragen will, zu antworten." Dies war nicht möglich, denn das Treffen wurde vor mehreren tausend Leuten in der Community Church von New York abgehalten. Roger Baldwin sprach, auch Erich Fromm, beides Mitglieder unseres Vorstands. Bubers Rede dauerte fast eine Stunde und war ein ambitionierter Versuch, einen Überblick über die gesamte zionistische Bewegung zu geben, die gespalten war in jene, die Zion mit diplomatischen Mitteln erreichen wollten, und solche, die, wie Buber und seine Freunde, an eine organische Kolonisation *und* an gute jüdisch-arabische Nachbarschaft und Zusammenarbeit glaubten. Im Verlauf dieses Überblicks deutete Buber an, daß *einige* Juden in Palästina sich entschieden hatten, Hitlers Methoden zu benutzen – bei ihren Versuchen, Zion aufzubauen, ihr Vertrauen auf die Macht zu setzen anstatt in den Geist. Diese Passage wurde von der jüdischen Presse in Amerika und in Israel aufgegriffen und stark kritisiert. Auf seiner Rückreise nach Jerusalem informierte Buber mich im Juli 1958 aus Soglio in Italien:

> „Ich bin von einigen israelischen Zeitungen wegen der Hitlerpassage in meiner Rede vehement angegriffen worden, und sie wurde sogar falsch zitiert. Aber ich habe jetzt gesehen – zu spät, das ist mein Fehler –, daß der Text des Rundschreibens etwas irreführend ist. Wie konnte ‚die Mehrheit des jüdischen Volkes' selbst nach Hitlers Niederlage glauben, daß er das, was er tat, ‚straffrei' tat? Es ergibt keinen Sinn. In meinen Aufzeichnungen finde ich den folgenden Satz: ‚In der Hitlerzeit sah die Mehrheit des jüdischen Volkes, daß Millionen von Juden straffrei umgebracht wurden, und ein gewisser Teil [des jüdischen Volkes] machte sich die Doktrin

> zu eigen, daß die Geschichte nicht den Weg des Geistes, sondern den Weg der Macht geht.'"

Buber schickte dem Herausgeber von *Ha'aretz*, die ihn nicht angegriffen hatte, eine „Richtigstellung", in der er auch sagte: „Ich muß hinzufügen, daß jener Teil des jüdischen Volkes seine Meinung selbst nach Hitlers Niederlage nicht geändert hat. Ich wende mich jetzt wie damals mit aller Kraft gegen jene, die an die Lehre glauben: ‚Nicht durch Geist, sondern durch Macht', und danach handeln."

Später, nach weiterem Nachdenken, fühlte Buber sich verpflichtet, für die amerikanische jüdische Presse „eine klare und präzise Darstellung meiner Ansichten zum Problem der Entwicklung der zionistischen Bewegung und besonders ihrer Krise in den Tagen Hitlers und den Konsequenzen dieser Krise bis in die heutige Zeit" niederzuschreiben. Wie tief Buber diesen Fehler des Bezugs auf Hitler empfand und wie persönlich er ihn nahm, drückte er in demselben Brief aus, in dem er es als das erste wirkliche Altersversagen ansah.

> „Die Verwirrung, die ich mit der Hitlerpassage bewirkt habe, tut mir leid; ich verstehe nicht genau, wie das geschah. Mein Herz kann sich davon nicht erholen, denn hier ist, soweit ich sehe, das erste negative Anzeichen des Alters, und ich hatte gehofft, verschont zu bleiben. Ich bin gerne alt, ich mag die seltsamen Erfahrungen des Alters, ich mag sogar die Last und die Schwierigkeiten, aber ich hasse es, Verwirrung zu verursachen."

Nach dem Treffen der amerikanischen Freunde von Ihud zu Bubers achtzigstem Geburtstag nahm ich naiverweise an, daß ich durch einen Rücktritt als Vorsitzender zur Sprache bringen könnte, was ein zunehmend zentrales Thema zu sein schien (die wachsende Vorherrschaft von Antizionisten im Exekutivkomitee). Ich erwähnte dies informell gegenüber Don Peretz, der es dem Exekutivkomitee berichtete und sich selbst an meiner Stelle auf einer Versammlung, die ohne mich abgehalten wurde, zum Vorsitzenden wählen ließ. Simon beschwerte sich bei mir und sagte, daß er seit über dreißig Jahren für die Ihud und ihre Vorgängerin gearbeitet habe, und Buber selbst nannte es einen irrationalen Akt auf meiner Seite. Es war sicherlich ein naiver Schritt, aber innerhalb weniger Monate forderte die Ihud offiziell von den amerikanischen Freunden, daß diese vom Gebrauch des Namens Ihud Abstand nähmen, da die Organisation nach meinem Rücktritt immer offener antizionistisch wurde. Es ist nicht leicht, in Amerika (oder Israel) auf dem schmalen Grat zu gehen!

Während der Jahre 1956 und 1957 arbeitete ich mit Buber an der Bearbeitung und Übersetzung von *Pointing the Way*, der die meisten, aber nicht alle Aufsätze aus seiner deutschen Sammlung *Hinweise* enthielt, sowie einige andere. Einer lautete „Die Lehre des Tao" (1911), den ich in Kapitel drei besprochen habe. Das Vorwort zu *Hinweise* enthielt die Aussage: „Von den ältesten sind nur solche aufgenommen, zu denen ich in der Hauptsache auch heute noch stehe." Ich wies Buber darauf hin, daß er das nicht wirklich über „Die Lehre des Tao" sagen könnte, denn dort betonte er noch eine „Einheit", die nicht wirklich mit seiner Philosophie des Dialogs zu vereinbaren war. Ich schlug vor, er solle einen Zusatz zum Vorwort schreiben, in dem er erklärte, warum er dennoch dachte, daß er diesen Artikel mit hineinnehmen sollte. „Das Vorwort soll wirklich erklären, was Sie andeuten", schrieb Buber mir im August 1956. „Die ‚Einheit', von der der Tao-Aufsatz spricht, ist nicht die Einheit des Seins, sondern die des Einen, ‚das notwendig ist', aber Sie haben recht darin, daß der Artikel zu ‚mystisch' ist." Buber schrieb in der Tat ein völlig neues Vorwort, in dem er erklärte, daß er nicht alles aus „Die Lehre des Tao" bestätigen könne, daß er es jedoch einbezogen habe, weil es zu jenem „mystischen Stadium ... [gehört], das ich durchlaufen mußte, bevor ich in eine unabhängige Beziehung zu dem Sein treten konnte."

Das echte ekstatische Erleben, das gewöhnlich dem Glauben an eine Einheit des Selbst mit dem Alles-Selbst zugrunde liegt, führt die Person, die diesen Glauben hat, dazu, das alltägliche Leben entweder als eine Verdunklung oder als eine Vorbereitung auf das wirkliche Leben zu sehen. Anstatt ihre ganze Existenz, so wie sie sie lebt, von den Stunden seliger Verzückung bis zu denen der Mühsal und Krankheit zur Einheit zu bringen, flieht sie ständig in das abgehobene Gefühl der Einheit des Seins, erhoben über das Leben. In diesen „höheren Stunden" schweigt der große Dialog zwischen Ich und Du; „nichts als ihr Selbst existiert, welches sie als das Selbst erlebt. Dies ist sicher eine höhere Form der Untreue, aber es ist dennoch Untreue." Jetzt wies Buber auf das „einzig Erforderliche" nicht als das geeinte Leben des „zentralen Menschen" von „Die Lehre des Tao", sondern „dem Sein, in und vor das ich gestellt bin, treu zu sein."

Ursula Niebuhr, die Frau Reinhold Niebuhrs, erzählte mir ein belustigendes Nachspiel zu dieses Ereignissen. Am selben Morgen, an dem Reinhold Niebuhrs Besprechung von *Pointing the Way* in der *New York Times Book Review* (im Frühjahr 1958) erschienen war, kam Buber gerade zum Frühstück zu den Niebuhrs (Niebuhr war damals am Institute for Advanced Studies). In der allgemein günstigen Besprechung unternahm Niebuhr alle Anstrengungen, „Die Lehre des Tao" als Beweis für eine nachwirkende Mystik anzugreifen, die Buber nicht hatte überwinden können. Als Martin Buber mit der Besprechung in der Hand hereinkam, wandte er sich sofort an Niebuhr, der ihn überragte. Buber legte seinen Zeigefinger auf Niebuhrs Bauch und sagte anklagend: „Sie haben mein Vorwort nicht gelesen!“ „Das stimmt“, gab Niebuhr zu. „Ich habe das Vorwort nicht gelesen.“

Als Martin und Paula Anfang März 1958 in New York ankamen, holten Eugenia und ich sie im Wagen von Kitty McCaw ab. Kitty, die fuhr, war meine Studentin am Sarah Lawrence College und promovierte später in Philosophie an der Northwestern University. Sie bat Buber, sich mit ihr und einigen anderen Mitgliedern des Philosophischen Seminars, dem sie vorstand und für das ich der Fakultätsberater war, zu treffen.

Ich traf mich regelmäßig während mehr als zwei Monaten mit sechs jungen Frauen des Philosophischen Seminars, die alle ausgezeichnete Studentinnen waren und die ich aus der Zusammenarbeit in meinen Klassen zwei oder sogar drei Jahre lang kannte. Ich versuchte, ihnen klarzumachen, daß Buber nur auf „wirkliche Fragen“ antworten würde, und sie versuchten gewissenhaft, sich auf das Treffen vorzubereiten. Dennoch verstanden sie nicht, wie konkret Buber ihre Fragen wollte, bis sie eine Weile mit ihm zusammen gewesen waren. Manchmal interpretierte ich eine Frage, denn dies waren Studentinnen, die ich sehr gut kannte, und ich fürchtete, ein Mißverständnis könnte die Diskussion auf ein falsches Gleis bringen. Buber wollte diese Hilfe nicht unbedingt, so lernte ich völlig unerwartet etwas über Dialog und Dialektik auf einer tieferen Ebene, als ich hätte voraussehen können. Jede der sechs äußerte, ohne daß Buber in irgendeiner Weise danach gefragt hätte, nicht nur ihre Frage, die sie vorbereitet hatte, sondern auch die konkrete Erfahrung, die dahinter stand und zu der Frage geführt hatte. Obwohl ich sie und auch ihr Denken gut kannte (viele waren nicht nur meine Studentinnen, sondern ich war auch ihr Studienberater), waren diese Erfahrungen völlig neu für mich. Eine der Antworten Bubers gab eine neue tiefere Einsicht in das Problem von Versuchung und Schuld. „Wenn man versucht ist“, sagte er, „ist die Wahl nicht zwischen schuldig werden und nicht schuldig werden, sondern zwischen der Versuchung nachgeben oder dem Erreichen einer völlig neuen Stufe, auf der man noch nie gewesen ist.“

Paula war eine starke Frau, die eine enorme Menge physischer und intellektueller Arbeit auf sich nahm. „Sie war zu stark. Sie war eine Wikingerin!“ sagte Bubers Sekretärin Margot Cohn zu mir. Einmal, als Paula sich an einer schweren Truhe verhoben hatte, so erzählte mir Buber, hatte sie sich geweigert, irgendwelche Ärzte aufzusuchen, denn sie vertraute ihnen nicht. Als Buber mir im Juli 1958 aus Soglio in Italien von dem Artikel zur Korrektur der Hitler-Passage in seiner Ansprache bei den amerikanischen Freunden von Ihud schrieb, sagte er, er hoffe, nach einem Aufenthalt in Zürich und Venedig am 4. August zu Hause zu sein. „Wenn wir nach Israel zurückkommen, ist die Kriegsgefahr vielleicht schon unmittelbar geworden", fügte er hinzu. Am 2. August berichtete er aus Venedig: „Meine Frau ist hier vor einigen Tagen krank geworden (eine Thrombose, aber anscheinend keine schwere), und wir, ich und meine Tochter, die von einer Griechenlandreise hierherkam, um uns zu treffen, haben sie in ein Krankenhaus auf dem Lido gebracht. Meine Tochter bleibt dort bei ihr, und ich bleibe in einem nahegelegenen Hotel." Er sagte auch, daß das nächste Schiff von Venedig nach Haifa am 30. August abfahren würde, „und wir werden mit ihm reisen." „Ich will versuchen, so gut ich kann meine Arbeit fortzuführen." Am 13. August schrieb er aus Venedig:

> „Meine Frau starb vor zwei Tagen. Ihr starkes Herz widerstand zunächst der neuen Blutung und der Pulmonitis tagelang, bis es keinen Widerstand mehr leisten konnte. Wir haben sie auf dem alten Friedhof der jüdischen Gemeinde hier auf dem Lido, der voller Bäume ist, begraben, ich und meine Kinder. Einige Tage vor ihrem Tod äußerte sie plötzlich: ‚... das Grab von Platen [dem deutschen Dichter] in Syrakus ...' Wir kehren am Freitag, dem 15. nach Israel zurück."

Im August 1958 veröffentlichte Hugo Bergmann im *Mitteilungsblatt* der zentraleuropäischen deutschsprachigen Juden in Israel einen Artikel über Paula Buber, in dem er von ihrem großen Einfluß sprach, den sie dabei gehabt hatte, Buber zu helfen, dem übermäßig ästhetischen und unverbindlichen Leben seiner Jugend zu entkommen. Er schloß:

> „Paula Buber war anders, als wir es sind. Aber wenn sie, wie sie es oft mit Selbstverständlichkeit in ihrer Sprache tat, sagte, ‚wir Juden', dann fühlten wir uns bestätigt. Wir machten es ihr unter uns nicht einfach. Wir lernten nicht immer, was wir von ihrer großen, reinen, soliden, kritischen, aber immer zutiefst aufrichtigen Persönlichkeit zu lernen hatten. Sie ging unbeirrt ihren eigenen Weg."

Im September schrieb Buber und dankte Eugenia und mir „für Ihre guten Worte, die mir gut getan haben. Die Struktur meines Lebens ist so gründlich zerbrochen worden, daß ich alle Pläne für Vorträge in Übersee, München eingeschlossen, aufgegeben habe." Der Hinweis auf München bezog sich auf seine Vorträge über die Sprache mit Martin Heidegger an der Bayerischen Akademie der Schönen Künste, die seit mehr als einem Jahr geplant waren. „Ich habe bis jetzt nicht arbeiten können, aber ich habe mir vorgenommen, übermorgen zu beginnen", fügte Buber hinzu. „Ich will mit der Neuschrift der sieben Kapitel von Antworten für die *Philosophen des 20. Jahrhunderts,* die ich in Princeton entworfen habe, beginnen, und ich werde Ihnen eine Kopie zuschicken." Er mußte auch die letzten Kapitel, das über die Bibel eingeschlossen, sowie die Antworten für die *Review of Metaphysics* schreiben und nachdem er alle Antworten beendet hatte, „die Autobiographie, eine ziemlich kurze". In den nächsten zwölf Tagen folgten sechs weitere Briefe, und im letzten sagte er: „Arbeit ist die einzige irdische Hilfe in meiner gegenwärtigen Situation." Im Oktober schrieb Buber: „Meine Arbeit ist jetzt eine Art ‚gehen gegen den Wind'."

Aus New York schrieb der Philosoph Hans Jonas an Buber, nachdem er von Paulas Tod erfahren hatte: „Niemals habe ich eine perfektere Zweiergemeinschaft von Menschen gesehen, die blieben, was sie sind, während sie einander bestätigten. Daß die Wahl der Jugend sich so beweisen kann und im Laufe der Zeit an Wahrheit gewinnt – solcher Erfolg ist der höchste Tribut des Glücks der ursprünglichen Begegnung ... Es war immer schön, Sie beide zusammen zu sehen ... Der Segen der unendlichen Gemeinschaft, die Sie beide miteinander teilten, muß Ihre gegenwärtige Einsamkeit durchdringen."

Im Februar 1959 sandte Buber eine gedruckte Botschaft von Jerusalem an die Tausenden von Menschen, die ihm zu Paulas Tod geschrieben hatten, in der er sagte, daß er krank gewesen sei und erst jetzt seinem Herzensverlangen nachkommen könne und allen Freunden und ihrem Vertrauten danke,

> „die mir in der dunkelsten Stunde meines Lebens ihre Hilfe, ja ihren Trost geschenkt haben. Denn es war eine Hilfe zu erfahren, wie die große Gegenwart des einen Menschen, dem ich mich für immer versprochen habe, sich in alle Seelen verwoben hat und in ihnen überdauert. Sie sprach zuweilen von dieser irdischen Unsterblichkeit, und diese ist in der Tat die einzige, die wir mit unserer erdgebundenen Vorstellungskraft begreifen können. Sie alle, die Sie mir davon Nachricht gebracht haben, empfangen Sie den Dank eines Menschen, der allein, aber nicht verlassen ist!"

1961 schrieb Buber als Vorwort zu *Geister und Menschen*, seiner eigenen Auswahl aus drei von Paulas Geschichtensammlungen, einen kurzen Artikel, in dem er sie als „‚die gesegnete Frau', die sich in die Brüchigkeit des Menschenhauses wagte", beschrieb. Sie war eine Erzählerin, für die Bilder Ereignisse wurden und die „den Elementargeistern, die nur die kosmische, schicksalslose Zeit kennen, von unserer Menschenzeit, ihr, zu der die dunklen Fäden unseres Nachwissens um unsere Geburt sich mit den noch dunkleren unseres Vorwissens um unserem Tod verweben."

19. Kapitel

Antworten an Kritiker: Buber und Scholem

(1956–1963)

1956 erhielt ich einen Brief von Paul Arthur Schilpp, dem Begründer und Herausgeber der bekannten Reihe *Philosophen des 20. Jahrhunderts*, in dem er mich fragte, ob ich bereit wäre, als „ein Werk der Liebe" die Redaktionsarbeit des *Martin Buber*-Bandes auf mich zu nehmen. Zur gleichen Zeit stimmte ich zu, eine „Philosophische Befragung" Bubers für eine von den Philosophen Sydney und Beatrice Rome herausgegebene Reihe durchzuführen, die ursprünglich zur Veröffentlichung in einer Ausgabe von *The Review of Metaphysics* bestimmt war. In der „Befragungsserie" des *Review of Metaphysics* richtete eine Reihe von Philosophen kurze Fragen an einen Philosophen; der leitende Herausgeber wählte die Beitragenden aus, redigierte und leitete ihre Fragen weiter.

Fritz Kaufmann, ein Phänomenologe aus Freiburg, der zu jener Zeit an der Universität von Buffalo lehrte, war bis zu seinem frühzeitigen Tod 1958 mein Hauptberater bei der Bearbeitung des ersteren Werkes. Im April hatte Kaufmann bei der Kongregation Habonim in New York eine schöne Ansprache unter dem Titel „Baeck und Buber" auf Deutsch gehalten, die ich später für die Veröffentlichung in *Conservative Judaism* ins Englische übersetzte: „Im Meer des Leidens, das das Judentum umgibt, sind Baeck und Buber, besonders für die deutschen Juden, die festen Säulen einer im Leiden geheiligten Gemeinschaft geworden und geblieben." Kaufmann charakterisierte Baeck und Buber als *Zaddikim*, ein jeder auf seine Art Wächter und Repräsentant des Bundes. Am wertvollsten in Kaufmanns Rede war die Aufrichtigkeit, mit der er durch das öffentliche Bild zu Buber, dem Menschen, vordrang und erkannte, daß Einsamkeit viel mehr sein Schicksal wurde, als es für Baeck der Fall war. „Der Silberbart des Weisen bedeckt den wunden Streifen des Mundes. Das nächtliche Ringen wird als Erfolg genommen. Aber soweit es ein Sieg ist, ist es ein Sieg in Spannung mit Niederlagen." Buber hat uns gelehrt durchzuhalten, immer unsicher und ungewiß. Buber selbst aber, gab Kaufmann zu verstehen, ist einsamer als die, die er lehrte. „Er geht auf einem schmalen Grat, der Pfad nur erleuchtet von unerwarteten Blitzstrahlen der Begegnung mit dem ewigen Du ... Dies ist notwendigerweise ein harter, im wesentlichen einsamer Weg." Im unbestechlichen Blick von Bubers suchendem Auge liegt die Gefaßtheit desjenigen, der sich den etablierten Gesetzen nicht anpassen kann, weil er der Forderung der Stunde offen und gehorsam sein will. „Aber darin ist auch die Traurigkeit der Verlassenheit, die von dem empfunden wird, der sich darein schickt, daß das Wesen der anderen im Kern nur anders ist – bereits Rosenzweig ängstigte dieses Gefühl von Distanz –, und der von denen, die ihm nahe stehen mit einer Art tragischer Haßliebe angegriffen wird, während die entfernter stehenden seine Anhänger sind."

Anfang 1957 begann Buber mit der Vorbereitung einer neuen deutschen und englischen Ausgabe von *Ich und Du*. Er bat mich, für ihn eine Liste der Fragen zu *Ich und Du* aufzustellen, von denen ich glaubte, daß sie sich den Menschen am häufigsten stellten; und um diese Fragen anzugehen, schrieb er, was er zunächst als Vorwort gedacht, dann aber zum Nachwort gemacht hat. Obwohl Buber nicht willens war, die Ich-Du-Beziehung zur Natur aufzugeben, erkannte er, daß es für den Leser verwirrend sei, und sagte sogar zu mir, daß er, könnte er *Ich und Du* noch einmal schreiben, versuchen würde, ein anderes Vokabular zu finden, um die Unterschiede deutlich zu machen. In seinem Nachwort unterteilte er die Beziehung zu der Natur in eine liminale oder Schwellenbeziehung mit Tieren, denen die Qualität der Spontaneität mit uns gemeinsam ist, und eine präliminale oder Vorschwellensphäre, die von den Steinen bis zu den Sternen und Planeten reicht. Der Mensch erhält von den gezähmten und manchmal auch von den ungezähmten Tieren eine oft erstaunlich aktive Erwiderung auf seine Anrede, „und zwar im allgemeinen eine um so stärkere und direktere Erwiderung, je mehr sein Verhältnis ein echtes Du-Sagen ist." Obwohl Pflanzen nicht in diesem selben Sinne „erwidern" können, gibt es eine Reziprozität des Seins als *seiend.* „Unsere Denkgewohnheiten erschweren uns die Einsicht, daß hier, durch unser Verhalten erweckt, vom Seienden her etwas uns entgegen aufleuchtet." Dies ist das „Schenkende in den Dingen", von denen Buber in *Mit einem Monisten* sprach und die ich in meinem Kapitel über Bubers „Wissenstheorie" in *The Life of Dialogue* als den Einschlag der Anderheit ansprach.

Das Nachwort zu *Ich und Du* enthält einen sehr wichtigen Abschnitt über das Verhältnis zwischen unserer Beziehung zur „absoluten Person" und unserer Beziehung zueinander:

> „Nun aber meldet sich, unter Berufung auf den allbekannten Inhalt des Begriffs Person, der Widerspruch an. Zu einer Person, erklärt er, gehöre doch wohl, daß ihre Eigenständigkeit zwar in sich

> bestehe, aber im Gesamtsein durch die Pluralität anderer Eigenständigkeiten relativiert werde; und das könne selbstverständlich von Gott nicht gelten. Diesem Widerspruch entgegnet die paradoxe Bezeichnung Gottes als der absoluten Person, d. h. der nicht relativierbaren. In die unmittelbare Beziehung zu uns tritt Gott als die absolute Person. Der Widerspruch muß der höheren Einsicht weichen.
> Gott nimmt – so dürfen wir nun sagen – seine Absolutheit in die Beziehung mit auf, in die er zum Menschen tritt. Der Mensch, der sich ihm zuwendet, braucht sich daher von keiner anderen Ich-Du-Beziehung abzuwenden: rechtmäßig bringt er sie alle ihm zu und läßt sie sich ‚in Gottes Angesicht' verklären."

Gott ist in seinem essentiellen Sein keine Person, dennoch ist er *auch* eine Person, dadurch daß er „in schaffenden, offenbarenden, erlösenden Akten zu uns Menschen in eine unmittelbare Beziehung tritt und uns damit ermöglicht, zu ihm in eine unmittelbare Beziehung zu treten. Dieser Grund und Sinn unseres Daseins konstituiert je und je eine Mutualität, wie sie nur zwischen Personen bestehen kann." Gott ist jedoch keine relativierbare Person, sondern die *absolute* Person, deren Sprache an uns das, was im Leben eines jeden einzelnen von uns geschieht, durchdringt; sie „macht es für dich und mich zur Weisung, zur Forderung." „Die Existenz der Mutualität zwischen Gott und Mensch ist unbeweisbar, wie die Existenz Gottes unbeweisbar ist", schloß Buber und fügte mit einem klaren Gedanken an jene Leser, die nach seinem Tod zu *Ich und Du* kommen würden, hinzu: „Wer dennoch von ihr zu reden wagt, legt Zeugnis ab und ruft das Zeugnis dessen an, zu dem er redet, gegenwärtiges oder zukünftiges Zeugnis."

Im Dezember 1960, zwei Jahre vor der deutschen Veröffentlichung des Buber-Bandes der *Philosophen des 20. Jahrhunderts*, wurden Bubers endlich fertiggestellte „Autobiographische Fragmente" in einer separaten deutschen Weihnachtsausgabe des Verlags unter dem Titel *Begegnungen*, unter dem sie später auch auf Englisch erschienen, veröffentlicht. Sie wurden schnell zu einem von Bubers nachhaltigen kleinen Klassikern. Im Jaspers-Band der *Philosophen des 20. Jahrhunderts* nimmt die Autobiographie 250 Seiten dicht geknüpfter persönlich-intellektueller Geschichten ein. Buber dagegen kam, selbst mit drei Anhängen, auf weniger als fünfzig Seiten. „Diese ‚Ereignisse und Begegnungen' sind im reinsten Sinne des Wortes ‚Lehre' und vielleicht am Ende die wirklichste Lehre, die Buber uns hinterlassen hat", schrieb ich in meiner Einführung zur englischsprachigen Ausgabe der *Begegnungen*. „Einige der grundlegendsten, von Buber hart erkämpften Einsichten sind in ihnen wie eine Goldader im Marmor enthalten. Sie warten darauf, von denen herausgelöst zu werden, die mit ihnen ringen und streiten, bis sie sich gezwungen sehen, ihr Geheimnis preiszugeben." Im März 1961 benachrichtigte Hermann Hesse Buber, „mit wie großer Teilnahme, Freude und Bewegung" er *Begegnungen* gelesen und wieder gelesen habe. „In Ihrer Begegnung fand ich einige Gestalten und Erlebnisse von ähnlicher Strahlungs- und Überzeugungskraft, wie etwa in Frankenbergs Leben des Jakob Böhme." Im September 1963 nahm Buber auf Anregung von Hans Fischer-Barnicol eine Radiosendung „Autobiographische Fragmente" auf, die von vielen deutschen Radiostationen gesendet und nach Bubers Tod wieder ausgestrahlt wurde. Zusätzlich zu den deutschen und englischen Ausgaben wurden Ausgaben der *Begegnungen* in Holland, Israel und Japan veröffentlicht.

Obwohl Buber die Beiträge zum Band der *Philosophen des 20. Jahrhunderts* schätzte, sie so sorgfältig, wie er konnte, beantwortete und gewissenhaft versuchte, alle Mißverständnisse zu klären, bemerkte er einmal, daß die Beiträge des Bandes die ganze Bandbreite möglicher Mißverständnisse seines Denkens repräsentierten! Eine der traurigsten „Vergegnungen" war die zwischen Buber und Charles Hartshorne, dem bekannten amerikanischen Prozeßphilosophen, der einen Artikel über „Bubers Metaphysik" für den Band verfaßt hatte. Hartshorne hatte immer gesagt, Buber sei kein Metaphysiker, aber er hielt ihn für einen der „Guten" (das heißt der Panentheisten) und ordnete ihn in seinem Buch *Philosophers Speak of God* dieser Kategorie zu. In der Tradition Platos und Whiteheads behauptete Hartshorne, daß Gott, wenn er absolut sei, nicht in der Beziehung enthalten sei, und wenn er in der Beziehung enthalten sei, nicht absolut sein könne. In der Mitte des Aufsatzes bemerkte er, daß ihm Bubers Metaphysik sehr gefalle, und fügte ehrlich hinzu: „Eine für mich keineswegs absonderliche Auffassung, da es mir gelungen ist, meine eigenen Lehren in Bubers Text hineinzulesen." Aber Bubers „absolute Person" steckte ihm in der Kehle. Als Buber seine Entgegnung schrieb, sagte er, daß er Hartshornes Interpretation seiner metaphysischen Position nicht als seine eigene anerkennen könne, und fügte hinzu:

> „Weil ich von Gott sage, er trete in eine Beziehung zur menschlichen Person, soll Gott nicht absolut, sondern relativ sein! Das wird mit dem Satz begründet, das Relative ‚hänge davon ab, was es im Verhältnis zu einem anderen ist.' Als ob ein absolutes Wesen beziehungslos sein müßte!
> Ich gestehe, daß ich mit dem Begriff einer ‚relativen Vollkommenheit' nichts anzufangen weiß; auf mich wirkt er bei jeder neuen Prüfung gleich unakzeptabel. Und wenn ich vollends höre, ‚das göttliche Wesen' sei nichts anderes als Gottes ‚Idee von einer Individualität', merke ich wieder einmal, wie schwer es für mich ist,

> mit einem modernen Metaphysiker eine gemeinsame Sprache zu finden."

„Sie beginnen, lieber Hartshorne, mit dem Satz, ich sei kein Metaphysiker und einer der größten Metaphysiker", schrieb Buber am Schluß seiner kurzen Entgegnung. „Nach aufmerksamem Lesen Ihres Aufsatzes bin ich noch weit stärker als am Anfang der Lektüre überzeugt, daß wir nur die erste Hälfte des Satzes zur Grundlage eines Einvernehmens machen können." So distanzierte sich Buber von allen Metaphysikern, die sich vorstellen, Gott müsse unter Aristoteles' Satz vom Widerspruch subsumiert werden, wie Bubers Freund, der Philosoph Leo Schestow es so treffend ausdrückt.

Im Vorwort zum *Martin Buber*-Band der *Philosophen des 20. Jahrhunderts* wies ich darauf hin, daß Schilpps Buchreihe Bubers Philosophie des Dialogs besonders angemessen sei, weil sie anderen Philosophen die Möglichkeit gebe, den Philosophen noch zu seinen Lebzeiten zu befragen und ihm Gelegenheit zur Antwort zu geben.

> „So bringen sie in die kritische Dialektik, die ja seit eh und je den philosophischen Austausch kennzeichnet, die Elemente eines Dialogs, in welchem gegensätzliche Denker in fruchtbaren Kontakt miteinander kommen. Denn der ‚in Frage gestellte' Philosoph muß sich bemühen, die Fragenden von ihrem eigenen philosophischen Standpunkt aus zu verstehen und sie gleichzeitig auf jene Mißverständnisse aufmerksam zu machen, die sich etwa daraus ergeben, daß sie seine Philosophie nicht von seinem eigenen Ursprung her betrachten."

Es war angemessen, wenn die Herausgeber Walter Kegley und Charles Bretall, die einmal an Buber herangetreten waren, aber ihr Anliegen nicht weiterverfolgt hatte, einen Band ihrer Reihe *The Library of Living Theologians* Paul Tillich widmeten, wogegen Buber in der Schilpp-Reihe erschien. Obwohl Tillichs Denken eine gewisse Systematik aufwies, die Bubers Denken in dieser Form nicht enthielt, besteht kein Zweifel daran, daß Tillich in erster Linie Theologe, Buber hingegen Philosoph und philosophischer Anthropologe war.

Bubers Beitrag zu den *Philosophical Interrogations* stellt eine unschätzbare Ergänzung zu den längeren Aufsätzen und *Responsa* in dem Band *Die Philosophie Martin Bubers* dar. Tatsächlich ermöglichten die kurzen Fragen und direkten Antworten der Befragungen einen authentischeren Dialog als die traditionelle Essayform und die systematisierten *Responsa* des umfangreicheren Bandes.

Die „Philosophische Aufrechnung", die Buber an den Anfang seiner „Antworten an meine Kritiker" stellte, ist eine wichtige allgemeine Antwort und zugleich ein Zeugnis, das durch die spezifischeren Fragen der *Befragungen* nicht hätte beschworen werden können. In der Zurückweisung an jene, die ihn gerne als Philosophen, Theologen oder in den Begriffen einer anderen traditionellen Kategorie gesehen hätten, erklärte Buber sich für „einen atypischen Menschen", der in den Jahren 1912 bis 1919 zu einem auf der Basis der eigenen Erfahrungen gelebten Lebens herangereift war und „unter der Pflicht gestanden [hatte], den Zusammenhang der damals gemachten, entscheidenden Erfahrungen ins menschliche Denkgut einzufügen, aber nicht als ‚meine' Erfahrungen, sondern als eine für andere und auch für andersartige Menschen gültige und wichtige Einsicht." Diese Mitteilung mußte eine philosophische sein, die das Einmalige und Besondere auf das „Allgemeine" bezieht, was von jeder Person in ihrer eigenen Existenz entdeckt werden mußte. „Ich mußte aus dem Ich-Du und als Ich-Du-Erfahrenen ein Es machen." „Ich bin überzeugt, daß es allen von mir geliebten und verehrten Philosophen nicht anders ergangen ist. Nur daß sie sich, nachdem sie die Transformation vollzogen hatten, der Philosophie tiefer und völliger ergaben, als ich es vermochte oder als es mir gestattet war."

Buber sah Vernunft in die große Glaubenserfahrung, die er gelebt hatte, eingeschlossen und zugleich als einen der Glaubensträger, der als vertrauenswürdiger Betreiber wirken kann: „Es liegt ihm ob, ... zu logisieren, es liegt ihm ob, den inneren Widerspruch fernzuhalten; aber es darf der Konsistenz nichts von jener Wirklichkeit selber opfern, auf die hinzuzeigen die geschehene Erfahrung befahl." Diese Weigerung, sich der autokratischen Form anzupassen, in der Vernunft gewöhnlich aber nicht erscheint, bedeutete, daß Bubers Glaubensmitteilung zu Recht eine theologische genannt werden kann, denn Theologie ist eine Lehre über Gott, selbst wenn sie eine negative ist. „Ich aber bin durchaus nicht befähigt noch auch befugt, so oder so von Gott zu lehren. Gewiß, wenn ich das Faktum Mensch zu erklären versuche, kann ich nie außer acht lassen, daß er, der Mensch, Gott gegenüber lebt", fügte Buber hinzu, „aber ich kann Gott selber an keinem Punkte in meine Erklärungen einbeziehen, ebensowenig wie ich das mir unzweifelbare Wirken Gottes in der Geschichte aus ihr herauslösen und zum Gegenstand meiner Betrachtung machen könnte. Wie keine theologische Weltgeschichte, so kenne ich auch keine theologische Anthropologie in diesem Sinn –, ich kenne nur eine philosophische." Bubers Denken leitete sich nicht aus etwas Traditionellem her, so wichtig auch das theologische Element in seiner Wissenschaft und seinem Berichten war, sondern aus seiner eigenen Glaubenserfahrung. Seine Philosophie diente nicht einer Reihe von offenbarten Lehrsätzen, sondern „einem erfahrenen, einem wahrgenommenen Verhalt, den mittelbar zu machen sie eingesetzt worden ist. Ich bin nicht bloß an die philosophische Sprache, ich bin an die philosophische Methodik gebunden", ja an eine Dialektik, die mit dem Beginn philosophischen Denkens unvermeidbar geworden ist. Wenn er den Namen Gott nicht durch ein allgemeines Konzept ersetzte, dann nicht, weil er mit Heraklit übereinstimmte, der es für unstatthaft hielt, einfach nur „Zeus" zu sagen, sondern weil er, anders als Tillich, keine Doktrin eines *Urgrundes* anzubieten hatte. „Ich habe nur für jene Begegnung zu zeugen, in der alle Begegnungen mit anderm gründen, und begegnen kannst du dem Absoluten nicht."

Buber wies in seiner „Philosophischen Aufrechnung" auch darauf hin, er habe niemals behauptet, inneres Leben und Denken bestehe ausschließlich aus Ich-Du und Ich-Es: „Jede wesenhafte Erkenntnis ist in ihrem Ursprung Kontakt mit einem Seienden und in ihrer Vorstellung Besitz eines Begriffsbestandes." Das Kontinuum zwischen Ursprung und Vollendung kann jedoch nicht in das eine oder das andere unterteilt werden, denn es ist eine noetische Bewegung von einer persönlichen Begegnung zu einer faktischen Wissensstruktur, in dem die beiden Grundworte [Ich-Du und Ich-Es] kooperieren:

> „Das authentische Philosophieren stammt immer neu aus Fulgurationen des Du-Verhältnisses, die noch keinerlei ‚objektive' Erkenntnis gewähren. Nun vollzieht sich die Umsetzung in die gefügte Forderung des Es, und am Ende mag, wenn ein rechter Werkmann am Werk war, der Quadernbau des Systems stehen ... Die feurige Spur der ursprünglichen Fulgurationen ist unauslöschlich, ... dem eindringenden Genesis-Blick manifestiert jede kühne metaphysische Setzung ihren Ursprung in einer Begegnung der erkennenden Person mit einem Seinselement, das sich ihr in der Gestalt von ihr lebensmäßig Begegnendem kundtut."

Buber nahm für sich jedoch nicht „den Quadernbau des Systems" in Anspruch, denn das Thema, das er entwickeln mußte, war nicht zur Entwicklung eines umfassenden Systems geeignet. Er mußte eine vernachlässigte, unklare Grundwirklichkeit sichtbar machen und seine Lehre auf das, worauf sie hinwies, beschränken. Er konnte nicht über das Sein philosophieren, sondern nur über die menschliche, zwiefältige Beziehung zum Sein. Daher mußte sein Philosophieren im wesentlichen ein anthropologisches sein und mit der Frage beginnen, wie der Mensch möglich ist. Dafür war eine kompakte Struktur geeignet, aber keine, die alles verband. Selbst Bubers Philosophie muß daher unter das Hinweisen subsumiert werden, von dem er im Vorwort zu *Gog und Magog* sprach. Buber sagte in seinen „Antworten": „Ich zeige etwas an der Wirklichkeit, was nicht oder zu wenig gesehen worden ist. Ich nehme ihn, der mir zuhört, an der Hand und führe ihn zum Fenster. Ich stoße das Fenster auf und zeige hinaus. Ich habe keine Lehre, aber ich führe ein Gespräch." Anders als die großen Systematiker behauptete Buber nicht, daß die Erfahrung, auf die er seine Philosophie gründete, etwas anderes als eine begrenzte war. Aber er wies jeden Versuch, diese Erfahrung als „subjektiv“ zu bezeichnen, zurück.

Bubers Weigerung und Unfähigkeit, ein totales philosophisches System zu konstruieren, kennzeichnet seine wirkliche Modernität, denn sie erwuchs aus seiner Erkenntnis der Gültigkeit und Grenzen seiner Philosophie als auf die Wirklichkeit Weisender. In beiden Werken, dem *Martin Buber*-Band der *Philosophen des 20. Jahrhunderts* und *Philosophical Interrogations,* erkannte Buber die Kontinuität des Ich an, das sich vom anderen ablöst, und dem Ich, das sich ihm zuwendet, aber er wollte diese Selbstbewußtheit nicht als „ein isoliertes Ich, das weder einem Du noch einem Es gegenübersteht“, sehen. Während der berühmte französische Philosoph Emmanuel Levinas diese Selbstidentifikation als Quelle der „Zufriedenheit“ ansah, sah Buber sie auch als Quelle „des tiefsten Leidens, dessen wir fähig sind“ und deutete dunkel an, daß diese Polarität der Gefühle „uns auf eine tiefe Dualität zurückverweist, von der ... meine Philosophie vielleicht nur das Vordergründige, das wir erfassen können, manifest macht.“ Buber traf eine von ihm für wichtig erkannte grundlegende Unterscheidung zwischen „dem ersten ‚aufblitzenden‘ Selbstbewußtsein und dem zweiten ‚erarbeiteten‘“, in dem das Selbst sich selbst zum Objekt wird. Er verneinte den Anspruch des israelischen Philosophen Nathan Rotenstreich, daß das erste Auftauchen des Ich das Zentrum der Existenz ist, betrachtete es statt dessen als eine Aura um das Zentrum herum und sah Reflexion, die auch Rotenstreich betonte, als ein Spiel von Scheinwerfern, die die Aura beleuchten. Wie das Es ist Reflexion notwendig, aber nicht hinreichend für erfüllte menschliche Existenz: „Ohne sie würde es das uns bekannte Menschenwesen nicht geben; zu seinen Urphänomenen gehört sie nicht.“ Personen müssen für eine persönliche Begegnung gegenwärtig sein, aber entwickeltes Bewußtsein des Ich und seine reflektierende Elaboration sind nicht wesentlich: „Ich sehe, daß Sokrates reflektiert, ich sehe nicht, daß Franziskus es täte; beider Beziehungen zu diesem und jenem Schüler sind echt personhafte.“

In seinen „Antworten“ kommentierte Buber bekümmert „die Psychologie der Mißverständnisse“, die er anhand von Rotenstreichs Behauptung illustrierte, seine Aussage in „Zwiesprache“, „der wirkliche Glaube fängt da an, wo das Nachschlagen aufhört“, bedeute, daß er einen leeren, formalen Dialog ohne wirklichen Inhalt verfechte. „Aber es ist für mich von Wichtigkeit, daß der Dialog einen Gehalt habe“, entgegnete Buber; nur gehört dieser Inhalt nicht zu den einzelnen Wörtern im Wörterbuch, wo die Sprache uns nur ihre allgemeine Anwendbarkeit zeigt, sondern vielmehr zum Wort in seinem lebendigen Kontext in Gespräch, Poesie, Gebet und Philosophie. Je konkreter und konkretisierender das Wort, desto mehr wird es dem Einzigartigen, dem Werdenden und dem Geformten gerecht. Buber leugnete nicht, daß Inhalte im allgemeinen erlauben, gültige und verbindliche Feststellungen zu übermitteln, „aber dabei geht das Eigentliche, das seinem Charakter nach Einmalige verloren." Diese letzteren Inhalte sind nicht kodifizierber; selbst die universalsten Gebote nehmen unvorhersehbare Interpretationen an, die die Situation selbst liefert.

Bubers Antwort auf Kritiken seiner Kategorie des „Zwischen" lautete, daß sie für lange Zeit im Ungewohnten bleiben werden müsse – „aber ich glaube nicht, daß der Menschengeist sie auf die Dauer entbehren kann." Aber auch dies ist nur ein Hinweisen. Gefragt, wie er von Liebe als von der Existenz des/der Geliebten zeugend sprechen könne, konnte Buber nur von direkter und indirekter Erfahrung Zeugnis dafür ablegen, daß die große Liebe zu einem tatsächlich existierenden Wesen sich von der poetischsten, berückendsten Phantasie oder Vorstellung qualitativ unterscheidet, weil sie die andere gänzlich so akzeptiert, wie sie ist, was letztere nicht tun kann. Im philosophischen wie im theologischen Austausch blieb Bubers Zeugnis ein leidenschaftliches.

Bubers Antworten auf seine Kritiker nahmen einen wichtigen historischen Unterton an, als Ernst Simon Rosenzweigs Kritik an *Ich und Du*, es werde dem Es nicht gerecht, zustimmend zitierte, denn Buber gebe uns hier schriftlich die Antwort, die er Rosenzweig wahrscheinlich mündlich gegeben hat: „In der Tat, es wird ihm nicht gerecht ... In einer anderen Stunde wäre es mir vermutlich gestattet gewesen, den Ruhm des Es zu verkünden; heute nicht: weil ohne eine Wendung des Menschen zu seinem Du keine Wende seines Schicksals kommen kann." Dies bedeutete in keiner Weise, daß Buber die Wissenschaft mit ihrem sogenannten objektiven Wissen nicht schätzte. Die Wissenschaft stellt für uns die orientierende Verbindung zur Raum-Zeit-Sphäre her, in der wir leben, und ohne sie wäre die Überlieferung eines artikulierten Wissens von Generation zu Generation nicht möglich. Unsere gegenwärtigen Weltbilder bauen sich auf der gegenwärtigen wissenschaftlichen „Position" auf. Mehr noch, Buber erkannte ein Verhältnis – „eines, das für mich immer geheimnisvoll bleiben wird" – zwischen dem Grundlagenwissen der Mathematik und dem Sein selbst, auf dem der Triumph des überlieferten Wissens des Menschengeschlechts von Euklid bis Einstein basiert. Aber er weigerte sich, Wissenschaft ausschließlich als Bereich des Es zu sehen. Was ein selbständiger Forscher in seinen Kontakten mit dem Einzigartigen entdeckt, hat immer noch die wesentliche Struktur einer Ich-Du-Beziehung: eine Person und eine Gegenwärtigkeit, der diese Person gegenübersteht – noch nicht Objekt, der Kontakt des Einzigartigen mit dem Einzigartigen, vor aller Umsetzung in das Allgemeine. Der Forscher muß von Zeit zu Zeit radikal vor der konkreten Wirklichkeit stehenbleiben, um allgemeine Einsichten oder exakte

Formeln zu gewinnen. „Aber am Anfang seines Weges wird er immer wieder vom Genius der Begegnung geführt, bis dieser Genius ihn sicher dem verläßlichen Geist der Objektivierung übergeben kann."

Wissenschaft ist jedoch in der Arbeit des wahren Therapeuten oder Erziehers nur eine Hilfe, keine verläßliche objektive Technik. In den Händen einer Person ohne wahre Berufung werden Psychologie oder Pädagogik täuschen und in die Irre führen. Die von den verschiedenen therapeutischen Schulen entwickelten Methoden können, das hängt vom Therapeuten ab, zur Heilung oder zur Zerstörung benutzt werden. „Außerhalb der Verantwortung, die von einer verantwortungsvollen Person geübt wird, haben ‚normative' Verallgemeinerungen, die im Namen der Wissenschaft gemacht werden, keine Bedeutung für mich."

Diese Einschränkung bedeutete keineswegs, daß Buber irgendeine hypothetische, perfekte, mit Ich-Es unvermischte Ich-Du-Beziehung suchte. „Ich bin überhaupt nicht an Perfektion interessiert", entgegnete Buber auf eine Frage von Malcolm Diamond, aber die Ich-Du-Beziehung muß verwirklicht werden, wo das möglich ist und wo das Leben der Menschen davon bestimmt und geformt wird. „Denn ich glaube, daß sie die Welt umwandeln kann … in etwas sehr viel Humaneres … als das, was heute existiert." Wirkliche Personen können am Leben der jeweils anderen teilhaben, nicht nur im Raum, auch in der Zeit, wenn sie zum Beispiel zu gleicher Zeit aneinander denken. Aber sie tun dies nur durch ihre Unterschiede, durch die Einzigartigkeit jeder Person.

Selbst in der Auseinandersetzung mit der Wissenschaftstheorie gelang es Buber, sehr konkret zu bleiben. So benutzte Buber das Beispiel eines Kindes, das einem englischen Hütehund in die Augen blickte: das Kind blieb stehen, legte seine Hand auf den Kopf des Hundes und rief ihn bei einem Namen, den es gerade erfunden hatte. „Als das Kind später zu Hause zu erinnern versuchte, was an dem Hütehund besonders gewesen war, gelang ihm das ohne Ideen oder Kategorien; es brauchte sie nur, als es den Vorfall seinem besten Freund erzählen mußte." Die „Wahrheit", die man durch solche Konzeptionalisierung und dialektisches Folgern gewinnt, ist nur eine Vorbereitung und eine Übung. Sie gewinnt ihre Authentizität nur, wenn sie aus dem Bereich der Konzepte in den der Begegnung heraustritt.

> „Innere Widersprüche sind hier nicht weniger möglich als in einer sokratischen Philosophie, und mit ihm, der mir ernsthaft einen solchen Widerspruch aufzeigt, setze ich mich ernsthaft damit auseinander. Ich lehne daher Konsistenz in keiner Weise ab. Aber wo ich mich gezwungen sehe, auf ‚Paradoxien' hinzuweisen, da gibt es keine, die jenseits möglicher Erfahrung sein sollen; es entsteht vielmehr wieder und wieder ein stilles Einvernehmen zwischen mir

und jenen meiner Leser, die bereit sind, ohne Vorbehalt ihre eigenen Erfahrungen dessen, was ich meine, zu machen."

Die korrektive Instanz der Vernunft ist unbestreitbar, sagte Buber an anderer Stelle, und sie kann zu jeder Zeit herangezogen werden, um die Inkongruenz zwischen meinem Sinn der Wahrnehmung und dem, was für meine Mitmenschen alltäglich ist, richtigzustellen. In der Ich-Es-Beziehung wird das, was in der Ich-Du-Beziehung empfangen wurde, weitergedacht und zerlegt, und hierbei kann es „Irrtümer" geben, die durch „objektive" Feststellung und Vergleich dessen, was in den Gedanken anderer vorgegangen ist und vorgeht, korrigiert werden können. Aber in der wahren Ich-Du-Beziehung gibt es kein Wissen objektiver Fakten, daher auch nichts, was als „Fehler" durch Vergleich mit den Daten des Ich-Es korrigiert werden kann. Vernunft, mit ihrer gigantischen Struktur genereller Konzepte, „kann die kleinste Wahrnehmung von etwas Besonderem und Einzigartigem nicht ersetzen, kann durch sie mit eigenen Mitteln nicht am Erfassen dessen, was mir hier und jetzt entgegentritt, teilhaben."

Für Buber bedeutete sokratische Lehre Dialektik, aber nicht Dialog: „Ich kenne wenige Menschen in der Geschichte, zu denen ich in einer derartigen Beziehung von Vertrauen wie auch Verehrung stehe wie zu Sokrates." Aber Sokrates überbewertete die Bedeutung allgemeiner abstrakter Konzepte im Vergleich mit konkreten individuellen Erfahrungen. Er „behandelte sie, als seien sie wichtiger als Knochen – das sind sie nicht." Mehr noch, die Fragen, die er stellt, sind keine wirklichen, sondern nur Züge in einem vollendeten dialektischen Spiel, das zum Ziel hatte, die befragte Person als eine zu zeigen, die nicht wirklich Bescheid wußte. Der wirkliche Lehrer dagegen erweckt im Schüler das Bedürfnis, etwas von sich selbst mitzuteilen und zugleich das Besondere, das Individuelle, das Einzigartige immer konkreter kennenzulernen.

Bubers unverändertes Insistieren auf dem Konkreten schien in der Art durch, wie er seine Antworten wieder und wieder auf persönliche Beobachtungen anstatt auf eine logische Verlängerung seiner eigenen Ansichten, gründete. Auf Paul Pfuetzes Frage, warum „der Mensch, selbst auf seiner besten Seite, einen unmäßigen Zug von Selbstinteresse fühle", erwiderte Buber, daß dies in keiner Weise mit den wirklichen Leben von Menschen, die er kannte, von deren Innerstem er etwas wahrnehmen konnte, übereinstimmte.

> „Ich sehe, wie sie sich mit ihren Familien, Kameraden, Vorübergehenden befassen, mit offenem Geist für das, was geschieht, und nicht selten zu Anteilnahme, Information und Hilfe bereit, jeder auf seine Art, der eine lautstark oder unbeholfen, der andere gutherzig und manchmal sogar zärtlich … Manchmal beobachte ich Jungen beim Spiel. Was das Individuum wirklich beschäftigt, ist

> nur das Spiel selbst, und das bedeutet natürlich vor allem seinen Anteil dabei; aber ich sehe einen solchen Jungen oft auch, wie er sich wirklich ... mit dem Glück und Unglück des anderen befaßt, und manchmal sehe ich solch ein junges Herz sozusagen hinüberfliegen, dorthin, wo der andere steht, mit dem Wunsch, daß es dort helfen könnte, wo nach den Spielregeln keine Hilfe möglich ist."

Buber konnte den theologischen Alleinvertretungsanspruch nicht anerkennen und deshalb auch den Vorwurf Hans Urs von Balthasars, er schwanke zwischen Theologie und Religionsphilosophie, nicht ernst nehmen. „Die Kategorien selber sind vor meinen Augen ins Schaukeln geraten, und sie werden nicht anzuhalten sein ... Wo ich aus Urgründen schöpfen darf, die sich mir als dem, der ich bin, aufgetan haben, muß ich mich dazu bekennen." Aber er mußte sich mit der Pluralität der Religion in seiner ganzen Wirklichkeit auseinandersetzen, nicht nur historisch oder psychologisch, erkennend, daß er sich nicht innerhalb dieser Realität befand. „Ich treibe keine Theologie als Theologie und keine Religionsphilosophie als Religionsphilosophie", versicherte er. „Ehre denen, die noch heute mit all ihrer Kraft sich an den starken Ast einer Offenbarung binden; ich habe ihren Weg nicht gehen können."

Was Buber bejahen konnte und auch tat, war eine schwingende Verbindung zwischen den Momenten eines Ich-Du und eines Ich-Es und der Gegenwart eines ewigen Du als für den Menschen echten Glaubens urgründig wirklich. Genau dies war für Buber die Bedeutung von *Emuna*: Dies sind genau die Augenblicke, in denen das in seiner Ganzheit gegenwärtige Ich, das naheste Du, aus der Entfernung aller Entfernungen spricht. Gerade durch die Anrede an das „ewige Du" erkennt sich das Ich selbst als Du. Jene Momente blitzen aus einer an Möglichkeiten reichen Dunkelheit auf, einer Dunkelheit, in der wir nichts wahrnehmen „und der wir doch als dem Grund und Sinn unseres Daseins vertrauen." Daß sich die Linien der Ich-Du-Beziehung „im ewigen Du schneiden, ist in der Tatsache begründet, daß der Mensch, der Du sagt, letztendlich sein ewiges Du meint." Die rechtmäßige religiöse Existenz des Menschen besteht darin, die Unstetigkeit, die dem menschlichen Leben zugrunde liegt, wirklich zu akzeptieren und zu meistern. Für die Führung des Ich-Du offen bleibend, ist „die je und je im irdischen Stoff erscheinende Gnade" der einzige Weg, auf dem die menschliche Existenz ganz werden kann, und es ist dieses Thema, dem Buber sein Werk in allen Sphären gewidmet hat. Im Sinne dieses Anliegens von der *Ganzheit* des Lebens erkannte Buber an, daß sein Denken religiös genannt werden könnte, aber nicht in dem Sinne, daß er von einer Religion ausgegangen wäre wie etwa Pascal, Hamann oder Kierkegaard – drei Denker, von denen Buber viele Dinge gelernt hatte, die er nicht vergessen konnte, während er einen von dem ihren fundamental verschiedenen Kurs verfolgte.

Ich fragte Buber, ob seine Äußerung in *Ich und Du* betreffs jenes reine Verhältnis, in dessen Potentialität noch Aktualität enthalten sei, und betreffs „der ungeteilten Welt des Du, welches die einzelnen Augenblicke des Verhältnisses in einem Leben weltlicher Gemeinsamkeit verbinde", bedeute, daß wir uns zu dem aktuellen und präsenten ewigen Du selbst dann verhalten, wenn das zeitliche Du schon längst vergangen und bloß noch rein potentiell sei. Als Entgegnung distanzierte Buber sich resolut von der Metaphysik, in die ihn eine Antwort auf meine Frage gezogen hätte:

> „Ich sehe an dieser Frage, aus meinen Worten, die hier zitiert worden sind, daß ich bereits der Grenze dessen, was unserer Erfahrung zugänglich ist, nahe gekommen bin. Ich zögere, einen Schritt weiter zu gehen mit Worten, deren ganze Verantwortung ich nicht tragen kann. *In unserer Erfahrung* schließt unsere Beziehung zu Gott unsere Ich-Es-Verhältnisse *nicht* ein. Was jenseits unserer Erfahrungen der Fall ist, sozusagen auf Gottes Seite, gehört nicht mehr zu dem, was diskutiert werden kann. Vielleicht habe ich hier und da, von der Pflicht des Herzens, die mich heißt hinzuweisen, worauf ich hingewiesen haben, schwankend gemacht, schon zuviel gesagt."

In völligem Einklang mit dieser Position stand Bubers Antwort an Pfuetze, es gebe, wenn ein zwingender Beweis für die Existenz Gottes bestünde, zwischen Glauben und Unglauben keinen Unterschied mehr: „Ich habe keine Metaphysik, auf der ich meinen Glauben aufbauen könnte, ich habe mir keine geschaffen, ich verlange nach keiner, ich brauche keine, ich bin keiner fähig."

„Wenn ich von Ausschluß der Welt aus der Beziehung zu Gott spreche", sagte Buber in den Befragungen, „spreche ich nicht von der Stunde des Menschen, sondern von seinem Leben."

> „Ich betrachte es als uneingeschränkt gerechtfertigt, wenn ein Mensch wieder und wieder, in einer Stunde religiösen Eifers, der Bewunderung und des Betens in eine direkte ‚weltfreie' Beziehung zu Gott eintritt; und mein Herz versteht auch den byzantinischen Komponisten von Hymnen, der als der ‚Alleinige zum Alleinigen' spricht, wie auch jenen chassidischen Rabbi, der, da er sich auf Erden als Fremdling fühlte, Gott, der in der Tat auch ein Fremdling auf Erden ist, bat, ihm genau aus diesem Grund seine Freundschaft zu bewilligen. Aber ein ‚Leben mit Gott', aufgebaut auf der Ablehnung der Lebenden, ist kein Leben mit Gott. Oft hören wir von Tieren, die von heiligen Einsiedlern geliebt wurden, aber ich könnte niemanden als heilig ansehen, der in der Wüste aufhörte, die Menschen zu lieben, die er verlassen hatte."

Einige von Bubers Antworten in den Befragungen waren auf einer rein persönlichen Ebene köstlich. Als zum Beispiel Arthur Cohen einer Frage vorausschickte: „Wenn Sie eine direkte Frage entschuldigen wollen", antwortete Buber: „Ich brauche direkte Fragen nicht zu entschuldigen, ich ziehe sie vor." Oder als Buber auf Rollo Mays Frage, in welchem Grade er ein Existentialist sei, entgegnete: „Ich kann natürlich nicht besonders erfreut sein, wenn ein Frager, anstatt dem, was ich direkt zu sagen habe, Aufmerksamkeit zu schenken, mich mit dem Etikett eines Ismus versorgt und dann darüber etwas wissen will." Amüsant auch Bubers Antwort an William Ernest Hocking, der sagte, wenn es ein absolutes Gutes gäbe, müßte es auch ein absolutes Böses geben: „Wir werden Tag für Tag mit allen Graden relativer Dummheit bekannt; sollen wir daraus ableiten, daß es eine absolute Dummheit gibt?"

Buber erkannte die Wirklichkeit des Bösen an, auf die Hocking hinwies: Es gibt in unserer Zeit viele, die sich selbst nicht für fähig hielten, jemanden wie Goebbels retten zu wollen, sagte Buber. Er weigerte sich jedoch, die Möglichkeit zurückzuweisen, daß wir dem Menschen, der offenbar völlig arroganter Selbstbestätigung verfallen ist, helfen können, den Weg heraus zu finden, wie unvorstellbar diese Möglichkeit auch immer sein mag: „Ich gestehe, daß ich niemanden für ‚absolut' unerlösbar halte." Selbst die Person, die sagt, daß sie sündigt, und dann bereut, mag zu einer späteren Stunde „wie von einem herzreinigenden Blitzstrahl" von der Einsicht ergriffen werden, daß ihr nicht vergeben werden kann. „Was zwischen dem wirklichen Gott und einem wirklichen Menschen geschehen ann, ist von so paradoxer Natur, daß kein Spruch, sei er auch noch so ‚wahr', ihm gleich ist." Das Böse radikalisiert sich selbst, aber es ist uns gewährt, an seiner Entradikalisierung mitzuarbeiten. „Es ist leicht, mich zu einem romantischen Optimisten zu erklären, denn ich habe mich immer an den messianischen Glauben an Erlösung geklammert", sagte Buber zu Pfuetze, „aber diese Anklage ist falsch, weil ich niemals und nirgends versichert habe, daß der Mensch den inneren Konflikt menschlicher Existenz durch seine eigene Kraft und ‚guten Willen' überwinden kann." „Ich bin ein realistischer Verbesserer", behauptete Buber. Das menschliche Leben nähert sich seiner Erfüllung und Erlösung in dem Maße, in dem die Ich-Du-Beziehung in ihm stark wird.

Bubers Glaube gründete sich nicht auf biblische Theologie. Seine Einsicht in die Bibel basierte vielmehr auf seiner Glaubenserfahrung, einschließlich jener Drohung des Unendlichen, die ihn als vierzehnjähriger Junge dem Selbstmord nahe gebracht hatte. In „Was ist der Mensch?" versicherte Buber, daß die gegenwärtige Epoche der „Heimlosigkeit" aus dem kopernikanischen Eindringen in die Unendlichkeit hervorgegangen sei. In *Philosophical Interrogations* fügte er jedoch hinzu, daß „dieses Eindringen die Wirkung, die sie hatte, nur deshalb hatte, weil der Mensch ihr nur die Kantische Antinomie der Unendlichkeit und Endlichkeit von Raum und Zeit entgegengestellt hat." Worauf Buber jetzt als diese Antinomie transzendierend hinwies, ist genau jener Sinn des Ewigen, den er gewann, als er die Krise seiner Jugend überwand: Bis jetzt hat der Mensch diesem Eindringen keine Vorstellung entgegengesetzt, „eine größere Vorstellung von Gott als die traditionelle, eine größere und dennoch eine, die noch angesprochen werden kann, die Vorstellung von einem Gott, der aus seiner Ewigkeit diese unendlich-endliche Raum-Zeit-Welt eingesetzt hat und der sie mit seiner Ewigkeit umfängt und regiert." Die schreckliche Stille der Räume zwischen den Sternen, die Pascal erschreckte, und die „Unendlichkeit, die die Schatten der herzlosen Leere und Unermeßlichkeiten des Universums vorauswirft und uns von hinten mit dem Gedanken der Vernichtung ersticht, wenn wir die weißen Tiefen der Milchstraße betrachten" (Melville), umschloß Buber am Ende seines Leben wie zu Beginn mit einem erneuerten, vertieften existentiellen Vertrauen.

Bubers Antwort auf Gershom Scholems Kritik an seiner Interpretation des Chassidismus könnte ein eigenes Kapitel bilden. Scholem war neunzehn Jahre alt, als er Buber zum ersten Mal begegnete. Buber wie auch Paula, die sagte, er werde noch ein wichtiger Mann werden, schätzten sofort seine Talente. Im November 1935 schrieb Buber an Scholem und gratulierte ihm zu seinem Band über den Sohar, den Buber für einen Durchbruch hielt. Buber war von der Atmosphäre der Klarheit, die das Buch durchdrang, erstaunt, denn bis dahin hatte der Sohar so erfolgreich jeder Erfassung in klaren Konzepten widerstanden, das heißt seine Unzugänglichkeit war fälschlicherweise als Teil seiner wesentlichen Natur akzeptiert worden. Zugleich erhob Buber wichtige Fragen in bezug auf einige von Scholems Darstellungen der Einheit Gottes und des unabhängigen Ursprungs des Urbösen sowie seine Versuche, eine Theologie auf dem inneren Drama des Göttlichen und dem Dialog des „Middot" (die göttlichen Wege zwischen Vergebung und strikter Gerechtigkeit) aufzubauen.

Als Scholem 1946 die englische Ausgabe seines Buches *Major Trends in Jewish Mysticism* veröffentlichte, zu einer Zeit, als er schon einen großen Teil seiner Kabbala- und Sabbatai Zwi-Forschung unternommen hatte, enthielt sein letztes Kapitel über Chassidismus nicht nur keine Kritik an Bubers Interpretation, sondern er stimmte mit ihm in fast jeder wichtigen Hinsicht überein. Scholem zufolge „neutralisierte" der Chassidismus das messianische Element in der jüdischen Mystik, ohne die populäre Anziehungskraft der späteren Kabbala aufzugeben, und erreichte so, was Buber „den Messianismus des Alltags" nannte. Seine heroische Periode während der ersten fünfzig Jahre nach dem

Tode des Baalschem war durch einen enthusiastischen Geist charakterisiert, der auf der Vorstellung der Immanenz Gottes in allem, was existiert, basierte.

Obwohl die Kontinuität des kabbalistischen Gedankenguts nicht wirklich unterbrochen war, wurde die Kabbala mehr als Instrument mystischer Psychologie und Selbsterkenntnis benutzt als zur Durchdringung der oberen Welten um ihrer selbst willen. In dieser „Mystik des persönlichen Lebens" „werden jetzt fast alle kabbalistischen Ideen in Beziehung zu Werten gesetzt, die dem individuellen Leben eigentümlich sind, und jene die es nicht sind, bleiben leer und unwirksam." „Die Originalität des Chassidismus liegt in der Tatsache, daß Mystiker, die ihr geistiges Ziel erreicht hatten ... sich mit ihrem mystischen Wissen den Menschen zuwendeten, der ‚Ethos gewordene Kabbalismus' [ein Zitat aus Bubers Einführung in *Geschichten des Rabbi Nachman*]." Die Existenz des *Zaddik* war der wirkliche Beweis für die Möglichkeit, dem Ideal gemäß zu leben: Das Leben der Chassidim kreiste um die Persönlichkeit des *Zaddik*. Seine Meinungen sind weniger wichtig als sein Charakter. Der *Zaddik* wird zum Zentrum des neuen Mythos, und die chassidische Geschichte über den *Zaddik* ist das religiöse Weitertragen dieses Mythos.

> „Die Wiedergeburt eines neuen Mythos in der Welt des Chassidismus, auf die schon von manchen Autoren, besonders gerade von Buber, hingewiesen worden ist, bezieht ihre Kraft nicht zuletzt auch aus dieser Verbindung zwischen den magischen Fähigkeiten seiner Heroen und dem Bericht von ihren Verzückungen. Dieser Mythos selbst aber ist es, welcher im Grunde die großartigste Neuschöpfung des Chassidismus ist ... Manche großen Zaddikim ... haben ihre ganze Produktivität in solche Geschichten gelegt. Ihre Tora nahm hier ganz und gar die Gestalt der unendlich reichen Erzählung an. Nichts ist mehr Theorie geblieben. Alles ist in eine Geschichte eingegangen."

Der Chassidismus, behauptete Buber, hat die Mythen, die er aus der Kabbala übernahm, von ihrer gnostischen Natur befreit und ihnen ihren ursprünglichen Zustand wiedergegeben. Dieser mystische Wesenszug des Chassidismus „ist ... ein in das gelebte Leben von sieben Generationen eingegangener, als dessen nachgeborener Dolmetsch ich fungiere." Diese Interpretation hatte einen derartigen Einfluß auf die nicht-jüdische Welt, daß Buber oft gedrängt wurde, den Chassidismus von seinen „konfessionellen Begrenzungen" als Teil des Judentums zu befreien und ihn zu einer freien Lehre der Menschheit zu erklären. Bubers Antwort auf eine solche Forderung ist eine der besten Illustrationen davon, wie das Leben des Dialogs für ihn die Begegnung mit dem anderen und Selbstbehauptung bedeutete: „Das Einschlagen eines solchen ‚allgemeinen' Wegs wäre für mich die pure Willkür gewesen. Um das Vernommene in die Welt zu sprechen, bin ich nicht gehalten, auf die Straße zu treten, ich darf in der Tür meines angestammten Hauses stehen bleiben; auch das hier gesprochene Wort geht nicht verloren."

Bei dem Festessen anläßlich von Bubers achtzigstem Geburtstag in der Hebräischen Universität sprachen Agnon und Scholem. Buber antwortete auf alle Kritiken Scholems mit Humor. Ernst Simon hat bezeugt, daß Buber mit Gershom Scholem im allgemeinen sehr geduldig war. Buber war generell offen für Kritik seiner Studenten, versicherte Simon. Als Folge davon wurden einige seine Freunde. Buber verhielt sich immer gefaßt, selbst angesichts derer, die ihn haßten.

Als Eugenia und ich 1960 für vier Monate nach Jerusalem gingen, besuchte ich Scholem und fragte ihn persönlich, ob er seinen Entschluß, keinen Aufsatz zu Bubers Interpretation des Chassidismus für den *Martin Buber*-Band der *Philosophen des 20. Jahrhunderts* beizutragen, überdacht hätte.

„Haben Sie nicht schon etwas geschrieben?" beharrte ich. „Das habe ich, aber ich würde es Ihnen nicht geben", antwortete er. „Abgesehen davon glaube ich nicht an das Prinzip der *Philosophen des 20. Jahrhunderts*", versicherte er. Als ich fragte: „Warum nicht?", entgegnete er: „Weil es dem Philosophen das letzte Wort gibt." Diese Entgegnung war, wie dies Scholem später von einer von Bubers Bemerkungen sagen sollte, unvergeßlich.

Er empfahl eine seiner Schülerinnen, Rivka Schatz-Uffenheimer, als alternative Beiträgerin. Diese stimmte zu, einen Aufsatz zu diesem Thema zu schreiben.

Schatz-Uffenheimers Aufsatz „Die Stellung des Menschen zu Gott und Welt in Bubers Darstellung des Chassidismus" beginnt und endet mit einem Abschnitt des Lobes, und dazwischen liegen vierzig Seiten solider Scholemscher Kritik. „Es besteht kein Zweifel, daß Buber mehr als jeder andere Forscher dazu beigetragen hat, dem innerlichen Verständnis des Chassidismus die Herzen zu öffnen", schrieb sie. „Wenn ich also im folgenden entschiedene Vorbehalte gegen Hauptpunkte der Buberschen Auffassung vorzutragen haben, so bin ich mir dessen bewußt, daß auch diese Vorbehalte nur erwachsen konnten, nachdem Buber den Boden beackert hat." Obwohl Buber im Gespräch mit Rivka Schatz-Uffenheimer darauf bestand, daß er in seiner Repräsentation der chassidischen Welt kein System habe, betonte sie, daß seine synthetische Tapisserie aus ausgewählten Fäden gewebt sei und er es sei, der den Ton des Tuches bestimmte. Schatz-Uffenheimer porträtierte Buber in vollem Enthusiasmus für genau die konkrete Realität, die der Chassidismus als problematisch ansah, als grenzenlos genau die „Welt" liebend, deren gesamte ontische Existenz in den Augen des Chassidismus zu Nichts werde. „Die Chassidim sehen die Größe ihrer Zaddikim darin, ein ‚Etwas' in ein ‚Nichts', d.h. Sein, das in die Welt verschlagen ist, in sein ‚Nichts', welches das wahre Sein ist, zu verwandeln." Der menschliche Kontakt mit der Schöpfung ist eine vollendete Mission, die vom Menschen die Annullierung der Schöpfung und des Konkreten an sich forderte. Leben in der Welt wurde zu Leben in Gott umgewandelt, weil der Chassidismus eine Gleichgültigkeit dem Konkreten gegenüber entwickelte. Der Chassidismus behauptete, daß Gott auch in der körperlichen Wirklichkeit zu uns spricht und daß wir Gott in jener Realität durch Wiedergutmachung dienen müssen. Aber er behauptete nicht, daß jede Handlung von gleichem Wert und mit „sakramentaler Möglichkeit" ausgestattet ist, eine Sichtweise, deren Ursprung Schatz-Uffenheimer in Bubers eigener antinomischer Beziehung zur Torah sieht, deren Ansprüche im voraus der Ausweitung des Heiligen auf das Profane Grenzen setzt.

Mit Schatz-Uffenheimers Sichtweise, daß seine Tapisserie der chassidischen Interpretation aus ausgewählten Fäden gewoben sei, übereinstimmend, stellte Buber fest, daß seit 1910, als er die Grundlagenstudie seiner Quellen abgeschlossen hatte, sein Ziel nicht gewesen sei, ein historisch umfassendes Bild des Chassidismus zu präsentieren, sondern nur ein selektives. Aber das Prinzip der Auswahl, das hier wie in seinem Werk über das Judentum im allgemeinen herrschte, war kein subjektives. „Von Leben und Lehre des Judentums habe ich das behandelt, was meiner Einsicht nach seine eigentliche Wahrheit und für seine Funktion in der bisherigen und künftigen Geschichte des Menschengeistes das Entscheidende ist." Dies beinhaltet eine Bewertung von unten nach oben, räumte Buber ein, aber diese Bewertung hat ihren Ursprung in der unbeweglichen zentralen Existenz von Werten. „Seit ich zur Reife der Einsicht, des Einblicks gelangt bin, habe ich kein Sieb gehandhabt; ich war ein Sieb geworden."

Scholem kennzeichnete *dewekut*, das An-Gott-„Haften" der Seelen, als die zentrale Tendenz chassidischer Lehre. Buber unterschied in seiner Antwort allerdings zwei Arten von *dewekut*, was weder Scholem noch Schatz-Uffenheimer taten:

> „Bei den Zaddikim, die ... die kabbalistische Lehre auszugestalten versuchten, herrscht die uns schon aus der Gnosis bekannte Ansicht vor, man müsse sich aus der ‚fleischlichen' Wirklichkeit des Menschenlebens in das ‚Nichts' des reinen Geistes erheben, um zum Kontakt mit Gott zu gelangen ... Aber ihr steht – ohne daß eine Auseinandersetzung zwischen beiden stattfände – die Ansicht gegenüber, dieses ‚ständige Bei-Gott-sein' ... werde vielmehr dadurch erreicht, daß der Mensch alles von ihm Gelebte Gott zuweihe."

Dewekut als eine gnostische Vergeistigung der Existenz findet sich im Chassidismus zuerst bei seinem großen Denker, dem Maggid von Mesritsch. Aber vorher entstand *dewekut* als das Heiligen allen Lebens bei seinem Lehrer, dem Baalschem Tow. Daher ist die Lehre vom Heiligen die ursprüngliche These des Chassidismus und *nicht* die der Vergeistigung.

Von dem Autor kabbalistischer Schriften nach den geheimen *Kawwanoth* oder „Intentionen" gefragt, die durch das kabbalistische Gebetbuch, das er übernahm, in chassidisches Gedankengut gelangten, warnte der Rabbi Moshe von Kobryn:

> „Merke wohl, daß das Wort *kabbala* von *kabbel*, annehmen, aufnehmen, und das Wort *kawwana* von *kawwen*, auf etwas richten oder lenken, stammt. Denn der Endsinn aller Weisheit der Kabbala ist: das Joch des Gotteswillens auf sich zu nehmen, und der Endsinn aller Kunst der Kawwanoth ist: sein Herz auf Gott richten."

Hier stellt sich nach Buber das Leben ergebenen Anklammerns an Gott (der Urglaube Israels) der Hypertrophie mystisch-magischer Doktrin entgegen. Der Baalschem schloß ohne Ausnahme alles Körperliche in die Sphäre dessen ein, was durch *Kawwana* oder Intention geheiligt werden kann, selbst auch *nicht* die Vereinigung von Mann und Frau aus. „Von einem ‚Nichten' des Konkreten ist in *dieser* Linie des Chassidismus – die mit seinem Anfang beginnt – nichts zu finden." Nicht der Chassidismus war mit der „Frage", „daß das Leben ihm in Tun einerseits und Ausrichtung andererseits zerfiel", konfrontiert, sondern seine spirituelle Prägung und Ausdehnung, die in der Schule des Maggid von Mesritsch die Oberhand gewann. Was Buber letztlich beschäftigte, war nicht eine Handlung um ihrer selbst willen, wie Schatz-Uffenheimer es sich vorstellte, sondern etwas um „der Wiederherstellung der Unmittelbarkeit zwischen Gott und Mensch willen, um der Überwindung der Gottesfinsternis willen."

Daher war Bubers Auswahl „notwendigerweise auf die zu Unrecht verachteten ‚Anekdoten' – Geschichten gelebten Lebens – und ‚Aphorismen' – Sprüche, in denen sich gelebtes Leben dokumentiert – gerichtet", denn beide drücken mit großer Prägnanz das Leben der *Zaddikim* aus. Einige *Zaddikim* waren vor allem Lehrer zukünftiger *Zaddikim*; andere, wie Levi Yitzhak von Berdtichev, R. Zusya und R. Moshe Leib von Sasow sind beliebte Figuren, die den weiten Kreisen verhältnismäßig ungeschulter Anhänger unter den Chassidim halfen. Diese letzteren repräsentieren das, was im Chassidismus einfach einmalig ist. Die Beziehung des Meisters zu den relativ gebildeten Schülern hat vielleicht auch vorläufige Form in den Schriften des Zen-Buddhismus angenommen, aber die des Meisters zu unwissenden Menschen wird nigendwo in der Welt so ausgedrückt, wie es hier der Fall ist.

An anderer Stelle in den „Antworten" widmete Buber sich einer Kritik Hugo Bergmanns, die auch von Schatz-Uffenheimer und Scholem geübt wird. Bergmanns Darstellung der chassidischen Konzeption eines „Messianismus aller Zeiten" habe den messianischen Glauben geschwächt: Das immer wiederkehrende Ereignis der Erlösung, die der endgültigen messianischen Erfüllung vorausgeht, verletzt in keiner Weise die Hingabe an das *Eschaton,* die endgültige Erlösung, versicherte hingegen Buber:

> „Wie ich nicht bloß an die schöpferische Tat im Anfang, sondern auch an das allzeitliche Erschaffen glaube, an der der Mensch einen Anteil hat als ‚Gottes Genosse am Werk der Schöpfung', ... so glaube ich an die über die Zeiten ausgegossene erlösende Tat, an der wieder der Mensch Anteil haben kann. Diese Vorgänge summieren sich nicht, aber alle mitsammen wirken sie insgeheim mit, die kommende Erlösung der Welt zu bereiten. Wer um sie weiß, schöpft aus ihnen Kraft der Erwartung."

Norman Podhoretz, der Herausgeber von *Commentary,* hörte von Scholems Ansichten über Bubers Chassidismus und bat ihn um einen kritischen Artikel, den Scholem ihm gab und mit dem er sich seinen Wunsch, selbst das letzte Wort zu haben, anstatt es dem Philosophen zu überlassen, erfüllte. Dieser Aufsatz wurde in der *Commentary*-Ausgabe vom Oktober 1961 und später in Scholems *Messianic Idea of Judaism* [dt. „Martin Bubers Deutung des Chassidismus"] veröffentlicht.

Wie Schatz-Uffenheimer begann Scholem mit Worten des Lobes: Buber „hat jene seltene Verbindung von untersuchendem Geist und literarischer Eleganz, die einen großen Schriftsteller ausmacht."

> „Wenn ein Autor von solchem Rang und solcher Subtilität mit so unermüdlichem Ernst darlegte, was ihm die eigentliche Seele des Chassidismus auszumachen schien, so mußte das einen tiefen Eindruck auf unser Zeitalter machen. Wir alle sind in irgendeinem Sinne seine Schüler. In der Tat denken wohl die meisten von uns, wenn sie über Chassidismus sprechen, vor allem in den Begriffen, die ihnen durch Bubers philosophische Deutung vertraut geworden sind ..."

Eine kritische Analyse von Bubers Interpretation des Chassidismus wird zunehmend erschwert, fügte Scholem hinzu, weil „Buber, dem niemand exaktes Wissen über chassidische Literatur abspricht, nicht als Gelehrter schreibt, der klare Quellenangaben macht, um seine Behauptungen zu stützen." Weil es der kreative Impuls des Chassidismus war, der für Buber wirklich zählte, fühlte er sich berechtigt, sein kabbalistisches oder „gnostisches" Element, das er als „eine Art Nabelschnur, die durchtrennt werden muß, sobald die neue geistige Schöpfung eigenständig existiert", sah, fast völlig zu ignorieren.

Von den zwei Arten chassidischer Literatur – den Lehren, die über tausend Bände umfassen, und den Legenden, die jede einzelne führende chassidische Persönlichkeit schmücken – gründete Buber seine Darstellung und Interpretation fast ausschließlich auf die Legenden und behauptete, daß sie und nicht die theoretische Literatur unsere Hauptwissensquelle über den Chassidismus seien. Aber, sagte Scholem, die Lehren waren die erste und autorisierteste Darstellung der Bedeutung chassidischen Lebens, wogegen die Legenden erst etwa fünfzig Jahre später niedergeschrieben wurden. „Die chassidischen Autoren glaubten offensichtlich nicht, mit der gnostischen Tradition der Kabbala gebrochen zu haben und, sowenig Buber das auch zugeben mag, schrieben klar und deutlich als Gnostiker."

An diesem Punkt wird der Unterschied zwischen Scholem als einem intellektuellen Historiker und Buber als einem Filter des chassidischen Lebens und Geistes am deutlichsten. Denn Scholem identifizierte die „wirklichen Doktrinen" des Sufismus und des Katholizismus mit ihrem Dogma und stellte die theoretischen Lehren des Chassidismus als die primäre Quelle für die „wirkliche Bedeutung" chassidischer Legenden und Sprüche heraus. In ins Auge stechendem Gegensatz zu seiner Aussage in seinem Werk *Die jüdische Mystik in ihren Hauptströmungen* behauptete Scholem jetzt, daß die Baalschemsche Reinterpretation individueller kabbalistischer Konzepte als Leitworte für das persönliche Leben der Gläubigen diese Konzepte nicht ihrer ursprünglichen Bedeutung beraubte. Scholem stimmte mit Buber darin überein, daß der Chassidismus lehrt, der Mensch begegne Gott in der Konkretheit seiner Beschäftigung mit der Welt, und die chassidische Umwandlung einfacher, unbedeutender Handlungen zu Medien des Heiligen sei einer der originellsten Aspekte der Bewegung. Aber wie Schatz-Uffenheimer versicherte er, daß dieser Kontakt um der Vernichtung willen bestehe. Die furchtlose und enthusiastische Freude, die der Chassidismus von seinen Anhängern verlangte, ist keine Freude am Hier und Jetzt, sondern an dem, was in dem im wesentlichen unbedeutenden Kleid des Hier und Jetzt verborgen ist. In der Tat behandelt die klassische Literatur des Chassidismus, im Gegensatz zu Bubers existentieller Interpretation, die individuelle und konkrete Existenz oder Phänomene sehr geringschätzig und herabwürdigend. „Das Konkrete in Bubers Sinn existiert im Chassidismus nicht einmal." Scholems Korrektiv ist so einseitig wie das, was er korrigieren wollte: „Wenn wir das wirkliche Phänomen des Chassidismus in all seiner Größe und seinem Zerfall (die in vieler Weise verbunden sind) verstehen wollen, müssen wir wieder von vorn beginnen."

Bubers Antwort *Interpreting Hasidism* an Scholem erschien in der *Commentary*-Ausgabe vom September 1963 und begann mit einer langen Ausführung darüber, daß „ein spätes Geschlecht auf zweierlei Weise das zerfallene und von Schutt bedeckte große Glaubensgut eines früheren Zeitaltes ans Licht zu heben [vermag]" – die der geschichtlichen Wissenschaft und die der getreuen und adäquaten Kommunikation der Vitalität und Stärke dieses Glaubens. Der letztere Ansatz „entstammt dem Willen, von der Kraft jenes Lebens, dessen Überlieferung sich, wenn auch nicht in allem mit gleicher Treue, erhalten hat, der eigenen Zeit das zu übermitteln, was ihr helfen kann, ihre Glaubensnot zu überwinden und die zerrissene Bindung an das Unbedingte zu erneuern." Für diesen Ansatz ist es nötig, ein adäquates Wissen der Tradition in all ihren geistigen und geschichtlichen Zusammenhängen zu haben, aber es ist nicht nötig, sie alle darzustellen – nur eine Auswahl jener Elemente, in denen sein vitalisierendes Element verkörpert ist, eine Auswahl, die nicht auf objektiver Wissenschaft beruht, sondern auf der „Zuverlässigkeit des Wählenden seiner besonderen Aufgabe gegenüber, so ist er nicht von einem außerhalb ihrer liegenden Kriterium aus zu beurteilen; denn was von da aus gesehen als ‚Subjektivität' erscheinen mag, kann sich, von der Aufgabe her betrachtet, früher oder später als ein notwendiges Moment in dem Prozeß einer Erneuerung erweisen." Zweitens sollte man von diesem Menschen „nicht fordern, daß er von den überlieferten Berichten über jenes einstige Leben hinweg sich der Lehre zuwende, auf die sich Stifter und Jünger beriefen." Selbst bei der Gründung der großen Weltreligionen war nicht eine umfassende Doktrin wesentlich, sondern ein Ereignis, das einmal Leben und Wort gewesen war. Und wenn, wie im Chassidismus, das religiöse Leben auf eine viel frühere Doktrin zurückgreift, um seine Legitimität zu etablieren, ist es nicht die alte Lehre als solche, die in einer späteren Zeit das neue Glaubensleben hervorbringt, sondern vielmehr der Kontext persönlicher und gemeinschaftlicher Existenz, in dem eine weitreichende Umwandlung der früheren Lehren stattfindet.

Auf Scholems Einspruch, daß seine Interpretation weitgehend auf Legenden basierte, die fünfzig Jahre nach den theoretischen Schriften aus der Zeit, in der „der Chassidismus tatsächlich produktiv war", niedergeschrieben worden seien, entgegnete Buber, daß das Genre dieses Schreibens, die „legendäre Anekdote", nur in den Literaturen des Sufismus, des Zen-Buddhismus und des Chassidismus voll entwickelt sei und bei allen dreien nicht theoretische Werke, sondern legendäre Geschichten im Zentrum ihrer religiös-historischen Entwicklung gestanden hätten. Dies trifft nicht auf alle Arten der religiösen Mystik zu, aber für jene Arten, deren wesentliche Entwicklung am deutlichsten im *Modus gelebter Verwirklichung* – in dem des Ereignisses – sichtbar wird.

In allen drei Bewegungen wurden die Legenden zunächst mündlich überliefert und erst viel später aufgeschrieben, wogegen ihre Theorien von denen, die sie entworfen hatten, oder von deren direkten Nachfolgern niedergeschrieben wurden. Im Chassidismus wurde diese mündliche Überlieferung, wo immer möglich, durch das Festhalten der Namen früherer Figuren, die diese Legenden weitergaben, zusammen mit den Legenden selbst unterstützt. Schließlich wurden die Legenden niedergeschrieben und gesammelt, um sie vor zu viel Verfall zu schützen. Die Tatsache, daß dies später, fünfundfünfzig Jahre nach dem Tod des Baalschem, geschah, schränkt ihre Authentizität als Quellen in keiner Weise ein.

„Beide haben recht", sagte Agnon in bezug auf die Scholem-Buber-Kontroverse zu mir. Es sollte vielmehr gesagt werden, daß beide recht *und* unrecht haben, d. h. beide einseitig sind. Bis Scholem und seine Schüler zu veröffentlichen begannen, wurde Buber in der westlichen Welt als *der* Interpret des Chassidismus angesehen, genauso wie D. T. Suzuki als *der* Interpret des Zen betrachtet wurde. Daher lag in der Tat ein wissenschaftlicher Mangel auf seiten Bubers, daß er in seinen Interpretationen des Chassidismus nicht deutlicher machte, daß er nur eine der beiden Hauptströmungen der chassidischen Tradition darstellte, wie er später in seiner Antwort an Scholem sagte. Auf der anderen Seite ist Scholems Versagen, die Strömung, die vom Baalschem ausgeht, anzuerkennen und seine völlige Ablehnung des „den Alltag heiligen" als gültige Interpretation des Chassidismus noch irreführender, denn fast jeder sieht jetzt in Scholem *den* wissenschaftlichen Interpreten des Chassidismus, und wenige erkennen *seine* Einseitigkeit.

In seiner Ansprache auf der Zentralen Konferenz amerikanischer Rabbis 1961 bemerkte der ausgezeichnete amerikanische Philosoph und jüdische Theologe Emil Fackenheim, daß ihn die meisten Kritiken, die gegen Bubers Interpretation des Chassidismus gerichtet waren, nicht beeindruckten:

> „Die häufigste Kritik ist, daß Buber, anstatt die Art von Geschichte zu schreiben, die in gewissenhafter Analyse Quellen trennt, uns die Art gegeben hat, die eine kreative Synthese darstellt. Aber ungeachtet der Vorurteile positivistischer Wissenschaft in entgegengesetzter Absicht, besteht immer ein Bedarf für die letztere wie die erstere Art von Geschichte; sonst bleibt man ohne Verständnis für den Geist des Zeitalters oder der Bewegung, die man zu verstehen sucht, und nur mit seinen toten Knochen zurück. Mehr noch, obwohl Bubers Art der Geschichte große Gefahren der Subjektivität und Verzerrung birgt – was, nebenbei gesagt, Buber selbst als erster zugab –, scheint Buber ihnen mit außerordentlichem Erfolg begegnet zu sein. Seine Behandlung des Chassidismus erweist

> ihn als fähig, die emphatische Offenheit, die er predigt, zu praktizieren."

1966, auf der jährlichen Eranos-Konferenz in der Schweiz, weitete Scholem seinen Angriff auf Buber zu einer vollständigen Polemik gegen Bubers Behandlung des Judentums aus. Passagen dieses langen Essays geben uns Einsicht in Schichten der Buber-Scholem-Kontroverse, die tiefer liegen als Fragen der Wissenschaft:

> „Niemand, der Buber gekannt hat, konnte sich der starken Ausstrahlung entziehen, die von ihm ausging und die die Auseinandersetzung mit ihm doppelt leidenschaftlich gemacht hat. Sich mit Buber auseinandersetzen bedeutete, zwischen Bewunderung und Ablehnung, zwischen der Bereitschaft, auf seine Botschaft zu hören, und der Enttäuschung über diese Botschaft und die Unmöglichkeit, sie zu realisieren, hin und her geworfen zu sein."

Scholem erkannte Bubers kreative Umwandlung des Judentums an:

> „Von der Stunde an, da er sich als Zwanzigjähriger der gerade entstehenden zionistischen Bewegung anschloß, hat er bis zum Ende seiner Tage den Sinn für die schöpferische Verwandlung in dem Phänomen, das seinem Herzen am nächsten war, unermüdlich geschärft, bewahrt und entwickelt. Das Provokatorische seiner Auffassung vom Judentum und seiner Geschichte ... war unverkennbar, und Buber, dem weder Selbstbewußtsein noch Mut abzusprechen ist, war bereit, den Preis für ... diese neue Sicht zu zahlen."

Als er Buber 1932 in Deutschland besuchte, fragte Scholem: „Warum schreiben Sie nicht endlich ein darstellendes Werk der Theologie des Chassidismus?" „Ich beabsichtige das zu tun", antwortete er, „aber erst, wenn Sie ein Buch über die Kabbala geschrieben haben werden." „Ist das ein Versprechen?" fragte Scholem. „Vielleicht", entgegnete Buber. „Ich verstand damals noch nicht, daß er keine wissenschaftliche Haltung zu diesem Thema haben konnte", versicherte Scholem. 1943, zwei Jahre nach dem Erscheinen von Scholems Buch über die Kabbala, legte er Buber die fundamentalen Kritiken an Bubers Interpretation des Chassidismus vor, die Scholem während langer Jahre kontinuierlicher Textstudien formuliert hatte. Buber hörte mit großem Ernst und großer Gespanntheit zu.

> „Als ich fertig war, schwieg er sehr lange. Dann sagte er langsam und mit Betonung jedes Wortes: ‚Wenn das richtig wäre, lieber Scholem, was Sie da sagen, dann hätte ich mich ja vierzig Jahre ganz umsonst mit dem Chassidismus beschäftigt, denn dann *interessiert* er mich ja gar nicht.' Es war das letzte Gespräch, das ich mit Buber über die sachlichen Probleme des Chassidismus gehabt habe. Es verschlug mir die Rede. Ich verstand, daß da nichts mehr zu sagen war."

Buber sagte zu Simon: „Es ist mir egal, was Scholem über mich sagt. Wir alle haben Schüler; einige von uns haben Schulen hervorgebracht; aber nur Scholem hat ein akademisches Feld geschaffen." Simon wies darauf hin, daß Buber, indem er das sagte, jede Annahme zurückwies, er selbst habe durch seine Arbeit am Chassidismus ein neues Feld geschaffen. „Wenn Scholem Joschua wäre, dann wäre Buber Moses", bemerkte Walter Kaufmann in seiner Rede auf den Konferenzen zu Bubers hundertstem Geburtstag in Israel und Amerika. Der Wert von Scholems Beitrag für die kommenden Generationen ist unbezweifelbar. Aber wenn irgendetwas in dieser Analogie von Juden und Nichtjuden als das „gelobte Land" betrachtet werden könnte, so ist es nicht Scholems Zerstörung der Mauern von Jericho von aller vorangegangenen Wissenschaft der Kabbala, sondern Bubers *Erzählungen der Chassidim*, *Gog und Magog* und *Der Weg des Menschen nach der chassidischen Lehre.*

Vor einer Reihe von Jahren traf sich eine Gruppe afrikanischer Studenten mit Abraham Joshua Heschel und dessen Studenten von vor zwanzig Jahren, Rabbi Arnold Jacob Wolf, Hillel-Kaplan an der Yale-Universität. „Wie sollten wir das Studium des Chassidismus beginnen?" fragten sie Heschel. Das talmudische Diktum, nicht in Gegenwart des eigenen Lehrers zu sprechen, vergessend, antwortete Wolf: „Jetzt gibt es Scholem auf Englisch. Lesen Sie ihn." Aber Abraham Heschel, der direkte Abkömmling einer langen Reihe bis zum Maggid von Mesritsch zurückreichender, ausgezeichneter *Zaddikim* und Gelehrter, dessen Wissen und Verständnis der theoretischen Lehren des Chassidismus keinem nachstand, sagte: „Nein, wenn Sie den Chassidismus kennenlernen wollen, wie er war, beginnen Sie mit Buber."

Wie die Beziehung zwischen Buber und Herzl und die zwischen Yehudi und dem Seher berührt die Kontroverse zwischen Buber und Scholem „die grausame Gegensätzlichkeit der Existenz selbst", wo, nur weil jeder so ist, wie er ist, unterschiedliche Lebenshaltungen, anstatt zum Dialog beizutragen, zu fester Opposition sich kristallisieren. Wenn „jede Kontroverse, die um des Himmels willen geführt wird, besteht", wie der Talmud sagt, dann wird auch diese Kontroverse in ihrer profunden Zweiseitigkeit bestehen und nicht, wie viele Leute heute glauben, als Entscheidung *für* Scholem oder *gegen* Buber.

Teil V

HAMMARSKJÖLD, BEN GURION UND DIE LETZTEN JAHRE

(1948–1965)

20. Kapitel

Buber und Dag Hammarskjöld: Der Friedensbund

(1952–1963)

Die Ansprache, die Buber im April 1952 bei seiner Abschiedsfeier in der Carnegie Hall in New York hielt, hieß: „Hoffnung für diese Stunde". In ihr stellte er die Situation, die durch den „Kalten Krieg" zwischen den USA und der Sowjetunion geschaffen worden war, heraus, ein Krieg, in dem er sich weigerte, sich auf eine Seite zu stellen: „Jede Seite hat das Sonnenlicht in Besitz genommen und hat die Gegenseite in Nacht getaucht, und jede Seite fordert von dir, dich zwischen Tag und Nacht zu entscheiden." Nicht nur wird der Gegner, wie in früheren Zeitaltern auch, als falsch angesehen, sondern auch als fundamental außerhalb der Ordnung, seine „Ideen" reine, selbstsüchtiges Interesse verschleiernde Ideologien. In der Folge wird echter Dialog zwischen Personen verschiedener Art und Überzeugung immer schwieriger und seltener: „Immer unbarmherziger drohen die Abgründe zwischen Mensch und Mensch unüberbrückbar zu werden." Buber sah in dieser Unfähigkeit, einen echten Dialog von einem Lager zum anderen zu führen, das schwerwiegendste Symptom jenes existentiellen Mißtrauens, das die Krankheit des heutigen Menschen ist, und diese wiederum entstammte der inneren Vergiftung des gesamten menschlichen Organismus durch die Zerstörung des Vertrauens in menschliche Existenz: „Im Innersten des Widerstreits von Mißtrauen und Vertrauen zum Menschen birgt sich der Widerstreit zwischen Mißtrauen und Vertrauen zur Ewigkeit."

Darüber hinaus rief Buber die wahren Vertreter und Sprecher der Völker – „unabhängige Personen ohne andere Vollmacht als die des Geistes" –, zusammenzukommen, um aus den vorgebrachten Gegensätzen die wirklichen Konflikte zwischen echten Bedürfnissen herauszusieben. Nur nachdem das getan worden wäre, könnte die Betrachtung der notwendigen und möglichen Regelungen zwischen ihnen beginnen. Die Hoffnung für diese Stunde, schloß Buber, hängt von denen ab, die die Krankheit des heutigen Menschen zutiefst empfinden und in seinem Namen das Wort sprechen, ohne das keine Heilung stattfindet: *Ich werde leben.* Sie hängt ab von der Erneuerung der dialogischen Unmittelbarkeit zwischen Personen. „Gerät es unserem Munde, wahrhaft Du zu sagen, dann haben wir nach langem Schweigen und Stammeln unser ewiges Du von neuem angesprochen. Versöhnung wirkt Versöhnung."

In „Geltung und Grenze des politischen Prinzips", der Rede, die er 1953 an deutschen Universitäten hielt, sprach Buber von einer Front, die über allen Fronten der Stunde stehe, die Front derer, die sich im Kampf für menschliche Wahrheit engagieren. Die erfahrenen Verwalter des politischen Prinzips sind unfähig, dem Problem des gemeinsamen menschlichen Schicksals, dem sich die Menschen an diesem Scheideweg gegenübergestellt sehen, zu begegnen. Angesichts dieser Impotenz der Politiker müssen jene, die an der Querfront stehen und die gemeinsame Sprache der Treue zur menschlichen Wahrheit haben, die sie nicht besitzen können, sich vereinigen, um „dem Menschen zu geben, was des Menschen ist, um ihn davor zu retten, daß er durch das politische Prinzip verschlungen wird."

„Das echte Gespräch und die Möglichkeiten des Friedens", die Ansprache, die Buber hielt, als er den Friedenspreis des Deutschen Buchhandels im September 1953 entgegennahm, setzte die Auseinandersetzung mit dem Anliegen von „Hoffnung für diese Stunde" fort – der Wirkung von Mißtrauen in der Verhinderung echten Dialogs.

> „Die Debatten der Staatsvertreter, die der Rundfunk uns zuträgt, haben mit einem Menschengespräch nichts mehr gemein: man redet nicht zueinander, sondern in die gesichtslose Öffentlichkeit hin. Aber auch die Kongresse und Konferenzen, die im Namen der Völkerverständigung tagen, entbehren der Substanz, die allein die Verhandlung zum echten Gespräch zu erheben vermag: der unbefangenen Direktheit in Anrede und Antwort."

Die Krise der Sprache ist mit der Vertrauenskrise auf das engstmögliche verbunden, „denn im wahren Sinne zu einem sprechen kann ich nur, wenn ich erwarten darf, daß er mein Wort wahrhaft aufnehme."

Trotz allem bekräftigte Buber erneut seinen Glauben, daß die Völker in dieser Stunde in einen wirklichen Dialog miteinander treten könnten. „Ein echtes Gespräch ist eins, in dem jeder der Partner den anderen, auch wo er in einem Gegensatz zu ihm steht, als diesen existenten andern wahrnimmt, bejaht und bestätigt; nur so kann der Gegensatz gewiß nicht aus der Welt geschafft, aber menschlich ausgetragen und der Überwindung zugeführt werden ... Unterfangen wir uns trotz allem zu vertrauen!"

Im August 1957 erhielt Buber einen Brief vom Amerikanischen Afrikakomitee, unterzeichnet von Eleanor Roosevelt, Bischof James A. Pike und Martin Luther King, die um seine Kooperation bei einem weltweiten Protest gegen die organisierte Unmenschlichkeit der Regierung der Südafrikanischen Union warben. In ihrem Brief sprachen sie von der Apartheidpolitik und der totalitären Macht, die sich gegen alle „Nicht-Weißen“ in fast allen Bereichen menschlichen Lebens in Südafrika wendete. Sie baten Buber, ihnen als führendes Mitglied eines internationalen Komitees beizutreten, das den 10. Dezember 1957 zu einem Tag des Protestes machen wollte und von Südafrika forderte, seine Verpflichtungen gemäß der Charta der Vereinten Nationen zu erfüllen. Im Oktober schrieb Eleanor Roosevelt persönlich an Buber, dankte ihm für seine großartige Antwort auf ihre Einladung und informierte ihn, daß die Führer von dreiundachtzig Nationen bereit waren, an diesem Protesttag teilzunehmen. „Gewiß werden die Südafrikaner guten Willens, die, ungeachtet der Gefahr für ihr Leben, ihre Freiheit und ihre Zukunft, weiter für Gerechtigkeit und Freiheit arbeiten, für Ihre Kundgebung der Unterstützung und Anteilnahme dankbar sein“, schloß sie.

Nachdem er meine Übersetzung von *Pointing the Way* gelesen hatte, nahm Dag Hammarskjöld am 15. April 1958 Verbindung mit Buber auf, keine fünf Tage nach seiner Wiederwahl zum Generalsekretär der Vereinten Nationen für eine zweite Amtszeit. „Ich möchte Ihnen sagen, wie stark meine Zustimmung zu dem ist, was Sie über unser Zeitalter des Mißtrauens schreiben und zu dem Hintergrund Ihrer Beobachtungen, den ich in Ihrer allgemeinen Philosophie einer Einheit, die ‚aus der Vielfalt‘ geschaffen wird, finde. Wahrhaftig, das ist für mich ein Fall ‚paralleler Wege‘.“

Nachdem er Buber nach Jerusalem geschrieben hatte, las Hammarskjöld, daß Buber sich in Princeton aufhielt, und lud ihn herzlich ein, ihn am 1. Mai bei den Vereinten Nationen zu besuchen. Hammarskjölds Sekretäre hatten „strikte Anweisung, daß er und sein Gast unter keinen Umständen unterbrochen werden dürften“, berichtet Henry van Dusen. „Mehrere wichtige Nachrichten wurden ungeduldig auf die Seite geschoben, während die beiden Männer mehr als zwei Stunden lang ein intensives Gespräch führten.“ In einer Rede im schwedischen Rundfunk 1962 beschrieb Buber selbst diese Begegnung und kommentierte ihre Bedeutung:

> „Uns beide peinigte gleicherweise die von einem fundamentalen gegenseitigen Mißtrauen durchsetzte Scheinsprache der Vertreter von Staaten und Staatengruppen, die in der unveränderlichen Routine aneinander vorbei zu den Fenstern hinausreden. Wir beide hofften, wir beide glaubten daran, daß doch noch zur rechten Zeit vor der Katastrophe treue, ihrer wahren Sendung treue Ver-

treter der Völker miteinander in ein echtes Gespräch, in eine echte Verhandlung treten würden, in der es sich in aller Klarheit ergeben müßte, daß die gemeinsamen Interessen der Völker noch stärker sind als die einander entgegengesetzten."

In einer Ansprache an der Universität Cambridge in England am 5. Juni 1958 analysierte Hammarskjöld die Weltsituation genau in den Begriffen von Bubers eigenem Ansatz zum „Friedensbund" in den Schlußartikeln von *Pointing the Way*, und er zitierte explizit „Hoffnung für diese Stunde":

> „In einer Rede in der Carnegie Hall in New York im Jahre 1952 hatte Martin Buber folgendes zu sagen: ‚Man fürchtet nicht länger, daß der andere freiwillig heucheln wird, man nimmt es als sicher an, daß er nicht anders kann ... Der andere teilt mir die Perspektive mit, die er zu einem bestimmten Thema erworben hat, aber ich nehme seine Mitteilung nicht wirklich als Wissen zur Kenntnis ... Vielmehr horche ich auf das, was den anderen bewegt zu sagen, was er sagt, auf ein unbewußtes Motiv ... Da es die Vorstellung des anderen ist, ist es für mich eine ‚Ideologie'. Meine Aufgabe im Verkehr mit meinen Mitmenschen wird mehr und mehr, ... ihn zu durchschauen und zu demaskieren ... Es ist nicht mehr die Rechtschaffenheit, die Ehrlichkeit des anderen, die in Frage gestellt ist, es ist die innere Integrität seiner Existenz selbst ... Dieses Spiel wird natürlich nur vollständig, wenn es wechselseitig wird ... Man kann daher für die Zukunft ein Ausmaß an wechselseitigem existentiellen Mißtrauen voraussehen, in dem Sprache zur Stummheit wird und Sinnhaftigkeit zu Verrücktheit.' ... Aus der Tiefe seiner Gefühle hat Martin Buber Ausdrucksweisen gefunden, die zu verbessern für mich eitel wäre."

Hammarskjöld besuchte Jerusalem im September 1958 und berichtete nachher auf einer Pressekonferenz von „einem außergewöhnlichen Ereignis mit einem starken persönlichen Akzent. Ich hatte die Freude, Professor Martin Buber, für den ich ehrliche Bewunderung empfinde, einen persönlichen Besuch abzustatten." Bei seinem nächsten und letzten Besuch in Jerusalem im Januar 1959 hatten er und Buber ihre längste und vertrauteste Unterhaltung während eines Essens im Hause der Bubers. Als er im Januar 1959 auf einer Pressekonferenz von dieser Begegnung sprach, bestätigte Hammarskjöld, „daß ich, sobald ich Zeit dafür finde, sehr gerne nicht den ganzen Band von *Pointing the Way* übersetzen würde, dazu würde ich niemals die Zeit finden, aber drei oder vier Aufsätze."

Im Juni 1959 unterbreitete Hammarskjöld dem Nobelpreiskomitee in Schweden ein vierseitiges Memorandum, in dem er Buber für den Nobelpreis vorschlug. Van Dusen beschreibt dieses Dokument als „eine charakteristisch detaillierte, deutliche, gewissenhaft objektive Darlegung von Bubers Arbeit und Einfluß, die ebensoviel über den Autor aussagt wie über sein Objekt." Man kann es auch als ein ambivalentes Dokument charakterisieren, denn es geht vor allem auf Bubers Qualifikationen als Kandidat für den Literaturnobelpreis ein, schließt jedoch damit, ihn statt dessen für den Friedensnobelpreis zu empfehlen! Obwohl es Bubers Hoffnungen nicht viel hätte helfen können, entsprang diese Ambivalenz zweifelsohne Hammarskjölds Bemühen, um jeden Preis fair zu sein, und wahrscheinlich auch seiner Sorge, das Nobelpreiskomitee nicht unzulässig zu beeinflussen. Hammarskjöld sprach von Buber als dem „Sprecher des humanistischen Internationalismus, der auf Elementen jüdischen Denkens beruhte." Hammarskjöld sagte auch, daß Bubers „literarisches Werk uns verschlossen ist (nur ein kleiner Teil davon ist veröffentlicht)" und daß „er nach dem Krieg in immer größerem Maß zu einer aktiven Kraft in der internationalen Diskussion, z. B. in der anglo-amerikanischen Welt geworden ist." Dann diskutierte Hammarskjöld die (für ihn) überraschende Tatsache, daß Buber trotz seines großen Namens keinen wichtigen Platz im jüdischen Denken einnahm, wie ein Außenseiter das erwartet hätte. Um dies zu erklären, führte er Bubers Position als Sprecher für israelisch-arabische Freundschaft an sowie Bubers religiöse und philosophische Überzeugungen, die er als dem zeitgenössischen Judentum fremd ansah:

> „Die Mystik der Persönlichkeit ..., die Buber unter dem Einfluß des Chassidismus, aber auch unter dem der Mystik des christlichen Mittelalters entwickelt hat, setzt sich in den schärfsten Gegensatz zu dem rationalistischen Materialismus, der zum Beispiel besonders Ben Gurion charakterisiert, wie auch zu der formalistischen Orthodoxie und religiösen Intoleranz, die es genauso oft in Israel gibt."

Hammarskjöld schloß: „Obwohl Bubers Position innerhalb des jüdischen Volkes so kontrovers ist, erscheint er dennoch jedem, der seine Werke erforscht hat, als genialer Interpret einiger der hervorstechendsten und reinsten Elemente jüdischer Tradition und jüdischen Geisteslebens."

In seiner Besprechung von Bubers Arbeit an den chassidischen Legenden behauptete Hammarskjöld, daß Buber „die westliche Literatur mit etwas Dauerhaftem und Reichem versehen hat", und charakterisierte ihn als „hervorragenden Geschichtenerzähler, dessen sprachliche Fähigkeit ihn in eine Reihe mit den größten Meistern der Prosa im ersten Teil dieses Jahrhunderts stellt."

Nach zweijähriger Pause schrieb Hammarskjöld an Buber, daß er die Aufsätze in *Between Man and Man*, die er bislang noch nicht gesehen hatte, gelesen hatte. Was Buber in „Dialog" über ‚Zeichen' schrieb und im folgenden Aufsatz über Verantwortung dem ‚Einzelnen' gegenüber in der politischen Sphäre, formulierte auf so bemerkenswerte Weise gemeinsame Erfahrungen, daß sie Bubers Schriften für Hammarskjöld selbst „in hohem Grad für mich zu dem machen, was Sie ein ‚Zeichen' nennen." „Es ist seltsam, über einen Abgrund von Unterschieden des Milieus und der äußeren Erfahrung eine Brücke gebaut zu sehen, die mit einemmal die Entfernung verschwinden läßt." Hammarskjöld wiederholte seine Idee, Buber ins Schwedische zu übersetzen, aber es wurde zunehmend schwieriger, zwischen Bubers Werken zu wählen, und die Nuancen von Bubers Deutsch machten ihn zögern.

Buber antwortete sofort, dankte ihm für seinen Brief als „ein Zeichen wahrhaften und vollkommenen Verstehens – ein recht seltenes Geschenk in dieser unserer Welt." Buber empfahl Hammarskjöld, *Ich und Du* zu übersetzen, das schwierigste seiner Werke, „aber am geeignetsten, den Leser in das Reich des Gesprächs einzuführen", und Hammarskjöld schrieb Buber zurück, daß er dies als stillen Aufruf betrachtete, „eine Übersetzung dieses Schlüsselwerks zu versuchen, das in seiner Botschaft so entscheidend, wie es in seiner Form äußerst schön ist." „Wenn all dies so klappt", fügte er hinzu, „darf ich Ihnen sagen, was es mir auch dadurch bedeuten würde, daß es mir die Rechtfertigung für einen ausgeweiteten und intensiveren Kontakt mit Ihnen persönlich gibt." Hammarskjöld setzte sich mit seinen schwedischen Verlegern in Verbindung und hatte in weniger als zwei Wochen eine Zusage. Am 12. September 1961, dem Tag, an dem er New York in Richtung Kongo verließ, informierte Hammarskjöld Buber hiervon in einem der letzten Briefe, die er je schrieb. Neben *Imitation of Christ* von Thomas à Kempis war das einzige andere Buch, das Hammarskjöld auf den Flug mitnahm, die neueste deutsche Ausgabe von *Ich und Du*, die er gerade von Buber erhalten hatte. Während des Fluges und des Aufenthaltes in Léopoldville, wo er versuchte, die Kämpfe zwischen Moise Tschombés Armee in Katanga und den Streitkräften der Vereinten Nationen zu stoppen, übersetzte er zwölf Seiten. So arbeitete Hammarskjöld auf dem Weg zu seiner letzten Mission als ein „Diener des Friedens" auf die Erfüllung eines lang gehegten Traumes hin, der ihn Buber näher bringen würde.

Hammarskjöld hatte das Buch und das Manuskript auf seinem verhängnisvollen Flug am 18. September nach Ndola, wo er ein direktes Gespräch mit Moise Tschombé über die Teilung Katangas arrangiert hatte, nicht dabei; sie wurden unter seinen Sachen im Haus des Vorsitzenden der Mission der Vereinten Nationen im Kongo in Léopoldville gefunden, worüber Hammarskjölds Neffe Knut Buber in einem Brief vom 5. Oktober informierte.

Buber erhielt Hammarskjölds letzten Brief eine Stunde nachdem er im Radio von dessen Tod bei dem Flugzeugabsturz im Kongo gehört hatte. So war der Dialog der beiden Männer von beiden Seiten selbst nach Hammarskjölds Tod gegenwärtige Wirklichkeit. Buber sah in Hammarskjöld einen Menschen guten Willens, der versuchte, etwas zu tun, und der verlassen worden war. „Obwohl er das Äußerste gab", sagte Buber zu Meyer Levin, „hatte Hammarskjöld nicht die technischen Mittel zur Verfügung, seine Friedensmission auszuführen, und wurde in seinem Tod zum Märtyrer." Am 28. September schickte Buber mir die deutsche Übersetzung eines Artikels der Stockholmer Zeitung *Dagens Nyheter* über Hammarskjölds Plan der Übersetzung von *Ich und Du* und die Absicht von Stockholms führendem Verlagshaus Bonnier, mit dem Plan einer Übersetzung fortzufahren und Hammarskjöld zu Ehren zu veröffentlichen.

Bubers Antwort auf einen Friedensfragebogen der Presseagentur Nowosti in Moskau darüber, wie die Welt in zwanzig Jahren aussehen werde, war hoffnungsvoll, doch nur vorsichtig formuliert. Selbst wenn man annimmt, daß Krieg verhindert worden ist, so hängt doch alles davon ab, antwortete Buber, ob der Weltfrieden lediglich ein Ende des Kalten Krieges signalisiert oder wirkliche Koexistenz. Das erstere könnte nur zu einem neuen und noch gefährlicheren kalten Krieg führen. Wirkliche Kooperation in der Bewältigung der Probleme der Menschheit ist jedoch möglich, behauptete Buber: „Trotz der fundamentalen Verschiedenheit der Anschauungen über soziale Gerechtigkeit und individuelle Freiheit ..., wenn es in direkten, unbefangenen und umfassenden Aussprachen berufener, unabhängig und realistisch denkender Menschen aus beiden Lagern gelingen wird, die Dringlichkeit der vitalen gemeinsamen Interessen gemeinsam zu erkennen."

Obwohl Buber für die Sache des Friedens aktiv war, war er sich der politischen Implikationen seiner Handlungen nicht unbewußt. Buber zitierte zustimmend eine Aussage Jesu, daß man so unschuldig wie eine Taube sein sollte und so schlau wie eine Schlange. Buber erzählte A. Elhanani, einem Jounalisten der israelischen Zeitung *Davar* einmal, nachdem die Sowjetunion ihre Megatonnen-Atombombe zur Explosion gebracht hatte, daß ein reicher Mann in der Schweiz Buber gebeten hatte, ein Treffen von Intellektuellen aus der ganzen Welt, einschließlich der Sowjetunion, zu organisieren, um auf diese Entwicklung zu antworten. Diese Person war bereit, alle Ausgaben für ein solches Treffen zu bezahlen. Buber stimmte unter der Bedingung zu, daß das Treffen geheimgehalten würde, aber es kam nicht zustande.

Doch Buber hatte überhaupt keine Angst, seinen Hals für unpopuläre Anliegen zu riskieren. Von der Unschuld Morton Sobells überzeugt, der zu der Zeit, als Julius und Ethel Rosenberg exekutiert wurden, wegen Spionage zu dreißig Jahren Haft verurteilt worden war, reichten Buber und Bertrand Russell ein Gnadengesuch beim Präsidenten der Vereinigten Staaten ein. Indem sie ihren Appell als Personen „mit unabhängigen politischen Ansichten und nur im Interesse von Gerechtigkeit und Menschlichkeit“ taten, wiesen sie darauf hin, daß vielen Rechtsautoritäten die Anklagen gegen Sobell bestenfalls fadenscheinig erschienen. Die vorsichtige Wortwahl in diesem Appell legt nahe, daß sie nicht als Parteigänger im Kalten Krieg oder als aus politischen Motiven Handelnde gesehen werden wollten. Im März 1960 schrieb Buber im Interesse zweier Freunde, eines älteren Ehepaares, das nach Israel emigriert war und dessen Töchter in Rumänien geblieben waren, an den Präsidenten von Rumänien. Trotz wiederholter Anträge hatte eine der Töchter nicht zu ihrem Mann und ihren Eltern nach Israel kommen können und war obendrein zu drei Jahren Gefängnis verurteilt worden. „Ich wende mich als alter Verfechter schwieriger Angelegenheiten der Menschlichkeit an Sie, Monsieur le Président“, schrieb Buber, „mit der innigen Hoffnung, daß mein Appell ein Echo findet.“

Im Juni 1960 schrieb Buber an Bertrand Russell und drang in ihn, sich einer Reihe ausgezeichneter Persönlichkeiten aus aller Welt anzuschließen, die sich auf einer Konferenz in Paris zusammenfinden wollten, um die gegenwärtige Situation der Juden in der Sowjetunion zu untersuchen: „Wir können heute nicht von tatsächlicher körperlicher Verfolgung sprechen wie in der Stalinzeit und nicht einmal von rechtlicher Diskriminierung. Dennoch wird in Wirklichkeit Diskriminierung gegen die jüdische Bevölkerung in der Sowjetunion ausgeübt“; positiver nationaler Ausdruck war ihnen nicht gestattet wie anderen Minoritäten (wie zum Beispiel jüdische Schulen, Bücher oder Zeitschriften auf Hebräisch oder Jiddisch, und nicht einmal geeignete Mittel zum Ausdruck ihrer religiösen Gefühle waren erlaubt – die wenigen Synagogen in der Sowjetunion waren ständigen Angriffen ausgesetzt, und es durfte keine zentrale jüdische Religionsorganisation für die drei Millionen in Rußland lebenden Juden geben).

Während dieser Zeit kooperierten Buber und Schweitzer einige Male bei Appellen gegen die Weiterverbreitung von Nuklearwaffen. Im Oktober 1961 rief das israelische öffentliche Komitee gegen Nukleartests zu Demonstrationen auf. Das Komitee hatte sich spontan aus einer Gruppe von Intellektuellen gebildet, zu denen Buber und Hugo Bergmann gehörten. Im November schloß Buber sich dem Appell von Pablo Casals, Albert Schweitzer, Bertrand Russell, François Mauriac, Brock Chisholm und Max Born an Präsident Kennedy, von Nukleartests Abstand zu nehmen, an.

Im Herbst 1960 besuchte Buber das Mittelmeer-Kolloquium in Florenz, das von Giorgio La Pira, dem Bürgermeister von Florenz und Professor an der Universität Florenz gefördert wurde. Diese Konferenz bestand aus einer Reihe bekannter Personen aus Mittelmeerländern, einschließlich Israelis und Arabern, und war daher der *einzige* Ort, an dem die letzteren sich von Angesicht zu Angesicht trafen. Buber war von Joseph Golan, dem damaligen politischen Ratgeber Nahum Goldmanns, dem Präsidenten des Jüdischen Weltkongresses, zur Teilnahme gedrängt worden. Golan sagte Buber, daß die Ägypter großen Wert auf sein Kommen legten, und Buber schrieb an Simon Schereschewsky, Mitführer der Ihud, daß er glücklich wäre, etwas „für unsere Sache" tun zu dürfen. Buber, der in engem Kontakt mit dem Israelischen Komitee für eine nuklearfreie Zone im Mittleren Osten stand, diskutierte den Unterschied zwischen einem kleinen Frieden und einem großen Frieden. „Nach dem Vortrag eines sehr begabten Ägypters", berichtete Buber im November, „lud ich ihn ein, mit mir am Präsidententisch zu sitzen und die Probleme vor allen durchzusprechen, und das taten wir gründlich und direkt; es war ein sehr symbolischer Augenblick." Später sagte er zu Meyer Levin über diese Diskussion mit George Henein über arabisch-israelische Probleme: „Es war ein wirkliches Gespräch, in dem wir versuchten, den harten Kern der politischen Sphäre zu durchdringen. Ja, ich sage, es ist immer noch, es ist immer möglich in menschlichen Bezügen."

Im Mai 1961 führte die Sowjetunion die Todesstrafe für Wirtschaftsverbrechen wieder ein, und ein hoher Anteil der Verurteilten, so stellte sich heraus, waren Juden. Bertrand Russell war für seine guten Beziehungen zur Sowjetunion bekannt und hatte Verbindung mit Premier Nikita Chruschtschow; und Buber beschloß deshalb im März 1962, Russell zu bitten, für das sowjetische Judentum zu intervenieren. Buber wies darauf hin, daß es die Todesstrafe für Wirtschaftsverbrechen seit den Tagen der Revolution vor vierzig Jahren nicht mehr gegeben habe, und erklärte, daß alle Gegner der Todesstrafe energisch gegen die Wiedereinführung der Todesstrafe für solche Verbrechen als mit der Rolle einer großen und fortschrittlichen Nation unvereinbar protestieren müßten. Er wies auch darauf hin, daß er es, da die meisten der Verurteilten Juden waren, als eine ernste Bedrohung der gesamten jüdischen Gemeinde in der Sowjetunion ansähe, wenn die Bevölkerung dahin kommen sollte zu denken, daß Juden bei Wirtschaftsverbrechen eine Hauptrolle spielten, obwohl seine eigene Einstellung keinen Deut anders sei, wenn die Verurteilten Nichtjuden wären. „Wir sollten unser Möglichstes tun, um eine solche Gefahr zu verringern", sagte Buber, der unzweifelhaft daran dachte, wie genau solche Maßnahmen im nationalsozialistischen Deutschland schließlich zur völligen Enteignung und Auslöschung der Juden geführt hatten. Buber schlug vor, daß Bertrand Russell, Eleanor Roosevelt und der berühmte französische katholische Schriftsteller und Nobelpreisträger François Mauriac eine Bitte um Aufhebung der Urteile telegrafieren sollten.

Aubrey Hodes berichtet, daß Russells Intervention bei Chruschtschow zugunsten der sowjetischen Juden einer der Gründe war, weshalb ihm im Frühjahr 1963 die Verwaltung Jerusalems ihren ersten Literaturpreis für menschliche Freiheit verlieh. Ralph Schoenman, Russells Sekretär, der den Preis für Russell entgegennahm, traf sich mit Hodes, Ernst Simon, Schereschewsky, den Führern des israelischen Komitees für eine nuklearfreie Zone im Mittleren Osten und Simcha Flappan von *New Outlook* in Bubers Haus zu einem Abend, der der Diskussion darüber gewidmet war, wie die Gefahr der Stationierung von Atomwaffen in der Region abgewendet werden könnte. Diese Diskussion hatte einen privaten Appell Russells an elf Staatsoberhäupter und später eine öffentliche Erklärung von zehn berühmten Wissenschaftlern und moralischen Führern zur Folge, unter ihnen Max Born, Danilo Dolci, Martin Niemöller, Linus Pauling, Eugene Rabinowitsch, Jean Paul Sartre und Albert Schweitzer im *New Outlook*. Hodes schreibt:

> „Wenn ein verzwickter Punkt aufkam oder die Diskussion sich vom Hauptthema entfernte, war es Buber, der die Gruppe mit einem Satz, der nicht anordnete oder insistierte, sondern vorschlug, anregte, hindeutete, zum Hauptgesprächsfluß zurückführte ... Buber war der perfekte Vorsitzende für ein aus einander feindlich gesinnten Fraktionen zusammengesetztes Komitee oder eine schwierige internationale Konferenz. Er hatte all den Takt, die Haltung und die rapiergleiche Schärfe eines erstklassigen Staatsmannes. Wenn irgendjemand Araber und Israelis um einen Tisch hätte versammeln und zu einer Verständigung hätte bringen können, wäre das Buber gewesen – hätte man ihm die Gelegenheit geboten."

In der Tat können solche Unterschiede wie zwischen Arabern und Israelis eine ‚Gemeinschaft der Anderheit' fördern. Buber versicherte bezüglich der Ich-Du-Beziehung:

> „dieses Verhältnis scheint mir seine eigentliche Größe und Mächtigkeit gerade da zu gewinnen, wo zwei Menschen ohne eine starke geistige Gemeinsamkeit, sogar von verschiedener Geistesart, ja von einander entgegengesetzten Gesinnungen doch einander so gegenüberstehen, daß jeder der beiden den anderen, auch noch in der strengsten Auseinandersetzung, als diese bestimmte Person kennt und meint, erkennt und anerkennt, annimmt und bestätigt, und daß er in der gemeinsamen Situation, auch noch in der gemeinsamen Situation des Miteinanderkämpfens, die Erfahrungsseite des Anderen, sein Erleben dieser Situation, seinen ihm eigentümlichen Seelenprozeß sich gegenwärtig hält. Da ist keine Freundschaft, da ist nur die zur Erfüllung gelangte Kameradschaft der menschlichen Kreatur."

In seiner Einstellung zum zivilen Ungehorsam stand Buber Martin Luther King nahe. Wie King der Schüler Gandhis auf dem Weg gewaltlosen Widerstandes war, so war Gandhi seinerseits tief von einem Amerikaner des vorangegangenen Jahrhunderts beeinflußt – Henry David Thoreau. In seiner Schrift zu Thoreaus hundertstem Todestag bezeugte Buber 1962, daß die Lektüre von Thoreaus klassischem Traktat „Ziviler Ungehorsam" in seiner Jugend einen starken Einfluß auf ihn ausgeübt habe, aber daß er erst viel später verstanden habe, weshalb.

> „Es war das Konkrete, Persönliche, das ‚Jetzt und Hier' an der Schrift, was ihr mein Herz gewann. Thoreau formulierte nicht einen allgemeinen Grundsatz als solchen; er beschrieb und begründete seine Haltung in einer bestimmten historisch-biographischen Situation. Er sprach seinen Leser im Bereich dieser ihnen gemeinsamen Situation so an, daß der Leser nicht nur erfuhr, warum Thoreau damals so handelte, sondern – wofern dieser Leser nur redlich und unbefangen war – auch, daß er selber, der Leser, gegebenenfalls eben solcherweise handeln mußte, wenn es ihm ernstlich darum zu tun war, seine menschliche Existenz zu verwirklichen."

Weil Thoreau, Gandhi, King und Buber vom Standpunkt ihrer historischen Situation so konkret, wie sie handelten, sprachen, drückte jeder auf die rechte Weise das aus, was für alle menschliche Geschichte gültig ist.

1963 wandte Buber seine Ansicht über zivilen Ungehorsam auf die internationale Tagessituation an. „Ziviler Ungehorsam, der legitim sein soll, muß Gehorsam einer höheren Autorität gegenüber sein als der, der wir hier und jetzt gehorchen. Aber es gibt keinen generellen Weg, die Legitimität dieser höheren Autorität zu demonstrieren oder die Grenze dessen zu setzen, was wir Cäsar schuldig sind. Nicht für alle Zeit, sondern nur in der besonderen Situation des Hier und Jetzt kann diese Frage beantwortet werden. In unserer gegenwärtigen Situation ist es jedoch einfacher als je zuvor, diese Frage zu beantworten, erklärte Buber, denn heute sind wir an dem Punkt angelangt, wo wir dabei sind, die Bestimmung unseres Schicksals aus unserer Hand gleiten zu lassen. Die universellen militärischen Vorbereitungen und die kriegerischen Überraschungen, eine die andere übertreffend, auf allen Seiten des Kalten Krieges können eine derartige Automatik erreichen, daß sie den menschlichen Kosmos in ein Chaos ... verwandeln, [über] das hinaus wir nicht mehr zu denken vermögen." Wenn die Herrscher der Stunde nicht aufwachen können, bevor es zu spät ist, die Maschinerie anhalten und lernen, *mit*einander zu sprechen anstatt aneinander *vorbei*, wer sonst als die „Ungehorsamen", jene, die ihre Gesichter gegen die Macht stellen, die sich verirrt hat, werden zur Rettung kommen, solange noch Zeit ist? „Muß nicht eine planetarische Front solcher civil disobedients bereitstehen, bereit, nicht wie sonst Fronten zum Kampf, sondern zum rettenden Gespräch? Aber wer sind diese, wenn nicht diejenigen, welche die Stimme hören, die sie aus der Situation, der Situation der menschlichen Krisis, anspricht und ihr gehorchen?"

1962 schrieben Reinhold Niebuhr und ich im geheimen an eine Reihe prominenter Menschen in der ganzen Welt, um die Nominierung von Martin Buber für den Literaturnobelpreis zu unterstützen. Der Brief begann mit einer Feststellung von Reinholds Bruder, dem berühmten Theologen H. Richard Niebuhr zur Feier von Bubers achtzigstem Geburtstag in den USA: „Mehr als irgendein anderer in der modernen Welt, selbst mehr als Kierkegaard, war Martin Buber für mich und für viele meiner Kameraden der Prophet der Seele und der Zeuge der Wahrheit, die von der Seele, nicht als Einzelwesen, sondern als geselligem Wesen verlangt wird." Unglücklicherweise starb H. Richard Niebuhr gerade in dem Augenblick, als Reinholds und mein Brief an ihn eintraf, an Herzversagen. Die Antworten der anderen waren jedoch unmittelbar und von ganzem Herzen zustimmend. Eine davon, die erstaunlichste und herzerwärmendste, war die Antwort des libanesischen Staatsmannes und Philosophen Charles Malik. 1960 erzählte Buber mir und Eugenia, wie Malik aus Versehen in den israelischen Pavillon auf der Brüsseler Ausstellung gewandert war und seinen Namen in das Gästeregister eingetragen hatte. Die Zeitungen griffen dies auf, und Malik verlor in der Folge seine Position als Vertreter bei den Vereinten Nationen und jeden Zugang zu einem öffentlichen Amt im Libanon. Es wäre überhaupt nicht überraschend gewesen, wenn er es abgelehnt hätte, den Brief an das Nobelpreiskomitee zu unterzeichnen. Statt dessen unterzeichnete Malik nicht nur, sondern fügte seiner Unterschrift eine eloquente Aussage hinzu:

> „Buber ist einer der wichtigen Einflüsse für mein Denken, besonders durch sein ‚Ich und Du'. Ich empfand auch hohe Achtung für ihn und den verstorbenen Dr. Magnes in Verbindung mit der Palästinafrage. Ich hatte immer das Gefühl, daß er und ich in vielen politischen und geistigen Fragen übereinstimmen. Die Geistesart, die er repräsentiert, könnte immer noch dazu beitragen, zu gegebener Zeit eine Aussöhnung zwischen Israelis und Arabern herbeizuführen. Wenn nur die politischen Leidenschaften auf beiden Seiten es ermöglichen würden, sich in einer Atmosphäre christlicher Liebe und Vergebung, in Bubers Bedeutung des Wortes, zu ‚begegnen'! Aber der Mensch ist so begrenzt, und die Geschichte ist so tragisch, und Gottes Mysterium ist so unergründlich. Ich vertraue darauf, daß die schwedische Akademie dieser Angelegenheit ernsteste Überlegung zuteil werden läßt, denn meiner Meinung nach verdient kein lebender Mensch den Nobelpreis für Literatur mehr als Martin Buber."

In einem separaten Brief, der nicht an die Akademie weitergeleitet wurde, schrieb Malik: „Es macht mir die größte Freude, Ihnen und Niebuhr in diesem höchst ehrenvollen Unterfangen an die Seite zu treten. Ich wünschte, es gäbe noch etwas anderes, was ich für diese edle Seele tun könnte. Buber ist größer selbst als die feine Lobrede auf ihn, die Sie in Ihrem Briefentwurf zusammengestellt haben."

Neben Charles Malik, Reinhold Niebuhr und mir selbst gehörten zu den Unterzeichnern des Briefes an die schwedische Akademie W. H. Auden, T. S. Eliot, Emil Brunner, Albrecht Goes, Victor Gollancz (der englische Schriftsteller und Verleger), Hermann Hesse, Gabriel Marcel, Sir Herbert Read, Ignazio Silone und der deutsche Philosoph Wilhelm Szilasi. In seinem Brief an mich bestätigte T. S. Eliot das Gefühl echter Begegnung, von dem Buber mir erzählt hatte, als wir einander zum ersten Mal 1951 persönlich begegneten: „Ich hatte einmal ein Gespräch mit Dr. Buber … und ich hatte den starken Eindruck, in der Gesellschaft eines großen Menschen zu sein. Es gibt nur sehr wenige unter den Menschen, denen ich im Laufe meines Lebens begegnet bin, deren Gegenwart mir dieses Gefühl gegeben hat." Nach Bubers Tod nahm der Reporter von *Newsweek* diese Aussage, die ich ihm zusammen mit einer Menge von anderem Material übergeben hatte, als Titel für seine Geschichte über Buber: „In der Gegenwart von Größe".

21. Kapitel

Buber wider Ben Gurion

(1949–1964)

Als ich 1960 in Jerusalem war, sagte mir ein Doktor des Hadassah-Krankenhaus: „Wir haben zwei B's in Israel – Buber und Ben Gurion. Wir wünschten, ersterer würde bei der Philosophie bleiben und letzterer bei der Politik!" Buber beschäftigte sich wirklich immer sehr mit Politik und war, wie jeder, der ihn kannte, bezeugen konnte, überraschend gut über alles, was in Israel und in der Welt im allgemeinen vorging, informiert. Nahum Goldmann pflegte ihn regelmäßig zu besuchen, wann immer er in Israel war, um ihn über nationale und internationale Entwicklungen zu unterrichten. Buber verfolgte sie mit brennendem Interesse, nicht nur hinsichtlich ihrer unmittelbaren Auswirkungen, sondern auch im Hinblick darauf, was sie für die nächsten ein oder zwei Generationen bedeuten würden.

Der Konflikt zwischen Buber und Ben Gurion gründete sich nicht allein auf ihre unterschiedlichen Einstellungen zur arabisch-jüdischen Frage. Buber war ein sozialer Anarchist im biblischen Sinne. Er war der Staatsorganisation gegenüber sehr mißtrauisch, während Ben Gurion *der* Repräsentant des Staatskultes und der Realpolitik war. Dies bedeutet nicht, daß Buber den Staat als solchen ablehnte, wie der traditionelle Anarchist das tut. In seiner Ansprache an die amerikanischen Freunde von Ihud 1958 sagte Buber:

> „Ich habe die aus dem Krieg hervorgegangene Form des neuen jüdischen Gemeinwesens, den Staat Israel, als den meinen akzeptiert. Ich habe nichts mit jenen Juden gemein, die ihn, die faktische Gestalt der jüdischen Selbständigkeit, bestreiten zu dürfen meinen. Das Gebot, dem Geist zu dienen, ist jetzt von uns in diesem Staat, von ihm aus zu erfüllen. Wer aber dem Geist wahrhaft dienen will, muß all das einst Verfehlte wiedergutzumachen suchen; er muß daran arbeiten, die verschüttete Bahn für ein Einvernehmen mit dem arabischen Volke von neuem freizumachen."

Man kann niemand die Schuld dafür geben, daß die Hoffnungen auf eine organische Entwicklung des Jischuw vereitelt wurden, bemerkte Buber, denn die Menge der heimatlosen und entwurzelten Menschen übte einen psychologischen Druck aus, dem der Zionismus nicht widerstehen konnte. Der Staat wurde nicht auf der Basis gegenseitigen Vertrauens in der nahöstlichen Region gegründet, wie Bubers Gruppe das gehofft hatte. Aber was sie jetzt tun konnten, war anzuerkennen, daß sie noch keine qualitativ hochstehende, lebendige Kultur besaßen: „Wir haben eine große Tradition und fähige Menschen, Schriftsteller, Dichter, Philosophen, Wissenschaftler und Forscher. Wir haben auch ausgezeichnete erzieherische und kulturelle Institutionen. Aber eine Kultur, die in allen Lebensbereichen der Nation spürbar ist – die haben wir nicht." Eine „jüdische Renaissance" war nicht mehr genug für Buber. Solange es keine entscheidende Ordnung von Gerechtigkeit und Wahrheit gab, die den Lauf des Lebens bestimmte, solange konnte es keine wahre Kultur geben.

Am 10. März 1949 wurde Ben Gurion, der die provisorische Regierung des Staates Israel leitete, sein erster gewählter Premierminister. Zwei Wochen später, am 27. März 1949, rief er eine Reihe der prominentesten Intellektuellen zu einer Beratung darüber zusammen, was die moralische und geistige Richtung des neugeborenen Staates sein sollte. Buber sprach als einer der ersten und stellte Ben Gurions Versicherung, daß die Regierung per se keine direkte Rolle bei der Formung des moralischen Charakters des Staates hatte, in Frage. Dies war der Anfang einer Reihe von Konfrontationen zwischen Buber und Ben Gurion, die so lange dauerten, wie letzterer im Amt war.

Nach Michael Keren, dem Autor von *Ben Gurion and the Intellectuals* zu urteilen,

> „hatte die Ideologie des politischen Messianismus in den fünfziger Jahren in Israel ihre Wurzeln nicht nur in altem biblischen Gedankengut, sondern auch in modernen theologischen und intellektuellen Arbeiten – besonders jenen von Martin Buber … Politischer Messianismus hätte ohne die Tiefe und Bedeutung, die Bubers Philosophie dem messianischen Denken gab, nicht zu solcher Blüte gelangen können. Dies ist vielleicht der Grund dafür, daß keine andere Beziehung – auf der theoretischen oder praktischen Ebene – so komplex war wie die Beziehung zwischen Buber und Ben Gurion."

In März 1953 schickte Buber für die Ihud einen Brief an Joseph Sprinzak, in dem er gegen die vorgeschlagene Gesetzgebung zur Enteignung arabischen Landes argumentierte und behauptete, daß in zahlreichen Fällen Land nicht aus Sicherheitsgründen, sondern zur Expansion existierender Siedlungen enteignet worden war. „Uns sind dichtbevölkerte Dörfer bekannt, in denen die beschlagnahmten Böden mehr als zwei Drittel des gesamten Bodens ausmachen." Besitzern sollte genug Land gelassen werden, um sich selbst durch Landwirtschaft zu unterhalten, selbst dann, wenn es aus Sicherheitsgründen konfisziert worden war, und dieses Land sollte seinen Besitzern innerhalb einer gesetzlich festgelegten Höchstzeit zurückgegeben werden. „Es ist uns unverständlich, daß nach dem, was in den Zeitungen steht, sich bis jetzt unter den jüdischen Knessetabgeordneten kaum einer gefunden hat, der seine Stimme gegen ein Gesetz erhoben hätte, welches eine gesetzliche Billigung für Maßnahmen und Aktionen gäbe, in denen jeder einzelne Knessetabgeordnete ein himmelschreiendes Unrecht sähe, geschähe dies seinem Eigentum oder dem Eigentum eines Juden."

Als Antwort auf Hans Blühers Sorge über Bubers Isolation in Israel bestritt Buber im Januar 1955, isoliert zu sein, und zeichnete ein Bild seines Lebens in Israel, das zeigte, daß er seine Position in seiner angenommenen Heimat klar verstand:

> „Ich habe an Freunden und Schülern genügend. Unpopulär bin ich freilich, und das kann bei einem Unangepaßten, wie ich es von Jugend auf gewesen ... und im Alter geblieben bin, nicht gut anders sein. Was mir ‚weite Kreise' am meisten verargen, ist: erstens, daß ich seit 1917 aufs nachdrücklichste für eine Kooperation mit den Arabern – bis 1947 in der Form eines binationalen Staates und seit dem Sieg Israels über die sieben Angreiferstaaten in der Form einer vorderasiatischen Völker-Föderation – eingetreten bin und mit an der Spitze der in dieser Richtung geführten Aktionen gestanden habe. Zweitens, daß ich mich ... kaum minder nachdrücklich gegen ein Zusammenwerfen des deutschen Volkes mit dem Mordgesindel der Gaskammern-Organisation gewendet habe und weiter wende."

Als eine Gruppe israelischer Soldaten 1953 sechzig Männer, Frauen und Kinder in einer Vergeltungsaktion im jordanischen Ort Kibya tötete, protestierten Buber und seine Freunde offen. Er griff auch das israelische Rabbinat an, weil es kein Wort gegen den Vorfall in Kibya sagte. Ein Rabbinat, das sich nur um Rituale kümmerte und Verstöße gegen die Menschlichkeit ignorierte, würde selbst ignoriert werden, meinte Buber. Später drückte Buber Empörung über das Kfar Kassem-Massaker aus, bei dem im Oktober 1956 siebenundvierzig Araber während einer Sperrstunde, von der sie nicht informiert worden waren, niedergeschossen wurden, als sie von ihren Feldern heimkehrten. In seiner Rede vor den amerikanischen Freunden von Ihud in New York 1958 drückte Buber sein Bedauern in unmißverständlichen Worten aus:

> „Oft hatten in früheren Zeiten arabische Horden Untaten dieser Art verübt, und meine Seele hatte mit den Opfern geblutet; hier

> aber ging es um unser eigenes, um mein eigenes Verbrechen, um das Verbrechen des Juden am Geist. Ich kann auch heute noch nicht daran denken, ohne mich schuldig zu fühlen. Zu schwach ist unser kämpferischer Glaube an den Geist gewesen, um die Ausbreitung und den Ausbruch der dämonischen Irrlehre zu verhindern."

Buber war ebenfalls gegen die Invasion des Sinai, die Ben Gurion in Kooperation mit Frankreich und England im Herbst 1956 unternommen hatte. Als Werner Kraft Buber fragte, ob er diese Opposition politisch, strategisch oder moralisch verstand, antwortete Buber, daß er keine isolierte Moral anerkenne. „Richtige" Politik war in seiner Betrachtungsweise „moralisch". Buber hielt Ben Gurions Politik für falsch und Ben Gurion selbst für einen „Träumer", der die Mächte, mit denen er sich verbündete, nicht richtig eingeschätzt hatte. Infolge der Invasion des Sinai war die Politik der USA vollkommen in ihr Gegenteil umgeschlagen und waren die Russen schließlich in nächste Nähe gebracht worden.

Auf der Jerusalemer Ideologischen Konferenz im August 1957 erhielten die entgegengesetzten Positionen von Ben Gurion und Buber fast klassischen Ausdruck. In seiner Ansprache „Vision und Erlösung" schien Ben Gurion zunächst in seiner Sichtweise der auf einer Vision des jüdischen Staates als eines moralischen Staates gegründeten Wiedererweckung des jüdischen Volkes völlig mit Buber im Einklang zu sein. *„Jeder, der nicht erkennt, daß die messianische Vision der Erlösung zentral für die Einzigartigkeit unseres Volkes ist, erkennt nicht die grundlegende Wahrheit der jüdischen Geschichte und den Eckpfeiler jüdischen Glaubens."* Aber Ben Gurions Messianismus war nicht der Bubers, denn Ben Gurion konnte im Staat Israel nicht nur den größten, sondern den einzigen gemeinsamen Vorteil des gesamten jüdischen Volkes sehen, das in seinen Werten gespalten und in seiner Struktur auseinandergefallen war. „Der Aufstieg Israels ... richtete jeden Juden auf, egal wo er lebte" und „gab den Menschen, die in seiner Mitte lebten, ihre Ganzheit als Juden und Menschen wieder." Die erklärten liberalen Werte, die Ben Gurion dem Staat zuschrieb, wurden in Wirklichkeit nicht auf die arabische Minderheit angewendet.

Den wirklichen Streitpunkt zwischen den beiden Männern – ihren Unterschied in der Einschätzung des Staates – drückte Ben Gurion in Worten aus, die wieder nur an Buber gerichtet waren:

> „Professor Buber sagt, daß der Staat Israel nur ein Instrument ist. Natürlich ist er ein Instrument – aber er ist ein wertvolles Instrument, ohne das es keine Freiheit und Unabhängigkeit geben kann, keine Möglichkeit freier, kreativer Aktivität, die unseren Bedürfnissen, unseren Aspirationen und unseren Werten entspricht. Das Wunder, das in unserer Generation stattgefunden hat, ist, daß ein

> Instrument für die Verwirklichung der Vision der Erlösung geschaffen worden ist – und das Instrument ist der Staat Israel, mit anderen Worten, das souveräne Volk in Israel. Ehren Sie aus diesem Grunde den Staat Israel. Er ist nicht einfach ein Instrument ... Er ist der Anfang der Erlösung, ein kleiner Teil der Erlösung.“

Genauso wie Ben Gurions zweite Rede ausschließlich an Buber gerichtet war, so war Bubers Rede durch und durch eine explizite Entgegnung an Ben Gurion. In Bubers Rede findet der klassische Gegensatz zwischen König und Prophet im alten Israel seinen modernen Kontext.

> „Ben Gurion hat recht, wenn er sagt, daß die Jugend in Israel sehr an gewissen Teilen der Bibel interessiert ist, besonders an den Geschichten über die Eroberung des Landes, an den Geschichten der Heldenkönige und auch an einigen Worten der Propheten. Aber auf keinen Fall kann man die Propheten unabhängig von ihrer historischen Mission betrachten, die sie zu jenen Männern sandte, um diese vor ihren Gott kommen zu lassen und von ihm, der sie zu einstweiligen Königen gemacht hatte, ihr Urteil zu erwarten.“

Es reicht nicht aus, die Erlösung Israels der Erlösung der menschlichen Gattung an die Seite zu stellen, wie Ben Gurion das tat. Das Schicksal Israels hängt von der Erfüllung der Forderung ab, daß Israel „einen beispielhaften Anfang in der tatsächlichen Arbeit der Verwirklichung mache, daß es die Nation sei, die Gerechtigkeit und Wahrheit in ihren Institutionen verankere.“ Für Buber traf die prophetische Forderung nicht nur für die Generationen der Bibel zu, sondern für alle Generationen und besonders unsere eigene, die zum ersten Mal in zwei Jahrtausenden „die Voraussetzung zur Erfüllung ihrer Aufgabe hat, ... die Macht, in nicht geringem Ausmaß ihre Institutionen, ihre Lebensmodalitäten und ihre Beziehungen zu anderen Nationen zu bestimmen.“ Die Schärfe der Worte, mit der Buber jetzt sich an Ben Gurion wandte, spiegelt die Sorge wider, die ihn während dieser Jahre veranlaßte, die „Politisierung“ der Beziehung zwischen Nationen als zum „technisch perfektionierten Selbstmord der Menschheit“ führend anzusehen.

> „Hinter allem, was Ben Gurion zu diesem Punkt gesagt hat, steht, so scheint es mir, der Wille, den politischen Faktor obenan zu stellen. Er ist einer der Verfechter jener Art der Säkularisierung, die ihre ‚Gedanken‘ und ‚Visionen‘ so gewissenhaft kultiviert, daß sie die Menschen davon abhält, die Stimme des lebendigen Gottes zu hören. Diese Säkularisierung nimmt die Form übertriebener ‚Politisierung‘ an. Diese ‚Politisierung‘ des Lebens trifft gerade den Geist selbst. Der Geist mit all seinen Gedanken und Visionen steigt herab und wird eine Funktion der Politik.“

Buber fuhr fort, darauf hinzuweisen, daß dieses Phänomen, „das in der ganzen gegenwärtigen Welt regiert“, Wurzeln hat, die bis in biblische

Zeiten zurückreichen, in denen einige Könige in Israel (so König Ahab) „falsche Propheten anstellten, deren Prophetie nur eine Funktion der Staatspolitik war."

In seinen abschließenden Worten antwortete Buber auf Ben Gurions Behauptung, die messianische Idee sei lebendig und werde mit der Frage leben: „In wie vielen Herzen dieser Generation in unserem Land lebt die messianische Idee in einer anderen Form als der engen nationalistischen Form, die auf die Einsammlung der Exilierten beschränkt ist?"

> „Eine messianische Idee ohne die Sehnsucht nach der Erlösung der Menschheit und ohne den Wunsch, an ihrer Verwirklichung teilzunehmen, ist nicht mehr mit den messianischen Visionen der Propheten Israels identisch, noch kann diese prophetische Vision mit einem des Glaubens an das Kommen des Gottesreiches entleerten messianischen Ideal identifiziert werden."

Buber betrachtete Utopismus und Politik als falsche Beziehungen zwischen dem Geist und dem alltäglichen Leben, der erstere sei ein unechter Idealismus, „auf den wir unseren Blick richten können, ohne irgendeine Verpflichtung einzugehen, von den Notlagen der Erde zu genesen", die letztere sei ein unechter Realismus, „der den Geist nur als eine Funktion des Lebens betrachtet." Ben Gurions Messianismus repräsentiert im Gegensatz dazu die Kombination aus beidem – Utopismus und Politik. Wie Michael Keren zeigte, „sollte für Buber Erlösung ein irdisches Leben (durch echte Selbstverwirklichung) durch die Begegnung von Himmel und Erde, Leben und Geist herbeiführen, während Ben Gurion in ihr Anwendung himmlischer Ideale auf die irdischen Aufgaben sah." Buber verlangte, daß der Staat im weiteren gesellschaftlichen und menschlichen Kontext bewertet würde, aber er wies jede Idealisierung dieses Kontexts über die Begegnung unter Menschen hinaus zurück. Was gebraucht wird, versicherte Buber, war weder eine Moral, die dem Leben der Nation dient, noch eine Moral, die auf allgemeinen Prinzipien basiert, die die Bedingungen jedes Tages außer acht lassen, sondern „ein Gewissen, das nicht leicht zu täuschen ist und eine vertrauenswürdige Sicht der Wirklichkeit."

Zu Bubers achtzigstem Geburtstag fand eine Feier in der Aula der Hebräischen Universität statt. Als Buber das Auditorium betrat, erhoben sich die fünf- bis sechshundert anwesenden Personen zu einer großen Ovation spontan von ihren Plätzen. Ben Gurion kam, um Buber bei dieser Gelegenheit zu ehren, und saß neben Paula Buber in der ersten Reihe, was Buber sehr erfreute. Drei Generationen von Bubers Schülern sprachen ihm zu Ehren und riefen jenen, die die Kraft seines Geistes und seiner Führerschaft in Deutschland, Mitteleuropa und seit 1938 in Palästina und Israel gespürt hatten, eine denkwürdige Vergangenheit ins Gedächtnis. Für viele der jungen Sabras, die aus Neugierde oder aus Stolz auf ihre Universität gekommen waren, war dies das erste wirkliche Bekanntwerden mit dem Mann, der die außergewöhnliche Position einnahm, der der Welt bekannteste israelische Gelehrte und Philosoph zu sein und dennoch bis zu dieser Zeit ein Mann, der den älteren Zionisten und der europäischen Alijah besser bekannt war als den neuen Generationen. Mit dem Bild Herzls an der Wand hinter ihm und Ben Gurion in der ersten Reihe vor ihm ist es sehr wahrscheinlich, daß er an beide Männer dachte, als er erzählte, wie Herzl ihn gebeten hatte, nicht als Herausgeber von *Die Welt* zurückzutreten, und fügte hinzu: „Ich lehnte ab, denn der Geist sollte sich nicht einem Staatsmann ergeben."

In diesem selben Jahr, 1958, brach erneut der Konflikt zwischen Buber und Ben Gurion über der Anklage gegen Aharon Cohen auf, der einen sowjetischen Agenten in seinem Kibbuz getroffen und dies nicht den Behörden gemeldet hatte. Cohen, eine Autorität für die arabische Welt und für jüdisch-arabische Beziehungen, war Mitglied des *Mapam*-(= Arbeiter-Zionisten-)Kibbuz Sh'ar Ha'amakim und Mapams Hauptrepräsentant in der *Liga für jüdisch-arabische Verständigung und Kooperation*. Obwohl Aharon Cohen ein links von Mapam stehender Marxist war, war Buber von Cohens Energie, Hingabe, Organisationsfähigkeit, breitestem Wissen über jüdisch-arabische Beziehungen und seinem enthusiastischen Glauben daran, sie verbessern zu können, beeindruckt. Buber schrieb tatsächlich das Vorwort zu Cohens Trilogie: *Israel and the Arab World*, die er als objektives und äußerst bedeutendes wissenschaftliches Werk beschrieb, das auf einem inneren Wissen von den Ereignissen beruhte und mit Eifer und Liebe für die Sache geschrieben war.

Cohens Schwierigkeiten erwuchsen aus dem Zusammenhang dieser Trilogie, die die Geschichte der Beziehungen zwischen dem Zionismus und den Arabern Palästinas und der benachbarten Länder vom späten neunzehnten Jahrhundert an bis zur Gegenwart erzählt – ein Buch, das ganz und gar nicht zufällig Ben Gurions Einstellung den Arabern gegenüber sehr kritisch gegenübersteht. Da es ihm unmöglich war, von der Hebräischen Universität und der Nationalbibliothek Zeitschriften in russischer Sprache über den Mittleren Osten, die bis vor die russische Revolution zurückgingen, zu bekommen, setzte sich Cohen mit der russischen Wissenschaftsmission in Jerusalem in Verbindung und drückte im Verlauf seiner Treffen mit ihr nicht nur seine kritischen Ansichten über die Nahostpolitik Israels aus, sondern schrieb auch die Namen der Mapam-Führer in einem persönlichen Code auf, um seine Besuche bei den Russen vor den Führern der Mapam zu verbergen, die es vorzogen, alle Gespräche mit den Russen selbst zu führen und die Cohen für seine Überbetonung der marxistischen Theorie kritisiert hatten. Nach israelischem Gesetz konnte jeder, der sich mit einem „ausländischen Agenten" – die Definition war unklar – traf, angeklagt werden, Informationen weitergegeben zu haben, wenn er nicht zufriedenstellende Rechenschaft über das Treffen ablegen konnte, selbst wenn es keine Beweise gab, daß er in der Tat Informationen weitergegeben hatte. Cohen wurde aufgrund dieses Gesetzes 1958 verhaftet, genau zu der Zeit, als sein Buch für die Veröffentlichung vorbereitet wurde. Cohen glaubte, daß die Verhaftung erfolgte, um die Veröffentlichung seines Buches zu verhindern, von dem Teile beschlagnahmt wurden, um im Prozeß verwendet zu werden, der erst 1962 stattfand. Buber stellte sich ohne Zögern auf Cohens Seite und ließ in seinen Anstrengungen für Cohen nicht nach, vom Tag seiner Verhaftung bis zu seiner Freilassung aus dem Gefängnis. Buber war der erste, der sich bereit erklärte, vor dem Bezirksgericht in Haifa auszusagen, und als die Verhandlung eröffnet wurde, unternahm der Vierundachtzigjährige, alle medizinischen Bedenken ignorierend, die anstrengende Reise nach Haifa und sagte drei Stunden lang zu Cohens Gunsten aus. Buber bezeugte vor dem vollbesetzten Gerichtssaal, daß er Cohen seit 1941 kannte, als sie, zusammen mit Henrietta Szold und Judah Magnes, die ersten Mitglieder der Liga für jüdisch-arabische Wiederannäherung waren. Buber traf sich häufig mit Cohen (der Ende 1941 Sekretär der Liga wurde), besonders nach Cohens Besuch in Syrien und im Libanon 1942 und seiner Aussage vor der anglo-amerikanischen Untersuchungskommission 1946, die er zusammen mit Ernst Simon gemacht hatte. Buber trat als Charakterzeuge auf und zögerte nicht zu behaupten, daß er in der Tat ein Gutachter des Charakters war, der sein ganzes philosophisches Denken von seiner Jugendzeit an auf das Studium wirklicher Menschen gegründet hatte.

„Er blieb dort für fast drei Stunden", berichtet Aubrey Hodes, „und antwortete geduldig auf alle zweifelnden Fragen, die an ihn gerichtet wurden, mit klarer Stimme und ohne Eile und erklärte in fast väterlicher Weise seine Überzeugung, daß ein Mann wie Cohen unmöglich verräterisch gehandelt haben könne, wie die Anklage behauptete." In einer über zwanzigjährigen Beziehung konnte Buber keinen einzigen Vorfall erinnern, der seiner Überzeugung, daß Aharon Cohen ein Mann war, der meinte, was er sagte, widersprach.

Bubers Worte machten ungeheuren Eindruck auf die Richter, von denen keiner glaubte, daß Cohen den ausländischen Agenten, die er getroffen hatte, irgendwelche Informationen gegeben hätte. Dennoch fanden sie seine Erklärung für seine Kontakte nicht überzeugend und verurteilten ihn zu fünf Jahren Gefängnis. Ben Gurion war mit dem Urteil wie mit der Argumentation des Gerichts zufrieden und pries im privaten Kreis die Weisheit der israelischen Richterschaft. Er war nicht so erfreut, als der höchste israelische Gerichtshof eine andere Stellung bezog; ein Richter wollte das Urteil für ungültig erklären und den Gefangenen sofort freilassen, und die anderen zwei, einschließlich des höchsten Richters, wollten das Strafmaß auf die Hälfte verkürzen und stimmten nur deshalb ihrem Kollegen nicht bei, weil sie sich durch das Gesetz, wie dubios und drakonisch es auch war, gebunden fühlten und es ihnen keine andere Wahl ließ. „Die allgemeine öffentliche Meinung in Israel betrachtete dies als die Schuldentlastung Aharon Cohens, die Buber und seine Freunde von Anfang an gefordert hatten", berichtet Simon.

Im Februar 1963, aus Anlaß von Bubers fünfundachtzigstem Geburtstag, sandte Ben Gurion ihm die besten Wünsche – „den Wunsch eines Freundes, Bewunderers und Gegners".

> „Ihre tiefe und eigenständige Philosophie, Ihre treue Verbundenheit mit dem Werk der Wiedergeburt Israels seit Ihrer Jugend bis zum heutigen Tag, Ihre tiefe ideelle und existentielle Beziehung zur Vision der Propheten Israels von der nationalen und universalen Erlösung und einer Herrschaft von Gerechtigkeit, Frieden und Brüderlichkeit in der Welt, die volle Übereinstimmung zwischen Ihren Bestrebungen und Forderungen und Ihrer Lebensführung – für all dies gebührt Ihnen Lob und Ruhm in der Geschichte unseres Volkes und unserer Zeit."

Ben Gurion unterzeichnete diesen Brief mit „in Liebe und Verehrung", und Buber berichtete, daß er ihn mit diesem Brief, der einen komplizierten Bereich zwischenmenschlicher Erfahrung berührte – die Art der Gegnerschaft, die persönliche Nähe nicht ausschloß – wirklich glücklich gemacht hatte. „Ich darf Ihnen sagen, daß ich hierin mit Ihnen bei allen sachlich bedingten Vorbehalten übereinstimme, und ich könnte also meine Einstellung Ihnen gegenüber mit ähnlichen Worten charakterisieren, wie Sie sie freundlicherweise mir gegenüber gebraucht haben." Aber Buber fuhr fort, indem er sagte, daß er diesen Brief als Fortsetzung des im Februar 1962 vorangegangenen Briefwechsels zwischen ihm und Ben Gurion bezüglich Bubers Bitte um Begnadigung Aharon Cohens ansah. „Erlauben Sie mir bei dieser Gelegenheit eine Bemerkung über unsere Kontroverse. Inzwischen ist einige Zeit verstrichen, und vielleicht sehen Sie jetzt doch eine Möglichkeit, im Rahmen Ihrer Befugnisse die Begnadigung und Entlassung des kränklichen Aharon Cohen aus dem Gefängnis zu bewirken. Darüber würde ich mich sehr freuen." Ben Gurion beantwortete Bubers Brief sofort und weigerte sich noch einmal, Cohen zu begnadigen. Eine der ersten Handlungen von Bubers Freund Zalman Shazar als Präsident von Israel war, Bubers Wunsch zu erfüllen und Cohen zu begnadigen, eine Aktion, die er Buber persönlich mitteilte.

Im September 1959 beschloß das Exekutivkomitee von Ihud, die Aufmerksamkeit der israelischen Öffentlichkeit durch eine Pressekonferenz in Bubers Haus auf seine Haltung hinsichtlich der arabischen Flüchtlinge zu lenken. Fast alle israelischen Zeitungen räumten den Berichten über die Pressekonferenz einen bedeutsamen Platz ein, und viele schrieben besondere Artikel, in denen sie Anerkennung für das Treffen und insbesondere für Buber, der die zentrale Rolle eingenommen hatte, ausdrückten. Buber schüttelte jedem der zwölf Journalisten, die ihm vorgestellt wurden, herzlich die Hände und lenkte die Unterhaltung mit einem Ausmaß an Wachheit und Lebendigkeit, die selbst unter Jüngeren schwer zu finden ist. Er begann mit dem Hinweis, daß das Flüchtlingsproblem bei der kommenden Generalversammlung der Vereinten Nationen ernstere und realistischere Behandlung finden würde und das Treffen zwischen Eisenhower und Chruschtschow in Washington auch zu einer Entspannung im Mittleren Osten führen könnte, die es ermöglichen würde, etwas zur Lösung dieses Problems zu tun. Die Zeit sei vielleicht reif für Israel, so dachte er, die Initiative beim arabischen Flüchtlingsproblem zu ergreifen, was er in seinem Gespräch mit Ben Gurion vor zehn Jahren vorgeschlagen hatte. Buber sah eine solche Initiative als unbedingte moralisch-politische Pflicht, unabhängig von einem Friedensvertrag mit den arabischen Staaten. „Ich bezweifle", fügte Buber hinzu, „daß die Angelegenheit nach der UN-Vollversammlung noch in unseren Händen liegen wird."

Im Oktober 1961 gab Buber für Ihud eine Stellungnahme zum arabischen Flüchtlingsproblem ab, in dem er „tiefes Bedauern über die Stellungnahme des Premierministers vom 11. Oktober 1961" ausdrückte, „in welcher er den ‚hinterhältigen Vorschlag zur freien Wahl der Flüchtlinge' zwischen Rückkehr nach Israel und Entschädigungen und ihrer Konsolidierung anderenorts nachdrücklich ablehnt", ein Vorschlag, der erneut den Glauben daran ausdrückte, es könnten Mittel gefunden werden, um Hunderttausende von Flüchtlingen zu einem produktiven Leben als friedensliebende Bürger in den arabischen Staaten und im Staate Israel zu führen. Buber rief zur Kooperation zwischen Israel, den arabischen Staaten, den Flüchtlingen und den Vereinten Nationen auf. Der Anfang wäre die Einrichtung *gemeinsamer* Fachausschüsse. Diese sollen *gemeinsam* den Plan und die Art und Weise der Konsolidierung der Flüchtlinge mit „konstruktiver Einstellung und im Geiste der Gerechtigkeit und des Realismus (Hammarskjöld) beraten, wobei die wirtschaftlichen, demographischen, menschlichen und besonders die Sicherheitsbedingungen, die mit dem Unternehmen verbunden sind, berücksichtigt werden müssen." Die besondere Aufgabe dieser Komitees sollte sein, „sicherzustellen, daß die Wahl der Flüchtlinge wirklich frei wäre, aufgrund objektiver Kenntnis der Bedingungen in

Israel und in den arabischen Staaten." So verband Ihud das Bewußtsein der Sicherheitsprobleme mit einer tiefen humanitären Sorge um das Los der Flüchtlinge.

Der nächste Zusammenstoß zwischen Buber und Ben Gurion trat im Zusammenhang mit der „Lavon-Affäre" auf, einem politischen Dickicht, dessen Wurzeln in die Zeit der Staatsgründung zurückreichten. Pinkas Lavon, der frühere Verteidigungsminister, der in einen Spionageskandal in Ägypten verwickelt war, der die israelische Regierung erschütterte, war nun Generalsekretär der machtvollen Arbeiterorganisation *Histadrut* geworden, die er benutzte, um seine Macht aufzubauen; er verlangte von Ben Gurion, daß er ihn entlasten sollte. Ben Gurion entschied, daß Lavon gehen müsse, und er trat von seinem Posten als Premierminister zurück, um ihn zum Gehen zu zwingen.

Im Dezember 1960 gab eine Reihe von Intellektuellen ein Manifest unter dem Titel „The Danger to Democracy" heraus, in dem sie besonders gegen Ben Gurions Intervention protestierten. Diese Stellungnahme war von fünfzig Professoren und einigen der prominentesten Personen des Landes unterzeichnet worden und rief die Führer auf, Maßnahmen zu ergreifen, um die Atmosphäre zu bereinigen und das Vertrauen des Volkes zurückzugewinnen.

> „Die größte Gefahr für ein demokratisches Regime und seine Werte entsteht aus einer Schmähung von Kritik und einer Einstellung von Verachtung gegenüber dem Gegner. Die Gefahr ist viel größer in einer Gesellschaft, die noch im Prozeß der Kristallisation ihres politischen und sozialen Regimes begriffen ist und wo großen Teilen der Bevölkerung die Erfahrung demokratischer Regierung und ein Sinn für Proportion fehlt, um in einer Kontroverse zwischen Parteien zwischen dem Wichtigen und Untergeordneten zu unterscheiden."

Bubers Name führte die Liste jener, die das Manifest unterschrieben hatten, an. Ben Gurion war wütend und vor allem darüber verärgert, daß Buber, für den er großen Respekt hatte, sich gegen ihn stellte. Bis zu diesem Zeitpunkt hatte Ben Gurion dem Mosad Bialik-Komitee für die Übersetzung der Klassiker ins Hebräische, dem Buber vorstand, angehört und hatte Buber in seinem Haus besucht, um die Übersetzung von Spinoza, an der er sehr interessiert war, zu diskutieren. Jetzt trat Ben Gurion öffentlich von diesem Komitee zurück. Ende Januar 1961 veröffentlichte Raphael Bashan ein langes Interview mit Buber in *Ma'ariv* unter dem Titel: „Warum unterschrieb ich das Manifest der Professoren?" Buber glaubte, daß dies genau eine jener Zeiten war, in der eine Person verpflichtet ist, ihre Stimme zu erheben. Als Bashan ihn fragte, an welche Gefahr er genau dachte, zeigte Buber, daß ihm die täglichen Probleme bis ins letzte Detail geläufig waren, er die innersten Intrigen der politischen Parteien kannte und genau wußte, wie eine Armee geführt wird. „Er beeindruckte mich plötzlich als ein sehr geheimnisvoller Mann, der an hundert Fäden geheimer Information gleichzeitig zog", gestand Bashan. Aber was Buber während dieser Stunde sagte, bat er Bashan, nicht zu veröffentlichen. Bashan schloß aus diesem langen Gespräch, daß Buber bedingungslos glaubte, daß der Mittlere Osten am Vorabend radikaler politischer und sozialer Veränderungen stand, die eine scharfe Wende in Israels internationalen Beziehungen mit sich bringen könnten. „Wenn wir von außen zu Verzicht gezwungen werden, wird es eine Katastrophe sein", sagte Buber. „Aber wenn wir freiwillig verzichten, wird dies Politik sein."

In seiner Antwort verneinte Ben Gurion, daß Intellektuelle irgendetwas von besonderem Gewicht zu Sicherheitsangelegenheiten zu sagen hätten. „Wenn ich eine Expertenmeinung in Sachen Gott brauche, werde ich mich gerne an Professor Buber wenden", sagte Ben Gurion. Diese Aussage brachte Ernst Simon dazu zu entgegnen, daß Ben Gurion, obwohl er bei der Autorität, die er Intellektuellen gewährte, weiter ging als Buber, jeden Versuch von ihrer Seite, ihre Meinung zu entscheidenden Fragen zu artikulieren, herunterspielte. Ben Gurions Erwiderung an Simon veranlaßte eine oppositionelle Zeitschrift zu dem Kommentar:

> „Eine Person im Land hat ein Monopol über alles: über Wahrheit, Rechtschaffenheit, Gerechtigkeit und Moral, über das Reich des Geistes und über die Demokratie. Er hat nicht nur das Monopol, er ist der eine und einzige der für die Bestimmung dessen zuständig ist, was Wahrheit ist, wer im Namen der Wahrheit sprechen kann, was intellektuell ist und wer berechtigt ist, ein Intellektueller genannt zu werden."

Bubers bekanntester Konflikt mit Ben Gurion betraf den Prozeß und die Hinrichtung von Adolf Eichmann, eine Sache, die weit über interne israelische Angelegenheiten hinaus auf Nachkriegsdeutschland und die moderne Welt im allgemeinen wirkte.

Obwohl keineswegs die für den Holocaust am meisten verantwortliche Person, war Eichmann doch die Organisation und in gewissem Maß auch die Ausführung der „Endlösung" auferlegt worden. Daher war seine Gefangennahme und Entführung durch den israelischen Geheimdienst in Argentinien 1961 und seine darauf folgende Strafverfolgung durch Gideon Hausner vor einem israelischen Gerichtshof eine sensationelle Kette von Ereignissen, die eine große Kontroverse bezüglich des internationalen Rechts, der Kriegsverbrechen und der Gerechtigkeit von Eichmanns Verhandlung und Hinrichtung durch ein israelisches Gericht auslöste. Buber glaubte, daß gegen Eichmann in Israel verhandelt werden sollte, aber durch ein internationales Gericht, weil er nicht glaubte, daß Juden, die die Opfer des Holocaust gewesen waren, auch die Richter sein sollten.

Am 15. Dezember 1961 wurde Eichmann von einem israelischen Gericht zum Tode verurteilt. Buber rief Ben Gurion an und bat um ein Treffen. Ben Gurion antwortete: „Ich bin jünger als Sie, ich werde zu Ihnen kommen." Die zwei Männer sprachen zwei Stunden lang in Bubers Haus in Talbiyeh, wo Buber den anderen bat, das Urteil in lebenslange Haft umzuwandeln. Ben Gurion, der früher gesagt hatte, daß es ihm um das Gerichtsverfahren und nicht um das Urteil ging (in *Eichmann in Jerusalem* charakterisierte Hannah Arendt Ben Gurion als den unsichtbaren Regisseur des Prozesses), sagte, daß er selbst nicht fest entschlossen zur Hinrichtung war. Präsident Ben-Zwi hingegen war entschlossen, daß Eichmann hingerichtet werden sollte. Auf einem *Histadrut*-Kongreß in den 30er Jahren war Ben-Zwi das einzige Mitglied, das die Abschaffung der Todesstrafe *nicht* wollte, obwohl sie tatsächlich mit der Staatsgründung abgeschafft worden war, außer in Fällen von Hochverrat zu Kriegszeiten und wegen Kriegsverbrechen gegen die Menschheit im allgemeinen oder das jüdische Volk im besonderen. Buber appellierte direkt auch an Ben-Zwi, aber auch hier war seine Bitte erfolglos. „Indirekt gab Ben Gurion Buber eine öffentliche Antwort", berichtete *Time* am 23. März 1962. „Als der Oberste Gerichtshof in Israel Eichmanns eigenen Einspruch erwog, bevor er das Urteil sprach, veröffentlichte das offizielle Regierungsorgan eine Verordnung zur Autorisierung der Bestallung ‚einer Person zur Durchführung eines Todesurteils'." Der Hauptgrund für Bubers Gegnerschaft bezüglich der Hinrichtung, die identisch mit Hugo Bergmanns Position war, lag darin, daß das Gebot „Du sollst nicht töten" mit gleicher Macht für den Staat wie für das Individuum gilt. Buber sagte *Newsweek* gegenüber: „Das Todesurteil hat Verbrechen nicht gemindert, im Gegenteil, all dies erbittert die Seelen der Menschen … Töten erweckt Töten."

Der andere Grund für Bubers Gegnerschaft zur Eichmann-Hinrichtung war die Furcht, daß die deutsche Jugend die Exekution als symbolische Gerechtigkeit betrachten könnte, die sie von der Bürde der Schuld für den Holocaust befreite. Dies schien besonders wegen der enormen weltweiten Aufmerksamkeit, die der Prozeß erregt hatte, so, die ihn weit über *jeden* anderen Prozeß eines Individuums hinaushob. Keine Bestrafung konnte wirklich Eichmanns Verbrechen sühnen, erklärte Buber. Was er getan hatte, ging weit über jede menschliche Strafe, die ersonnen werden konnte, hinaus. Seiner Hinrichtung zu widersprechen hatte nichts mit Nachsicht oder Vergebung zu tun. Buber empfand Eichmann gegenüber kein Mitgefühl oder Mitleid. Hodes erzählt daß „Buber nichts als Widerwillen und Horror empfand." Buber schlug statt dessen vor, daß Eichmann lebenslange Haft bekommen sollte, nicht in einer Zelle, wie bei einem gewöhnlichen Kriminellen, sondern er sollte als ein Symbol des Holocaust auf dem Land in einem Kibbuz arbeiten und die Erde Israels bewirtschaften. Als die israelischen Zeitschriften Bubers Appell, Eichmann nicht hinzurichten, veröffentlichten, war die öffentliche Reaktion in überwältigendem Ausmaß gegen ihn.

Nach Eichmanns Erhängung am 31. Mai 1962 gab Buber der *New York Times* ein Interview, in dem er die Hinrichtung einen „Fehler historischen Ausmaßes" nannte.

Am 17. Januar 1962 gab Buber Lawrence Fellows, dem gleichen Korrespondenten der *New York Times*, der ihn später über die Hinrichtung Eichmanns befragte, ein Interview, in dem er Ben Gurion dafür zur Rechenschaft zog, daß dieser gesagt hatte, daß die meisten israelischen Araber, „gäbe man ihnen die Gelegenheit, helfen würden, Israel zu zerstören." Das ist die Art von Ausdruck, die aus den Arabern schlechte Bürger mache, sagte Buber zu Fellows, und ist der frühen Ideale der Gründer des jüdischen Staates unwürdig. Empört über das Vorurteil, das in Ben Gurions Äußerung ausgesprochen wurde, gaben Buber und zwei andere Mitglieder von Ihud eine Stellungnahme heraus, die auf Ben Gurions Unvermögen hinwies, sich die nationalistischen Gefühle der Araber vorzustellen, die jenen glichen, die er als Zionist fühlte:

> „Herr Ben Gurion hat offenbar vergessen, was wir aus Geschichte und Ideologie der zionistischen Bewegung gelernt haben, nämlich selbst zugunsten ausgezeichneter wirtschaftlicher, sozialer und Bildungsverhältnisse weder individuell noch national auf ein Leben der Gleichberechtigung und Würde zu verzichten. Bei der Errichtung des Staates Israel wurde der arabischen Bevölkerung volle Gleichberechtigung ohne jegliche Diskriminierung zugesichert. In den vergangenen dreizehn Jahren hat die Regierung jedoch Gelegenheiten verpaßt und Dinge getan, die bei der arabischen Bevölkerung den Eindruck erwecken mußten, sie seien Bürger zweiter Klasse."

In der Folge der Veröffentlichung des Fellows-Interviews in der *New York Times* bat der amerikanische Rat des Judentums, die letzte antizionistische Festung der jüdischen Gemeinde in den USA (weil er das Judentum als eine Religion und nicht als eine Nation sah), Buber, einen Artikel über das Flüchtlingsproblem für ihr Journal *Issues* zu schreiben und Maßnahmen vorzuschlagen, die zu einem Frieden zwischen Israelis und Arabern führen können. Sie fürchteten, daß Ben Gurions Bemerkungen über die Araber in Israel die Feindseligkeit, die viele amerikanische Juden bereits den Arabern gegenüber empfanden, verstärken würde. Buber antwortete, daß er ihre Bitte nicht erfüllen könne, denn dies würde bedeuten, daß er seinen Standpunkt im Hinblick auf das große

Problem des Zionismus in gewisser Hinsicht mit dem ihren identifizieren würde.

> „Aber in Wahrheit sind die beiden sehr weit voneinander entfernt. Unsere – mit ‚wir' meine ich den Ihud – Kritik an der Araberpolitik der israelischen Regierung kommt von innen, die Ihre von außen her. Unser Programm der jüdisch-arabischen Zusammenarbeit steht hinter dem, was offiziell Zionismus genannt wird, nicht zurück, es ist vielmehr ein größerer Zionismus. Wir möchten das jüdische Volk dazu bringen, daß es diesen größeren Zionismus versteht und sich zu eigen macht."

Wieder einmal wandelte Buber in wohlbemessener Gewißheit auf dem schmalen Grat.

Die letzte Aktion, in der sich Buber für Ihud in bezug auf jüdisch-arabische Beziehungen engagierte, war nicht mehr an Ben Gurion gerichtet, sondern an seinen Nachfolger, Premierminister Levi Eschkol. Nach einem Treffen des Exekutivkomitees von Ihud in seinem Haus im Oktober 1964 schrieb Buber persönlich an diesen, um ihm seine Ergebnisse mitzuteilen. Buber fügte ein persönliches Wort hinzu, das klar als Kontrast zwischen Eschkols Regime und dem von Ben Gurion gemeint war. „Seit Sie das Amt des Ministerpräsidenten übernommen haben, ist eine deutliche Änderung im Ton und in einem gewissen Maß auch in der Linie der Politik auf wichtigen Gebieten zu spüren, einschließlich der Haltung zu den arabischen Bürgern Israels."

Buber konnte die Politik keiner israelischen Partei voll unterschreiben, aber er hielt sich auch nicht völlig von der Teilnahme an ihnen zurück. Je nach Situation unterstützte er manchmal die linken radikalen Sozialisten der Mapam oder die liberalen Progressiven, die ihn als Mentor konsultierten. In seiner Autobiographie von 1960, *Streitbares Leben*, drückte Max Brod große Bewunderung für Ben Gurions Politik aus und sagte, daß er oft der Wegbereiter und Führer des Volkes gewesen sei: „Sein ungeheures Verdienst um die Staatsgründung in schwierigster Zeit und um unser Durchkommen durch eine Reihe von Krisen steht historisch fest." Zu gleicher Zeit drückte er Bedauern in bezug auf Ben Gurions Einstellung den arabischen Flüchtlingen gegenüber und seine Unfähigkeit aus, von Bubers politischem Talent Gebrauch zu machen:

> „Das Unbegreifliche aber scheint mir, daß Ben Gurion und die Vertreter der großen Parteien bis jetzt nicht daran gedacht haben, daß ein Mann wie Martin Buber in die Regierung des jungen Staates gehört. Eines solchen einzigartigen Mannes von hoher Weisheit, Tatkraft und internationalem Ruf sich in der Zeit der Geschichtswende und inneren Umwandlung, Umschulung unseres Volkes nicht zu bedienen – das grenzt geradezu an Verschwendungssucht."

Brod hatte Bubers politische Aktivität bei zionistischen Kongressen wie dem in Karlsbad beobachtet; er hatte Bubers visionäre Spannbreite, seine geistige Präsenz und seine Geschicklichkeit in der Aktion, seine Wärme und Offenheit in Gesprächen bemerkt, von seiner Gelehrtheit und religiösen Tiefe gar nicht zu sprechen. „Martin Buber ist neben anderem auch ein großer Politiker. Es hätte nicht geschehen dürfen, daß er in entscheidenden Epochen beiseite steht. Man wird es in Hinkunft einmal, in historischer Rückschau, als unseren schwersten Fehler, als trauriges Kuriosum, anführen." Brod rief die Regierung auf, diesen Fehler zu beseitigen, aber das geschah natürlich nicht.

Im Februar 1966 publizierte *New Outlook, The Middle East Monthly* als Leitartikel einen Aufsatz von Ernst Simon, der kurz nach Bubers Tod in *Ner* veröffentlicht worden war, unter dem Titel „Buber oder Ben Gurion?" „Die tragischen Umstände der Geburt Israels brachten die Staatsmänner in den Vordergrund und ließen die Philosophen im Schatten", liest man in der Zusammenfassung am Anfang. „Israels Zukunft hängt von einem fruchtbareren Dialog zwischen den beiden ab." Der Eröffnungsabschnitt des Artikels nimmt jedoch keine so moderate oder ausgewogene Position ein:

> „Es scheint, daß diese beiden, der Denker und der Staatsmann, sich die Ehre teilen müssen, der berühmteste Jude in der Mitte des zwanzigsten Jahrhunderts zu sein. Einige würden sagen, daß sie einander ergänzen, daß jeder von ihnen das besitzt, was dem anderen fehlt; andere sehen sie als die Personifikationen eines extremen Gegensatzes zwischen zwei völlig unvereinbaren Haltungen. Ich beabsichtige zu zeigen, daß Buber und Ben Gurion nicht in ein und demselben geistigen und moralischen Klima existieren können und daß wir eine bewußte Wahl zwischen ihnen treffen müssen."

Simon erkannte an, daß Ben Gurion für Buber mehr Respekt zeigte als vielleicht für jede andere Figur aus der Welt des Geistes, aber er schrieb dies nicht dem zu, wofür Buber stand, sondern Ben Gurions „gut entwickeltem und sicheren Instinkt für Macht im allgemeinen und jüdische Macht im besonderen, wo immer sie auch angesiedelt sein mochte." Aber, sagte Simon, zwischen den beiden bestand keine wirkliche Achtung, weil ihr gemeinsamer Boden zu eng war, damit sie hätten willens sein können, etwas voneinander zu lernen. Simon fuhr dann fort, dies in einzelnen Abschnitten, die der arabischen Frage, dem Fall Aharon Cohen und dem Unterfangen, den Nahen Osten zu einer nuklearfreien Zone zu machen, gewidmet waren, genau aufzuzeigen. Buber half von dem Tag an, an dem das Komitee für nukleare Abrüstung in der israelisch-arabischen Region gegründet worden war, auf jede Art, auch durch Rat und dadurch, daß er sein Haus als Begegnungsstätte für Beratungen zur Verfügung stellte, alles in Opposition gegen die ausdrücklichen Ansichten und bestimmten Wünsche Ben Gurions, der, indem er völlige Abrüstung oder nichts forderte, sicherstellte, daß nichts getan werden würde und den ersten Schritt nuklearer Abrüstung unmöglich machte.

Im letzten Abschnitt seines Artikels modifizierte Simon diese strikte Trennung zugunsten einer möglichen zukünftigen Situation, in der das Bild der Geschichte Israels wie folgt aussehen könnte: „Die Gründung des Staates Israel war nicht anders als unter der Schirmherrschaft Ben Gurions möglich, aber die Tatsache, daß er weiter existieren konnte, kann nur durch seine Durchdringung von Bubers Geist in dem Ausmaß, in der er [jener Geist] seine Führer und die meisten in seinem Volk inspirierte, erklärt werden." Dies muß geschehen, sagte Simon, wenn Israel nicht für immer durch das Schwert leben will – unter dem Zeichen von Mars. „Das ist die Hoffnung, die Buber nie verlassen hatte, fast bis zu seinem letzten Tag, und um derer willen er dem Staat Israel treu blieb, der so weitgehend das Werk Ben Gurions ist."

So wie der zweite Weltkrieg Buber ermöglicht hatte, *Gog und Magog* zu vollenden, erscheint es möglich, daß gerade diese Opposition zwischen ihm und Ben Gurion Buber befähigte, zu dem Thema zurückzukehren, das ihn als junger Mann fasziniert hatte, und 1956 sein einziges dramatisches Stück *Elija. Ein Mysterienspiel* zu vollenden. Die Art, in der Buber die Gegnerschaft zwischen König Ahab und dem Propheten Elija in seinem Spiel darstellt, ist selbst ein wesentlicher Teil zum Verständnis des Dialogs als ein Weg zum Frieden. Ahab wird nicht als „böser König" abgebildet, wie es Melville in *Moby Dick* tut, sondern als jemand, der selbst in seinem Versagen in der Entscheidung im Dialog mit Gott, von dem er sich abgewendet hat, gebunden bleibt. Elija sieht sich selbst nicht als Ahabs Feind, und Elijas Gott tut es auch nicht. Auch aus diesem Grund ist *Elija* eine Erklärung existentiellen Vertrauens, genau da, wo es von der hebräischen Bibel, mit ihrer starreren Geschichte von Elija, der die vierhundert Priester des Baal tötet, nachdem sie auf dem Karmelberg geschlagen worden sind, abweicht.

Bubers Mysterienspiel *Elija* enthält in dramatischer Form alle zentralen Motive von Bubers Verständnis der biblischen und jüdischen Existenz: die Forderung, daß der Bund, den Israel seinem Volk und dem König auferlegt, das Königtum Gottes durch Gerechtigkeit, Rechtschaffenheit und liebende Güte verwirklicht; die Aufgabe, wahre Gemeinschaft und den Friedensbund mit anderen Nationen zu bauen; den Angriff auf jede Form von Dualismus, die Religion in den Bereich des Kultischen und „Geistigen" verweist und keine Forderung an das alltägliche Leben stellt; die biblische *Emuna* oder unbedingtes Vertrauen in die Beziehung zum abbildlosen Gott, der keine Sicherheit und keinen Erfolg anbietet, der jedoch so bei uns sein wird, *wie* er bei uns sein wird;

den Aufruf und die Aussendung des Propheten, den Gott ruft, aber den er nicht zwingt; den Ruf des Propheten nach wirklicher Entscheidung in der Gegenwart – der Umkehr des Volkes zu Gott mit seiner gesamten Existenz – anstelle der apokalyptischen Vorhersage einer festgesetzten Zukunft; das Böse als das Versagen, Entscheidung zu verwirklichen; den König als Vizekönig Gottes, der gesalbt ist, um Gottes Königtum zu verwirklichen, der aber kein „göttliches Recht" hat, an Gottes Statt zu regieren; und den „leidenden Knecht" als die messianische Figur, die den „heiligen Rest" derjenigen, die dem Bund treu bleiben, führt, den Dialog durch freie und von ganzem Herzen kommende Antwort wiederherzustellen.

Nichts charakterisiert Bubers eigenes Leben so sehr wie der Segen, den Elija Elischa im Mysterienspiel erteilt. Als Elija seinen letzten Abschied von Elischa nimmt, sagt er ihm, daß niemand zum Propheten reift, der nicht lernt, Einsamkeit zu ertragen. Elischa bittet um den Segen von Elijas Geist, aber Elija entgegnet, daß er nie den Geist besessen hat, daß er kam und ging. Er segnet Elischa im Gehorsam dem Geist gegenüber und der Fähigkeit, dem Herrn standzuhalten. Diese zwei zusammen – „gehorsames Zuhören" und Ringen – machen genau das Herz von *Elija* wie auch von Bubers Philosophie des Dialogs aus. *Elija* faßt nicht nur die Motive von Bubers biblischem Judentum zusammen, es spricht zu uns von den Anliegen, die Bubers Herz am nächsten lagen, und von den Einstellungen, die in seinem Leben verkörpert waren, einschließlich seinem eigenen Dialog mit Ben Gurion.

22. Kapitel

Mit Ehren überhäuft

(1958–1964)

Während seiner letzten Jahre beschrieb Buber sich Werner Kraft gegenüber einmal als „mit Ehren übersättigt". Zu Hugo Bergmann hat Buber, „der Weise vom Berge", wie Bergmanns Frau ihn nannte, einmal gesagt: „Der Ruhm ist eine taube Nuß, die knacke, wer sie knacken mag." Bubers achtzigster Geburtstag wurde in Israel und in den USA auf besonderen Treffen gefeiert, bei denen Buber selbst anwesend sein konnte, und in Deutschland durch Festschriften. Die israelische Zeitung *Davar* druckte zu dieser Gelegenheit ein besonderes Interview, in dem der Interviewer Buber als leicht im Umgang, wach in seinen Bewegungen und voll jugendlicher Energie beschreibt, die den Frager veranlaßt habe, sich über die verborgenen Quellen zu wundern, aus denen Buber seine Kraft bezog. „Ich arbeite zwischen zwölf und sechzehn Stunden jeden Tag", sagte Buber und fügte dann schüchtern hinzu, da es sonst wie Angabe klingen könnte: „Schlaf stört mich nicht mehr." „Seine Augen sind offen, groß, leuchtend", sagte der Interviewer, „als ob sie die Tatsache feierten, daß die Jahre sie nicht besiegen oder trüben konnten." Hermann Hesse schickte Buber zu dieser Gelegenheit einen besonders schönen Brief, und Albert Schweitzer drückte sein Beileid aus, indem er bemerkte, daß von achtzig an alles von Jahr zu Jahr schwieriger wird! Die Sorbonne verlieh Buber einen Ehrendoktortitel, und Emmanuel Levinas und Wilhelm Szilasi schrieben über Bubers Platz in der europäischen Kultur für eine Serie von Radiosendungen über „Die Welt von Martin Buber", die ich für *Pacific Radio* in New York, San Francisco und Los Angeles durchführte. Bubers alter Freund Nahum Goldmann schickte ihm ein Telegramm, das lautete: „Mögen Ihr Beispiel und Ihre Weisheit dazu beitragen, unserer Generation einen Weg aus dem Chaos der Gegenwart zu zeigen." Im Januar 1959 schlug Simon Halkin, Professor für Hebräische Literatur an der Hebräischen Universität, in Übereinstimmung mit dem Senat der Hebräischen Universität Buber für den Literaturnobelpreis vor.

Den vielen Personen, die ihm aus der ganzen Welt schrieben, sandte Buber ein Wort des Dankes, „gerichtet an jedes Individuum". Darin sagte er, je älter man werde, desto mehr erwache die Neigung zu danken: „Vor allem nach oben. Das Leben wird ja ... als eine unentgeltliche Gabe empfunden"; nunmehr nehme man „gar jede restlos gute Stunde ... wie ein überraschendes Geschenk an." Dann aber drängt es einen auch danach, seinem Mitmenschen dafür zu danken,

> „daß er mir, wenn er mir begegnete, wirklich begegnet ist; daß er die Augen auftat und mich mit keinem anderen verwechselte; daß er die Ohren auftat und zuverlässig vernahm, was ich ihm zu sagen hatte; ja, daß er das auftat, was ich recht eigentlich anredete, das wohlverschlossene Herz."

1960 wurde ein lang gehegter Traum von Eugenia und mir erfüllt: wir verbrachten vier Monate in Jerusalem in Bubers Nähe. Zwei Abende jede Woche verbrachten Eugenia und ich vier Stunden mit Buber in der entspannten Atmosphäre seines Studierzimmers in willkommenem Kontrast zu seinen stärker unter Druck stehenden Besuchen in den USA. Wir sprachen über Gott und die Welt: von Israel und Jerusalem, Politik, Literatur und Religion, bis zu Bubers persönlichem Leben, als wir bei Wein, Tee und Plätzchen, die irgendwann am Abend von seiner Enkelin Barbara hereingebracht wurden, auf der Couch zusammensaßen. (Ich kann immer noch hören, wie Barbara zu uns sagte: „Er war immer liebenswert", als wir sie 1966 nach Bubers Tod in Talbiyeh besuchten.) Die Hauskatzen der Bubers waren jetzt nur noch drei an der Zahl, und sie kamen und gingen durch das Fenster, wie es ihnen gefiel. Manchmal sprachen wir über die Schwierigkeit, seine Werke ins Englische zu übersetzen, und Buber merkte an: „Einige dieser Worte existieren nicht einmal in Deutsch." Zu anderen Zeiten lasen Buber und Eugenia Passagen des Neuen Testaments im originalen Koiné-Griechisch, das sie beide liebten. Gelegentlich erzählte Buber Geschichten, wie von der Zeit, als die Leute in der Heimatstadt des großen italienischen Komponisten Rossini beschlossen, eine Statue zu seinen Ehren zu bauen. Rossini, der selbst fast in Armut lebte, bot an, selbst für einige Stunden jeden Tag auf dem Podest zu stehen, wenn sie statt dessen ihm das Geld geben würden! Dann war da die Geschichte des älteren Juden, der bei Hitlers Vorträgen in der ersten Reihe saß und lachte, bis Hitler es nicht mehr aushielt und ihn fragte: „Warum lachen Sie?" „Da gab es einen Mann namens Hamann, und der wollte das jüdische Volk kaputtmachen", entgegnete der ältere Mann, „und später war da noch ein anderer und jetzt Sie!"

Während der Abende versuchte Buber, den Ofen, der sein Zimmer wärmte und dazu noch Licht gab, zu versorgen, obwohl seine Augen schlecht waren und er wirklich nicht gut sehen konnte (er mußte beim Lesen meist ein Vergrößerungsglas benutzen). Wir hatten den Eindruck, daß er nicht wollte, daß wir zu viele dieser Altersschwächen bemerkten, und bei den seltenen Gelegenheiten, an denen er öffentlich sprach, wollte er noch weniger, daß es bemerkt wurde, wie schwierig es für ihn war, den Weg zu finden.

Buber besaß enorme Energie. Er war noch um Mitternacht hellwach, wenn Eugenia und ich völlig müde waren. Auf seinem Schreibtisch lag ein großer Stoß unbeantworteter Post aus aller Welt. „Es ist schrecklich, dieses sogenannte Ding ‚berühmt zu sein!'" bemerkte Buber mir gegenüber. Einmal erzählte Buber von einem Mann, der ihn besuchen kam und ihn extrem verlegen machte, und er wußte nicht warum. Als er aufstand, um zu gehen, und Buber ihn zur Tür seines Studierzimmers begleitete, sagte der Mann, selbst älter als Buber, zu ihm: „Sie sind der Messias!" Dann verstand Buber. „Ich kann mit niemand von oben nach unten sprechen", sagte Buber. „Ich bin nur jemand, der etwas gesehen hat und zu einem Fenster geht und darauf zeigt", sagte er auf der Feier zu seinem achtzigsten Geburtstag, die die amerikanischen Freunde der Hebräischen Universität für ihn in New York veranstalteten. „Ich bin wirklich kein Heiliger", sagte Buber zu Eugenia und mir in Jerusalem. „In der ersten Hälfte meines Lebens mußte ich mich zurückhalten, mich und andere nicht ins Böse zu stoßen. Erst in der zweiten Hälfte meines Lebens meisterte ich diese Tendenz."

Unsere Unterhaltung enthielt auch amüsante Anekdoten aus Bubers Leben. Buber erzählte uns einmal, daß er, als er einmal zur Erholung in ein Hotel ging, dem Hotel einen Scheck mit einer zusätzlichen Null am Schluß der Summe ausschrieb. „Ein abwesender Professor!" rief der Hotelangestellte aus. „Nein", entgegnete Buber, „anderswo anwesend." Was mir eigentlich am meisten an Buber auffiel, in diesen vier Monaten des Besuchs mehr als je zuvor, war, daß er mehr als jeder andere, den ich kannte, in jedem Moment und in jeder Situation vollständig gegenwärtig war. Ich fragte mich einmal, ob Buber charismatisch sei, und entschied: „Nein, es ist nur, daß er wirklich da ist, wenn er mit dir zusammen ist, und die meisten, ich eingeschlossen, sind es nicht." Das machte seine Gegenwart manchmal unbequem, denn es verlangte von dir, auch gegenwärtig zu sein. Ich fand Buber jedesmal, wenn ich ihm begegnete, nicht nur die konkreteste und am meisten auf dem Konkreten bestehende Person, sondern auch die objektivste, leidenschaftslos interessierteste Person, die ich getroffen hatte, und es schien keine Grenze dafür zu geben, was ihn interessierte.

Während unseres letzten Besuchs in Jerusalem besuchte ich Buber eines Abends allein. Ich stellte ihm eine Frage über seine Übersetzung von zwei Schlüsselpassagen im Buch Ijob für den Teil über das biblische

Menschenbild in meinem Buch *Problematic Rebel*. Er zeigte mir das Original und ging den Text mit mir durch. Anstelle des „Though he slay me, yet will I trust in him" der King-James-Version und des „He will slay me, I have no Hope" der überarbeiteten Standardversion, übersetzte Buber die bekannte Passage mit „Er mag mich erschlagen, ich warte darauf" und drückte damit aus, in Gottes Hand zu sein und doch zugleich zu vertrauen. Die zweite Passage übersetzte er anstatt „Ich weiß, daß mein Erlöser lebt, und in meinem Fleisch werde ich Gott sehen", mit „Ich weiß, daß mein Erlöser lebt, und wenn meine Haut abgezogen worden ist, werde ich Gott sehen." Dies bedeutete für Buber keinen Bezug auf ein Leben nach dem Tode, sondern auf den fortschreitenden Zerfall seines Körpers, den Ijob erlebte und erwartete.

Buber reiste im Juli 1960 nach München, um seine Schrift „Das Wort, das gesprochen wird" an der Bayerischen Akademie der Schönen Künste vorzustellen, wo er in klaren festen Tönen von der fruchtbaren Ambiguität von Rede und Sprache sprach. Es war ein großes Ereignis. Über tausend Leute füllten den Saal der Münchner Universität. Bei dieser Gelegenheit wurde Buber auch der Kulturpreis der Stadt München verliehen, und Zeitungen und Zeitschriften waren voll von Berichten über die Geschehnisse. Der mit fünfzehntausend Mark dotierte Preis war zuvor nur dem Physiker Werner Heisenberg und dem Dirigenten Bruno Walter verliehen worden. Buber dankte den Vertretern der Stadt München und sagte, daß die Feier für ihn besondere Bedeutung habe, weil er enge und langdauernde Verbindungen mit München hatte, wo Paula aufgewachsen und Gustav Landauer wegen seiner Teilnahme an der Revolution ermordet worden war.

Bubers Ansprache vor der Akademie war der letzte seiner „Beiträge zu einer philosophischen Anthropologie". Was Bezeichnungen schwierig macht, ist nicht, sagte Buber, daß es keine einzelnen, vereinbarten Definitionen gibt, sondern daß sie keinen konkreten Kontext zeigen, der kontrolliert werden kann. Jede Abstraktion muß die Prüfung ihres Bezugs auf eine konkrete Wirklichkeit bestehen, ohne die sie keine Bedeutung hat. Wir klären Bezeichnungen nicht, um Übereinstimmung oder Einstimmigkeit zu erreichen, sondern um sie zu diskutieren und uns in ihren Begriffen aufeinander zu beziehen, sei es in Kooperation, sei es in Opposition. So nützlich Exaktheit und Definition auch für die exakten Wissenschaften sind, wirkliche Menschlichkeit und die eigentliche Bedeutung der Sprache hängen davon ab, daß sie in das fruchtbare Nichteinverständnis lebendiger Sprache zwischen Menschen zurückgebracht wird, deren Bedeutungen sich notwendigerweise unterscheiden aufgrund ihrer unterschiedlichen Einstellungen und Situationen.

Buber folgte Heidegger nicht, der die Wahrheit gelebter Sprache als die *Aletheia* der Griechen ansah – „die sublime, dem Sein selber eignende ‚Unverborgenheit'." Statt dessen sah er sie als „die schlichte Wahrheit der hebräischen Bibel, deren Etymon ‚Treue' bedeutet, die Treue des Menschen oder die Treue Gottes. Diese konkrete Person steht in ihrer Treue in dem ihr zugewiesenen Lebensraum für das Wort ein, das von ihr gesprochen wird."

Im Dezember 1960 wurde Buber der Henrietta Szold-Preis für seine Arbeit in der Erziehung verliehen, und im Mai 1961 war er der erste Israeli, der zum Ehrenmitglied der Amerikanischen Akademie der Künste und Wissenschaften gewählt wurde. Im Dezember 1961 erhielt Buber den Bialik-Preis der Stadt Tel Aviv für seine Beiträge zu jüdischen Forschungen. Im Oktober 1964 wurde ihm dafür, daß er „beispielhaft den Geist der Ehrfurcht vor dem Leben und andere Thesen der Philosophie Dr. Schweitzers" gelebt habe, die Albert Schweitzer-Medaille zuerkannt. Einer der interessantesten der vielen Preise und Ehrendoktortitel, die Buber erhielt, war der Ehrendoktor der Medizin, der ihm 1962 von der Universität Münster für den Beitrag seiner Philosophie des Dialogs zur Arzt-Patient-Beziehung verliehen wurde. In der Preisverleihungszeremonie wurde Buber in der Tat ein „Seelenarzt" genannt.

1960 erzählte Buber Schalom Ben-Chorin, daß er, obwohl er vielleicht in keinem anderen Bereich Erfolg gehabt hatte, einigen Erfolg bei der Bekämpfung des marcionitischen Trends in der christlichen Kirche und in der Schaffung einer positiveren Einstellung der hebräischen Bibel und dem Judentum gegenüber hat verbuchen können. Buber behauptete, daß die Teilnahme von Juden am Zweiten Ökumenischen Konzil in Rom, wie sie in Amerika vorgeschlagen worden war, ein fragwürdiges Konzept darstellte, denn die Schaffung einer „Una Sancta" der Kirche mit Israel sei unmöglich. Als Buber im September 1960 in Florenz war, wollte Bürgermeister La Pira eine Audienz bei Papst Johannes XXIII. für ihn arrangieren, aber Buber lehnte das Angebot ab, denn er hielt nichts von repräsentativen Gesprächen auf Distanz, und er glaubte nicht, daß ein einfacher menschlicher Dialog möglich wäre, nicht einmal mit einem so menschlichen Papst.

Im März 1961 gab Buber zu, daß ihn Gesundheitsgründe veranlaßt hätten, viel von seiner Arbeit aufzugeben, auch den (noch ungeschriebenen) Aufsatz über das Unbewußte im Anthropologieband. „Übrigens", fügte er hinzu, „es nahm in meinem Geist mehr die Größe eines kleines eigenständigen Buches an als die einer jener Artikel." (Als ich 1966 an der Hebräischen Universität war, kopierte ich mehr als vierzig Seiten Notizen aus zwei Ordnern des Martin Buber-Archivs über das Unbewußte und Träume, die in der Tat die Grundlage für ein sehr wichtiges Buch geliefert hätten.)

Im Oktober 1961 berichtete Buber von einem Zuschuß der deutschen Regierung, der die Veröffentlichung seiner Werke in drei großen

Bänden von insgesamt viertausend Seiten beim Kösel Verlag in München und bei Lambert Schneider in Heidelberg ermöglichen würde. Der erste Band *Über Philosophie* erschien im folgenden Jahr. Als ich ihn fragte, warum die Artikel aus *Ereignisse und Begegnungen*, von denen die meisten für *Pointing the Way* übersetzt worden waren, darin nicht erschienen, antwortete Buber: „Weil sie mehr in die Literatur als in die Philosophie gehören."

Die Dichterin und Übersetzerin Ruth Finer Mintz berichtete von einem jungen Mann, der Buber fragte, ob er ein Mädchen heiraten sollte, die keine Intellektuelle war. Buber sagte: „Warum nicht?" „Aber was könnte sie mich lehren?" klagte der junge Mann. Darauf blitzten Bubers Augen, und er sagte: „Sie könnte dich lehren, was es heißt, eine Frau zu sein!" Bis zu seinem Lebensende blieb Buber ein Lehrer. Er war der leitende Herausgeber von Israels Erziehungsenzyklopädie und schrieb 1961 selbst auch einen langen Artikel für diese unter dem Titel „Die Ziele der Erwachsenenbildung". Er war auch an der Arbeit der Journalistin Alissa Levenberg sehr interessiert, die erste, die wirklich mit den orientalischen Juden in der neuen Stadt Dimona im Negev lebte und sie unterrichtete. Durch die Veröffentlichung von *Am v'Olam* (Menschen und Welt) 1961 wurden Bubers politisches und soziales Gedankengut und seine Ansichten über Erziehung vielen Sabras bekannt, die vorher keinen Zugang zu ihnen gehabt hatten. Buber fühlte eine enge Verwandtschaft mit der Generation seiner Enkel, die er mit der seiner eigenen Kinder überhaupt nicht gefühlt hatte; und in den letzten Jahren seines Lebens kamen mehr und mehr junge Leute, die eine unbestimmte Unzufriedenheit mit den politischen Zielen empfanden, die ihnen vorher alles gewesen waren, um ihn zu besuchen.

Bubers wichtigster Einfluß während seiner letzten fünf Lebensjahre war der auf die jungen Leute in den Kibbuzim und auf die aktive Kibbuzerziehungsbewegung in Israel. Menachem (Hermann) Gerson war zu dieser Zeit in der Kibbuzerziehung aktiv. Der viel jüngere Kibbuznik Abraham Schapira aus dem Kibbuz Jezreel war hingegen der führende Kopf für die fruchtbarsten Kontakte zwischen Buber und der Kibbuzerziehungsbewegung.

Am 26. Juli 1963 trafen sich Mitglieder des Kibbuz Afikim mit Buber. Die Mitschrift dieser Begegnung wurde später in voller Länge in der israelischen Zeitschrift *Sdemot* veröfffentlicht. Ein junger Mann fragte Buber, wie ein Gemeinschaftsgefühl in einem großen Kibbuz geschaffen werden könne (Afikim ist mit mehr als zweitausend Mitgliedern der größte Kibbuz in Israel). Buber unterschied zwischen Nähe und Beziehung und erklärte, daß jeder Kibbuz von sechs- oder siebenhundert Mitgliedern, noch viel mehr einer mit über zweitausend, ein soziales Monstrum sei, das in kleinere miteinander verknüpfte Gruppen unterteilt werden müsse, in der jede Person sich als Teil einer Gruppe fühlen könne. Er betonte auch die Notwendigkeit von genug Raum für jedes Individuum, damit es einige Distanz zu seinen Kameraden haben könne, durch die allein es wählen könne, in Beziehung zu treten, und es sollte auch die Gelegenheit für Weitergabe und Nachdenken gegeben sein. Über die Einhaltung religiöser Regeln befragt, sagte Buber, daß das einzige, was die Kibbuzim und die Chassidim gemeinsam haben sollten, *Kawwana* sei, das, was man tut, von ganzem Herzen tun soll. „Das menschliche Leben verdient diesen Namen nur, wenn eine Person alles aus *Kawwana* heraus tut – um seiner selbst willen –, aber das ist nicht unbedingt eine religiöse Angelegenheit. Meiner Meinung nach kann man in einem Kibbuz ein Leben aus Kawwana heraus leben ohne Sorge um das Religiöse." Er betonte den Einfluß, den die Kibbuzerzieherinnen und -erzieher nicht durch ihre Theorien, sondern durch ihr eigenes Leben, durch die Kraft menschlichen Beispiels ausüben könnten. Diese Kraft ist wirksam, selbst wenn man den Prinzipien des eigenen Kibbuz entgegengesetzt leben muß. „Wirklicher Einfluß ist langsam. Ein Mensch lebt und verwirklicht, was er andere lehren will. Manchmal muß er dem sein ganzes Leben widmen, aber ein solches Leben ist lebenswert."

Während der letzten fünf Jahre von Bubers Leben kamen viele Führer und Erzieher aus Kibbuzim zu ihm, um Kibbuzprobleme mit ihm zu diskutieren. Viele dieser Diskussionen wurden veröffentlicht und fanden ein Echo in anderen Kibbuzim. „Jedesmal erstaunte Buber jene, die er traf, durch die Frische seiner Gedanken und durch die Art, in der er sich einbrachte, sobald es konkret wurde", berichtete Avraham Schapira in dem langen Artikel „Begegnungen mit Buber". Genauso vermied Buber Ideen und Ideologien zugunsten der Überlegung, ob die Jungen wirkliches Vertrauen zu der Person, der sie zuhören, haben. „Das, und nicht die Idee, ist das Alpha." Schapira zeichnete ein klares Bild nicht nur von dem, was Buber sagte, sondern auch von der Art und Weise, wie er es sagte:

> „Seine Worte waren in einer sehr eindeutigen Weise gesprochen, die jeden Buchstaben und jedes Wort betonte. Wenn er seine kurze Antwort beendet hatte, wartete er gewöhnlich auf ein Zeichen, daß er verstanden worden war. Wenn er eine Geschichte erzählte, beendete er sie mit einer Zäsur, als ob er seinem Zuhörer eine gewisse Zeit zur Verfügung stellen wollte, um seine Worte in sich aufzunehmen, und dann senkte er gewöhnlich den Blick, lehnte sich über seinen Schreibtisch oder in seinem Stuhl zurück, ohne sich jedoch von der Spannung der Konversation zu lösen. Nur in den letzten Jahren bemerkte ich am Ende der Gespräche, wie konzentriert er in ihnen war und wie sehr sie ihn erschöpften."

In all diesen Begegnungen stimmte Buber nie zu, das Gespräch zu eröffnen: „Ich bin nur gekommen, um die Fragen der Kameraden zu beantworten." Erst wenn Fragen gestellt wurden, begann das Gespräch. „Es war wunderbar zu sehen, wie junge Kameraden, die zögernd und mit Scheu kamen, an einem Abend Gesprächspartner Bubers wurden. Anfangs saßen sie angespannt, dann entspannten sie sich auf ihren Stühlen. Es war, als fielen Panzerschuppen ab."

Bubers fünfundachtzigster Geburtstag war ein noch größeres Ereignis als sein achtzigster. Er wurde in Israel und der ganzen Welt geehrt. Die Hebräische Universität bereitete ihm eine besondere Feier und kündigte ihre Absicht an, den Originalaufruf von Buber, Chaim Weizmann und Berthold Feiwel, in dem 1902 die Gründung der Hebräischen Universität zum ersten Mal vorgeschlagen wurde, neu zu drucken. Aber vielleicht das bemerkenswerteste Ereignis von allen und von dem Bild, was wir davon haben, zu urteilen, das für Buber persönlich erfreulichste Ereignis war der spontane Fackelzug der Studenten der Hebräischen Universität zu seinem Haus in Talbiyeh. Etwas vom Zauber dieses Ereignisses wurde von *Time* eingefangen:

> „Schlafenszeit für Israels ausgezeichnetsten Philosophen ist zehn Uhr. Aber sein 85. Geburtstag war eine Ausnahme. Schlag 11 zogen etwa vierhundert Studenten von der Hebräischen Universität mit Fackeln und in Hebräisch ‚For Martin's a jolly good fellow' singend, Jerusalems Straße der Liebhaber Zions zur Tür von Bubers Villa hinauf. Auf der Veranda legte eine hübsche Studentin dem weißbärtigen chassidischen Weisen eine Blumengirlande um und küßte ihn laut auf die Wange. ‚Was?' fragte Buber mit einem lustigen Zwinkern. ‚Gibt es hier nur eine Studentin?' Dann überreichten die Studenten ihm die Ehrenmitgliedschaft in ihrer studentischen Vereinigung. ‚Ich habe eine Schublade voll mit Ehrentiteln in allem, von der Theologie bis zur Medizin', sagte Buber, ‚aber dies ist das erste Mal, daß ich zum Ehrenstudenten gemacht worden bin. Das ist eine große Ehre für mich.'"

Obwohl dieser Brauch an einigen europäischen Universitäten geübt wird, war es das erste Mal, daß dies in Israel geschah. Buber sah in diesem Ereignis die Möglichkeit, einen Pakt zwischen sich und der Generation seiner Enkel und deren Kindern zu schließen und war „strahlend glücklich", wie Hodes berichtet. Wenn Student sein bedeutet, eine Person zu sein, deren Natur das Studieren ist, so wie Johan Huizinga vom natürlich spielenden Menschen (*homo ludens*) sprach, „jemand, für den lernen und studieren in gleicher Weise ein Ausdruck menschlicher Freiheit sind", dann war er hocherfreut, als Partner dabei zu sein. Gefragt, ob er als junger Mann je an einem solchen Fackelzug teilgenommen hatte, sagte Buber, daß er es getan hatte, aber nur wenige Male, denn die meisten seiner Professoren hatte er nicht gemocht! Buber war von dem Ereignis sehr erfreut.

Buber hörte zu dieser Zeit auch von der Absicht, einen Martin Buber-Lehrstuhl für Judentum an der Universität Köln zu gründen und vom Martin Buber-Wald, den eine Gruppe Wohlgesinnter in Deutschland, geführt von Romano Guardini, der den Aufruf zu dieser Bitte verfaßt hatte, ihm zu Ehren vorgeschlagen hatten. Der Wald wurde später beim Kibbuz Hazorea gepflanzt.

Im Januar 1963 erhielt Buber einen Brief vom geschäftsführenden Direktor der Erasmus-Preis-Stiftung (1958 auf Initiative des Prinzen Bernhard der Niederlande gegründet), der ihm ankündigte, daß ihm der Preis des Jahres 1963 zuerkannt worden war, der 1958 dem österreichischen Volk, 1959 dem französischen Staatsmann Robert Schuman und dem deutschen Philosophen Karl Jaspers, 1960 den Malern Marc Chagall und Oskar Kokoschka und 1962 Romano Guardini verliehen worden war. Der Erasmus-Preis sollte Buber zu Ehren der Bedeutung seines Werks für die Förderung des geistigen Lebens und Bewußtseins der Völker Europas verliehen werden, vor allem in bezug auf die Verbreitung seiner eigenen Philosophie und für die allgemeine Erweckung von Interesse am und Verständnis des Chassidismus. Buber akzeptierte den Preis von 100 000 Gulden unter der Bedingung, daß Dreiviertel davon an die Leo Baeck-Stiftung für eine wissenschaftliche Anthologie unter dem Titel „Das Judentum und die europäische Krise“ (die Hitlerperiode) ginge.

Der Erasmus-Preis sollte, vom Prinzip her dem Nobelpreis vergleichbar, als Anregung für Individuen oder Institutionen dienen, deren Arbeit als außergewöhnliches Verdienst für das geistige und kulturelle Wiederaufleben eines integrierten Europa betrachtet wird. Anders als der Nobelpreis wurde er teilweise als Stiftung für kulturelle, soziale oder sozialwissenschaftliche Projekte zur Vereinigung des europäischen Geistes und der Kultur verliehen. Im Jahre 1963 wurde der Preis zum ersten Mal auf niederländischem Boden vergeben. Am 3. Juli 1963 füllten siebenhundert prominente geladene Gäste den Saal des königlichen Tropeninstituts in Amsterdam bis an seine Kapazitätsgrenze, um zu sehen, wie Prinz Bernhard Martin Buber den Erasmus-Preis in Gegenwart von Königin Juliana verleihen würde. Yehudi und Hepzibah Menuhin spielten Ernst Blochs *Baal Schem*-Suite. Im Erasmus-Preis-Buch gibt es bezaubernde Bilder von Buber mit den Menuhins, ein entzückendes Bild von Buber mit Prinzessin Beatrix und ein Bild eines völlig anderen Buber – ernst und sogar streng –, der seine eigene Rede „Gläubiger Humanismus“ hält.

Der gläubige Humanismus des Erasmus ist gedacht als zwei getrennte Sphären im Leben der menschlichen Person, von denen keine die andere begrenzte, und zu jeder besondere Zeiten und Aktivitäten gehören, sagte Buber. Im Gegensatz dazu stellte Buber einen gläubigen Humanismus dar, in dem Humanität und Glaube einander durchdringen und so vollständig zusammenarbeiten, daß „wir sagen dürfen: unser Glaube hat unsere Menschlichkeit zur Grundlage, und unsere Menschlichkeit hat unseren Glauben zur Grundlage." Dann, dies weiter ausführend, wies Buber auf zwei getrennte Antworten auf die moderne Frage hin, was *humanum* in seinem positivsten Sinn ist. Die eine Antwort ist jene Strömung deutscher Philosophen von Hegel bis Heidegger, die den Menschen als das Wesen betrachtet, in dem das Sein Bewußtheit seiner selbst erlangt und so „Reflexion", das Auf-sich-selbst-Zurückbiegen, das Sich-selbst-Reflektieren als die überragende menschliche Aktivität ansieht. Die andere Antwort ist die, die *humanum* in der Tatsache findet, daß „in der Geschichte des Weltalls erst durch den Menschen ‚Begegnung' möglich geworden ist, als Begegnung des Einen mit dem Anderen." In der ersten Definition schließen Glaube und Humanität sich notwendigerweise in unserem Leben aus, denn wir können diesem leeren Sein in jeder Metaphysik „begegnen", aber nicht im gelebten Leben der menschlichen Person, für die Glaube Vertrauen in den Gott, der *da* ist, bedeutet. „Ein echter gläubiger Humanismus kann aus diesem Boden nicht mehr wachsen." Für den letzteren sind wahres *humanum* und Glaubenserfahrung in der gleichen Erde der Begegnung verwurzelt. „Ja, die fundamentale Glaubenserfahrung selber darf als die höchste Steigerung der Wirklichkeit der Begegnung angesehen werden." Obwohl in unserem Zeitalter, in dem der beobachtende und ausbeutende Mensch vorherrscht, sehr wenig von einem solchen gläubigen Humanismus festgestellt werden kann, ist dennoch eine starke Erziehung in Richtung auf einen neuen und echten gläubigen Humanismus entstanden, in der Gegenwart, in der Krise, die die menschliche Rasse mit Auslöschung bedroht – führerlose Technologie, unbegrenzte Beherrschung von Mitteln ohne irgendein Ziel, freiwillige Versklavung des Menschen im Dienst des gespaltenen Atoms. Die wachsende Bewußtheit der Krise in der noch formbaren Generation sammelt die einzige Gegenkraft, die wieder große klare Ziele über rebellierende Mittel erheben kann – den neuen gläubigen Humanismus. „Vom Lande des Erasmus aus grüße ich die gläubigen Humanisten", schloß Buber, „die schon tätigen und die erst reifenden, in aller Welt."

Der Erasmus-Preis war der letzte Höhepunkt für Buber, berichtet Grete Schaeder, und für seine langsam sinkenden Kräfte war er ein Elixir, dessen Wirkungen den Rest des Sommers hindurch während einer Kur in Sonnmatt andauerten. Die Bilder im Preisbuch zeigen den großen Ernst seiner Zuhörerschaft, die Lebendigkeit, die in Gesprächen aufflammt, die konzentrierte geistige Kraft seines Vortrags und – wie immer –, das Leuchten der dunklen Augen. „Gemeinsam sind sie Spiegel seiner intensiven Gegenwärtigkeit, die sich an solchen Höhepunkten des Erlebens als Ausdruck einer tiefen und scheuen Frömmigkeit offenbarte." Dies war Bubers letzte Reise nach Europa.

1963 sandte Buber mir eine Stellungnahme zu meinem Buch *Problematic Rebel*, die in neuer Form seine Gegenposition der „Gottesfinsternis" zum „Tod Gottes" ausdrückt:

> „Der ‚Problematic Rebel' … ist besonders bedeutsam, weil sein Thema durch die Diskussionen von Konzepten nicht genügend erörtert wird, wohl aber durch repräsentative Figuren der erzählenden Literatur zweier Generationen – der Melvilles und Dostojewskis und der Kafkas und Camus. Das Thema ist die Revolte des Menschen gegen eine sinnentleerte Existenz, die Existenz nach dem sogenannten ‚Tod Gottes'. Diese Sinnentleerung ist nicht durch ein illusionäres Programm der freien ‚Wertschöpfung', wie wir es bei Nietzsche und Sartre kennen, zu überwinden. Man muß dieser Sinnlosigkeit widerstehen, muß sie bis zum Ende erleiden, muß sie furchtlos bekämpfen, bis aus dem in Konflikt und Leiden erlebten Widerspruch von neuem Sinn hervorscheint."

Im Januar 1964 erhielt ich einen bemerkenswerten Brief von Ruth Warshaw, einer Frau aus Manhattan, die einer Serie von Sendungen zugehört hatte, die ich bei der Pacifica Radio Station zu Ehren von Bubers Geburtstag veranstaltet hatte:

> „Ich bin freiwillige Leserin für die Blindengilde. Ich las einer völlig blinden Frau *Ich und Du* vor … Ich las ‚mit' ihr im Tempo von einer Stunde pro Woche. Der Geist im Buch wurde geradezu erleuchtet. Ihre Antwort entwickelte sich zu dem Punkt, wo tiefe Probleme und Familienbeziehungen an die Oberfläche gebracht, mit ihnen gerungen und langsam eine Versöhnung herbeigeführt wurde. … Mehr als ein Jahr ist vergangen, währenddessen die Gewinne sich als dauerhaft herausgestellt zu haben scheinen. Ich wurde Zeugin einer Selbstanalyse. Um meine Freundin zu zitieren: ‚Du wurdest nur zu einer Stimme – es waren nur Martin Buber und ich.' Ich entdeckte auch, daß Buber auf diese Art zu lesen die tieferen Schichten enthüllt – es ist eine Verwirklichung des Dialogs. Die Ideen, die im Buch ausgedrückt sind, springen in die lebendige Wirklichkeit."

Im Februar 1964 mußte Buber sich einer gefährlichen Augenoperation unterziehen. Die Operation war erfolgreich, aber danach entwickelte sich eine Entzündung der Nerven. Bis zum Juli 1964 hatten sich im operierten Auge Komplikationen ergeben, und die Ärzte entschieden, daß sie ihm nicht erlauben konnten, dieses Jahr nach Übersee zu reisen. Im März 1964 benachrichtigte Heinrich Ott, Karl Barths Nachfolger als

Professor für Systematische Theologie an der Universität Basel, Buber, er schreibe ein Werk mit dem Titel „Glaube und Wirklichkeit", von dem er einen Band dem Gedankengut Bubers widmen wollte, und drückte den Wunsch aus, im Laufe des Jahres nach Jerusalem zu kommen, um mit Buber zu sprechen. Im September, nach ihrem Treffen, schrieb Ott an Buber, daß sein Gespräch mit ihm in Jerusalem ihm zu einem klaren Verständnis seines eigenen Problems verholfen habe: wie können wir verständlich und glaubwürdig von Gott sprechen, so daß dabei der Wirklichkeit menschlicher Existenz begegnet wird. Gerade nach seinem Gespräch mit Buber las Ott das Nachwort zu *Ich und Du* und war in seiner Überzeugung gestärkt, daß

> „wir Ihr Denken und die Erfahrung, aus der Sie denken, in der gegenwärtigen Lage der christlichen Theologie zur Geltung bringen müssen. Ich halte seit je die existentiale Interpretation der Rede von Gott für einen notwendigen Weg in unserem Denken, sehe aber heute in der Art, wie dieser Weg von den meisten verfolgt wird, die Gefahr einer ‚Ideologisierung' des Glaubens, d. h. die Gefahr, daß der Charakter des Glaubens als einer personalen Begegnung verdunkelt wird. Aus Ihrem Denken dürfte der christlichen Theologie eine unschätzbare Hilfe erwachsen."

Dem fügte Ott ein bemerkenswertes persönliches Zeugnis hinzu:

> „Was Sie zu mir sagten über Ihre Stellung zum Christentum, bleibt mir unvergeßlich. Ich darf Ihnen aber sagen, daß ich Ihnen als Christ zustimmen muß und daß ich mein Christentum niemals anders zu verstehen vermöchte denn als Solidarität mit der ganzen zu erlösenden Welt – niemals als bloß private Heilsgewißheit. Ich glaube, daß dieser universalistische Zug von Anfang an im Christentum angelegt ist und daß heute die Weltstunde beginnt, wo er sich ganz entfalten muß."

Im Juli 1964 drückte Buber Lambert Schneider gegenüber aus, wie glücklich er war, daß die drei Bände seiner *Werke* – Philosophie, Chassidismus und die Bibel – jetzt vollendet seien. „Damit ist also recht eigentlich ‚das Korn in die Scheuer gebracht'." Im September fragte Hermann Levin-Goldschmidt Buber von Zürich aus, warum sein Monumentalwerk *Der Jude und sein Judentum* als separater Band erschienen und nicht in die Werkausgabe aufgenommen worden sei: „Ihre Leistung ist es doch gerade, das Judentum in die Welt hineingestellt, der Welt bewußt gemacht zu haben. Nun steckt es wieder im Ghetto." Buber entgegnete, daß er *Der Jude und sein Judentum* nicht in die *Werke* aufgenommen habe, weil seine Schriften über das Judentum, den Zionismus und ähnliches nicht den Charakter von „Werken" im engen Sinn des Wortes hatten, sondern von Gelegenheitsschriften. Sie waren in der Tat „Worte an die Zeit".

23. Kapitel

Am Weltrand

(1959–1965)

Im April 1959 schrieb Buber an Ewald Wasmuth: „Der Bruder Leib ist zur Zeit für mich ein wunderlicher Weggenosse. Nie ist auch nur mit einiger Sicherheit zu wissen, was er in der nächsten Stunde anstellt, und an eine richtige Kontinuität in der Arbeit ist vorerst noch nicht zu denken."

Buber schrieb 1959 auch an den amerikanischen Philosophen Walter Kaufmann und stimmte seiner Kritik an Tillich nicht nur zu, sondern ging noch weiter: „Mir erscheint ‚being itself' als Prädikat überhaupt höchst fragwürdig. Das solchermaßen zur Abstraktion erhobene nominalisierte Verbum ‚Sein' hat von Parmenides über die Scholastiker bis zu Heidegger immer mehr an Substanz verloren." Im März 1961 schrieb Hermann Hesse an Buber und drückte seine große Freude an den autobiographischen Legenden und Fragmenten aus, die in seinem Buch *Begegnungen* enthalten sind. Buber und Hesse korrespondierten und planten sogar ein Treffen in Hesses Haus in Montagnola in der Schweiz. Bubers Krankheit und Hesses Tod machten diese Pläne jedoch zunichte. Aber selbst am Ende, selbst in der Distanz blieben diese Freunde sich ergreifend nah.

Ein gutes Bild von Bubers täglichem Leben in den letzten Jahren zeichnet ein Brief, den er seinen Freunden Ewald und Sophie Wasmuth im November 1961 schrieb:

> „Man ‚fühlt sich' nicht eigentlich krank, aber benimmt man sich einmal, als ob man gesund wäre, wagt es etwa einmal, am Abend auszugehen, um Casals spielen zu hören, dann muß man den nächsten Tag über büßen. So sitzt man denn am Schreibtisch, sitzt drauflos und liest die letzte Korrektur des letzten Bandes der ‚Schrift' – und zwischendurch setzt man sich auf die Terrasse und tut sich mit Atmen Genüge. Dabei hat man zwar, Gott sei Dank, den Glauben zu seiner Rechten, aber ohne den Humor zur Linken käme man doch nicht aus. Zu denken gibts allerhand, auch finden sich immer wieder Leute mit Fragen ein, darunter nicht wenige junge Leute aus Deutschland ... Und mittendrin spürt man wieder

> und wieder die Erinnerung um die Stirn weben, und die lebenden Freunde, mit denen man sie gemeinsam hat, sind gar nicht anderswo als hier, in diesem Augenblick ganz hier.“

Im Oktober 1963 besuchte Paul Tillich Buber in seinem Haus in Talbiyeh, und sie verbrachten zusammen „einen ausgezeichneten Abend mit Erinnerungen und Austausch.“ Als Tillich Buber verließ, fragte er ihn, ob er wieder nach Europa oder Amerika kommen werde. „Er antwortete mit einem klaren ‚Nein‘ und schaute mich mit einem Ausdruck in seinen Augen an, der unmißveständlich ausdrückte: ‚Dies ist der endgültige Abschied.‘ So war es.“ Nicht lange danach schickte mir Buber einen Neudruck mit der einfachen Widmung „*Ave et Vale!*“

Zwei Monate vor Tillichs Besuch berichtete Buber aus dem Kurhaus in Sonnmatt bei Luzern, wohin er nach der Erasmus-Preisverleihung gegangen war: „Ich fühle mich ziemlich gut. Die Freundin unserer Familie, Naemah Beer-Hofmann (die jüngere Schwester von Miriam Beer-Hofmann) ist sehr hilfreich, nicht nur in gesundheitlichen Angelegenheiten, sondern auch in der Arbeit.“ Naemah, die jüngere Tochter von Bubers Freund, dem Dichter und Dramatiker Richard Beer-Hofmann, war eine begabte Physiotherapeutin, die für Buber während der Sommer 1962 und 1963 im Sanatorium in Sonnmatt sehr viel tun konnte. Im August 1962 kam sie nach Israel, um Buber zurück nach Luzern zu begleiten. Mit Hilfe bei der Arbeit meinte Buber zum Teil die Einführung, die er zu Richard Beer-Hofmanns *Gesammelten Werken* schrieb, die 1962 in Deutschland veröffentlicht wurden, in der er schrieb: „Auf Vertrauen steht die Welt“, dem Vertrauen, das Teil einer Liebe zu Gott ist, „wie Er ist, grausam und gnädig“ und auf „der anderen, der weltdurchwärmenden Sonne der Liebe: Liebe Gottes zu seinem Geschöpf, Liebe des Menschen zu beiden ... aus der Gnade der Erwählung durch die Sünde zu jener höheren Gnade, die sich dem Umkehrenden gewährt.“

Durch ihre Wärme und Freundschaft und fast kindlichen Geist der Offenheit (den viele in rührender Weise bezeugten) half Naemah Beer-Hofmann, die große Wunde von Paulas Tod und die lebenslange Wunde des Durch-die-Mutter-im-Stich-gelassen-worden-Seins teilweise zu heilen. Naemah sprach davon, wie glücklich und entspannt Buber während jenes Sommers in Sonnmatt war, und einige ihrer Bilder dort legen ein eindrucksvolles Zeugnis von Bubers glücklicher Verfassung in dieser Zeit ab.

Doch auch die Sorge um den Tod blieb ein immer gegenwärtiges Thema. Naemah erzählte von einer jungen Nonne, die schockiert war zu entdecken, daß Buber sich vor dem Tod fürchtete. „Aber Professor Buber“, wandte sie ein, „Sie sollten sich nicht vor dem Tod fürchten.“

Wenn Buber Angst hatte, so sagte er selbst einmal bei anderer Gelegenheit, war es nicht psychologisch: es war aufgrund physischen Abbaus. Selbst angesichts dieser Angst bewahrte Buber noch sein Vertrauen. Wenn Buber sich schlafen legte, betete er oft: „In deine Hände empfehle ich meinen Geist."

In ihren Erinnerungen, die sie aufschrieb, nachdem sie mit Buber im Sommer 1962 in Zürich in seinem geliebten Parkhotel gewesen war, erzählte Naemah, daß sie beide durch die Trennung so von Gefühlen überwältigt waren, daß sie nicht essen konnten, und in den Garten gingen. Buber fiel auf seine Knie und umschlang Naemahs Beine. „Ich muß doch von meinem Leben, meinem Atem Abschied nehmen", sagte er zu ihr.

> „‚Versprich mir, daß du niemals anders wirst. Laß dir nichts von anderen erzählen, wie bedeutend ich bin; die Menschen machen mich dazu, sie ersticken mich damit, ich war ein Gefangener, eh' du zu mir kamst. Wenn ich meinen 85. Geburtstag noch erleben sollte, was wird das für ein Wirbel sein? … Du wirst wieder hören, daß man Ehrfurcht haben muß. Nein, man muß mich lieb haben. Denk' nur daran, daß dieser Tag dir gehört, denn für dich wurde ich einmal geboren, so wie du für mich, … und von dir, durch dich bin ich zum zweitenmal neu geboren.'
> Er zittert, ich bitte ihn aufzustehen, seine Knie scheinen den harten Kies nicht zu spüren. Wie gut, daß der Garten so finster ist. Er hält meine Beine fest umschlossen, seinen Kopf fest auf meinen Knien. ‚Die geben mir immer neue Kraft. Du bist meine wirkliche Mutter. Nun habe ich keinen Platz mehr, wo ich meinen Kopf hinlegen kann … Alles, was man sagt und schreibt, ist Lüge. Nur der Körper einer jungen Frau schützt vor dem Tod …' Es fallen mir Dr. Lions Worte ein, die er mir beim Abschied von Israel sagte, als er mir eine Beruhigungstablette gab, ‚wenn sich jemand so plötzlich erholen kann, wie er das seit Ihrem Kommen getan hat, dann wird er Sie auffressen.'"

Shulamit Katz-Nelson, Direktorin von *Ulpan Akiva*, lernte Buber durch Hugo Bergmann kennen und besuchte Buber regelmäßig während seiner letzten zehn Lebensjahre. Shulamit bezeugte, daß Buber in seinen frühen Jahren zu dem Bild, das die Menschen von ihm hatten, beigetragen hatte und sich dann darin gefangen fand. Er brauchte jemanden, der sich ihm zuwandte und ihm als Mensch begegnete, nicht nur als berühmter Mann oder als ein Quell der Weisheit und des Wissens.

Eine andere Person, die während der letzten wenigen Jahre vor seinem Tod einige Zeit mit Buber verbrachte, war die amerikanische Psychologin Katherine Whiteside Taylor. „Haben Sie jemals an das Leben nach dem Tode gedacht?" fragte sie Buber. „Wer hat das nicht?" antwortete er. „Glauben Sie an ein Leben nach dem Tod?" beharrte sie. „‚Nach' ist das falsche Wort", entgegnete er. „Es ist eine ganz andere Dimension. Zeit und Raum sind Kristallisationen aus Gott. In der letzten Stunde wird alles enthüllt werden."

Buber war bis zu seinem fünfundachtzigsten Lebensjahr sehr klar, sagte Ernst Simon, danach war es schwer für ihn, sich zu konzentrieren. Als Buber alterte, sagte er: „Ich habe nur ein Gebet an Gott, daß er mir meine geistige Integrität nicht nimmt, wenn ich älter werde." Im April 1962 beklagte sich Buber bei Werner Kraft über sein Gedächtnis: „Die alten Dinge sind mir ganz deutlich, aber bei den neueren vergesse ich", worauf Kraft erwiderte, das sei bei ihm genauso. „Aber Sie sind ganz doch noch ein junger Burschl!" rief Buber dem sechsundsechzigjährigen Kraft gegenüber aus. Im März 1963 notierte Kraft in sein Tagebuch: „Andererseits ist die Verve des immer älter werdenden Mannes bewundernswert. Er mag Todesangst haben, aber er ist frei von aller Schwermut, sein Begehren ist intakt, wie das eines jungen Menschen. Er lebt." Kraft fand in Buber ein Beispiel für seinen eigenen Spruch, daß der Mensch auf jeder Lebensstufe sein ganzes Leben vor sich hat. Im Dezember 1963, bevor Buber seine Kataraktoperation hatte, fand Schalom Ben-Chorin ihn tief in die Arbeit des Korrekturfahnenlesens vergraben. „Ich will vor der Operation noch alles in die Scheuer bringen", sagte er zu Ben-Chorin, fast als ob er sich entschuldigen wollte. Als Kraft Buber im Januar 1964 besuchte, fand er, daß er wie immer zuhörte und sprach, aber zum ersten Mal machte er auf Kraft den Eindruck, als sei er *geistig* müde. „Er lebt jetzt in einer Art Zeitlosigkeit, aber das ist es nicht", schrieb Kraft in sein Tagebuch, „er weiß manchmal nicht mehr, welcher Wochentag ist." Doch eine Woche später schrieb Kraft: „Er wird sechsundachtzig Jahre alt. Er sprach frei. Geistig betrachtet, wirkte er an diesem Abend wie ein Jüngling." Im März 1964 berichtete Kraft, daß Buber wieder mit hohem Fieber krank zu Bett lag. „Die Ärzte haben beschlossen, über meine Krankheit nichts zu wissen", sagte Buber in den fünf Minuten, in denen Kraft bei ihm war. „Das ist schon dem Tode nahe Resignation", kommentierte Kraft. Aber Barbara sagte zu Kraft, daß es ihm zu manchen Zeiten besser ging und daß er von Reiseplänen spräche. „Diese ungeheure Lebensbejahung bis zum Ende ist von niederschmetternder Großartigkeit", fügte Kraft hinzu. „Der Geist, obwohl er im höchsten Grade vorhanden ist, hat hiermit nichts zu tun." Zu anderen Zeiten fand Kraft Buber lebendig oder müde vor, aber frisch. Kraft ging einmal und sagte, daß Buber vielleicht müde wäre, und Buber antwortete: „Ich bin immer müde." „Er ist noch der, der er ist", kommentierte Kraft, „aber dämmrig." Im März 1965 fand Kraft Buber inmitten eines gigantischen Berges von Papieren auf dem Boden sitzend vor. Auf Krafts Frage, was er da tue, entgegnete Buber: „Ja, wissen Sie denn nicht, was das heißt, sein Haus bestellen?"

Jesaja war es, der gesagt hat, erinnert sich Kraft: „Bestell dein Haus, denn du wirst sterben."

Eine Person, die eine Hauptrolle in Bubers letzten Lebensjahren spielte, war Grete Schaeder, die zwischen 1961 und 1965 viel Zeit mit ihm verbrachte. Ihr haben wir ein bemerkenswertes Gedicht zu verdanken, das Buber im Februar 1964 zu der Zeit schrieb, als er sich der gefährlichen Kataraktoperation unterziehen mußte. Dieses Gedicht drückt mit ergreifender Unmittelbarkeit die ständige asketische Disziplin und das Opfer aus, das Buber bringen mußte, um der Welt zuliebe der mystischen Ekstase, die ihn so natürlich ankam, zu entsagen:

> Eine fremde (laute) Stimme spricht:
> Ein Seil ist über die Tiefe gestreckt,
> Setz deinen Fuß nun darauf
> Und, eh dein Schritt den Widerspruch weckt,
> Lauf!
> Ein Seil ist über die Tiefe gespannt,
> Versage dich unterwegs allem Hier
> Schon winkt von drüben dir eine Hand:
> „Zu mir!"
> Die vertraute (leise) Stimme spricht:
> Folge nicht dem heischenden Ruf!
> Der dich schuf
> Meinte dir zu: „Sei bereit
> Für jede irdische Zeit!"
> Immer schon hält dich seine Hand –
> Bleib liebend der Welt zugewandt!

Das Bild des über den Abgrund gespannten Seils hatte Buber bereits 1908 in *Die Legende des Baalschem* benutzt, wo er von jenem *Hitlahawut* oder der Ekstase schrieb, die fast völlig aus seinen späteren Interpretationen des Chassidismus herausfiel – mit Ausnahme von *Gog und Magog*. Der Satz in der zweiten Strophe: „Immer schon hält dich seine Hand" ist ein unmißverständlicher Bezug zu einer Passage aus Psalm 73:

> Und doch bleibe ich stets bei dir,
> meine rechte Hand hast du erfaßt.
> Mit deinem Rate leitest du mich
> und danach nimmst du mich in Ehren hinweg.

Im zweiten Band der *Werke*, der als letzter erschien, schreibt Buber über Psalm 73:

> „Ich kehre heute wieder einmal zu diesem Psalm zurück, den ich einst, Franz Rosenzweigs Willen gemäß, bei seiner Grablegung gesprochen habe. Was ist es doch, das mich an diesem aus Schilderung, Bericht und Bekenntnis zusammengefügten Gedicht so anzieht, und immer noch mehr, je älter ich werde? Ich denke, es ist

> dies, daß hier ein Mensch berichtet, wie er zum wahren Sinn seiner Lebenserfahrung gelangt ist und daß dieser Sinn unmittelbar an das Ewige rührt."

Psalm 73 ist nicht nur Bubers „Todesgedicht", wie Grete Schaeder es ausdrückt, sondern auch sein „Lebensgedicht", denn es fängt das Vertrauen und die bemerkenswerte Intuition in bezug auf des Ewige ein, die ihn auf seinem Weg aus der Zeit der Krise über die Unendlichkeit von Zeit und Raum, die ihn mit vierzehn Jahren an des Rand des Selbstmords gebracht hatte, begleitete. Buber las Psalm 73 bei Franz Rosenzweigs Begräbnis, und es waren auch diese vier Zeilen, die auf seinen Wunsch auf Bubers Grabstein eingemeißelt wurden. Psalm 73 verkörpert daher, wie keine andere literarische Aussage, Bubers eigene tiefste Einstellung zum Tod.

Glücklicherweise hinterließ Buber selbst uns einen Schlüssel zu dieser Einstellung in seiner Interpretation von Psalm 73 in *Gut und Böse*. Das Bemerkenswerte an Psalm 73, behauptete Buber zu Beginn, ist, daß ein Mann erzählt, wie er die wahre Bedeutung seiner Lebenserfahrung erreicht hat und diese Bedeutung direkt an das Ewige grenzt. Wir tendieren dazu, aus unseren entscheidenden Lebenserfahrungen Nutzen zu ziehen, ohne zu ihrem Kern vorzudringen. Uns zu lehren, letzteres zu tun, erfordert tiefere Erfahrung.

Der Sprecher des Psalms ist, wie Buber selbst, „ein Mann aus Israel in dessen bitterer Notstunde, und in seinem persönlichen Leid hat sich das Israels verdichtet, so daß er nun, was er zu leiden hatte, als Israel durchlitten hat. Im Schicksal der echten Person sammelt sich ja das Schicksal ihres Volkes und wird nun erst wahrhaft offenbar." Insoweit der Psalmist reinen Herzens wird, erfährt er die Güte Gottes nicht als eine Belohnung, sondern als die Enthüllung dessen, was er von seiner Seite des Dialogs nicht wissen kann – daß er immer mit Gott ist. Das ist kein frommes Gefühl, warnt Buber. „Vom Menschen aus gibt es keine Stetigkeit, nur von Gott aus." Der Psalmist kann nicht sagen: „Du bist mit mir", wie der Sprecher in Psalm 23: „Und ob ich schon wanderte im finsteren Tal, fürcht ich kein Unglück, denn du bist bei mir." Er sagt vielmehr: „Aber ich bleibe stets bei dir." Doch er weiß das nicht aus seinem eigenen Bewußtsein und Gefühl heraus, denn kein menschliches Wesen kann beständig der Gegenwart Gottes zugewandt sein. „Das jedoch kann er ... nur von der Offenbarung aus, daß Gott stets bei ihm ist." Und diese Offenbarung ist nicht nur als ein Wort Gottes ausgedrückt, sondern als eine Geste – genau die, die Buber in sein Gedicht über mystische Ekstase einschob: daß Gott seine rechte Hand genommen hat. Trotz all seiner persönlichen Erfahrung mit dem Reichtum der Gottlosen, über den der Sprecher des Psalms 73 klagt, verglich Buber diesen Dialog mit Gott mit der Art und Weise, in der ein Vater im Dunkeln seinen kleinen Sohn bei der Hand nimmt, nur zum Teil, um ihn zu führen, „zuallererst aber, um es ihm in den Ängsten der Finsternis blutwarm gegenwärtig zu machen, daß er, der Vater, stets bei ihm ist."

> „Der leitende Rat Gottes scheint mir nichts andres als die sich dem lauteren Herzen unmittelbar mitteilende göttliche Gegenwart zu sein. Wer dieser Gegenwart inne ist, handelt in den wechselnden Situationen seines Lebens anders, als wem sie unmerklich bleibt. Sie, die Gegenwart, wirkt als Rat: Gott rät, indem er zu wissen tut, daß er da ist. Er hat den Sohn aus dem Dunkel ans Licht geführt, nun kann der im Lichte wandeln. Des eigenen Ausschreitens und Schrittrichtens ist er nicht enthoben."

Diese Offenbarung hat nicht nur das Leben und den Lebenssinn des Sprechers verändert. Sie hat auch seine Perspektive in bezug auf den Tod verändert, und wir können nicht daran zweifeln, daß das, was Buber jetzt, 1951, nach seiner eigenen Erfahrung mit den Nationalsozialisten und dem Krieg in Palästina zum Ausdruck brachte, Bubers eigene tiefste Einstellung dem Tod gegenüber repräsentierte: Für den „Geplagten" war der Tod nur die Mündung, auf die der träge Fluß von Leid und Ärgernissen zufließt. Aber jetzt ist er zum Ereignis geworden, in dem Gott – der immer Gegenwärtige, der einzige, der die Hand des Menschen ergreift, der Gute – einen Menschen ‚aufnimmt'. Die Herrlichkeit (*kawod*), in die er hernach aufgenommen wird, ist nicht irgendein glorreiches Leben nach dem Tode, sondern vielmehr vom Standpunkt des Menschen aus die Erfüllung der Existenz und von Gott aus der Eingang in Gottes Ewigkeit. Der Psalmist strebt nicht danach, nach dem Tode in den Himmel zu gelangen, noch danach, auf der Erde zu bleiben, und er stellt sich keine persönliche Unsterblichkeit vor, keine Fortsetzung in der Dimension der Zeit.

> „Nicht bloß sein Fleisch schwindet im Tode, sondern auch sein ‚Herz', jenes innerste persönliche Seelenorgan, das einst in der Rebellion gegen das Menschenlos ‚aufgor' und das er dann ‚reinigte', bis er ein am Herzen Lauterer wurde – auch diese persönliche Seele schwindet. Aber Er, der dieser Person wahre Teil und wahres Los gewesen ist, der ‚Fels' dieses Herzens, Gott, ist ewig. In seine Ewigkeit stirbt der am Herzen Lautere hinein, und diese Ewigkeit ist von jeder Art von Zeit urverschieden."

Am Ende wird daher die Dynamik von Gottesnähe und Gottesferne durch den Tod zerbrochen, wenn er das Leben der Person zerbricht. Mit dem Tod verschwindet das Herz, jene Innerlichkeit, aus der die „Bilder" der Vorstellung auftauchten, das Herz, das im Widerstand aufsteht, das aber auch geläutert werden kann. Trennung, getrennte Seelen und Zeit selbst verschwinden. Nur der Fels, in dem das menschliche

Herz verborgen ist, verschwindet nicht, denn er steht nicht in der Zeit: „Die Zeit der Welt vergeht vor der Ewigkeit, aber der existente Mensch stirbt in die Ewigkeit als in die vollkommene Existenz hinein."

Grete Schaeder hat uns ein scharfsichtiges Bild von Buber in den letzten Jahren seines Lebens gegeben. Buber setzte mit großer Energie die Verbesserung seiner Bibelübersetzung fort. Im Winter 1964/65 sammelte er das Material für „Nachlese". Inzwischen war die jüngere Generation Israels zum ersten Mal durch die hebräische Veröffentlichung auf seine Werke über philosophische Anthropologie, dialogisches Denken, jüdischen und zionistischen Humanismus und auf die Interpretation der Bibel aufmerksam geworden. Bubers Arbeitsdisziplin, die einer festen Tagesaufteilung folgte, war bewundernswert. Eine bestimmte Zeitspanne am Tag war auch der Beantwortung von Korrespondenz vorbehalten, die aus allen Ländern von bekannten und unbekannten Personen hereinströmte und aus Briefen, Publikationen und Anfragen bestand. Buber kämpfte unermüdlich gegen diese Flut und bemühte sich sehr, jedem zu antworten: einige Worte des Dankes, der Ermutigung, des persönlichen Rats. Grete Schaeder kommentiert weiter:

> „Aber es ist erschütternd, wie ein Mann, der immer ein Gegner der festen Formen und ein Verfechter der spontanen Äußerung war, zuletzt immer häufiger die gleichen Wendungen gebrauchte, die einmalig und persönlich klangen, wie er sich im Netz der eigenen Formeln verfing. Sehr oft weist er in seinen kurzen Briefen darauf hin, daß das Problem, das der andere vorbringt, nur durch ein Gespräch zu klären sei. Gerade die Altersbriefe zeigen, daß die schriftliche Aussage nicht die Buber eigentlich gemäße Mitteilung war, sondern nur ein Ersatz für das so oft nicht mögliche Gespräch."

Im persönlichen Gespräch blieb Bubers Spontaneität bis auf die Zeiten, in denen er sehr schwach war, bis zum Ende erhalten. „Es war das belebende Element für ihn", sagt Grete Schaeder, was eine Aussage, die ein Freund des Rabbi Mosche von Kobryn nach seinem Tod über den Rabbi machte, deutlich ins Bewußtsein bringt: „Hätte er zu wem zu reden gehabt, er lebte noch." Buber hatte täglich Besucher von nah und fern, manchmal mehrere am Tag, unter ihnen auch eine steigende Anzahl aus Deutschland. Wie gewöhnlich tolerierte Buber keine Plauderei und zwang die Menschen, die zu ihm kamen, zu einem wirklichen Dialog. Am liebsten hatte er es, wenn seine Gäste ihm brennende Probleme vorlegten, die es ihm ermöglichten, seinen Gedanken- und Gefühlsreichtum zu entfalten. Zu diesen Zeiten waren selbst sein Gedächtnis und die Gegenwärtigkeit seines Wissens bemerkenswert. Buber hatte besonders den Besuch junger Menschen gern, selbst ganzer Gruppen, die ihm Fragen stellten und ihm von ihrem Leben erzählten. Er mochte Personen mit einer ursprünglichen Gabe zu erzählen und sich mitzuteilen. Mit ihnen vergaß er sein Alter und fühlte sich lebendig. Wenn sie schüchtern waren, ermutigte er sie mit Redewendungen, die langsam einen etwas formalen Charakter annahmen. Sie sollten ihm von dem erzählen, was sie im Morgengrauen wach hielt. Wenn sein vorsichtig balanciertes Gleichgewicht aus Arbeit und Entspannung, Gesellschaft und Ruhe gestört war, wie es oft durch Schmerzen geschah, dann halfen ihm sein ungetrübter Lebenswille und sein Humor, den er den „Milchbruder des Glaubens" nannte, darüber hinweg. Barbara versuchte, die Zahl seiner Besucher zu begrenzen, aber er beharrte: „Wenn sie mich ausfindig machen, muß ich sie sehen." Einmal jedoch stöhnte er Hugo Bergmann gegenüber über seine vielen Besucher und fragte: „Bin ich denn eine Sehenswürdigkeit?"

Der letzte Brief, den ich von Buber erhielt, war vom April 1965 datiert. „Mit einem Gefühl wahrer Anteilnahme habe ich vom Tod Ihres Vaters gehört", schrieb er. „Ich weiß aus eigener Erfahrung sehr gut, was es bedeutet, einen liebenden Vater zu verlieren. Es ist jetzt gerade vierzig Jahre her, daß ich den meinen verlor. Er war damals so alt, wie ich jetzt bin."

1965, zwei Monate vor Bubers Tod, ging ein junger Freund von mir nach Israel und sprach mit ihm. Nach seiner Rückkehr drückte er Enttäuschung über das Gespräch mit Buber aus, sagte aber nicht warum. Im folgenden Jahr, als ich in Jerusalem war, erfuhr ich den Grund von der Assistentin von Bubers Fotografen, Alfred Bernheim. Sie erzählte mir von einem jungen Amerikaner, der nach Israel gekommen war, nur um Buber zu sehen, und der aufgrund seiner ausgezeichneten Deutschkenntnisse und seines Verständnisses deutscher Poesie Teil ihrer deutsch-jüdischen Gruppe geworden war. „Was wirst du Buber fragen, wenn du zu ihm gehst?" hatte sie meinen jungen Freund gefragt. „Darüber brauche ich nicht nachzudenken", erwiderte er. „Du irrst dich", sagte sie. „Du solltest eine Frage im Kopf haben." Ihre Worte nicht achtend, besuchte der junge Mann Buber. Buber empfing ihn an der Tür seines Arbeitszimmers, nahm seine Hand, schaute ihm tief in die Augen und bat ihn, sich zu setzen. „Ich habe eine Magisterarbeit über Whitman und Sie geschrieben", sagte der junge Gelehrte. „Oh", sagte Buber, „das wußte ich nicht." Dann saßen sie etwa acht Minuten lang in völligem Schweigen, bis der junge Besucher es nicht länger aushielt, Bubers Hand ergriff und ging.

Auf den ersten Blick erscheint dieser Vorfall wie die Wiederholung jener früheren Vergegnung, in der es Buber während des ersten Weltkriegs nicht gelang, für Mehé präsent zu sein, weil er die Frage des anderen nicht erraten konnte und nicht fragte – der einzige Unterschied besteht darin, daß das zwei Monate vor Mehés Tod war und dies zwei Monate vor Bubers eigenem Tod. Aber diese Ähnlichkeit ist nur oberflächlich und verdeckt einen tieferen Kontrast. Die Lebensfrage meines Freundes war eine *wirkliche*, aber er überließ es Buber, beide Seiten des Dialogs zu führen in der Annahme, Buber würde die Frage verstehen, ohne daß er sie stellen müsse. Der junge Mann in „Eine Bekehrung" dagegen sah Buber nicht als den magischen Helfer an, der in seine Seele greifen und die Frage hervorziehen würde. Er *hatte* nicht einfach eine Frage: er konzentrierte sein ganzes Wesen darauf, eine Frage zu *werden*. Es war die Ansprache dieser unausgesprochenen Frage, die Buber hinter jeder gesprochenen Frage, die Mehé *stellte*, hätte hören können, wenn er „im Geiste gegenwärtig" gewesen wäre – wenn er sich mit der Ganzheit seines Seins in den Dialog eingebracht hätte und nicht nur mit den intellektuellen und sozialen Fragmenten, die von seiner Beschäftigung mit der mystischen Erfahrung des Morgens übriggeblieben waren. Was Buber aus dieser früheren Vergegnung lernte, ist genau, was er zu der späteren mitbrachte: ganz präsent zu sein, aber auch *nicht* für den anderen den Dialog zu übernehmen, nicht *beide* Seiten des Dialogs zu behandeln. In hohem Alter war Buber nicht länger ein „Orakel, das auf Vernunft hörte", sondern er war eine Person, die den anderen bestätigte, indem er mit ihr oder ihm genauso stritt, wie er sie akzeptierte und bejahte.

Grete Schaeder stimmt mit Krafts Urteil nicht überein, daß Buber jene Verminderung des Geistes nicht erlebte, die die meisten Personen erfahren, wenn Alter und Krankheit sie angreifen.

> „Hinter der wohlgehüteten Fassade des Lebens verbarg sich oft Schwermut, und nicht sein Mund, nur das Dunkel der Augen sprach sie aus. Die Menschen kamen und gingen, immer war Abschied und oft das Sterben von Jüngeren als er; aber die Müdigkeit blieb und nahm zu, sie, die ein Sterben im kleinen war. Mit ihr holte ihn endgültig ein ... nicht mehr von der Intensität des Lebensstroms erhöhte Wirklichkeit."

Eines der wenigen Gedichte, die Buber zur Erhaltung in „Nachlese" auswählte, heißt „Der Fiedler", das Buber im Oktober 1964 schrieb und Grete Schaeder widmete und das wie nichts sonst anzeigt, wieviel ihre Beziehung zu ihm in diesen letzten Monaten seines Lebens bedeutete. Es drückt mit großer Schärfe aus, was es für Buber bedeutete, in diesem letzten Stadium „Am Weltrand" zu leben:

> Hier, am Weltrand, habe ich zur Stunde
> Wunderlich mein Leben angesiedelt.
> Hinter mir im grenzenlosen Runde
> Schweigt das All, nur jener Fiedler fiedelt.
> Dunkler, schon steh ich mit dir im Bunde,

Willig, aus den Tönen zu erfahren,
Wes ich schuld ward ohne eigne Kunde.
Spüren laß michs, laß sich offenbaren
Dieser heilen Seele jede Wunde,
Die ich heillos schlug und blieb im Schein.
Nicht eher, heilger Spielmann, halte ein!

So tief bewegend an „Der Fiedler" ist, daß Buber darum betete, es möge ihm vor seinem Tod gegeben sein, seine Schuld zu erkennen und ihr gegenüberzutreten.

Buber schickte eine Abschrift dieses Gedichts an seine Freundin Naemah Beer-Hofmann, die in großer Sorge auf seine morbide oder melancholische Stimmung, die sie spürte, antwortete. Bubers Erwiderung auf Naemah vom 15. November 1964 stellte klar, daß dieses Gedicht mehr als ein Gefühlsausdruck war, wie vielleicht sein Gedicht über „Melancholie", das er kurz zuvor geschrieben hatte.

> „Ich antworte Dir gleich, und ich tue es ganz rückhaltlos. Einem Wesen gegenüber, dem man mit Leib und Seele zugetan ist, muß man auch ganz wahr sein, sonst wird das Leben sinnlos: Das Gedicht, das ich Dir sandte, war nicht der Ausdruck einer vorübergehenden, einer überwindbaren Stimmung. Wohl liebe ich das Leben nach wie vor und hoffe, noch eine Weile, vielleicht sogar eine helle Weile weiterleben zu dürfen; aber es ist für mich – das habe ich unmißverständlich erfahren – die Stunde gekommen, in der es heißt: ‚Bestelle dein Haus!' Ich habe das Haus meiner Seele zu bestellen, und das ist ein Gebot, das keinen Aufschub duldet. Die Liebe kann es nicht überwinden – sie darf es aber auch nicht überwinden wollen –, denn auch die innigste Liebe zwischen Mensch und Mensch darf sich nicht zwischen einen Menschen und Gott stellen. Es ist wohl das einzige Mal, Naemah, daß ich zu Dir von diesen Dingen rede. Dieses eine Mal mußte ich es tun; denn ohne vollkommene Aufrichtigkeit wird auch die Liebe sinnlos, sinnlos und wesenlos. Ich möchte diesen Brief mit einem Segen enden – und weiß keinen besseren als eben diesen des Wahrseindürfens, des Wahrseinkönnens. Denn, glaube es mir, nicht das Glücklichsein, sondern das Wahrsein ist die Krone des Lebens."

Dieser Brief zeigt, daß es eine Tiefe der Beziehung, die Buber mit Grete Schaeder teilte, gab, die er nicht mit Naemah geteilt hatte, obwohl sie sehr vertraut miteinander gewesen waren und einander sehr liebten.

Am Abend des 26. April 1965 brach Buber sich bei einem Sturz sein rechtes Bein und mußte in derselben Nacht operiert werden. Der Bruch und die Operationswunde verheilten zufriedenstellend, und Buber bestand darauf, nach Hause zu kommen, denn er wollte nicht im Hadassah-Krankenhaus sterben. In den nächsten Wochen wurde Bubers chronische Nierenentzündung ständig schlimmer, was zu Harnvergiftung führte.

Während Buber im Sterben lag, wurde im Rathaus von Jerusalem ein schimpflicher Kampf ausgetragen. Der Jerusalemer Bürgermeister Mordechai Ish-Shalom (hebräisch für Friedman) kämpfte darum, daß Buber die „Freiheit der Stadt" verliehen wurde, eine Ehre, die unter anderen Chaim Weizmann, Präsident Itzhak Ben-Zwi und Shmuel Joseph Agnon zuteil geworden war. Ish-Shalom wurde im Stadtrat von den anderen Mapai-Mitgliedern und von den Repräsentanten der Mapai und der Liberalen unterstützt, aber von der rechten *Herut* bekämpft, die Buber seine Opposition gegen die Exekution von Eichmann nicht vergeben konnte, und von den Orthodoxen, die Buber seine Interpretation des Judentums im allgemeinen und des Chassidismus im besonderen bitter verübelten. Wie Albrecht Goes erzählt, kam angesichts dieser ausweglosen Situation jemand zu Buber und fragte ihn, ob er die *Freiheit der Stadt* akzeptieren würde, falls sie eine Mehrheit dafür zusammenbrächten, sie ihm zu verleihen. Buber antwortete: „Ich weiß es noch nicht, aber laßt es sie zuerst ausfechten." Das Schönste an dieser Geschichte ist nicht, daß es schließlich eine Mehrheit gab, kommentiert Goes, sondern Bubers Haltung, Humor und Weisheit zu diesen allzu menschlichen Umständen. Schließlich wurde die Resolution mit zehn zu sechs Stimmen bei zwei Enthaltungen und zwei Abwesenheiten angenommen.

So wurde Buber, der berühmteste Bewohner Jerusalems, der fünfzehnte Ehrenbürger der Stadt! Bürgermeister Ish-Shalom und Agnon, selbst Ehrenbürger von Jerusalem, eilten an Bubers Bett. Buber hörte für einige Minuten gespannt zu, konnte aber nicht mehr antworten. Was die Ironie noch verstärkte, war, daß Schereschewsky zufolge niemand im Jerusalemer Stadtrat auch nur eines von Bubers Büchern gelesen hatte. Zwei Tage vor Bubers Tod sagte Shulamit Katz-Nelson zu Hugo Bergmann, daß sie Buber sehen wollte. „Wenn Sie gehen, werde ich auch kommen", sagte Bergmann. Als sie ankamen, bemerkten sie, daß Buber auf die Größe eines Kindes geschrumpft war. Bergmann konnte es nicht ertragen, näher zu kommen, aber Shulamit nahm Bubers Hand. „Du kommst geradewegs vom Leben", sagte Buber und schaute Bergmann direkt an. „Ich bin so lange so weit vom Leben weg gewesen. Erzähl mir etwas vom Leben." Shulamit dachte bei sich, was würde ich gerne hören wollen, wenn ich im Sterben läge? Daß Menschen mich noch liebten und sich um mich Gedanken machten. So erzählte sie Buber, daß im letzten *Pendle Hill Bulletin* eine Ankündigung zu einem Kurs über *Ich und Du* von Direktor Dan Wilson stand. „Das ist nicht Leben", sagte Buber. Dann erzählte sie ihm, daß das israelische Nachrichtenmagazin *Davar* angekündigt hatte, daß noch ein weiteres Buch ins Hebräische übersetzt werden würde. „Das ist immer noch nicht Leben", beklagte sich Buber. Schließlich sagte sie: „Mein Mann hat das israelische Anwaltsexamen bestanden." „Shulamit, *das* ist Leben!" sagte Buber. So nahe, nicht näher kam Buber dem Sterben „mit einer menschlichen Hand in meiner eigenen", wie er in „Bücher und Menschen" geschrieben hatte. Kurz vor seinem Ende sagte er zu Ernst Simon: „Ich habe keine Angst vor dem Tod, sondern vor dem Sterben."

Am 13. Juni 1965 starb Martin Buber. An seiner Seite waren Eva, Rafael, Barbara und Zeev Goldschmidt und alle seine Urenkel. Die erste Person, die nach Bubers Tod in das Haus in Talbiyeh kam, war Zalman Shazar, der Präsident Israels. Ben Gurion bestand darauf, den Leichnam ins Hadassah-Krankenhaus zu begleiten. An jenem Abend sprach Ben Gurion über Kol Yisrael, die israelische nationale Radiostation, von Bubers Tod als „einem großen Verlust für das geistige Leben Israels" und von Buber selbst als „einer metaphysischen Entität in einer Klasse für sich, einem wahren Mann des Geistes." Buber wurde ein traditionelles jüdisches Begräbnis bereitet, ohne Sarg, und Rabbi Aharon Phillip von Simons *Emet weEmuna*-Kongregation führte die Begräbnisfeier durch. Er wurde im „Hügel der Ruhe" an einem für Professoren der Hebräischen Universität vorbehaltenen Platz begraben. Um zehn Uhr am Morgen des 14. Juni wurde Bubers Leichnam vom Hadassah-Krankenhaus hergebracht, bedeckt mit einem *Talit* – einem schwarz-weißen Gebetsschal – und getragen vom Präsidenten der Hebräischen Universität, Eliahu Elath, von Nathan Rotenstreich, dem Rektor, Ernst Simon, Benyamin Mazar, Alexander Dushkin und Zwi Werblovsky. Zusammen mit Agnon und einem Studentenvertreter bildeten sie eine Ehrengarde, die bis Mittag alle 15 Minuten sich abwechselte. Die Klassen zwischen zwölf und zwei fielen Buber zu Ehren aus, aber von zehn Uhr morgens an stellten sich hunderte von Studenten zusammen mit Freunden, Kibbuzmitgliedern, christlichen Mönchen, arabischen Moslems und Christen, Repräsentanten ausländischer Botschaften und hunderte von anderen an, um langsam an Bubers Leichnam vorbeizudefilieren. Levi Eschkol, der Premierminister Israels, begann die Lobpreisungen:

> „Der Tod von Mordechai Martin Buber bezeichnet das Ende einer Ära in den Annalen des geistigen und territorialen Wiederaufstiegs des jüdischen Volkes in der modernen Zeit. Das jüdische Volk trauert heute um einen Erleuchter und einen Lehrer, einen Denker und Vollender, der mit neuem philosophischen Wagemut die Seele des Judentums enthüllte. Die ganze Menschheit betrauert mit uns einen der geistigen Giganten dieses Jahrhunderts. Ich weiß nicht, ob es in unserer Mitte in der Sphäre geistigen Lebens einen anderen gibt, der so sehr Teil des Erbes der gesamten Welt ist; aber

> er war tief in seinem Judentum, im jüdischen Volk, im Wiederaufstieg Israels und in der Liebe zum Judentum verankert – in einer Tiefe, die wenige erreichen konnten."

Von Gefühlen überwältigt, rief Hugo Bergmann Elischas Worte aus, als er sah, wie Elija in einem Wirbelwind in den Himmel getragen wurde: „Mein Vater, mein Vater, Israels Wagen und seine Reiter!" Bergmann beendete seine Rede, so erzählt uns Hodes, „mit einem Schrei des Herzens, einem Verströmen von persönlichem Gram und Verlust, der uns alle bewegte": „Du hast deinen Teil getan. Wir werden versuchen, in deine Fußstapfen zu treten ... Wir danken dir, lieber Martin Buber." Rafael Buber rezitierte den Kaddisch – das traditionelle Totengebet –, und der Leichnam wurde von Präsident Shazar, Premierminister Eschkol, Agnon, Präsident Elath von der Hebräischen Universität, dem Sprecher der Knesset, Yigal Allon, Scholem und Simon und anderen zum Leichenwagen getragen. An der Grabstätte sprach Gershom Scholem von Buber als von einem Mann des wahren Dialogs, des Rats und der Aktion, der Hoffnung und des Optimismus, einem großen Sprecher und Zuhörer und einem Lehrer, der wollte, daß seine Schüler Rebellen werden, die ihrem eigenen Weg folgen (wie Scholem selbst). Ernst Simon sprach von Buber als einem Gesandten und Boten an die Christenwelt, der von seinem Volk nie gerufen worden war, ein Mann, der allein war, wenn er kämpfte, in Zeiten des Friedens mit noch weniger Unterstützung als in Zeiten der Krise und des Unglücks. Abraham Schapira sprach einige Worte für die Mitglieder der Kibbuzbewegung; die unabhängigen Liberalen und Mapam legten Kränze auf Bubers Grab, und drei arabische Studenten legten, als Repräsentanten aller arabischen Studenten an der Hebräischen Universität, einen Kranz aus Rosen, Nelken und Gladiolen auf die frisch aufgeworfene Erde.

Die israelische Knesset hielt eine Gedenksitzung für Buber mit Lobreden, und Kondolenzbotschaften trafen aus allen Ländern der Welt ein – vom Bundespräsidenten und dem Kanzler der Bundesrepublik Deutschland, dem früheren Kanzler Konrad Adenauer, von Giorgio La Pira, dem früheren Bürgermeister von Florenz, vom Bürgermeister von Wien, vom amerikanischen Außenminister Dean Rusk und dem ständigen US-Botschafter bei den Vereinten Nationen Adlai Stevenson. Senator Abraham Ribicoff aus Connecticut und Senator Jacob Javits aus New York trugen Botschaften in die *Kongreßberichte* ein, zusammen mit einem langen Nachruf der *New York Times.*

Abraham Joshua Heschel, der in Jerusalem war, aber vor dessen Tod nicht mehr zu Buber kommen konnte, sagte dem örtlichen *Newsweek*-Reporter:

> „Ich kenne niemanden mit einem Leben, das so reich an intellektuellen Abenteuern gewesen wäre, oder der so sehr auf seine Herausforderungen geantwortet hätte, wie Martin Buber. Sein größter Beitrag war er selbst, sein Sein. In seiner Persönlichkeit war Magie, Reichtum in seiner Seele. Seine einfache Gegenwart war Freude ... Er liebte es, zuzuhören und zu sprechen, und unsere Gespräche dauerten manchmal zwölf oder dreizehn Stunden. ‚Ich bin kein jüdischer Philosoph‘, sagte er mir einmal. ‚Ich bin ein universaler Philosoph.‘ Buber sprach zu den Juden in einer Art, die alle Menschen relevant fanden. Da gab es keine Apologetik, keine Engstirnigkeit ... Er legte die Herausforderungen der modernen Gesellschaft offen, und zu gleicher Zeit bestand er auf der Loyalität zu jüdischer Einsicht.“

Den „nationalen Universalismus“, den Buber in den Propheten sah, unterstützte er selbst auch. Wie er selbst sagte, mußte er das Haus des Judentums seiner Vorfahren nicht verlassen, um zu denen draußen zu sprechen. Das Wort, das Martin Buber in der Tür des Hauses stehend und in die Straße der Menschheit sprechend verbreitete, ging nicht in die Irre. Es hat genau ins Leben unserer Zeit gesprochen, und es wird weiterhin zu dem der kommenden Generationen sprechen. Noch wichtiger ist das Bild authentischer menschlicher Existenz, das Buber uns hinterlassen hat – das einer Person, deren Leben selbst eine „Begegnung auf dem schmalen Grat“ war.

Martin Buber hat dem tausendfachen fragenden Blick ungezählter Personen standgehalten und maß stündlich die Tiefe der Verantwortung mit dem Echolot seiner Gegenwart, seiner Entscheidung, seiner Worte. Er gab der problematischen Person, für die das Leben grundlos geworden war, „die Sicherheit, ‚daß da ein Boden ist, es eine Existenz gibt ... Die Welt kann erlöst werden, weil es dieses Vertrauen gibt‘.“ „Vertrauen, Vertrauen zur Welt, weil es diesen Menschen gibt“ – das war Bubers wertvollstes Geschenk an die Personen unseres Zeitalters und der kommenden Zeitalter. Martin Buber war unser Kamerad. Er lebte mit uns, gewann unser Vertrauen durch Beziehungen im wirklichen Leben und half uns, mit ihm den Weg des Geschöpfs zu gehen, das die Schöpfung *akzeptiert*. Der innerste Kern von Bubers Lehren und von seiner Existenz war eine Kombination dieses existentiellen Vertrauens mit dem Geheimnis des Leidens – unseres Leidens um der Erlösung willen und Gottes Leidens mit uns. „So dringt man Schritt um Schritt ins Dunkel, das über den Sinn der Vorgänge gelegt ist, bis sich im Licht des Blitzes das Geheimnis entdeckt: der ‚Zaddik‘, der Gottgerechte, leidet um Gottes und seines Erlösungswerkes willen, und Gott ist bei ihm in seinem Leiden.“

Niemand hat Vertrauen und Ringen in seinem Leben und seinen Gedanken klarer vereinigt als Martin Buber – in seiner geistigen Führerschaft der deutschen Juden unter Hitler, in seiner einsamen Haltung dem Nachkriegsdeutschland und Eichmann gegenüber, in seinem lebenslangen Kampf für jüdisch-arabische Wiederannäherung und Verständigung, in seinem Bestehen darauf, daß der Staat Israel und die Wirklichkeit Zions nicht getrennt werden dürfen, in seiner Gegnerschaft zum Kalten Krieg und seinem Ruf nach echtem Dialog als einem Weg zum Frieden, in seinem Kampf für das Werden einer Menschheit. In einer Zeit der „Gottesfinsternis" widerstand und rang Buber mit der Sinnlosigkeit und nährte in der Dunkelheit die lebendige Substanz des Glaubens. In einer Zeit, in der wir in Gefahr sind, unser Geburtsrecht als Menschen zu verlieren, hat Martin Buber uns wieder ein Bild des Menschen gegeben. In einer Zeit, in der menschliches Denken die *Idee* von Gott erhält, aber die Wirklichkeit unserer Beziehung zu ihm zerstört, hat Buber uns erneut auf die Begegnung mit dem „ewigen Du" hingewiesen.

Martin Stöhr

Gründe, Martin Buber neu zu entdecken

Es ist an der Zeit, Martin Buber wieder zu entdecken, vor allem ihn neu zu lesen – auch laut. Seine Stimme gehört zu den unverwechselbaren Stimmen des 20. Jahrhunderts. Ein kleiner Kreis hat ihn nie vergessen. Aber in der wissenschaftlichen und gesellschaftlichen Öffentlichkeit und in ihren vielen Bereichen wurde er häufiger beschworen als studiert. Maurice Friedmans detailreiche und lebendige Biographie kann helfen, das Gespräch mit Buber wieder aufzunehmen. Die Einladung bedeutet auch eine Zumutung, weil Buber in vielen Sektoren der Wirklichkeit mitlebte und mitsprach. Ich nenne nur drei Gründe. Es ist (I) die Tatsache, daß die Stimme eines Du in der Welt vorhanden ist, die zu hören und anzureden ist. Ihr nicht zu antworten ist auch eine Antwort, die den arm macht, der sich verweigert. Es ist zum andern die tiefe Humanität, der die anderen nicht gleichgültig sind (II). Zum dritten ist es eine aus dieser Humanität gewonnene analytische und ermutigende Kraft, die Wirklichkeit nicht nur zu sehen, wie sie ist, sondern auch so, wie ihre unentfalteten Möglichkeiten sie veränderbar machen (III).

I. „Das Buch liegt noch vor uns"

Es lag nicht an Martin Buber, daß ein christlich-jüdischer Dialog nicht zustande kam. Aber keiner hat wie er den Boden bereitet, damit nach der „Gottesfinsternis" ein Dialog entstand. Erst die Schoah weckte die Kirchen auf, die bis dahin mit dem Rücken zu ihrer jüdischen Mutter standen. Ein paar Ausnahmen sind nicht zu vergessen. Es waren einzelne Gelehrte, Gesprächspartner Bubers, z. B. Albert Schweitzer, Viktor von Weizsäcker, Rudolf Bultmann, Leonhard Ragaz, Paul Tillich, Joseph Wittig, Karl Ludwig Schmidt und der kleine Freundeskreis der religiösen Sozialisten und einiger pädagogischer Konferenzen. Zu stark war im Christentum über die Jahrhunderte ein Selbstverständnis geronnen, das „wahre Israel" zu sein. In der konstantinischen Ehe von Religion und Macht war die Nachfolge Jesu vernachlässigt worden. Eine sublime oder explizite Haltung an Universitäten, Schulen sowie in Gemeinden und Medien war weit verbreitet, die die Gleichgültigkeit eines religiösen oder kulturellen Überlegenheitsgefühls gegenüber dem vermeintlich überholten oder fremden Judentum vermittelte. Diese Einstellungen saßen tief, sie änderten sich in der Zeit der Judenverfolgung nicht. Die Gleichgültigkeit wurde unkompliziert zum Komplizentum mit den Verfolgern statt zur Solidarität mit den Verfolgten.

Hier kann Buber nur noch „für Jesus und gegen das Christentum kämpfen", für den jüdischen Bruder Jesus. Er steht wie die Propheten für das Gottsein Gottes und seines Rechtes, seiner Gnade, seiner Freiheit für die Menschen mitten in den menschlichen Realitäten von Unrecht, Gnadenlosigkeiten und Freiheitsberaubungen aller Art. Was von christlicher Seite an Kritik gegen Bubers Interpretation des christlichen Glaubens in „Zwei Glaubensweisen" auch immer vorgebracht wurde, es hat kaum die macht- und mehrheitsgepanzerte Du-losigkeit des Hauptstromes der christlichen Kirchen kritisch reflektiert.

Bubers Beitrag zum jüdisch-christlichen Dialog besteht in der selbstbewußten, aber ungepanzerten Entfaltung des Reichtums jüdischer Glaubenstraditionen. Es ist „Aufbau im Untergang" (Ernst Simon) – auch im Untergang eines erodierenden, weil Israel vergessenden Christentums. Buber greift zur Erneuerung jüdischer Traditionen vor allem auf die biblischen Überlieferungen zurück. Die großen Werke *Das Königtum Gottes* (1932), *Der Glaube der Propheten* (1950), *Moses* (1952), *Der Gesalbte* (Fragment) sind unausgeschöpfte Schätze. Es fällt auf, daß die rabbinische Literatur in Bubers Denken fast keine Rolle spielt. Mystik und Chassidismus sind für ihn zwei wichtige Traditionen des lebendigen Judentums, die Buber neu und eigenwillig (unter Gershom Scholems Kritik) zur Sprache bringt. Dadurch und nicht zuletzt durch seinen ständigen Rückgang zur schriftlichen Offenbarung in der hebräischen Bibel öffnet Buber unerschlossene Horizonte. 1925 beginnt er mit Franz Rosenzweig in Frankfurt die Verdeutschung der Schrift. Vollendet ist sie 1961 in Jerusalem. Rosenzweig und besonders Buber schufen einen kreativen Zugang zur hebräischen Sprachstruktur, Denkweise und Eigenstimmigkeit der hebräischen Bibel. Scholem bemerkt bei der Feier im Hause Buber mit Recht, daß Bubers und Rosenzweigs Arbeit nicht beabsichtigte, „die Bibel leichter zu machen, als sie ist. Das Klare ist bei Ihnen klar, das Schwere ist schwer, und das Unverständliche ist unverständlich. Sie machen dem Leser nichts vor und schenken ihm nichts … Sie haben den Text aufgerauht … Keine Firlefanzereien mit dem Erhabenen!" Buber geht es um das lebendige, also laut werdende Wort. Scholem macht darauf aufmerksam, daß „zu den großartigen Paradoxien dieses Unternehmens (gehört), daß in einer Übersetzung, die die Bibel letzten Endes doch wohl als Wort Gottes übersetzt, der Name Gottes als solcher nicht erscheint. Er wird hineingenommen in die betonte Heraushebung: Ich, Du und Er, durch die er allein … vernehmbar wird.“ Bei aller Anerkennung sieht Scholem auch mit Skepsis die fertige Übersetzung als „Grabmal einer in unsagbarem Grauen erloschenen Beziehung“. Wer wird dieses „Abschiedsgeschenk“ des deutschen Judentums an Deutschland denn noch lesen? Doch Bubers Arbeit bleibt ein Leben lang durch die Überzeugung geprägt: „Das Buch liegt noch vor uns, und die Stimme redet aus ihm wie am ersten Tag. Wir dürfen ihr nur nicht vorschreiben, was sie zu sagen hat und was nicht … Die Humanitas, die heute wie von je aus diesem Buch spricht, ist die Einheit des menschlichen Daseins unter der einen göttlichen Weisung, die, wie das schöpferische Wort zwischen Licht und Finsternis, so zwischen Wahrheit und Lüge, Recht und Unrecht mit Unbedingtheit scheidet.“

Eine Stimme ist in der Welt. Sie verlangt kein Geschwätz, wohl aber Antworten, Gegenfragen, Entscheidungen, Handeln in dieser Welt. Die nicht gleichschaltende, aber inspirierende und verändernde Kraft dieser Stimme ist größer, als die Ängstlichkeit ihrer Sachwalter meint. Sie ermöglicht Offenheit, das Zugehen auf neue Erfahrungen, die Menschwerdung des Menschen. „Alles wirkliche Leben ist Begegnung … der Mensch wird am Du zum Ich.“ Wer unfrei oder gleichgültig vor dieser Stimme sitzen bleibt, verliert Sinn und Mut seines Lebens. Sie sind durch das freie Eingehen auf diese Stimme, in einem eigenständigen Leben und Streiten mit dieser Stimme zu gewinnen. Franz Kafka hat den Tatbestand in seiner kürzesten Erzählung „Das Gesetz“ beschrieben. Wer passiv davor sich niederläßt, erfährt zu spät, am Ende des Lebens, daß das Tor des Gesetzes, der Tora, der Weisung, des „Ewig Kurzgefaßten Bündig-Bindenden, Gottes gedrängtes Sittengesetz“ (Thomas Mann) offen ist. Es ist auch ein Tor menschlicher Freiheit. Seine Wächter verwechseln ihre Macht und Ideologie mit der einschüchternden Macht über Freiheit und Zukunft des Menschen.

II. „Ich mache mir etwas aus dir“

„Ich habe keine Lehre, ich führe ein Gespräch“ – so widersteht Buber allen Versuchungen, ihn zum Schulhaupt einer Theorie, einer Weltanschauung oder einer reinen Lehre zu machen. Mit Entsetzen registriert seine pädagogische wie seine ethische Sensibilität in zeitgenössischen Gruppen und Institutionen eine doppelt unheilvolle Entwicklung: „Erstens, daß die Auswahl des für ihre Angehörigen Wissenswerten von keiner anderen Instanz aus rechtmäßig zu treffen sei, als von der sie bestimmenden Tendenz aus, da nur hier entschieden werden könne, was einer zu wissen brauche … Zweitens, daß überhaupt jede Gruppe Erziehungstätigkeit im eigenen Hause zu besorgen habe." Buber sieht die Autorität der Experten und Eigeninteressen dadurch gesichert, daß Menschen vor den Fragen nach dem „Allgemeinen" abgeschirmt werden. Sein Freund Tillich wird von dem sprechen, „was uns unbedingt angeht". Aber eine solche Abschirmung bewahrt auch vor jeder Überraschung, vor dem „Risiko" einer Selbstveränderung, ja vor der Mitmenschlichkeit. Das Ich ohne Ich-Du-Beziehung verliert sich auch als Ich. Es wird zum fremdbestimmten Es als funktionierendes Objekt. Bubers Bildungsverständnis und -arbeit versucht den „vollen Zugang" zu der „Urwirklichkeit ..., die mich hervorgebracht hat und die mich, wenn ich mich ihr anvertraue, zu tragen, zu hüten, mich zu bilden bereit ist."

Das Wort Gott fällt voller Respekt vor dem Geheimnis seines Namens nicht, obwohl Buber einmal Tillich freimütig kritisiert, als dieser allzu philosophisch abstrakt den Gottesnamen vermeidet. Buber insistiert darauf, daß das „Urwort" Gott, eben als Du, wie jedes Du, als Wirklichkeit mich in ein gemeinschaftstiftendes Gespräch zieht. Die Singularität Gottes macht auch mich unersetzbar. Anstoßfreiheit ist für Bubers dialogisches Leben weder ein Weg noch ein Ziel. Autistische Selbstbezogenheit und Wirklichkeitsverlust wären die Folgen.

Konkret wird diese „Tiefentheologie" (A. J. Heschel), ich könnte auch sagen Tiefenphilosophie, Tiefenpädagogik, Tiefenpsychologie, nicht nur in der Erziehungsarbeit und Lehrtätigkeit. Sie lernt immer, gerade auch von Kindern, indem sie die Wirklichkeit des anderen und der anderen ernst nimmt. Am Beginn der nationalsozialistischen Diktatur beschreibt Buber die Situation der jüdischen Kinder in der Nachbarschaft, auf dem Spielplatz oder in der Schule: „Die Welt ist unzuverlässig geworden. Man hatte einen Freund, der Freund war selbstverständlich wie das Sonnenlicht. Plötzlich sieht er einen fremd an, die Mundwinkel spotten: Hast du dir etwa eingebildet, ich machte mir wirklich etwas aus dir?" Der Autismus der nur sich selbst kennenden und wollenden Macht und Ideologie gefährdet die wehrlosesten Mitglieder der menschlichen Gemeinschaft zuerst, zerstört also eine „Gemeinschaft ... zwischen Mensch und Mensch, auf die hin die Schöpfung erschaffen ist." Sie aber haben wir „lebensmäßig einzuüben".

Als Gandhi 1938/39 Buber und der winzigen jüdischen Minderheit rät, die gewaltfreie Praxis von Satyagraha wie die Inder gegen die britische Kolonialmacht anzuwenden, antwortet Buber dem verehrten Freund mit realistischen Hinweisen auf die Wirklichkeit im mehrheitlich antisemitischen Deutschland und seiner Diktatur. Dagegen sei England eine reaktionsfähige Demokratie, die Mehrheit der Inder stünde hinter Gandhi, was von den Deutschen gegenüber der jüdischen Minderheit nicht zu sagen sei. Der Zionismus wolle auf dieser Erde nicht mehr, als was jedem Volk zusteht, einen Platz, um dort nach Gottes Willen zu leben. Das schließt für Buber bis zu seinem Lebensende ein, mit der und nicht gegen die arabische(n) Bevölkerung zu leben. Die Verständigung von Juden und Arabern ist für Buber ein „fast präzedenzloses Werk". So beschreibt Buber in seinem letzten Aufsatz kurz vor seinem Tode am 13.6.1965 ein bis heute unvollendetes Werk.

III. „... wenn wir drauflos gehen."

Pfingsten 1928 versammeln Paul Tillich und Martin Buber in dessen Wohnort Heppenheim – „mit sozialistischem Gruß!" durch Emil Fuchs, Gustav Radbruch, Andre Philip, Hugo Sinzheimer u. a. m eingeladen – die internationale Gruppe religiöser Sozialisten. Das Einladungsschreiben wendet sich gegen die irrige Auffassung, im Sozialismus nur eine „fundamentale Änderung des Wirtschaftssystems" zu sehen. Wie, so wird kontrovers das Tagungsthema diskutiert, steht es um „die inneren Voraussetzungen", also Ethos, Glaube, Anthropologie, Partizipation und Verantwortung der einzelnen Menschen? Die Behandlung dieser Fragen bedeutet auf der einen Seite eine kritische Auseinandersetzung mit den Realitäten in der Sowjetunion. Dort vernichtete Stalin seit 1928 in einem ideologischen und ökonomischen Kurs von großer Brutalität Tausende seiner früheren Mitstreiter und unzählige möglicher oder wirklicher Opponenten. Ist damit die Idee einer gerechteren Gesellschaft mit größerer Freiheit und Gleichheit ad absurdum geführt? Sind die Überlegungen der religiösen Sozialisten, angefangen in der Gesellschaftskritik der Propheten und der Urchristenheit, partiell aufgenommen in den Utopien des Mittelalters und der Reformation, im Zeitalter der Industrialisierung neu zur Sprache gebracht durch den „Kommunistenrabbi" Moses Hess, H. de Saint-Simon, Ch. Fourier, R. Owen, W. Weitling, P. J. Proudhon, durch die Unterdrückung im real existierenden Marxismus, in der Schwäche der europäischen Arbeiterbewegung und erst recht der Kirchen, untergegangen?

Auf der anderen Seite bedeutet die Suche nach einem „Sozialismus aus dem Glauben" (so die spätere Tagungsdokumentation) selbstverständlich „den Kampf der Arbeiterschaft gegen wirtschaftliche Ausbeutung, politische Unterdrückung und gesellschaftliche Unterordnung mitzukämpfen und zu unterstützen". Eine nüchterne Analyse und Diskussion kennzeichnet die Konferenz. Buber bekennt sich einerseits als „revolutionären Sozialisten", um andererseits seinen Unglauben an die „automatische Fruchtbarkeit der gewaltsamen Revolution" deutlich zu formulieren. „Revolutionen können das Grab der Hoffnung werden." Man hat, Buber folgend, die Wirklichkeit des wirklichen Menschen im Blick. Obwohl Buber über die Fehlentwicklung in der

Sowjetunion ein vernichtendes Urteil fällt (keine Demokratisierung der Wirtschaft, Indoktrination der Jugend, staatliche Zentralisation anstelle demokratischer Mitbestimmung auf allen Ebenen), bleibt für Buber angesichts der ungelösten Aufgaben der Menschen und der Menschlichkeit, aus dem Scheitern zu lernen und nicht aufzugeben. Analyse, Hoffnung und die Notwendigkeit, in Wahrheit, Recht und Gerechtigkeit und Freiheit zu handeln, zeichnen einen biblischen Glauben aus.

Die reale Bedrohung der „persönlichen Verantwortung" eines jeden für Gerechtigkeit und Demokratie wird überdeutlich gesehen. Das für ihn gültige Credo formuliert Buber (gilt es nicht auch für das vielfache Scheitern der Religionen?) dagegen: „Es geht nicht an, das als utopisch zu bezeichnen, woran wir unsere Kraft noch nicht erprobt haben. Wieviel Raum Gott uns einräumt, können wir nur erfahren, wenn wir drauflos gehen." In *Pfade in Utopia* (1950) hat Buber, nicht zuletzt in freundschaftlicher Würdigung Gustav Landauers, diesen hoffenden Realismus einer menschlichen Verantwortung für eine menschliche Welt noch einmal formuliert. So spricht docta spes, eine Hoffnung, die sich durch die Wirklichkeit belehren, aber nicht entmutigen läßt.

Maurice Friedmans Buch ist ein reiches Plädoyer mit vielen Gründen, sich aufs neue in ein Gespräch mit Martin Buber einzulassen. Der Zustand unserer Welt verlangt es, und es lohnt sich.

Richard von Weizsäcker

„Wir können die messianische Welt nicht vorbereiten, wir können sie nur bereiten"

In seiner Fest- und Dankesrede zur Verleihung der Buber-Rosenzweig-Medaille 1995 würdigte Altbundespräsident Dr. Richard von Weizsäcker die Namensgeber dieser Medaille mit den Worten:

Martin Buber ist, nach einem Wort von Franz Rosenzweig, ohne es zu wollen, der von dem geistigen Deutschland anerkannte deutsche Jude geworden. Er hat keine Lehre, sagte Buber von sich selbst, er zeige Wirklichkeit. Sein gewaltiges Gesamtwerk ist nicht leicht zu übersehen. Neben seinen Übersetzungen und Schriften zur Bibel, seinen berühmten Erzählungen der Chassidim, seinen Arbeiten über Judentum und Zionismus und seiner dialogischen Pädagogik hat er sich auch der jüdisch-christlichen Zusammenarbeit intensiv gewidmet.

Lassen Sie mich dafür nur ein Beispiel erwähnen. Seiner Initiative entsprang in der Mitte der zwanziger Jahre die Gründung einer Zeitschrift. Sie sollte den Namen „Grüße aus dem Exil" tragen, wurde dann aber „Kreatur" getauft. Buber gab sie zusammen mit dem katholischen Theologen Wittig und dem evangelischen Arzt Viktor von Weizsäcker, einem Bruder meines Vaters, heraus. In ihrer Einleitung schreiben die drei Herausgeber, die Religionen, aus deren Trennung es keine andere Befreiung als die messianische gäbe, hätten die Not und die Zucht von Exilen. Erlaubt und geboten aber sei ihnen das Gespräch. „Es gibt ein Zusammenleben ohne Zusammenkommen. Es gibt ein Zusammenwirken ohne Zusammenleben. Es gibt eine Einung der Gebete ohne Einung der Beter. Intentionen, die sich im Ziel begegnen werden, haben ihr namenloses Bündnis in der gemeinsamen Richtung. Wir dürfen nicht vorwegnehmen, aber wir sollen bereiten." Alle drei fühlten sich mit ihrer Religion in die Verbannung geraten, und ein jeder sprach aus seiner Verbannung zum anderen. Buber setzte auf eine Zeit echter Religionsgespräche, „von Gewißheit zu Gewißheit, aber auch von aufgeschlossener Person zu aufgeschlossener Person. Dann erst wird sich die erste Gemeinschaft weisen." Seine tiefe Verwurzelung in einem lebendigen Judentum vermittelte ihm den nötigen Standort, von dem aus er das offene Gespräch mit Nichtjuden unbefangen suchen konnte. Um dieses gelebten Judentum willen – als Zionist und Hebraist – fand Buber die Anerkennung und das Interesse seiner nichtjüdischen Partner.

Franz Rosenzweig stand mit den Herausgebern der „Kreatur" im engen geistigen Kontakt. Er war schon auf seinem eigenen Weg und für sich selbst auf das intensivste in einen christlich-jüdischen Dialog geraten. Ernsthaft überlegte er eine Konvertierung zum Christentum. Dann begründete er seinen Entschluß, doch Jude zu bleiben, in einem Brief mit den Worten: „Es kommt niemand zum Vater, denn durch Christus – anders aber, wenn einer nicht mehr zum Vater zu kommen braucht, weil er schon bei ihm ist. Und dies ist nun der Fall des Volkes Israel."

In Übereinstimmung mit Buber nahm Rosenzweig das Christentum ernst. Einmal sprach er von der Ebenbürtigkeit von Judentum und Christentum als ewigen Gestalten, die einander wohl ausschließen, aber auch ergänzen.

1924 schrieb er an Buber: „Heute treten wir, oder vielmehr sind schon in einer neuen Ära der Verfolgung. Dagegen ist nichts zu machen, weder von uns noch von den wohlgesinnten Christen. Was aber zu machen ist, ist, daß die Ära der Verfolgung auch eine der Religionsgespräche wird, wie die mittelalterliche, und daß die Stummheit der letzten Jahrhunderte aufhört."

Rosenzweigs Bedeutung nicht nur für das liberale Judentum, dem er selbst entstammte, sondern weit darüber hinaus, lag in der eminenten Wirkung seines persönlichen Vorbildes. Er setzte seine ganze Existenz dafür ein, den eigenen Rückweg in sein Judentum und Jude-sein zu einem allgemeinen Weg für seine Generation zu machen. Diese Existenz konnte nur eine dialogische sein mit dem Ziel, als Jude in eine lebendige Begegnung mit Christen einzutreten, herauszutreten aus gegenseitiger Verbannung.

In der Unfähigkeit, die Religion zu erneuern, sah Rosenzweig die größte Gefahr für Europa. Prophetische Worte! Für die Erneuerung des Glaubens wirkte dieser geistgeprägte Mensch bis zum Ende seines kurzen, in den letzten Jahren von schwerer Krankheit gefangengehaltenen Lebens.

Sie können sich denken, wie es mich bewegt hat, als ich 1985 vom Rektor der Hebräischen Universität in Jerusalem ein Exemplar des Buches Jesaja bekam, das Martin Buber gemeinsam mit Franz Rosenzweig verdeutscht hat und in dem noch handschriftliche Bleistiftverbesserungen von Franz Rosenzweig enthalten sind. Wir Christen verdanken diesen Übertragungen bis heute immer wieder ein vertieftes Verständnis der Schrift.

Unüberhörbar bleibt Martin Bubers mahnende Stimme für den Bereich einer Politik aus dem Glauben. Er sagte: „Am Reich Gottes können wir nur arbeiten, indem wir an allen Bereichen des Menschen arbeiten, die uns angewiesen sind. Wir können die messianische Welt nicht vorbereiten, wir können sie nur bereiten. Das heißt: Es gibt rechtmäßig keine messianisch intendierte Politik. Aber auch: Von der Heiligung aller Dinge darf der politische Bereich nicht ausgenommen werden.“

Wie können nun wir Heiligen vor dem Geist dieser beiden Persönlichkeiten bestehen?

Quellen

Die in [ ] gesetzten und abgekürzten Titel der Bibliographie werden im folgenden ohne Klammern, aber mit Seitenangaben zitiert. Die ‚Nachweise' konnten nicht vollständig erbracht werden.

MBA = Martin Buber Archiv

LBI = Leo Baeck Institut

Für weitere Informationen, insbesondere zu interessierenden Personen, sei nachdrücklich verwiesen auf:

Sechzig Jahre gegen den Strom. Ernst Simon. Briefe von 1917–1984, hg. vom Leo Baeck Institut Jerusalem [Schriftenreihe wiss. Abhandlungen des Leo Baeck Instituts 59], Tübingen 1998.

Briefwechsel aus sieben Jahrzehnten, hg. von Grete Schaeder, in Beratung mit Ernst Simon und unter Mitwirkung von Rafael Buber, Margot Cohn und Gabriel Stern, Bände I–III, Heidelberg 1972–1975.

Maurice Friedman, Martin Buber's Life and Work. The Early Years 1878–1923, New York 1981.

Ders., Martin Buber's Life and Work. The Middle Years 1924–1945, New York 1983.

Ders., Martin Buber's Life and Work. The Later Years 1945–1965, New York 1983.

Für Martin Bubers im Text genannte, in mehreren Sprachen erschienene Schriften sei verwiesen auf:

Martin Buber. A Bibliography of his Writings 1897–1978. Compiled by Margot Cohn and Rafael Buber, München-Jerusalem-New York-Paris 1980.

Nachweise

Vorwort

15–21: Kohn 2, S. 158–161
Vgl. Russische Juden in Deutschland. Integration und Selbstbehauptung in einem fremden Land, hg. v. Julius H. Schoeps, Willi Jasper, Bernhard Vogt, Weinheim 1996.

Kapitel 1

27: Begegnung, S. 11
28: a. a. O., S. 14
Nachlese, S. 12
34: Begegnung, S. 25f.
35: a. a. O., S. 32f.
Kohn 1, S. 19
36: Trunken, S. 143
37: Begegnung, S. 33
a. a. O., S. 34
38: Eliasberg, S. 3–5
a. a. O., S. 3–5
39: a. a. O., S. 3–5
40: a. a. O., S. 3–5
41: Problem, S. 39
Begegnung, S. 28f.
43: a. a. O., S. 30
45: Hinweise, S. 186
46: Ich und Du, S. 64
a. a. O., S. 63

Kapitel 2

47: Hinweise, S. 187
48: a. a. O., S. 185
49: a. a. O., S. 186
Briefe I, S. 153
53: Schaeder 1, S. 34–36
a. a. O., S. 36
54: Briefe I, S. 147
a. a. O., S. 148
a. a. O., S. 159
55: a. a. O., S. 167f.
a. a. O., S. 169
56: Winkler, S. 13–19
a. a. O., S. 13–19
57: Schaeder 1, S. 36
Kohn 1, S. 38
Referat, S. 190ff.
58: Briefe I, S. 161
59: Kongreß, S. 2–3
Briefe I, S. 176
60: Judentum, S. 805
62: Briefe I, S. 199
a. a. O., S. 201
63: Judentum, S. 792
a. a. O., S. 791
a. a. O., S. 791
64: Briefe I, S. 207
65: Judentum, S. 763
a. a. O., S. 764

Kapitel 3

67: Hinweise, S. 187f.
a. a. O., S. 188
a. a. O., S. 183
68: a. a. O., S. 183f.
69: Briefe II, S. 141f.
Hinweise, S. 188
70: a. a. O., S. 188f.
a. a. O., S. 189
71: Kohn 1, S. 309
72: Hinweise, S. 190
Legende, S. VIII
a. a. O., S. VIII
a. a. O., S. VIII
73: Werke III, S. 935
a. a. O., S. 935f.
74: a. a. O., S. 898, 909
Legende, S. 127
75: a. a. O., S. 67f.
76: a. a. O., S. 68
a. a. O., S. XI–XII
77: Prinzip, S. 307
79: Judentum, S. 7f.
Problem, S. 132f.
80: Werke III, S. 36
81: a. a. O., S. 39
a. a. O., S. 44
Konfessionen, S. XXXVIII
82: Hinweise, S. 29
83: Werke III, S. 815
85: Hinweise, S. 192
86: a. a. O., S. 195

Kapitel 4

92: Erinnerungen, S. 161
Judentum, S. 18
93: a. a. O., S. 79
Koch, Thilo
Judentum, S. 20
94: a. a. O., S. 28f.
95: a. a. O., S. 29
a. a. O., S. 44
96: Briefe I, S. 332
97: Scholem, Martin Buber (hebr.)
Scholem 4, S. 149
a. a. O., S. 157
98: MB an Siegmund Kaznelson, Brief 5. 12. 1925, MBA
100: Begegnung, S. 23f.
101: Gottesfinsternis, S. 39
102: Werke I, S. 66
a. a. O., S. 68
a. a. O., S. 68
103: a. a. O., S. 76
a. a. O., S. 57
104: a. a. O., S. 15
a. a. O., S. 15
106: a. a. O., S. 18
107: a. a. O., S. 46
a. a. O., S. 40, 43
Hinweise, S. 43
a. a. O., S. 41
Werke I, S. 76
108: a. a. O., S. 52
a. a. O., S. 52
Briefe I, S. 324
109: Briefe III, S. 537

Kapitel 5

112: Ich und Du, S. 150
Werke III, S. 944
113: Briefe I, S. 355
114: Prinzip, S. 295f.
Liber Amicorum, S. 34f.
115: Susman, S. 78
116: Prinzip, S. 146
117: Begegnungen, S. 34
a. a. O., S. 35
118: a. a. O., S. 15
121: a. a. O., S. 37
122: a. a. O., S. 118
123: a. a. O., S. 119
124: Briefe I, S. 364
a. a. O., S. 365
a. a. O., S. 364
a. a. O., S. 363
a. a. O., S. 370
a. a. O., S. 371
125: Zeit-Echo II, S. 90f.
Zeit-Echo I, S. 186
Werke III, S. 36
Zeit-Echo II, S. 90f.
126: a. a. O., S. 38f.
128: Briefe I, S. 381
Lebensgang 2, S. 63f.
a. a. O., S. 65
a. a. O., S. 65
129: Briefe I, S. 434
130: a. a. O., S. 436
a. a. O., S. 433–437
a. a. O., S. 451
132: Judentum, S. 661f.
135: Briefe II, S. 18
136: Hinweise, S. 315f.
Ich und Du, S. 141
137: Nachlese, S. 16
138: Other, S. 41ff.
139: MB-Strauß, S. 14
142: MB an Paula Buber, 10. 10. 1918, MBA

Kapitel 6

143: Charlotte, MBA
Lebensgang 1, S. V
144: Lunn, S. 9
Bab, S. 23f.
145: Masken, S. 302
a. a. O., S. 303
146: Lunn, S. 192f.
147: Briefe I, S. 340ff.
MB an G. Landauer, MBA
Briefe I, S. 308
a. a. O., S. 311
148: Masken, S. 282
149: Briefe I, S. 528
150: Judentum, S. 107
151: Masken, S. 306f.
152: Briefe II, S. 11
153: Masken, S. 482–491
154: Briefe II, S. 50
a. a. O., S. 52
a. a. O., S. 52f.
Hinweise, S. 258
155: Briefe II, S. 29
a. a. O., S. 33
156: Masken, S. 282–291
157: a. a. O., S. 282–291
Hauschner, S. 184
Briefe II, S. 36
158: a. a. O., S. 38
159: Masken, S. 294
a. a. O., S. 300
160: Briefe II, S. 97f.
Masken, S. 391
Hinweise, S. 256
161: Charlotte, MBA
Gottesfinsternis, S. 40

Kapitel 7

163: Briefe II, S. 70
164: Other, S. 41ff.
166: Judentum, S. 114f.
167: a. a. O., S. 419
168: Kohn 1, S. 175f.
Judentum, S. 311
a. a. O., S. 317
170: a. a. O., S. 475
171: Briefe III, S. 133
Judentum, S. 483
172: Nachlese, S. 91
a. a. O., S. 91ff.

Kapitel 8

173: Werke I, S. 45f.
Nachlese, S. 14
Werke III, S. 211
174: Schilpp, S. 604
a. a. O., S. 600
175: Judentum, S. 123
Horwitz, S. 76
Schilpp, S. 610
176: Judentum, S. 7
Schilpp, S. 603ff.
177: Prinzip, S. 309
a. a. O., S. 306
Schilpp, S. 592
178: a. a. O., S. 592f.
Werke I, S. 75
179: Ich und Du, S. 23
a. a. O., S. 26
180: a. a. O., S. 23
a. a. O., S. 43
a. a. O., S. 42
181: a. a. O., S. 50
182: Nachlese, S. 25
Zwiesprache, S. 137
Ich und Du 1936
183: Nachlese, S. 22
185: a. a. O., S. 155
186: Werke III, S. 823
Nachlese, S. 157
187: Ich und Du, S. 159
188: Ich und Du 1936, S. 133
Gottesfinsternis, S. 10
190: a. a. O., S. 12f.
a. a. O., S. 14
Ich und Du, S. 102
191: Judentum, S. 39
a. a. O., S. 40
192: a. a. O., S. 76
Judentum, S. 101
193: a. a. O., S. 105
Werke II, S. 855
194: Ich und Du, S. 99
a. a. O., S. 128f.
a. a. O., S. 136
195: a. a. O., S. 137f.
a. a. O., S. 139
Judentum, S. 190f.

Kapitel 9

200: Briefe II, S. 56
Stahmer, S. 109ff.
201: Rosenzweig 4, S. 396
a. a. O., S. 388
Judentum, S. 819
202: Briefe II, S. 109
203: Rosenzweig 2, S. 882f.
a. a. O., S. 996
a. a. O., S. 796
a. a. O., S. 827f.
204: Briefe II, S. 124
a. a. O., S. 153
MB an Rosenzweig 8. 11. 1924, LBI
205: MB an Rosenzweig 27. 12. 1923, LBI
Glatzer, S. 125–128
Briefe II, S. 220
206: Rosenzweig 2, S. 1118
Briefe II, S. 149
207: Briefe II, S. 589
Rosenzweig 3, S. 106
a. a. O., S. 109f.
a. a. O., S. 116
208: a. a. O., S. 117
Briefe II, S. 168f.
a. a. O., S. 196
209: a. a. O., S. 199f.
a. a. O., S. 200f.
210: a. a. O., S. 222
Schneider 2, S. 21–24
a. a. O., S. 21–24
212: a. a. O., S. 21–24
213: MB an Rosenzweig 26. 9. 1925, LBI
Briefe II, S. 238
214: Rosenzweig 2, S. 1082f.
Rosenzweig 3, S. 630
215: Die Schrift, S. 322f.
Werke III, S. 560
216: Werke II, S. 1157
217: Scholem 3, S. 209
218: a. a. O., S. 209
MB an Rosenzweig o. D., LBI
Briefe II, S. 240
Wolf, S. 349f.
219: Nachlese, S. 32
Werke II, S. 850
a. a. O., S. 852
220: a. a. O., S. 853
a. a. O., S. 869
221: Werke II, S. 916
Nachlese, S. 211
a. a. O., S. 212
222: Schilpp, S. 16
223: Rosenzweig 3, S. 633
Judentum, S. 816
224: a. a. O., S. 817
a. a. O., S. 827
Nachlese, S. 259

Kapitel 10

228: Briefe II, S. 152
229: a. a. O., S. 152
MB-Strauß, S. 84
230: MB an Trüb
14. 8. 1930, MBA
232: Other, S. 3ff., 27ff.
a. a. O., S. 3ff., 27ff.
233: a. a. O., S. 52ff.
234: Briefe II, S. 298
235: a. a. O., S. 427
a. a. O., S. 243
236: a. a. O., S. 244
a. a. O., S. 244
a. a. O., S. 323
MB an Rosenzweig
o. D., LBI
238: Erziehung, S. 28
a. a. O., S. 36f.
239: a. a. O., S. 36f.
240: Briefe II, S. 168
a. a. O., S. 172f.
a. a. O., S. 174
241: a. a. O., S. 175f.
Rosenzweig 2,
S. 930f.
Briefe II, S. 171
242: Rosenzweig 2, S. 931
243: Michel, S. 20
244: Werke I, S. 88
Briefe II, S. 235
a. a. O., S. 235
246: MB an Trüb 1925,
MBA
Weizsäcker, S. 212ff.
Briefe II, S. 231
247: a. a. O., S. 233
a. a. O., S. 450
248: a. a. O., S. 451f.
Prinzip, S. 173
a. a. O., S. 149
Briefe II, S. 319
249: Judentum, S. 207
250: a. a. O., S. 208
a. a. O., S. 209
a. a. O., S. 211
a. a. O., S. 211
Briefe II, S. 249
251: a. a. O., S. 435
252: MB an Rosenzweig
o. D., LBI
254: Hattis, S. 24f.,
38–47, 57f.,
86–100, 136–138,
141ff.
255: Judentum, S. 499
256: a. a. O., S. 522
Kampf um Israel,
S. 438f.
a. a. O., S. 451
257: Briefe II, S. 338
a. a. O., S. 344
Bergmann 1, S. 280
258: Judentum, S. 677
a. a. O., S. 679
259: Schaeder 1, S. 101
Judentum, S. 46
260: Briefe II, S. 446
a. a. O., S. 446f.
Gerson 2, S. 10

Kapitel 11

263: MB an Gerson
30. 3. 1933, MBA
266: Briefe II, S. 481
Judentum, S. 557
a. a. O., S. 583
267: Judentum, S. 584
a. a. O., S. 585
Briefe II, S. 493
268: Judentum, S. 587
Goes 1
269: Zwiesprache, S. 36
Briefe II, S. 631
270: Judentum, S. 628
a. a. O., S. 630f.
a. a. O., S. 648
271: a. a. O., S. 649
a. a. O., S. 653
Gespräche, S. 13,
110f.
Schilpp, S. 177
a. a. O., S. 622
272: Nachlese,
S. 234–236, 239f.
273: Briefe II, S. 488
274: Judentum, S. 625
a. a. O., S. 626
275: Briefe II, S. 609
Prinzip, S. 263
276: a. a. O., S. 203
a. a. O., S. 218
a. a. O., S. 219, 221f.
277: a. a. O., S. 231
a. a. O., S. 234
a. a. O., S. 240
Gottesfinsternis,
S. 60
278: Briefe II, S. 472
Weltsch, S. 4
Gerson 2, S. 10
279: Other, S. 145ff.
Briefe II, S. 485
280: MB an Otto Hirsch,
MBA
Rundfrage
Judentum, S. 601
282: Werke I, S. 913
Simon 2, S. 57
Erziehung, S. 58
a. a. O., S. 58
283: a. a. O., S. 62
a. a. O., S. 62
Briefe II, S. 541
284: Other, S. 142ff.
285: Bergmann 1, S. 150
286: Judentum, S. 572
a. a. O., S. 572f.
a. a. O., S. 576
a. a. O., S. 579
287: Erziehung, S. 7f.
Gespräche, S. 30
a. a. O., S. 83, 87
288: Untreue, S. 5
Theresienstadt 1943
Gespräche, S. 45
Briefe II, S. 561
a. a. O., S. 562
289: a. a. O., S. 549
a. a. O., S. 565
Individuation, S. 542
a. a. O., S. 535
290: a. a. O., S. 554
291: Briefe II, S. 645
MB an Wolfskehl
1939, MBA
Werke II, S. 1046
a. a. O., S. 1051

Kapitel 12

301: Briefe II, S. 635f.
302: a. a. O., S. 635
a. a. O., S. 605
303: a. a. O., S. 585
304: a. a. O., S. 586
a. a. O., S. 586
305: a. a. O., S. 605
306: Briefe II, S. 550
a. a. O., S. 578
308: a. a. O., S. 10
312: Problem, S. 22
a. a. O., S. 22
a. a. O., S. 57
313: a. a. O., S. 67f.
a. a. O., S. 107
314: a. a. O., S. 114
a. a. O., S. 132
a. a. O., S. 132
a. a. O., S. 132
315: a. a. O., S. 163
a. a. O., S. 163f.
316: a. a. O., S. 166f.
a. a. O., S. 168f.
317: Erziehung, S. 88
318: Other, S. 91ff.
319: Other, S. 113ff.
Other, S. 142ff.
323: Judentum, S. 527f.
Briefe III, S. 14
324: Judentum, S. 246f.
325: a. a. O., S. 632
a. a. O., S. 634f.
326: a. a. O., S. 636
a. a. O., S. 640
a. a. O., S. 641
327: a. a. O., S. 642

Kapitel 13

330: Other, S. 3ff.
332: Other, S. 171ff.
334: Briefe III, S. 48
335: Hinweise, S. 300
336: Judentum, S. 657f.
337: Werke III, S. 1258f.
339: Schilpp, S. 545, 547
340: a. a. O., S. 301
a. a. O., S. 634
Werke III, S. 1259f.
a. a. O., S. 1260
a. a. O., S. 1261

Kapitel 14

343: Judentum, S. 538
344: a. a. O., S. 738
a. a. O., S. 738
347: Briefe III, S. 94
351: Ein Land, S. 252
a. a. O., S. 255f.
353: Werke III, S. 133
354: Judentum, S. 540
a. a. O., S. 541
355: Briefe III, S. 160
a. a. O., S. 161
Zwiesprache, S. 102
356: Briefe III, S. 170
357: a. a. O., S. 172
a. a. O., S. 173
a. a. O., S. 174
Werke I, S. 267–289
Werke I, S. 409–502
358: Judentum, S. 351
a. a. O., S. 352
359: MB an E. Simon 18. 9. 1948, MBA
Ein Land, S. 312
361: a. a. O., S. 309
Nachlese, S. 247

Kapitel 15

363: MB an Ronald Gregor Smith 9. 7. 1949, MBA
364: Werke II, S. 1080
a. a. O., S. 73
a. a. O., S. 22
366: a. a. O., S. 90
Werke II, S. 63
367: a. a. O., S. 150
a. a. O., S. 222
368: Werke II, S. 215
a. a. O., S. 335
369: a. a. O., S. 371
a. a. O., S. 389
a. a. O., S. 398f.
370: a. a. O., S. 418, 423
a. a. O., S. 441
Glaubensweisen, S. 152
371: Werke II, S. 483
372: Briefe III, S. 72
Ragaz, S. 507
373: Bergmann 2, S. 184
MB an Nahum Goldmann 26. 3. 1959, MBA
375: Hinweise, S. 7
Werke III, S. 7
376: Werke III, S. 937
Werke III, S. 71
377: Werke III, S. 225
H. Hesse, Briefe, S. 266, 324ff.
Briefe III, S. 225
Schilpp, S. 583
a. a. O., S. 583
378: Werke III, S. 741
Briefe III, S. 184
379: Briefe III, S. 233
380: Utopia, S. 227; Werke I, S. 988
381: a. a. O., S. 228
Nachlese, S. 85
a. a. O., S. 84f.
384: Briefe III, S. 249f.

Kapitel 16

387: Werke III, S. 755
a. a. O.
388: Glaubensweisen, S. 15
a. a. O., S. 103
a. a. O., S. 169
389: a. a. O., S. 59f.
a. a. O., S. 171
a. a. O., S. 177
a. a. O., S. 177
a. a. O., S. 178
a. a. O., S. 183
390: a. a. O., S. 183
a. a. O., S. 140
391: Werke III, S. 956
a. a. O., S. 954
Schilpp, S. 365
392: a. a. O., S. 343
a. a. O., S. 611
a. a. O., S. 613
393: Zwiesprache, S. 255
H. Hesse an Pastor Sommer 1948, MBA
394: Briefe III, S. 123f.
a. a. O., S. 249
395: a. a. O., S. 252
a. a. O., S. 252
a. a. O., S. 255f.
396: a. a. O., S. 260
a. a. O., S. 278
Nachtrag, S. 7
Werke I, S. 480
397: Briefe III, S. 284
MB an Rosenstock-Huessy 9. 3. 1961, MBA
398: Briefe III, S. 298
a. a. O., S. 310
399: a. a. O., S. 322
H. Ott, passim
400: Gottesfinsternis, S. 80f.
401: Briefe III, S. 345
Börsenverein, S. 1
a. a. O., S. 23–25, 28
402: Nachlese, S. 219f.
a. a. O., S. 220f.
403: a. a. O., S. 221
Nachlese, S. 222f.
Feindschaft, S. 6
404: Werke I, S. 1105f.
MB an E. Wasmuth o. D., MBA
Goes 2, S. 219
405: Kremers, S. 461
406: Kohn 2, S. 161
Briefe III, S. 508
407: Briefe III, S. 439

Kapitel 17

409: Other, S. 113ff.
412: Tagebücher I, S. 520
414: Judentum, S. 169
a. a. O., S. 172
415: a. a. O., S. 174
Ich und Du, S. 160
Judentum, S. 181
416: a. a. O., S. 182
a. a. O., S. 182f.
417: Briefe III, S. 405
a. a. O., S. 407
Werke I, S. 430
a. a. O., S. 431
418: Gottesfinsternis, S. 38
419: a. a. O., S. 49
420: Lewis, S. 103
421: MB an H. Hesse 14. 1. 1952, MBA
Gottesfinsternis, S. 30
423: Schilpp, S. 614
MB an M. Friedman März 1952, MBA
425: Werke I, S. 646
426: Briefe III, S. 368
a. a. O., S. 368
427: Briefe III, S. 427
428: Werke I, S. 1100
a. a. O., S. 1102
a. a. O., S. 1104
a. a. O., S. 1106
429: Briefe III, S. 382
Werke II, S. 927
a. a. O., S. 938
430: a. a. O., S. 940
a. a. O., S. 941
431: Briefe III, S. 399

Kapitel 18

435: MB an Hans Trüb 14. 8. 1947, MBA
436: Gottesfinsternis, S. 81ff.
437: a. a. O., S. 91
438: a. a. O., S. 147ff.
a. a. O., S. 149
a. a. O., S. 150f.
440: Werke III, S. 768
441: a. a. O., S. 779, 785
a. a. O., S. 786
a. a. O., S. 798, 794
a. a. O., S. 776
a. a. O., S. 778
a. a. O., S. 795
442: a. a. O., S. 796
a. a. O., S. 958
a. a. O., S. 958
a. a. O., S. 958
Briefe III, S. 428
443: a. a. O., S. 429
444: Prinzip, S. 282
446: Werke I, S. 485
a. a. O., S. 486
a. a. O., S. 486
Nachlese, S. 186
447: a. a. O., S. 186f.
449: a. a. O., S. 181
a. a. O., S. 182
Werke I, S. 642
450: Nachlese, S. 164
a. a. O., S. 164
a. a. O., S. 165

Therapie, S. 245
451: a. a. O., S. 247
a. a. O., S. 249
a. a. O., S. 254
452: a. a. O., S. 250
a. a. O., S. 259
Briefe III, S. 459f.
455: MB an MF
11. 7. 1958
456: a. a. O.
457: Hinweise, S. 5
459: Briefe III, S. 459f.
Briefe III, S. 463
Bergmann 3, S. 4
460: Nachlese, S. 28f.
Briefe III, S. 475
a. a. O., S. 29

Kapitel 19

462: Prinzip, S. 139ff.
464: Briefe III, S. 520
Schilpp, S. 46
a. a. O., S. 614
465: a. a. O., S. 615
a. a. O., S. IX
466: a. a. O., S. 589
a. a. O., S. 590
a. a. O., S. 590
a. a. O., S. 590
467: a. a. O., S. 590
a. a. O., S. 590f.
a. a. O., S. 592
a. a. O., S. 592
a. a. O., S. 593
468: a. a. O., S. 595
a. a. O., S. 595
a. a. O., S. 595
Prinzip, S. 155
Schilpp, S. 595
469: a. a. O., S. 596
a. a. O., S. 604
a. a. O., S. 602
472: Schilpp, S. 602
a. a. O., S. 602
a. a. O., S. 610
a. a. O., S. 637
473: Ich und Du, S. 118f.
476: Scholem 1, S. 383f.
Werke III, S. 946
477: a. a. O., S. 946
Schilpp, S. 275
478: a. a. O., S. 279
a. a. O., S. 627
a. a. O., S. 627
a. a. O., S. 628
479: Werke III, S. 555
Schilpp, S. 631f.
a. a. O., S. 631f.
a. a. O., S. 631f.
480: a. a. O., S. 612
Scholem 2,
S. 165–206
482: Werke III, S. 991
a. a. O., S. 991
a. a. O., S. 992
484: Scholem 4, S. 134
a. a. O., S. 136f.
a. a. O., S. 185
a. a. O., S. 186

Kapitel 20

489: Hinweise, S. 314
a. a. O., S. 316
a. a. O., S. 325f.
a. a. O., S. 324
490: a. a. O., S. 326
a. a. O., S. 346
Nachlese, S. 227
a. a. O., S. 228
a. a. O., S. 229f.
491: Briefe III, S. 439
a. a. O., S. 455
Nachlese, S. 33f.
492: Foote, S. 186
494: Briefe III, S. 525
a. a. O., S. 527
a. a. O., S. 527
495: Nachlese, S. 198f.
497: Briefe III, S. 539
498: Hodes, S. 59–62,
103f., 143f., 147f.,
150–160, 204
Schilpp, S. 619f.
499: Nachlese, S. 213
a. a. O., S. 216
500: a. a. O., S. 217
Charles Malik an
M. Friedman
27. 6. 1962, MBA

Kapitel 21

504: Judentum, S. 542
Keren, S. 75–80,
96–99, 175, 184, 185
505: Briefe III, S. 390
Judentum, S. 541f.
506: Gespräche, S. 28
508: Keren, a. a. O.
511: Briefe III, S. 572
a. a. O., S. 578
a. a. O., S. 578
517: Briefe III, S. 560
a. a. O., S. 622
Brod, S. 314f.
a. a. O., S. 314

Kapitel 22

522: Zwiesprache, S. 69
527: A. Schapira, Amot 1966 (hebr.)
528: Time v. 22. 2. 1963
530: Nachlese, S. 114
a. a. O., S. 117
a. a. O., S. 116
a. a. O., S. 118
a. a. O., S. 120
531: Ich und Du, S. 104f.
532: Briefe III, S. 620
a. a. O., S. 620
a. a. O., S. 618
a. a. O., S. 619

Kapitel 23

533: MB an E. Wasmuth 27. 5. 1959, MBA
MB an M. Kaufmann 6. 1. 1959, MBA
MB an E. Wasmuth Nov. 1961, MBA
534: Nachlese, S. 48
a. a. O., S. 48, 50
535: Naemah
536: Gespräche, S. 100
Zwiesprache, S. 233
Gespräche, S. 124
a. a. O., S. 125
a. a. O., S. 126
a. a. O., S. 136
a. a. O., S. 139
537: Schaeder 1, S. 6
Werke II, S. 973
538: a. a. O., S. 978
a. a. O., S. 979
539: a. a. O., S. 979f.
a. a. O., S. 982
540: a. a. O., S. 983
Schaeder 1, S. 138
Werke III, S. 562
541: Bergmann 2, S. 692
542: Briefe I, S. 139
a. a. O., S. 140
Nachlese, S. 257
543: MB an Naemah Beer-Hofmann 16. 11. 1964
547: Erziehung, S. 40
Glaubensweisen, S. 151f.

Literatur

I. Bibliographie Martin Buber

Baal	Martin Buber, Baal Schem Tow. Unterweisung im Umgang mit Gott, Heidelberg ^{4}1981
Begegnung	Martin Buber, Begegnungen. Autobiographische Fragmente, Heidelberg ^{4}1986
Briefe I	Martin Buber, Briefwechsel aus sieben Jahrzehnten. Hg. und eingel. v. Grete Schaeder. In Beratung mit Ernst Simon und unter Mitwirkung von Rafael Buber, Margot Cohn und Gabriel Stern. Band I: 1897–1918
Briefe II	Martin Buber, Briefwechsel aus sieben Jahrzehnten. Hg. und eingel. v. Grete Schaeder. In Beratung mit Ernst Simon und unter Mitwirkung von Rafael Buber, Margot Cohn und Gabriel Stern. Band II: 1918–1938
Briefe III	Martin Buber, Briefwechsel aus sieben Jahrzehnten. Hg. und eingel. v. Grete Schaeder. In Beratung mit Ernst Simon und unter Mitwirkung von Rafael Buber, Margot Cohn und Gabriel Stern. Band III: 1938–1965
Charlotte	Martin Buber, Gedenkworte an Charlotte Kronstein, geb. Landauer. Rede vom 16. 8. 1926, MBA
Die Schrift	Martin Buber, Die Schrift. Verdeutscht von Martin Buber gemeinsam mit Franz Rosenzweig, 4 Bände (Sonderausgabe in der Reihe ‚Die Bücher der Neunzehn'), Köln 1968
Ein Land	Martin Buber, Ein Land, zwei Völker. Zur jüdisch-arabischen Frage. Hg. und eingel. v. Paul R. Mendes-Flohr, Frankfurt/Main 1993
Erziehung	Martin Buber, Reden über Erziehung, Gerlingen ^{9}1998
Feindschaft	Martin Buber, Ewige Feindschaft?, in: Freiburger Rundbrief, 7. Jg., H. 25/28, Freiburg 1954, S. 46–47
Propheten	Martin Buber, Der Glaube der Propheten, Heidelberg ^{2}1984
Glaubensweisen	Martin Buber, Zwei Glaubensweisen, Nachwort David Flusser, Gerlingen 21994
Gog und Magog	Martin Buber, Gog und Magog. Eine Chronik, Gerlingen ^{4}1993
Gottesfinsternis	Martin Buber, Gottesfinsternis, Gerlingen ^{2}1994
Hinweise	Martin Buber, Hinweise, Zürich 1953
Ich und Du	Martin Buber, Ich und Du, Gerlingen ^{13}1997
Ich und Du 1936	Martin Buber, Ich und Du, Berlin 1936

Judentum	Martin Buber, Der Jude und sein Judentum (Gesammelte Aufsätze und Reden). Mit einer Einleitung von Robert Weltsch, Köln 1963, Gerlingen ^{2}1993, München ^{1}1964
Kampf um Israel	Martin Buber, Kampf um Israel – Reden und Schriften 1921–1932, Berlin 1933
Konfessionen	Martin Buber, Ekstatische Konfessionen, Heidelberg 1987
Kongreß	Martin Buber, Ein Wort zum 5. Kongreß, Jüdische Volksstimme v. 15. 1. 1902 u. 15. 2. 1902, je S. 2–3
Legende	Martin Buber, Die Legende des Baalschem, Frankfurt/Main 1908
Liber amicorum	Martin Buber, Brief, in: Liber amicorum – Dr. Frederik van Eeden aangeboden ter gelegenheid van zijn zeventigsten verjaardag 3 April 1930, Amsterdam 1930, S. 34–36
Logos	Martin Buber, Logos. Zwei Reden, Heidelberg 1962
Masken	Martin Buber, Landauer und die Revolution, in: Masken, S. 282ff.
MB-Strauß	Briefwechsel Martin Buber-Ludwig Strauß 1913–1953. Hg. v. Tuvia Rübner und Dafna Mach (Veröffentlichungen der Deutschen Akademie für Sprache und Dichtung Darmstadt. 64. Veröffentlichung), Frankfurt/Main 1990
Moses	Martin Buber, Moses, Gerlingen ^{4}1994
Nachlese	Martin Buber, Nachlese, Heidelberg 1965, ^{3}1993
Nachtrag	Martin Buber, Nachtrag zu einem Gespräch, in: Die neue Zeitung v. 21. 2. 1951, S. 7
Prinzip	Martin Buber, Das dialogische Prinzip, Gerlingen ^{8}1997
Problem	Martin Buber, Das Problem des Menschen, Heidelberg ^{5}1982
Ragaz	Martin Buber, Ragaz und ‚Israel', in: Neue Wege Bd. XLI, H. 11 (November 1947), Zürich 1947, S. 504–509
Referat	Martin Buber, „Referat", stenographisches Protokoll der Verhandlungen des III. Zionistenkongresses, Basel, 15.–18. August 1899, Wien: Verlag des Vereins „Erez Israel" 1901, S. 191–193
Rundfrage	Martin Buber, Antwort auf eine Rundfrage v. 31. 12. 1935, MBA
Therapie	Martin Buber im Gespräch mit Carl R. Rogers, in: Integrative Therapie, Jg. 18, H. 3 (1992)
Theresienstadt	Martin Buber, In Theresienstadt. Leo Baeck 70 Jahre, in: Mitteilungsblatt, Bd. 7, H. 21 (Mai 1943), S. 1
Untreue	Martin Buber, Gegen die Untreue. Zum 60. Geburtstag von Leo Baeck, in: Jüdische Rundschau, Jg. XLIII, H. 59, 26. 2. 1938, S. 5
Urdistanz	Martin Buber, Urdistanz und Beziehung. Beiträge zu einer philosophischen Anthropologie I, Heidelberg ^{4}1978
Utopia	Martin Buber, Pfade in Utopia, Heidelberg 1950

Verdeutschung	Martin Buber und Franz Rosenzweig, Die Schrift und ihre Verdeutschung, Berlin 1936
Der Weg	Martin Buber, Der Weg des Menschen nach der chassidischen Lehre. Nachwort Albrecht Goes, Gütersloh [13]1999
Werke I	Martin Buber, Werke, Band I (Schriften zur Philosophie), München-Heidelberg 1962
Werke II	Martin Buber, Werke, Band II (Schriften zur Bibel), München-Heidelberg 1964
Werke III	Martin Buber, Werke, Band III (Schriften zum Chassidismus), München-Heidelberg 1963
Zeit-Echo I	Martin Buber, Dem Fähnrich W. St. ins Stammbuch, in: Zeit-Echo. Ein Kriegstagebuch der Künstler, 13 (1915), S. 186
Zeit-Echo II	Martin Buber, Das Gleichzeitige, in: Zeit-Echo. Ein Kriegstagebuch der Künstler, 7 (1915), S. 90–91

II. Andere Literatur

Bab	Julius Bab, Gustav Landauer, Nürnberg [2]1924
Bergmann 1	Shmuel Hugo Bergmann, Tagebücher und Briefe, Bd. I (1901–1948), hg. v. Miriam Sambursky, Königstein 1985
Bergmann 2	Shmuel Hugo Bergmann, Tagebücher und Briefe, Bd. II (1948–1975), hg. v. Miriam Sambursky, Königstein 1985
Bergmann 3	Hugo Bergmann, Paula Buber, in: Mitteilungsblatt von irgun olej merkas Europa, Bd. 26, H. 34 (22. 8. 1958), Tel Aviv 1958, S. 4
Buber	Martin Buber. Bilanz seines Denkens. Hrsg. v. Jochanan Bloch und Haim Gordon, Freiburg-Basel-Rom-Wien 1983
Börsenverein	Börsenverein deutscher Verleger und Buchhandelsverbände, Martin Buber. Fünf Ansprachen anläßlich der Verleihung des Friedenspreises des Deutschen Buchhandels, Frankfurt/Main 1953
Cohen	Aharon Cohen, Israel and the Arab World, Boston 1976
Davidowicz	Klaus Samuel Davidowicz, Gershom Scholem und Martin Buber. Die Geschichte eines Mißverständnisses, Neukirchen-Vluyn 1995
Dusen	Henry P. van Dusen, Dag Hammarskjöld. The Statesman and His Faith, New York 1967
Eliasberg	Ahron Eliasberg, Aus Martin Bubers Jugendzeit: Erinnerungen, in: Blätter des Heine-Bundes, Berlin 1. Jg., H. 1, 1929, S. 1–3
	Maurice Friedman, Martin Buber's Life and Work, Vol. 1: The Early Years, 1878–1923, New York 1981 (Pbk. Detroit 1988)

	Maurice Friedman, Martin Buber's Life and Work, Vol. 2: The Middle Years, 1923–1945, New York 1983 (Pbk. Detroit 1988)
	Maurice Friedman, Martin Buber's Life and Work, Vol. 3: The Later Years, 1945–1965, New York 1983 (Pbk. Detroit 1988)
	Maurice Friedman, Martin Buber. The Life of Dialogue, London 1955
	Maurice Friedman, Problematic Rebel, New York 1963
Gerson 1	Hermann Gerson, Werkleute. Ein Weg jüdischer Jugend, Berlin 1935
Gerson 2	Hermann Gerson, Martin Bubers Werk im deutschen Judentum, in: AJR Information, August 1965, S. 10
Glatzer	Nahum Glatzer, Franz Rosenzweig. His Life and Thought, New York 1953
Goes 1	Albrecht Goes, Der alte Vater aus Jerusalem. Pers. Begegnungen mit Martin Buber, Westdeutscher Rundfunk, 3. Programm, 29. 9. 1962 (Rundfunk-Manuskript)
Goes 2	Albrecht Goes, Erinnerungen an Martin Buber, in: ders., Tagwerk. Prosa und Verse, Frankfurt/Main, S. 215–231
	Albrecht Goes, Ein Gespräch mit Hans-Rüdiger Schwab, hg. v. Karl B. Schelting, Frankfurt/Main 1988, S. 37ff.
	Walter B. Goldstein, Martin Buber. Gespräche, Worte, Briefe, Jerusalem 1967
	Dag Hammarskjöld, Servant of Peace: A Selection of the Speeches and Statements, New York 1963
	Dag Hammarskjöld, Markings, New York 1965
Hattis	Susan Lee Hattis, The Bi-National Idea in Palestine during Mandatory Times, Haifa 1970
Hauschner	Briefe an Auguste Hauschner, hg. v. Martin Beradt und Lotte Bloch-Zavrel, Berlin 1929
Hodes	Aubrey Hodes, Martin Buber: An Intimate Portrait, New York 1971
Horwitz	Rivka Horwitz, Buber's Way to I and Thou. A Historical Analysis and the First Publication of Martin Buber's Lectures „Religion als Gegenwart", Heidelberg 1978
Individuation	Hans Trüb, Individuation, Schuld und Entscheidung, in: Die kulturelle Bedeutung der komplexen Psychologie, Festschrift für C. G. Jung, Zürich 1935
Interrogations	Philosophical Interrogations, ed. by Sydney and Beatrice Rome, New York 1970
Keren	Michael Keren, Ben-Gurion and the Intellectuals, Illinois 1983
Koch, Thilo	Thilo Koch, Aus erster Hand. Gespräch mit Prof. Martin Buber, Sendung v. 25. 5. 1959, WDR/NDR

Kohn 1	Hans Kohn, Martin Buber. Sein Werk und seine Zeit. Ein Beitrag zur Geistesgeschichte Mitteleuropas 1880–1930, Köln 1961, Wiesbaden [4]1979
Kohn 2	Hans Kohn, Martin Buber achtzigjährig, in: Deutsche Rundschau, Bd. LXXXIII, H. 2 (Februar 1958), S. 158–161
Kraft	Werner Kraft, Gespräche mit Martin Buber, München 1966
Kremers	Heinz Kremers, Das Verhältnis Deutschlands zu Israel, Evangelische Kirchenzeitung, Bd. XVI, H. 12 (Dezember 1961), S. 461
Lebensgang 1	Gustav Landauer. Sein Lebensgang in Briefen, Bd. 1, Hg. v. Martin Buber unter Mitwirkung von Ina Britschgi-Schimmer, Frankfurt/Main 1929
Lebensgang 2	Gustav Landauer. Sein Lebensgang in Briefen, Bd. 2, Hg. v. Martin Buber unter Mitwirkung von Ina Britschgi-Schimmer, Frankfurt/Main 1929
Lewis	R. W. B. Lewis, The Picaresque Saint, New York 1959
Lunn	Eugene Lunn, Prophet of Community. The Romantic Socialism of Gustav Landauer, Berkeley 1973
Masken	Masken. Halbmonatsschrift des Düsseldorfer Schauspielhauses, „Landauer-Heft“, Bd. 24 (1919)
	Fritz Mauthner, Zum Gedächtnis Gustav Landauers, in: Masken, S. 300ff.
Michel	Wilhelm Michel, Martin Buber. Sein Gang in die Wirklichkeit, Frankfurt/Main 1926
Naemah	Naemah Beer-Hofmann, Erinnerungen (Sommer 1962?), Richard Beer-Hofmann-Archiv, Houghton Library, Harvard
Other	The Other Martin Buber. Recollections of His Contemporaries, ed. by Haim Gordon, Athens, Ohio 1987
Ott	Hugo Ott, Martin Heidegger. Unterwegs zu seiner Biographie, Frankfurt/Main 1988
Rosenstock/Wittig	Eugen Rosenstock/Joseph Wittig, Das Alter der Kirche, Neuausgabe in 3 Bänden, hrsg. v. F. Herrenbrück und M. Gormann-Thelen, Münster 1998
Rosenzweig 1	Franz Rosenzweig, Der Mensch und sein Werk. Gesammelte Schriften I. Abteilung, Briefe und Tagebücher. Hg. von Rachel Rosenzweig und Edith Rosenzweig-Scheinmann, unter Mitwirkung von Bernhard Casper, 1. Band 1900–1918, Den Haag 1979
Rosenzweig 2	Franz Rosenzweig, Der Mensch und sein Werk. Gesammelte Schriften I. Abteilung, Briefe und Tagebücher. Hg. von Rachel Rosenzweig und Edith Rosenzweig-Scheinmann, unter Mitwirkung von Bernhard Casper, 2. Band 1918–1929, Den Haag 1979

Rosenzweig 3	Franz Rosenzweig, Briefe. Unter Mitwirkung von Ernst Simon, ausgewählt und hg. von Edith Rosenzweig, Berlin 1935
Rosenzweig 4	Franz Rosenzweig, Kleinere Schriften, Berlin 1937
Rückblick	Eugen Rosenstock-Huessy, Rückblick auf ‚Die Kreatur', in: Schneider 1, S. 95–105; auch in: ders., Ja und Nein. Autobiographische Fragmente, hg. v. Georg Müller, Heidelberg 1968, S. 107–118
Schaeder 1	Grete Schaeder, Martin Buber. Ein biographischer Abriß, in: Briefe I, S. 19–141
Schaeder 2	Grete Schaeder, Martin Buber. Hebräischer Humanismus, Göttingen 1966
Schilpp	Martin Buber. Philosophen des 20. Jahrhunderts. Hrsg. v. Paul Arthur Schilpp und Maurice Friedman, Stuttgart 1963
Schneider 1	Lambert Schneider, Beginnen, 1925–1932, in: ders., Rechenschaft über vierzig Jahre Verlagsarbeit 1925–1965. Ein Almanach, Heidelberg 1966
Schneider 2	Lambert Schneider, Meine erste Begegnung mit Martin Buber, in: 75 Jahre Sachse & Heinzelmann. Ein kleiner Almanach zum 1. November 1955, hg. v. Margarete Jockusch, Hannover 1955
Scholem 1	Gershom Scholem, Die jüdische Mystik in ihren Hauptströmungen, Frankfurt/Main 1988
Scholem 2	Gershom Scholem, Martin Bubers Deutung des Chassidismus, in: Judaica 1, Frankfurt/Main 1986, S. 165–206
Scholem 3	Ders., An einem denkwürdigen Tag, in: Judaica 1, Frankfurt/Main 1986, S. 207–215
Scholem 4	Ders., Martin Bubers Auffassung des Judentums, in: Judaica 2, Frankfurt/Main 1987, S. 133–192
Simon 1	Sechzig Jahre gegen den Strom. Ernst A. Simon. Briefe von 1917–1984. Hg. v. Leo Baeck Institut Jerusalem (Schriftenreihe wiss. Abhandlungen des Leo Baeck Instituts 59), Tübingen 1998
Simon 2	Ernst Simon, Aufbau im Untergang. Jüdische Erwachsenenbildung im nationalsozialistischen Deutschland als geistiger Widerstand (Schriftenreihe wiss. Abhandlungen des Leo Baeck Institute of Jews From Germany 2), Tübingen 1959
Stahmer	Harold Stahmer, The Letters of Franz Rosenzweig to Margrit Rosenstock-Huessy, in: Der Philosoph Franz Rosenzweig (1886–1929), hg. v. Wolfdietrich Schmied-Kowarzik, Bd. 1, Freiburg i. Br. 1988, S. 109–137
Susman	Margarete Susman, Ich habe viele Leben gelebt, Stuttgart 1964

Trunken	Trunken von Gedichten. Eine Anthologie geliebter deutscher Verse, hg. v. Georg Gerster, Zürich 1953
Weizsäcker	Viktor von Weizsäcker, Begegnungen und Entscheidungen (1949), in: ders., Gesammelte Schriften, hg. v. Peter Achilles et al., Bd. I, Frankfurt/Main 1986, S. 190–399
Weltsch	Robert Weltsch, Tragt ihn mit Stolz, den gelben Fleck!, in: Jüdische Rundschau (4. 4. 1933), auch in: Ders., Tragt ihn mit Stolz, den gelben Fleck. Zur Lage der Juden in Deutschland 1933, Nördlingen 1988, S. 24–29
Winkler	Paula Winkler, Betrachtung einer Philozionistin, in: Die Welt, Bd. V, Nr. 36 (September) 1901
Wolf	Ernest M. Wolf, Martin Buber and German Jewry, in: Judaism, Vol. I, No. 4, October 1952, S. 349f.
Zwiesprache	Schalom Ben-Chorin, Zwiesprache mit Martin Buber. Ein Erinnerungsbuch, München 1966

Sachregister

Personenregister